中德法学论坛

Jahrbuch des Deutsch-Chinesischen
Instituts für Rechtswissenschaft der Universitäten
Göttingen und Nanjing

第16辑 上卷 方小敏 主编

法律出版社 LAW PRESS · CHINA

中德法学论坛

第16辑·上卷(2019年)

Jahrbuch des Deutsch-Chinesischen Instituts für Rechtswissenschaft der Universitäten Göttingen und Nanjing

Band 16 Heft 1 Jahr 2019

感谢德国学术交流中心及德国外交部
对《中德法学论坛》的支持
Gefördert vom Deutschen Akademischen Austauschdienst (DAAD)
aus Mitteln des Auswärtigen Amtes (AA)

序

创立于1990年的《哥廷根大学－南京大学中德经济法学研究所年刊》(德文刊名:Jahrbuch des Deutsch-Chinesischen Instituts für Wirtschaftsrecht der Universitäten Göttingen und Nanjing)于2004年更名为连续出版物《中德法学论坛》(德文名继续延用年刊称谓,即 Jahrbuch des Deutsch-Chinesischen Instituts für Rechtswissenschaft der Universitäten Göttingen und Nanjing),以适应2001年中德经济法研究所正式更名为中德法学研究所的全法学学科定位,凸显本论坛作为德国法研究、中德比较法研究专业出版物的特色。更名以来,《中德法学论坛》面向所有法学二级学科的德国法/欧盟法和中德/中欧法律比较研究工作者和热爱者,设立非固定学术专栏,使收录的论文呈现出各学科齐头并进又兼顾专题的格局、中外作者数量基本平衡的结构、知名学者和中青年学者你追我赶的局面,成就一个思想活跃、形式活泼的学术交流平台。《中德法学论坛》从一开始就被收录进CNKI中国知网集刊数据库,2017年被评为CSSCI来源集刊以来,变更为每年2卷。

2019年是中德法学研究所成立30周年的"而立"之年。借此契机,我们和弗莱堡大学东亚法研究所合作推出"海外中国法研究"专栏,彰显我们在中德法律对话和交流中对法学发展所持的开放态度,呈现法学研究从引介德国法为主向比较法视野下的中国法问题研究转向的发展趋势。在中国不断融入全球治理的过程中,中国法研究在海外愈加受到重视。2018年中德法学研究所"中国法研究的国际化"项目获得南京大学"双一流"项目"国际战略合作伙伴发展计划"(SPIC)三年资助。作为项目实施的一项举措,《中德法学论坛》计划开辟"海外中国法研究"新专栏,推广海外中国法研究在国内的传播。恰好弗莱堡大学东亚法研究所所长卜元石教授有意将海外发表的、视角新颖、见解独到的中国法研究成果介绍给中国读者,使中国读者能够不受语言障碍的限制,接触到不同的研究范式,发现有价值的真问题。卜元石教授是关注、践行和推动海外中国法研究的知名学者。在公开征稿的同时请她帮助组稿,可以确保专栏论文的持续性和高水平。本论坛第16辑上卷选登卜元石教授的《中国法海外研究的样本:德国》一文作为专栏开篇之作,下卷选登德国著名法学家、南京大学华英文教基金大师讲座项目专家、弗莱堡大学教授罗尔夫·施蒂尔纳(Rolf Stuerner)新作《中国物权法的发展状况以及未来中国民法典物权编的编纂》,让读者对专栏充满期待。

拉伦茨的《法学方法论》、维亚克尔的《欧洲私法史》[1]是中国法律人必读的经典著作。难能可贵的是,两位法学大师的高足——慕尼黑大学卡纳里斯(Claus-Wilhelm Canaris)教授和弗莱堡大学沃尔夫(Joseph Georg Wolf)教授,对他们恩师的学术生平和学术思想进行了严肃认真、客观细致又充满敬意的研究和介绍,带给读者许多涤荡心灵、富有启示的学术和人生思考。感谢德国波恩大学周万里博士和他的同人,将这两篇非常重要的学术思想研究论文中译本慷慨交给本论坛收录。为此我们新设了"德意志法学家"栏目。这是多年来一直想设而未设的栏目。现在以这样两篇重量级的"法学大家写大师"的文章开场,被介绍的两位法学大师恰好又都是哥廷根大学校友,实在是天时地利人和之作。期待未来有更多的中国学者撰稿、译稿,将自己喜爱、关注、跟随的德意志法学家介绍给中国读者。

2018年中央一号文件确立了我国未来30年的乡村振兴战略,新一届全国人大计划进行相应立法。为此,南京大学中德法学研究所与长期合作伙伴、在德国和欧洲享有很高学术声誉的哥廷根大学农业法研究所于2018年11月5日至7日在南京共同举办了"中德比较法视野中的农业和农村可持续发展"国际研讨会。会议主要讨论了四个方面的内容:"农村土地的合理利用与农业农村可持续发展""可持续发展的生态农业与环境保护""可持续发展农业与农业市场规制""可持续发展农村的社会问题"。与2016年两个研究所首次合作举办"现代社会农业问题的法律应对"研讨会一样,《中德法学论坛》主要收录部分德方参会代表的优秀论文,中方代表的论文经遴选翻译将在德国的"农业法、环

〔1〕 中译本参见:[德]卡尔·拉伦茨:《法学方法论》,陈爱娥译,商务印书馆2003年版;[德]弗朗茨·维亚克尔:《近代私法史:以德意志的发展为观察重点》(上、下册),陈爱娥、黄建辉译,上海三联书店2006年版。

境法、消费者保护法丛书”中发表。[2] 这次陈小君教授提交的两篇论文因其重要性分别以中文、德文发表,是为特例。本论坛第16辑上卷选登了5篇会议论文,内容涉及可持续发展法律概念溯源、《WTO农业协定》中的可持续发展概念、我国《农村土地承包法》、可持续农业环境保护法、可持续农业经济风险规制,是理解和进一步讨论包括农村农业在内的社会经济整体可持续发展法律问题的多学科论文样本。

时隔五年,《中德法学论坛》第16辑下卷终于又推出了“欧盟法”专栏,选登四篇论文,分别涉及欧盟数据保护法、竞争法、性别平等问题和刑法中被害人地位问题的研究。以德国法和中德法律比较研究为核心使命的南京大学-哥廷根大学中德法学研究所,完全不可能回避欧盟法教学和研究的话题,因为脱离了欧盟法的欧盟成员国法不仅不再完整,而且千疮百孔,并且可以说“不了解欧盟法,就不可能了解成员国法”。反之亦然,离开了成员国法的欧盟法是苍白无力的,甚至是残缺不全的。这可能就是多年来《中德法学论坛》收录了诸多涉及欧盟法的论文却较少专设“欧盟法”栏目的缘故吧。欧盟法已经如春风化雨般无处不在又悄无声息地滋润影响着欧盟各国的法律发展。

这里还要特别提到的是第16辑上卷赵娟教授的文章《美国不成文宪法是什么——司法审查的视角》。标题乍看上去与本论坛德国法、欧盟法研究重点似乎相去甚远,实则其讨论的不成文宪法“生成”的典型场域——法院对成文宪法的解释,正是呼应了成文法系国家的核心法律问题,即成文宪法(法律)适用中的法律解释、发现和续造问题,为我们提供了英美法系国家检视这个问题的别样视角。希望通过选登这篇以“美国法”冠名的论文广而告之,关乎思想的产出,论坛从不设限。

第16辑上卷的“法律与人工智能”和下卷的“环境法”专栏是越来越受到青睐的法域,选登了王琦、刘俊杰、程雨燕、库伦(Lothar Kuhlen)四位学者的论文。如果说第16辑上卷“学术专论”栏目采撷三位教授在相关领域长期系统、深入、

[2] 2016年会议论文集(德文版)见 Xiaomin Fang/José Martínez (Hrsg.): Landwirtschaft in einer modernen Gesellschaft: Herausforderungen an das Recht in China und Deutschland, Schriften zum Agrar-, Umwelt-und Verbraucherschutzrecht (Band 76), Baden-Baden: Nomos, 2016; 2016年部分中文会议论文见方小敏主编:《中德法学论坛》(第14辑上卷),法律出版社2017年版。

原创研究成果的精华,下卷“学术专论”部分则收录了陈文涛、柴永旺、卢琦、喻露、周子实五位青年才俊的实力探索之作。

本书在体例上原则上采用中英文摘要与关键词,但考虑到德国学者的文章中使用德文摘要更能保留德国传统法教义学的精髓以及更准确地反映作者的原意,因而予以保留。

《中德法学论坛》第16辑内容如此丰富但并不庞杂,邀请各位在此阅读喜欢的论文,在阅读中欢喜。

方小敏

2019年5月12日于南京

中德法学论坛　　目　录　　第16辑·上卷

Jahrbuch des Deutsch-Chinesischen Instituts für Rechtswissenschaft der Universitäten Göttingen und Nanjing

Band 16 · Heft 1

Jahr 2019

农　业　法

中德法学论坛
第 16 辑·上卷,第 3 ~13 页

林业和农业经济中的“可持续”法律概念溯源

埃瓦尔德·恩德斯*著　林蕴华**译

摘　要:随着现代经济的快速发展,可持续的发展方式受到广泛关注。本文从可持续思想的法律发展史角度出发,系统阐述了“可持续”作为一个法律概念在其发源地德国的产生、发展与在不同经济领域内的运用。对可持续原则的发展历史的研究对于深入理解和运用这一法律概念具有深刻的历史与现实意义。

关键词:可持续原则;林业经济;农业经济;一般性法律原则

Zusammenfassung: Mit dem rasanten Wirtschaftswachstum hat das nachhaltige Entwicklungsmuster große Aufmerksamkeit gefunden. Aus der Perspektive der Rechtsgeschichte wird in diesem Beitrag systematisch die Entstehung, Entwicklung und Anwendung von „Nachhaltigkeit“ am Standort Deutschland dargestellt. Die Untersuchung der Entwicklungsgeschichte dieses Rechtsprinzips hat eine tiefgreifende historische und praktische Bedeutung für das Verständnis und die zukünftige Anwendung dieses Rechtsbegriffs.

Schlüsselwörter: Nachhaltigkeit; Forstwirtschaft; Landwirtschaft; Allgemeines

---

* 埃瓦尔德·恩德斯(Prof. Dr. Ewald Endres):德国魏恩施蒂芬 - 特里斯多夫应用科学大学森林和林业系教授。

** 林蕴华:南京大学中德法学研究所 2019 级硕士研究生。

Rechtsprinzip

一、引　言

至2013年德国可持续林业经济发展已有三百年历史,其发展源于1713年出版的时任萨克森州采矿管理员的汉斯·卡尔·冯·卡罗维茨(Hans Carl von Carlowitz,1645—1714)的《森林经济》(Sylvicultura Oeconomica)[1]一书。这本书不仅是德国第一篇独立的有关可持续性林业管理的科学性论文,而且为林业经济打下了坚实的科学基础。

基于这篇论文的发表,学界将冯·卡罗维茨视作"可持续林业之父",而德国也被认为是"可持续发展"这一概念的发源地。经过更详尽的研究我们可以确定,可持续思想及持续利用的概念其实早就产生了。这一概念在德国的发端是有史可鉴的,即林业管理中对中林和矮林的划分。这种划分方式通过对土地的划分实现木材用途上的分类和限制,从而实现木材的统一供应。已知最古老的林业分区位于朗根萨尔察(Langensalza)附近的属于美因茨教区的一片矮林,这片林地早在1264年就被划分成了九个分区。[2] 从法律史角度,可持续原则可以追溯到16世纪的林业法规中,[3]其中有着诸如"因地制宜"使用的规定,[4]以及一些更加明确的要求——不论森林的共有者还是私有者都绝不应该乱砍滥伐,因为"不仅仅是他们,他们的子孙后代也有利用木材的自然需要"。[5]

同时期乃至更早的与之相似的思想,即合理利用自然资源的思想也可以从其他文明中反映出来。印第安人对一个湖泊的命名就很好地体现了除德国外其他文化中的可持续思想,湖泊名称"Manchau gagog changau gagog chaugo

---

〔1〕 Von Carlowitz,H. C. :Sylvicultura Oeconomica.

〔2〕 Hasel,S. 214; die zugehörige Waldfläche war folglich in neun einigermaßen gleich große Einheiten geteilt; jährlich wurde eine andere Einheit abgenutzt,so dass man im Turnus von neun Jahren wieder auf dieselbe kam. 所属的土地被分成等量的九份;九年一轮回,每年都有一块土地进行休耕。

〔3〕 Mantel,1990,S. 380.

〔4〕 Weistum der Osterwalder Mark von 1557(Grimm,Band 3,S. 176).

〔5〕 Meuerer,S. 5,wo die Oberpfälzer Forstordnung von 1565 wiedergegeben ist.

gagog amaug”[6]的寓意大致是说:我们都只在各自的一岸捕鱼,湖泊中央无人捕鱼。其他更多的例证则可以追溯到古代的农业文明中。[7]

综上所述,可持续原则也许并不是起源于德国或者中欧地区,而是起源于别的地区——更准确地说,于更加古老的文明中产生的。但汉斯·卡尔·冯·卡罗维茨所作的研究和德国林业经济的先驱性论述了该原则,并随后全面发展了该原则,由此看来,该原则起源于德国的说法也并不为过。

二、可持续发展的起源

(一)概念化与内容上的发展

“可持续性”这一概念源于捕猎业。狩猎者和采集者都为维持生计而苦苦奔波。迄今已知的文明史中,猎人和采集者都属于文明最初的萌芽阶段。[8] 从那时起,人们就总是关注如何长久地维持自身的生存基础这一问题。[9] 早些时候,德语中表示“可持续性”之意的旧词“Nachhalt”就有在紧要关头可供使用的库存之意。[10] “可持续性”一词的词根“nachhalten”所含有的“保存、保管”之意,可以上溯到不伦瑞克(Braunschweig)的一本14世纪的文献志中。[11]

但可持续原则并不是通过捕猎业,而是通过林业经济的发展进行推广传播的。在林业经济中,它逐步形成了一个自觉的经济系统,并最终发展成为一项法律原则。

(二)过度开采为可持续原则的发展起点

“可持续性”这一概念始于人们对森林的过度开采。虽然早期德国森林覆盖率很高,但在公元8世纪时开始了一场旷日持久的、于公元1100年至公元1300年发展到顶峰的开垦行动。[12] 这一行动的诱因是人口激增导致的,至今

[6] Spindler, S. 2.

[7] Vogt, S. 114.

[8] Mathis, S. 70.

[9] Birnbacher/Schicha, S. 25.

[10] Seidel, S. 102.

[11] Deutsches Rechtwörterbuch, S. 1182.

[12] Hasel, S. 42.

仍存在的由游牧人口向定居的转变趋势及其带来的对居住用地、农耕用地以及畜牧用地的需求的增长。[13] 人们认为,公元9年至公元1100年德国西部人口成倍增长,到公元1200年增长了四倍,[14]导致对木柴和建筑用材的需求同步增长,加重了森林资源的开发压力。这最终使人们陷入了导致木材紧缺的滥采滥伐之中。

三、可持续原则与林业经济

(一)判例汇编与林业法规

为应对森林资源的过度开发及其所带来的经济问题,限制开垦和森林利用迈出了法律进程上的第一步。第一部地方林业法规即所谓的判例汇编(Weistümer)于12世纪生效,[15]其主要将禁止滥采滥伐和保证本地农民和手工业者自给自足作为目标。随着地区政权实力的增强,当时的地区领主接手了保护森林的任务。[16] 20世纪中期,超地域性的林业和木材市场法规随后出现,它不仅规范了林业资源的开采,还提出了促进森林的再生化。[17] 这已经远远超过之前设定的防止过度开采林业资源的目标,更形成了一个能够保障稳定且可持续的燃料和建筑木材供应的林业管理模式。至此,可持续发展就作为一个经济和法律性原则体现在众多的林业法规中。[18] 森林不仅被视为当下的可用资源,以长远的眼光看,它还为人类的后代提供了更多利用的可能。

(二)汉斯·卡尔·冯·卡罗维茨

"可持续性"这一术语是时任萨克森州采矿管理员的汉斯·卡尔·冯·卡罗维茨所提出的。他的这一思考源于德国厄尔士山脉地区(Erzgebirge)对采矿

---

〔13〕 Mantel,1990,S. 58.

〔14〕 Mantel,1990,S. 58.

〔15〕 Hasel,S. 52.

〔16〕 Mantel,1990,S. 232 f.

〔17〕 So z. B. die Forstordnung von Speyer von 1442 oder die Holzordnung für die Oberpfalz,wörtlich wiedergegeben in Mantel,1980,S. 973.

〔18〕 So z. B. in der Oberpfälzer Forstordnung von 1565 und der Rheinpfälzer Forstordnung von 1572.

用木材的巨大需求。矿井的扩建和矿石的冶炼过度消耗木材，以至于采矿业陷于停滞状态中。再加上“远水解不了近渴”，从外地运来采矿用木材，从经济角度来看并非长久之计。在他1713年出版的著作《森林经济及关于野生树育种的所有人信息和顺应自然的指南》（Sylvicultura Oeconomica oder Haußwirthliche Nachricht und Naturmäßige Anweisung Zur Wilden Baum-Zucht）中，鉴于当时萨克森州的木材短缺问题，他不仅强调了可持续发展这一思想，更指出了在当时过度开垦的地区重新造林和对森林的保护迫在眉睫。这传达了一种现代林业思想，同时也标志着一个新时代的开始。[19]

在卡罗维茨将“可持续性”一词引入德国林业经济并赋予其沿用至今的意义后，在接下来的几十年乃至几个世纪里，这个词也陆续为周边其他国家所采用。

更有趣的是，英语中的“可持续性”术语（sustainability）的产生也可被视为受到德国移民作家威廉·施利希（William Schlich）的影响。19世纪时，他将自己对德国林业经济的认识成文发表。在这部影响英国林业经济发展的作品中，他反复提到了“可持续产量”[20]或“可持续年产量”[21]的概念。

之后，“可持续发展”这一概念除了在英语和德语世界中，也在整个世界范围内以及在众多不同的生活领域中传播开来。当今，这一概念中的“持续起作用”这一含义依然被广泛地用于日常用语中。[22]

（三）现代林业经济的发展

由于缺少明确的关于木材储备以及增加树种和繁育地的设想，早期关于可持续性的规定的适用对象仅局限于区域评估。与之相关的，这种办法（所谓的区域划分办法）的实行在中林和矮林中相对容易，人们在中林和矮林中对土地进行尽可能等量的划分，土地用途可每年循环交替。[23] 如此的尝试是由于每年稳定的木材需求，尤其是对在冬天作为中欧地区人们生存必需品的木柴的需求。相对于矮林和中林，这种办法的实施在乔林中更加困难。为解决这一问

[19] Hasel, S. 222.

[20] Schlich, Band III, S. 4, 161, 194, 214, 223, 230, 277, 280, 285, 286, 303, 312, 325.

[21] Schlich, Band III, S. 146, 151, 195, 276, 277, 306, 335.

[22] Spindler, S. 3.

[23] Hasel, S. 214.

题,人们只能实行重新造林的办法。因地制宜改良后的第一个办法就是,人们根据树龄对森林进行划分,区分幼龄林、成熟林和过熟林;与此同时,人们还对林木进行了简单的长势估计。[24] 由此,德国林业经济的发展不再仅仅注重单纯的土地划分,而是用这种可以保证相同的木材供应量的更复杂的方法取而代之。这种符合可持续原则的林业管理办法直到19世纪仍然在德国林业中有着举足轻重的地位。[25]

18世纪末,基于对木材储备和木材生长及测量方法的更准确的了解,人们提出了对于持续供应和尽可能高效的木材利用的设想。可持续原则的发展达到了顶峰并全方位地影响着德国林业经济的发展。由于在1795年发表《林业税收指南》(Anleitung zur Forsttaxation)一文,乔治·路德维希·哈尔蒂希(Georg Ludwig Hartig)被视为古典森林管理学的创始人,他在1800年制定了发展林业经济的基本规则,其中很大一部分甚至对今天的林业经营还有着指导意义。

(四)可持续原则在道德原则上的延伸

19世纪时,可持续原则的发展已经超越了初期的保证木材稳定供应的理念,其中增加了关于森林生态和美学功能的内容,虽然这对森林所有者来说可能不那么重要。如此,对可持续原则的理解就不仅局限于对具有木材生产能力的森林的保护,而是将森林作为一个整体的多功能系统看待。[26] 因此,如今的林业经济中的可持续原则涵盖了森林所有的积极功能;除纯粹的经济效益外还有生态效益、社会效益等,如利用功能和保护功能,或换言之,利用性、保护性和娱乐性功能。此外,在代际正义(Generationengerechtigkeit)思想下,林业可持续发展意味着"对森林有形或无形功能的永续利用都应造福当下和后世"。[27]

(五)德国《联邦森林法》颁布以前,20世纪森林法的法律规定

早在19世纪末,森林的适度开发与适度管理这两个概念就往往被并行地使用。有时也是在相同的意义上被使用。这些属于在今天看来已经约定俗成的术语,也被后来不同的法律法规采纳用以规范林业经济的发展。例如,1924

[24] Hasel, S. 215.

[25] Mantel, 1990, S. 379.

[26] Mathis, S. 77.

[27] Peters, S. 36.

年 2 月 7 日颁布的《促进林业和畜牧业发展条例》(Verordnung zur Förderung der Forst-und Weidewirtschaft),1937 年 7 月 30 日的《促进木材生产条例》(Verordnung zur Förderung der Nutzholzgewinnung)以及 1943 年 5 月 7 日颁布的《森林协会组建条例》(Verordnung über die Bildung von Forstverbänden)。[28]

“可持续”一词也在 1938 年 7 月 6 日颁布的《关于消灭信托世袭制度的法律》(Gesetz über das Erlöschen der Familienfideikommisse)中与林业经济有关的部分以及 1939 年 12 月 21 日的《关于解除信托制度中的林业保护条例》(Waldschutz bei der Fideikommißauflösung)中被使用。

1942 年 2 月拟定的《帝国森林法》(Reichsforstgesetz)草案第 15 条第 1 款中规定:“为保障全体公民的利益,森林拥有者应该以实现最高效的木材生产为目标,保护性地、可持续性地、有计划地、并在专业指导下对自身所有的林业资源进行经营管理。他们有责任保证并尽力提升森林资源的生产力。”这一先驱表述以及林业法角度的诠释,影响着后世法律的用词,并且从林业法律学角度上看,可以被视为现行《联邦森林法》(Bundeswaldgesetz,BWaldG)颁布之前州际层面林业立法的参考。[29]

(六)《联邦森林法》

1975 年德国颁布了沿用至今的《联邦森林法》。根据其中第 1 条内容,这部《联邦森林法》力求通过保护森林,必要时采取人工造林的方法,对其进行适度经营管理,实现保障其可持续发展的目的。由于以下几个原因,这一措施被认为是林业立法中不可或缺的:出于其使用功能(尤其是原木的生产)、出于其保护功能(关于自然环境的生产力及其对气候、维持水平衡、净化空气、保证土壤肥力、地形景观塑造以及在农业和基础设施方面的影响)以及出于森林的休养功能。[30] 以上这些都反映了早在 19 世纪就发展起来的可持续发展和发展多功能林业的原则。

除了林地用途变更的批准义务的(Genehmigungspflicht für die Umwandlung von Wald)要求(《联邦森林法》第 9 条规定),确保可持续的森林管理是

---

[28] Peters, S. 104.

[29] So z. B. für das Hessische Forstgesetz vom 10. November 1954 und das Landesforstgesetz Rheinland-Pfalz vom 16. November 1950.

[30] Endres, S. 81.

森林维护的重要手段。《联邦森林法》第11条中给出了更详细的规定。该条款自1975年颁布以来至今未作任何修改。据此条款,应该在森林的特定目的范围内,对其进行适度的、可持续的经营管理。此外,《联邦森林法》第11条还规定,各联邦州制定本州的森林法时,至少应该规定森林所有者在规定时间内在再生林生长困难的荒地或森林覆盖率较低的土地上进行人工造林的义务。《联邦森林法》第12条及第13条作出了专门针对防护林及风景林的规定。

尽管州林业法在很大程度上超出了《联邦森林法》所规定的最低要求,并且更加详尽地描述了适度和可持续经营的内容,但仍需注意的是,在森林或林业立法中体现的可持续原则并未显示出很多内容上的分化,[31]据此——除了关于保护森林方面对可持续发展的规定,不同法律对可持续原则的规定具体而微。但作为一种理念和法律原则,可持续思想已经被引入许多法律领域。

四、可持续原则与农业经济

(一)农业领域中的可持续原则

由于农业生产周期远不如林业生产周期长,再者土壤肥力对耕地和草地的影响较大,可持续原则在农业方面的作用也就没有很明确地与其在林业经济中的影响区分开来。

据推测,欧洲最早的可持续农业应该是罗马帝国时期的"轮作休耕制度"(Landwechsel)。在这一生产模式下,每年土地都被一分为二,只有一半土地用以种植作物,另一半休耕。公元8世纪,又从这种土地二分的轮作制度发展出了土地三分的轮作制度(Dreifelderwirtschaft),土地三分的轮作制度在11世纪前就已经传播到中欧其他地区,并且被视为9世纪以来人口快速增长的重要原因。

根据土地三分制,一块农业用地被分为三个部分。三份土地交替进行为期一年的休耕,其他两部分用以种植夏季和冬季作物。在休耕地上,土壤自身可以进行更新,同时通过在休耕土地上畜养牲畜,用牲畜粪便来增加土壤

---

[31] Vgl. dahingehend auch Rehbinder, NVwZ 2002 S. 657, 659 f.

肥力，由此保证土壤肥力不会流失。通过其与作物轮作相结合，土壤肥力得以保持或恢复。

16 世纪开始，科技进一步发展，人们对良种进行选育，农业迅速发展导致土地三分的休耕轮作制在 18 世纪被弃用。由于尤斯图斯·冯·李比希（Justus von Liebig）在 1840 年证明了使用矿物肥料的合理性，机器取代了役畜，农业化学的发展拉开了现代农业的序幕。

和中世纪巩固土壤肥力内循环的土地三分制相比，如今德国的现代农业发展模式反而被认为是不可持续的，且是一种破坏生物多样性、随意排放破坏气候的温室气体、造成土壤恶化以及污染地表水的做法。[32] 之后在 19 世纪 20 年代建立的生态农业正与之相反，在生态农业概念基础上，德国在近几十年对越来越多的土地采取保护环境、节约资源的经营方式。[33] 在生态农业发展进程和生活资料生产上掀起了可持续发展思想的复兴。[34] 对于传统农业而言，在“良好的专业性实践”（gute fachliche Praxis）原则的框架下人们应该更加致力于对自然资源的可持续利用。

和林业经济一样，农业也可以有多种功能。据欧盟领导人在 1997 年卢森堡欧洲农业模式峰会（Gipfeltreffen in Luxemburg 1997 zum europäischen Agrarmodel）上得出的结论，欧洲农业经济必须朝着多功能、可持续、更具竞争力的方向发展。[35] 1988 年的部长理事会（Ministerrats-Kommunique）强调，“除最基本的供应粮食的作用外，农业还应该能够塑造景观，兼具环境效益，如保护土地、对可再生自然资源进行可持续管理、保护生物多样性，并对增强农村地区社会经济活力做出贡献”。[36]

---

〔32〕 Klöpfer, NuR 2018, S. 11; Ammermüller, ZUR 2009, 250; Ekardt, ZUR 2008, 169 f.; Möckel, NuR 2008, 832; Raschke/Fishan, ZUR 2006, 57; Kantelhardt/Heissenhuber, in: Brunner/Schönberger, S. 26 f.

〔33〕 Zuletzt waren es 8,2% der landwirtschaftlichen Nutzfläche, die ökologisch bewirtschaftet wurden, vgl. BLE-Strukturdaten, Stand: 31. 12. 2017.

〔34〕 Brunner/Schönberger, S. 14 f.

〔35〕 Fischler 1998, zitiert in: Heißenhuber/Lippert, 2000.

〔36〕 OECD 1998, zitiert in: Heißenhuber/Hoffmann, 2002.

(二)可持续原则在农业经济中的法律化

与以《联邦森林法》为大纲制定的林业法律法规不同,农业法分散在许多法律法规中。据此除了特别法(其中特别是关于植物保护法、化肥和土壤保护法及其他一些关于生存资料、动物保护、饲料、废物、排放和水资源保护以及基因工程的特别条款),尤其要遵守以下"良好的专业性实践"原则:

1. 农业管理因地制宜,土壤肥力和土地长期可用性得到可持续性保障;

2. 用以实现保证农产品可持续产量的必要措施不应该破坏土地的自然特征(包括土壤质量、水分、植物群、动物群);

3. 保护联结生物群落的必要的地形因素;

4. 畜牧业和种植业平衡发展,避免对环境的不利影响;

5. 在受到侵蚀的斜地、洪水泛滥的地区、地下水位高的土地以及沼泽地上避免绿地退化。

尽管如以上已经提到的《联邦森林法》第11条在内的法律法规已经对森林的适度可持续经营进行了具体的规定,人们还是认为由于其只是偏重呼吁[37]并且要求太过于模糊[38],《联邦自然保护法》第5条第2款不具有可行性。但是,如果忽视了农业发展中的可持续原则,就会导致法律和财务特权的丧失,因此人们也逐渐重视农业经济中可持续原则的运用。

五、可持续原则作为一般性法律原则

从林业领域发展出的可持续原则或可持续发展思想也与许多其他全球性环境问题有关,因此可持续原则逐渐成为经济和社会所有部门的基本准则。

1987年《布伦特兰报告》(Brundtland-Definition)将其定义为"可持续发展是一种既满足当代人的需要,又不危害后代人需要的发展模式",[39]这引起了关于可持续原则和可持续发展的第一次全球性的讨论。在德国,可持续原则在

---

〔37〕 Endres, in: Frenz/Müggenborg, § 5 Rn. 8.

〔38〕 Schäfer/Keller, in: Düsing/Martinez, BNatSchG, § 5 Rn. 11.

〔39〕 Vgl. dazu den 1987 von der Weltkommission für Umwelt und Entwicklung der Vereinten Nationen unter dem Titel „Our Common Future" veröffentlichten Brundtland-Bericht, S. 51.

包括环境保护法在内的许多法律领域，如规划和区域规划法[40]、建筑法[41]、水法[42]甚至宪法[43]中确立起来，可持续原则逐渐成为一般性的法律原则[44]。

尽管“可持续性”这一术语在当下已经更多地成了口号性话语，并且现在这一术语的具体用法几乎与它在林学中的起源无关，但它依然包括以下几个意义：自然资源是社会发展的经济和生态基础；自然资源是有限的；可持续原则致力于反对人类中心主义，防止人类生存危机的威胁。[45]

---

〔40〕 Vgl. § § 1 Abs. 1 und 2 Abs. 2 ROG.

〔41〕 Vgl. § 1 Abs. 5 BauGB.

〔42〕 Vgl. § 1 WHG.

〔43〕 Vgl. Art. 20a GG und zum nicht aufgenommenen Art. 20b GG ausführlich: Wieland, Verfassungsrang für Nachhaltigkeit.

〔44〕 Dazu ausführlich: Gehne, Nachhaltige Entwicklung als Rechtsprinzip.

〔45〕 Dieckmann-von Bünau, S. 3.

中德法学论坛
第 16 辑 · 上卷,第 14 ~28 页

《世界贸易组织农业协定》中的可持续发展概念

马伦 · 米勒 – 门策尔*著　周　彤**译

摘　要:本文主要通过《WTO 农业协定》来考察农业可持续发展道路,从 1972 年《增长的极限》(Limit to Growth)到 1987 年的《布伦特兰报告》,可持续发展的定义在不断发展。2012 年里约热内卢会议发表了名为《我们渴望的未来》的文件,提出了 17 项可持续发展目标,突出了可持续发展与世界贸易之间的联系。其中农业的特殊功能导致农业贸易常受益于补贴,因此《WTO 农业协定》通过一项特别协议以规范多边农产品贸易,致力于在全球层面就可持续发展达成共识。

关键词:可持续发展的内涵;WTO 农业协定;农业补贴

Zusammenfassung: Dieses Papier untersucht hauptsächlich die nachhaltige Entwicklung der Landwirtschaft im Rahmen des WTO-Übereinkommens über die Landwirtschaft. Von „Limit to Growth" im Jahre 1972 bis zum „Brundtland-Bericht" im Jahr 1987 wird die Definition der nachhaltigen Entwicklung ständig weiterentwickelt. Auf der Konferenz in Rio de Janeiro 2012 wurde ein Dokument

---

* 马伦 · 米勒 – 门策尔(Maren Müller-Menzel):德国哥廷根大学农业法研究所博士生、助理。

** 周彤:南京大学中德法学研究所 2018 级硕士研究生。

mit dem Titel „The Future We Want“ veröffentlicht, das 17 Ziele für eine nachhaltige Entwicklung enthält. Das Dokument zeigt die Verbindung zwischen nachhaltiger Entwicklung und Welthandel auf. Da die besonderen Funktionen der Landwirtschaft dazu führen, dass der Agrarhandel häufig von Subventionen profitiert, schließt das WTO-Übereinkommen über die Landwirtschaft ein besonderes Abkommen zur Regulierung des multilateralen Agrarhandels ab und verpflichtet sich zu einem Konsens über nachhaltige Entwicklung auf globaler Ebene.

Schlüsselwörter: Inhaltliche Bedeutung der nachhaltigen Entwicklung; WTO-Agrarabkommen; Agrarsubventionen

一、导　　言

“可持续发展不仅是现代国际法的原则,它是人类文化传统中最古老的理念之一。”[1]

可持续发展概念在国际和国家层面已取得了越来越重要的地位。在世界贸易组织的国际贸易法中,可持续发展也扮演着重要的角色。[2] 农产品贸易是国际贸易的重要领域之一,《世界贸易组织农业协定》(以下简称《WTO 农业协定》)对其作出了专门的规定。在农业贸易领域,要达成多方共识存在重重困难,这对国际农业贸易法律提出了巨大的挑战。多哈回合谈判基本上未能就农产品达成共识,这同样说明了上述问题。

《WTO 农业协定》中的规则反映了目前在多边层面就农产品国际贸易可能达成的共识。该协定表明,现行立法在多大程度上考虑到了农业的可持续发展问题。

二、国际法中的可持续发展

可持续发展不仅仅是一个在国际法文本上被呈现的概念。可持续性似乎

---

[1] Gabcikovo-Nagymaros-Fall, IGH, 1997, Separate Opinion of Vice-President Weeramantry, S. 107.

[2] Segger in: Gehring/Segger (Hrsg.) Sustainable Development in World Trade Law, S. 17ff.

已经成为各个政策领域的基本行为准则。[3] 因此有必要探讨,这个概念是如何产生的,它包含何种内容以及它在国际法中处于何种法律地位。

(一)历史发展

在所有的文化中皆存在可持续行为和可持续经济的概念。早期原住民便维持着可持续的生活方式。[4] 那么如何重新诠释这一人类本质上所固有的概念呢?

工业革命强调利益、交换和效率,而贬斥平稳的经济理念。因此,诸如环境等因素被逐渐抛之脑后。[5] 工业化进程的影响起初不是社会考虑的主题。1972年一篇名为《增长的极限》的报告阐明了如此行为会造成的后果。世界人口、工业化、污染以及粮食生产等增长因素与地球的绝对增长极限有关。[6] 由此衍生出关于经济活动的后果及其正确性的讨论。[7] 我们今天讨论的可持续发展的概念,起源于20世纪晚期的关于经济增长的辩论。[8] 与此同时,国际法上可持续发展的概念得以发展。[9]

1987年,世界环境与发展委员会(WECD)编写了《我们的共同未来》报告(即《布伦特兰报告》)。[10] 这份报告致力于在2000年之前在全球范围内形成一个长期可行的、环境友好型发展的观点。[11] 在该报告的上下文中首次确定

---

[3] Gehne, Nachhaltige Entwicklung als Rechtsprinzip, S. 71.

[4] Housman, Sustainable Living: Seeking Instructions for the Future: Indigenous Peoples' Traditions and Environmental Protection, S. 141.

[5] Mathis, Nachhaltige Entwicklung und Generationengerechtigkeit, S. 89.

[6] Meadows et al., The Limits to Growth, S. 23.

[7] Mathis, Nachhaltige Entwicklung und Generationengerechtigkeit, S. 90 ff.

[8] Weitergehend: Mathis, Nachhaltige Entwicklung und Generationengerechtigkeit, S. 93. 他将可持续发展视为增长话语的结果,并将其视为可持续发展概念的延伸。

[9] Voigt, Sustainable Development as a Principle of International Law, S. 13.

[10] World Commission on Environment and Development, initiiert durch: UN-Generalversammlung, Resolution 38/161, 29, Dezember 1983.

[11] 联合国大会1987年12月11日第42/161号决议,"批准理事会决定设立政府间闭会期间筹备委员会,以协助其履行其在环境展望方面的任务,并在这方面向其报告,以便其在工作的早期阶段向环境展望特别委员会阐明理事会对其所希望的事项的期望,并接受委员会审议……"

了世界上大部分人口的贫困和可能威胁地球生存的环境破坏。[12] 根据世界范围内的讨论，世界环境与发展委员会致力于寻求环境保护与经济发展之间的平衡。对于这些方面的总体考虑最终形成了可持续发展的概念。[13]《布伦特兰报告》的成果载于大会决议之上，决议表明可持续发展应成为联合国和各类非营利组织的核心指导原则。[14]《布伦特兰报告》中最终提出了可持续发展的定义："可持续发展是在不损害子孙后代满足自身需求能力的前提下，满足当前需求的发展。"[15]

当前可持续发展理念已经成为一项全球性的基本原则，[16]成为联合国后续若干会议的议题，并在全球范围内广泛传播。1992 年联合国关于环境与发展的会议（以下简称环发会议）[17]共通过了五份文件，所有这些文件都与可持续发展概念有关。[18] 尽管工业化国家和发展中国家之间存在利益冲突，但还是达成了妥协，会议的成果在五份文件中被记录下来并取得了成功。[19] 环发会议是将可持续发展确立为国家和国际政策目标的里程碑。这五份文件对可持续发展的法律因素也产生了影响。[20]

2012 年联合国可持续发展大会里约热内卢峰会讨论了可持续发展制度上的框架条件，[21]但仍然无法就强制监管体系达成共识。[22] 会议决定建立一个

---

〔12〕 Bugge/Voigt, Sustainable Development in International and National Law, S. 5.

〔13〕 Bugge/Voigt, Sustainable Development in International and National Law, S. 6.

〔14〕 UN-Generalversammlung, Resolution 42/161, 11. Dezember 1987.

〔15〕 WCED, „Our Common Future“, S. 41.

〔16〕 Voigt, Sustainable Development as a Principle of International Law, S. 16 f.

〔17〕 UN Conference on Environment and Development.

〔18〕 具有法律约束力的条约包括《生物多样性公约》和《气候变化框架公约》。不受约束的改革议程包括：21 世纪议程，《关于环境与发展的里约宣言》以及《森林原则》。

〔19〕 Mathis, Nachhaltige Entwicklung und Generationengerechtigkeit, S. 139.

〔20〕 Braune, Rechtsfragen der nachhaltigen Entwicklung im Völkerrecht, S. 50.

〔21〕 Mathis, Nachhaltige Entwicklung und Generationengerechtigkeit, S. 155.

〔22〕 Beisheim, Die Agenda 2030 für nachhaltige Entwicklung, S. 256; UN-Generalversammlung, Resolution A/RES/66/288 (11. 09. 2012), Abs. 85.

开放的工作小组,来负责对建立强制监管体系的目标进行具体化。[23] 这次峰会的结果记录在题为《我们期望的未来》的会议纪要中。[24] 这为2015年9月25日通过的《2030年可持续发展议程》[25]铺平了道路。在第70届联合国大会期间,制定了17项具体的可持续发展目标。[26] 可持续发展目标既是联合国千年发展目标[27]的结果,也是开放工作小组制定的可持续发展目标的结果。因此,《2030年可持续发展议程》的内容一方面受千年发展目标主题的影响,另一方面也寻求强有力地推动生态、经济和社会层面的可持续发展。[28]

《2030年可持续发展议程》首次就建立监管体系以确保目标得以遵守达成了一致意见。[29] 但不足之处在于,由于该监管体系是自愿加入的,因而受制于每个国家在政治上的裁量空间和对相关事务的优先级。[30] 尽管如此,监管体系的引入仍然是制度上的进步,因为在2012年这个问题尚未达成共识。这是否有助于可持续发展目标的有力实施还有待观察,并且必须由国家实践来证明。

(二)可持续发展的内涵

目前问题在于可持续发展概念究竟包含哪些内容,以及如何使其具体化。《布伦特兰报告》强调可持续发展概念的代际正义,[31]《2030年可持续发展议程》则将其具体化为实现环境、经济和社会之间的平衡:"我们今天宣布要实现的17个可持续发展目标和169个指标,展示了这一新的普遍议程的规模和雄心。……它们是一体化的、不可分割的,平衡了可持续发展的三个方面:经济、

---

[23] UN-Generalversammlung, Resolution A/67/L. 48/Rev. 1 (15. 01. 2013); UN-Generalversammlung, Resolution A/RES/66/288 (11. 09. 2012), Abs. 248.

[24] UN-Generalvesammlung Resolution, A/RES/66/288 (11. 09. 2012): „The Future We want."

[25] Auch Post – 2015 Agenda genannt.

[26] UN-Generalversammlung, Resolution A/Res/70/1 (21. 10. 2015).

[27] UN-Generalversammlung, Resolution A/Res/55/2 (18. 09. 2000).

[28] Beisheim, Die Agenda 2030 für nachhaltige Entwicklung, S. 255.

[29] UN-Generalversammlung Resolution, A/Res/70/1 (21. 10. 2015), Abs. 72.

[30] UN-Generalversammlung Resolution, A/Res/70/1 (21. 10. 2015), Abs. 74 a).

[31] 《布伦特兰报告》第5条:"可持续发展是在不损害子孙后代满足自身需求能力的前提下,满足当前需求的发展。"

社会和环境。"[32]

"可持续发展"这一概念的措辞表明了环境与发展之间的关系。[33] 国际法院关于盖巴斯科夫—拉基玛洛工程案(Gabcikovo-Nagymaros)的判决也证实了这一点。[34] 但是,如何具体展开可持续发展概念的内容是各种观点争论的焦点。解释模型的多样化恰恰表明可持续发展概念并没有具有普遍约束力的法律定义。[35]

国际法协会(ILA)将可持续发展定义为7个目标,[36]而《2030年可持续发展议程》则规定了17个可持续发展目标。[37] 其中有如下四个要素被反复提及:代际正义观念、可持续利用原则、合理使用原则和一体化原则。[38] 尽管存在不同的观点,但一体化原则是最为根本的。[39] 一体化原则要求,对可持续发展原则所保护的利益进行衡量与协调。可持续发展理念并不认为特定的利益要具有优先性,而应当在个案中对各方利益进行衡量后得出差异化的解决方案。[40]

---

[32] UN-Generalversammlung, Resolution A/Res/70/1(21. 10. 2015), Präambel.

[33] Beyerlin, Umweltvölkerrecht, § 4 Rn. 33.

[34] Gabcikovo-Nagymaros-Fall, IGH, 1997, Art 140: "This need to reconcile economic development with protection of the environment is aptly expressed in the concept of sustainable development."

[35] Vgl. Gehring, Nachhaltigkeit durch Verfahren im Welthandelsrecht, S. 21.

[36] ILA, New Delhi Declaration, ILA Resolution 3/2002, UN Doc. A/57/329.

[37] UN-Generalversammlung, Resolution A/Res/70/1(21. 10. 2015).

[38] Sands/Peel, Principles of international environmental law, S. 207; Braune, Rechtsfragen der nachhaltigen Entwicklung im Völkerrecht, S. 58.

[39] World Bank, World Development Report 2003, S. 14; Voigt, Sustainable Development as a Principle of International Law, S. 36; Proelß in: Vitzthum/Proelß, Völkerrecht, S. 430.

[40] ILA, Committee on International Law on Sustainable Development, Berlin Conference 2004, S. 13: "Moreover, as noted above, a key feature of the approach of this committee should be its reliance on the principle of integration, not only as a substantive principle of international law in this area but also as a practical tool by which issues relevant to sustainable development can be synthesised."

(三)WTO 法的重要性

随着 WTO 争端解决机制的法律化,世界贸易组织获得了国际法领域独一无二的可执行性。[41] 因而有疑问的是,国际协定日渐重视可持续发展,这对于世界贸易组织的相关法律具有何种意义。

《关于争端解决规则与程序的谅解》第 3 条第 2 款要求,应当根据国际法上的传统解释规则来解释《关于争端解决规则与程序的谅解》的规定。传统的解释规则载于《维也纳条约法公约》(VCLT)第 31 条。世界贸易组织上诉机构也强调,世界贸易组织与国际法不能人为地割裂。[42] 因此,世界贸易组织并不是一个完全脱离国际法其他方面的组织。相反,世界贸易组织的规则与国际法密切相关。根据《维也纳条约法公约》第 31 条第 3 款 c 项,"应与上下文一并考虑者尚有适用于当事国间关系之任何有关国际法规则",包括从条约、习惯法或一般法律原则中产生的所有规则。[43] 因此,可持续发展在国际法中的定位对于世界贸易组织法的适用和解释也是非常重要的。

(四)国际法上的定位

理论上有大量文献致力于探讨可持续发展理念在国际层面的发展及其法律上的定位。但是对于可持续发展在国际法上的定位,目前仍未达成共识。[44]

可持续发展概念内容上的不确定性可能会限制其具体法律定位的可能性。[45] 但是出现这种情况的前提,是术语的确定性及其法律性质的先决条件。概念术语的确定性及其法律性质应当作为两个问题区别对待。[46] 因此,不能总

[41] McDonald, Politics, Process and Principle: Mutual Supportiveness or Irreconcilable Differences in the Trade-Environment Linkage, S. 528.

[42] Appellate Body Report, United States-Standards for Reformulated and Conventional Gasoline('US-Gasoline'), WT/DS2/AB/R, 1996, S. 17.

[43] Linderfalk, On the Interpretation of Treaties, S. 177.

[44] Braune, Rechtsfragen der nachhaltigen Entwicklung im Völkerrecht, S. 82.

[45] Ketteler, Der Begriff der Nachhaltigkeit im Umwelt-und Planungsrecht, S. 521; Gehne, Nachhaltige Entwicklung als Rechtsprinzip, S. 180; Beaucamp, Das Konzept der zukunftsfähigen Entwicklung im Recht, S. 84.

[46] Barral, Sustainable Development in International Law, S. 385.

是因为概念的模糊性而断然否定其法律意义。[47] 可持续发展概念虽然难以界定,但这没有削弱其潜在的法律意义。诸如"正义"或"和平"之类的其他抽象术语也无法明确界定,但并不能因此否认它们在法律上的重要性。[48] 不能因为概念的模糊而否认其属于《国际法院规约》第38条第1款a项到c项意义上的国际法渊源。

可持续发展可见于无数决议、行动计划和国家宣言。[49] 可持续原则是许多被归为"软法"的文件的主题。[50] 所谓"软法",是指正在形成的国际法实践中的行为规则,但不属于《国际法院规约》第38条第1款a项到c项所述的渊源。它们通常是指国际法上不具有约束性的目的声明。[51]

此外可持续发展概念也被记载于共计300部国际条约中,其中112部是多边条约。[52] 通过国际条约,可持续发展观念可以对国家产生约束力。[53]

当前可持续发展概念由于被反复使用而逐渐发展成为国际习惯法。国际习惯法的形成包括两大要素:客观上的一般性实践(consuetudo),主观上适当的法律确信(opinio juris)。[54] 在国际条约中提及可持续发展并不否认将其归入国际习惯法。因此,国际习惯法出现在国际条约中是可能的。同时国际习惯法由于被国际条约反复提及而不断发展。国际条约也是国际习惯法形成的催化剂,因为国际条约的内容反映了各国的实践,从而可以证明存在形成国际习惯法的客观要素。[55] 可持续发展被记载于决议、行动计划和国家声明中,这本身便可被视为存在国家实践的一个例证。然而问题在于,概念缺乏统一的定义可能表明缺乏统一的法律确信。至少如果各国的实践并没有指向统一的具体行

---

〔47〕 Mathis, Nachhaltige Entwicklung und Generationengerechtigkeit, S. 209.

〔48〕 Braune, Rechtsfragen der nachhaltigen Entwicklung im Völkerrecht, S. 68.

〔49〕 Barral, Sustainable Development in International Law, S. 383 f.

〔50〕 Epiney/Scheyli, Strukturprinzipien des Umweltvölkerrechts, S. 77.

〔51〕 Heintschel von Heinegg in: Ipsen (Hrsg.) Völkerrecht, § 20 Rn. 20.

〔52〕 Barral, Sustainable Development in International Law, S. 384.

〔53〕 Epiney/Scheyli, Strukturprinzipien des Umweltvölkerrechts, S. 77.

〔54〕 Herdegen, Völkerrecht, § 16 Rn. 1.

〔55〕 Vgl. IGH, North Sea Continental Shelf Cases, ICJ Reports, 1969, S. 43 Abs. 74.

为时,就不能认为存在法律确信。[56] 这对于国际习惯法的产生会有何种影响,存在不同的评价。人们往往认为概念的模糊性无法形成相应的法律确信,因此否定可持续发展是国际习惯法。[57] 但是,如果认为有必要区分术语的确定性及其法律性质,则会得出不同的观点。[58] 部分学者便认为可持续发展就是一项国际习惯法上的原则。[59]

《国际法院规约》第38条第1款c项进一步将"一般法律原则为文明各国所承认者"规定为国际法的第三个渊源。这指的是得到大多数国家法律制度公认的基本法律原则。[60] 因此这一国际法渊源源于国内法,而上升到国际法层面。[61] 尽管可持续发展概念在各个国家的法律制度中日益重要,但尚无法查明存在具体的法律义务。因此不能证明可持续发展观念已经成为国家法律制度中的法律原则,进而上升为一般的国际法原则。[62]

可持续发展原则已经载入一些国际条约。[63] 还有人认为,它是国际习惯法的原则。可见可持续发展原则在国际法中已经具有法律地位。

另一个问题则是如何从可持续发展概念中推导出具体的义务。这个问题源于这一概念在内容上的模糊性。总的来说该术语缺乏可操作性,术语清晰性的缺乏给各国带来的自由裁量权使其实施更加困难。[64] 因此法律可操控性相

---

〔56〕 Barral, Sustainable Development in International Law, S. 388.

〔57〕 Beyerlin/Marauhn, Rechtsetzung und Rechtsdurchsetzung im Umweltvölkerrecht, S. 23; Kunig in: Vitzthum/Proelß (Hrsg.), Völkerrecht, Rn. 117; Beaucamp, Das Konzept der zukunftsfähigen Entwicklung im Recht, S. 88; Braune, Rechtsfragen der nachhaltigen Entwicklung im Völkerrecht, S. 75.

〔58〕 Hierzu s. o. S. 11.

〔59〕 Epiney/Scheyli, Strukturprinzipien des Umweltvölkerrechts, S. 82ff; Barral, Sustainable Development in International Law, S. 388; Sands, Principles of International Environmental Law, S. 208.

〔60〕 Heintschel von Heinegg in: Ipsen (Hrsg.) Völkerrecht, § 18 Rn. 1.

〔61〕 Lücke, Universales Verfassungsrecht, Völkerrecht und Schutz der Umwelt, S. 9.

〔62〕 Braune, Rechtsfragen der nachhaltigen Entwicklung im Völkerrecht, S. 81.

〔63〕 Barral, Sustainable Development in International Law, S. 384.

〔64〕 *Kunig in*: Vitzthum/Proelß, Völkerrecht, Rn. 117.

当匮乏。因为可持续原则本身并未提出任何标准来平衡固有利益。[65] 不过,巩固可持续发展在法律上的地位可以促进其内容的具体化,在不同层级的体系中得以实践使人们对于这个概念的理解也日渐清晰。[66] 当前可持续发展是一项指导原则,用以帮助解释并发展现有的国际法。[67]

三、可持续发展和全球化农业贸易

国际贸易法是促进了可持续发展原则,还是与之互相排斥,这个问题是不同观点争论的焦点。[68] 《21 世纪议程》是第一份[69]作出了关于贸易与环境相互支持表述的国际宣言。[70] 这份声明也由于错综复杂的关系而非常模糊。[71] 事实上,国际贸易处于环境资源的消耗与经济发展之间的不断相互作用之中。因此,国际贸易在实现可持续发展方面发挥着关键作用。[72] 《世界贸易组织协定》的序言[73]也清楚地表明国际社会日益认识到国际贸易法律是促进可持续

---

〔65〕 Gärditz in:Kahl,Nachhaltigkeit als Verbundbegriff,S. 170.

〔66〕 Ebd. ,S. 171.

〔67〕 Beaucamp,Das Konzept der zukunftsfähigen Entwicklung im Recht,S. 86; Beyerlin, Umweltvölkerrecht, § 4 Rn. 37; Gärditz in:Kahl,Nachhaltigkeit als Verbundbegriff,S. 170.

〔68〕 Vgl. hierzu:Mathis,Nachhaltige Entwicklung und Generationengerechtigkeit,S. 396ff.

〔69〕 Gehring,Nachhaltigkeit durch Verfahren im Welthandelsrecht,S. 23.

〔70〕 《21 世纪议程》B 节 2. 20:"环境领域的国际合作正在增长,在许多情况下,多边环境协定中的贸易条款在应对全球环境挑战方面发挥了作用。因此,在认为必要的某些特定情况下,宜采用贸易措施来提高环境法规对保护环境的有效性。此类法规应解决环境退化的根本原因,以免导致对贸易的不合理限制。面临的挑战是确保贸易和环境政策的一致性,并加强可持续发展进程……"

〔71〕 Vgl. Agenda 21,Abschnitt A,2. 5 sowie Abschnitt A,2. 7.

〔72〕 Gärditz in:Kahl,Nachhaltigkeit als Verbundbegriff,S. 162; *Segger* in:Gehring/Segger(Hrsg.) Sustainable Development in World Trade Law,S. 125; Sampson,The WTO and Sustainable Development,S. 54.

〔73〕 《关于建立世界贸易组织的协定》的序言:"……同时允许根据可持续发展的目标最佳利用世界资源……"

发展的一种方式。2012年里约峰会的决议文件中增加了“贸易”部分,[74]强调了可持续发展与国际贸易之间的联系。

与其他行业不同,农业是多功能的。多功能性意味着农业提供了多样化的商品和服务,从而有助于实现多个社会目标。[75] 这里的功能包括生产功能、服务功能、经济和区位功能、经验和专家知识、生态功能和社会服务功能。[76] 因此,农业发挥的作用不属于任何工业部门。[77] 这也体现在农业的法律地位上,这种法律地位恰恰也考虑了农业的独特现状。因此,赋予农业以特殊法律地位是一项国家惯例。

农业与人类、环境的许多方面之间的密切联系意味着农产品贸易自由化对可持续发展具有重大影响,农业与可持续发展在这方面具有高度相关性。[78] 由于农业承担了向人民提供食物的职能以及履行整个社会的其他基本职能,各国在这方面更加审慎。农业受制于环境因素。气候条件的不可控制导致农产品价格波动,这在世界贸易组织监管的其他领域中是从未出现过的。因此,农业往往需要通过补贴以尽量减少这些风险。但是在世界贸易组织的法律框架内,补贴构成了违反世界贸易组织基本理念的贸易壁垒。[79]

但是全球农业贸易可持续发展的标准是什么?对于这个问题的回答取决于不同的立场。由于农业承担了多项职能,而发达国家和发展中国家的侧重点各有不同,因此不可能对全球农业贸易的可持续性问题作出统一的回答。例如,发达国家的农业补贴会以不同的方式影响发展中国家。它限制发展中国家的农产品进入自己的市场,促进国际市场的竞争并破坏国际市场价

---

〔74〕 UN-Generalvesammlung, Resolution A/RES/66/288(11.09.2012).《我们希望的未来》D节第281段:“我们重申国际贸易是发展和持续经济增长的引擎……”

〔75〕 Käb, Agrarrechtliche Probleme einer multifunktionalen Landwirtschaft, S. 57.

〔76〕 Vgl. hierzu: Käb, Agrarrechtliche Probleme einer multifunktionalen Landwirtschaft, S. 59ff.

〔77〕 Schuh in: Wohlmeyer/Quendler, The WTO, Agriculture and Sustainable Development, S. 213.

〔78〕 Stilwell in: Gehring/Segger (Hrsg.) Sustainable Development in World Trade Law, S. 55.

〔79〕 Hermann in: Hermann/Weiß/Ohler, Welthandelsrecht, § 14 Rn. 721.

格的稳定。[80] 批评者强调,特别是欧盟和美国持续地提供补贴扭曲贸易,会损害发展中国家的农业经营者。[81] 发达国家的环境措施有时被指责为贸易保护主义的工具,使发展中国家的市场准入变得更难。[82] 这表明一个国家的可持续发展可能会影响另一个国家的可持续发展。因此各国在农业职能上的侧重点不同,这给世界贸易组织层面的农业贸易共识带来了重大困难,这并不奇怪。[83] 多哈回合谈判中未能就农业方面达成共识也反映了这一点。发达国家和发展中国家的不同愿望未能达成共识。尽管目前似乎无法取得进一步发展,但各国仍在 1994 年达成了一致并通过了《WTO 农业协定》。因此,一个传统上有争议的领域已被纳入世界贸易组织体系。[84] 全球范围内农业的特殊地位正是其多功能性的结果。[85]

四、《WTO 农业协定》的规定

农业的特殊地位体现在国际贸易法规中对于农业的特殊待遇。《WTO 农业协定》通过了一项特别协议以规范多边农产品贸易。在世界贸易组织体系范围内,主要关注的是如何减少农业领域扭曲贸易的手段。[86]

(一)经征税改善的市场准入

应通过所谓的关税来实现市场准入的改善。这里的关税意味着农业领域

---

〔80〕 De Camargo Neto/Henz in:Meléndez-Ortiz/Bellmann/Hepburn(Hrsg.),Agricultural Subsidies in the WTO Green Box:Ensuring Coherence with Sustainable Development Goals,S. 634.

〔81〕 ActionAid,CIDSE,Oxfam(Hrsg.),Green but Not Clean:Why a Comprehensive Review of Green Box Subsidies is Necessary,S. 1.

〔82〕 Panizzon/Arnold/Cottier,Handel und Umwelt in der WTO:Entwicklungen und Perspektiven,S. 205.

〔83〕 Anderson/Martin in:Anderson/Martin,Agricultural Trade Reform and the Doha Development Agenda,S. 3 f.

〔84〕 Hermann in:Hermann/Weiß/Ohler,Welthandelsrecht, § 6 Rn. 100.

〔85〕 Tietje: in Tietje,Internationales Wirtschaftsrecht, § 3 Rn. 104.

〔86〕 Hermann in:Hermann/Weiß/Ohler,Welthandelsrecht, § 14 Rn. 724.

所有非关税贸易壁垒应转换为关税。[87]

(二)农业补贴

《WTO农业协定》旨在在有限的时间内减少补贴,并将与补贴相关的农业贸易重新纳入世贸组织体系。农业补贴是发达国家的普遍做法。[88] 在这里,要区分国家对国内农业的支持("国内补贴")和国家对农产品出口的补贴("出口补贴")。[89] 农业的特殊性决定了需要制定专门的农业补贴规定,且这些规定不能直接置于《世界贸易组织补贴与反补贴措施协定》(以下简称《反补贴协定》)之中。《反补贴协定》考虑了这些农业的特殊规定,其中第3条第1款规定《WTO农业协定》规定的补贴被排除在《反补贴协定》中所述的禁令之外。[90]

1. 国内补贴

根据《WTO农业协定》第6条、第3条第2款,成员国有义务降低其国内补贴。被允许和不允许的补贴都受到了特殊而详细的规制。补贴基于其扭曲贸易的程度或其对生产的影响进行分类。[91] 补贴被归入不同的"箱子"(Boxen)中。"绿箱"包含那些原则上不受任何减少义务约束的国家的补贴措施。"蓝箱"规定了在某些条件下允许的补贴措施,被分到"黄箱"的是必须逐步淘汰的措施。[92] 下文将详细介绍"箱子"的补贴措施。

(1)"黄箱"

未分配给"绿箱"或"蓝箱"的所有补贴属于所谓的"黄箱"。这些补贴受消除义务的约束。但这不是完全取消,而是逐渐地减少。消除义务的走向是根据所谓的"综合支持量"(AMS)来衡量的。[93] 综合支持量是指"以货币形式表示的,为支持基本农产品生产者而提供给某种产品的年度特定产品支持,或支持

---

[87] Tietje: in Tietje, Internationales Wirtschaftsrecht, § 3 Rn. 99.

[88] De Camargo Neto/Henz in: Meléndez-Ortiz/Bellmann/Hepburn (Hrsg.), Agricultural Subsidies in the WTO Green Box: Ensuring Coherence with Sustainable Development Goals, S. 634.

[89] Stoll in: Callies/Härtel/Veit, Jahrbuch des Agrarrechts, S. 138f.

[90] WTO-Abkommen-Subventionen und Ausgleichsmaßnahmen, Art. 3.

[91] Stoll in: Callies/Härtel/Veit, Jahrbuch des Agrarrechts, S. 139f.

[92] Tietje: in Tietje, Internationales Wirtschaftsrecht, § 3 Rn. 100.

[93] Stoll in: Callies/Härtel/Veit, Jahrbuch des Agrarrechts, S. 141.

一般农产品生产者而提供的年度非特定产品支持……"[94]农产品综合支持量的总和是根据《WTO 农业协定》第 1 条 g 项规定的综合支持总量。因此,国家的减少义务取决于其综合支持总量且必须以百分比的形式减少。根据《WTO 农业协定》第 15 条第 2 款,对最不发达国家不要求任何减少承诺。

(2)"蓝箱"

部分补贴被分类到"蓝箱"。这些原本应被分类到"黄箱"的补贴仍需要受到减少义务的约束。但是,《WTO 农业协定》第 6 条提到了那些在某些条件下仍然被允许的补贴,因为它们不包含在一个国家的综合支持总量中。这涉及根据《WTO 农业协定》第 6 条第 5 款减少生产的直接支出和提供补贴以促进农业生产的发展中国家,根据《WTO 农业协定》第 4 条规定,如果他们在这一年没有超过生产的农产品的总价值的 5%,国内补贴也不包含在综合支持总量中。

(3)"绿箱"

那些没有或只有较低贸易扭曲效果的国家补贴措施被排除在减少义务之外。这些措施可从《WTO 农业协定》第 6 条第 1 款、第 7 条第 1 款和附件二中得出。根据《WTO 农业协定》附件二第 1 条 a 项和 b 项,减少义务预设的例外:它由公共资金提供资助且不作为对生产者的价格支持。

附件二所列举的措施不受任何减少义务的约束。这些措施包括诸如公共服务、提供给农业或者农村地区的利益(如科研、病虫害防治、培训机会、市场推广和提供基础设施)、为食品安全目的的公共存储、应对自然事件的援助和在区域援助方案或环保计划框架下的支出。

2. 外部援助/出口补贴

出口补贴在特定方面与世界贸易秩序在平等竞争方面的基本思想相矛盾。[95] 在第 8 条和第 9 条中,《WTO 农业协定》的成员国原则上承诺不对农产品给予出口补贴。[96] 与《关税及贸易总协定》第 16 条第 3 款仅仅是"避免"出口补贴相比,《WTO 农业协定》意在逐步消除农业领域的出口补贴。

---

[94] WTO-Agrarabkommen, Teil I Art. I a).

[95] Stoll in: Callies/Härtel/Veit, Jahrbuch des Agrarrechts, S. 142.

[96] Tietje: in Tietje, Internationales Wirtschaftsrecht, § 3 Rn. 101.

五、结　　论

目前的问题在于,《WTO 农业协定》是否考虑到了可持续发展。只有通过缔结《WTO 农业协定》,才能实现一体化原则所要求的综合衡量各方面因素来寻求解决方案。这一协定是发达国家与发展中国家在国际层面互相妥协的体现。农业领域的利益平衡反映在《WTO 农业协定》中,特别是在"绿箱"框架内考虑了农业的多功能性。因此,通过"绿箱"内被允许的补贴,每个国家都可以采取行动,以实现多功能农业的目标。发展中国家的利益得到特别考虑并单独规定。[97]

除一体化原则易于实现的形式侧面外,社会、生态和经济利益的内容平衡问题仍然存在。这些同样可以通过对特定国家的"绿箱"补贴来促进解决。除了环境措施,农村地区可以在经济利益方面得到促进。例如,促进培训机会是社会可持续性的表现。由于发展中国家和发达国家的农业促进利益大相径庭,这就出现了全球目标实现的统一性问题。由于全球农业贸易要符合跨国法规,因此必须考虑间接影响。鉴于世界贸易组织专家组关于金枪鱼、海豚以及美国虾案件的判决,事实证明,环境领域的域外问题已经引起争议。[98] 尽管《WTO 农业协定》规定了针对具体国家的措施的跨境影响问题,且这种良好的手段展现了如何通过使各国有机会促进其相关的农业职能来实现可持续发展的整合,但《WTO 农业协定》本身无法解决这一复杂问题。

---

〔97〕 Vgl. Art. 15 WTO-Agrarabkommen.

〔98〕 Gärditz in:Kahl,Nachhaltigkeit als Verbundbegriff,S. 165f. ; Panizzon/Arnold/Cottier,Handel und Umwelt in der WTO:Entwicklungen und Perspektiven,S. 210ff.

中德法学论坛
第 16 辑 · 上卷，第 29 ~44 页

《农村土地承包法》2018 年修正版再解读*

陈小君**

摘　要：《农村土地承包法》的修法工作浓缩展现了新土地改革的制度成果，对农村土地制度的可持续发展有着深刻意义。但从基本法理、乡村实践与理性逻辑等角度对其加以审视，该法仍存在不少有待完善之处。首先，立法价值方面，该法在对公正与效率的追求上，有顾此失彼之嫌，使得多方主体利益难以保持平衡，亟待矫正。其次，从社会实践观察，土地经营权等重要制度的权利配置与运行规则，与实践经验相背离，徒增社会矛盾与司法裁判成本。最后，在遵循法律严谨性与立法科学性的要求下，新修订的法律文本存在一系列问题，如常识概念使用不规范、章节名称严谨性不足、制度设计欠缺科学性、同类问题互相矛盾与不协调、忽视乡土实践中重要制度修正的认知等。

关键词：土地承包经营权；土地经营权；立法价值；实践逻辑；科学立法

Abstract: The Revision of the Law on Land Contract in Rural Areas has reflected the achievements of the new land reform system and has profound great significance for the sustainable development of the agricultural land system. However, there are still many problems to be improved in terms of the fundamental legal theories, rural practice as well as rational logic. Firstly, as far as the legislative value is

* 本文系国家哲学社会科学基金重大项目"新时代中国特色土地管理法律制度完善研究"（18ZDA151）的阶段性成果。

** 陈小君：广东外语外贸大学土地法制研究院教授。

concerned, the Law has not kept the balance between fairness and efficiency, which makes it difficult to maintain the balance of interests of multi-stakeholders. Secondly, in terms of requirements of legal rigor and legislative scientific nature, the Law Revision has many problems including improper use of some common sense concepts, inaccurate terms of chapters and sections, unscientific design of some specific systems, contradictory and inconsistent regulations on the same issues, and lack of reasonable recognition on the rural practice etc.

Key Words: Right to land contractual management; Land management right; Legislative value; Logic of practice; Scientific legislation

中国新时代的新土地改革思路的几近全部内容及其要义都是围绕农村土地制度展开,无论是2004年以来发布的16个中央一号文件、党的十八届三中全会的全面深化改革决定的相关内容,还是从2013年起中共中央出台的关于农村土地"三权分置"的相关政策,[1]以及涉农涉土制度的33个试点"三块地"联动改革等方案的实施实践,最终都无可置疑地指向农村土地的法制与法治之路。于党的十八大之后启动的《农村土地承包法》修法工作的完稿更是浓缩展现了落实新土地改革的制度成果,其在宏大改革背景下对农村土地制度可持续

[1] 1. 中共中央《关于全面深化改革若干重大问题的决定》(2013年11月15日);2. 中共中央、国务院《关于全面深化农村改革加快推进农业现代化的若干意见》(2014年中央一号文件);3. 中共中央、国务院《关于加大改革创新力度加快农业现代化建设的若干意见》(2015年中央一号文件);4. 中共中央、国务院《关于落实发展新理念加快农业现代化实现全面小康目标的若干意见》(2016年中央一号文件);5. 中共中央、国务院《关于深入推进农业供给侧结构性改革加快培育农业农村发展新动能的若干意见》(2017年中央一号文件);6. 中共中央办公厅、国务院办公厅《关于引导农村土地经营权有序流转发展农业适度规模经营的意见》(2014年11月20日);7. 国务院办公厅《关于引导农村产权流转交易市场健康发展的意见》(2015年1月22日);8. 国务院《关于开展农村承包土地的经营权和农民住房财产权抵押贷款试点的指导意见》(2015年8月10日);9. 中共中央办公厅、国务院办公厅《深化农村改革综合性实施方案》(2015年11月2日);10. 中共中央国务院《关于完善农村土地所有权承包权经营权分置办法的意见》(2016年10月30日);11. 中共十九大报告相关内容。

发展的影响被认为是十分积极的。[2]

解读具有代表意义的于 2018 年 12 月 29 日通过修正案正式出台的《农村土地承包法》,谓之是对党的"三权分置"政策的法制回应。这部修改的法律对中国最广大、最基层、最艰辛乃至最隐忍的农民群体和个体的利益给予了极大的关切,而其间修法之土地经营权的立法设计又无不体现了对未来中国现代农业可持续发展的急迫期待。该法在立法技术和条文规范完善方面有若干处值得肯定:"第一,基本明确了所谓承包权终归只是农民成员(社员)资格,不必也无法予以定义……仅在第 9 条提及该词;第二,于耕地经营实况和权利的自治性而言,土地承包经营权仍具有强烈的生命力和适用的空间,明确保留了符合现实逻辑的该概念与若干保护规制,如第二章之第二、三、四节基本维持了原节名,保留了不少修正前的法条,新增或修正的法条基本未脱离权利内涵;第三,鲜明地表达了鼓励设立土地经营权,但重申不得背离承包方的意思自治,如第 27、46、60 条等;第四,土地生态意识明显加强,如第 43、64 条等;第五,平等原则下宣示旨在对现实中妇女土地权益的特别关切,如第 16、24 条。"[3] 尽管如此,站位于土地法制的基本原理、乡村基层的实践足音和立法规范的理性逻辑深加审视与衡量,当下的农村土地法制的可持续发展之路并非坦途,最新《农村土地承包法》尚有不少可检讨、待完善之处。

一、立法价值:公平与效率的兼顾抑或失衡

法的价值的要义,一是在于法对于人们真实需求的满足与促进,二是表明人的思想与行为对法的期望、追求、信仰的理想目标。而"法律是人类的作品……一个无视人类作品价值的思考是不可能成立的,因此对法律的,或者对任何一个个别的法律现象的无视价值的思考也都是不能成立的。……法律只

---

〔2〕 参见何宝玉:"新修改的《农村土地承包法》的专题新闻发布会"上答记者问(2018 年 12 月 29 日),载中国人大网:http://www.npc.gov.cn/npc/zhibo/zzzb26/node_29876.htm,最后访问时期:2019 年 5 月 4 日。

〔3〕 陈小君:《土地改革之"三权分置"入法及其实现障碍的解除——评〈农村土地承包法修正案〉》,载《学术月刊》2019 年第 1 期。

有在涉及价值的立场框架中才可以被理解。”[4]法的价值亦是立法价值的基本内涵,是其目标取向之重要承载与特质属性。立法价值的取向是异常显明的社会活动,它集中体现在自由、秩序、正义、安全、公平、效益等目的价值因素上。

较之于动产与一般性不动产,土地因其安生立命之功能成为人类法律制度较早规范对象。[5] 当历史经验梳理与当今追求趋向比对时,印证于法之价值上的土地占有公平与土地利用效率之间的矛盾关系成为其土地法制变迁的主线,即土地占有公平与土地利用效率之间的矛盾关系,谓之中国几千年众多王朝兴衰的幕后推手。且越到封建社会末期,这一推手的推力冲动越强烈。其中,土地占有公平始终以平均主义为思想主线,典型如“不患寡而患不均”思想,或者“耕者有其田”思想。正如有学者指出的:“在中国几千年的历史长河中,‘平均’‘均等’‘大同’的观念经由传统文化诸多流派的演绎及历史上不胜枚举的土地变革和农民起义实践逐渐沉淀下来,并日渐渗透到民众心理、社会习俗、道德规范和价值观的各个层面,最终成为一种影响制度安排的价值观和方法论。”[6]以平均主义为思想主线的占有公平虽然能够维持最基本的社会稳定,但是其对生产效率的束缚却也是不可避免的,主要原因在于其导致土地利用方式的零碎化,无法产生规模效应、集约效果。

而随着生产力发展水平的逐步提高,有限度的规模化农业生产成为现实,毫无疑问其较之于零散的小农生产模式更具效率。此外因中国封建社会长期

---

[4] [美]罗斯科·庞德:《通过法律的社会控制》,沈宗灵译,商务印书馆2008年版,第62页;张文显主编:《法理学》,高等教育出版社2018年版,第309页。

[5] 参见吴春岐:《中国土地法体系构建与制度创新研究》,经济管理出版社2012年版,第1页:“公元前20世纪,《苏美尔法典》《中亚述法典》都有田园继承权等土地关系的法律规定。在公元18世纪《汉谟拉比法典》中有许多关于土地占有、租赁的规定。公元前451~前450年古罗马的《十二铜表法》第七表专门规定了‘土地权利法’。罗马法时代对土地设计了独特的民事权利制度,其物权体系由自物权、他物权和占有构成,另外,为了对土地所有权进行限制而设置了相邻权制度。”在中国古代,对土地形成强烈依赖,“譬如云梦秦简中的‘田令’和‘田律’,汉时的‘田令’,新莽田制,北魏地令,北齐、北周的田令,隋唐均田令和宋田令等,这些都是专门的土地立法。”

[6] 高海燕:《20世纪中国土地制度百年变迁的历史考察》,载《浙江大学学报》(人文社会科学版)2007年第5期。

奉行的重农抑商政策，导致社会闲余资金与土地资源之间产生了双向需求：社会闲余资金渴望变换为实际的土地资源，土地资源也渴望闲余资金流入以提高耕作效率。基于此，土地兼并自然成为中国封建社会无法避免的现实结果；土地兼并又必然会破坏土地占有公平，导致土地向少数人手中聚集，当土地兼并对土地占有公平的破坏性开始显现，即当土地兼并的规模超出土地占有公平的临界线时，土地改革往往便应时而出。当然，对此不可忽视的是，影响土地制度价值实现或摇摆变化的还有另一些要素，例如：国家权力始终居于绝对领导地位；土地管控为其恒定的优先目标；零散化结构则是其中不变的形式特征，等等。

行至当下，观察现行《农村土地承包法》之立法价值目标，主要围绕“三权分置”展开，追溯其立法动因，是源于党和国家的政策对现实关怀之表达：客观上，承包经营权主体呈现多元。城镇化进程的推进使得有资格取得承包经营权的农民与实际经营农业的主体逐步分离。[7] 2014 年中央一号文件第一次提出承包权与经营权再分离，是要提供给不同阶层的土地耕者以差异化的制度供给，满足不同农民群体的生存与发展需求。现实中，家庭经营模式不利于现代农业。以家庭为基本生产单位的农业经营模式使得农村土地始终处于碎片化状态，农户经营的耕地面积过小直接影响劳动要素的合理配置，不利于利用现代技术，难以满足现代农业的规模化经营需求，与国家农业现代化的发展目标差距较大。在当前国情下，土地集体所有制的坚持和农民土地权利的维护这两个底线不能丢弃，既要坚守公有制下的集体所有权，又要平衡各方利益，兼顾公平与效率。[8] 上述思想直观体现在其修正案的立法说明中。[9]

现在首要问题或前提是，法律固然要沿着政策的指向运动，但应是简单照

---

〔7〕 2013 年全国农民工达到 2.69 亿人，其中外出农民工达到 1.66 亿人，在外出农民工中有 3400 多万人举家外出。就业结构、就业地点的变化，为土地流转创造了条件。据农业部统计，截至 2014 年 6 月底，全国农户承包土地流转面积达 3.8 亿亩，占家庭承包耕地总面积的 28.8%。

〔8〕 参见陈小君：《“三权分置”与中国农地法制变革》，载《甘肃政法学院学报》2018 年第 1 期。

〔9〕 参见刘振伟：《农村土地承包法修正案草案解读》（2017 年 11 月 2 日），载中国人大网：http://www.npc.gov.cn/npc/xinwen/lfgz/2017-11/02/content_2031279.htm，最后访问日期：2019 年 3 月 25 日。

搬或亦步亦趋吗？政策与法律的关系是有基本分界线的,"政策是法律的重要依据乃至内容的价值体现,但法律的话语体系是为政策的规范化和科学性追求而存在的,当政策真正法律化,才可能变得严谨、规范而具有普世意义。"[10] 既然"政策与法律是不同的两条思维路径和两套话语体系,若丢却法治思维、法律逻辑、立法体系及其语言特点,全整刻板套用政策用语的结果必定出现逻辑混乱的制度缝隙,欲成则不达"。[11] 党的政策层面的"三权分置"明确为"落实集体所有权、稳定农户承包权、放活土地经营权",该表述全面照应了国情本色,也充分体现了公平与效率的精神内涵,若融入立法当甚为丰富,但实际上本次立法修正案对上述"三权"并列之政策的理解相当粗浅,简单照搬了"土地经营权"一词且盲目赋予了崇高的法律地位:专章设置、文字上与土地承包权概念分离而内容并无二致;同时,既鲜有考虑与集体所有权和土地承包经营权的有效合理呼应,亦缺少关于土地经营权作为独立新制度存在理由的严谨法规则构造,"三权"同步构造的系统研究更欠深入。

其次,若是接应政策话语在法律上也使用"农户承包权"和"土地经营权"的概念,则更要紧的考虑应是对不同群体利益的平衡与兼顾之规范。很遗憾,就新修正的《农村土地承包法》稍加分析,其结果是否定的。从公正与效率的重要立法价值出发,有顾此失彼之嫌。在官方2017年年底的统计数据中,农村有30%以上的承包农户在流转承包地,流转面积达4.79亿亩。[12] 这应该是无论规模大小、无论流转时间长短的流转数据,依此,即便到2018年年底,尚有三分之二以上的农民依然是自耕农,耕地面积超过14亿亩未流转,新修正的《农村土地承包法》对农村土地承包经营权的制度完善的具体设计少之又少,甚至限缩了修正前的若干条款,例如,第五节(原节名为"土地承包经营权的流转")中的流转形式包括出租、互换、转让或其他方式,但目前仅保留了限于承包地的村内互换、村内转让和自愿有偿交回的流转形式,出租可以对外,即成立土地经营权,然第46条对土地经营权的流转形式却没有限制;第47条对土地经营权开

---

〔10〕 陈小君:《〈农村土地承包法修正案(草案)〉要义评析》,载《中国土地科学》2018年第5期。

〔11〕 陈小君:《土地改革之"三权分置"入法及其实现障碍的解除——评〈农村土地承包法修正案〉》,载《学术月刊》2019年第1期。

〔12〕 参见前引9。

禁了融资担保,明确规定其可以在金融机构抵押贷款,但出现了指代不明的"承包人的土地经营权"一词,[13]实际将承包经营权拦在门外,立法修正案草案对此重大问题未作任何解释,其制度设计明显欠缺科学性,在适用时难以产生积极效应。若实践运行溢出土地经营权的担保,成立后产生纠纷,裁判就可能偏离公正,这与本立法平衡多方主体利益的价值目标相去甚远。

二、实践逻辑:经验与实证的吻合抑或分离

任何一国的农村土地法律均因其政治制度与历史境遇使然,理论研究至科学立法之坚持均须自觉立足本土实际。同理,整体检视中国《农村土地承包法》的现实逻辑体系,系统反思经过农村土地法制规范之利弊,避免其法律功能凝固、法治思想闭塞之倾向,逐一细化《农村土地承包法》各项具体制度在未来发展中的应然目标,溶解政策意蕴中的新思想、新洞见以科学入法,方得为其修法确立妥适的法律价值目标,借以提供厚实的理论支撑。立法制度和研究本体在实践中形成,在实践中提出,长期植根于生动的社会生活,须考虑现实中的确切事实,才有旺盛的生命力。

立法的科学与自信源于实践检验,《农村土地承包法》的修法活动固然有一定的实践品格,[14]然而相当数量的官方调研具有专题性,对象以座谈会居多,调研者有备而取,但其与坚守"认识实践、反映实践、指导实践"的调研程式、恪守"没有调查就没有发言权"的调研原则而持续躬身倾听来自田野中不经意发出的内心之声相比,后者的素材更加丰富、扎实可靠,结论的科学性也更强。

以土地经营权制度设计为例。基于"三权分置"政策对"三农"的眷顾考量,现行《农村土地承包法》将原法第五节的"土地承包经营权的流转"分解为第四节"土地承包经营权的保护与转让"和第五节"土地经营权",对此比对且解读法律制度之内涵,未见得完全与政策确立的目标及其追求实现的进步性相符合。第一,现行法第四节关键条款第 34 条修正了原第 41 条,即限缩了乡村

---

〔13〕 参见高圣平等:《〈中华人民共和国农村土地承包法〉条文理解与适用》,人民法院出版社 2019 年版,第 302 页以下。

〔14〕 参见"农村土地承包法修正专题相关报道"(2017 年 10 月至 2018 年 12 月),载中国人大网:http://www.npc.gov.cn/npc/lfzt/rlyw/node_33376.htm,最后访问日期:2019 年 3 月 25 日。

实际中的承包地在承包期内的转让:一是将其封闭于村内,二是放弃承包权利须得发包方同意,三是转让为有偿或无偿不得而知。且不论其是否相对原条文有立法退步之嫌,仅从乡土实践分析就深感不合理,即承包方若没有稳定的非农职业或稳定收入来源,为什么要把承包地转让给本村农户而可能无偿且丧失承包权呢?实践中,由于并无转让承包地的专门登记机构,因此,以租代卖大有人在,一次性转给村外或村内的农户耕种,无偿或一次或数次获得承包期内的转让费十分常见,最重要的意义在于保证了该转让的农户在下一轮延包中仍然享有承包经营权,并且无须遵从发包方的意志,脱离了将土地承包经营权与成员资格捆绑的制度问题。这样的行为一方面已经规避了第34条的规制;另一方面,按照该法第30条的规定,承包方自愿交回承包地的,可以获得合理补偿……从法律制度的体系化观之,第34条的规定纯属赘语,本条修订设计的价值荡然无存。

第二,第五节的“土地经营权”并非界定了该权利的内涵本质及其运行规则,几乎就是规范了原土地承包经营权的常见流转形式即租赁双方的权利义务。在我国,“流转”这个概念是在特定的历史条件下被“逼”出来的,其本来目的是替代“出租”,在农地“三权分置”政策之制度背景下,“流转”实际上也只能是“出租”。[15] 既然现实生活中承包土地的出租已大行其道,并非新鲜事物,为何一定要在法律上再创设一个租赁双方的种地农民(农村土地公司)并不熟悉的“土地经营权”的法权表达呢?笔者近年在豫、鲁、贵、鄂、黑、粤、浙7省的规模调研和珠三角8个地区关于土地改革下的《农村土地承包法》的入村进户调研数据表明,[16]

---

〔15〕 参见陈锡文、罗丹、张征:《中国农村改革40年》,人民出版社2018年版,第59页以下;陈小君:《土地改革之“三权分置”入法及其实现障碍的解除——评〈农村土地承包法修正案〉》,载《学术月刊》2019年第1期。

〔16〕 2015年7~8月,针对《农村土地承包法》修改问题,笔者所在课题组对河南省(信阳市平桥区、驻马店市泌阳县、开封市杞县)、山东省(滕州市、青岛市平度市、济南市平阴县)、黑龙江省(哈尔滨市香坊区和阿城区、大庆市林甸县、齐齐哈尔市克山县)、浙江省(杭州市临安市、宁波市浦江县、金华市余姚市)、贵州省(贵阳市清镇市、毕节市金沙县、遵义县)、湖北省(武汉市江夏区、宜昌市枝江县、荆门市沙洋县)、广东省(江门市、韶关市、汕头市)等7省,每省3县6乡12村72户,共504户进行入户调研和访谈。2017年11~12月,针对正风行的农村土地改革,笔者所在课题组对位于珠三角的广州、佛山、肇庆、江门、珠海、惠州、东莞和中山市随机抽取的24个村84户展开入户调研与访谈。

针对农村土地“三权分置”的乡村认知及其实践，只有 21% ~25% 的受访者表示知道“三权分置”中的“三权”是什么，且说不全；多数农民并不清楚“三权”的概念，但访谈中，他们对出租承包地的事实十分熟悉和认同，并且运作自如顺畅。[17] 同时，在现实中，承租农村土地一方的意见来自现行法对土地的融资担保的禁锢而非出租方的保守或障碍，而对于土地担保融资问题，普通农户也有明确需求，但该法第 47 条并未赋予承包经营权以担保资格，是何缘由，未见立法说明和官方解释……再有，“担保”一词是物权类型之种概念，在下位或中位的物权种类规范已经相当确定和完整的情形之下，“上位物权种类规范就存而不用”，“其价值主要是引领规范体系的布局……”[18] 现实中，为农村所熟悉运作的恰是中位的担保之属概念，例如抵押权、质权。所以，一部应深谙“三农”的承包法不细致入微地明确规范担保类型，而在其第 47 条笼统地以上位的物权种类——“担保物权”加以规定，不仅直接导致具体操作性规范的缺漏，而且在该法仅作笼统的指引性规则的情形下，土地经营权之担保的具体规则尚须在《物权法》中去对照找寻，不仅不方便拟设定融资担保的当事人，还极易出现法律适用特别是司法裁判的难题，徒使简单问题复杂化。

第三，按照一些学者的设想，认为因租赁产生的土地经营权有登记能力，可以登记抵押。[19] 这在理论上有一定道理，即以双方自愿为前提，按第 47 条规定经承包方书面同意后为之。但在权利结构上，承包方原本设立土地租赁产生债权性质的土地经营权后，并不因此丧失自身享有的物权性质的土地承包经营权，而若允许出租方以此设定抵押则意味着承包方享有的土地承包经营权的物权意义大打折扣；更重要的是，若租赁合同期限为五年或更长一些，在抵押融资后的最后一至两年租赁期内，承租方违约不能清偿债务时，金融机构实现抵押权的利益将降至最低，而非就承包经营权的全部剩余期限用以实现抵押权，更不得以牺牲承包经营权人的利益延长租赁经营期，农村土地租赁期间出租人的违约问题不可避免，这将使几重法律关系更加复杂化，矛盾难以调和。如此，不

[17] 笔者所在课题组对全国 7 省 504 户的调研数据表明，土地流转方式最为常见的是出租(74.60%)、转包(61.11%)、互换(58.13%)。

[18] 常鹏翱：《物权法定原则的适用对象》，载《法学》2014 年第 3 期。

[19] 参见高圣平等：《〈中华人民共和国农村土地承包法〉条文理解与适用》，人民法院出版社 2019 年版，第 279 页以下。

知实践中会有多少承包人即出租方愿意同意承租人以土地经营权进行抵押担保而放弃自己除土地直接利用权之外的物权？又有多少金融机构持续地自愿背负租赁土地之经营权抵押借贷的不确定风险？这些田野与现实的呼声、农民的行为和朴素理性表明，首先应在法律制度中解禁农村土地抵押权和质权，即允许土地承包经营权抵押，就其有期用益物权之财产权而言，允许借贷方在承包期内享有有期限之抵押权，土地承包经营权人的成员权并不因抵押权的设立而消灭，即使抵押期限经过或用益物权到期，享有成员权的农民当然仍为承包经营权人；其次依据担保之法理，承租人即经营权人担保融资的类型可以是质权，其最为合理的担保客体是土地上的定作物及其收益，亦可延伸至承租人的农具及其自有不动产上设定抵押，而非承租的土地租赁（经营）权本身。更能为广大农民接受的，是按原《农村土地承包法》第37条允许土地承包经营权市场化转让，在其之上成立名副其实的可由非成员享有的物权性之土地经营权，这时的法权关系将更加简单明了，依此转让而来的土地经营权行使抵押权根本不成问题，该用益物权到期，土地回归集体所有权，对享有集体成员权的农民而言，其承包权的回归也是自然的，由此再转让也是合乎情理与法理的，而借此明确实践中的债权和物权之区别，法权关系清晰，更有利于维护农村土地交易安全与顺畅。

可以说，背离实践逻辑的立法设计之不幸并不在条文本身，而是反馈到社会实践中将产生的不佳效果，徒增社会矛盾和司法裁判成本。纸上的法与现实中的法的偏离不仅是立法资源的浪费、立法成本的叠加，更显这部法律修法工作的认知和行动与当下乡村现实渐行渐远的不当。

三、修法规范：制度与理据的严谨抑或疏漏

对本次《农村土地承包法》的修法内容的评价标尺，当是法律逻辑的严谨遵循和立法科学性的细密要求，即对制度法逻辑的展开线索和新规范入法的错漏加以双重检视。

（一）规范使用常识概念的商榷

1.“承包权”。《农村土地承包法》第5条第1款“农村集体经济组织成员有权依法承包由本集体经济组织发包的农村土地”之规定明确了农村集体经济组织成员均享有“承包资格”，该表述具有科学性。但第9条规定享有土地承包

经营权的农村集体经济组织成员,“可以自己经营,也可以保留土地承包权,流转其承包地的土地经营权,由他人经营”。这两条中的“承包资格”与“土地承包权”是什么关系不甚明确。如果“土地承包权”不是“承包资格”,那么,流转出承包地的“土地经营权”后,“土地承包权”与“土地承包经营权”又是什么关系?如果不能亦没有明确“土地承包权”的具体性质和含义,第9条应为“农村集体经济组织成员承包土地后,享有土地承包经营权,可以自己经营,也可以保留承包资格,流转其承包地的土地经营权,由他人经营”。其实,立法者已察觉到此类问题,删改了该法二审稿第44条中“不影响其依法享有的土地承包资格”的字样,反映了尽可能消除本法“土地承包权”的非规范术语,回归科学性的诉求。

2.“流转”。如前所述,“流转”本不是法律规范用语,如果在《农村土地承包法》实施15年后一定要用这个词,应明确到底有哪些性质不同的主要常见的农村土地交易方式。按照一般法理和法规范,土地上权利流转分债权和物权两种流转。常见的债权流转方式是出租、入股,无需公示登记;常见的物权流转方式是转让、互换,需要登记公示,彰显公信力保障不动产交易安全;而“其他方式”要么指不常见的例如“赠与”方式,要么是省略列举的各种方式。本法对此用法极不规范:一方面,从法条语义和体系察之,第9、10条、第17条第3项,第36、41、42、44、45、46、47条都只是将出租、入股称为流转,第17条第2项,第35、60条,第二章第四节的节名及其内容中的“互换、转让”都未称为流转,但在第53条中,却出现称出租、入股、互换、转让都是流转的情形;另一方面,回看第36条中所指的“其他方式”是否也应包括第53条中列举的互换、转让方式?若非也,这个“其他”指代的又是什么?这与修正前原相关之第37条关于流转的统一表述或表述的一致性相比,立法技术退步明显。

3.“农村集体经济组织”。在2018年新颁布的《民法总则》第96条和第99条已经明确了农村集体经济组织的民事主体地位,即农村集体经济组织就是农民集体在法律上的主体表达的重要思想前提下,该法第13条中“农民集体”与“农村集体经济组织”并用极不规范。因此,遵循统一原则,应当注意删除“农民集体”这一表述,使用“农村集体经济组织”这一法规范用语。

4.“融资担保”。第47条是一个具有创新意义的条款,本应更加讲究科学性,避免口语化,然而其中采用“融资担保”及其“融资担保合同”的表述,实属有欠规范。同前述,本条一再提及“担保物权”,但对于是何种担保物权没有明确,这种模糊化的处理方式不符合此类法律规则须清晰和简洁准确的严谨性要求,与新时代彰显法治进步性的要求相悖。此外,土地经营权作为债权可以融资担保,而土地承包经营权作为物权反而不规定可融资担保,本法在对这个问题的处理上漏洞明显,更是今后法实现时易生利益冲突之处。

(二)章节名称科学严谨性的质疑

该法第三章章名出现了"承包"一词,与"总则"章中的"承包"、"家庭承包"章中的"承包"明显不同,结合该章全部条款,其所谓"承包"成立的只是土地经营权,既然如此,何不直接称为"经营"呢?以避免与土地承包经营权中的承包相混淆。

同理,将"土地经营权"一节放在第二章的"家庭承包"中,从"三权分置"之"土地经营权"内涵的角度来看其与章名严重不符,共计12条规定中,除第37、41、43、46条等少量涉及经营权内涵的条款外,基本上是在规范承包人与经营权人出租流转的双边关系,读起来显得逻辑混乱,自然也给今后的实践带来解释力不足的问题。

(三)法律制度优劣标准选择的反思

1. 排斥登记对抗为登记要件规则问题。登记生效要件规则,其一,可明晰土地承包经营权的用益物权性质;其二,是为了保障土地经营权担保关系的稳定性,达到"放活"的目标,提高土地经营权融资担保的公信力;其三,也与当下社会中不动产登记生效发展趋势相协调。尽管关于以土地经营权进行担保究竟为质押还是抵押仍存有争议,但担保物权均自办理登记时生效有利于市场交易。第23、35、41、47条中关于土地承包经营权和土地经营权的设立和变动等均未采统一登记生效要件,错失修法良机,甚为遗憾。

2. 土地经营权登记的前提依据不明,其权利性质模糊,存在明显的法律实现的制度冲突与风险问题。此由第41条引出的系列问题如下:(1)以5年为期确定土地经营权可否登记的理由何在?(2)是否表明登记后土地经营权就是用益物权,不登记就是债权?但本法规定流转土地经营权并不是转让和互换而来,只是出租而来,出租何以成为物权?此处似乎故意模糊,难以服众。(3)如果土地经营权无论是否登记都不是用益物权而是债权,如何明确土地经营权与土地租赁权的关系?(4)1年期限的和5年以上期限的土地经营权性质是一样吗?如果一样,1年期限的土地经营权为什么没有担保资格?如果不一样又该如何认识?(5)如何保证行使抵押权时不与土地承包经营权人的用益物权相冲突或相抵触?

如前分析,根据第17、36、46、47条前后规定的文意和整体解释,本法是将土地经营权作为债权加以规范的,但确定此债权性质的同时又认定其为“担保物权”,至此,物债二分法的科学性及其通俗的社会规则已被破坏,这是立法技术的又一次倒退。其给乡村现实生活、未来司法实践、银行等金融机构乃至政府财政带来难以解决的矛盾,应是可以预见的。

3. 未明确流转而来的土地经营权的权利性质,或是该法问题的焦点所在。观其法律全貌,土地经营权是从债权出租流转而来,权利本身是债权,不可以作为抵押客体。因为出租后物权性质的土地承包经营权还存在,如果流转出的债权可以抵押,物权却不可以抵押,这在法理上存在问题。这样将彻底改变《物权法》第 180 条中抵押客体要么是物权,要么是动产的规定。如果退一步考虑,确定土地经营权为特殊的法定抵押,存在的问题将更为繁杂:第一,需要彻底改变担保物权、《合同法》的学理和制度规则;第二,对于“放活”极其不利,当事人协商登记和金融贷款协商时都会出问题,即理性的市场主体之农民和金融机构不同意;第三,对承包方即自耕农的利益是一种侵害,土地经营权为债权时居然可以剥夺承包方的用益物权,而物权优于债权的规则也在此消灭了。

这一关键问题的出路在于:(1)债权性流转即承包土地对外租赁时,承租人可以就土地上的农林等作物质押以请求金融机构贷款,承包人并不因此丧失土地承包经营权中应有的权能——这就是在乡村大行其道的土地租赁权或债权性的土地经营权;(2)物权性流转即转让或互换承包土地并登记时,流转出去的土地权利称为“三权分置”中的债权性土地经营权,经营权人可以用经营权证请求金融机构贷款,无需经过与承包人协商等程序,此时承包人只应保留其承包资格——这就是“三权分置”中的物权性土地经营权。上述两种流转状态下,既维护了物权债权二分的科学制度体系,操作时不存在冲突,又有效保护了三方(承包方、承租经营方和土地经营权方)利益,达到了“放活经营权”的重要政策目标。

4. 明确其他方式经营土地的证书与性质问题。该法第 53 条规定以其他方式“承包农村土地,经依法登记取得权属证书的”表述中,与相应原条文第 49 条相比,去掉了“土地承包经营权”之关键词,结合第 54 条,即何种权属证书有意撇开了“土地承包经营权”的主体。如果只能取得土地经营权证书,将登记作为流转的前提条件不符合基本法理。因为,登记应是确认土地经营权为用益物权的表征,但土地经营权进行债权流转时完全不需要登记即可实现。这样的规则亦有悖基本法学常理。

5. 对土地承包经营权人的利益有所轻视。从“三权分置”政策的“稳定承包权"要求出发,第34条终止承包关系规则有立法倒退之嫌,因为,原对应的第41条规定的终止承包关系尚有前提条件,即"承包方有稳定的非农职业或者有稳定的收入来源的"。此处直接生硬删除具有正当性的前提条件,终止条件十分苛刻,忽视了法对现实的正当性考量,从一定意义上曲解了政策对农民群体始终不变的深切全面之人文关怀。

6. 第34条中的"经发包方同意"的规定不合理。土地承包经营权是具有排他性的定限物权,权利人享有支配权,无需经其他人的干涉即可自主转让,"经发包方同意"与土地承包经营权的用益物权属性相冲突。此外,据本人数次田野调查了解,实践中农民转让土地承包经营权大多由双方协商一致、确定价款即可,并未实际履行经发包方同意的程序,发包方亦未干涉,双方祥安。可见,立法与农村土地交易实践脱离太远,无必要的虚设条款降低了法的权威。

(四)同类问题相互矛盾与不协调之检讨

该法的系统性思维较为欠缺,制度间、话语中发生抵牾的情形不在少数。第27条内容表达的是"引导支持承包人转让",并非必备条件;第30条规定,可以主动通过交回集体之转让获得补偿,有鼓动激励之意;第34条规定,承包地可以转让给村内其他成员,但有偿或无偿并未明确,因此未体现引导意义,还不如第30条,实为赘语!第36条规定,可以自主以出租、入股或其他方式向他人流转土地经营权,这里的"他人"应包括村内村外的人,"其他方式"也可以是互换、转让……这样解释具有合理性,但前面条文中的转让或交回土地承包经营权的条文就难以被适用,依然成赘语!因此,这些条文和原法条相比,法规范的严谨性、逻辑性及实用性大打折扣。

某些条文还存在明显歧义之处,例如,第39条规定由"双方当事人"协商流转价款,这里的"双方当事人"是谁?他们如何协调协商后"收益归承包方"的问题?即怎么能取得承包方对这里"双方当事人"协商价款的信任?又如,按照新规定,如果所谓流转5年并登记含有债权物权化的深意,那么还需要协商吗?以土地经营权设定抵押时按规定还要"经过对方同意",对此,土地经营权的债权、物权性质问题在这里又一次出现制度逻辑冲突。通篇观之,土地经营权的物权请求权表现在哪里?

(五)忽视乡土实践逻辑中重要制度修正的认知

1. 未能有效保护妇女权益

2018年的《农村土地承包法》依然保留对妇女土地权益加以保护的规定

(第 31 条,原第 30 条),这在现实中很难行得通,甚至几近于无,妇女的土地利益可能几头都落不着,因为该条既可能成为妇女的新居住地拒绝为其分配承包地的依据,也可能成为妇女的原居住地收回其承包地的借口,在实践中的法律效果未必能够如立法者所愿。[20] 根据反对解释原理,还可能对落户女家的男子利益有所侵害。若能构建完整的集体成员权制度,无论男女皆按照集体成员权的权利规则公平分配,问题自然迎刃而解。

2. 缺失核心制度:集体成员权

农村集体主体之成员权,是农村社会运行与基层治理的根本,是农村今天乃至未来各种利益博弈的焦点,中共十八届三中全会《关于全面深化改革若干重大问题的决定》首次提出"保障农民集体经济组织成员权利",创新地提出"三权分置"的农村土地改革举措亦与此密切相关。[21] 至此,没有理由将其置于本修法草案的云雾之中。我国地方立法直至政府规章对农民集体成员权规制已有所作为,[22]但标准五花八门,在实践中难以把握,已滋生更深的矛盾。笔者于 2017 年 2 月 13 日在中国裁判文书网(http://wenshu.court.gov.cn/)检索时发现,仅 2016 年各级人民法院公开上网的由成员资格认定引发的承包经营权及征地补偿款分配纠纷案件多达 9145 件。本次修法在集体成员权制度上仅提及名词和第 69 条的不明确之特别条款,既不求甚解也未留出具体制度的接口,如此立法漏洞,令人费解和担忧。

3. 轻怠原《农村土地承包法》存在的重要现实问题:土地调整

此问题在现实中积怨已久,当加以重视。一是由于人地矛盾凸显,历史上

---

〔20〕 参见陈小君等:《农村土地法律制度研究——田野调查解读》,中国政法大学出版社 2004 年版,第 360 页以下。

〔21〕 参见冯华、陈仁泽:《农村土地制度改革,底线不能突破——专访中央农村工作领导小组副组长、办公室主任陈锡文》,载《人民日报》2013 年 12 月 5 日,第 2 版;冯海发:《为全面解决"三农"问题夯实基础——对十八届三中全会〈决定〉有关农村改革几个重大问题的理解》,载《农民日报》2013 年 11 月 18 日,第 1 版。

〔22〕 参见 2006 年 8 月 9 日《广东省农村集体经济组织管理规定》(广东省人民政府令第 109 号)、1997 年 1 月 17 日《湖北省农村集体经济组织管理办法(修正)》(湖北省人民政府令第 114 号)、2018 年 8 月 7 日山西文水开栅镇《关于农村集体经济组织成员身份界定指导意见》(开政发[2018]75 号)。

村集体已自治决定、自愿调整、平衡农民集体与个体利益且相安无事的,应予充分尊重;二是作为用益物权,但凡30年的一轮承包期到期后,承包权当应调整。30年长久不变的法律指的是仍然实行统分结合、双层经营的制度不改变,不是进行利益平衡或实行耕地私人所有权或忽略集体成员资格的统一规制。也就是说,一轮承包期内必然产生大量伪农民(户口和身份均已有质的变化,完全不是依托土地生存发展的),至少在下一轮承包期到来时用制度将承包权让位于已成为村集体成员且依存土地生活的真农民。这时的协调是大稳定小调整,重在尊重农民主体,给农民集体以更多的制度话语权、选择权与自治决定权。

总之,对于政策有原则、实践有需求、农民有呼唤的方面应成为立法的当务之急,对立法修正案问题的选择是立法科学性的重要表达及其立法者的使命。

此外,在法治思维、法规范逻辑和法律的话语体系下,2018年新的《农村土地承包法》的技术性还有极大的提升空间,除前文已指出的外,例如:条文中出现的口语化的“搞”“抵顶”(第57条第5、6项)等非法言法语的字句已经法律学者多次提出但仍任性地保留,新条文之第45条中“社会资本”等提法有欠法的规范性。

中德法学论坛
第 16 辑 · 上卷,第 45 ~53 页

通过可持续农业保护环境
——法律上的挑战

何塞 · 马丁内茨*著　王冰心译**

摘　要:农业与气候变化之间存在交互影响。因此,发展可持续农业成为未来农业发展与气候保护的双赢选择。然而,该领域尚存在不少法律挑战。本文从国际法、欧盟法、德国法三个层面分别分析目前农业气候保护的现状、不足及创新点,并指出应将现有法规更多地集中在气候保护上,同时补足可能的欠缺因素,制定彼此关联的行业气候保护政策,最大限度发挥与其他环境保护政策目标的协同作用。

关键词:可持续农业;治理机制;农业政策;协同作用

Zusammenfassung: Es gibt eine Wechselwirkung zwischen Landwirtschaft und Klimawandel. Daher wird die nachhaltige Landwirtschaft zu einer Win-Win-Entscheidung für die zukünftige landwirtschaftliche Entwicklung und den Klimaschutz. Jedoch bestehen in diesem Bereich noch viele rechtliche Herausforderungen. In diesem Beitrag werden der aktuelle Status, die Mängel und die Neuerungen des Klimaschutzes in der Landwirtschaft auf drei Ebenen des Völkerrechts, des EU-Rechts und des deutschen Rechts analysiert und es wird darauf hingewiesen, dass das

---

* 何塞 · 马丁内茨(Jose Martínez):德国哥廷根大学法学教授(博士),农业法研究所所长。

** 王冰心:南京大学中德法学研究所 2017 级硕士研究生。

bestehende Regelwerk stärker auf den Klimaschutz auszurichten und evtl. um fehlende Elemente zu ergänzen ist. Die Alternative besteht in der Entwicklung einer kohärenten sektoralen Klimaschutzpolitik, um Synergien mit anderen umweltpolitischen Zielen zu maximieren.

Schlüsselwörter: Nachhaltige Landwirtschaft; Effizienteres Instrumentarium; Agrarpolitik; Synergien

一、农业与气候变化——一种交互影响

农业既是气候变化的受害者,也是始作俑者。首先,从受害者的视角来看:尽管采用了诸如温室种植等现代化的生产方式,农业在世界范围内仍深受气候条件的强烈影响。本质上,气候区参与决定了哪些农作物在特定地区能获得最佳、糟糕或是无法存活的生长条件,畜牧业究竟是采取圈养方式,还是采取放牧方式方有利可图。因此,气候变化潜在的最严重后果很可能影响农业的发展和世界人民的粮食供给。这一点在那些农业经营直接依赖于自然条件的社会中表现得尤为明显,例如采取牧场养殖或雨养耕作模式的社会。此种情况下,包括温度变化与水循环变化在内的气候要素都会对农业经营产生重大影响。然而,必须考虑的是,在农业与气候的关系中,农业不仅是气候变化的受害者,而且其自身也显著地影响着气候变化。如同植被一样,农业是气候系统的一部分,影响着太阳辐射和水分平衡。当某地的森林因为耕地扩张而被砍伐时,太阳辐射将增加,水循环将减少。此外,农业还是温室气体的重要排放源,比如使用能源产生的二氧化碳,施用化肥产生的氮氧化物,水稻种植和畜牧业产生的甲烷。

不过,如果以可持续的方式经营,农业作为气候要素亦可具备对气候变化产生积极影响的潜力。这里首先要提及的是来自油菜籽、大豆和甘蔗的"生物能源",其是利用可再生原料制造出的二氧化碳中性的燃料。不过,更为重要的是农、林业作为地球上最重要的碳储备仓的功能,二者都有助于增加,同时亦可减少碳储存量。可以说,在借助农、林产品实现碳元素的长期化合(产品储存仓),通过材料和能源的替代性效应减少温室气体的排放,以及避免化石燃料燃烧的排放物等方面,农、林业拥有很大的潜力。除沼泽外,森林是陆地上最为有效的储碳仓和重要的减少碳总量的工具。目前,基于其储存功能和替代性影响,仅德国林业和木材利用对于减少温室气体的年平均贡献量即可达 1.27 亿

吨二氧化碳。倘若没有这一贡献量,德国的温室气体总排放量(基于2014年的数据)将会上升14个百分点。

如果我们将视野拓展至包括全部价值创造在内的广义的农业上,就不能不谈及食物及其对于气候变化的影响。从包括上游领域的农业生产,经历不同的加工商、营销商和零售商直至到达终端消费者,食品沿着整个价值创造链不停地排放温室气体。不过,所有这些温室气体中,仅有购买食物后产生的部分温室气体是由消费者直接引起的。但是,如果人们的目的是降低不断产生的温室气体排放,并以此为出发点来观察食品消费的过程,便可发现,不仅仅是那些直接造成温室气体排放的行为——诸如完成食品购买、食物冷藏、在家中准备饭菜——应该得到关注。数据显示,自2006年以来德国与饮食相关的温室气体排放量已翻了四倍。

二、国际法中的农业气候保护

从国际法到欧盟法再到内国法,气候保护目标存在于法的各个层面。在国际法层面,其完全是国际条约的标的内容。基于对国家主权的尊重,此类国际条约仅对缔约国有约束力,并且其效力依赖于国家共识的程度。这些条约最早可追溯至1992年里约热内卢的《联合国气候变化框架公约》。不过,具体义务则在联合国气候会议框架下的后续协议中才得以明确,在这些协议中,《京都议定书》具有独特地位。在《京都议定书》中,气候保护的约束性和优先级设置达到了前所未有的程度。此外,《京都议定书》还确定了一个实施工具目录(即所谓的灵活机制)。通过该国际法上的约束(配备制裁体系),缔约国确定了气候保护相对于其他目标(劳工市场目标、区域目标及社会政治目标等)的优先地位。在此背景下,2015年巴黎联合国气候大会的结果可被视为进一步的突破。2016年4月,包括中国和德国在内的175个国家签署了此项协议。各缔约国负有的义务是,与前工业时代相比,将全球变暖的增长控制在2℃以内。此外,各国将做出努力,将气温上升控制在1.5℃以内。为了尽可能地遵守2℃的上限,截至2050年,全球温室气体排放相对于2010年应下降40%到70%,并在2100年趋近或等于零,或降至零以下。

尽管全球共识已取得可喜成果,但仍存在以下两点不足:

1. 即便国际社会联合起来成功实现2℃的目标,但一些地区还是清晰地感受到了不可避免的气候变化。此外,据联合国政府间气候变化专门委员会(IPCC)估计,尤其是亚洲人口密集的沿海地区和若干太平洋岛屿将因强烈的海平面上升成为气候变化的牺牲者。与此相反,在世界其他地区,水资源短缺正成为一个日益严重的问题。尤其在当前已经十分干旱的非洲地区,农业生产势必遭受严重损害,进而使这片大陆上的营养不良问题越发尖锐。基于这种情况,联合国政府间气候变化专门委员会估计,到 2020 年非洲可能会有 7500 万到 2.5 亿人遭受严重的水资源短缺,并面临缺水对粮食生产带来的不利后果。

2. 国际法上,气候保护的主要工具是缔约国按照《联合国气候变化框架公约》的规定逐年编制的报告,该报告是国际公认的标准化温室气体排放数据库。上一份报告于 2018 年 10 月初公布。此处,制裁体系仅通过“点名批评”的形式实施,这显然无法提升气候保护目的在法律上的价值。此外,并不存在为农业制定的特殊规定——一如其他工商业部门稀少的特别规定。

三、欧盟的农业气候保护

欧盟是气候框架协定的成员,因而受国际法规定的约束。在此,国际条约通过欧盟的转化措施而得以维持其约束力。在欧盟基础法(Primärrecht)中,气候保护仅是环境政策的目标之一(《欧盟运行条约》第 191 条第 1 款第 4 项),因而其并不比环境政策的其他目标,尤其是 GAP(良好农业规范)的相关目标地位优越。即便从《欧盟运行条约》第 11 条环境目标的概括性条款出发,也不能得出一种借助环境目标而实现气候保护的优先性。据此,虽然为了促进可持续发展,环境保护的要求必须被纳入欧盟政策和措施的确定和实施过程中,且在此种情况下,它会对欧盟的农业政策产生影响,并补充完善后者的目标;但是相较于其他目标的优先地位,环境保护目标既不能从欧洲法院的判例中得出,亦无法在文献中寻得依据。因此在欧盟法上,欧盟立法者享有在诸多国家目标的框架范围内进行权衡并从中确定某些目标具有优先性的自由。但是,国际法层面签署的协议削减了此种形成自由(Gestaltungsfreiheit)。这些协议由欧盟立法者批准通过,并借由欧盟次级立法中规定的广泛义务,表明该协议对欧盟及其成员国具有约束力。基于此,考虑到 GAP 及其目标,气候保护的地位也应有所提升。2020 年气候和能源“一揽子”计划中确定的义务便属此类义务,针对“一揽子”计划中的这些义务,欧盟于 2009 年颁布了大量有约束力的规范。此外,这些义务亦是2020年欧洲智能、可持续、包容性增长战略的核心目标。尽管这些规定并未在法律上提升气候保护目标相对于其他目标的地位,但一种可辨认的趋势已然出现。欧盟1306/2013号条例第110条第2款b项使这点在农业领域明晰起来。据此,未来要将以自然资源的可持续性经营及以温室气体排放为重点的气候保护措施作为GAP的绩效衡量标准。

欧盟农业政策中最重要的气候保护创新为:

1. 气候保护明确上升为欧盟农业政策的三大主要目标之一。

2. 这将对欧盟农业补贴的生态目标的定义和欧盟警察法产生影响。

3. 从气候角度看,绿地养护的相关规定无疑是十分重要的。自2015年以来,价值较高的永久性绿地既不允许转变为其他用途,也不允许从事新的耕种活动。至于其他的永久性绿地,只有在得到许可的情况下方可转换为其他用途。同时,只有在相关地区开辟新的面积相同的替代性永久性绿地的情况下,方可颁发此种许可。

4. 作为使用促进气候和环境保护的农业经营方法的奖励,将有条件地支付给农民30%的农业补助。为此,农民必须遵守特定的义务[绿地养护,农作物种类多样性,基于环境利益的土地利用(生态使用方式优先)]。

5. 首次为整个欧盟的农业政策建立监测和评估框架。

6. 高要求的欧盟气候保护标准增加了生产的成本。农业,尤其是畜牧业显示出生产被外包至具有较低气候保护标准的非欧盟国家的危险。这种危险可以通过关税来抵消。然而,欧盟并未将关税视为补偿国内生产商提高气候保护标准的适当工具。因为,只有在将基于气候保护政策设置的关税设定在适当水平的情况下,才能完全防止生产从国内市场流出。但是,此类关税往往伴随着高昂的机构支出和行政支出:为了评估外国产品是否在低于或与欧盟国家相当的气候保护义务下生产,必须制定等价规则,并对按照同等气候保护标准生产的国外产品进行认证。这一过程将是非常昂贵的。此外,依据世界贸易组织(WTO)的规则,不允许征收按照过程标准区分的外部关税。鉴于众多欧盟外的第三国对商品出口至欧盟具有高额利益,至少中期内不能期望与其在实施气候保护关税上达成一致意见。在欧盟内部,基于欧洲共同市场的存在,气候保护关税亦无法实施,例如在德国单独增加气候保护附随义务的尝试。

如果要对欧盟迄今为止在农业领域的气候保护政策做一个初步的总结,结果无疑发人深省:虽然气候保护的重要性在GAP目标范围内相较之前得到了提升,报告义务(也包括气候保护)亦相应扩展,但是目前尚无法证实这是否能真正使气候保护的程度得以提高。尽管基于“促进气候和环境保护的土地经营方法”,德国每年向农民支付约15亿欧元,但此种针对农民的农业补贴(直接支付)几乎不能使额外的气候保护在德国得到贯彻。

四、德国法上的农业气候保护

通过气候保护目标的价值在欧洲层面的变迁,欧盟国家的国内法直接受欧盟法优先的影响,并且基于各国的批准程序,各国国内法亦受到国际条约的影响。据此,各国宪法也相应地受到了影响。德国《基本法》中并未包含关于气候保护的特别规定,但如同欧洲层面一样,气候保护可被评价为环境保护的要素之一,进而借助于德国《基本法》第20a条“环境保护”的国家目标设定而获得宪法地位。但是,从中不能得出气候保护相对于其他公共利益具有优先地位的结论,只是在利益衡量的框架内应考虑该因素,这点与欧洲法再次具有可比性。因此,从宪法的角度来看,国家权力可基于适当权衡,将诸如关于农业结构或是区域政策的考量置于环境保护之前,这些权衡仅有限度地接受司法审查。但是,欧盟法规定的义务与该种宪法价值取向重叠,并且,已批准的国际条约亦至少依循宪法法院符合国际法解释的预设,对这些义务产生影响。不过,由于成员国在实施气候保护目标方面仍保有较为广泛的形成空间,所以当立法机关、行政机关及司法机关在衡量和解释的框架下,将气候保护目标视为相对于其他目标的次级目标时,此种重叠在结果上只能带来更高的说理义务。鉴于气候保护目标的这种有限重要性,在国家层面上确定农业领域的国家规制工具时往往要考虑经济利益。重点是对所涉及的农民进行经济补偿,因为这些农民由于附加的环境义务而不能高效经济地耕作。不过,警察法适用序位应当靠后。理由很简单:德国的农业和林业同中国一样,已然紧密地融入世界经济之中。正如欧盟已经指出的那样,内国气候保护措施会对生产产生影响,进而使得排放也向外国转移。这种影响通常只能被粗略地估计。它亦清楚地显示,就有效减少温室气体排放而言,欧盟国家的形成自由往往范围狭窄。

迄今为止,一种针对农业和林业构建的连贯的环境保护政策工具在欧盟及其成员国尚不存在。现有的环境政策框架针对的是广泛的环境问题(如水域污染、生物多样性丧失)。此处我想简要介绍一下这方面的四项措施:(1)促进可再生能源;(2)保护作为碳储存仓的森林、绿地和沼泽;(3)限制使用化肥;(4)转变消费行为。

(一)促进可再生能源

德国《可再生能源法》(EEG)是德国气候和能源政策的核心工具之一,其在过去的近十年中对农业土地利用产生了巨大影响。并且,自沼气发生装置投入使用后,该项具有20年保证期的促进机制将在未来许多年中继续发挥作用。此外,基于气候和环境保护的利益,EEG第1条第1句规定将能源供给的可持续发展确定为该法所追求的目标。EEG的核心包括网络运营商的电网连接义务,相对于常规能源的可再生能源产电的优先使用义务,借由特定技术固定的上网电价及可选的市场溢价的义务。按照巴黎气候大会的决议,不含有害气候的温室气体的电力生产将首次出现在所有缔约国的能源和气候政策议程上。工业国家至迟将于本世纪中叶重建本国能源体系。不过,只有将可再生能源的使用置于首要地位,该新能源体系方可成为现实。

然而,EEG对于环境保护的贡献具有争议性。其带来的部分影响受到指责:在此,气候保护的论据是站不住脚的,因为欧盟的排放权交易体系覆盖了能源密集型行业的二氧化碳排放量。因此,德国电力供应中可再生能源的进一步增加并不会减少整个欧洲范围内的二氧化碳排放。这些二氧化碳排放只会流向其他工业部门及其他欧洲国家。

此外,值得关注的是,EEG的适用范围并不局限于那些不与粮食生产产生竞争性土地利用的可再生能源上,即太阳能和风能、地热及森林残余物的利用、粪便、淤泥、其他废料及残余物质,其在有限的范围内还包括秸秆。

(二)保护作为碳储存仓的森林、绿地和沼泽

如前所述,碳元素的长期化合既发生在土壤中,也发生在地表的生物质(尤其是木材)及木制产品中。基于这种化合过程,当前在德国,森林意味着一种特别的碳储备。此外,土壤能够在同样的程度上与碳元素进行化合,沼泽甚至可以化合更多的碳元素。通过开垦森林,借助翻耕将绿地转换为耕地及排干沼泽,德国农业用地每年大约排放3750万吨二氧化碳。为了减少此种排放,自2015年来,森林、绿地和沼泽得到了更好的保护。然而,由于经济利益的政治优先性,这种保护不足以实现气候目标。现阶段正在讨论那些在20世纪被排干的沼泽的恢复问题。按照德国《基本法》的规定,该项沼泽恢复可在不向农民支付补偿的情况下进行。虽然国家通过再湿地化在事实上剥夺了农民在土地上

的经济利益,但这是为了公共利益而对财产权进行的合法限制。因此,财产权人必须无偿接受。

(三)限制使用化肥

对气候保护而言,减少氮化合物特别重要。一氧化二氮(N_2O)在农业温室气体直接排放中作用显著,氨(NH_3)则是一种间接的温室气体。此外,农业产生的氮过剩问题也是地下水和地表水中硝酸盐污染的主要原因。因此,可以通过提高氮的利用效率来减少农业中的氮过剩,这有助于实现气候保护的目标。为此,尤其需要将化肥的使用显著降至所要求的程度。由于化肥中的氮在地下水中以硝酸盐的形式沉淀,2000年生效的水资源框架指令为此提供了规范性工具。按照该指令,成员国有义务避免其水生生态系统状况持续恶化,并采取措施,最迟在2027年之前确保其地表水和地下水处于良好状态。理论上,德国《化肥条例》是德国实现这些目标的重要工具。该条例对农用地施用化肥的良好专业实践与对化肥使用所含物质风险的减轻进行了规定。

然而,这些工具还不够。按照联邦政府提供的信息,由于硝酸盐污染严重,联邦范围内1/4的地下水都处在糟糕的化学状态中。由于富营养化效应,71个沿海水域全部未能达到水资源框架指令中规定的良好的水资源生态状况。至于2017年6月生效的更加严厉的德国《化肥条例》是否能带来更好的结果,数年后才能见分晓。在这种情况下,对于更高效的治理机制的呼声理所当然地越发响亮。国库政治机制便属于上述工具之一,如已经在一些欧盟成员国(奥地利、瑞典、丹麦、芬兰)引入的氮税。由此人为引起的氮的价格提升,可以使人们更加谨慎地对待含氮化肥的使用。考虑到替代可能性,对含氮化肥征收的税额必须足够高,方可带来该类化肥使用量明显降低的效果。此外,还必须预计实施该项税收而产生的高昂的行政费用。

(四)转变消费行为

农业和食物供给产生的温室气体排放量也受消费行为的影响。有意识的、健康均衡的膳食及避免食物浪费和食品垃圾产生将在农业及食品领域为气候保护做出极大的贡献。

德国每年约有1100万吨食物被运送至垃圾场。这相当于275,000辆满载货车的载货量。而这其中2/3的食品垃圾本都是可以避免的。促使消费者转变消费行为,可以使用诸如以信息给付和咨询给付、公共关系、环境教育等形式出现的"柔性"工具。这些不同的工具可运用于价值创设链的各个环节,进而指向不同的市场活动参与者。包括制造商、经销商和消费者的自发倡议也可成为治理机制的重要补充。

五、尚未实现的"农业气候保护"目标

总之,可以确定的是,只有实现气候保护的可持续农业才是理想的。在国际法层面,《巴黎协定》创制了足够的治理机制,然而,其目前尚待成员国的贯彻落实。迄今为止,欧盟和德国都尚未为此建立足够的法律框架。不过,将现有法规更多地集中在气候保护上,并且补充可能欠缺的要素,这显然是必要的。能做到这一点,便足够了。另一选择是制定彼此关联的行业气候保护政策,试图最大限度地发挥与其他环境保护政策目标的协同作用,并且尝试限制此过程中的生产损失和收入损失。

中德法学论坛
第16辑·上卷,第54~69页

可持续农业与经济风险
——风险管理中的法律手段

安娜-莉娜·波普*著 徐佩文**译

摘 要:可持续农业不仅必须追求环保、经济与社会三重目标,而且必须在内部冲突的目标间取得平衡,其中占据关键地位的经济可持续性意味着农业生存能力必须在市场自由化与极端天气的挑战下得到保障。因此,农业之可持续有赖于有效的风险管控。相关法律手段包括国家风险管理及国家对私人风险管理手段的支持。研究表明,国家建设、财务承担以及国家对外部风险管理手段的促进必须与实际风险和需求挂钩;国家对私人内部风险管理措施的支持有利于农业的经济可持续性;国家资助仅在个别情况下有效。

关键词:可持续农业;欧盟法;农业法

Zusammenfassung: Nachhaltige Landwirtschaft soll nicht nur die drei Ziele der ökologischen, wirtschaftlichen und sozialen Nachhaltigkeit verfolgen, sondern auch ein Gleichgewicht zwischen den Zielen interner Konflikte herstellen. Die wirtschaftliche Nachhaltigkeit bedeutet, dass die Lebensfähigkeit der Landwirtschaft angesichts der Herausforderung der Marktliberalisierung und des extremen Wetters sichergestellt werden muss. Daher hängt die Nachhaltigkeit der Landwirtschaft von

---

* 安娜-莉娜·波普(Anna-Lena Poppe):德国哥廷根大学农业法研究所博士生、助理。
** 徐佩文:南京大学中德法学研究所2018级硕士研究生。

einem wirksamen Risikomanagement ab. Relevante Rechtsinstrumente sind：Nationales Risikomanagement und nationale Unterstützung für das private Risikomanagement. Die Studie hat gezeigt, dass die staatliche Installation, die finanzielle Übernahme und die staatliche Förderung des externen Risikomanagements auf den tatsächlichen Risiken und Bedürftigkeit beruhen müssen. Die staatliche Förderung der Diversifizierung als privates innerbetriebliches Risikomanagementinstrument trägt zur wirtschaftlichen Nachhaltigkeit in der Landwirtschaft bei. Eine staatliche Förderung ist nur in Einzelfällen wirksam.

Schlüsselwörter：Nachhaltige Landwirtschaft；EU-Recht；Agrarrecht

一、可持续农业——一个难以具体化的概念

根据流行的“三重底线”模型，“可持续发展”这一概念意味着，人们必须同等追求环保、经济与社会三重目标，以实现可持续发展。狭义的“可持续发展”概念也就由此而来。然而，对这一概念在特定领域内的解释常常会造成理解上的困难，并且无法在司法中真正地适用。[1]

可持续农业多被理解为使环境可持续发展的农业，也就是说，尤其要考虑到生态要素。[2] 而符合生态学定义的“可持续农业”，其代价须由社会及（尤其是）经济要素偿付，这些要素在该种情形下只得退居其次。[3] 因此，正如“三重底线”模型中包含着彼此平行的目标，对可持续农业的定义也充斥着不同的相互矛盾的目标。以下界定使人一窥其丰富内涵：“可持续农业是生态可承受的、经济可发展的，同时也是对社会负责的。可持续农业是资源节约型农业，为人

［1］ 参见 Kahl, Einleitung：Nachhaltigkeit als Verbundbegriff, in derselbe（Hrsg.）, Nachhaltigkeit als Verbundbegriff, 1（3, 4 ff.）。

［2］ 参见 Bauer/Trötschler, Ökonomische Ansätze für eine nachhaltige Landwirtschaft, in：Härdtlein/Kaltschmitt/Lewandowski/Wurl（Hrsg.）, Nachhaltigkeit in der Landwirtschaft, Berlin 2000, 149（152）。

［3］ 参见 Wahmhoff, Nachhaltigkeit und deren Umsetzung als Forschungsaufgabe, in：Härdtlein/Kaltschmitt/Lewandowski/Wurl（Hrsg.）, Nachhaltigkeit in der Landwirtschaft, Berlin 2000, 1（2）。

类后代生存奠定根基。”[4] 如本文开头所述,用孤立的眼光评估可持续农业,同这样一个内涵丰富而复杂的概念并不相称。

尽管“可持续”概念包含着三重底线,并且其内部存在大量冲突的目标,每一重底线所对应的目标都必须首先得到具体化。本文将聚焦欧洲农业可持续性中的经济要素,以此向读者呈现一幅精细、可感知的可持续农业图景。

不过,经济可持续的农业唯有在风险得到有效管控的前提下才有可能实现。对经济可持续农业而言,主要的风险因素包括生产和市场对自然的依赖性,这会严重影响相关的经济要素,即收成与盈利。因此,风险管理可以为农业的经济可持续性做出重要贡献。相关研究将在下文中详述。

二、经济意义上的可持续农业

首先,笔者必须在此阐明“什么构成了可持续农业的经济要素”。经济可持续性首要指的是一项计划所体现的经济性。在农业领域,即是农业的生存能力。[5] 如果企业有充足的流动资金,能够通过生产盈利,那么这种生存能力就可以得到保障。[6] 换句话说:当存在一定的经济效益,使农业生产得以继续进行时,农业就是经济可持续的。

---

[4] Allen/Dusen/Lundy/Gliessman, Expanding the definition of sustainable agriculture, in: UC Santa Cruz, Sustainability in the Balance: Issues in Sustainable Agriculture, S. 5; Schaffner/Hövelmann, Der DLG-Nachhaltigkeitsstandard „Nachhaltige Landwirtschaft-zukunftsfähig“, in: Grimm/Hülsbergen (Hrsg.), Nachhaltige Landwirtschaft, 161 (161); Christen, Nachhaltige Landwirtschaft („Sustainable agriculture“), Berichte über Landwirtschaft 74 (1996), 66 (70).

[5] Bauer/Trötschler, Ökonomische Ansätze für eine nachhaltige Landwirtschaft, in: Härdtlein/Kaltschmitt/Lewandowski/Wurl (Hrsg.), Nachhaltigkeit in der Landwirtschaft, Berlin 2000, 149 (152).

[6] Bauer/Trötschler, Ökonomische Ansätze für eine nachhaltige Landwirtschaft, in: Härdtlein/Kaltschmitt/Lewandowski/Wurl (Hrsg.), Nachhaltigkeit in der Landwirtschaft, Berlin 2000, 149 (152 f.); Schaffner/Hövelmann, Der DLG-Nachhaltigkeitsstandard „Nachhaltige Landwirtschaft-zukunftsfähig“, in: Grimm/Hülsbergen (Hrsg.), Nachhaltige Landwirtschaft, 161 (163).

人们可以在欧盟法中找到相关的规范性描述。欧洲共同农业政策的目标目录包括确保农业从业人员合理的生活标准(见《欧盟运行条约》第39条第I款b项)。这一目标符合经济可持续性的概念。通过对这一保障的规定,欧洲农业的可行性也得到了保障,[7]因为只有能确保自身生计的行当才能延续、更新。农业就这样得以维持下去。

三、农业的经济风险

那么农业的经济可持续性受到了怎样的致命威胁呢?对此就必须追问,农业面临着哪些经济风险。在本文中,经济风险指的是对农业企业的收入产生负面影响的风险,因为正是收入确保了农业的生存能力。

经济风险主要包括生产风险(收益风险)。农业生产受气候和天气的影响。二者导致产量的波动,在最坏的情况下还会导致绝收。[8] 与天气有关的生产风险既可能是特定的,也可能是系统性的,这意味着受影响的企业数量可大可小。[9] 此外,必须考虑市场风险(价格风险)。其中包括供需波动的影响,例如贸易禁运或食品丑闻造成的影响,[10]以及采购市场价格上涨的影响。[11]用于采购生产设施的投资额的增加也拉高了农业企业的借贷需求。[12] 这类借贷债务需要稳定的偿还能力,于是流动资金风险便成为了经济风险的重中之重。[13]

最重要的是,以下两项因素增加了当前农业的风险状况:农业市场的自由

---

〔7〕 Härtel, in: Streinz (Hrsg.), EUV/AEUV, Art. 39 AEUV, Rn. 7.

〔8〕 参见 Gömann/Bender/Bolte et al., Agrarrelevante Extremwetterlagen und Möglichkeiten von Risikomanagementsystemen (Thünen Report 30), 03.06.15, S. 56。

〔9〕 Offermann/Efken/Ellßel/et al., Ausgewählte Instrumente zum Risikomanagement in der Landwirtschaft (Thünen Working Paper 72), April 2017, S. 4.

〔10〕 Offermann/Efken/Ellßel/et al., Ausgewählte Instrumente zum Risikomanagement in der Landwirtschaft (Thünen Working Paper 72), April 2017, S. 3.

〔11〕 Frentrup/Heyder/Theuvsen, Risikomanagement in der Landwirtschaft, S. 7.

〔12〕 Frentrup/Heyder/Theuvsen, Risikomanagement in der Landwirtschaft, S. 40.

〔13〕 同上。

化和气候变化。

一方面,农业市场的自由化会直接导致风险增长。[14] 自欧盟成立以来,共同农业政策始终属于欧盟的核心政策。由于农业生产具有自然依赖性,相关的农业市场始终受到自然波动的影响。[15] 因此,为了实现提高战后欧洲粮食供应的目标,农业市场得到了支持价格、干预采购、配额安排、进口关税和出口补贴等政策支持。[16] 1992 年的麦克萨里改革(MacSharry-Reform)推动了农业新政的出台,并由世界贸易组织强制实施,曾经的市场支持措施逐渐退出了历史舞台。[17] 自此,农业越来越多地暴露于市场波动的市场经济体系之中。[18] 昔日,在国家对农业市场采取支持政策的背景下,农业部门未能发展出任何风险管理技术。[19] 风险管理技术的缺失与市场波动性的增加,大大提高了经济风险。[20]

另一方面,还必须考虑气候变化和由此日渐增多的极端天气。[21] 近几十年

---

〔14〕 参见 Tangermann,Risk management in Agriculture and the Future of the EU's Common Agricultural Policy, Juni 2011, S. 5; 参见 Mußhoff/Hirschauer, Modernes Agrarmanagement,2. Aufl. 2011,S. 340。

〔15〕 参见 Tangermann,Risk management in Agriculture and the Future of the EU's Common Agricultural Policy,Juni 2011,S. 1。

〔16〕 参见 Cordier,Comparative Analysis of Risk Management Tools supported by the 2014 Farm Bill and the CAP 2014 –2020,Dezember 2014,S. 39。

〔17〕 参见 BMEL, Geschichte der Gemeinsamen Agrarpolitik, 网址:https://www. bmel. de/DE/Landwirtschaft/Agrarpolitik/_ Texte/GAP-Geschichte. html (zuletzt aufgerufen am: 19. 09. 18); Frentrup/Heyder/Theuvsen,Risikomanagement in der Landwirtschaft,S. 6。

〔18〕 参见 Gömann/Bender/Bolte et al. ,Agrarrelevante Extremwetterlagen und Möglichkeiten von Risikomanagementsystemen(Thünen Report 30),03. 06. 15,S. 4。

〔19〕 参见 Petersen/Herlinghaus/Menrad, Risikomanagement auf globalen Agrarmärkten, Februar 2012, S. 8; 参见 Tangermann, Risk management in Agriculture and the Future of the EU's Common Agricultural Policy,Juni 2011,S. 21。

〔20〕 Offermann/Efken/Ellßel/et al. , Ausgewählte Instrumente zum Risikomanagement in der Landwirtschaft(Thünen Working Paper 72),April 2017,S. 1.

〔21〕 Wissenschaftlicher Beirat für Agrarpolitik,Ernährung und gesundheitlichen Verbraucherschutz,Risiko-und Krisenmanagement in der Landwirtschaft,April 2011,S. 4 f.

德国发生的极端天气事件包括2002年和2013年的洪水、2007年的强低气压风暴基里尔(Kyrill)、2017年的春季霜冻和2003年及2018年夏季的极端干旱。[22] 这些极端天气会在短时间内对农业生产资料造成极大破坏，由于农业生产具有自然依赖性，极端天气便会相应地构成风险因素。[23] 极端天气的预计增长[24]自然会导致这一风险因素的增加。

随着风险的增加，风险管理日益成为农业活动的焦点。[25]

四、风险管理作为可持续农业的要素

在此背景下，以下问题被越来越频繁地提及：农业企业能否找出一套适用的风险管理计划，以成功应对那些会对农业的经济可持续性产生负面影响的风险。

基于《欧盟运行条约》第39条第I款b项提出的目标，应当举例说明风险管理在经济可持续性方面的保障作用。通过有效的风险管理，可以缓解因价格或数量风险的实现而造成的极端收入损失，从而在危机时期也能保证足以维持生活水平的收入。因此，通过风险管理措施可以确保稳定且合理的生活水平，从而有助于经济的可持续性。[26]

除共生之外，可持续性和风险管理在未来的发展方向上也是密不可分的：在可持续发展计划的实施以及风险管理中存在这样的共识，即当下的收益、利

---

〔22〕 参见 BMEL, Extremwetterlagen in Land-und Forstwirtschaft, S. 8 ff。

〔23〕 参见 Gömann/Bender/Bolte et al., Agrarrelevante Extremwetterlagen und Möglichkeiten von Risikomanagementsystemen (Thünen Report 30), 03. 06. 15, S. 1, 56。

〔24〕 参见 Petersen/Herlinghaus/Menrad, Risikomanagement auf globalen Agrarmärkten, Februar 2012, S. 8; Mußhoff/Hirschauer, Modernes Agrarmanagement, 2. Aufl. 2011, S. 340。

〔25〕 VO (EU) Nr. 1305/2013 des Europäischen Parlaments und des Rates vom 17. Dezember 2013 über die Förderung der ländlichen Entwicklung durch den Europäischen Landwirtschaftsfonds für die Entwicklung des ländlichen Raums (ELER) und zur Aufhebung der Verordnung (EG) Nr. 1698/2005, in: Amtsblatt der Europäischen Union, 20. 12. 2013, L 347/493, Rn. 30.

〔26〕 Martinez, in: Calliess/Ruffert (Hrsg.), EUV/AEUV, Art. 39 AEUV, Rn. 10.

润或流动资金的损失从长远来看将会得到补偿。[27]

在研究具体的风险管理手段之前,笔者有必要先阐明整体概念。风险管理由风险分析、风险调节和永久风险控制组成。[28]

在风险分析中,各种风险被一一罗列,其潜在的危害也得以评估。[29] 由于风险部分地相互依赖,因此必须对其进行整体分析,并了解各风险之间的相互作用。[30] 风险调节旨在通过适当的手段管理经过分析的风险。[31] 借此,风险可以转嫁于第三方(如保险人),通过一定措施(如多样化)从整体上被减少甚至完全避免。[32] 风险控制阶段则会检测所选计划是否真正改善了企业的风险状况。[33] 如若不然,则会再次启动上述三个阶段的测试。[34]

原则上存在大量的风险管理手段。这些手段可以分为国家手段和私人手段。然而,出于法律层面的考虑,国家手段和国家对私人手段的支持尤为重要,因为它们代表了国家对市场和竞争的干预,而这种干预仅在个案中被允许。

(一)国家层面风险管理的法律框架

首先,笔者将介绍法律框架。一方面,人们必须看到国家风险管理的法律框架与欧洲竞争法及国家援助法之间的密切关系。以下将要研究的一些法律手段即出自欧洲援助计划。另一方面,需要检查其余手段是否符合欧洲竞争

[27] Renn, Integriertes Risikomanagement als Beitrag zu einer nachhaltigen Entwicklung, in: Popp/Schüll (Hrsg.), Zukunftsforschung und Zukunftsgestaltung, 553 (553); vgl. Gömann/Bender/Bolte et al., Agrarrelevante Extremwetterlagen und Möglichkeiten von Risikomanagementsystemen (Thünen Report 30), 03. 06. 15, S. 1, 56.

[28] Frentrup/Theuvsen, Grundlagen des Risikomanagements, in: dieselben//Emmann (Hrsg.), Risikomanagement im Agrarhandel und Lebensmittelindustrie, 9 (12 f.).

[29] Frentrup/Heyder/Theuvsen, Risikomanagement in der Landwirtschaft, S. 14.

[30] 参见 Frentrup/Heyder/Theuvsen, Risikomanagement in der Landwirtschaft, S. 8; vgl. Mußhoff/Hirschauer, Modernes Agrarmanagement, 2. Aufl. 2011, S. 341。

[31] Frentrup/Heyder/Theuvsen, Risikomanagement in der Landwirtschaft, S. 14.

[32] Frentrup/Heyder/Theuvsen, ebd.; Mußhoff/Hirschauer, Modernes Agrarmanagement, 2. Aufl. 2011, S. 341 f.

[33] Frentrup/Heyder/Theuvsen, 同上。

[34] Mußhoff/Hirschauer, Modernes Agrarmanagement, 2. Aufl. 2011, S. 341.

法,因为国家对私人风险管理手段的支持或国家手段的介入(如援助)会对生产方式造成影响,从而扭曲竞争。

作为欧洲竞争法的一部分,欧洲国家援助法规定在《欧盟运行条约》第 107 条以下。欧洲国家援助法规定了一类无需按市场行情偿付的国家资助,包括货币或其他形式。[35] 在农业援助领域,必须区分欧盟援助、联合援助和成员国援助。[36]

欧盟援助资金分为两大支柱。[37] 第一支柱由欧洲农业担保基金(EAGF)组成,该基金确保直接支付的融资和维护共同市场秩序的成本。[38] 虽然将要探讨的直接支付并未被明确设计为风险管理工具,但它们对金融波动性产生了积极影响。[39]

第二支柱是欧洲农村发展农业基金(ELER),其致力于实现农业结构性措施。[40] ELER 的特点是成员国的共同融资,以构成联合援助。[41] 欧盟关于通过欧洲农村发展农业基金促进农村发展的条例(编号为 1305/2013),被称为《欧洲农村发展农业基金条例》,在目录中明确采用了风险管理这一概念。根据该条例的立法理由,ELER 的核心优先事项为将其资助侧重于风险管理,以确保农村地区的可持续发展。[42] 因此,ELER 条例第 5 条第 3 款 b 项规定,支持农

---

〔35〕 Busse, § 25 Agrarrecht, in: Schulze/Zuleeg/Kadelbach (Hrsg.), Europarecht-Handbuch für die deutsche Rechtspraxis, Rn. 298.

〔36〕 Härtel, in: Streinz (Hrsg.), EUV/AEUV, Art. 42 AEUV, Rn. 16.

〔37〕 BMEL, Grundzüge der Gemeinsamen Agrarpolitik (GAP) und ihrer Umsetzung in Deutschland, 网址: https://www.bmel.de/DE/Landwirtschaft/Agrarpolitik/_Texte/GAP-NationaleUmsetzung.html (zuletzt aufgerufen am 30.09.2018)。

〔38〕 Martinez, in: Calliess/Ruffert (Hrsg.), EUV/AEUV, Art. 40 AEUV, Rn. 122; vgl. Härtel, in: Streinz (Hrsg.), EUV/AEUV, Art. 38 AEUV, Rn. 28.

〔39〕 Tangermann, Risk Management in Agriculture and the Future of the EU's Common Agricultural Policy, Juni 2011, S. 22.

〔40〕 同上。

〔41〕 同上; Härtel, in: Streinz (Hrsg.), EUV/AEUV, Art. 42 AEUV, Rn. 18。

〔42〕 VO (EU) Nr. 1305/2013 des Europäischen Parlaments und des Rates vom 17. Dezember 2013 über die Förderung der ländlichen Entwicklung durch den Europäischen Landwirtschaftsfonds für die Entwicklung des ländlichen Raums (ELER) und zur Aufhebung der Verordnung (EG) Nr. 1698/2005, in: Amtsblatt der Europäischen Union, 20.12.2013, L 347/487, Rn. 4.

业企业的风险预防和风险管理是一项国家任务。

纯粹的成员国援助原则上适用《欧盟运行条约》第107条第I款。根据这一点,只要成员国援助影响到成员国之间的贸易,成员国[43]援助就等同于如下种类的援助,即扭曲竞争或者有扭曲竞争之虞,与内部市场不相容。根据《欧盟运行条约》第108条第I款,委员会不断审查现有的援助计划,以确保其与内部市场相容。《欧盟运行条约》第107条第2款和第3款则强调了成员国援助与内部市场的显著兼容性,尤其是第2款b对风险管理至关重要,根据这一条款,对自然灾害的灾后修复援助或其他意外事件造成的损害援助,与内部市场是相容的。

除了《欧盟运行条约》第101条规定的自由竞争的一般原则,成员国农业援助的法律框架必须始终考虑《欧盟运行条约》第42条,根据该条款,竞争规则一章仅适用于农产品的生产和贸易,正如欧盟议会和欧洲理事会在第43条第2款的框架下,考虑第39条的目标并根据指定程序所规定的那样。根据欧盟议会及欧洲理事会于2013年12月17日颁布的欧盟1308/2013条例中第211条第I款有关农业生产的共同市场组织(GMO)之规定,《欧盟运行条约》第107条至第109条适用于农产品生产及其贸易。背离该原则的情况则参照第2款,该条款对于由成员国依据该条例规定的方法所给予的支付、由欧盟全额或部分资助的支付以及符合上述条例第213条至第218条规定的支付,予以排除。但是,由于这些例外情况是非常零星的,因此也可以针对成员国援助在农业部门内部颁布原则上有效的一般禁令。[44] 鉴于此,在结论上,《欧盟运行条约》第42条第I款在范围上的例外也因《欧盟运行条约》第107条至第109条所包含原则的适用而被抵销。[45]

欧洲援助计划伴随着欧盟农业和林业部门以及2014~2020年农村地区的国家援助框架(农业框架规则),该框架对欧洲援助计划进行了更详细的描述,

---

[43] Wallenberg/Schütte, in: Grabitz/Hilf/Nettesheim (Hrsg.), Das Recht der Europäischen Union, Art. 107 AEUV, Rn. 121.

[44] Busse, § 25 Agrarrecht, in: Schulze/Zuleeg/Kadelbach (Hrsg.), Europarecht-Handbuch für die deutsche Rechtspraxis, Rn. 306.

[45] 同上。

从而在成员国推行欧盟法规的过程中提供了一定程度的法律确定性。[46]

(二)风险管理的具体手段

在阐述国家风险管理手段的法律框架和国家对私人风险管理措施的支持之后,现在应介绍以下选定的一些手段,并研究其对经济可持续性的贡献。首先是作为欧洲农业政策核心的欧洲直接支付。其次是涉及保险公司的保费补贴,特别是2018年所讨论的针对极端干旱的保险。再次探讨将促进多样化作为内部风险管理的问题。最后本节审视了国家危机措施。

1. 直接支付作为国家事前风险管理的手段?

按面积计算的直接支付或许是共同农业政策中最为著名、成本也最高的措施。2017年直接支付占据了欧盟农业支出的74%。[47]

直接支付在1992年及2003年的共同农业政策(GAP)改革中(其中1992年的改革被称为MacSharry改革)被作为直接收入补贴,以实现《欧盟运行条约》第39条第I款b项所规定的确保农业人口适足生活水准的农业政策目标。[48] 此前这一目标是通过与生产相关的补贴来实现的,[49]而这些补贴专门用于通过增加产量以增加农业人口的收入。[50] 然而,产量的增加导致了产量过剩,农产品仅得通过国家的干预购买,方得以售出。[51] 因此,这种收入支持绝不是经济上可持续的。自1992年和2003年改革以来,补贴的支付开始与土地面积挂钩。[52] 目前,

---

〔46〕 Von Rintelen, in: Grabitz/Hilf/Nettesheim(Hrsg.), Das Recht der Europäischen Union(64. EL Mai 2018), Art. 42 AEUV, Rn. 62.

〔47〕 DBV, Situationsbericht 2017/18, S. 103.

〔48〕 Hase, in: Düsing/Martinez(Hrsg.), Agrarrecht, Art. 39 AEUV Rn. 9; vgl. Härtel, in: Streinz(Hrsg.), EUV/AEUV, Art. 39 AEUV, Rn. 7; van Rijn, in: von der Groeben/Schwarze/Hatje(Hrsg.), Europäisches Unionsrecht, Art. 39 Rn. 8.

〔49〕 Martinez, in: Calliess/Ruffert(Hrsg.), EUV/AEUV, Art. 39 AEUV, Rn. 9; van Rijn, in: von der Groeben/Schwarze/Hatje(Hrsg.), Europäisches Unionsrecht, Art. 39 Rn. 8.

〔50〕 Martinez, in: Calliess/Ruffert(Hrsg.), EUV/AEUV, Art. 39 AEUV, Rn. 9.

〔51〕 参见 Martinez, in: Calliess/Ruffert(Hrsg.), EUV/AEUV, Art. 39 AEUV, Rn. 9。

〔52〕 参见 Härtel, in: Streinz(Hrsg.), EUV/AEUV, Art. 39 AEUV, Rn. 28; Martinez, in: Calliess/Ruffert(Hrsg.), EUV/AEUV, Art. 40 AEUV, Rn. 87。

农民的基本补贴约为每公顷176欧元。[53][54]出于交叉合规理念,基本保费的获取受到环境、消费者和动物保护法规的约束。[55] 额外的支付以诸如向年轻农民发放额外补贴或将额外补贴用于绿化措施的形式被提供。[56] 直接支付的后一种支付部分可视为对强制性公共服务提供的补偿。[57]

因此,只有与土地面积挂钩的基本补贴才被视为值得研究的风险管理工具。引人深思的是,设计为基本补贴形式的资助性支付是否是一种合适的风险管理工具,以及其是否符合经济可持续性的要求。

如上所述,基本补贴形式的直接支付并未被设计为一种风险管理手段。然而,基本补贴有助于稳定农业收入,从而促进确保适足生活水平的农业政策目标的实现。[58] 因此,可以说它缓解了农业特有的收入风险。在这方面,它可以被归类为风险管理。但是,它是否适于用来进行风险控制,这点仍然存疑。风险管理和风险降低的前提是,存在一种实际风险。另外,基本补贴与传统风险管理手段的不同之处在于,它并不像其那样事先应对波动性,而是独立于任何波动性或收入损失而授予。[59] 因此,以基本补贴形式存在的直接支付只能对受风险影响的农业企业产生风险最小化影响,因此仅在该层面上是一种合适的风险管理手段。此外,对于其他主体而言,这一方法并不能起到风险控制的效果。

---

〔53〕 这里省略了支付请求权体系的表述。

〔54〕 2019年的数据,DBV, Situationsbericht 2017/18, S. 110. Durchschnittswert, da sich Werte zwischen den Bundesländern unterscheiden. Auf die Darstellung des Systems der Zahlungsansprüche wird vorliegend verzichtet。

〔55〕 Härtel, in: Streinz (Hrsg.), EUV/AEUV, Art. 39 AEUV, Rn. 29.

〔56〕 Härtel, in: Streinz (Hrsg.), EUV/AEUV, Art. 39 AEUV, Rn. 32; Martinez, in: Calliess/Ruffert (Hrsg.), EUV/AEUV, Art. 40 AEUV, Rn. 93, 95.

〔57〕 总结自:Härtel, Die Gemeinsame Agrarpolitik (GAP) der Europäischen Union nach 2013 in juristischer Perspektive, in: Rentenbank (Hrsg.), Die Gemeinsame Agrarpolitik (GAP), 41 (60-64)。

〔58〕 Martinez, in: Calliess/Ruffert (Hrsg.), EUV/AEUV, Art. 40 AEUV, Rn. 66.

〔59〕 参见Cordier, Comparative Analysis of Risk Management Tools supported by the 2014 Farm Bill and the CAP 2014-2020, Dezember 2014, S. 21。

显然，现存的基本补贴——无论它具有哪些额外的功能[60]——都不是一种全面适用的、在经济上可持续的风险控制手段。

2. 国家的保险支持作为私人的外部风险管理手段

最常用的外部风险管理手段或许是针对自然生产风险的保险。[61] 与手段本身一样，政府对此类保险的支持也很普遍。[62]

保险可以首先被区分为损害保险和指数保险。[63] 损害保险基于具体发生的内部损害，而指数保险则基于外部可衡量的价值。[64] 损害保险和指数保险都可以再次细分。因此，损害保险可以分为极端天气损害保险和收入损害保险。[65] 在指数保险的框架下，外部价值可以是区域中的平均收益率值或者气象站的特定天气变量。[66] 特定的农业企业适用于何种保险则取决于具体的经营情况。

原则上，保险会对农业企业的生存能力产生积极影响，因为当发生保险事

---

[60] 直接支付尚未被设计为风险管理手段。由于交叉合规体系或与下一次 GAP 改革的环境措施之间存在更紧密的联系，正如绿化措施一样，是否证明其具有存在的理由是有争议的。相关讨论主要参见 Belger, Das Agrarbeihilfenrecht, S. 114 f; Martinez, Landwirtschaft und Wettbewerbsrecht-Bestandsaufnahme und Perspektiven, EuZW, 2010, 368 (371 f.); Wissenschaftlicher Beirat für Agrarpolitik, Ernährung und gesundheitlichen Verbraucherschutz, Für eine gemeinwohlorientierte GAP der EU nach 2020: Grundsatzfragen und Empfehlungen, April 2018, S. 26 ff。

[61] Tangermann, Risk management in Agriculture and the Future of the EU's Common Agricultural Policy, Juni 2011, S. 13.

[62] 同上。

[63] Mußhoff/Hirschauer, Modernes Agrarmanagement, 2. Aufl. 2011, S. 353; Gömann/Bender/Bolte et al., Agrarrelevante Extremwetterlagen und Möglichkeiten von Risikomanagementsystemen (Thünen Report 30), 03. 06. 15, S. 56.

[64] Frentrup/Heyder/Theuvsen, Risikomanagement in der Landwirtschaft, S. 21.

[65] Gömann/Bender/Bolte et al., Agrarrelevante Extremwetterlagen und Möglichkeiten von Risikomanagementsystemen (Thünen Report 30), 03. 06. 15, S. 56 f.

[66] Gömann/Bender/Bolte et al., Agrarrelevante Extremwetterlagen und Möglichkeiten von Risikomanagementsystemen (Thünen Report 30), 03. 06. 15, S. 57; vgl. Mußhoff/Hirschauer, Modernes Agrarmanagement, 2. Aufl. 2011, S. 353.

故时农业企业可以请求给付保险金,至少补偿部分损害,从而保障流动资金并抵消大量收入损失。在这方面,保险成了一种经济上可持续的风险管理手段。

《欧洲农村发展农业基金条例》第36条第I款a项和第37条对国家资助作出了规定。据此可以推动对作物、动植物保费的财政资助。该保险仅涵盖因不利的气候事件、动植物疾病、虫害或环境事件造成的经济损失,且所涉事件必须造成三年平均产量减少30%以上。根据《欧盟运行条约》第37条第V款与附件II,最高支持金额为应付保险费的65%。与许多其他成员国不同,德国没有利用这种可能性。[67]

国家对保费资助的经济可持续性是有限的,因为这不应成为继续不适当生产方式的动力。[68] 如果仅仅因为国家通过保险所进行的补贴,这种生产方式就可以获得收益,那么这种生产方式就不能从根本上保持农业企业的生存并确保适足的生活水平。在此类情况下,对经济可持续性的评估就将是负面的。

3. 国家的多元化资助作为私人的内部风险管理手段

国家促进多元化投资作为私人内部风险管理的途径在已提及的《欧洲农村发展农业基金条例》的第19条第I款b项中被规定下来。特此提醒:《欧洲农村发展农业基金条例》中的措施被设计为联合援助。

作为内部风险管理工具,收入来源或生产活动的多样化是降低以数量风险、价格风险和亏损风险形式显现的经济风险的有效手段。[69] 多元化是指农业企业家从事多种营业以创收,从而形成与专业经营相对的模式。[70] 这一模式可能呈现出各色形态:某一耕作式企业种植多种水果而非单一品种,如果一种作

---

〔67〕 GDV, Landwirtschaftliche Mehrgefahrenversicherung für Deutschland, November 2016, S. 10.

〔68〕 参见 Wissenschaftlicher Beirat für Agrarpolitik, Ernährung und gesundheitlichen Verbraucherschutz, Für eine gemeinwohlorientierte GAP der EU nach 2020: Grundsatzfragen und Empfehlungen, April 2018, S. 48。

〔69〕 Mußhoff/Hirschauer, Status quo und Möglichkeiten des Risikomanagements landwirtschaftlicher Unternehmen, in: Hanisch (Hrsg.), Brennpunkt Agrarpreise, 9 (15), vgl. Gömann/Bender/Bolte et al., Agrarrelevante Extremwetterlagen und Möglichkeiten von Risikomanagementsystemen (Thünen Report 30), 03. 06. 15, S. 56.

〔70〕 参见 Mußhoff/Hirschauer, Modernes Agrarmanagement, 2. Aufl. 2011, S. 344。

物因害虫侵袭而绝收，企业仍然可以从其他作物中获取收入；某一母猪饲养者可以同时将生产的仔猪肥育，以降低销售风险（整合下游增值阶段）；农场咖啡馆或度假农场的运营，与农产品的拆分销售和生产资料的拆分购买同样重要。[71]

虽然总体利润下降，这是由于生产计划并不仅仅关注最赚钱但风险最高的行业——企业家从而放弃了所谓的专业化利润，[72]但通过多样化可以显著降低某一特定生产的亏空风险。

根据《欧洲农村发展农业基金条例》第 19 条第 I 款 b 项，欧盟鼓励在农村地区投资以创造额外的非农业收入来源。[73] 在上述例子中，虽然似乎只有农场咖啡馆和度假村有资格获得资助，但《欧洲农村发展农业基金条例》还在内部风险管理领域提供支持。拥有第二经济支柱的农业企业不会面临市场风险和盈利风险，因此可以在困难阶段继续运营，也因此在经济上具有可持续性。

4. 危机应对措施作为事后风险管理手段

2018 年欧洲部分地区极端炎热干燥的夏季引发了有关以事后特别援助作为国家危机应对措施的思考。

与事前风险管理不同，政府危机应对措施在风险发生后启动。它无法最小化、重新分配或避免实际风险，而是补偿其所造成的损害。

危机应对措施对于农业企业家而言充满了不确定性。[74] 取决于实时政治氛围，国家在危机时期可能会也可能不会提供援助。[75] 农业企业家很难计算出

---

〔71〕 相关例子参见 Mußhoff/Hirschauer, Modernes Agrarmanagement, 2. Aufl. 2011, S. 344 f。

〔72〕 Tangermann, Risk management in Agriculture and the Future of the EU's Common Agricultural Policy, Juni 2011, S. 5; Mußhoff/Hirschauer, Status quo und Möglichkeiten des Risikomanagements landwirtschaftlicher Unternehmen, in: Hanisch (Hrsg.), Brennpunkt Agrarpreise, 9(25); Mußhoff/Hierschauer, Modernes Agrarmanagement, 2. Aufl. 2011, S. 344 f.

〔73〕 Rahmenplan der Gemeinschaftsaufgabe "Verbesserung der Agrarstruktur und des Küstenschutzes" für den Zeitraum 2017 bis 2020, A. 2., S. 31.

〔74〕 Gömann/Bender/Bolte et al., Agrarrelevante Extremwetterlagen und Möglichkeiten von Risikomanagementsystemen (Thünen Report 30), 03. 06. 15, S. 237.

〔75〕 同上。

国家的特别援助,并将其纳入风险管理。对国家而言亦如此,临时措施可能成为国家财政无法预料的负担。[76] 危机应对措施很容易被归类为援助。因此,它们必须遵守现有的法律框架:根据《欧盟运行条约》第107条第II款b项,用于补救自然灾害造成的损害的援助须与内部市场相协调。

以2018年夏天发生的干旱的应对措施为例,基于欧洲农业准则[77]制定的"关于提供国家援助以应对因自然灾害或恶劣天气条件所造成的农业和林业损害的国家框架指令(2018年8月26日)"[78](NRRL)确立了恶劣天气条件下给予援助的国家法律框架。在NRRL的前言中,预防与天气有关的风险的责任原则上归于农业企业家。NRRL下的国家援助仅被视为对企业危机管理的支持行为。援助的目的是补偿直接由自然灾害或恶劣天气条件造成的对农业和林业企业的损害。对自然灾害的定义与《欧盟运行条约》第107条第II款相同,包括地震、雪崩、山体滑坡、洪水、龙卷风、飓风、火山爆发和天然野火。[79]如果不利的天气条件[80]造成了过去3年平均年产量的30%以上的损失,那么它们就等同于自然灾害。[81] 但是,尚未明文规定对提供此类援助的法定请求权(NRRL 1.2.)。

回顾一开始就提到的对可持续农业的定义,可以说在经济因素的框架内,

---

[76] Gömann/Bender/Bolte et al., Agrarrelevante Extremwetterlagen und Möglichkeiten von Risikomanagementsystemen(Thünen Report 30),03.06.15,S. 236 f.

[77] Rahmenregelung der Europäischen Union für staatliche Beihilfen im Agrar-und Forstsektor und in ländlichen Gebieten 2014 – 2020, ABl. d. Europäischen Union, 01.07.2018, Nr. C204/1.

[78] BAnz AT 31.08.2015 B4.

[79] Rahmenregelung der Europäischen Union für staatliche Beihilfen im Agrar-und Forstsektor und in ländlichen Gebieten 2014 – 2020, ABl. d. Europäischen Union, 01.07.2018, Nr. C204/1, Rn. 330.

[80] Die Vereinbarkeit von Beihilfen aufgrund widriger Witterungsverhältnisse richtet sich nach Art. 107 Ⅲ c) AEUV, s. Erhart, in: Schröter/Jakob/Klotz/Mederer(Hrsg.), Europäisches Wettbewerbsrecht, 6 C. I. Rn. 283, S. 2412 f.

[81] Rahmenregelung der Europäischen Union für staatliche Beihilfen im Agrar-und Forstsektor und in ländlichen Gebieten 2014 – 2020, ABl. d. Europäischen Union, 01.07.2018, Nr. C204/1, Rn. 35 Nr. 34.

其取决于农业企业的生存能力。为了将这一定义考虑在内,需要更明确的援助事实构成,特别是关于援助的接受方。经济上可持续的援助必须将生存能力包含在援助事实构成之内。换句话说,国家援助应当着眼于必要性。

因此,只有在某些特定条件下,事后风险管理手段才会促进可持续农业的发展。

五、结　　论

该研究表明,风险管理是建立经济可持续农业的重要组成部分。通过风险管理,农业企业的生存能力得以显现,从而确保整个农业的生存。

然而,该研究同时表明,在国家风险管理或国家支持私人风险管理手段的框架内,仍存在改进空间。国家建设、财务承担以及国家对外部风险管理手段的促进,必须与实际风险和需求挂钩。另一个批评点是,这可能会鼓励冒险行为,抑制农业内部在降低风险措施方面的创新,从而阻碍通往经济可持续农业之路。[82] 然而,目前研究的 ELER 条例对私人内部风险管理措施的支持不应在经济可持续性的背景下受到批评。

鉴于农业市场自由化和气候变化的挑战日益严峻,有效的风险管理对农业的未来至关重要。同时,正如研究表明,国家资助仅在个别情况下有效,例如促进内部风险管理。因此,现有法规需要进行相应的调整。

---

〔82〕 参见 Wissenschaftlicher Beirat für Agrarpolitik, Ernährung und gesundheitlichen Verbraucherschutz, Für eine gemeinwohlorientierte GAP der EU nach 2020：Grundsatzfragen und Empfehlungen, April 2018, S. 48 f。

法律与人工智能

中德法学论坛
第16辑·上卷,第73~98页

对自动驾驶机动车的产品责任*

王　琦**

摘　要:无人驾驶不等于无人负责,侵权法上现有的机动车三元责任体系即"机动车一方责任""交往安全义务责任""产品责任"已足以覆盖自动驾驶机动车。但自动驾驶技术使得上述责任体系中产品责任的重要性不断凸显。自动驾驶机动车作为产品是软硬件的复合体。责任主体不限于立法规定的直接责任主体即生产者和销售者,还包括司法认可的主体即准生产者和进口商。生产者既指整车(成品)生产者,也指零部件生产者,后者尤其包括自动驾驶软件系统的提供者。产品缺陷的三大类型——"制造缺陷""设计缺陷""警示说明缺陷"需要被细化和扩展,以回应自动驾驶机动车的特殊性。出于测试目的上道行驶的机动车已满足"投入流通"的要求,足以引发产品责任。

关键词:自动驾驶;人工智能;产品责任;产品缺陷;交通事故

Abstract:Driverless does not mean no one is responsible,the three-core liability system for motor vehicles have already covered autonomous vehicles. But the technology of autopilot makes the issue of product liability more and more important. An autonomous vehicle as a product is a complex of hardware and software,the

---

* 本文为国家社会科学基金重大项目"信息法基础"(项目编号:16ZDA075)的阶段性研究成果。

作者感谢《中德法学论坛》匿名审稿专家提出的修改建议。

** 王琦:北京航空航天大学法学院助理教授,德国柏林自由大学法学博士。

software in the cloud is also part of the vehicle. The subject of liability is not limited to the producer and the seller, the quasi-producers and importers are also included. Producer is not only the producer of the end product, but can encompass producers of components, the latter including, in particular, providers of autonomous software systems. In response to the particularity of autonomous vehicles the three types of product defect ("manufacturing defect", "design defect", "warning defect") need to be refined and expanded. Autonomous vehicles on the road for test purposes have met the requirements of "put into circulation" and is sufficient to trigger product liability.

Key Words: Autonomous drive; Artificial intelligence; Product liability; Product defect; Traffic accident

一、导 论

(一)背景

自动驾驶机动车已经成为全球瞩目的科技发展方向。世界主要工业国家纷纷重拳出击,期望能在这一潜力巨大的新兴领域占得先机。不仅机动车行业巨头如宝马、福特、沃尔沃、戴姆勒、大众、丰田、通用、特斯拉迅速跟进,而且新兴互联网企业如谷歌、百度也利用自身在软件开发、数据处理方面的长处强势涌入。另外,许多交通运输服务企业也在加紧测试自动驾驶系统,国外起步较早的如优步的自动驾驶服务方案,国内深圳则启动了名为"阿尔法巴"的智能驾驶公交系统的试运行。我国瞄准这一领域,将自动驾驶列入国家级别的工业战略,期望发挥自身优势实现"弯道超车"。[1]

---

[1] 参见国家发改委于2018年年初公布的《智能汽车创新发展战略》(征求意见稿)。自动驾驶机动车的责任也在近期成为学理上的一个热点问题,最新讨论如司晓、曹建峰:《论人工智能的民事责任:以自动驾驶汽车和智能机器人为切入点》,载《法律科学》2017年第5期;冯洁语:《人工智能技术与责任法的变迁——以自动驾驶技术为考察》,载《比较法研究》2018年第2期;郑志峰:《自动驾驶汽车的交通事故侵权责任》,载《法学》2018年第4期;殷秋实:《智能汽车的侵权法问题与应对》,载《法律科学》2018年第5期;付新华:《自动驾驶汽车事故:责任归属、法律适用与"双层保险框架"的构建》,载《华东政法大学学报》2018年第4期;赵申豪:《自动驾驶汽车侵权责任研究》,载《江西社会科学》2018年第7期。

(二)无人驾驶不等于无人负责:基于侵权法上机动车三元责任体系的分析

随着自动驾驶技术的逐步走近,在大众媒体中愈加频繁地见到“谁为自动驾驶或者无人驾驶机动车引发的交通事故负责”的疑问,甚至还有人将其称为“法律的灾难”。但只要我们认真观察侵权法,就会发现这种担忧在侵权法上并不成立。机动车是一个危险源或者说责任源的复合体,我国侵权法细致地区分了同一机动车上不同层次的三种危险源,并为每层危险都设定了一项相应的责任基础,由此形成侵权法上机动车的“三元责任体系”,如表1所示:

表1 侵权法机动车的三元责任体系

责任名称	请求权基础	责任主体	责任根源
机动车一方责任	《道路交通安全法》第76条	机动车一方 例:机动车所有权人(当其自用时)、借用人、租用人	拥有对机动车的现实操纵力
机动车交往安全义务(安全保障义务)责任	《侵权责任法》第49条第2句第2分句 最高人民法院《关于审理道路交通事故损害赔偿案件适用法律若干问题的解释》第1条	机动车交往安全义务人 例:机动车出借人、出租人	违反对机动车的交往安全义务
机动车产品责任	《产品质量法》第4章	产品责任主体 例:生产者、销售者	机动车作为产品具有不合理的危险(缺陷)

上述三种责任在主体上可能是同一的,也可能相互分离,这取决于机动车的使用关系是否发生移转变化。[2] 但是,没有任何一台机动车能脱离这三类责任组成的责任之网,也就是说,即便是一辆无人驾驶的机动车,也有为之负责的

---

〔2〕 一则具有代表性的案例见最高人民法院(2015)民申字第1387号裁定,该案初审见(2013)鄂荆门民一初字第00014号判决。此案的诉求和裁判中完整出现了上述全部三种责任,即机动车租用人的“机动车一方”责任、机动车出租人(所有权人)的交往安全义务责任、机动车零部件销售者的产品责任。

"机动车一方"〔3〕交往安全义务人、生产者和销售者等。所以对自动驾驶机动车来说并不存在侵权法上的根本漏洞或者空白。自动驾驶机动车对侵权法的真正挑战在于,随着智能系统对驾驶任务的逐步介入直至完全接管,人类对机动车的支配和常规性的安全保障义务在机动车危险源中的地位不断下降,而机动车产品缺陷的地位则不断上升。自动驾驶技术将机动车产品责任的重要性凸显到一个前所未有的程度,并且作为一种新技术也确实给迄今为止的产品责任提出了一系列难题,本文将尝试对这些难题作出探究和解答。

(三)机动车的自动化程度分级和本文研究对象的明确

自动驾驶不能和无人驾驶画上等号。自动驾驶是无人驾驶的上位概念,无人驾驶指的是最高级别的自动驾驶机动车,即自动化程度已高到无需人类驾驶员即可完成全部驾驶任务的机动车。正确理解自动驾驶的第一步是明确自动驾驶的分级,目前世界上影响力最大的是美国汽车工程师学会(SAE)制定的分级体系,这几乎是事实上的国际通行标准。该体系共分6等,如表2所示:〔4〕

---

〔3〕 需要特别强调和澄清的是,并非只有亲手驾驶才能成为"机动车一方"。"机动车一方"的标准在于拥有对机动车的现实操纵力,行使这种力量的方式包括但不限于亲手驾驶。实际支配人完全可以将该车交给其占有辅助人或者服从其指令的雇员驾驶,此时机动车一方不是占有辅助人或者雇员,而是占有主或者雇主。同理,当实际支配人将驾驶任务交给智能系统时,他依然是"机动车一方",同样需依据《道路交通安全法》第76条为之负责。参见王琦:《机动车交往安全义务人对交通事故的侵权责任——对立法、司法解释以及比较法资源的整合性建构》,载《政治与法律》2017年第2期;详细分析见 Qi Wang: Die Haftung des Kfz-Nutzers bei Straßenverkehrsunfällen nach dem chinesischen Recht: gleichzeitig ein Vergleich mit dem deutschen Recht(《中国法上机动车使用人的交通事故责任:兼与德国法相比较》,德国柏林自由大学博士论文), Verlag Dr. Kovač, 2018, S. 155 ff。另比较王琦:《什么是侵权法意义上的交通事故?——对中国机动车责任体系基石范畴的建构与阐释》,载《私法研究》2018年第1期。关于上道测试机动车的"机动车一方",见注57。

〔4〕 需注意的是,美国汽车工程师学会(SAE)分级定义的原始形态比较复杂,含有大量技术性术语和缩写,对普通读者而言理解不易。出于便利读者的考虑,以下给出的是SAE分级的精简版本。SAE自动驾驶分级的基本思路是将机动车的主要驾驶任务分解为"车辆操作"和"环境监控(与反应)"两大部分,从L0到L5级,首先是"车辆操作任务",随后是"环境监控任务",逐步从人类驾驶员转移到智能系统。SAE分级的正式名称为 Taxonomy and

表2 机动车的自动化程度分级

级 别	中文名称 (附英文名称和缩写)	基本定义
Level 0 (L0)	无自动化 (No Automation, NA)	始终由人类驾驶员独自进行车辆操作和环境监控
Level 1 (L1)	驾驶辅助 (Driver Assistance, DA)	智能系统可以在人类驾驶员进行某些车辆操作时提供辅助
Level 2 (L2)	部分自动驾驶 (Partial Automation, PA)	智能系统可以独立承担车辆操作的一部分,但人类驾驶员需要监控驾驶环境并且承担车辆操作的其他部分
Level 3 (L3)	有条件自动驾驶 (Conditional Automation, CA)	智能系统可以承担车辆操作并且监控驾驶环境,但人类驾驶员必须随时应系统要求接管或介入
Level 4 (L4)	高度自动驾驶 (High Automation, HA)	智能系统可以完成所有的车辆操作和环境监视任务,人类驾驶员无需介入,但这一功能只能在特定道路环境和条件下实现
Level 5 (L5)	完全自动驾驶 (Full Automation, FA)	智能系统可在所有道路环境下实现自动驾驶

其中L0级指的是传统机动车,即不具有自动驾驶功能的机动车,显然仅具参照系意义。L1属于驾驶辅助层级,本质上也不构成"自动驾驶"。真正的自动驾驶,即(部分)车辆操作任务可由独立于人类驾驶员的智能系统承担,首先出现于L2级。目前消费市场上主流的机动车处于L0到L1之间,L2在部分豪华或者说高端车型上获得配备,最广为人知的当属特斯拉的自动驾驶系统"Au-

Definitions for Terms Related to Driving Automation Systems for On-Road Motor Vehicles(2014年1月发布,2018年6月最新修订),有关文件可于其官方网站下载,参见https://www.sae.org/standards/content/j3016_201401/,最后访问日期:2019年4月24日。

topilot”,除此之外很多汽车企业也在其高档产品上引入了相似功能,如通用的“Super Cruise”系统、沃尔沃的“Pilot Assist”系统。L3级别的机动车则刚刚实现量产进入消费市场。[5] 至于L4和L5级则依然离消费市场非常遥远。鉴于现在市面上见到的绝大多数所谓自动驾驶机动车最高也只能达到L2级,因此本文所谓的自动驾驶机动车是从L2级别开始的自动驾驶机动车。[6] 就产品责任而言,明确自动驾驶级别的意义首先在于,对不同级别的自动驾驶机动车存在不同的安全期望,因此适用不同的产品缺陷标准,对此下文将详论。[7]

(四)产品责任的一般规则与本文结构说明

关于产品责任的一般规则,无论在司法实务还是学理上都是清晰的。[8] 按照通说,产品责任属于无过错责任,其责任成立的前提在法释义学上可以被区分为必要要件和阻却要件两部分,前者集中规定于《产品质量法》第41条第1款,后者集中规定于同条第2款。

按照《产品质量法》第41条第1款,产品责任成立的必要要件包括三部分:(1)产品缺陷:产品投入流通时存在缺陷;(2)损害结果:人身权益、他人财产遭受损害;(3)因果性:产品缺陷与损害结果之间存在因果联系。[9] 按照同条第2款,阻却要件(免责事由)有三类,即(1)未将产品投入流通;(2)产品投入流通时,引起损害的缺陷尚不存在;(3)将产品投入流通时的科学技术水平不能发现缺陷存在。确定了必要要件和阻却要件,同时也就明确了证明负担分配:受害方对责任成立的必要要件承担证明负担,相对方对责任成立的阻却要件承担证

---

[5] 2017年奥迪公司宣布,其全新旗舰产品奥迪A8可以实现L3级别的自动驾驶,见新浪网新闻报道:http://tech.sina.com.cn/d/2017-07-12/doc-ifyhvyie1146348.shtml,最后访问日期:2019年4月24日。

[6] L0和L1级别的机动车当然也属于产品,同样可以引发产品责任,只是这两类机动车不涉及自动驾驶的特殊问题。

[7] 见下文第4部分第3、4节。

[8] 见最高人民法院(2014)民申字第354号裁定中的扼要论述。学理论述见王利明:《侵权责任法研究》(下卷),中国人民大学出版社2011年版,第223页以下;张新宝:《侵权责任法》,中国人民大学出版社2016年版,第233页以下;杨立新:《侵权法论》,人民法院出版社2011年版,第477页以下。

[9] 王胜明主编:《中华人民共和国侵权责任法释义》,法律出版社2013年版,第246页。

明负担。[10] 全景展示可见位于文末的表3。

限于篇幅,本文不可能讨论产品责任的所有问题,而且自动驾驶机动车也不是在所有问题上都有特殊性,以下将挑选自动驾驶机动车在产品责任框架下的特殊或者重难点问题加以研究。第一个问题是,自动驾驶机动车究竟是一种怎样的产品(见本文第2部分)?第二个问题是,谁应当对自动驾驶机动车承担产品责任(见本文第3部分)?第三个问题是,在什么情况下可以认定自动驾驶机动车具有产品缺陷(见本文第4部分)?第四个问题是,自动驾驶机动车进入公共道路测试在产品责任视野下有何种法律意义(见本文第5部分)?

二、自动驾驶机动车作为产品

按照《产品质量法》第2条第2款,"本法所称产品是指经过加工、制作,用于销售的产品"。显然这一形式化的定义既涵盖传统机动车也涵盖自动驾驶机动车,需注意的是自动驾驶机动车的结构特性。

(一)自动驾驶机动车作为软硬件的复合体

相较于传统机动车,自动驾驶机动车的结构特性体现在软硬件结合(所谓的"嵌入式系统",embedded system),其运作也基于软硬件的协作。概略而言,硬件设备上预存了智能软件和基础数据;运行时,智能系统借助全球定位系统(GPS)和电子地图进行定位并了解相关区域的交通情况,在此基础上规划和调整路线;行进中,雷达、激光测距仪、摄像头持续探知周围环境并反馈给智能系统,智能系统对获得的数据进行汇总后作出整体判断和决策。

宏观来看,在信息化、电子化的当代,软硬结合并非个别现象,可以说已经成为高端工业产品的标准形态(如计算机、智能移动电话)。具体到自动驾驶技术,软件(算法)更是在自动驾驶的感知、融合、反应、规划、决策等各个阶段都发挥着关键作用,可以说是对自动驾驶机动车安全性影响最大的因素。因此自动驾驶机动车的危险不仅源于其硬件部分的缺陷,更源于其软件部分的缺陷。这些都要求产品责任意义上的产品概念外延不限于纯硬件,而应涵盖此类软硬件

[10] 这一分配结果不仅符合证明法上的一般原理,而且为大量司法判决所确认,如(2015)穗中法民一终字第7415号判决、(2017)豫03民终6542号判决。另参见程啸:《侵权责任法》,法律出版社2015年版,第483页。

结合的嵌入系统,特别是其中的软件部分。[11]

在实务上,软件属于产品责任意义上的产品已为多份司法判决所肯定。[12]直接与车载软件相关的一则判例如下:

“软件作为产品”:[13]机动车发生重大事故致驾驶者死亡,鉴定指出,汽车正面安全气囊本应打开起到防护作用但却并未打开。而后发现,该车属于召回产品,召回的原因是安全气囊控制单元的软件参数设置问题,可能导致前部安全气囊无法正确开启。法院肯定机动车因软件问题存在产品缺陷,判机动车生产者承担责任。

因此,机动车的产品缺陷不限于硬件,同样也包括运行于其上的软件。[14]另外需注意的是,自动驾驶机动车软件除了“驾驶相关部分”,还包括“非驾驶相关部分”,如车载娱乐软件和车载互联网信息软件,这些也属于机动车的一部分。总而言之,自动驾驶机动车作为产品是软硬件的复合体,其中每一部分都在产品责任的适用范围内。

(二)特殊问题:云端软件和数据作为产品部件

随着作为工业和社会基础设施的高速移动通信网络(如 5G 技术)的发展,将软件安装或者将数据存储在本地硬件上的必要性将越来越低。完全可以设想,自动驾驶机动车生产者——比如出于便利更新和维护的考虑——将某些软件、数据部分或全部保存于云端服务器,由智能系统在需要时借助高速网络调用。随之产生的问题是,云端的软件、数据是否构成机动车的一部分?

答案是肯定的,具有决定意义的并非软件、数据的物理存储位置,而是这些对象能否为机动车所调取并作用于机动车的功能和安全性。因此如果借助高

---

[11] Wagner:Produkthaftung für autonome Systeme,AcP(217),S. 714.

[12] 如“北信源病毒软件案”(北大法宝引证码 CLI. C. 6844);(2014)海民初字第 7602 号民事裁定、(2016)京 01 民终 4516 号裁定(“赛贝斯软件案”);(2000)高知终字第 12 号判决(“江民杀毒软件误报案”);另外指导案例第 49 号(石某诉某电子资讯有限公司侵害计算机软件著作权纠纷)同样间接肯定了对软件的设计缺陷。

[13] 此例基于(2015)未民初字第 08750 号判决。

[14] 同样的立场见唐艳:《计算机软件的质量瑕疵担保责任、产品责任——以诺顿误杀案为切入视角》,载张平主编:《网络法律评论》(第 10 卷),北京大学出版社 2009 年版,第 181 页。

速通信网络,智能系统能像调用本地对象那样调用云端对象,那么云端对象和本地对象一样都是机动车的一部分。[15] 更进一步而言,高速通信技术的发展要求我们更新对产品存在状态的认识,即一个产品的全体组件无需集中于同一物理空间,而是可以分散于不同地点并经由通信网络联结在一起。

三、产品责任主体

(一)立法规定的直接责任主体:生产者、销售者

立法规定的直接责任主体是生产者和销售者,而且即便销售者能够指明生产者或者生产者身份信息是公开的,销售者也需先行对受害者承担责任(《产品质量法》第 43 条)。实务上普遍允许受害方将生产者和销售者作为共同被告起诉,这对受害方的求偿和案件事实的查明通常都是有利的。[16]

(二)司法认可的主体:准生产者、进口者

司法对产品责任的主体范围作出了两方面的扩展。一方面涉及"准生产者",即虽然并未实际生产产品,但是通过名称、商标或者其他具有区分度的标识表明自己为生产者的经营者。这一现象通常基于在现代工业界中流行的"贴牌生产模式"(OEM)而出现,即商标权利人(贴牌者)将自己的商标或其他标识用于他人(实际生产者)生产的产品,因此外在看来,贴牌者是产品的生产者(即所谓"准生产者")。最高人民法院《关于产品侵权案件的受害人能否以产品的商标所有人为被告提起民事诉讼的批复》(法释[2002]22 号)确认"准生产者"需承担产品责任。[17]

---

〔15〕 MüKoBGB/Wagner,7. Aufl. 2017,ProdHaftG § 2 Rn. 17.

〔16〕 如(2017)鲁 06 民再 35 号判决、(2016)渝民再 152 号裁定、(2015)川民终字第 1035 号判决。当然受害者也可以选择只起诉其中一方,参见(2014)民申字第 1133 号裁定,该案中最高人民法院肯定原告可以仅起诉生产者。

〔17〕 法释[2002]22 号摘要:"我们认为,任何将自己的姓名、名称、商标或者可资识别的其他标识体现在产品上,表示其为产品制造者的企业或个人,均属于《中华人民共和国民法通则》第一百二十二条规定的'产品制造者'和《中华人民共和国产品质量法》规定的'生产者'。"相关判例如(2005)宜中民一初字第 16 号、(2007)鄂民一终字第 84 号判决(某热水器商标权利人对贴牌产品的缺陷致害需承担责任)。

“贴牌生产”模式在机动车行业同样存在。[18] 如果甲公司允许乙公司在后者生产的自动驾驶机动车上使用前者的名称,一旦机动车出现缺陷引发产品责任,那么甲(作为准生产者)应和乙(作为实际生产者)共同承担。[19]

另一方面的扩展涉及进口商。在贸易全球化的时代,进口商从国外进口机动车并在国内销售,这十分常见。为了强化对本国国民的保护,应当将进口商纳入产品责任的主体范围,由此国民无需在陌生的国家提起诉讼,而可以在本国直接向进口商主张权利。司法上对食品质量案件已经基本建立了进口商担责的规则,[20] 这一规则应类推适用于机动车产品责任案件。

(三)零部件生产者与成品生产者之间的关系

1. 一般规则:共同担责

在现代工业的分工体系下,机动车产业形成了鲜明的“上下游产业链”。整车生产者无可避免地需要使用上游企业生产的产品,此时不仅机动车整车是产品,而且零部件(硬件和软件)也是产品,同样处于产品责任的适用范围之内。如果零部件出现缺陷导致损害发生,并且零部件的生产者同整车的生产者不同,那么零部件生产者也需承担责任。[21]

关于整车生产者和零部件生产者之间的责任分担,由于法律对此并无连带责任的特殊规定,故而应当适用多数侵权责任人的一般规则,即“能够确定责任大小的,各自承担相应的责任;难以确定责任大小的,平均承担赔偿责任”(《侵权责任法》第12条)。参照最高人民法院《关于审理人身损害赔偿案件适用法律若干问题的解释》第3条第2款,责任大小应以过失程度、原因

[18] 一个极端的例子是成都新大地汽车公司违规事件。该公司擅自设立分公司,分公司套用母公司产品型号及合格证进行生产和销售,受工信部重罚。见工信部产业函【2010】418号:《关于成都新大地汽车有限公司违规行为及处理决定的通报》。

[19] 参考(2016)湘0381民初2306号判决(食品准生产者和实际生产者对消费者承担连带责任)。

[20] 有代表性的如(2017)苏0582民申21号裁定,法官通过解释《食品安全法》第94条引申出如下规则,“进口食品的产品质量安全责任主体应为境外出口商、境外生产企业和国内进口商”(注:下划线处为笔者所加)。同样的观点见(2017)渝民申1378号裁定。

[21] 这一观点如周友军:《民法典编纂中产品责任制度的完善》,载《法学评论》2018年第2期。

力比例为标准确定。[22]

另外,由于零部件已被整合入成品之中,成品生产者应当对零部件的缺陷担责(成品生产者的整体责任)。[23] 当零部件生产者无法查明或者没有支付能力时,成品生产者应当对受害方承担全部责任;之后成品生产者有权向零部件生产者追偿,实证法基础为《产品质量法》第43条第2、3句的类推适用。

2. 下位情形:自动驾驶软件提供者作为零部件生产者

自动驾驶目前面临的最大难关不在于硬件生产,而在于自动驾驶的软件系统开发以及数据收集。可以说,机动车工业历经百余年的发展到今天,能够制造机动车硬件的大小企业有很多,但能够进行自动驾驶软件系统开发的企业则寥寥无几(通常是新兴互联网企业)。一旦自动驾驶系统软件开发成熟,基于软件的可复制性和对硬件的兼容性,很可能会出现一家软件开发者授权多家机动车制造企业使用的情形。[24] 这一现象对现代消费者来说并不陌生,微软的Windows操作系统和谷歌的Android操作系统都采用了此种授权许可模式。微软和谷歌的成功案例已经预示了这种模式的有利前景:一方面,软件开发者能有效提升自家软件的市场份额;另一方面,传统车企尤其是欠缺研发能力的中小型企业能够逾越无法独立克服的技术鸿沟,迅速推出产品参与市场竞争,而

〔22〕 实务中的一则典型判例见(2016)苏09民终3344号判决:某农机制造公司将其生产的一批存在质量问题的驱动轴出售给拖拉机厂,拖拉机厂在生产的拖拉机中使用了这批驱动轴。而后其中一台拖拉机因驱动轴断裂发生事故致人损害。法院判定成品(拖拉机)的生产者承担20%的责任,零部件(驱动轴)的生产者承担60%的责任。法院在裁判理由中给出了精彩的论述:"本院认为,在现代社会,产品大多由许多原材料、零部件或半成品等部分所制成,基于产业分工的需要,各部分可能分别由不同的生产者所生产。最终产品的生产者固然应就该产品的缺陷负责,但在能够证明损害系因该产品的特定原材料、零部件或半成品所引起,且该部分另有其生产者时,被侵权人在最终产品生产者之外,主张产品的零部件生产者承担赔偿责任,该主张未违背法律规定,应予支持。"

〔23〕 MüKoBGB/Wagner, 7. Aufl. 2017, ProdHaftG § 4 Rn. 12.

〔24〕 我国自动驾驶技术的领先者百度Apollo(阿波罗)就倾向于这一模式,其自身定位是"Apollo(阿波罗)是一个开放的、完整的、安全的平台,将帮助汽车行业及自动驾驶领域的合作伙伴结合车辆和硬件系统,快速搭建一套属于自己的自动驾驶系统",详见其主页:http://apollo.auto/,最后访问日期:2019年4月24日。

且双方都能够专注于自己擅长的领域,避免跨界风险。

回到产品责任的框架下,此种经营模式将凸显软件开发者的责任问题。借助上文所厘定的成品生产者与零部件生产者间的关系,这一问题得以迎刃而解,即机动车车企是成品生产者,软件开发者则是零部件(自动驾驶软件系统)的生产者,他们之间同样适用上文论述的共同担责规则。在某些情况下,甚至可以考虑将硬件生产者和软件开发者认定为自动驾驶机动车的"共同生产者"(Mithersteller),比如当双方合作开发并因此对产品质量有大体相同的影响力时。[25]

四、自动驾驶机动车的产品缺陷

(一)基础观念:缺陷作为不合理的危险

缺陷概念在《产品质量法》第46条中有一个法定定义,即"本法所称缺陷,是指产品存在危及人身、他人财产安全的不合理的危险;产品有保障人体健康和人身、财产安全的国家标准、行业标准的,是指不符合该标准"。理解这一条必须区分该条的两个分句。

在自动驾驶机动车领域,该条第2个分句的价值很有限,因为我国现行国家标准《机动车运行安全技术条件》(GB 7258—2017)是为传统机动车设计的,专门针对自动驾驶机动车的标准尚未出台。[26] 此外,即便出台专门国家标准,这些公法—行政法性或者技术性规范也不具有决定意义,而仅具有指南意义。[27] 毋宁说,机动车符合上述标准不过意味着一种"无缺陷推定",受害人可举证推翻该推定,法院也可作出相反的认定,这符合学理和判决上的通说观点。[28]

---

〔25〕 例如,百度与厦门金龙联合汽车工业有限公司宣布于2018年合作小批量产商用级无人驾驶巴士("阿波龙")。目前该车除在多地上道测试外,还已在部分景区、园区、机场等封闭场地实际承担运输任务,对此类合作车型即可借助本节论述的规则来确定其生产者。

〔26〕 工信部与国家标准化管理委员会正在牵头制定相关标准,已经发布了一份《国家车联网产业标准体系建设指南(智能网联汽车)》。

〔27〕 Kötz/Wagner: Deliktsrecht, 13. Aufl. 2016, Rn. 621.

〔28〕 实务中的例子如(2016)豫04民终3781号民事判决:法院认定一台符合有关技术标准的清洗机依然具有产品缺陷。学理上讨论见应飞虎:《歧视性召回行为终结的制度回应——兼论产品缺陷的定义》,载《法学》2018年第3期。

该条第 1 个分句则揭示了,法律并不要求排除全部危险,这种要求不过是一种乌托邦式的幻想。法律要求生产者消除的仅仅是“不合理的危险”,司法判决通常将其从正面角度描述为“一般使用者(消费者)或者善良人可以合理期待的安全性”。[29] 至于哪些情况属于不合理的危险,这需要回到产品缺陷三大类型的框架下来分析,即“制造缺陷”、“设计缺陷”和“警示说明缺陷”。

(二)制造缺陷

制造缺陷意味着产品虽然在设计上没有缺陷,但在制作过程中出现了问题,使得产品偏离了设计方案或者说未达到设计者规定的安全程度。制造缺陷可能发生于单个产品,也可能发生于同一或者若干批次制作的产品。实务中因制造缺陷而生的产品责任案件为数不少。[30]

自动驾驶机动车的制造过程——和任何一个产品的制造过程一样——都不可能完美无瑕,因此同样可能出现制造缺陷。由于硬件和软件的制造过程不同,前者发生制造缺陷的概率要远大于后者,所以制造缺陷最可能发生于自动驾驶智能系统使用的硬件,主要是各类型的雷达(激光雷达、超声波雷达、毫米波雷达)、传感器、摄像头等。可设想的软件部分制造缺陷的例子如软件首次安装或者事后升级时出现错误,例如安装不完整或者安装了错误的版本,[31] 又或者在安装过程中感染了电脑病毒、恶意软件等。

(三)设计缺陷

1. 概说

设计缺陷意味着产品早在构思设计时就出现了问题,以至于按照此设计生产的产品具有不合理的危险。和制造缺陷一般限于单个或者单批次产品不同,设计缺陷往往波及所有按照此设计生产的产品。如果同一产品设计为不同的生产者所使用,那么缺陷的影响面就更广。这种情况尤其容易出现于软件设计缺陷,例如甲公司将自己开发的自动驾驶软件系统授权给多家机动

---

[29] 如(2011)浙嘉民终字第 481 号判决、(2017)豫 03 民终 6542 号判决。

[30] 如(2015)潭中民一终字第 896 号判决(变速箱螺丝制造缺陷)、(2017)鄂民终 171 号判决(船舶联轴节制造缺陷)。

[31] 一则具有参考性的判例见(2015)三中民终字第 05342 号判决(关于买卖合同上的瑕疵担保责任):电脑本应预装 Windows 8.1 操作系统,结果安装的却是 Windows 7 旗舰版操作系统,卖家对此需承担合同上的瑕疵担保责任。

车厂商使用,如果该软件发生设计缺陷,那么全部厂商的产品就都会因此具有不合理的危险。

2. 设计缺陷的两步判断

设计缺陷的判定素来是一个难点。自动驾驶机动车的设计缺陷尤其具有特殊性,这首先是因为自动驾驶功能的分级化导致了安全期望(缺陷标准)的分级化。[32] 因此对自动驾驶机动车设计缺陷的判断应分为两步进行,第一步是确定应适用的安全标准,这一步的关键是查明机动车的自动化级别("级别判定");第二步是判断机动车的表现是否不符合适用于该级别的安全标准("表现判定"),这一步的关键是找到正确的参照对象。

(1)第一步——"级别判定":因自动化级别而异的安全标准

对自动化程度不同的机动车有不同的安全期望。自动化程度越高,越不依赖人类驾驶员,安全性期待也就越高,相应地,产品责任上的缺陷标准也就越严格。因此对一台自动驾驶机动车,必须首先根据其所属的自动化级别明确应适用的缺陷标准。

以"特斯拉美国致死案"为例:2016年9月,Joshua Brown 在其驾驶的特斯拉 Model S 轿车上开启了 Autopilot 系统,开启后机动车一般处于 L1(驾驶辅助),最高能到 L2 级别(部分自动驾驶)。系统要求启动后人类驾驶员必须随时准备接管操作,并且需要始终将手放在方向盘上。由于一定的技术原因,系统没能识别出前方一辆处于横穿公路位置的拖挂货车,而驾驶员本来完全能注意到前方的车,但却由于分心未及时发现。最终两车相撞,导致 Joshua Brown 死亡。此案中的特斯拉机动车自动化程度较低,对 L2 级别的自动驾驶机动车而言,需要人类驾驶员始终监控驾驶环境和及时作出反应并不意味着不合理的风险,所以该车并不因此具有缺陷。[33]

推而言之,一台宣称已经达到 L4 甚至 L5 级别的机动车,如果在这种情景下未能作出恰当反应,则应当认定其具有设计缺陷,因为 L4 和 L5 级别的机动车必须具备自主监控驾驶环境的能力。反过来,如果 L2 级别的机动车

〔32〕 见上文第1部分第3节。

〔33〕 美国国家公路交通安全管理局在2017年1月19日发布最终调查报告,认定该案中特斯拉机动车并没有出现产品缺陷,调查报告全文见 https://static.nhtsa.gov/odi/inv/2016/INCLA-PE16007-7876.PDF,最后访问日期:2019年4月24日。

在启动自动驾驶功能后，不能以有力的方式提醒驾驶员保持对驾驶环境的注意，或者不能应驾驶员的要求即时交回控制权，则对其存在认定设计缺陷的可能。

(2)第二步——“表现判定”：同合适的参照对象加以比较

第二步判断的原理是“比较法”，首先需找到与涉案机动车具有可比性的对象作为参照系。如果事故发生的原因仅仅涉及自动驾驶机动车的个别功能组件，如紧急制动系统或者避让系统，那么参照系是一种合理设计的相应功能系统。如果这个参照物在相同情景下能正常运作并避免事故发生或者减少事故损失，而涉案机动车的相应组件不能，那么一般可以认定设计缺陷。

如果事故原因涉及自动驾驶的整体环境观察和决策反应(通常出现于L3及以上级别的机动车)，那么参照对象是一个具有平均技术水平、驾驶经验和专注程度的人类驾驶员(“平均人类驾驶员标准”)。[34] 如果同一场景下人类驾驶员的表现能更好地满足安全性期望，比如说能完全避免事故发生或者至少降低损失，那么一般应认定机动车存在设计缺陷。换句话说，高级别的自动驾驶机动车在安全性上必须至少不逊色于平均水平的人类驾驶员，才能表明自身没有设计缺陷。

需指出的是，“平均人类驾驶员标准”在适用上又有修正的必要。因为人毕竟是一种生物，其能力受到生物性的种种限制，比如视觉有赖足够的光线，身体会疲倦或者突发疾病，作出反应需要一定时间等。这类生物性的限制对机械系统来说自然是不存在的。[35] 因此，在对自动驾驶机动车运用“平均人类”标准时，应当将这些生物性的限制因素刨除出去。也就是说，即便某种生物性限制可以降低对人类驾驶员的安全期望，但通常却不足以降低对自动驾驶机动车的安全期望。

另外需要强调的是，“平均人类驾驶员标准”不过是高级别自动驾驶机动车缺陷标准的下限。如果机动车生产者向用户承诺了更高的安全性(比如通过产品宣传)，那么则应适用更严格的缺陷标准，这是因为生产者对产品的说明足以

---

〔34〕 相同的观点见 Greger：Haftungsfragen beim automatisierten Fahren Zum Arbeitskreis II des Verkehrsgerichtstags 2018，NZV 2018，S. 4；Gomille：Herstellerhaftung für automatisierte Fahrzeuge，JZ 2016，S. 77。

〔35〕 Gomille：Herstellerhaftung für automatisierte Fahrzeuge，JZ 2016，S. 77.

影响用户对产品的安全期望。[36] 将产品缺陷标准和生产者的市场宣传行为相挂钩,也将发挥对生产者的行为引导作用,由此生产者在开展商业宣传时必须更慎重地权衡利弊:如果他将产品的安全性宣传得越高,那么产品的缺陷标准也就越严格,他的责任风险也就越大。

3. 自动驾驶机动车版本的"电车难题"

"电车难题"(Trolley Problem)起初是伦理学领域的一个专业问题,而后经由大众媒体的传播获得了较高的社会知名度,自动驾驶技术又为这一问题带来了新的争议点。在长期的讨论和传播中,"电车难题"产生了很多变种,但基本情境是相同的:一列电车前方的轨道上有多名被捆绑无法脱身的人,如果要救这些人,唯一的选择是搬动道岔使得电车转入另一条轨道,那条轨道上只有一名被捆绑的人。此时应当如何抉择?可以为了拯救多数人的生命而牺牲少数人的生命吗?

自动驾驶机动车版本的电车难题首先对机动车生产者提出了挑战,也就是说,生产者针对"电车难题"这类情景应该为自动驾驶智能系统设计怎样的决策程序?是应该让机动车保持原有的行进路线,哪怕多人会因此丧生?还是应该改变路线,尽管这样会牺牲个别人?究竟哪种设计经得起法律的检验,从而表明机动车没有产品责任意义上的缺陷?道德哲学家可以就"电车难题"无休止地思考和争辩下去,但法律人却不享有这份自由闲裕,法律人必须为之提供一个兼具正当性和可操作性的方案。[37] 本文以下将勾勒出一种可主张的解决方案的轮廓。

首先应将视角拓宽,将"电车难题"的前阶段即形成阶段纳入观察和评判。对此,上一小节提出的"平均人类驾驶员标准"指明了基本的思考方向。需要提出的问题是,一个平均水平的人类驾驶员究竟是否会陷入这样一种困境。如果两相对比,人类驾驶员能从一开始就避免陷入"电车难题"的困境,而自动驾驶机动车却基于先前的一系列决策陷入困境,这就构成了机动车存在设计缺陷的有力证据。

---

[36] 《欧共体产品责任指令》第6款在规定缺陷标准时所举的第1项需要考虑的因素即是"对产品的说明"(the presentation of the product)。

[37] 刑法视角下的讨论见储陈城:《自动汽车程序设计中解决"电车难题"的刑法正当性》,载《环球法律评论》2018年第3期。

如果查明，即使是人类驾驶员也无法避免陷入“电车难题”困境，那么先前所描绘的抉择难题也就摆在我们面前，此时简单设想一名人类驾驶员作为参照对象并不能带来多大帮助，因为对人类而言在此困境中同样没有显而易见的答案，因此我们必须诉诸基础性的价值作出权衡和论证。本文所支持的立场是，生产者应当为机动车配备选择较小人员伤亡的决策机制，对此有两种论据。

第一种论据是侵权法中的“损失最小化”原则和避免损失扩大义务。[38] 在侵权法的视野下，最理想的状态自然是完全避免损失发生，但如若损失的发生是既成事实或者不可避免，侵权法并不消极无为，而是向相关方积极提出避免损失扩大的要求。据此，针对“电车难题”这类损失发生不可避免的情景，生产者负有的法律义务是，使机动车采取一切可能措施将损失后果降低，这意味着只要存在减小损失的选项，生产者就应当使机动车执行这一选项。这一结果在笔者看来具有自明的正当性，凭什么说那种置减小损失的选项不顾而放任损失扩大的设计更符合侵权法的价值目标和社会的安全期望呢？！

另外一种颇具新意的论证由德国法学家 Gerhard Wagner 提出，他在讨论中引入了罗尔斯构想的“无知之幕”（veil of ignorance）作为论据。[39] 对存在重大意见分歧和尖锐利益冲突的公共问题，“无知之幕”可以起到辅助分析和决断的作用。具体而言，将公共交通全体参与人的代表置于“无知之幕”后，然后组织他们商议，就“电车难题”应该为自动驾驶机动车设计怎样的决策程序？由于“无知之幕”的作用，每个人既不知道自己的一切个人信息，也不知道自己在“电车难题”情景中扮演何种角色。让我们推测“无知之幕”后的代表会如何思考自己在“电车难题”中的处境并作出怎样的选择。

一方面，代表们无法确定自己是威胁方即自动驾驶机动车一方，还是被威胁方如自行车骑手、普通行人；另一方面，他们也无从知晓，如果自己处于被威胁地位，自己究竟是多数人一方，还是少数人一方。在这种情况下，代表们商议

---

〔38〕 相近的观点见孙保学：《自动驾驶汽车事故的道德算法由谁来决定》，载《伦理学研究》2018 年第 2 期；赵汀阳：《有轨电车的道德分叉》，载《哲学研究》2015 年第 5 期。

〔39〕 Wagner：Produkthaftung für autonome Systeme，AcP（217），S. 743；一种商谈式的进路见和鸿鹏：《无人驾驶汽车的伦理困境、成因及对策分析》，载《自然辩证法研究》2017 年第 11 期。

的结果显而易见:他们会选择较小人员伤亡的方案。原因不难理解,如果代表设想自己处于威胁一方,那么无论是出于情感怜悯还是出于对损害后果的功利计算,"两害相权取其轻",他们都会选择使更少的人受到伤害;如果代表设想自己处于被威胁一方,而又无法确定自己究竟属于多数方还是少数方时,合理的选择依然是保存多数方,因为这样获救的人更多,那么他本人或者他所在乎的人幸存的概率也就越大。

此外,人员损失大小的计算本来就是一个相当复杂的问题,对此我们只需回忆法律上关于"同命是否同价"的争论,那么自动驾驶系统该使用何种标准来比较人员损失的大小呢?"无知之幕"下的代表们同样能对此商议得出答案。基于"无知之幕"的作用,代表们在确定人员损失大小时会采取一种生命平等的立场,因为"无知之幕"将代表们的年龄、性别、国籍、受教育程度、收入、职业等一切差异性因素全部遮蔽,因此即便代表们想对某一群体作出特殊对待,他们也无法确定,自己将从这一特殊待遇中受益或是遭受不利。按照这一立场,在比较损失大小时,需要并且可能考虑的仅仅是原子式的生命数量,这不仅契合民事主体地位平等原则(《民法总则》第4条),而且也将算法设计需注意的变量减少到易于处理的程度。

综上,如果自动驾驶机动车不可避免地陷入"电车难题"式的抉择困境,那么一种无缺陷的设计应当以损失最小化为决策目标,而损失大小的基本标准是生命数量的多少。

4. 软件设计缺陷的两类情形

(1) 严重编程错误

自动驾驶系统的软件程序——和其他软件程序一样——无法绝对避免编程错误。有数据统计,即便是中等复杂程度的软件开发,在5万~10万行的程序语句范围内就有150~300个编程错误,[40]像自动驾驶系统这样高度复杂的软件错误数量必定更多。因此必须明确,并非任何一种编程错误都意味着软件系统具有设计缺陷,因为鉴于软件开发的特性,人们可以合理期待于生产者的不是完美的即零错误的软件,而是相对安全的即能够避免严重编程错误的软件。所谓的严重编程错误,是足以导致自动驾驶系统死机或者崩溃,并由此引发交通事故的错误。

[40] Heussen, CR 1988, 894(897).

为了避免严重编程错误，生产者需要权衡，即要么将软件完善到有极大把握消除严重编程错误的程度再推出，要么针对严重编程错误引发的系统崩溃预设应急反应程序，基于“最小风险原则”一种可设想的应急程序，即系统只要探知到哪怕是最小风险就应立即启动保护模式，比如将车停泊至一个安全区域。[41]

(2) 黑客入侵

机动车的智能网联化同样使得黑客入侵成为可能。对自动驾驶机动车这一直接关系人身安全的对象，用户可以合理地期待，智能系统依照其设计即具有抵抗未授权人操纵的能力。[42] 如果软件系统存在漏洞，而黑客可以利用漏洞控制了自动驾驶机动车，这就意味着一种软件设计缺陷。在迄今为止的司法实务中，与上述情形最接近的案件类型涉及第三人入侵数据信息系统。尽管法院在此类案件中的态度通常比较谨慎，但是已经存在令数据信息系统的管理者对第三人入侵承担责任的判决，例如未知的第三人利用伪造的储蓄卡从银行系统盗刷钱款，导致真正的储蓄人遭受损失，法院认定银行应承担相应责任；[43] 又如POS机交易系统遭黑客修改数据，款项因此未进入真正收款人的账户，法院判决交易系统管理者向真正收款人承担责任。[44] 此类裁判结果对产品责任具有可参考性。

(四) 警示说明缺陷

生产者必须对产品的使用方式作出易于理解的说明，同时还必须对产品的风险给出充分的警示。一种产品即便没有制造缺陷和设计缺陷，也会因为缺乏恰当的警示说明而具有不合理的危险。司法判决对警示说明缺陷的内涵作出了很大的丰富和扩展。一般规则可直接适用于自动驾驶机动车，例如需说明的不只是产品的正确使用方式，还包括常见的错误使用方式及其可能的后果和补救措施；如果产品的特定部分需要专门维护又或者禁止改装，那么这也必须向

---

[41] 美国法上即有此建议，见 Mark A. Geistfeld：A Roadmap for Autonomous Vehicles：State Tort Liability，Automobile Insurance，and Federal Safety Regulation，105 CALIF. L. REV. p. 1689。

[42] 同上文，p. 1663。

[43] 参见(2016)粤01民终11559号判决。

[44] 参见(2017)京02民终10736号判决。

用户说明;另外,说明警示的措辞行文必须令一个普通消费者即不具有机动车专业知识的人也能理解。[45] 下文再挑选自动驾驶机动车具有特殊性的两点加以说明。

要点Ⅰ:将未准确说明机动车的自动化级别作为警示说明缺陷。

不同级别的自动驾驶机动车有不同的操作方式,对人类驾驶员的要求也有很大差别,所以生产者必须准确说明机动车所属的自动化级别。生产者不得为了宣传故意夸大机动车的自动化级别,这极易导致用户的不当使用。例如迄今为止特斯拉在美国的两起致死事故,事后调查都发现,事故发生时驾驶者并未按照系统要求将手放在方向盘上。[46] 最可能的原因是,用户过于信赖系统的自动化功能因此未在驾驶上尽必要的注意,其根源则是生产者“过度宣传”导致使用者放松警惕。司法实务中具有可比性的案例涉及电动自行车(非机动车)超标至机动车而生产者未作出相应警示说明的情形。

以“电动自行车超标”为例:[47] 生产者在产品说明中将最高时速和重量都已达到机动车标准的电动自行车描述为“非机动车”。由于非机动车和机动车的潜在危险性和驾驶方式有重大区别,法院认定产品在警示说明上有缺陷,诱导使用者错误操作,生产者因此需对事故损害承担产品责任。既然生产者将“机动车”标为“非机动车”构成警示说明缺陷,那么与之相类似,将自动化级别较低的机动车标为级别较高的机动车同样构成警示说明缺陷,其共同特征在于,产品的警示说明未能准确描述(甚至遮蔽了)产品的正确操作方式和真实危险程度。

进一步而言,对不同级别的机动车,生产者不能仅是泛泛地说明其一般性风险,而必须有的放矢地指出该级别机动车的特殊风险。比如对L2、L3级别的机动车,生产者应当通过警示说明使用户完全清楚自动驾驶功能的有限性,即

---

[45] Staudinger/Jürgen Oechsler(2018) PRODHAFTG § 3 Rn. 46 ff.

[46] 第一起事故见前文案例“特斯拉美国致死案”。最新的一起特斯拉车祸发生于2018年3月23日,据媒体报道驾驶员在事故发生前6秒内未手握方向盘,参见:《加州车祸事故谁之过? 特斯拉与遇难者家属各执一词》,载人民网:http://sn. people. com. cn/n2/2018/0404/c378301 - 31424808. html,最后访问日期:2019年4月24日。

[47] 参见(2013)浙甬民一终字第628号民事判决,类似的判决如(2017)浙02民终901号判决。

用户要么需自始至终监控驾驶环境，要么需准备随时应系统要求介入。对 L4 级别的机动车而言，这类机动车虽然已具有高度自动化功能，但限于特定道路环境（如高速公路）；针对于此，生产者必须向用户强调自动驾驶功能的场地受限性，并应当在系统中加入相应的提醒程序，在机动车每次即将离开这类道路前，系统应当及时提醒用户接手操作。

要点Ⅱ：对不合理危险的警示说明不足以免责。

需强调的是，警示说明并不能排除对产品的安全制造与合理设计义务。也就是说，只有在合理危险范围内，尽到警示说明义务才有免责效果。在不合理危险的范围内（即存在制造缺陷或设计缺陷时），即便生产者作出警示说明，也没有免责效果。[48] 这也意味着，生产者不能将机动车依其自动化级别应承担的驾驶任务通过警示说明又转嫁给用户，或者通过作出警示说明来推卸机动车理应提供的安全保障。[49]

五、自动驾驶机动车上道测试的两个特殊问题

（一）简述

自动驾驶技术的研发一般要求在进行一定里程的封闭道路测试后，再进行开放空间即真实道路上的测试，以便于生产者积累数据，改善算法。自 2017 年年末起，以北京为先，我国多地（上海、重庆、深圳、福建等）出台了关于自动驾驶机动车上道测试的规范性文件。北京又率先于 2018 年 3 月 22 日向百度颁发了自动驾驶测试用临时号牌，并在北京经济技术开发区、顺义区和海淀区确定了 33 条约 105 公里的首批开放测试道路，之后上海、福建也颁发了测试牌照。2018 年 4 月 11 日，工信部、公安部、交通运输部三部委公布了《智能网联汽车道路测试管理规范（试行）》（以下简称三部委《路测规范》），从此我国的自动驾驶

---

〔48〕 实务中的一则案例如下：儿童自行车的链罩具有设计缺陷，使得儿童身体极易被卡住夹伤。即便厂家对其作出警示说明，也不足以排除产品因设计缺陷而具有的不合理风险，当因此致害时，厂家需承担产品责任。此例见朱姝：《符合国家标准产品存在缺陷，生产者应否承担责任?》，载《人民司法》2004 年第 4 期。

〔49〕 详见 Bodungen/Hoffmann：Hoch-und vollautomatisiertes Fahren ante portas-Auswirkungen des 8. StVG-Änderungsgesetzes auf die Herstellerhaftung NZV 2018 S. 97。

机动车道路测试从地方上升到中央层面,有望在全国范围内铺开。鉴于自动驾驶技术开发的高难度,可以预见,在未来相当长的一段时间内,自动驾驶技术都将处于或者说停留于上道测试阶段。在这段时间内,自动驾驶机动车首先是作为测试车而非上市销售商品获得现实影响力和进入法律的规制视野,因此机动车上道测试值得一番专门探究。

自动驾驶机动车进入公共交通空间测试将对产品责任提出两个重要问题。第一个问题是,上道测试的自动驾驶机动车虽然尚未开始销售,但是否同样属于投入流通的产品(并因而有产品责任的适用)?当第一个问题获得肯定时(本文即采此立场),第二个问题随之而来,即如果测试车的软硬件部分来源不同,究竟谁才是该车的生产者(并因而成为产品责任的首要责任主体)?

(二)“投入流通”问题:上道测试机动车作为投入流通的产品

1. 基于“投入流通”一般判断标准——“厂门理论”的论证

产品责任最关键的时间点是“投入流通”,这首先体现在产品责任成立的三类阻却要件(免责事由)全部系于“投入流通”这一时间点之上,尤其是逆推《产品质量法》第41条第2款第1项可以得知,只有投入流通的产品才能引发产品责任。问题是,什么情况下构成“投入流通”?

如果认为自动驾驶机动车直到正式获批上市销售才算“投入流通”,那么显然对上道测试车不存在产品责任。但这种认识并不正确,因为按照产品责任的一般原理,决定是否“投入流通”的关键事由本来就不是获得监管机关批准上市,而是产品基于生产者的意愿离开生产者的支配领域,或者更形象地说,“投入流通”意味着生产者自愿让产品通过其“厂门”(所谓的“厂门理论”,Werktor-theorie)。[50] 由此可见“投入流通”要件有二,一是“离开生产者的支配领域”,二是“自愿性”。由此观之,上道测试的自动驾驶机动车已经符合这一标准,因为一方面,公共道路显然在生产者的“厂门”之外,即不属于生产者的支配领域;[51]另一方面,这种情况下机动车离开生产者的支配领域——和被盗、被抢时不同——是基于生产者意愿发生的。

---

〔50〕 此为德国法上的通说,参见 MüKoBGB/Wagner,7. Aufl. 2017,ProdHaftG § 1 Rn. 24;Wilhelmi in:Erman,BGB,15. Aufl. 2017, § 1 PRODHAFTG Rn. 5。

〔51〕 在生产者控制的封闭场所内测试的机动车则仍然处于“厂门”(支配领域)之内,因此不属于投入流通的产品。

另外，虽然通常产品投入流通的标志性现象是，生产者将产品交付给处于商品交换链条另一环的一方（可以是最终的消费者，也可以是销售者）。[52] 而自动驾驶机动车在上道测试时却并未出现这一现象，在测试时，机动车上要么没人，要么仅有测试主体雇用的安全员或者测试驾驶员，这些人员一般是作为测试主体的雇员而非作为普通消费者出现的。但这并不妨碍将上道测试机动车评价为“投入流通”，这是由自动驾驶技术的独特性决定的，因为自动驾驶的作用就体现在降低甚至消除驾驶任务对人类的依赖，所以无论什么人在车上在本质上不影响机动车的安全性或者说危险性。如果我们将生产者自愿使产品风险越过自己支配领域的边界扩张至其他领域作为“投入流通”的要求，那么上道测试的机动车无疑已满足这一要求。

2. 进一步的论证

关于上道测试的机动车构成投入流通的产品，下文还将提出两种论证。

（1）基于横向比较的论证：“相似对象，相似对待”

第一种论证是基于“横向比较”的“相似对象，相似对待”：一台自动驾驶测试机动车只要进入开放道路，对整个交通系统和其他交通参与人而言，其影响力、致害可能性与一台普通机动车已经没有根本差别。基于这一相似性，测试机动车应该和普通机动车一样被置于产品责任的辐射下。

（2）基于纵向比较的论证：“举轻以明重”

第二种论证是基于“纵向比较”的“举轻以明重”：假如在未来自动驾驶机动车获得批准上市销售，显然那时的自动驾驶机动车的危险性要低于现在的测试用车，因为自动驾驶技术会随着发展而更臻成熟。既然危险程度更低的成熟品的生产者都需承担产品责任（“轻”），那么危险程度更高的试验品的生产者就更应承担产品责任（“重”）。

3. 法政策上的权衡折中

测试车被（例外性）允许在不成熟状态就进入公共空间，是因为考虑到这样虽然会带来特殊的危险，但自动驾驶作为一种具有公共效用并最终能使社会全体成员获益的科学技术，应得到政策上的鼓励和支持，这要求社会成员在安全方面作出一定的让步。但正因为已作出了让步，就更应当对让步作出“补偿”，而补偿的一种主要方式即是在允许测试车上道的同时张开

---

〔52〕 Staudinger/Jürgen Oechsler（2018） PRODHAFTG § 1 Rn. 45.

产品责任的保护网。一旦自动驾驶机动车造成交通事故,受害人可以按照产品责任来求偿,由于产品责任是无过错责任,对受害方来说举证负担最轻因而最有利。

最后,施以产品责任也不会给测试主体带来过重的或者超出预期的负担,因为一方面单个测试主体只被允许测试数量较少的机动车,〔53〕另一方面测试主体一般必须为测试机动车购买专门保险,如三部委《路测规范》要求测试者提供每车不低于500万元人民币的交通事故责任保险凭证或不少于同一数额的保函,北京和上海的地方规范也都作出了相同要求。

(三)责任主体问题:测试主体作为生产者

由于自动驾驶技术与算法、数据、网络紧密相关,这一领域的活跃者不仅有传统机动车厂商,还有新兴互联网企业,尤其是在搜索引擎技术方面有着深厚积累的企业,国际上的代表是谷歌,国内的代表则首推百度,北京的首批测试牌照就颁给了百度。由于这些互联网企业本身并不生产机动车,所以为了进行测试要么需要和机动车企业合作,要么直接改造现有机动车。随着测试的铺开,可以预见测试机动车的来源会更加复杂和多元化。〔54〕

举例而言,百度改造大众牌的一辆机动车并用于测试,此时谁是测试机动车的生产者,是百度还是大众?这一问题其实等同于另一个问题,即在原来不具备自动驾驶功能的机动车上安装自动驾驶系统是否带来质变使得该车成为另外一个产品?

答案是肯定的。因为按照产品责任的一般规则,对预先完成的产品(作为零部件)按照特定构思加以组装(assembling)也是一种生产,其成果是一种独立的产品(成品)。〔55〕上面的例子正是这样一种情况,这种组装行为足以使组装

〔53〕　如北京、上海都规定,单个测试主体申请进行测试的车辆一般不得超过5辆。

〔54〕　三部委《路测规范》第9条第2项已经预估到了这一点:"(测试用车)属国产机动车的,应当提供机动车整车出厂合格证,但未进入公告车型的应当提供出厂合格证明和国家认可的第三方检测实验室出具的相应车型强制性检验报告;属进口机动车的,应当提供进口机动车辆强制性产品认证证书、随车检验单和货物进口证明书。"

〔55〕　Staudinger/Jürgen Oechsler(2018)ProdHaftG § 4 Rn. 20.

者(上例中即百度)成为测试机动车的生产者。[56] 因此,只要测试主体对机动车进行了针对自动驾驶上道测试目的的专门组装,那么无论原车来源为何,测试主体都基于组装行为成为测试车的生产者。[57]

六、结语:学习的法系统与法系统的学习

自动驾驶机动车确实是一个具有时代意义的新事物,但在法律伴随人类文明发展走过的漫长岁月中,自动驾驶机动车不是法系统遇到的第一个也绝不会是最后一个新事物。自近代以来,法律尤其是侵权法已经不止一次成功地应对了新科技带来的冲击。我们完全可以相信,面对蓬勃兴起的自动驾驶技术,具有学习能力的法系统将不负期望,在履行保护共同体成员使命的同时,兼顾促进科技发展的目的,最终引导自动驾驶(以及其他人工智能技术)走上增进社会福祉的道路。基于以往的经验,胜任这一任务的关键是,法系统必须直面自动驾驶技术的挑战,抓住契机进行学习,这既要求司法者和研究者充分激活和开发现有规范库藏的潜力,也要求立法者在必要时进行立法或修法,引入全新规范资源。经过这一交锋式的学习过程,法系统——像从以往无数次学习过程中受益的那样——将迎来自身规范能力的提升。

最后将产品责任的成立以表格形式总结(见表3),本文论述的有关要点也嵌入表中并在脚注内标明文中的相应论述位置。表3 中所有法条指的都是《产

〔56〕 反过来也一样,如果一家机动车制造企业在自己(或他人)生产的机动车上安装百度公司提供的自动驾驶智能系统并用于道路测试,其同样基于组装行为成为该测试车(作为一个新产品)的生产者。

〔57〕 同时,测试主体(而非测试车上的驾驶员)也是该车的"机动车一方",需按照《道路交通安全法》第76条承担责任,因为此时车辆的现实操纵力属于测试主体。这类似于服务场所提供的待客泊车和驾校提供的驾驶训练的情形,此时"机动车一方"并非实际驾驶车辆的服务场所工作人员或者驾校教练,而是他们所效力的服务场所和驾驶培训机构自身,最高人民法院民一庭已经准确地指出了这一点。参见最高人民法院民事审判第一庭编著:《最高人民法院关于道路交通损害赔偿司法解释理解与适用》,人民法院出版社2012年版,第95页以下。

品质量法》的条文。

表3　产品责任的成立总览

损害赔偿请求权基础: 《产品质量法》第41条连同第43条第1句
1. 主体适格:相对方在产品责任主体范围之内
—生产者、销售者、准生产者、进口者〔58〕 —上道测试机动车的测试主体〔59〕
2. 责任成立的必要要件
(1)产品(成品或者零部件)具有缺陷 —①产品的定义(第2条)〔60〕 —②缺陷的定义(第46条):制造缺陷、设计缺陷、警示说明缺陷〔61〕 (2)人身权益、他人财产遭受损害(第41条第1款) (3)(1)和(2)之间具有因果联系
3. 责任成立的阻却要件
(1)产品未投入流通(第41条第2款第1项) —进入公共道路测试已经构成"投入流通"〔62〕 (2)产品投入流通时缺陷尚不存在(第41条第2款第2项) (3)投入流通时的科学技术水平不能发现缺陷存在(第41条第2款第3项)

注:1和2由受害方(或者说损害赔偿的主张方)承担证明负担;
3由产品责任主体(或者说损害赔偿主张的相对方)承担证明负担。

〔58〕 见本文第3部分。

〔59〕 见本文第5部分第3节。

〔60〕 见本文第2部分。

〔61〕 见本文第4部分。

〔62〕 见本文第5部分第2节。

中德法学论坛
第16辑·上卷,第99~111页

论人工智能时代的刑法制裁体系[*]

刘俊杰[**]

摘　要:在人工智能时代,人工智能的智能性和独立性导致原有的刑法制裁体系面临严峻挑战,必须从故意犯罪、过失犯罪和刑事责任主体等方面重新审视刑法制裁体系。故意利用弱人工智能产品实施相关犯罪成立直接正犯,而故意利用强人工智能产品实施相关犯罪成立间接正犯。制造商对弱人工智能的生产和制造有以下两个注意义务:有义务控制和检测其所投入使用的技术,在销售产品后尽可能将产品风险降到最低程度;制造商对强人工智能的注意义务是:必须预先对强人工智能的自我学习能力进行一定的限制,使强人工智能不至于对人类造成危害;使用者使用人工智能时的注意义务是:合理使用人工智能,尽可能防止人工智能对人类造成伤害;若制造商或者使用者违反上述注意义务,可能成立相应的过失犯罪。现阶段的人工智能没有自我意识和判断,完全是按照程序员事先设定好的标准化流程实施行为,真正的人工智能还未出现,因此,在人工智能不具备道德思考能力的情况下,不应将其作为独立的刑事责任主体,等真正的人工智能出现时,立法届时也应适时修改,增设相应的刑罚措施。

关键词:人工智能;刑法制裁;注意义务

---

* 本论文得到国家留学基金资助。

** 刘俊杰:中国人民大学刑事法律科学研究中心博士生,德国柏林洪堡大学联合培养博士生,北京卓亚经济社会发展研究中心研究员。

Zusammenfassung: Im Zeitalter der künstlichen Intelligenz haben die Intelligenz und die Unabhängigkeit der künstlichen Intelligenz zu ernsthaften Herausforderungen im ursprünglichen strafrechtlichen Sanktionssystem geführt: Das strafrechtliche Sanktionssystem muss unter den Aspekten des Vorsatzdelikts, des Fahrlässigkeitsdelikts und der strafrechtlichen Verantwortung erneut geprüft werden. Bewusste Nutzung von schwachen künstlichen Intelligenzprodukten führt zur Einführung entsprechender Straftaten zur Feststellung direkter Straftäter und bewusster Einsatz starker künstlicher Intelligenzprodukte zur Umsetzung entsprechender Straftaten führt zur Feststellung indirekter Straftäter. Für die Herstellung schwacher künstlicher Intelligenz haben Hersteller zwei Sorgfaltsflichten: Sie sind verpflichtet, die von ihnen verwendete Technologie zu kontrollieren und zu testen und das Produktrisiko nach dem Verkauf des Produkts zu minimieren. Der Hersteller starker künstlicher Intelligenz trägt folgende Verpflichtung: Die Selbstlernfähigkeit starker künstlicher Intelligenz muss im Voraus eingeschränkt werden, damit starke künstliche Intelligenz den Menschen nicht schädigt. Die Sorgfaltspflicht des Benutzers bei der Verwendung künstlicher Intelligenz ist der rationelle Einsatz künstlicher Intelligenz, um Verletzungen soweit möglich zu verhindern. Wenn der Hersteller oder Benutzer die vorstehende Sorgfaltspflicht verletzt, kann die entsprechende Fahrlässigkeit nachgewiesen werden. Die künstliche Intelligenz hat zu diesem Zeitpunkt noch kein Selbstbewusstsein und kein Urteilsvermögen, sie wird vollständig gemäß dem vom Programmierer festgelegten Standardprozess implementiert. Die eigentliche künstliche Intelligenz ist noch nicht aufgetaucht. Wenn künstliche Intelligenz nicht die Fähigkeit hat, moralisch zu denken, sollte sie nicht als eigenständiges Subjekt der strafrechtlichen Verantwortlichkeit angesehen werden. Die Gesetzgebung sollte zu gegebener Zeit überarbeitet werden, wenn echte künstliche Intelligenz entsteht, und entsprechende Strafmaßnahmen hinzugefügt werden.

Schlüsselwörter: Künstliche Intelligenz strafrechtliche Verantwortung; Sorgfaltspflicht

一、问题的提出

一方面，随着科技的发展，人工智能逐渐渗透人类生产、生活的各个角落，使人类生活更加便利：公路上，你可以见到熟练驾驶汽车的敬业“司机”；房间里，你可以见到井然有序照顾起居的贴心“保姆”；手术台上，你可以见到手不抖、零误差的外科“医生”；交流时，你可以见到能沟通有无的“翻译官”。

但另一方面，人工智能技术的发展也导致许多风险与损害，现有法律制度提供的保护在民事主体法、著作权法、侵权责任法、人权法、交通法、劳动法等诸多方面都显得捉襟见肘。[1] 如何解决人工智能与现行法律制度的冲突，防范人工智能对人类带来的伤害以及如科幻电影中出现的甚至全面取代人类的危险现象，是亟待讨论的问题。

学界既有的研究偏重于民事法领域，少数对刑法领域的研究也缺乏对相关案例的全面梳理，更缺乏宏观上对如何适用刑法、处理人工智能犯罪的理论构建，本文试图在全面梳理刑法领域相关案例的基础上展开研究，搭建人工智能时代的刑法制裁体系。

二、人工智能时代原有刑法制裁体系面临的挑战

结合相关案例，从刑法领域来看，原有制裁体系面临下列问题和挑战：

（一）人工智能的独立性与研发者、生产者承担刑事责任的矛盾

人工智能产品，顾名思义，具有与人类类似的智力和能力，在实施行为时具有一定的独立性，在这种情况下，是否应该完全排除人工智能产品的研发者、生产者的刑事责任？如果答案为否，该如何界定人工智能产品的研发者、生产者以及使用者的刑事责任？

例如，在“人工智能杀人案”中，机器人的研发者和生产者是否未尽到相应的注意义务导致产品存在质量瑕疵，因而需要承担一定的刑事责任？

【人工智能杀人案】2015 年 6 月，大众汽车位于德国鲍纳塔尔的工厂发生

[1] 参见吴汉东：《人工智能时代的制度安排与法律规制》，载《法律科学》2017 年第 5 期。

了一起意外事故,工人A在工作时被一个未放置在安全笼中的机器人手臂抓起,并向一块金属板挤压,最终导致死亡。事后查明原因为工人B出于失误过早地开启了机器。这起事故很快传遍了世界,甚至CNN也对此进行了报道。[2]

例如,在"无人驾驶汽车致人伤亡案"中,自动驾驶汽车的研发和生产是否符合相关的安全标准,如果不符合,是否构成相应的过失犯罪?

【无人驾驶汽车致人伤亡案】2016年9月,央视《法治在线》栏目曝光了特斯拉自动驾驶在中国出现首例死亡事故,特斯拉处于"定速"的状态,并未能识别躲闪而撞上前车。2012年春天,一辆配备有功能强大的车道保持辅助系统的汽车驶入阿沙芬堡市附近的阿尔策瑙村。在驶入口处,车上60岁的司机突然中风并失去了意识。他向右扭转方向盘,在正常情况下汽车会停在驶入口前的灌木丛中。然而,车道保持辅助系统又将汽车驶回到马路上。车辆高速驶入阿尔策瑙村,并撞死了一位年轻女子和她的孩子。孩子的父亲跳开躲闪,只是腿部受了伤。[3]

再如,在"人工智能实施侮辱案"中,具有自我学习能力和系统的人工智能的制造商是否预先对系统的学习可能性进行了一定的限制;如果没有,是否应承担相应的过失责任?

【人工智能实施侮辱案】2016年3月,微软在推特平台推出了一个人工智能聊天机器人Tay。它可以与任意第三人进行对话。但是,在Tay推出的当天,微软不得不关闭了Tay的推特账号。因为Tay开始有一些仇视女性和种族歧视之类的偏激言论,而这些言论明显是和网络上一些有偏激言论的人互动后,

---

〔2〕《德国大众汽车工厂发生机器人杀人案 或因人为失误》,载中国青年网:http://news.youth.cn/jsxw/201507/t20150702_6816576.htm,最后访问日期:2018年4月20日。

〔3〕类似的案例在世界范围内屡见不鲜,例如,美国自动驾驶汽车特斯拉频频发生事故:2016年5月,在佛罗里达的一条高速公路上,一辆开启了Autopilot模式的特斯拉发生了车祸,致驾驶员死亡;2016年6月至8月,特斯拉的自动驾驶汽车也屡屡发生车祸造成车主与其他人员伤亡。再如,据路透社报道,今年3月的一个晚上,在坦佩市一条四车道公路的人行横道之外,现年49岁的伊莱恩·赫茨伯格(Elaine Herzberg)推着自行车横穿公路时,被一辆时速为40英里(64公里)的Uber无人驾驶汽车撞倒。据警方发布的汽车内部视频显示,在事故发生前的几分钟,一名安全驾驶员似乎正在向下看,而不是盯着路上的情况。

被刻意教导而出现的。对此，微软别无选择，只能将它从推特平台上撤下。

（二）人工智能的独立性与使用者承担刑事责任的矛盾

如果完全承认人工智能的独立性，甚至承认其为独立的刑事责任主体，则使用者无需承担责任，但人工智能是否具有完全的刑事责任主体地位呢？如果使用者未尽注意义务，导致最终结果的发生，是否也有可能承担相应的刑事责任呢？

例如在前述“人工智能杀人案”中，工人B违反了安全注意义务，出于失误过早地开启了机器，违反了安全注意义务，最终导致结果的发生，可能需要承担相应的刑事责任。当然，滥用人工智能实施犯罪，相关主体还可能成立故意犯罪、不作为形式的犯罪，“全国首例利用AI（人工智能）犯罪案”中的犯罪分子可能构成刑法中相应的故意犯罪。

【利用AI犯罪案】在“全国首例利用AI犯罪案”中，涉及利用“黑客”技术非法获取网站后台用户注册数据、数据撞库、绕开互联网公司安全策略的“快啊”打码平台、网络诈骗、非法信息推广等互联网黑色产业链。此案中的“黑客”杨某，搭建提供图片验证码识别服务的“快啊”打码平台，一年内牟利1300余万元，是国内最大的打码平台。“他们通过运用人工智能机器深度学习技术训练机器，可以让机器如ALPHAGO一样自主操作识别，有效识别图片验证码，轻松绕过互联网公司设置的账户登录安全策略，给网络诈骗、‘黑客’攻击等网络黑产提供犯罪工具。”[4]

（三）人工智能的独立性给传统刑事责任主体带来的挑战

人工智能可分为弱人工智能和强人工智能：弱人工智能指的是通过编程实现机器的逻辑判断、数据存储和搜索等过程的智能；强人工智能指的是使机器能够产生思维意识，并具有与人类相当甚至超过人类的智能。[5] 按照刑法的明文规定，传统的刑事责任主体只有自然人和单位，人工智能是否属于强人工智能，是否具有刑法上的辨认和控制能力，从而独立承担刑事责任，值得研究。

随之而来的问题是，如何实现对人工智能的合理处罚？一旦肯定了产生自

---

〔4〕 参见《浙江警方侦破全国首例利用AI犯罪案》，载《法制日报》2017年9月26日，第8版。

〔5〕 参见龚园：《关于人工智能的哲学思考》，武汉科技大学2010年硕士学位论文，第28页。

我意识和自我意志的人工智能能够独立承担刑事责任,势必要考虑如何变革和重新设置刑法规定的刑罚体系,以适应人工智能的特点,达到一般预防和特殊预防的刑罚目的。

三、从解释论上构建人工智能时代的刑法制裁体系

人工智能看似给法学提出了新课题,[6]但在刑法学领域,运用教义学知识和理论,目前能够从解释论上在故意犯罪、过失犯罪以及刑事责任主体等方面构建一套完善的刑法制裁体系。

(一)人工智能产品的研发、生产者及使用者可能构成故意犯罪

1.故意利用弱人工智能产品实施相关犯罪成立直接正犯

故意利用人工智能产品实施刑法规定的犯罪,当然构成相应的故意犯罪。在这种场合需要区分强人工智能和弱人工智能两种情形进行讨论。

除了弱人工智能和强人工智能的区分,还有学者将智能机器人分为在设计和编制的程序范围内实施行为的智能机器人和在设计和编制的程序范围外实施行为的智能机器人。[7] 但这种区分是不必要的,因为只有强人工智能机器人可能实施设计和编制的程序范围之外的行为,而弱人工智能不可能实施设计和编制的程序之外的行为,就说明了强人工智能和弱人工智能产品的区分是有效的;而做另外的区分,反而会造成对既能够实施编制的程序范围之内的行为而又能够实施编制的程序范围之外的行为的人工智能产品无法归类。

在行为人利用弱人工智能产品实施犯罪时,实际上不会给传统刑法理论带来任何挑战,因为在现阶段,大部分人工智能产品还都属于弱人工智能产品,[8]不具有独立的意识或意志,在被行为人用于实施犯罪时,实际上和刀、枪等传统的犯罪工具并无差异,出现对象错误或者打击错误的情形,按照既有的教义学

---

[6] 参见王利明:《人工智能时代提出的法学新课题》,载《中国法律评论》2018年第2期。

[7] 参见刘宪权、朱彦:《人工智能时代对传统刑法理论的挑战》,载《上海政法学院学报》(法治论丛)2018年第2期。

[8] 相同的判断可参见王肃之:《人工智能犯罪的理论与立法问题初探》,载《大连理工大学学报》(社会科学版)2018年第4期。

方案就能够妥善处理，一般情形下行为人构成相关犯罪的直接正犯。

例如，在"全国首例利用 AI 犯罪案"中，有了图片验证码人工智能自动识别技术后，以黄某等为首的专业"黑客"犯罪团伙利用网站漏洞扫描软件，非法获取网站后台用户注册数据，然后给网络诈骗、"黑客"攻击等网络黑色产业提供犯罪工具，显然构成侵犯公民个人信息罪，并且构成诈骗罪的共犯。

2. 故意利用强人工智能产品实施相关犯罪成立间接正犯

对于强人工智能产品来说，由于强人工智能产品能够实施设计和编制的程序范围之外的行为，甚至能够自我学习，其实施犯罪是相对独立、不受操控的。由于强人工智能产品能够自我学习，实施程序设定之外的行为，具备了事实上的故意，相应行为不受行为人操控，这在根本上不同于弱人工智能产品，行为人利用强人工智能产品实施犯罪，属于理论上经常讨论的"利用有故意的工具"的情形，学说上有"间接正犯说""共同正犯说""教唆犯说"等不同的见解。[9] 但在现阶段，能否肯定人工智能成为独立的刑事责任主体，还有待深入研究，如后文所述，本文持否定意见。因此，当行为人故意利用强人工智能产品实施犯罪时，人工智能产品不能作为独立的犯罪主体，行为人不能成立具体犯罪的教唆犯，也不可能与人工智能产品共同构成共同正犯，因此，行为人成立具体犯罪的间接正犯。

（二）人工智能产品的研发、生产者及使用者可能构成过失犯罪

人工智能产品的研发、生产者以及使用者违反相应义务，还可能成立刑法规定的相关过失犯罪。

对于机器人，阿西莫夫曾经提出著名的"机器人三定律"，即"机器人不得危害人类、必须服从人类的命令、在不违反第一条和第二条的情况下必须保护自己"。[10] 为了使机器人符合这三项定律，机器人等人工智能产品的开发者、生产者以及使用者都必须承担特定义务，在让机器人更好地服务人类的同时防止人工智能反客为主。

1. 弱人工智能产品的研发、生产者及使用者的注意义务违反及过失责任

---

〔9〕 参见陈家林：《外国刑法理论的思潮与流变》，中国人民公安大学出版社、群众出版社 2017 年版，第 537 ~ 538 页。

〔10〕 [美]艾萨克·阿西莫夫：《银河帝国 8：我，机器人》，叶李华译，江苏文艺出版社 2013 年版，第 59 页。

在前述“人工智能杀人案”中,该机器人仍在编程设定的程序范围之内,最终出现机器人杀死人类的现象,主要是由于多年来机器人不再在安全笼中工作,而是直接与工人接触,但倘若遵循安全操作规程,即使不在安全笼中工作,也不会对人类产生危险,就不能认为是研发者或生产者未设置安全笼造成的事故;在本案中可以考虑使用者的责任,不光是直接使用者B违反注意义务,可能构成过失致人死亡等犯罪。

另外,B具有阻止机器人实施伤害行为的作为义务,作为义务的来源是其之前过失开启机器的行为,若其有能力阻止该机器人而不作为,可能成立不作为的过失犯罪,甚至是故意犯罪(属于前文所述的直接正犯的情形),对工人安全具有保证人地位的部门负责人或者公司的安全专员也可能成立相应的过失犯罪及不作为犯罪。总之,实际上这个案件不构成对传统教义学理论的新的挑战,也表明了某些与新兴科技相关的损害事故可以在以往的法律框架下得到解决。

再如,在“无人驾驶汽车致人伤亡案”中,可能涉及如何判断自动驾驶系统或者车道保持系统的制造商对此类事故的预见义务和避免义务。只要不需要预见事故发生的每一个细节,在“无人驾驶汽车致人伤亡案”中,这些事故原则上都是可以被制造商预见的,当然也可以通过放弃使用这些自动驾驶系统或者车道保持系统来避免事故的发生,问题是,对制造商课以这样的注意义务的要求是否过于严苛?

从教义学的角度合理限制制造商的注意义务,必须考虑“被允许的风险”这一概念。没有任何产品是百分之百安全的,这种产品在批量生产时可能会产生危险,但是在社会伦理上是可接受的,并且该危险在有益于社会的产品的背景下被人所熟知,那么一旦制造商倾全力将自动系统产生的危险限制在合理范围内,对该系统的生产就属于“被允许的风险行为”。

近年来,自动驾驶汽车屡屡发生车祸,引起广泛关注和争议,但实际上,引起关注的主要原因是自动驾驶汽车导致的交通事故会引起世界范围内的广泛关注,而其他普通交通事故却并不会成为全国性乃至世界性的新闻;另外,从事故百分比上来说,自动驾驶汽车一定是更安全的,也是未来的必然发展趋势,而有些事故的发生其实是由于行人违反交通规则所导致的,并非自动驾驶系统自身的问题。

因此,在人工智能发展的过程中,事故的不断发生是其成长必须经历的“阵痛期”，这是“被允许的风险”，在事故的反思中，对自动驾驶汽车的制造商课以合适的注意义务是必要的，制造商有义务监控他所投入使用的技术，并且在销售产品后尽可能将产品风险降到最低程度，当然也不能过分苛求。例如说要求他们用性能最好、最稳定的传感器来尽可能增加系统冗余，遵守最成熟的开发方法和测试流程，弃用低成本传感器方案等，都是合适的。

从上述对两类案件的分析可以看出，制造商的注意义务可以分为两个部分：其一，制造商有义务控制和检测他所投入使用的技术；其二，在销售产品后尽可能将产品风险降到最低程度。这样的要求是不过分的，因为制造商不仅能够从产品的销售中获利，更重要的是，其在评估和降低事故发生的能力方面，与消费者相比更胜一筹。与“人工智能杀人案”中一样，使用自动驾驶系统的人必须尽到合理谨慎使用的注意义务，在自动驾驶系统出现异常时，使用者负有尽其所能阻止危害结果出现的作为义务。

2. 强人工智能产品的研发、生产者及使用者的注意义务违反及过失责任

在“人工智能实施侮辱案”中，案情更加复杂，那些教导系统出现偏激言论的人，很难成立侮辱罪的间接正犯，因为该案中的具体行为难以符合侮辱罪的“公然”要件，侮辱的对象也不特定，其相应的故意也难以认定。在本案中，制造商即使用者，这里对制造商可能课以的注意义务是：制造商必须预先对强人工智能的自我学习能力进行一定的限制，使强人工智能不至于对人类造成危害，否则对其造成的危害结果可能成立相应的过失犯罪；当然，作为使用者，也负有合理谨慎使用的注意义务，以及防止危害结果出现及扩散的作为义务，违反注意义务，可能成立过失犯罪，违反作为义务，可能成立不作为的过失犯罪以及故意犯罪。

综上所述，本文认为，在人工智能时代，制造商对弱人工智能的生产和制造有以下两个注意义务：其一，制造商有义务控制和检测他所投入使用的技术，其二，在销售产品后尽可能将产品风险降到最低程度；制造商对强人工智能的注意义务是：必须预先对强人工智能的自我学习能力进行一定的限制，使强人工智能不至于对人类造成危害；使用者使用人工智能时的注意义务是：合理使用人工智能，尽可能防止其对人类造成伤害。若制造商或者使用者违反上述注意义务，可能成立相应的过失犯罪。但是在目前的大多数案件中，难以肯定制造商或者使用者升高了结果的风险，也难以肯定其主观上的过失。

本文上述内容以具体案例为样本，区分弱人工智能和强人工智能分析了制

造商及使用者(主要是制造商)的注意义务,但必须指出的是,无论是“人工智能杀人案”和“无人驾驶致人伤亡案”中的弱人工智能的制造商及使用者,还是“人工智能实施侮辱案”中的制造商及使用者,都极难承担过失责任。将风险升高理论〔11〕运用于人工智能造成事故的场合,能够为上述主体承担责任提供一定的理论依据。但是,且不论该理论的争议性,〔12〕首先,从行为支配的角度来讲,即使肯定了在弱人工智能场合对制造商的归责,也不可能在强人工智能场合对制造商进行归责,因为在这种场合,强人工智能具有自我学习能力,无法肯定制造商对结果发生的支配,更妄提对结果发生风险的升高;其次,从具体案件中看,肯定了制造商及使用者制造或者使用人工智能升高了结果发生的危险,也难以肯定制造商或使用者在刑法上主观上的故意抑或过失。

四、现阶段刑法制裁体系不应增加人工智能作为刑事责任主体

在前述案件中,能否肯定人工智能作为独立的刑事责任主体,是值得深入探讨的一个问题。

尤其是在“人工智能实施侮辱案”中,不能对教导系统出现偏激言论的人和制造商进行刑事规制,但是聊天机器人Tay能够在编程和程序设定的对话之外进行自我学习,具备了自我学习的能力,在某种程度上具备了独立的意识,是否可以考虑对此类具有自我学习能力的人工智能进行刑事规制?

对此,有不少学者主张智能机器人能够成为新的刑事责任主体,进而主张修改立法,增设智能机器人作为独立的刑事责任主体,〔13〕甚至构想了完整的针

---

〔11〕 参见[德]克劳斯·罗克辛:《德国刑法学·总论(第1卷):犯罪原理的基础构造》,王世洲译,法律出版社2005年版,第257页。

〔12〕 参见车浩:《假定因果关系、结果避免可能性与客观归责》,载《法学研究》2009年第5期;周光权:《结果假定发生与过失犯——履行注意义务损害仍可能发生时的归责》,载《法学研究》2005年第2期;陈璇:《论过失犯的注意义务违反与结果之间的规范关联》,载《中外法学》2012年第4期。

〔13〕 参见刘宪权:《人工智能时代刑事责任与刑罚体系的重构》,载《政治与法律》2018年第3期;蔡婷婷:《人工智能环境下刑法的完善及适用——以智能机器人和无人驾驶汽车为切入点》,载《犯罪研究》2018年第2期。

对人工智能产品的刑罚。[14] 主要理由是发展到强人工智能阶段的人工智能具有独立意志,具备了刑法上的辨认和控制能力,能够独立承担刑事责任。

从写作方法和写作技巧的角度来说,一篇文章不应当同时存在解释论和立法论的倾向,以便让读者明确文章重心所在,本文倾向于在第二部分通过运用传统的刑法理论知识,在解释论上解决人工智能时代涌现的新问题,似乎不应再讨论修改立法的问题。但实际上,解释论与立法论并不冲突,只是采纳的主体不同、针对的对象不同而已,解释论应立足于为司法机关适用法律提供参考标准,而立法论应着眼于为立法机关的修法工作建言献策。为应对复杂多变的社会生活需要,“立法活性化”的时代已经来临,立法机关出台刑法修正案更加频繁,除了解释刑法,立法论是未来一段时间刑法学界新的理论增长点,本文亦有必要对上述学者修改立法的主张进行一定的回应。

本文认为,主张修法的学者的观点不能成立,主要原因是:其一,现阶段的人工智能并不具备真正的“自由意志”;其二,现阶段的人工智能也无法理解刑罚的意义,将它们作为独立的刑事责任主体并对其科处刑罚并不能实现刑罚的目的。

首先,现阶段的人工智能只是根据其程序作出决定,并无自己的独立意志。自动驾驶系统能够识别出来往车辆并根据交通规则“决定”停下或者不停下,但这实际上只是预先设定的程序的自动反应,只要自动驾驶系统不出故障,这种“决定”就是特定的。通俗点讲,它只能根据路况和交通规则决定停下或者不停下,而不能作出相反的决定;同样,现阶段具备自我学习能力的强人工智能也只能根据程序设定去做出行为。

例如,“人工智能实施侮辱案”中,聊天机器人 Tay 具备了自我学习的能力,但是学习并模仿与他人对话的内容本身就是程序预先设定好的,实施程序设定之外的行为本身也是程序预先设定好的,没有 Tay 发挥自己独立意志的空间。进一步而言,聊天机器人 Tay 的智能化程度已经非常高,但在严格意义上其实还不属于标准的强人工智能。因此,不排除以后人工智能能够形成自己的独立意志,为自己的行为设定目标,但至少现阶段它们做不到,不具备成为独立的刑事责任主体的前提条件。

---

〔14〕 参见刘宪权:《人工智能时代的“内忧”“外患”与刑事责任》,载《东方法学》2018年第1期。

其次,即使认为现阶段的人工智能能够独立作出判断,它们也无法认识到自己行为的社会意义,对它们科处刑罚无法实现一般预防与特殊预防的刑罚目的。现代责任主义原则要求行为人必须具有非难可能性,即行为人必须具有不实施违法行为的能力。[15]

正如瑞士和德国的学者所指出,"尽管它们'智慧',机器人也只不过是根据它们的程序来完成其任务的机器,它们没有具备道德的自我决定的能力"。[16]让人工智能承担罪责没有意义,因为它们不能自省,不会反思自己行为的过错,对它们科处刑罚起不到任何预防犯罪的作用。它们也无法思考任何有关道德或者伦理的问题,例如,若撞到一个行人可以挽救另外三个人,甚至更多人的生命,可以这样行为吗?

当然,目前也有很多从事机器伦理的研究者试图将基于道德的决定体系编入机器,但是这些研究都还处于很初期的阶段,当人工智能继续向前发展,不排除某一天机器人具备了伦理思考的能力,那个时候,立法的修改就应当被提上日程了。

最后,现阶段假设人工智能能够承担责任,让他们承担刑罚的不利后果也并不合适。因为现在的人工智能都不拥有财产,也不是作为独立的个体而存在,而是作为财产被生产、使用,如果让人工智能承担责任,惩罚的是其背后的生产者或者使用者,遭受损失的也是生产者和使用者。然而如前所述,大部分案件中人工智能的生产者或者使用者并没有任何过错,让他们承担过分的责任反而会阻碍科技的发展,不利于社会的进步。

总而言之,现阶段仅仅按照程序设定去行为的机器人不可能具备刑事主体的资格,即使是具备学习能力的强人工智能,目前也不具备自我意识和自我决定的能力,实际上不具备刑法上的辨认能力和控制能力,让他们承担责任是没有意义的。如果未来人工智能能够具备道德思考的能力,能够理解刑罚的意义,不排除将其作为独立的刑事责任主体的可能,立法届时也应适时修改,增设相应的刑罚措施,但现阶段"未来还未来"。

---

[15] 参见梁根林:《责任主义原则及其例外——立足于客观处罚条件的考察》,载《清华法学》2009年第2期。

[16] 参见[瑞士]萨宾娜·格莱斯等:《若机器人致害,谁将担责?——自动驾驶汽车与刑事责任》,陈世伟译,载《刑事法评论》2017年第1期。

五、基本结论

人工智能的迅猛发展给人类带来了巨大的发展机遇,也预示了可能的发展风险,如何构建人工智能时代的刑法制裁体系,防范人工智能犯罪可能给人类带来的危害,是十分重要的命题。本文基于上述问题意识,结合人工智能案件分析,得出以下基本研究结论:

1. 人工智能的智能性和独立性给原有的刑法制裁体系带来了诸多挑战,需要从故意犯罪、过失犯罪和刑事责任主体几个方面重新审视人工智能时代的刑法制裁体系。

2. 故意利用弱人工智能产品实施相关犯罪成立相关犯罪的直接正犯,而故意利用强人工智能产品实施相关犯罪成立相关犯罪的间接正犯。

3. 在人工智能时代,制造商对弱人工智能的生产和制造有以下两个注意义务:其一,制造商有义务控制和检测他所投入使用的技术;其二,在销售产品后尽可能将产品风险降到最低程度。制造商对强人工智能的注意义务是:必须预先对强人工智能的自我学习能力进行一定的限制,使得强人工智能不至于对人类造成危害。使用者使用人工智能时的注意义务是:合理使用人工智能,尽可能防止其对人类造成伤害。若制造商或者使用者违反上述注意义务,可能成立相应的过失犯罪。

4. 现阶段的人工智能实际上根本不能称之为智能,因为它们没有自我意识和判断能力,完全按照程序员事先设定好的标准化流程实施行为,真正的人工智能还未出现。因此,在人工智能不具备道德思考能力的情况下,不应将其作为独立的刑事责任主体,等真正的人工智能出现时,立法届时也应适时修改,增设相应的刑罚措施。

海外中国法研究

卜元石　中国法海外研究的样本：德国

中德法学论坛
第16辑·上卷,第115~141页

中国法海外研究的样本:德国

卜元石*

摘　要:在中国鼓励扩大中国学术在海外的传播与影响的背景下,本文回顾了20世纪70年代末以来中国法在德国的研究状况,并从研究群体、著述情况介绍了其现状。在著述方面,考察了期刊论文、专著、文集的发表出版概况,并讨论了德国本土学者以中国法为主要内容所撰写的博士论文。总结德国对于中国法的研究现状可以发现,如果不计算中国博士生在德国所撰写的法学博士论文,关于中国法出版物的数量虽然有所增加,但仍稳定在一个比较低的水平,并没有因为中国经济的发展、中德经贸往来的加强而有大幅提升。本文分析了形成这种状况的原因,并对于如何完善中国法在德国的研究,从知识生产与知识利用两个方面提出了建议。

关键词:中德交流;英文法学期刊;外译项目;中国法主题的博士论文;法律东方主义

Zusammenfassung: Vor dem Hintergrund der Förderung der Verbreitung und Auswirkung der chinesischen wissenschaftlichen Forschungsergebnisse gibt dieser Beitrag eine Bestandaufnahme über die Forschung des chinesischen Rechts in Deutschland und erläutert deren Entstehungsgründe. Schwerpunktmäßig wird auf die von deutschen Juristen angefertigten Dissertationen zum chinesischen Recht eingegangen. Zur Verbesserung des gegenwärtigen Standes der Forschung des chi-

* 卜元石:德国弗莱堡大学法律系教授。

nesischen Rechts in Deutschland werden Vorschläge hinsichtlich der Wissensproduktion und Wissensnutzung unterbreitet.

Schlüsselwörter: deutsch-chinesischer Austausch; englischsprachige juristische Zeitschriften; Übersetzungsprojekt; Dissertationen zum chinesischen Recht; Rechtsorientalismus

在中国改革开放以来的40年中,中德两国政府官方与民间在法制方面展开了多渠道、多方面、多领域的对话与交流。中国法学界对于德国法研究与引介的重视毋庸多言,但中国法在德国的研究现状,对于大多中国学者而言是陌生的。与此相对应的是,一段时间以来中国官方鼓励扩大中国学术在海外的传播与影响,一些知名法学院以及中国法学会创办英文期刊,国家社科基金的外译项目也为此设立。在中国愈加重视中国法研究在海外推广时,把德国作为一个样本,了解中国法在德国被关注的状况更能让人们对相关问题获得感性认识。因为研究时间有限,本文提供的只是一个概况,也期待后续研究能够发掘更多细节问题。其次,自2006年起,德国有学者每年收集涉及中国法的英文、德文出版物,汇总成文献目录发表,[1]因此,本文关注的焦点不是具体的著述,而是这些出版物背后所隐藏的中国法研究方面的规律性特点以及形成这些特点的原因。最后,本文将重点讨论德国学者以中国法为主要内容所撰写的博士论文,这是因为博士论文对于特定中国法律问题的讨论更为深入、全面,对中国法研究贡献也更大,也更能够反映中国法在德国研究的水平与深度。本文最后附带一份1978年至今发表的以中国法为主要内容的德国本土法学博士论文清单,以便读者对于这些论文所涉及的领域、具体的问题能够有个总体认识。

一、历史回顾

德国对于中国法律的研究起步于20世纪70年代中期,当时德国法学期刊上就逐渐有一些关于中国法律内容的文章发表,内容涉及的领域也很广泛,包括合同法、知识产权、保险法、反垄断法、涉外经济法、法学教育、法制史和法理

---

[1] 作者通常为Benjamin Knut Pißler与汉堡私法马普所的助教,文献目录发表在《中国法杂志》。

学。这些文章主要刊登在《国际经济法》(RIW)[2]、《比较法研究杂志》(ZVerglRwiss)[3]、《域外宪法与法律》(VRÜ)[4],其中《国际经济法》面向的读者群为实务界人士,因此更倾向刊发一些与德国企业在中国投资相关的内容。1949年到20世纪60年代末,德国关于中国法律的专著几乎是空白。在"文化大革命"期间,也有极个别德语区学者克服了重重困难到中国进行研究。[5] 即便在20世纪80年代,对于德国学者来说,研究资料的收集仍然面临着意想不到的困难。当时,中国法律方面的信息多被认为是国家机密或者是内部资料,并不对外国人开放。一名德国律师回忆当年的经历写道,北京大学有4个图书馆藏有法律图书,但只有一个图书馆是对外国人开放的,在那个年代,法律图书销售也非常快,必须在新书面世后尽快购买,否则就可能脱销。[6]

早期在德国专职从事中国法研究的主要有三名学者,即汉堡外国与国际私法马普所的门策尔教授(Frank Münzel,1937年生),科隆大学哲学系的何意志教授(Robert Heuser,1943年生)以及弗莱堡大学汉学系的胜雅律教授(Harro von Senger,1944年生)。门策尔教授在1972年起的30年间在汉堡外国与国际私法马普所担任东亚法负责人,期间除了推动中德法学交流,还将大量中国法律翻译成德文,并配以相关的注释,在互联网上发表,直到今天仍然是德国了解中国法律的重要渠道。[7] 何意志教授于1992年至2011年在科隆大学执教,研

---

[2] 该杂志在20世纪70年代共有6篇相关论文发表,涉及的领域为外贸仲裁、中德贸易合同、外贸法、信用证、合资企业,作者主要为Robert Heuser与Frank Münzel。

[3] 该杂志从20世纪80年代开始有中国法文章发表,至1990年共有6篇论文发表,涉及的领域为法制史、自治区立法、商标法、涉外经济合同法、技术进口,其中2篇为Robert Heuser所著。

[4] 该杂志20世纪70年代共有9篇广义上的中国法学文章发表,涉及的领域包括立法制度、社会管控、宪法、国家理论、国际公法、刑法、工会,作者主要为Oskar Weggel。20世纪80年代有3篇文章发表,涉及公证制度、经济特区设立与私人所有权。

[5] 参见胜雅律:《我在北京大学的留学收获(1975—1977)》,载瑞士留学服务网:http://www.cnedu-ch.org/publish/portal64/tab4128/info131896.htm,最后访问日期:2019年4月10日。

[6] 参见Andreas Lauffs:Ein guter Rat von Dr. Münzel,ZChinR 2017,147。

[7] 该网站网址为www.chinas-recht.de。

究范围广泛,专长为公法,但在民商法、法制史、刑法等领域都有著述发表。胜雅律教授于1989年至2009年在弗莱堡大学汉学系执教,主攻计谋学,在法学领域关注马克思主义法学、人权法等。三名学者的研究领域交叉不多,相互补充,使德国的中国法研究领域非常宽广。此外,原汉堡亚洲法研究所研究员 Oskar Weggel(1935年生)的研究领域也包括中国法律,曾在20世纪70年代出版多部专著,涉及中国与社会主义国家签订的条约(1971年)、国际公法(1972年)、宪法(1976年)、外贸法(1976年)、法制史(1980年)。

三位学者中的两位博士论文与中国法制史相关,其中门策尔教授的论文题目为《中国古代刑法:中国明史刑法志》(1968年),胜雅律教授法学博士论文题目为《传统中国买卖合同》(1969年),其哲学博士学位的论文题目为《大宝令中的中国土地制度:仁井田升对再现中国唐朝土地制度的贡献》(1981年)。何意志教授也曾经撰写过《晋书刑法志:对中国早期法律的理解》(1987年)。

最后,值得一提的是帕绍大学的孟文理(Ulrich Manthe)教授,他的研究方向为罗马法,但出于对中国文化的兴趣,他曾经从1973年到1974年在北京语言学院学习过中文。帕绍大学针对法律系学生专门开设汉语强化教学,20世纪90年代到中国留学的德国法律系学生很多都来自这一大学。孟文理教授曾经指导过7名中国博士生,13名以中国法为主要内容的德国博士生,[8]对推动中国法在德国的研究发挥了很大的作用。

二、关注与研究群体

(一)群体的划分

在2000年之后,中国法的研究力量逐渐壮大,本文对相关群体作如下分类:可以先将其分为关注型与研究型两种,在研究型群体内再分为长期型与短期型。这是因为在德国,对中国法感兴趣群体中的绝大多数仅仅关注中国法的发展,自己并不进行研究或者偶尔参与研究活动并有著述发表,这一群体属于关注型。之所以有必要了解关注型群体的组成,因为他们是中国法研究出版物

---

〔8〕 包括 Matthias Geyer, Beatrix Joos, Simon Werthwein, Jakob Riemenschneider, Thomas Pattloch, Dunja Stadtmann, Anne Daentzer, Markus Masseli, Ralf Widmer, Bettina Bokeloh, Ulrike Glück, Dirk Rüffert, Christian Wolff。

的受众,直接决定了相关研究的重点与倾向性。

在研究型群体中,长期型是指那些以研究中国法为职业的学者,这一群体的数量非常少。短期型是那些在一段时间内以研究中国法为主要工作的学者,这一群体主要包括在德国高校以德文或英文撰写以中国法为主要内容的德国本土与来自中国的法学博士生。之所以说他们是短期型,是因为中国博士毕业后或者回国或者留在德国从事实务,德国本土博士毕业后从事的职业也很少为研究型,多为律师或在法院、政府机关工作从事公职,因此,他们对于中国法的研究主要局限在撰写博士论文期间。随着近些年中国留学生在德国攻读博士人数的上升,而相关研究也多为中德法律比较,短期在德国研究中国法的这一群体规模也不断扩大。德国本土博士生在论文完成后一般由研究型转变为关注型群体。

当然,一些来自中国的访问学者以及在中国进行研究但在德国的出版载体上发表著述的作者,也为德国读者开辟了了解、接触中国法的可能性,但他们毕竟不在德国法学研究体系之内,所以只能看成是广义上以德语为工作语言研究中国法律的群体。

(二)关注群体

在德国关注中国法的群体颇具规模,相应的协会,即德中法律家协会〔9〕,拥有会员约700人〔10〕,以实务界人士为主。而其中以中国法业务为主业的律师是一个较小的群体。目前在中国司法部登记的德国律师事务所代表处共有12家,这些事务所在德国的分所一般也有负责中国业务的德国律师。这些律师虽然只是业余参与中国法的研究,但却构成了德国研究中国法的一支重要力量。

在关注型群体中,也有一些综合大学法律系的教授,因为所供职的高校与中国的大学存在合作办学关系,经常到访中国授课或者举办学术报告,其中包括柏林洪堡大学的Reinhard Singer,康斯坦茨大学的Astrid Stadler、Jochen Glöckner,明斯特大学的Sebastian Lohsse,哥廷根大学的Rüdiger Krause、Hans-Peter Stoll,弗莱堡大学的Rolf Stürner、Uwe Blaurock,不来梅大学的Wolfgang Däubler、萨尔大学的Michael Martinek等。此外有一些德国法

〔9〕 德国这类针对特定外国法的法律协会很多,包括德国与日本、德国与美国、德国与西班牙、德国与以色列等法律家协会。

〔10〕 Uwe Blaurock, Rückblick auf 30 Jahre DCJV, ZChinR 2016, 311.

学教授曾经指导过多名中国博士生,[11]也因此对中国法比较关注。

关注群体中另外一个重要的组成部分是法学专业的学生,目前不少德国大学开设了中国法课程,包括弗莱堡大学、柏林洪堡大学、科隆大学、奥斯纳布吕克大学、慕尼黑大学、哥廷根大学、美因茨大学、奥古斯堡大学、特里尔大学。此外,一些法律系学生曾经通过校际或院系交流项目在中国留学,或者参加哥廷根大学每年举办的中国法暑期班,这些学生也都对中国法抱有兴趣。

此外,值得一提的是德国与中国自2000年起一直进行"法治国家对话",这一对话的渠道多种多样,其中比较重要的活动有两项:一项为中德两国每年组织的主题研讨会,至2018年已举办了18届;另一项为德国司法部每年春季在柏林举办的"德中法律领域合作大圆桌会议"(Der große runde Tisch zur Rechtszusammenarbeit mit China)。特别是后一项活动中,与中国法律领域有频繁交流活动的人士都会受邀参加,包括联邦律师协会、公证员协会等。这一群体中的很多人或多或少对于中国法的发展比较关注。

(三)长期研究群体

德国综合性大学里以中国法为重点的教席目前有三个,分别设立在弗莱堡大学、科隆大学与奥斯纳布吕克大学。其中科隆大学的教席设置在哲学系,早在20世纪就已经设立,另外两个设置在法律系,而且属于2000年之后新设。德国教席的设置与名称、研究领域等均由大学所在联邦州教育部决定,因此新教席的设置颇为周折,相应也比较少见。奥斯纳布吕克大学的中国法教席属于私人基金会捐赠教席,但与美国不同,德国这类捐赠教席还非常罕见。[12] 美因

〔11〕 指导了7名中国博士生的柏林洪堡大学教授Thomas Raiser、帕绍大学教授Ulrich Manthe、弗莱堡大学教授Hans-Jörg Albrecht、原哥廷根大学教授Christiane Wendehorst,指导了6名中国博士生的柏林自由大学教授Franz Jürgen Säcker,指导了5名中国博士生的弗莱堡大学教授Uwe Blaurock、明斯特大学教授Reiner Schulze、海德堡大学教授Burkhardt Hess、马尔堡大学教授Gilbert Gornig,指导了4名中国博士生的法兰克福大学教授Ingwer Ebsen、Helmut Kohl、弗莱堡大学教授Rolf Stürner 、哥廷根大学教授Hans-Peter Stoll、耶拿大学教授Walter Bayer与Elizabeth Koch、柏林洪堡大学教授Christine Windbichler(这一名单在笔者于《法学研究》2019年第2期的统计基础上做了两处增补)。

〔12〕 根据Wissenschaftsrat:Perspektiven der Rechtswissenschaft in Deutschland第12页中的数据,只有5%的所有捐赠教席设立在法律系。

茨大学民法教授 Christina Eberl-Borges 与因戈尔施塔特大学经济法教授 Claus Luttermann 也都比较关注中国法,并有相应著述发表。

此外,在应用科技大学(Fachhochschule)[13] 中也有几个法学教授在其主页中把中国法列为研究方向之一,比如 Pforzheim 应用科技大学的 Andrea Wechsler 教授、Ludwigshafen 应用科技大学的 Barbara Darimont 教授、Osnabrück 应用科技大学的 Hendrik Lackner 教授、Ostfalia 应用科技大学的 Winfried Huck 教授。

汉堡私法方向的马普所与弗莱堡刑法方向的马普所都设有东亚或者中国部,目前负责人分别 Knut Benjamin Pißler 教授与周遵友博士。慕尼黑知识产权方向的马普所过去也曾经有专人负责东亚地区,而其他领域如民事诉讼法、公法的马普所则没有聘用针对中国法的研究人员。在美国,研究中国法的学者多是从律师转行到大学或研究机构,但在德国这种转型非常困难。这主要是因为在德国大学中获得长期教职通常以完成教授资格论文为前提,而这一论文的完成至少也需要三四年的时间。

最后,汉学专业中同样也有个别学者研究方向为中国法律,比如弗莱堡大学教授 Daniel Leese 的研究方向为中国法制史与中国刑法,柏林自由大学助理教授 Catherine Ruth(Katja) Levy 的研究方向为中国法社会学、民间组织法。但汉学专业研究方法、发表媒体与法学学者有所不同,因此两个群体的交集有限。

由于专职研究群体小,使得在德国专门研究中国法的学者每个人都要覆盖很多领域,以满足德国法律界对于中国法律知识的需要。因研究者的精力、时间与知识积累等方面的限制,无疑会导致研究无法深入的情形发生。

三、著述情况

(一) 期刊论文

在期刊论文方面,首先必须提及的是《中国法杂志》,其前身为德中法律家

〔13〕 应用科技大学的教职不以完成教授资格论文为前提,但应用科技大学不提供传统的法学教育,毕业生不能参加国家司法考试,在法律领域只能从事辅助性工作,应用科技大学的法学教授不能单独指导博士生。

协会的 Newsletter,于 1994 年出版了第一期。2004 年改版为目前的期刊形式,2015 年后再次增加网络版,与纸质版并行出版。《中国法杂志》一个最重要的功能就是翻译中国最新法律,并对新出台法律以文章的形式进行评论与引介,这一功能在 2013 年延伸到了最高人民法院的指导性案例。《中国法杂志》的编辑部设在南京大学中德法律研究所,主编为德中法律家协会,编委会由 Benjamin Knut Pißler 与 Björn Ahl 两位教授组成。《中国法杂志》为季刊,每期在 100 页左右,除了刊登上述内容,剩余版面就比较有限,主要刊登一些介绍中国法律更新情况的文章。

此外,德国众多领域都有针对比较法的杂志,比如民法的《拉贝尔比较法期刊》(RabelsZ),知识产权方面的《工业产权与著作权杂志国际版》(GRUR Int),民讼法方面的《民事诉讼法杂志国际版》(ZZP Int),刑法方面《国际刑法教义学期刊》(ZIS),公法方面的《外国公法与国际法期刊》(ZaöRV),还有之前提及的《国际经济法》《比较法研究期刊》《域外宪法与法律》。总体上,德国所有法学期刊都刊发过以外国法为内容的论文,只是针对德国本土法教义学的典藏期刊刊发数量较少。尽管如此,德国期刊中关于中国法的论文数量非常少。以《国际经济法》为例,该期刊是《中国法杂志》以外发表中国法内容文章最重要的媒介,覆盖几乎所有法律领域,每年刊发中国法文章的数量都只在个位数左右,发表最多的年份集中在美国次贷危机波及德国的几年(2007 ~ 2009 年),这还是因为当时业务相对冷清,律师们有时间投入学术研究之中。

(二)专著

在学位论文之外关于中国法的专著,作者主要是专职研究人员,涉及的领域包括经济法、行政法、知识产权、物权法、合同法、司法改革、继承法等,这里不再一一介绍。专著类出版物中,数量最多的是一般导论性图书,前后有门策尔教授于 1982 年出版的《中华人民共和国法律:历史与现状的导论》、胜雅律教授于 1994 年出版的《中国法导论》、何意志教授于 1999 年出版的《中国法文化导论》(2006 年第 3 次印刷)、笔者自己所写的《中国法导论》(2009 年第 1 版,2017 年第 2 版)、Christina Eberl-Borges 教授于 2018 年出版的《中国法导论》。这些书虽然书名近似,甚至完全一致[14],但内容、侧重点、写作风格有很大区别。尽管如此,似乎还是有必要探讨一下出现这种现象的原因。首先,表 1 中

---

[14] 比如胜雅律教授与 Christina Eberl-Borges 教授的书名是完全一致的。

概括了这五本导论的主要信息:

表1　德国关于中国法的导论性专著

基本信息	门策尔:《中华人民共和国法律:历史与现状的导论》(1982年)	胜雅律:《中国法导论》(1994年)	何意志:《中国法文化导论》(1999年)	笔者:《中国法导论》(2017年)	Christina Eberl-Borges:《中国法导论》(2018年)
作者在前言中阐述的写作动机	西方常用语言中关于中国法的信息太少,而法律是评判一个国家的重要方面	外交官、政府官员、政治家、商人、律师、学者、记者有必要了解中国法律	了解中国法,必须了解整个中国法文化,特别是法制史;同时该书为区域学专业的教科书	对中国法进行概括介绍,并着眼学理研究与法律适用中的最新动向	为未掌握中文的读者提供了解中国的一个入口
结构	分4个章节,共211页:法律思想(共34页)、国家法(共26页)、刑法(共49页)、经济法(共89页)	分19个章节,共363页,主要包括:中华人民共和国成立前法律(共18页)、两个权威(共14页)、中国部门法概况(共122页)、中国马克思主义的三个基本组成部分(共23页)、中国马克思主义分析与解决问题的方法以及其对中国法律的影响(共55页)、共产党的三个基本党内规范类型(共10页)、党内规范(Parteinorm)与国家制定法关系(共3页)等	分5个部分、17个章节,共518页,主要包括:绪论(共18页)、中国法律文化各种形成要素(共144页)、法律的渊源(共54页)、司法及律师业(共20页)、法律诸目的(共211页)	分6个部分、27个章节,共376页,主要包括:绪论(共24页)、公法(共58页)、民法(共107页)、企业法(共38页)、经济法(共80页)、民事诉讼法与仲裁法(共50页)	分5个章节,共216页,主要包括:中国文化与法制史(共49页)、国家机构(共32页)、私法(共68页)、争端解决(共13页)、中国法律精神(共10页)

续表

基本信息	门策尔:《中华人民共和国法律:历史与现状的导论》(1982 年)	胜雅律:《中国法导论》(1994 年)	何意志:《中国法文化导论》(1999 年)	笔者:《中国法导论》(2017 年)	Christina Eberl-Borges:《中国法导论》(2018 年)
内容	不包括民法,因为当时还没有民事法律;不包括民事诉讼法、劳动法、社会法,因为大部分信息属于内部资料;不包括家庭法、涉外经济法、税法、环境法,因为已有其他出版物覆盖这些领域[15]	重点为私法,但视角更广,对政治与意识形态背景有详细介绍,因为作者认为这样才可以避免对中国法律的误判。中国法的发展可能与西方不同,因为"有可能世界所有的法律都朝着一个终点发展,即市民特色的西方自由主义法治国;但世界的法律也有可能朝着不同方向多极发展"[16]	涵盖三个大部门法:刑法、民法与公法;此外,对于中国古代法律思想与法律制度、清朝与民国时期法律、毛泽东与邓小平法律思想都有详细论述	重点为民法与经济法,不包括刑法	私法为重点,公法也有涉及,因为作者认为公法对民法也发挥影响[17]

根据表 1,可以看出这些导论性质的图书有下面的几个特点:第一,德国本土作者[18]对于影响法律在中国现实运作情况的因素比较重视,对于微观具体制度的研究则比较简略。这可能与门策尔、胜雅律与何意志三位学者在中国学习研究的经历有一定关系,他们对中国社会的亲身接触更容易觉察到中国法实

[15] Frank Münzel:Das Recht der Volksrepublik China:Einführung in die Geschichte und den gegenwärtigen Stand,1982,S. 1 f.

[16] Harro von Senger:Einführung in das chinesische Recht,1994,S. 8 ff.

[17] Christina Eberl-Borges:Einführung in das chinesische Recht,2018,S. 7.

[18] 笔者的《中国法导论》以具体部门法为重点,与其他著作有所不同。对笔者《中国法导论》的批评也包括针对执政党在法律领域的影响给予的篇幅不够(Knut Benjamin Pißler,RabelsZ 2018,412)。

践的不同。当然也不排除出于预想受众范围比较广的考量,对中国法的介绍更趋向宏观。第二,给予法制史超比例的篇幅,比如 Eberl-Borges 的著作对于中国各个朝代的历史都有介绍,占全书 1/4 的比例,何意志的著作与此类似。在西方读者的印象中,中国法律独创的部分更多来源于中国古代,现行法律多为继受而来,特色不强。这种对于中国古代法制史的强调,对于西方(包括德国)作者而言,是一种善意的举动,是一种消除中国法制落后偏见的努力,〔19〕而且在过去,这种着重历史视角的写法甚至形成了一种学术传统,不容得偏离。〔20〕第三,对于中国执政党在法律运行中的作用都比较关注,胜雅律教授在 1994 年的著作中超过 1/3 的内容是关于马克思主义与党内规范,这一重点的选取与胜雅律教授的研究兴趣有关,但作者当初也未必预料到党内法规在今天成为一门新兴显学。

对比德国学者所撰写的英文《德国法导论》〔21〕可以发现,其中对于法制史的讨论篇幅非常有限,重点集中在具体法律制度上。在德国出版的对其他国家法律导论类图书中,〔22〕对于法律外因素关注之多,中国可能是唯一的,这凸显了中国法律的特殊性。对于德国读者而言,这种特殊性至少体现在两点:一是可以概括为"上有政策,下有对策",〔23〕既然法律规定与法律实践分离在中国是一种常态,那么在这种导论类的书籍中似乎也没有必要细致探讨具体法律制度。二是法律在中国社会中的真正作用并不明确。一名在中国法领域执业长达 30 多年的德国律师仍然感慨,尽管中国法律的内容对于西方法律界人士而言并不

〔19〕 参见张冠梓:《美国学者眼中的中国法制化——哈佛大学安守廉教授访谈》,载《国外社会科学》2010 年第 3 期。

〔20〕 参见苏亦工:《当代美国的中国法研究》,载《中外法学》1996 年第 5 期。

〔21〕 Gerhard Robbers, An Introduction to German Law, 6th ed., 2017; Mathias Reimann (ed.), Introduction to German law, 2nd ed., 2005.

〔22〕 贝克出版社与 Nomos 出版社各有一个这样的外国法导论系列,其中所涉及的国家包括法国、意大利、美国、澳大利亚、巴西、英国、以色列、加拿大、荷兰、卢森堡、波兰、葡萄牙、俄罗斯、西班牙、捷克、土耳其、匈牙利、北欧、日本、新加坡。

〔23〕 Jörg-Michael Scheil, Durchsetzung, Ausnutzung und Umgehung von Rechtsnormen in China, ZChinR 2017, 129,其中第 143 页也把其原因归纳为国家与公民间的博弈,"一些领域的过度规制直接导致规范合法性效果的弱化以及对于规范规避与利用行为的普遍发生"。

陌生,但是中国法律与政党的关系对于西方人而言仍然难以琢磨。[24]

(三)文集

文集类出版物多产生于学术会议,但也有一些是围绕某一主题的多位作者的合集。从20世纪80年代至今针对中国法出版的文集涉及民商法、国际私法、劳动法、经济法、农业法、刑法、民事诉讼法、法学方法论多个领域。德国多家出版社也推出了面向东亚法与中国法的文丛,比如De Gruyter出版社的《德中法律家协会文丛》,Nomos出版社的《东亚法》《中国法与法文化研究》,Mohr Siebeck出版社的《东亚私法文丛》《东亚刑法文丛》以及LIT出版社的《东亚法文丛》。但这些文丛都面临着同一个问题,即可供出版的书目过少,因为每年在德国召开与中国法相关的会议数量非常有限,而且会议论文出于经费与影响力的考虑,也可能选择在期刊上发表,而不是结集出版。[25] 这些文丛也收录博士论文,但高质量的博士论文也经常因导师推荐在研究所属领域的专门文丛出版,所以这些东亚法的文丛内容来源的匮乏非常明显。

此外,德国一些部门法国际实用指南类图书中或者特定主题的比较法文集中也包括中国部分,比如反不正当竞争法、电子商务法、公司法等,还有一些法律评注也会在国际部分涉及中国法。这类出版物关于中国法的内容对于该特定专业以外的读者而言比较隐蔽,因为无论使用书名还是关键词都难以搜索到这些图书的章节。

(四)博士论文

1.数量

以中国法为主要内容的博士论文在20世纪70年代末即已出现,但都属于其他专业,第一篇德国法学博士[26]论文发表于1989年。最近30年这一数量

---

[24] Sabine Stricker-Kellerer, Frank Münzel-Gedanken zum Houhai-Spaziergang, ZChinR 2017,145.

[25] 比如2017年9月在北京召开的中德刑法研讨会中陈光中、陈卫东、胡铭、许美君、孙长勇、李本森、左卫民等学者的文章都刊登在GA与ZIS两本杂志中,2018年7月在德国弗莱堡召开的中德民法总则研讨会的论文也准备在《中国法杂志》发表。

[26] 本文主要考虑的为法学专业的博士论文,经济学、政治学、汉学等专业也有一些中国法内容的博士论文,总数为十余篇,此外还有少量论文只涉及中国台湾地区"法律",或者是多国法律比较中涉及中国,对这些论文本文原则上不作进一步考察。

并没有随着中德的经贸、文化往来的发展明显增加,除了个别年份如2009年达到7篇、2004年达到6篇,通常保持在每年1~5篇的水平,而在同一期间德国法学专业攻读博士的人数大幅上升。[27] 这其中的原因,笔者认为是在于博士论文对于中文水平要求高,作者时间投入大,而德国法学教育完成一般就已经需要花费7~8年时间,导致有志攻读博士学位的学生希望能够在比较短的时间内完成博士论文,所以即便有法学毕业生对中国法抱有兴趣,甚至曾经在中国留学,博士论文也未必选择与中国法有关的方向。这里需要指出的一个背景知识是,博士学位对于德国法学毕业生来说与学术生涯没有直接联系。在实务界工作,拥有博士学位同样重要,个别律师事务所甚至把博士学位作为聘用前提。因此,优秀的德国法学毕业生攻读博士学位非常普遍。

2. 动机

对于那些选择中国法内容的德国法学博士,他们做出这一决定的原因,在其论文中通常没有给出直接的回答。笔者所了解的选择中国法作为博士论文题目的动机有多种,既有出于对中国文化或者法律发展的兴趣,也有出于职业规划的考虑,特别对于有志于在国际组织或德国政府部门,如外交部门工作的学生,中文背景也能增加其求职的概率,还有一些是因为配偶来自中国。总体上,中国法对于德国法学博士生来说一直是一个小众的方向。德国法学毕业生,无论出于什么原因决定撰写中国法内容的博士论文,对于中国法研究的决心最坚定,其中很多也是德国法学毕业生中最为优秀的一批。

3. 领域与选题

从内容上看,这些博士论文多集中在民商法领域,其中民法方面的论文数量最多,其次为商法、知识产权、竞争法、国际贸易法、劳动法、仲裁法,而刑法、公法、国际法方面的论文数量最少,这也与德国法律界对于中国法知识需求的领域成比例。

从研究的主题来看,在民法领域,关注最多的领域是合同法,特别是买卖合同(1篇),此外还有承揽合同(1篇)、运输合同(1篇)、借款合同(1篇)、代理(1篇)、违约责任(1篇)、合同的订立与效力(1篇)。物权法是另外一个研究比较多的领域,共有6篇论文产生,讨论的内容主要是中国《物权法》的产生过程(2

---

[27] 王洪亮:《德国法学博士教育及其对我国的启示》,载《法学教育研究》2018年第1期。

篇)、所有权概念与保障(2篇)、不动产法(1篇)、典权(1篇)。关于侵权法有3篇,涉及基础理论、产品责任与航空运输责任。另外人格权、家庭法各1篇论文。国际私法论文共有5篇,包括概论、继承法冲突规范、国际私法的意思自治、知识产权的国际私法、中国跨区域国际私法。在民事诉讼法领域有4篇论文,分别为调解、判决执行与商事仲裁(2篇)。

商法的论文主要集中在公司法与外商投资法,特别是对于投资法的研究涉及该领域的各个方面,包括合资企业(3篇)、投资领域的法安定性(1篇)、投资司法保护(1篇)、公司法与投资法关系(2篇)。此外,内幕交易、资本市场、信托制度、破产法、股份有限公司法各有1篇论文产生。

知识产权方面的论文包括专利法(2篇)、商标法(3篇)、著作权与邻接权(1篇)、TRIPs的影响(1篇)、反假冒(1篇)。

包括反不正当竞争法在内的竞争法是一个热点,共有5篇论文产生,其中既有概括性质的,也有就具体问题的研究,如企业集中(2篇)。

国际贸易法共4篇,涉及货物进出口、保险监管、市场地位与反倾销、保障措施。国际公法共2篇,涉及国际公约适用与中国台湾地区的国际地位。

劳动法方面,在1990年曾经有2篇论文发表,之后在2010年后至今再次有5篇论文发表,中间则是长达20年的空白,这可能与中国相关的立法进程有关。社会法方向也有1篇论文发表。

法制史在20世纪80年代后至今为止只出版了1篇,研究对象为吐鲁番契约文书(1995年),以在敦煌学发现的古代契约为研究对象。对于德国法学学者而言,法制史的研究与实际需要联系最小,而花费的精力最多,而且需要法学与史学两个学科的学术训练,所以难度更大,这也是中国法制史研究最少的原因。值得注意的是,在20世纪80年代产生的其他专业的博士论文以中国法制史为主。

关于中国宪法、行政法的博士论文,在过去的40年间,共出现了6篇,分别涉及经济行政法任务的中德比较(2009年)、行会与协会(2010年)、中国行政强制法(2017年)、特区立法(2018年)、香港特别行政区法律2篇。对于公法论文偏少的原因,笔者推测有这样几个因素:一是出于职业发展的考虑,很多博士生更加倾向于民商法,对于公法的兴趣有限;二是已有的中国行政法研究比较少导致了德语和英文文献比较少,所以相关论文都是一种开拓性研究,花费的精力就更多;三是与中国法学界联系比较密切的德国公法学者比较少。总体上而言,在德国,行政法在比较法方面也远没有民商法发达。[28]

中国刑法方面的德国本土法学博士论文只有1篇,关于中国刑法与苏维埃刑法的关系(1993年);此外有2篇其他专业的博士论文涉及刑法,分别为关于1979年至1983年的中国刑法立法(1985年)、刑法中的正当防卫(2015年)。刑法论文数量低的原因与行政法并不相同,一是由中国学者在德国所撰写的关于中国刑法的博士论文数量不少,达到30篇;二是刑法方面中德交流也非常频繁,对中国刑法感兴趣的德国刑法学者也不在少数。所以,德国博士生对中国刑法热情有限的主要原因可能是出于对职业发展帮助有限的考虑。

在选题上,德国博士生的中国法内容的论文与中国立法节奏关系不大,也没有明显追捧热门话题的倾向。此外,德国法学博士论文的热点领域,与同期美国对中国法研究的重点也有很多相近之处。[29] 在这个意义上,西方世界对于中国法的研究,尽管语言不同,但联系还是比较紧密的,而且自从2006年欧洲中国法研究协会(European China Law Studies Association,ECLS)成立之后,[30]年会每年吸引了来自欧洲各国以及美国、澳洲的中国法学者参加,成为西方中国法研究的一个重要全球交流平台,因此,海外中国法的研究有逐渐超越国界,形成一个国际学术圈的趋势。当然,这一发展对德语区的中国法研究带来的影响并不一定有利。国际化研究所用的工作语言一般为英语,使得研究成果在国际上的影响虽然更大,但如果研究成果不转化为德语文献,在德国的影响实际是递减的。

4. 学位授予的大学

上述论文多数产生于帕绍大学、哥廷根大学、汉堡大学、弗莱堡大学、科隆大学,这主要是因为这些大学中一些法学教授对中国法兴趣浓厚,更倾向于指导中国法内容的博士论文。

5. 方法与影响

从这些论文的写作方式来看,绝大多数还是属于通常的法教义学方法。但

〔28〕 参见 Matthias Ruffert, Rechtsvergleichung als Perspektivenerweiterung-Neuorientierung(en) für Verwaltungsrecht und Verwaltungsrechtswissenschaft, in: Martin Burgi (Hrsg.), Zur Lage der Verwaltungsrechtswissenschaft, Die Verwaltung 2017, Beiheft 12, 166 ff。

〔29〕 对于早期美国的中国法研究中的重点领域参见苏亦工:《当代美国的中国法研究》,载《中外法学》1996年第5期。

〔30〕 该协会最初发起的动因与中欧法学院的设立相关,目前有300多名会员。

是,因为中国法理论与实践差别较大,所以很多论文作者在写作过程中尝试在中国通过问卷调查、访谈等方式了解实践运行状况。另外,这些博士论文中的绝大多数只是针对中国法,与德国的比较研究属于少数,这与中国博士生在德国写就的法学博士论文有很大的不同。究其原因,主要是比较研究所耗费的时间与精力要成倍增加,对德国法相关制度作出创新性研究的困难较大,中德某些具体制度的可比性有限等,而把研究重点放在中国法更能为丰富德语文献做出开拓性贡献。

上述博士论文对于中国法在德国的研究所起到的推动作用至关重要。一方面,这些研究针对性强、更加深入,对中国文献的考虑更加全面,可以大幅拓展该特定领域的中国法知识。另一方面,在攻读博士期间积累的中国法知识也可以促使这一群体在博士毕业后参与中国法相关研究。可以这样说,如果没有这些实务界工作的博士,需要多人合作的中国法研究在德国都无法开展。

四、评价与分析

总结德国对于中国法的研究现状,可以发现,如果不计算中国博士生在德国所撰写的法学博士论文,关于中国法出版物的数量虽然有所增加,但仍稳定在一个比较低的水平,并没有因为中国经济的发展、中德经贸往来的加强而有大幅提升。这可能与我们的预期有所不同。那么,这一现象的原因何在?笔者认为至少有如下三个因素值得考虑:

第一,对中文、中国的兴趣停滞。2011/2012 学年度与 2016/2017 学年度与相比,在德国中学里学习中文的人数也没有增加,在多个联邦州出现人数大幅下降的情况,[31]到中国留学的德国大学生数量也没有明显增加,甚至在 2015 年一度下滑。[32] 首先,因代际兴趣不同,不同时代年轻一代在选择留学目的地方

〔31〕 关于此点可参见 Andrea Frenzel/Lena Wassermann, China Mapping „Chinesisch an der Schule: Erhebliche Unterschiede je nach Bundesland“。

〔32〕 关于此点可参见 DAAD: Länderstand China: Kurze Einführung in das Hochschulsystem und die DAAD-Aktivitäten | 2018, S. 22;“交流不止步 – 德国是否需要提高与中国合作能力?”讨论会,载德国学术交流中心网:http://www.daad.org.cn/zh/aktuelles-china/podiums-diskussion-austausch-plus-braucht-deutschland-mehr-china-kompetenz,最后访问日期:2019 年 4 月 10 日。

面的流行趋势不同。经贸关系的紧密度并不一定直接转化为民众兴趣的增加。虽然德国媒体对于中国的报道一直以批判性居多,[33]近几年新闻报道中的中国形象更趋负面,[34]但德国政府、德国学术交流中心(DAAD)等学术交流机构支持德国学生到中国留学的态度并没有改变。可以说,德国政治、经济决策层对于了解中国重要性的认知与一般大众是有差别的。目前3个中德合作办学项目(南京大学、中国政法大学、上海同济大学)都包含针对德国留学生交流的部分。南京大学与同济大学还开办了针对德国学生的双学位项目。这些都为法律专业的德国学生留学中国创造了便利条件。其次,国内知名法学院针对外国学生的硕士项目也有少量的德国学生。德国大学与中国大学的学生互换项目数量也在增长。最后,德国二代华裔的数量不断增加,其中也有一些在大学选择法律专业。所以,德国在中国留学生数量的变化应该不是中国法研究规模小的一个最重要的原因。

第二,中国法律研究难度的增加。对于想了解中国法的外国法律界人士而言,随着中国法律的不断复杂化与琐碎化,确保对中国法律状况的准确把握已经越来越困难,某些涉及多个法律领域的问题似乎成了难以完成的任务。特别是法律评注的缺失,已经成为外国学者深入研究中国法的一个巨大障碍。而此

---

〔33〕 在中国,对德国媒体中的中国形象方面的研究很多,其中对相关原因揭示得也很透彻,这里也无需深入探讨。由华为公司资助的《中国在德国形象调查报告》至今已发布3期(2012年、2014年、2016年),其中也将中国形象的体现具体化。汉斯·赛德尔基金会与北京外国语大学在2015年9月28日举办的“德国和欧洲的中国形象”报告会中,有学者指出关于中国形象宣传片能发挥的作用有时也很有限。“与宣传片制作者的希望相反,该片播放后,(德国)受访者对中国的负面印象更胜之前。”该报道刊登在汉斯·赛德尔基金会网站。

〔34〕 对其中原因的一种解读可参考同济大学德国研究在线:《18/11 中国能力:墨卡托报告的四重焦虑》,载 https://german-studies-online. tongji. edu. cn/70/2f/c20a94255/page. htm,最后访问日期:2019年4月10日。正如这一评论所言,墨卡托研究所于2013年在柏林成立,目前是德国、欧洲在中国研究领域的最大智库,其各种研究报告以电子邮件方式传播,其研究人员在德国主流媒体刊登各种有关中国的报道与评论。墨卡托研究所成立的目的是增加德国对于中国的了解,加强两国民间的互动,但两个貌似相辅相承的目标在实现过程中却彼此冲突、相互阻碍。从中国视角来看,不仅未实现了解越多理解越深,而且形成了了解越多隔阂与排斥越深的状况,这一点也值得深思。

中的艰难不只是语言障碍,而是在打开数据库,搜索很多关键词出现成百上千个匹配结果时的绝望和在花费巨大精力读完一篇文章后而发现内容完全无用时的沮丧。所以,对于德国法学专业毕业生来说,选择中国法作为博士论文的研究对象,除了语言天赋,多少是需要一些理想主义与无畏、乐观主义的精神。能够高质量地完成论文,也需要与中国学者的频繁交流。但与在德国留学的中国学生一样,德国学生即便掌握中文,如果不在中国工作,中文很多时候在工作中无法发挥作用,艰辛的付出并不一定有直接的回报。

第三,法律知识与职业的地域性。德国法律专业人士在中国工作,主要就是从事律师职业。而与其他很多专业不同,法律是一个地域性非常强的学科,律师行业对于人际网络、文化背景要求很高,加之在中国随着内资所竞争力的提升外资所发展空间比以往更为缩小,[35]使得长期在中国工作对于德国律师而言在职业发展上并不一定是最优的选择。随着全世界范围法律更新速度的加快和法律咨询专业化程度的提高,在中国工作的德国律师返回德国后,或多或少都面临着专业知识与人际关系脱节的问题。可以说,与中国法结缘,改变了这些德国法律人的人生轨迹,在收获不一样的人生经历的同时,也失去了很多原有的机会。反而是那些改行做投资的律师,更能利用中国经济的发展机遇,获得经济上最大的利益,但这种情形都是特例。这些经验教训使得年轻德国法学毕业生在选择到中国工作或者研究时,不得不反复考虑再三,这也直接导致有在中国留学经历的德国法学专业学生虽然不少,但能够坚守中国法这一领域的人不多。在对中国文化喜爱的情怀无法支撑人生发展的规划时,不少已经在中国工作的德国律师也选择回流。

五、愿景与实现

从中德法学交流的角度而言,虽然中国法在德国的研究力量有所增加,但总体状态显然无法令人满意,究其根本原因,在于两个国家彼此对于对方法律知识的需求程度不同,决定了研究力量的不对等。但即便在欧洲主要国家之

〔35〕 Joachim Glatter, Ausländische Anwaltskanzleien in China, ZChinR 2017, 124 f.,其中引用一位美国律师的说法,大约70%的外资所在中国都是入不敷出,其原因不仅是外资所在法律上的限制,而且中国从经济方面来说也是一个难以经营的市场。

间，对于法律状况的相互关注程度也有落差。[36] 当然，中国法学界对于德国研究中国法的状况并不特别在意，也谈不上有什么具体愿景。但对于致力于中德法学交流的学者群体来说，没有愿景，就连努力的方向都没有，改善现状也就无从提起。因此，笔者尝试描绘这方面的理想状态，以及思考通过哪些工作可以实现这样的状态。本文设想的愿景包括两个方面，一个是知识生产，另一个是知识利用。

第一，在知识生产方面，理想状态是有更多的德国学者用德文进行中国法研究。德国学者更清楚德国读者的兴趣与需求、相关的已有知识，更能从德国法视角指出中国法的不同，使得对于中国法研究的知识更加通俗易懂。但基于上文提到的各种困难，这是一个逐步实现的过程。在这个过程中，中文一手资料的使用固然不可或缺，但同样不能忽视德文二手资料的作用。如果某个中国法领域已有的德文研究成果积累较多，后续研究开展起来就比较顺畅，针对性更强，研究也更为深入。在这个意义上，所有增加德语中国法研究内容的学术活动都是积极的，包括中国学者在德国期刊、文集发表的中国法文章以及把中文著作翻译成德文的译著，但至今为止，外译项目中只有一本被译成德文。[37] 从广义上说，中国法学英文期刊都可以进一步推动非英语区国家海外中国法研究。但是，鼓励中国学者在海外发表，可以把中国的研究成果传递出去，展示最新学术水平，区域不应该只局限在英语区媒介。当然，这里也存在一些现实的困难，比如德文学术成果不为现有国内学术评价体系所认可，相关成果不为国内同行所知晓与参考等。前者有待学术界形成共识后对评价体系进行适当调整，后者则是一个由于语言屏障而形成的、在所有非英语区国家都可能出现的问题，而且在法学领域尤为突出，这是由法学的研究对象，即制定法所使用的语言所决定。在德国，出于学术生涯发展的考虑，很多学者也没有动力在国外期刊使用外语发表作品。[38] 对于这一

〔36〕 在某种程度上，中小学阶段外语科目的开设情况都决定了未来研究力量的分配，比如德国还有相当多的小学外语只开设法语，而法国选学德语的中小学生则非常少。

〔37〕 参见陈玺、景倩倩：《东法西渐：当代中国法学学术著作的世界传播——以国家社科基金“中华学术外译项目”法学类作品为中心》，载《法学教育研究》2018 年第 2 期。

〔38〕 参见卜元石：《德国法学界的现状与发展前景》，载方小敏主编：《中德法学论坛》（第 12 辑），第 53 页。

问题,笔者认为目前只能通过学者多语种发表研究成果来解决。[39]

第二,在知识利用方面,理想的状态是中国法学界可以给予德国中国法研究更多关注。以往学界对于美国、日本的中国法研究有零星追踪,[40]近年来一些学者已经开始有计划地引入域外中国法研究成果,推出了像《海外中国法研究译丛》《远观译丛》这类文丛。这些都表明中国法学界在此方面意识的增强。海外学者的中国法研究,无论从视角的转换[41]、治学态度与方法运用,[42]还是从"先发的时间优势"[43]、立场与观点的新颖性而言,哪怕有所偏颇,也可能使我们自己的思考更加深入。即便目前德国中国法研究中可供参考的部分还不多,但其中的真知灼见也值得关注,也应该有中国学者从事这方面的引介工作,使之能够进入国内学者的视野[44]。外国学者对于中国法客观、坦诚、有见地的

---

〔39〕 多语种发表在绝大多数都不是直接翻译,通常作者必须根据受众的不同,重新安排内容与表述方式,对此,可参见刘思达、侯猛、陈柏峰:《社科法学三人谈:国际视野与本土经营》,载《交大法学》2016 年第 1 期。这方面的一个例证是两位德语区作者所写的一篇文章:《法律思维的差异演变》,徐杭译,刊载在笔者所编辑的《域外中国法评论》2009 年出版的第一辑,该文的英文版发表在 Hastings International and Comparative Law Review,虽然是同一内容,但繁简处理两个版本有很大区别,英文版更容易理解,而德文版则有明显德语区法学学术出版物的文风,即雷磊在其所翻译的《法理论有什么用?》导读中(第 8 页)所概括的"德国式节俭"。这种风格优点是信息量大,缺点是对于读者的知识储备要求高,不通俗易懂。把更多的信息尽可能压缩到一篇文章中,而同时不显得庞杂,也是德语区评价学术论文的一个标准,因此,很多时候细枝末节部分只能点到为止。

〔40〕 参见苏亦工:《当代美国的中国法研究》,载《中外法学》1996 年第 5 期;浅井敦:《比较法学和日本的中国法研究》,载《法律科学》1991 年第 1 期。

〔41〕 参见苏亦工:《另一重视角——近代以来英美对中国法律文化传统的研究》,载《环球法律评论》2003 年第 1 期。

〔42〕 参见苏亦工:《当代美国的中国法研究》,载《中外法学》1996 年第 5 期。

〔43〕 参见李红勃:《美国法学院的中国法教学》,载《法律文献信息与研究》2017 第 Z1 期。

〔44〕 下文中所提的络德睦的《法律东方主义》,虽然不是德语著作,却是一个很好的例证。如果该书没有翻译成中文,那么在中国的关注度不会这么高,虽然对此书评论的学者阅读原版著作毫无问题。一些其他关于中国法更为经典的英文著作,因为没有中文版,在中国关注度趋于零,这就很能说明问题。

评价,也需要中国学者去搜寻与发掘。这是因为,中国学者所批判的法律东方主义,〔45〕至少在德国法学界,都是学者们所力图避免的,〔46〕对一些争议话题在某种程度上甚至比中国学者还要敏感,甚至有些矫枉过正。在很多中德法学学术研讨会中,考虑到中国同行的感受,德国学者的报告对中国法更多是友善的理解及谦和礼貌的赞许,少有的批评也谨慎委婉,针锋相对的辩论几乎没有。在我们期待真诚与深入对话的时候,听到的却是外国同行对我们眼中并不成熟的某部中国法律大唱赞歌,的确是遗憾甚至可悲的。〔47〕 在这个意义上,对中国法律认真、哪怕是善意的批评,不仅需要学识,也需要求真的精神,而正因如此,这样的见解也值得认真对待。

附录

1978 年以来以中国法为主要内容的德国本土法学博士论文清单〔48〕

作者	论文标题(译名)	毕业学校	出版年份	出版社
Martinek, Madeleine	《效率与合法性之间的中国实验性立法:下放给深圳特区的立法权》	哥廷根大学	2018	Springer
Pelzer, Nils	《和解与调解:以中德为基础的体系研究》	海德堡大学	2018	online

〔45〕 参见郑戈:《法律帝国主义、法律东方主义与中国的法治道路》,载《交大法学》2017 年第 3 期;魏磊杰、支振锋、郑戈、田雷、田飞龙:《聚焦“法律东方主义”》,载《上海政法学院学报》2018 年第 2 期。对于该书的评价,参见马剑银:《“想象”他者与“虚构”自我的学理表达——有关〈法律东方主义〉及其中国反响》,载《交大法学》2017 年第 3 期;鲁楠:《迈向东方法律主义?——评络德睦〈法律东方主义〉》,载《交大法学》2017 年第 3 期,“该书移译适逢其时”,契合了中国政治话语以西方理论来佐证的诉求。

〔46〕 Bernd Schünemann, Der deutsch-chinesische Diskurs auf dem Gebiet des Strafverfahrens als Weckruf aus dem dogmatischen Schlummer, ZIS 2018, 145.

〔47〕 参见程金华:《理性对待中国的无法、有法、反法与超法——“法律东方主义”的启示》,载《交大法学》2017 年第 3 期,“很可惜,甚至可悲的是,关于中国法整体状态的研究和言说的最新发展,给我们判断逆耳忠言的空间越来越小”。

〔48〕 表格中论文标题由本文笔者翻译,翻译时个别过长题目有所简化。

续表

作者	论文标题(译名)	毕业学校	出版年份	出版社
Siebel, Yue	《中德法院判决的承认与执行》	帕绍大学	2018	JWV
Wersborg, Sarah Katharina	《哪国法适用？中、德、欧洲国际继承法中关于适用法的规定》	维尔茨堡大学	2018	zerb verlag
Wawrzyniak, Bodo	《中国行政强制法——行政义务执行的现代工具》	弗莱堡大学	2017	Dr. Kovač
Putz, Alexander	《所有权中德比较:产生、现状与发展研究》	曼海姆大学	2017	Nomos
Roth-Mingram, Berrit Maike	《社会市场经济中的企业社会责任——参考美国与中国的体系与比较法思路》	海德堡大学	2017	Nomos
Zuber, Tobias	《中国市场经济地位与反倾销》	哈勒大学	2017	Dr. Kovač
Leibküchler, Peter	《中国国际私法里的意思自治:中国与德国、欧洲法律比较》	汉堡大学	2017	Mohr Siebeck
Goertz, Corina	《中国反垄断法》	基尔大学	2016	Dr. Kovač
Ertl, Peter	《现代中国法文化与实践——历史与文化基础 》	耶拿大学	2015	Einband
Geyer, Matthias	《中国航空运输责任》	帕绍大学	2015	Dr. Kovač
Allmendinger, Johannes	《中国集体劳动合同法》	弗莱堡大学	2015	LIT-Verlag
Bir, Sophia-Antonia	《中德内幕交易:禁止内幕交易规则的比较研究》	拜罗伊特大学	2015	Duncker & Humblot
Rossbach, Markus	《国际合资企业——以中德合资企业为例》	吉森大学	2015	Lehmanns

续表

作者	论文标题(译名)	毕业学校	出版年份	出版社
Stursberg, Christian	《资合公司与外商投资企业法二元化立法》	弗莱堡大学	2014	LIT-Verlag
Hübner, Patrick Alois	《外商投资在中国的司法保护》	弗莱堡大学	2014	De Gruyter
Heimberg, Luisa	《考虑到汉字特点的商标恶意注册》	德累斯顿工大	2014	Einband
Joos, Beatrix	《中国法中的承揽合同》	帕绍大学	2013	Dr. Kovač
Hofmann, Patrick	《专利实施的中、韩比较》	博锐思法学院	2013	Peter Lang
Remuta, Andreas	《保障措施对于世贸法律体系的影响:以中国入世为例》	萨尔大学	2013	Dr. Kovač
Lotz, Benjamin	《香港特别行政区的保护国家立法与新闻言论自由》	柏林自由大学	2012	Duncker & Humblot
Seibert, Nils	《劳动关系与劳动合同的设立与解除:对中国法的论述与分析》	哥廷根大学	2012	Peter Lang
Zinser, Rebecka	《中国物权法:中国法学界讨论的分析》	哥廷根大学	2012	Peter Lang
Kuhn, Kerstin Carolin	《商标及专利的假冒产品:关于中国反假冒产品的法律、经济与技术措施论述》	奥古斯堡大学	2012	Peter Lang
Deißner, Susanne	《中国跨区域的国际私法:关于中国国际私法的论文》	科隆大学	2012	Mohr Siebeck
Orth, Ingo	《中德作品网络传播权比较》	杜塞尔多夫大学	2011	Josef Eul Verlag
Masseli, Markus	《中国反垄断法中的企业集中审查》	帕绍大学	2010	Springer

续表

作者	论文标题(译名)	毕业学校	出版年份	出版社
Mesenbrink, Lars	《政治与竞争法张力中的中国反垄断法:以禁止卡特尔与企业集中审查为例》	哥廷根大学	2010	Nomos
Sorg, Julia	《TRIPS 协定对于中国与泰国经济上的影响》	德累斯顿工大	2010	Nomos
Beck, Klaus	《中国行会以及协会的法律比较研究》	汉堡大学	2009	Carl Heymanns
Werthwein, Simon	《中国人格权立法》	帕绍大学	2009	De Gruyter
List, Julia Beate	《中国与德国经济行政法的任务:在考虑到不同政治体制与经济制度的法律比较》	汉堡大学	2009	Carl Heymanns
Kroymann, Benjamin	《中国资合公司法:外商投资的法律框架分析》	图宾根大学	2009	Mohr Siebeck
Maier, Tobias	《反不正当竞争法德中比较》	奥古斯堡大学	2009	Nomos
Ahl, Björn	《国际公约在中国的适用》	海德堡大学	2009	Springer
Behnes, Raimund Christian	《中国法中的信托:以英国信托法和德国信托制度为背景对中国 2001 年〈信托法〉的阐述》	哥廷根大学	2009	De Gruyter
Riemenschneider, Jakob	《中国借款合同》	帕绍大学	2008	De Gruyter
Schröder, Christoph	《中国多式联运合同》	哥廷根大学	2008	De Gruyter
Ruhe, Bettina	《所有权在中国的保障和界限》	不来梅大学	2007	LIT Verlag

续表

作者	论文标题(译名)	毕业学校	出版年份	出版社
Blasek, Katrin	《中国商标法:对满足世贸要求的分析与评价》	弗莱堡大学	2007	Carl Heymanns
Stadtmann, Dunja	《中国抚养、赡养、扶助义务:法历史概况、子女抚养与继父母与继子女之间的抚养关系》	帕绍大学	2007	Peter Lang
Baumann, Xiaoyan	《中国新物权法:在德国法影响下的发展》	科隆大学	2006	C. H. Beck
Theusner, Alexander	《中国民法中的总则与分则的理念:德国法在中国继受的机制、原因、教义学背景》	帕绍大学	2005	Dr. Kovač
Mirko, Wormuth	《中国破产法:传承与变革》	汉堡大学	2004	IFA
Pißler, Knut Benjamin	《中国资本市场法:股票交易所法与股票交易法》	汉堡大学	2004	Mohr Siebeck
Neukirchen, Mathias	《(谁)代表中国与台湾地区在国际法中的地位:参考历史发展与联合国的态度》	汉堡大学	2004	Nomos
Darimont, Barbara	《中国社会保险法:参考退休保险与其改革问题》	法兰克福大学	2004	Nomos
Au, Hans	《中国竞争法:经济政策目标与法律实施》	弗莱堡大学	2004	IFA
Kniprath, Lutz	《中国国际经济贸易仲裁委员会的仲裁:管理与程序》	科隆大学	2004	Carl Heymanns
Lamb, Nina	《中国律师业的发展与今天的地位》	汉堡大学	2003	Peter Lang

续表

作者	论文标题(译名)	毕业学校	出版年份	出版社
Hanisch, Holger	《中国加入世贸组织对中国保险监管法的影响》	奥古斯堡大学	2003	Lagrev
Pattloch, Thomas	《中国知识产权法中的国际私法问题》	帕绍大学	2003	Mohr Siebeck
Chen, Genghiz	《中国大陆与台湾地区产品责任法比较研究》	法兰克福大学	2002	Peter Lang
Himmelmann, Nicolas	《在中国投资的法安定性:以汽车工业为例》	奥伦登堡大学	2001	Juristisches Seminar der Carl von Ossietzky Oldenburg
Feuerstein, Mario	《中国非合同责任的基础与特点》	奥斯纳布吕克大学	2001	Universitätsverlag Rasch
Daentzer, Anne	《中国代理法》	帕绍大学	2000	Roderer
Widmer, Ralf	《中国对外经济法中的违约责任:参考1999年的中国合同法》	帕绍大学	2000	IFA
Glück, Ulrike	《典权:一个中国传统法律制度的今昔》	帕绍大学	1999	Duncker & Humblot
Sommer, Jörg	《中国香港与内地商事仲裁法》	柏林洪堡大学	1998	Peter Lang
Bokeloh, Bettina	《中国股份公司的法律基础:一个计划经济的私有化趋势》	帕绍大学	1998	Peter Lang
Bohnet, Uwe	《中国与俄罗斯商标法:与德国法律发展的比较研究》	慕尼黑大学	1996	Carl Heymanns
Scheil, Jörg-Michael	《吐鲁番中国合同文书》	哥廷根大学	1995	Franz Steiner Verlag

续表

作者	论文标题(译名)	毕业学校	出版年份	出版社
Thümmel, Martin	《中国土地制度与不动产法》	哥廷根大学	1995	IFA
Tetz, Stefanie	《中国合同订立与有效性:兼论中国1979年合同法发展》	波恩大学	1994	IFA
Zahn, Frank	《国际合资企业作为与发展中国家企业合作形式的法律设计》	奥斯纳布吕克大学	1994	Einband
Rüffert, Dirk	《中国买卖合同中物的瑕疵担保责任》	帕绍大学	1994	Shaker
Auer von Herrenkirchen, Wolffhart	《中国的刑法:特别考虑苏维埃刑法》	雷格斯堡大学	1993	Nomos
Scheuer, Martin P	《中国香港与澳门根据两个联合声明的法律状况:特别考虑中国宪法与香港、澳门基本法》	萨尔大学	1993	Peter Lang
Steinmann, Matthias	《中国专利法概述:专利法实施5年后现状》	慕尼黑大学	1992	Carl Heymanns
Jung, Martina Violetta	《中国货物进口的法律与实践》	明斯特大学	1992	Verl. Recht und Wirtschaft
Süß, Rembert	《中国国际私法法概述》	奥斯纳布吕克大学	1991	Carl Heymanns
Lauffs, Andreas	《中国劳动法:发展与重点》	波恩大学	1990	IFA
Wolff, Lutz-Christian	《1986年劳动合同制中的中国劳动合同》	帕绍大学	1990	IFA
König, Thomas	《中外合资企业与其在中国经济中的地位》	慕尼黑大学	1989	VVF

德意志法学家

克劳斯-威廉·卡纳里斯著　周万里译　卡尔·拉伦茨的人生、作品与思想脉络

中德法学论坛
第 16 辑·上卷,第 145 ~183 页

卡尔·拉伦茨的人生、作品与思想脉络

克劳斯－威廉·卡纳里斯*著　周万里**译

一、早期的学术辉煌

(一)“最初是黑格尔”——作为客观归责的相当性

“最初是黑格尔”。没有更好的句子,能比这一句更适合开始有关卡尔·拉伦茨(Karl Larenz,1903—1993)学术生涯的报告。1903 年 4 月 23 日,拉伦茨出生在莱茵河畔的维瑟尔。其父亦名卡尔·拉伦茨,后任普鲁士柏林高等行政法院裁判委员会主席。从 1921 年至 1922 年的冬季学期开始,拉伦茨在柏林、马堡、慕尼黑和哥廷根大学学习法律、经济和历史,后来又很快对哲学问题产生浓厚的兴趣。出于对当时盛行于德国大学内的新康德主义的不满(该学派是严格的形式主义,尤其是以施塔姆勒的哲学观点为代表的严苛的形式

* 克劳斯－威廉·卡纳里斯(Claus-Wilhelm Canaris,1937):慕尼黑大学法学院荣退教授,当代世界级的法学大师人物,主要研究民商法和方法论,在民法教义学和方法论领域做出了重大贡献。卡纳里斯的博士论文和教授资格论文均在卡尔·拉伦茨指导下完成,是拉伦茨门生当中成就最高、影响力最大的学者。

** 周万里:德国波恩大学商法与经济法研究所法学博士。

主义),[1]拉伦茨在哥廷根大学转而投向法哲学家尤利乌斯·宾德尔(Julius Binder,1870—1939),[2]加入了黑格尔哲学阵营。[3] 1926年,他在策勒高等法院完成第一次国家司法考试后,同年在宾德尔的指导下,完成了博士阶段学业。

他的博士论文题目是《黑格尔的归责学说和客观归责的概念》。拉伦茨已发表作品中的第一个名字,事实上也是第一个词,是"黑格尔",并且其博士论文仍是以"黑格尔"作为其结束语。这位24岁的年轻学者信心满满地呼吁:"这取决于未来的德国法哲学认同还是不认同黑格尔的观点。"[4]

现今,市面上充斥着刊印出版的博士论文,经常是多余的;但在20世纪30年代公开出版博士论文,在当时是非凡的成就。该论文在1970年又被重印,使其成就更加深远。事实上,该文以清晰的语言开创性地展示了硕果累累的思想,超越了当时的水平,就是在今天,我们也能从中受益:拉伦茨认识到,所谓的"相当性"(Adäquanz)不是因果关系的标准,而是客观归责的标准;[5]所以更为重要的是他赋予后者在损害赔偿法教义学中永恒的地位。我们今天认为这是理所当然的,而在当时,它在学术上具有卓越的地位。

通过这篇博士论文,我们就已经清楚地看到拉伦茨的两个标志性的才能:第一,在那个年代,没有第二个私法学者能像他一样,把哲学观点落实到教义学

---

[1] 拉伦茨本人的评价,参见1960年《法学方法论》第1版的前言。{鲁道夫·施塔姆勒(Rudolf Stammler,1856—1938),德国著名法学家,新康德主义法学大师,20世纪自然法复兴运动的重要代表。施塔姆勒是民国时期著名法学家吴经熊的老师,其作品的中译本,参见[德]鲁道夫·施塔姆勒:《正义法的理论》,夏彦才译,商务印书馆2012年版;[德]鲁道夫·施塔姆勒:《现代法学之根本趋势》,姚远译,商务印书馆2016年版。——译者注}

[2] Vgl. zu diesem R. *Dreier*, Julius Binder (1870 – 1939) – Ein Rechtsphilosoph zwischen Kaiserreich und Nationalsozialismus, in: F. Loos (Hrsg.), Rechtswissenschaft in Göttingen. Göttinger Juristen aus 250 Jahren (1987), S. 435 – 455; wieder abgedruckt in R. *Dreier*, Recht-Staat-Vernunft (1991), S. 142 – 165.

[3] Vgl. dazu näher *Diederichsen*, Karl Larenz, in: C. H. Beck (Hrsg.), Juristen im Porträt, Festschrift zum 225 – jährigen Jubiläum des Verlages C. H. Beck (1988), S. 495, 497.

[4] *Larenz*, Hegels Zurechnungslehre und der Begriff der objektiven Zurechnung (1927), S. 105.

[5] *Larenz* (Fn. 4), S. 84.

范畴之中;第二,他具有得天独厚的天赋,即他能够独到地将问题及其解决方法准确地表达出来,也基于他当时的精神导师黑格尔的精神引领,“精准地表达”它们作为一种新的概念。

(二)作为“效力表示”的意思表示——分析语言哲学的前奏

这些在拉伦茨1930年出版的教授资格论文《法律行为解释之方法》中,再次得到了证明。该文的主要贡献在于他发展出的所谓效力论。按照该学说,意思表示不是被定性为对表意人内在意思的通知,而是使相应法律后果发生效力。[6] 该学说也得到了普遍认同,成为现今的通说。

只有从20世纪60年代主要由透过奥斯汀(J. L. Austin,1911—1960)和塞尔(John Searle,1932)影响的分析语言哲学的背景看待这个学术贡献时,才能清楚地认识到它的真正地位。该理论阐述了句子的特殊结构,这些句子并非简单地由“表述”构成,而是由承诺、命令或诸如此类作为内容,并且将它们视为“施行话语”,与其相对应的是“记述话语”。[7] 据此,施行[8]话语是一种表达行为,[9]实施它产生话语中意欲实现的东西。[10] 作为效力命令的法律行

---

〔6〕 *Larenz*,Die Methode der Auslegung des Rechtsgeschäfts (1930),S. 58 ff.;vertiefend *ders*.,Originäre Rechtssachverhalte,in:Würtenberger (Hrsg.),Festschrift für Gerhart Husserl zum 75. Geburtstag (1969),S. 132 – 151.

〔7〕 Grundlegend J. L. *Austin*,Performatif-constatif,in:L. Beck (Hrsg.),La philosophie analytique (1962),S. 271 – 304 = Performative und konstatierende Äußerungen,in:Bubner (Hrsg.),Sprache und Analysis (1966),S. 140 – 153;*ders*.,How to do things with words (1962),S. 4 ff.

〔8〕 德语词语“performativ”(“施行”)以奥斯汀的学说为基础,也在德国语言哲学中被认可。奥斯汀使用的英语词汇“performative”是从动词“to perform”发展而来的,在本文语境中最好翻译为“落实”或“执行”;对于德语词汇“constative”(“记述”),情况相同,相当于德国法律语言中的“deklaratorisch”(“宣布性的”)。*Canaris*,Die Vertrauenshaftung im Lichte der Rechtsprechung des Bundesgerichtshofs,in:ders. u. a. (Hrsg.),50 Jahre Bundesgerichtshof,Bd. I,(2000),S. 129,136.

〔9〕 *Searle*,Speech acts(1969),S. 22 ff.

〔10〕 Vgl. *Ritter/Gründer*(Hrsg.),Historisches Wörterbuch der Philosophie (1989),Bd. 7,S. 254;jüngst *Augsberg*,Rechtslektionen-Zur Textualität des juristischen Verfahrens,Rechtstheorie 40(2009),71,77.

为也归属于它,并且成为施行话语的典型例子;因为说话行为的本身(或默示的,也即"说话的"行为),而不是先于它传达的内在意思,才使法律后果发生效力。因此,法律行为事实上在真正的范式意义上,涉及的是"如何以言行事"。[11] 他通过对效力论的阐述,成功地上演了分析哲学的前奏,并用极具预见性的眼光,洞察到后者的核心观点。[12] 通过专业术语"效力表示",他最优化地将这些观点"精准地表达"出来。正是在该意义上,可以说,这是一个"法学发现"。[13]

维尔纳·弗卢梅(Werner Flume,1908—2009)提出反驳,认为按照萨维尼的理解,"意思表示依其内容显然属于效力表示"。[14] 拉伦茨在该书1966年第2版的后记中,绅士般地反驳道:"如果弗卢梅认为,'效力论'与被正确理解的'意思论'说的根本不是一回事,那么就此我将不会和他争论。无论如何,'意思论'并不总是像弗卢梅所想要理解的那样被理解。"[15] 这无疑是正确的,它体现在具有重要地位的私法学者的观点中,比如冯·图尔(Andreas von Tuhr,1864—1925),他认为意思表示"是一种行为,其目标在于将内心世界的过程让外界知道,是一种意图让别人意识到自己内心世界的行为"。[16] 其实,该表达从根本上误解了作为效力表示的意思表示。尽管也有准确表述此观点的建议,[17] 但是直到拉伦茨通过哲学证实的方式,才将意思表示作为效力表示的特征正确地表述出来,并且和数十年后(!)产生的分析语言哲学的观点十分吻合。

---

〔11〕 参见脚注7提到的奥斯汀的作品题目。

〔12〕 一个难以觉察的联系可能是:拉伦茨尽管是充满激情的黑格尔信徒,在当时就(在后来更是)明显认识到了现象学观点的意义(即使他没有公开承认,也是如此)。分析语言哲学的拥护者也接受了这一点。

〔13〕 Vgl. zu diesem Begriff *Dölle*, Juristische Entdeckungen, in: Ständige Deputation des Deutschen Juristentages (Hrsg.), Verhandlungen des 42. DJT (1958) Bd. II, B 1 ff.; siehe ferner *Hoeren* (Hrsg.), Zivilrechtliche Entdecker (2001).

〔14〕 *Flume*, Allgemeiner Teil des bürgerlichen Rechts (4. Aufl. 1992), § 4,7.

〔15〕 *Larenz*, Die Methode der Auslegung des Rechtsgeschäfts (Neudruck 1966), S. 107.

〔16〕 *Von Tuhr*, Der allgemeine Teil des deutschen bürgerlichen Rechts, Band II Teil 1 (1914), S. 400; hierauf bezieht sich ausdrücklich *Larenz* (Fn. 15), S. 37 mit Fn. 6.

〔17〕 比如参见弗卢梅在《民法总论》一书(前引14)中引用赫尔德(Hölder)在1889年第20届德国法学家大会上的论述。

此外,直到他的出现,对此才成功地创造了这个有说服力的概念。

(三)当代法哲学与国家哲学以及"想要呆在人们称之为启蒙的黑夜之中"

年仅27岁的学者拉伦茨,如此通过早期的两份作品,证明了他卓越的学者地位。用今天的话来说,这是出类拔萃。也就是一年后(他毫不犹豫地放弃了法律实习生培训和第二次国家司法考试),他勇敢地涉足要求更高的研究,出版了足足有100页的书,题为《当代法哲学与国家哲学》。尽管我认为没有必要细述该书,但是,至少有两个方面值得关注。

尽管十分明显,但我仍应强调拉伦茨反复强调"复兴黑格尔",因此极力想在当代的法哲学家中寻找关联。[18] 与其相一致的是,他明确与"启蒙"及其对国家和个人之间关系的基本态度保持距离——拉伦茨将后者的基本态度定性为"个人主义"。[19] 所以,他批评康德,因为康德本人"还不能从启蒙的抽象理性主义思维中解脱出来"。[20] 同样,拉伦茨认为,拉德布鲁赫受新康德主义影响,在价值认识方面,持相对主义的态度,所以拉伦茨反对拉德布鲁赫,称这些价值"想要呆在人们称之为启蒙的黑夜之中"。[21]

阿图·考夫曼(Arthur Kaufmann,1923—2001)在1991年的慕尼黑大学告别演讲中讨论了该思想。此外,报告的话题涉及魏玛共和国后期的思潮,并完全正确地称之为"非理性主义的永恒再现",抨击了作为其中一种形式的"法西斯的非理性主义",并且继续写道:

它实际上已经不再是非理性主义了(但也正是非理性主义推动了自由法运动,尽管它[22]一度被认为是超理性、伪哲学的,而非反理性的),而是冷酷思考的、赤裸裸的不理智,是启蒙的反面,即反启蒙。谁要是像古斯塔夫·拉德布鲁赫那样,仍坚持理性和理智的价值观,就必然会被嘲笑为"想要呆在人们称之为启蒙的黑夜之中"(卡尔·拉伦茨之语)。[23]

这里草率地把拉伦茨和法西斯意识形态联系在一起。考夫曼没有提到

---

[18] *Larenz*, Rechts-und Staatsphilosophie der Gegenwart (1931), S. 108 f.

[19] *Larenz* (Fn. 18), S. 95 ff.

[20] *Larenz* (Fn. 18), S. 95.

[21] *Larenz* (Fn. 18), S. 67.

[22] 考夫曼的原文中的"ihn"(德语中的宾语)是笔误,正确的是"er"(德语中的主语)。

[23] A. *Kaufmann*, Rechtsphilosophie in der Nachneuzeit (1991), S. 7.

的是(也是我基于本报告的戏剧手法,还没有点出的事实),“想要呆在人们称之为启蒙的黑夜之中”乃黑格尔之语,甚至也被拉伦茨明确注明了。如果考虑到这一点以及当时是1931年,拉伦茨表达的完全是另一个意思:在这里,是一位黑格尔信徒使用其“大师”的话,[24]来攻击康德派信徒。即使我和考夫曼一样评判性地看待贬低启蒙运动的做法,我也没有看到任何的“冷酷思考的、赤裸裸的不理智”的痕迹,反而只是当时再正常不过的哲学派别之间的争论。另外,拉伦茨当时还是28岁的讲师,而拉德布鲁赫则是一位备受尊重的担任过几任帝国司法部长的人物,在当时属于最有名望和影响力的德国法学家之一。最后,按照我的观点,从全面观察的角度来看,还有一个细节,即拉德布鲁赫在其1932年的《法哲学》第3版前言中反驳该引言,[25]而拉伦茨在其1935年的《当代法哲学与国家哲学》第2版中,毫无保留地删掉上述引用的黑格尔的话(当时他已经是基尔大学的教授,而拉德布鲁赫已被流放)。[26]

即使再次阅读1931年第1版的《当代法哲学与国家哲学》,我也没看到任何具体的纳粹主义思想。与此同时,所引用的考夫曼的论述,尽管——也许正是因为——其依据的是错误理解,在我看来尤为重要。在该背景之下,开篇之句“最初是黑格尔”似乎是不祥之兆。因为这里出现了一个更深的维度,对此,考夫曼可能还不清楚,甚至似乎没有考虑到。而卡尔·波普尔(Karl Popper,1902—1994)在《开放的社会及其敌人》一书中,对该话题的探讨引起了我的注意,毕竟黑格尔就是其中的一个“敌人”。[27] 在我认识拉伦茨之后,

---

〔24〕 引言源自黑格尔有关宗教哲学的讲课内容,第一卷XI,第34页。在黑格尔的笔下,取代“人们”的表达是“它”,这带有(正如之前批判的)贬义。

〔25〕 *Radbruch*, Rechtsphilosophie (3. Aufl. 1932), S. XVIII.

〔26〕 因为我突然想起考夫曼攻击性的言论针对的其实是黑格尔的话,所以在考夫曼告别演讲之后,在没有和拉伦茨事先沟通的情况下,我写信给考夫曼,指出个中缘由。之后他对此作了回应,即该书1992年第2版正文虽然原封不动,但是在脚注中,他把我写给他的信的关键内容原原本本地(未作评论)呈现在脚注24中。(中译本,参见[德]阿图尔·考夫曼:《后现代法哲学》,米健译,法律出版社2000年版,脚注24。——译者注)

〔27〕 *Popper*, Die offene Gesellschaft und ihre Feinde, Band II, Falsche Propheten-Hegel, Marx und die Folgen (1958) (hier zitiert nach der 3. Aufl. 1973, übersetzt von P. *Feyerabend*), S. 36 ff.

可以确定地说,基于我的评价,他不会再借用“想要呆在人们称之为启蒙的黑夜之中”这句话。[28]

二、陷入纳粹主义

下面让我们走向黑暗的一章:拉伦茨陷入纳粹主义。对此,我首先要做三个事先说明。

(一)三个事先说明

第一,我不是历史学家,因此也不掌握他们的工具。此外,即使本系列报告确实提出了具有当代历史意义的问题,但其着重点仍不是现代史。因此,我不去写“纳粹主义时期德国法学史”或诸如此类中的一个片段,而是仅仅涉及拉伦茨学术生涯的一个阶段。同时也不要忘记,他在 1949 年之前和之后都是德国法学界最为重要的代表人物之一。

第二,我是拉伦茨的门生,无论是学术抑或私人方面,都同他保持了十几年的深入交往。尽管如此,我理所当然力图“不偏不倚”(“*sine ira et studio*”)地说这个有很浓政治和情绪色彩的话题。我希望接下来各位听众不要仅凭我恩师在“第三帝国”期间发表的文章,抨击其价值扭曲,进而控诉我。即便我对此早有预感,我也不会因为这种风险而退缩。按照我的看法,拉伦茨在那个年代的言论如果在批判性文献中被误解,我作为学者将清晰论证、表明态度。另外,在必要的时候,我也将严格地保持距离。

第三,在 1933 年至 1943 年,出自拉伦茨之手公开的作品非常多。[29] 如果让我尝试解读所有这些作品,本报告将会无所侧重、中心不明。同时,诸位也会收获甚微。因此,我会集中在一个核心问题,即范式问题:拉伦茨经常被严厉批评的有关权利能力概念的观点。另外,我还要论述两个附属的问题,它们分别涉及范式性的作品以及一个还没有受到重视的在“第三帝国”后期的作品。前者是他当年最为著名的文章,即 1938 年的一本小书《民族法律思想的内容和方法》,后者是 1943 年的长篇论文《道德与法》。

---

〔28〕 同样参见下文三(二)2。

〔29〕 *Frassek*, Von der „völkischen Lebensordnung“ zum Recht (1996), S. 191 ff.

(二)拉伦茨的本人证明

众所周知,拉伦茨属于所谓的“基尔法学派”。纳粹分子希望该学派成为散播和落实纳粹主义思想的主力。[30] 所以,正如人们经常会说的,它发挥了“冲锋队”的功能。[31]

拉伦茨在1987年2月25日写给拉尔夫·德赖尔(Ralf Dreier,1931—2018)的信中,讲述了自己到基尔大学任职以及他在纳粹主义阶段的角色。该信在拉伦茨去世之后,很快就被公开了。[32] 信中提到德赖尔的一篇文章,开始写道:“既然您仔细探讨宾德尔的门生以及新黑格尔主义,所以我现在决定让您知道,我为何形成了自相矛盾、其实令人无法理解的观点。”他接着写道:“我们,即我指的是宾德尔的门生,和大多数人一样,都有‘民族’信念,但是认为纳粹党分子不足以成事。”在说了几句关于经济学家耶森的话之后(按照拉伦茨的观点,此人“必然与普鲁士的部委有联系”),他提到了问题的关键。下面,我引用书信中很长的一段,并且在文字上没有做实质性的删除:

1933年5月2日,胡贝尔先生(Ernst Rudolf Huber,1903—1990,基尔学派国家法代表,当代民法学家乌尔里希·胡贝尔之父)、达姆先生(Georg Dahm,1904—1963,基尔学派刑法学代表)和我在一起碰头——此前我们几个人互相不认识。因为臭名昭著的法律,[33]基尔大学的教席最近被清空了,所以我们被委托担任该大学教席的代表。这本来是简短的例行公事,但是,随后我们每个

---

[30] *Erdmann*, Wissenschaft im Dritten Reich (1967), S. 14 ff.; *Eckert*, Was war die Kieler Schule? in: Säcker (Hrsg.), Recht und Rechtslehre im Nationalsozialismus (1992), S. 37–70; *Frassek* (Fn. 29), S. 26 ff.; *ders.*, Göttinger Hegel-Lektüre, Kieler Schule und nationalsozialistische Juristenausbildung, in: E. Schumann (Hrsg.), Kontinuitäten und Zäsuren-Rechtswissenschaft und Justiz im „Dritten Reich“ und in der Nachkriegszeit (2008), S. 49 ff. (insbesondere auch zu *Larenz*' Stellung innerhalb der Kieler Schule).

[31] Vgl. nur *Eckert* (Fn. 30), S. 46 ff. mit Nachw.

[32] Vgl. R. *Dreier*, Karl Larenz über seine Haltung im „Dritten Reich“, JZ 1993, 454, 455 f.; vgl. auch schon die Wiedergabe des Auszugs aus einem Brief von *Larenz* an *Erdmann*, der zwar offenbar kürzer war, aber inhaltlich im Wesentlichen und teilweise sogar im Wortlaut übereinstimmte (Fn. 30), S. 15 Fn. 18.

[33] Wiederherstellung des Berufsbeamtentums vom 7. 4. 1933, RGBl. I 1933, S. 175.

人被一个年轻人叫到一边谈话。这个年轻人似乎是发言人的助理,名叫威廉·阿尔曼(Wilhelm Ahlmann,1895—1944)。[34] 他来自一个非常有名的基尔银行家的家庭,已经失明。事后我们才得知,在"一战"结束时,他为了留住自己的生命,才失明的。依我今天的推测,耶森将他录用到政府部委中,并且他和我们说的话,都已经事先和耶森谈好了。

阿尔曼对我说:纳粹分子掌握权力,已经不可逆转,有必要让他们走上理性的道路。目前为止,他们对于法和国家的态度不容大众所接受。为了向他们传播这些,必须让他们理解正如我在德意志观念论的法哲学和国家哲学作品中展示的法哲学和国家哲学,[35] 以这种方式,让他们从中再次发现它们,并且接受它们。这应当是我的任务。

今天来看,他所说的话简直荒唐透顶、不切实际。但是,当时确实有很多人相信纳粹主义还有可塑性。也许由于他是盲人的缘故,阿尔曼的话极具暗示性。……我当时虽然不知应该如何执行他的"任务",但他的一席话令我颇受震撼。战后,有一次我和胡贝尔谈及此事。阿尔曼曾对他说,他应当为纳粹分子建议一部宪法,好让他们受此约束。

另外还有一个事情,促使我力图落实阿尔曼(以及耶森?)的计划。

接着拉伦茨详细叙述了他是如何取代理查德·克罗纳(Richard Kroner,1884—1974)和赫尔曼·格洛克尔(Hermann Glockner,1896—1979)成为《逻各斯杂志》(Logos)的主编,并说道:"我当时认为,我掌握了一个工具,借此可以实现阿尔曼所说的计划。"最后,拉伦茨说:

我今天当然也知道,当初不该听阿尔曼的话。我不想文过饰非。不过,如果今天有人声称,"纳粹主义依赖的是黑格尔"或"黑格尔的拥护者对它施加了

〔34〕 他时任普鲁士文化部高校处助理官员,后来参加了反抗希特勒的运动,致使他在1944年12月7日身亡。*Eckert* (Fn. 30), S. 37, 49; weitere Schrifttumsnachweise zu ihm finden sich bei R. *Dreier*, JZ 1993, 454, 456 Fn. 17. *Jessen* schloss sich der Widerstandsbewegung an und wurde im Zusammenhang hiermit am 30. 11. 1944 hingerichtet; ein Schrifttumsnachweis zu ihm findet sich bei R. *Dreier*, JZ 1993, 454, 455 Fn. 15; vgl. ferner *Schlüter-Ahrens*, Der Volkswirt Jens Jessen: Leben und Werk (2001).

〔35〕 *Larenz*, Die Rechts-und Staatsphilosophie des deutschen Idealismus und ihre Gegenwartsbedeutung, in: Larenz/Holstein (Hrsg.), Staatsphilosophie (1933), S. 89 – 188.

一定的影响",这都是没凭没据的传说。

基于以下两个理由,我把这封信如此翔实地展示出来(德赖尔发表他的文章之后,我才知道有这封信)。其一,它是拉伦茨唯一对纳粹执政期间他的行为进行阐述的书面文件。其二,它基本上与他对我的相关(很少的)阐述保持一致,以及据我所知,也和他对其他门生的阐述一致。他一直抱有希望,他能够让纳粹主义国家遵守最低限度的法治国家原则,[36]并且阻止它腐化成为不正义国家;他必须同纳粹分子口径一致,才能有机会让他们接受他的思想。同时,他又以严厉自我批评的方式,强调他的愿望完全就是幻想,并且就像在他写给德赖尔的信中所言,他对纳粹主义的态度"自相矛盾、其实令人无法理解。"而拉伦茨与我谈话,就和这封信一样,都缺少关于"犹太人大屠杀"或仅仅是压迫和歧视犹太人的阐述(我认为,这是个重大缺陷)。

让我们转向集中分析拉伦茨在当时的一些代表性作品,注意它们与拉伦茨书信以及口头阐述中传达的基本态度之间的关系。

(三)范式问题:权利能力和种族意识形态

1. 作为权利同志的"民族同志"以及作为非权利同志的"客人"

拉伦茨在纳粹执政期间,受到最为严厉批评的是他对权利能力问题的观点。我们先来看一下他本人是怎么说的,即1934年所写的一段备受争议的话:

"我拥有权利、承担义务,以及构建法律关系的可能,并不是因为我作为个人、作为人或作为抽象一般理性的承担者,而是因为我作为一个由法律赋予生活形式的共同体的成员,即民族共同体的成员。只有生活在共同体之中的成员,作为民族同志,个体才拥有人格。只有当成为共同体成员时,他拥有尊严,作为权利同志而获得尊重。成为权利同志,是指享受法律保护和特定的社会地位,也即民族同志的特权。事实上,可以说这不是因为人的特别品质,而是民族

〔36〕 其他不是直接或仅仅在一定程度上属于"基尔学派"的著名法学家,表现出类似的幻想。与拉伦茨的态度一样的,还有基尔学派另一位重要成员胡贝尔(Ernst Rudolf Huber, 1903—1990)对格罗特(Grothe)表达的尚未公开的意见。Vgl. „Strengste Zurückhaltung und unbedingter Takt" – Der Verfassungshistoriker Ernst Rudolf Huber und die NS-Vergangenheit, in: E. Schumann (Hrsg.), Kontinuitäten und Zäsuren-Rechtswissenschaft und Justiz im „Dritten Reich" und in der Nachkriegszeit (2008), S. 333 f.

同志的特别品质。只有民族同志,才是权利同志;只有拥有德意志血统的人,才是民族同志。这句话可以替代规定'任何人'都有权利能力的《德国民法典》第1条,成为我们法秩序的基础。""民族共同体之外的人,也不受法律保护,不是权利同志。"〔37〕

这些句子事实上给我们造成毛骨悚然的厌恶感,因为它们否定了欧洲法律思想中最基本的成就以及人性的基础。对此,我将在后面论述。〔38〕同时,拉伦茨还有更多的想法,他继续写道:

当然,作为客人,外人能够并且将会被视为与权利同志拥有平等地位。德意志土地上的外国人,受制于德意志国家的统治,享受生命和健康保护以及财产权,参与到法律交往中。他当然不是什么权利客体。我们必须抛弃非黑即白的思维,也即一个人要么是人和主体,要么是权利的客体。非权利人民,是权利主体,享受着受限制的权利能力,这是民族共同体作为法共同体在特定的范围内授予他的能力。〔39〕和民族同志不一样的是,他不是基于出生而成为共同体的成员,从而享受权利。即使赋予他权利能力,他也不能充分地参与共同体的生活,通过不断重复这种生活,作为共同体秩序的法得以形成和维持。他不能成为法官、市议员或其他公职人员;对于最为重要的法律地位,他被排除在外。比如,他不能成为世袭农庄的继承人。因此,外国人即使受我们的法律保护,也不是德意志的权利同志。他在很大范围内参与到法律交往及其构建之中,但还是被视为客人。

该段虽然不能消除上文引用的拉伦茨在第一部分的阐述所产生的厌

---

〔37〕 *Larenz*, Rechtsperson und subjektives Recht-Zur Wandlung der Rechtsgrundbegriffe (1935), S. 21 = *ders.*, Rechtsperson und subjektives Recht-Zur Wandlung der Rechtsgrundbegriffe, in: Dahm u. a. (Hrsg.), Grundfragen der neuen Rechtswissenschaft (1935), S. 225, 241 (Hervorhebungen im Original).

〔38〕 参见下文"4."。

〔39〕 即作为一个共同体,其自己在法上给予了其生活形式。就像在我的早期作品中,我把"法共同体"(Rechtsgemeinschaft)的表述理解成其他的意思,即不同于赫恩(Höhn)在他的《法共同体和民族共同体》(Rechtsgemeinschaft und Volksgemeinschaft)中描述的意思(拉伦茨的脚注)。

恶,[40]但是,明显从完全相反的方向补充了它。因为"非权利同志"不仅是具有外国国籍的人,而且是拉伦茨当时经常提及的"种族外人",即"非雅利安人",[41]明确被赋予"有限的权利能力",尤其是"生命和健康保护",甚至是"财产权",被排除的权利只是拥有法官和市议员的职位或成为世袭农庄的继承人。拉伦茨更是以一种引人注目的方式强调"客人"的地位,在该背景下,这具有积极的意义。就这一点而言,必须意识到的,这是在1935年,客人是"神圣的",这是"德意志"的思想财富,这种思想在当时还存在,这远远超过了现在大部分人的想象。

因此,我认为在讨论拉伦茨在书信中描述的其对纳粹主义的态度时,不提第二部分有关于权利能力的论述,正如雅科布斯(H. H. Jakobs,1934)等人期间所做的那样,[42]绝非科学正确的方式。即使忽略由此产生的片面、不公平的情形,拉伦茨也会振振有词地强调生命和健康保护以及非权利同志的财产权,及其仅仅被排除的特定职位,诸如法官、市议员以及世袭农庄继承人,(即使在政治上完全是一种幼稚的)尝试去避免恶事发生。[43]

更有趣、内容更丰富,最终被批评也不是不多的,是伯恩·魏德士(Bernd Rüthers,1930)处理该段落的方式。他首先引用了句子"只有民族同志,才是权利同志;只有拥有德意志血统的人,才是民族同志"。随后,与雅科布斯不同,他正确地引用了"当然,作为客人,外人能够并且被视为与权利同志的地位平等"。但是,之后在他没有做任何分析的情况下,补充说明引用的上述两段话"从意义上来看,与纳粹德国工人党纲领的第4条和第5条一致"。其实,该说明仅仅对

---

[40] 详见下文"4."。

[41] 就此而言,普勒尔斯(Prölss)在反驳雅科布斯有关拉伦茨的文章中,对拉伦茨的文章进行了详细地分析和证明。他的反对者雅科布斯明确同意他的观点。H. H. *Jakobs* hat ihm darin ausdrücklich zugestimmt, vgl. , JZ 1994, 33, 34.

[42] H. H. *Jakobs*, Karl Larenz und der Nationalsozialismus, JZ 1993, 805, 814; kritisch dazu mit Recht *Prölss*, JZ 1994, 33 f.; auch H. *Wagner*, Kontinuitäten in der juristischen Methodenlehre am Beispiel von Karl Larenz, Demokratie und Recht (1980), S. 254 f. verschweigt *Larenz*' Ausführungen über den „Nichtrechtsgenossen" als „Gast"; ähnlich verkürzend *Eckert* (Fn. 30), S. 61 f.; *Wesel*, Geschichte des Rechts (3. Aufl. 2006), Rn. 299.

[43] 同样参见下文"4."。

第一个被引用的拉伦茨所写的段落来说是正确的，而不是第二个被引用的段落。理由是，该纲领第5条规定：“非德国公民，只能以客人身份在德国生活，并且受制于专门针对外国人的立法。”[44]因此，魏德士闭口不提拉伦茨笔下“客人”一词有相反的趋势，其功能主要是被拟制成为保护非权利同志的工具。另外，当我们和魏德士一样，深入地讨论拉伦茨“具体一般的概念”(kontret-allgemeiner Begriff)学说时，不应当对他的具体化沉默不语，这些具体化一方面是生命和健康保护、财产权，另一方面是排除担任法官、市议员以及成为世袭农庄继承人。只有从这些具体化中，才能够认识到拉伦茨所用概念原本的意思。

2.“剥夺犹太人私法权利的正当化”(策尔纳)?

在我即将深入探讨魏德士的观点之前，我必须再次论述拉伦茨有关权利能力学说的问题。沃尔夫冈·策尔纳(Wolfgang Zöllner,1928)是我十分敬重的同事，不凑巧的是，在进行关于他的恩师阿尔弗雷德·怀克(Alfred Hueck,1889—1975)的报告时，也选择了论述拉伦茨。他是这样说的：

卡尔·拉伦茨创作了那部臭名昭著的《论民族法律思想的内容和方法》(1938年)，叫嚣应剥夺犹太人在私法领域的权利，并妄图证明其合理性。初读该文时，我相当震惊，今尤如鲠在喉。在那以前，我主要是通过其令人惊叹的债法研究认识拉伦茨。我以为他是一位充满爱和友善的人，可能连只苍蝇都不忍拍死。正如我们难以理解那些名门望族在集中营里折磨和屠戮百姓的行为，同样，著名法学家以笔为刀的屠杀行为，时至今日，依旧让人费解。[45]

然而，只要在援引的作品中读过拉伦茨的原句，就必然会使人对这种观点产生疑惑。拉伦茨写道：

需要明确强调的是，民族法律思想并不否认包括外族人的权利能力和人格。《德国民法典》第1条因此不受影响；但是，人出生之后，取得的不是抽象的

---

〔44〕 *Rüthers*, Die unbegrenzte Auslegung-Zum Wandel der Privatrechtsordnung im Nationalsozialismus (1968), S. 330 (6. unveränderte, um ein Nachwort erweiterte Aufl. 2005; im Folgenden wird die 1. Aufl. zitiert); ähnlich *ders.*, Entartetes Recht (1988), S. 92 f.

〔45〕 Vgl. *Zöllner*, Alfred Hueck, in: Grundmann/Riesenhuber (Hrsg.), Deutschsprachige Zivilrechtslehrer des 20. Jahrhunderts in Berichten ihrer Schüler, Band 1 (2007), S. 131, 145.

“一般权利能力”,而是具体的(作为种族同志或种族外人的)权利能力。[46]

基于这句话,我很难理解策尔纳为什么宣称,拉伦茨通过该作品“依其法源说的考虑,为剥夺犹太人在私法领域的权利辩护”。人们所期待的,至少是逐词逐句的引用及细致的分析,[47]而不只是回忆早在十几年前阅读时的“相当震惊”。因此,对于策尔纳表述的“以笔为刀屠杀”以及参与“在集中营里折磨和屠戮百姓”,他欠他已逝的同行以及学术圈一个解释。

3.“解释性修改”现行法抑或“立法建议”?

前引拉伦茨对权利能力的第二个建议,让我们注意到了魏德士对此的观点。即他认为,拉伦茨的话“只有民族同志,才是权利同志;具有德意志血统的人,才是民族成员”,“首先不是立法建议,而是政权更迭后,对现有(!)法律情况的描述”,也就是“纯粹是解释性(!)地修改现行根本性的私法制度”。[48] 基于魏德士的观点,这个表述具有根本性的意义。[49] 原因在于,魏德士书中的主要观点,正如书的题目所揭示的(“无界限的解释”),也正如魏德士不遗余力重复的,是解释“无界限”以及法律人因此可以使用其方法论的工具,在法律文字没有任何变化的情况下,赋予法律不同的内容——该内容与对应的国家秩序以及执政者所要追求的政策、世界观或意识形态相一致。另外,对于同样的拉伦茨这个句子,雅科布斯当然地认为,这是(单纯地)“为了对《德国民法典》第1条进行雅利安人化,而对立法(!)提出的建议(!)”。[50]

谁是正确的?我认为,无疑是雅科布斯。拉伦茨的文字再清楚不过了,因为他说:“这句话可以(!)替代(!)规定‘任何人’都有权利能力的《德国民法典》第1条,成为(!)我们法秩序的基础。”他认为,这只是“依据将来法”(*de lege*

---

〔46〕 Vgl. *Larenz*, Über Gegenstand und Methode des völkischen Rechtsdenkens (1938), S. 52 f.; ähnlich *ders.*, Die Aufgabe der Rechtswissenschaft, Zeitschrift für Deutsche Kulturphilosophie Bd. 4 (1938), 209, 235 f.; *ders.*, Zur Logik des konkreten Begriffs: eine Voruntersuchung zur Rechtsphilosophie, Deutsche Rechtswissenschaft, Vierteljahresschrift der Akademie für Deutsches Recht, 5. Bd. 1940, 279, 288 f.

〔47〕 策尔纳根本就没有提他判断的依据在哪一页。

〔48〕 Vgl. *Rüthers* (Fn. 44), S. 330.

〔49〕 在魏德士专著中这个也十分清楚。*Rüthers*, Rechtstheorie (4. Aufl. 2008), Rn. 566.

〔50〕 Vgl. H. H. *Jakobs*, JZ 1993, 805, 814.

ferenda)的建议。引用的1938年的这个作品中的第二句,完全确认了这一点,因为"《德国民法典》第1条不受影响",也即"民族法律思想并不是否认包括外族人的权利能力和人格"。当然,该权利能力是"具体的(作为种族同志或种族外人)"。然而,值得提出的是,(除了拥有诸如农民、企业管理者和保安等职位能力;不过就我看来,"按照现行法"不具有这些能力,还是"按照将来法"被剥夺这些能力,答案并不明确)拉伦茨列举的例子是拒绝"异族联姻",也即与"外族同志"缔结婚姻的能力。[51] 当时法律对此已经有了规定,[52]所以拉伦茨区分了"依据现行法"和"依据将来法"的论证,并且遵守了法治国家的基本要求。他处理《德国民法典》第1条,并不属于魏德士[53]笔下可能的"无界限"解释的例子。不可否认,在纳粹执政期间,的确有大量滥用解释的例子,但是,我们还是要反对不分青红皂白的观点,即魏德士提出的"无界限的解释"的可能性的论点。

4. 权利能力的相对化与对"外族"的歧视

我之所以大篇幅地论述该问题,是因为这是涉及拉伦茨与纳粹主义之间关系的核心。另外,我和魏德士形成的一致意见是,在德国法学针对当时非正义国家问题上,该讨论具有典型意义,以及希望对遥远的将来,也产生直接的影响。就此而言,目前只是愤怒地对待权利能力相对化的企图,却没有触及事实的关键部分。虽然企图权利相对化的结果是灾难性的,[54]但是,我并不认为仅仅是"部分权利能力"的思想本身就有什么好指责的,因为它不仅适用于人合组织(对它来说,是理所当然的事情),而且也适用于个人。毕竟,德国宪法区分了适用于"所有人"的权利(《德国基本法》第2条和第5条)和仅仅适用于"所有德国人"的权利(《德国基本法》第8、9、11和12条)。依我看来,最恶劣的丑行是按照特定的种族归属来划分权利能力。

---

〔51〕 Vgl. *Larenz* (Fn. 46), S. 52.

〔52〕 Durch § 1 des Gesetzes zum Schutze des deutschen Blutes und der deutschen Ehre (Blutschutzgesetz) vom 15. 9. 1935, RGBl. I 1935, S. 1146.

〔53〕 *Rüthers* (Fn. 44), S. 330.

〔54〕 *Braczyk*, Karl Larenz' völkisch-idealistische Rechtsphilosophie, ARSP 79 (1993), 99, 111 f.; ähnlich *Schild*, Person als Begriff-zur Begriffslehre von Karl Larenz, in: Baumann (Hrsg.), Festschrift für Gerhard Otte zum 70. Geburtstag (2005), S. 329, 334 f.

改变视角,能够产生新的看法——这种看法不仅是鲜明的,而且是耀眼的。比如,拉伦茨力图把"种族外人"作为"客人"进行足够保护的做法,也改变不了其思想基础,即区分雅利安人和非雅利安人,并且不经意地强化了该区分,从而参与实施了纳粹主义的原罪。同时,非常清楚的是,将黑格尔的哲学与纳粹主义联系在一起,是在侮辱黑格尔。〔55〕 权利同志仅是"民族同志"的句子,尽管与纳粹德国工人党纲领第4条一致,在一定程度上也与黑格尔的思想接近,但是,不能无端指责说下面决定性的句子同样来自该政党纲领,即"只有拥有德意志血统的人,才是民族同志",也是源自黑格尔的某个哲学根基。〔56〕 另外,我们应当足够真诚地结束回避或妖魔化"具体一般的概念"。因为借助它,从诸如"只有具有德意志血统的人,才是民族同志"的句子,也永远创造不出表象的理性或正当性。"具体一般概念"极易被滥用,并且不断地被人质疑,在其他地方也可以看到。〔57〕

5. 拉伦茨是"种族主义者"?

究竟是什么,促使拉伦茨将权利能力的建议建立在纳粹主义的种族主义意识形态之上,是一个扰人却又不可回避的一个问题。〔58〕 如果以拉伦茨给德赖尔信中的描述为基础,也即他想要完成阿尔曼交给他的"任务",〔59〕答案就会分晓。事实上,如果他看到一线希望,他就会"与狼共舞"。否则,他自始将会失去

---

〔55〕 拉伦茨本人明确指出下面的观点就是"传说":"纳粹主义的基础是黑格尔,或黑格尔信徒对它产生了某种影响。" *Dreier*, JZ 1993, 454, 457; vgl. dazu auch *Alexy*, Fortwirkungen nationalsozialistischer Denkweisen in Rechtslehre und Rechtsprechung nach 1945 (Streitgespräch zwischen Alexy, Köhler, Naucke und Rottleuthner), in: Säcker (Hrsg.), Recht und Rechtslehre im Nationalsozialismus (1992), S. 219, 222 f.

〔56〕 拉伦茨在其1940年的文章《黑格尔主义和普鲁士国家思想》中正确主张黑格尔对于人民和历史或国家之间的核心关联有重要的意义(参见第59页及以下,第63页及以下),但是与文章中被批判的出版物不同的是,拉伦茨完全避免在民族、种族、血脉或诸如此类之间产生任何的联系;值得注意的是,拉伦茨理所当然地与犹太裔的罗森茨威格(Franz Rosenzweig, 1186—1929)进行争论,尽管在当时政府不允许引用犹太人的作品。

〔57〕 对此,参见下文三(二)1。

〔58〕 *Larenz*, Deutsche Rechtserneuerung und Rechtsphilosophie (1934), S. 39 f. "在纳粹主义国家建立共同体的过程中,首要的是种族思想,即以民族血脉为条件的观点,具有决定性";同样参见前引56。

〔59〕 参见前文二(二)。

完成任务的机会,即使只是公开发表自己的观点。他是否真正相信,借助他的作品有助于完成那个"任务",我并不太清楚,也不敢妄加评论。[60] 无论如何,对于诸如我所了解的拉伦茨为人,以及与他有很多交流的人,尤其是交流了包括政治和历史方面内容的人,都认为"拉伦茨可能是'种族主义者'"的推论完全不可信,事实上也是荒谬的。

就这一点,有必要指出,依据位于柏林的联邦档案馆提供的档案证明,拉伦茨直到 1937 年才加入"纳粹德国工人党"——尽管他是"基尔学派"的成员,但是与该学派的其他大部分成员有区别。[61] 因此,他还不是"纳粹"的狂热者,甚至不是信仰者。

值得注意的是,拉伦茨的入党时间注明的是 1937 年 5 月 1 日,而入党申请书上的时间是 1937 年 10 月 25 日。入党申请书没有被归档到联邦档案馆。按照联邦档案馆的说法,将入党申请书提早记录到 5 月 1 日也"不是不常见"——纳粹分子在节假日期间收集整理入党申请书;并且,在当事人不知的情况下使他加入党派,"倾向于不可能"。所以,对此的猜测没有实证的基础。

6. 拉伦茨与基尔前任教席格哈特·胡塞尔的关系

与上文相关,值得一提与众所周知的,是拉伦茨与基尔大学教席的前任格哈特·胡塞尔(Gerhart Husserl,1893—1973)之间的和睦关系。[62] 胡塞尔因为

---

[60] 魏德士明确承认拉伦茨已经有这种"主观确信"。*Rüthers* ausdrücklich konzediert, vgl. Geschönte Geschichten-geschonte Biographien: Sozialisationskohorten in Wendeliteraturen (2001), S. 120.

[61] 联邦档案馆在 2009 年 7 月 2 日给我书面的回答,据此,拉伦茨的党员编号是 5041008。

[62] Vgl. zu G. *Husserl* das Geleitwort von *Würtenberger* in der Festschrift zu seinem 75. Geburtstag (1969), S. VII ff. sowie den Nachruf von *Hollerbach*, JZ 1974, 36 f.; kurze biographische Hinweise finden sich ferner bei *Göppinger*, Juristen jüdischer Abstammung im „Dritten Reich" (2. Aufl. 1990), S. 341; *Landau*, Juristen jüdischer Herkunft im Kaiserreich und in der Weimarer Republik, in: Heinrichs/Franzki/Schmalz/Stolleis (Hrsg.), Deutsche Juristen jüdischer Herkunft (1993), S. 133, 174 f.; eine ausführlichere Darstellung seines Lebens und eine umfassende Präsentation und Analyse seines Werks bietet B. *Böhler*, Gerhart Husserl-Leben und Werk (Diss. Freiburg, 1992), doch ist diese Arbeit leider ausgesprochen dürftig.

有犹太人血统,在1933年必须放弃教席。1960年至1972年,居住在弗莱堡市的胡塞尔给拉伦茨写了约20封信,后来在拉伦茨的遗物中被发现,如今保存在慕尼黑大学图书馆。这些书信是对二人关系很好的证明。在书信中,表现出的完全是友好的口吻以及轻松的状态,但是仅涉及专业方面问题的讨论,没有涉及纳粹主义方面的内容。书信来往明显始于1960年之前,也就是拉伦茨发表专著《法学方法论》之前——拉伦茨在该书的"历史批判部分",详细描述和评价了胡塞尔的贡献。[63] 但从这些书信中,十分可惜,看不出两人最初接触的时间和动机。[64]

两人之间关系的高潮是在1968年,拉伦茨在当年纪念胡塞尔75岁寿辰的纪念文集中,撰写了一篇文章。[65] 对此,我在两人的书信来往中,也找不出什么线索。在我们的交流中,拉伦茨在和胡塞尔建立联系之后的满足和欢乐显而易见。当时他以自己特有的谦虚,没有透露出半点细节。所以,我就不能对此说出实质性的内容。一位陷入纳粹主义的学者,能够被他的前任犹太人教席接受并成为作为很多年以来紧密的书信伙伴讨论专业问题,并且为了纪念后者参与撰写纪念文集文章。这是不言而喻的事情,几乎也是在历史上的不同寻常之事。[66]

(四)范式文章:《论民族法律思想的内容和方法》

不研究拉伦茨在纳粹执政期间最著名的作品,即在法学教育授课的过程中

---

〔63〕 Vgl. *Larenz*, Methodenlehre der Rechtswissenschaft (1. Aufl. 1960), S. 116 ff. = 6. Aufl. 1991, S. 113 ff.

〔64〕 在大学图书馆的一捆信件中,第一封是胡塞尔在拉伦茨去慕尼黑之后写的信;我推测在基尔时期写的信在拉伦茨去世的时候已经不存在了。

〔65〕 Vgl. *Larenz*, Originäre Rechtssachverhalte, in: Würtenberger (Hrsg.), Phänomenologie, Philosophie, Jurisprudenz, Festschrift für Gerhart Husserl zum 75. Geburtstag (1969), S. 132 – 151.

〔66〕 因此这段历史并非很难就可以确定,我认为从学术角度来看,非常有问题的是,魏德士在批判拉伦茨写给德赖尔信中自我证明(脚注32)时,却没有提到拉伦茨参与了胡塞尔的纪念文集撰写,他应当"发现在拉伦茨1933年之后的文章中有一点反抗纳粹法律黑暗的行为",参见前引60,第121页。博勒(B. Böhler)认识到胡塞尔非常怨恨很多同事在第三帝国危机时刻为了获得德国高校教师聘任的所作所为,因此也"拒绝了德国联邦宪法法院的任命",但是这些说法没有可靠的证据来源。

基于两个报告形成的足有 50 页的《论民族法律思想的内容和方法》,就无法探讨拉伦茨在该期间的活动。

1. 总体印象

总体来说,我认为该文并不像其他人基于(让人不舒服的)题目和名声(被视为“恶名昭彰”也不少见)所期待的那样,实际情况要好一些。但是,每个读者可以有自己的看法。我以为,文章包含了大量传统技术的方法论,但没有明显的“民族性”特征。然而,文中确有三段值得进行批判性地评价。这当然包括权利能力的论述,以及拉伦茨对“种族同志”和“种族外人”的区分。上文对此已经有了详细的论述,因此这里就不做更多的补充。

2. 法官的法律约束和“元首原则”

更多的段落涉及“元首原则”,这是拉伦茨第二个特别受到攻击的一点。他在书中首先论述“法律和法”的话题,从今天来看,出于多方面的原因必须被否定,但是在我(再次)阅读的时候,大感欣慰地发现,文中绝不是说“元首”,因此也不是说他的话语或意志等是最高阶层的法源或诸如此类的东西。〔67〕 但是后来在文中,拉伦茨突然又涉足这个领域,而且是以一种模糊的方式提到。他先为论证“法官受法律约束”举了例子,即穷尽列举《德国民法典》中无效婚姻和可撤销婚姻的情形。随后,以一种极其模糊的措辞指出:〔68〕

所以在颁布纽伦堡法之前,法官不能认定男性德国人和女性犹太人之间的跨种族婚姻无效,尽管德国人民的道德观否认这种婚姻,并且缺少相应的禁止性规定。因而必须被视为一个法律漏洞。

我认为,这明显又是一个反驳魏德士坚决主张的“无界限”解释论点的反面例子,〔69〕同时也是一个证明“方法论起到稳定功能”的例子,这种方法论的基础是现存法文化的规则以及“工艺”纠正的规则。拉伦茨紧接着说:

在今天,《保护德国血统法》及其第一个执行法(参见该执行法的第5条)穷尽列举了犹太人血统侵蚀导致婚姻无效的情形。如果法官想无视该规则,就会违背民族宪法的基本原则以及元首决定的绝对优先权的基本原则。

---

〔67〕 Vgl. *Larenz*, Über Gegenstand und Methode des völkischen Rechtsdenkens (1938), S. 10 ff.

〔68〕 参见拉伦茨,前引67,第24页。

〔69〕 参见上文二(三)3 中的脚注53。

一方面,该原则被证明是宪法的组成部分;另一方面,法官受法律约束的原则得到遵守,原因在于“元首决定的优先性”仅仅是在该约束的框架之内。因此,这个少见的模棱两可的地方,最终涉及的(也)是阻止纳粹政权完全脱离法律约束的(尽管不明智的)尝试。我认为,这些论述的主要目的,在于否定法官对于法律有控制权或废除它们的权能——而在1929年的时候,拉伦茨在原则上承认这项权能。[70] 对于拉伦茨在地方的论述,[71]由于本报告篇幅有限,就不做深入论述。[72]

3. 例外情况下裁判修正前纳粹时代的法律以及种族歧视的例子

今天看来,拉伦茨的“民族法律思想”非常有趣,我将在下文对此进行深入分析。该思想的核心在于,对于纳粹党“掌权”之前的法律,拉伦茨赋予法官修改的权力。其前提条件是,适用它“从民族整个法秩序的观点来看,将会导致完全无法承受的结果,并且法律与法的不一致性非常明显”。[73] 那些寻找拉伦茨思想在纳粹主义期间和战后德国有连续性的人,在这里就会找到答案。[74] 因为这些标准明显与拉伦茨在1960年出版的《法学方法论》中的标准相似,在满足该标准的前提下,拉伦茨明确认为法院裁判在“法紧急情况”下,有权“以修改法律的方式,进行法律续造”。[75] 当然,现在的标准不是“民族整个法秩序”(拉伦茨在1938年将它视为“法”),而是“陌生的法律思想,其在‘一般性的法律意识’中已经具有效力”。拉伦茨后来没有使用该表述,[76]但是,就我

---

〔70〕 Vgl. *Larenz*, Das Problem der Rechtsgeltung (1929), S. 38 ff.; um ein Nachwort erweiterter Neudruck 1967.

〔71〕 *Larenz*, Deutsche Rechtserneuerung und Rechtsphilosophie (1934), S. 34.

〔72〕 *Larenz* (Fn. 67), S. 34; kritisch dazu H. H. *Jakobs*, JZ 1993, 805, 811 f.

〔73〕 Vgl. *Larenz* (Fn. 67), S. 25; ähnlich *ders.* (Fn. 70), S. 35.

〔74〕 Vgl. z. B. H. *Wagner* (Fn. 42), S. 243 ff.; *Frassek*, Von der „völkischen Lebensordnung“ zum Recht-Die Umsetzung weltanschaulicher Programmatik in den schuldrechtlichen Schriften von Karl Larenz (1903－1993) (1996), insbesondere S. 172 ff.; siehe dazu auch *Canaris*, Larenz/Canaris, Lehrbuch des Schuldrechts, in: Willoweit (Hrsg.), Rechtswissenschaft und Rechtsliteratur im 20. Jahrhundert (2007), S. 419, 422 mit Fn. 2.

〔75〕 *Larenz*, Methodenlehre der Rechtswissenschaft (1960), S. 320.

〔76〕 Vgl. *Larenz*, Methodenlehre der Rechtswissenschaft (6. Aufl. 1991), S. 427 f.

看来,他修改后的观点仍然不能让人满意,以至于我在出版《法学方法论》新版本时,就这一点必须发展出与其有实质区别的概念。[77]

当然,正如以魏德士为代表的学者所宣称的,人们可以想到这是个“无界限地”操纵法律方法论的证据。如果引入拉伦茨在1938年为法院修正法律所举的例子,这似乎就会更加明显。按照当时《德国民法典》第1594条的规定,丈夫只能在知道孩子出生之日起一年内质疑孩子的婚生性质,即使他在这之后知道了孩子的非婚生性质。拉伦茨为此做出了一个(不成文的)例外,即“在超过第1594条规定时效之后,有德国血统的男性得知,其夫人所生的根据《德国民法典》将被认为是婚生却是破坏婚姻,与犹太人所生的孩子”。[78] 当然,正如按照种族的观点划分权利能力的做法,由于其中包含了种族歧视,必须谴责这种做法。但是,仅仅否定和拒绝并不能解决问题。[79] 拉伦茨明确依据的观点是:相反的观点“与纽伦堡法案追求的纯粹的种族分离相矛盾”。在这里,方法论似乎陷入了困境,因为法律规范的及其展现出评价的“远期效果”(Fernwirkung),属于它公认的武器,[80] 自菲利普·黑克(Philipp Heck,1858—1943)以来这就毫无争议。因此,只有通过技艺,才能有说服力地解决该问题,即把纽伦堡法定性为它曾经的样子:以法律形式掩饰的令人震惊的非正义,因此对法律适用者没有约束力。所以,法学基于它论证的潜力,在这里并没终结,即使纳粹主义政权的规章事实上限制了这种可能性,也是如此。当然,对于拉伦茨,我们必须继续提出质疑:如果他很严肃地对待“任务”,[81] 为什么举出这个令人厌恶的例子。[82]

(五)被忽视的论文:1943年的《道德与法》——安提戈涅和在陶洛根的约克

研究拉伦茨陷入纳粹主义的人,非常重视涉及“民族法律思想”的文献,却

---

〔77〕 Vgl. *Larenz/Canaris*, Methodenlehre der Rechtswissenschaft (3. Aufl. 1995), S. 246 f., 251 f.

〔78〕 *Larenz* (Fn. 67), S. 25.

〔79〕 参见前文二(三)3。

〔80〕 对于政治革命,也同样如此,魏德士明确承认了这一点。参见前引44,第436页及以下页。

〔81〕 RGZ 152, 390, 395.

〔82〕 参见上文脚注35之后的内容二(二)。

明显忽视另外一部作品,即在1943年出版的约250页的论文《道德与法》。[83]探讨该文,属于我这个"年代记编者"的责任,当然也是公平的要求。任何有思想的读者从本节的题目就可以读出来,在这里阅读到了与对拉伦茨对纳粹主义的态度的传统观点不一样的东西。[84]

拉伦茨在长篇的思想史论述之后,得出了一个体系性的结论,其中主要是他对良知的重视,这在之前的文章中没有提到。比如,针对立法者,他认为立法者按照"组织的观点"[他明显支持该观点,同时反对诸如克里斯蒂安·沃尔夫(Christian Wolff,1679—1754)意义上的国家契约说],"只对自己的良知、上帝和历史负责"。他继续写道:

真正的元首和立法者承担尤为艰难的责任基础,是他和遵守者所在集体的道德约束(因为任何的世俗机关都不能解除他的负担),以此为基础的是以各种形式出现的道德、习惯法、不成为法、法律和法官的裁判。[85]

在这里,至少是提到了立法者和"真正元首"的"责任"以及他和遵守者之间"集体的道德约束"。

这篇文章引人入胜的地方是,拉伦茨继续讨论个人的良知,并且试图将这些个人的良知融入到"客观的秩序"中,[86]出现了以下的句子:

法律反抗滥用的最后一道保障,比如立法权、法官或执法权的滥用,不在于强制(因为无论如何,最终的强制者不能再被强迫),而在于个人的(!)责任意识。[87]

拉伦茨的观点明显与他的老师宾德尔的观点相反,承认可能有"真正的道德冲突",其"必然是一个悲剧性的冲突"(正是这一点促使我在报告中加入这个讨论),[88]这可以用两个例子来说明。在本段语境下,任何黑格尔的读者都

[83] *Larenz*, Sittlichkeit und Recht, Untersuchungen zur Geschichte des deutschen Rechtsdenkens und zur Sittenlehre, in: ders. (Hrsg.), Reich und Recht in der deutschen Philosophie, Bd. 1 (1943), S. 169 – 402.

[84] 参见前引56。

[85] *Larenz*(Fn. 83), S. 229 f.

[86] Vgl. *Larenz* (Fn. 83), S. 232 ff.

[87] *Larenz* (Fn. 83), S. 243.

[88] *Larenz* (Fn. 83), S. 241; vgl. auch S. 233.

已经预计到,他其实提到了黑格尔对雅典诗人索福克勒斯《安提戈涅》的著名诠释。[89] 从这个角度来看,安提戈涅是反对暴君克里奥的国家命令而捍卫宗教训诫的代表人物。因此,在20世纪五六十年代,通常是把安提戈涅诠释为古代的苏菲·绍尔。拉伦茨又举出第二个例子,这个例子让我心服口服。该例涉及约克将军在陶洛根的所作所为,以此为证据,说明"矛盾可能出现在客观的道德义务(即面对战争统帅和国家首脑的服从义务)和集体中自发形成的义务,这种经历也是悲剧"。[90] 1812年,约克在陶洛根与俄国指挥官单独签署以该地命名的和平条约。[91] 因此,他违背了他的战争统帅和国家首脑腓特烈·威廉三世国王的命令,甚至是叛国,[92]原因在于普鲁士当时已经和法国结成同盟,而拿破仑公开对俄国宣战了。对此,拉伦茨写道:"他必须将他的罪过作为命运而接受;服从自己的良知,[93]足以。"这可是在战争期间的1942年![94]

我的用意并不是想把拉伦茨呈现为反抗希特勒的人物,尤其是因为该文中还充斥着"血统"、"种族"和"民族"思想。我也不能判断他在写那些句子的时候,想法究竟是什么。[95] 然而,必须承认的是,拉伦茨在1942年呼唤安提戈涅和约克,说明其勇气可嘉,在评价拉伦茨与纳粹主义的关系时,这一点绝不能视而不见。[96]

(六)我们作为拉伦茨学术助理为什么没有问?

在这一点上,有人会问,我们作为他的学术助理,最终却鲜少从他口中获知

---

[89] Vgl. *Hegel*, Sämtliche Werke, hrsgg. von Herrmann Glockner, Bd. 16: Vorlesungen über die Philosophie der Religion. Zweiter Teil (1928), S. 133 f.; vgl. zur Deutung der „Antigone" aus der Sicht eines Juristen zuletzt H. *Hofmann*, Einführung in die Rechts-und Staatsphilosophie (2000), S. 76 ff.; G. *Hager*, Rechtsmethoden in Europa (2009), S. 330 ff.

[90] *Larenz* (Fn. 83), S. 242.

[91] C. *Clark*, Preußen (2008), S. 414 ff.; *Münkler*, Die Deutschen und ihre Mythen (2009), S. 220.

[92] BGH, NJW 1952, 1183.

[93] *Larenz* (Fn. 83), S. 241 f.

[94] 这个前言来自这一年的12月。

[95] 在拉伦茨遗物中以及慕尼黑大学图书馆中保存的《道德与法律》手稿中,我没有发现与此相关的线索。

[96] 魏德士明显没有提到这篇文章。

他对纳粹主义的态度。就我而言,主要的原因在于,期待我的学术导师在我的面前为他在纳粹主义期间的所作所为辩护,并不符合伦理道德。而且,在讨论和"解决"这个问题时,我认为这是整个政治和社会的任务,而不是傲慢地将自己定位成甚至表现为他们的代言人。我认为,我的同辈人也有这样或类似的观点。我们非常清楚,在我们父母和祖父母一辈,有无数的"拥护者",而且非法政权的很多主犯和帮凶还在逍遥法外。我们同样清楚的是,即使是我们,"几乎肯定"的是,也不会做得更好,我们当中也没有人能够拥有诸如"绍尔兄妹"的高尚品质。赫尔穆特·谢尔斯基(Helmut Schelsky,1912—1984)恰当地称我们这一代人是"怀疑主义"一代人,[97]与下一代人不同,我们没有愤世嫉俗或不可一世,而"1968年代人"大部分又是意识形态的拥护者,甚至被称为意识形态的中毒者,也即"怀疑主义"一代人的对立面。他们那一代人的(从那时起就让我非常生气的)狂妄自大,通过陈腐又自命不凡的方式,在后来的"反抗"纳粹集权主义的过程中获得了自我认识和自我感受。

我们的态度与漠视历史毫不相关。在我的中小学阶段,即在杜塞尔杜夫市的洪堡高中,我高考的1957年,"犹太人大屠杀"(当时的关键词通常是"奥斯维辛",即Auschwitz,位于波兰境内,犹太人集中营所在地)的话题,就以多种形式展现出来(即使我们的历史课事实上还没有涉及1933年之后的历史)。因此,对我来说,成为基督和犹太的合作社团的成员,是理所当然的事情;对于我们对诗歌还有感知的人来说,保罗·策兰(Paul Celan,1920—1970)之诗《死亡赋格》是一个关键作品。在我个人圈子里的同龄人中,没有哪个人不认为纽伦堡法的评注人汉斯·格罗布克(Hans Globke,1898—1973)担任总理府国家秘书不是丑闻(即使这样,我们还是认可当时阿登纳和艾哈德政府的巨大贡献)。以这种方式,我还可以继续列举更多例子。

今天广泛流传的老生常谈认为,20世纪50年代和60年代早期的人有"迟钝""黑暗""迂腐""落后"等诸如此类特征。在我看来,这不过是污蔑。这是"左派"扭曲历史,是意识形态的结果。从最坏的意义上来说,就是"伪意识"。其实,他们通过开启欧洲一体化、与法国化干戈为玉帛、德意志联邦共和国与以色列建交以及建立一个竞争但又有社会缓冲机制的市场经济,从很多方面来说,促使产生"寂静"的革命,(以目前为止的德国历史的轨迹为标准)却绝对又

[97] 参见谢尔斯基1957年的书的题目"怀疑的一代"(Die skeptische Generation)。

是激进的革命。[98] 所有这些的发生却没有“左派”的参与，甚至在很大程度上反对被激怒的“左派”，在属于或接近“左派”圈子的人掌握解释历史的话语权之后，这在很大程度上导致了那个年代被贬低。那些像我一样观察那些年的人（拥有“怀疑主义”一代人的政治意识，从我们自己的经验角度，并且没有和“左派”的偏见联系在一起）认识到他们充满激情且富有活力的特征，是革命的特征，尽管可能还是“寂静”的革命。

三、“人生的经典作家”

在论述包含一些自我见证的延伸之后，现在再次回到卡尔·拉伦茨本人。1945 年之后，他开始了学术生涯新的第三阶段。“二战”后，他继续执教。之后，从 1947 年的夏季学期到 1950 年的夏季学期，他被暂停授课，但是后来又恢复了教席的工作。[99] 拉伦茨 1957 年拒绝来自明斯特大学的教职邀请之后，1960 年转赴慕尼黑大学任教，直到他 1993 年去世。在基尔大学期间，他就已经撰写了两卷本债法教科书和《法学方法论》的草稿。债法教科书分别在 1953 年和 1956 年出版，《法律方法论》在 1960 年出版。尽管他曾陷入纳粹主义，但通过这些作品和其他一系列的学术发表，他还是实现了人们在 1933 年之前对他的期望：正如拉尔夫·德赖尔所言的“人生的经典作家”。[100]

（一）债法及民法通论教科书：极为成功的历史

因为我在他处已经详细阐述了拉伦茨的债法教科书，[101] 这里仅作简要的论述。

1. 不断再版

该书取得了巨大的成功，这体现在该书出版版次和间隔上。该书第 1 卷从 1953 年到 1987 年总共出了 14 版，第 2 卷从 1956 年到 1986 年总共出了 13 版，

[98] 用 2000 年温克勒（H. A. Winkler）的书的题目《走向西方的长途》（Der lange Weg nach Westen）来说，德国也在这个路上，当时的外交、经济和内政以及思想史处在终结阶段。

[99] *Frassek*, Karl Larenz（1903 – 1993）– Privatrechtler im Nationalsozialismus und im Nachkriegsdeutschland, JuS 1998, 296, 300.

[100] R. *Dreier*, JZ 1993, 454.

[101] Vgl. *Canaris*（Fn. 74）, S. 419 ff.

因此平均每两年就新出一版。另外,《德国民法通论》从1967年到1989年总共出了7版,几乎与债法教科书有相同的出版节奏。这不仅体现出他卓越的工作能力,同样还有出色的工作纪律。这些特质深入骨髓。在我担任拉伦茨学术助理的时候,我亲眼见证了科研工作给他带来巨大的快乐,并且除了家庭,这是他生活的中心。幸运的是,直到他去世之时,他都保持毫无减弱的精神状态,继续从事科研工作。

正如里尔克所言,拉伦茨教科书的典型特征是,它以"扩大圆圈"的方式完成。比如债法教科书第1卷第1版有300页,到了最后一版达到670页;第2卷第1版约400页,最后一版达到760页。这种持续渐进的方式,反映了拉伦茨的思维方式以及他对学术的理解。即使是对于复杂的或新的问题,他也不是"一劳永逸"尽可能深入、全面地找出解答,而是满足于把问题留给时间,相信在之后的再版中有完善的机会,在更长的时间里冷静地等待展开和深入问题。

2. 拉伦茨教科书的主要特点

拉伦茨最令人称道的才能之一,便是他"精准地表达"问题及其解答的能力,尤其是找到恰当的和能够得到同行认可的专业名词。经典的例子,是由他创造的概念"无主给付义务的债务关系"("Schuldverhältnis ohne primäre Leistungspflicht")。[102] 这极大地简化了对债务关系主要方面的理解。如果把焦点放在词语"主"(primär)之上,可以得出结论,也存在仅有"从"(sekundär)给付的债务关系,随后便能得出教义学上的理解:依据诸如《德国民法典》第275条第1款,主给付义务消灭之后,基于该相同的债务关系产生"从"给付义务;比如依据《德国民法典》第285条代偿请求权中的义务,基于第280条第3款以及第281~283条替代给付的损害赔偿义务;或者解除合同并没有使债务关系消失,而是在保持其法律状态的情况下,转变为返还财产的关系。更具有意义的,是强调"给付义务"。因此,可以不费劲地得出无给付义务的,而只有保护或注意义务的债务关系。在德国债法改革时,后者显然是被规定在《德国民法典》第241条第2款中。在"无主给付义务的债务关系"的范畴内,拉伦茨还创造了概念"对第三人具有保护效力的合同"("Vertrag mit Schutzwirkung für Dritte")[103],德国

[102] 该专业术语第一次出现在1962年债法教科书第1卷第5版有关缔约过失责任的章节中,第39页。

[103] 该专业术语早在债法教科书第1版就已经出现,参见第139页及以下几页。

最高法院随即接受了这一概念。[104] 这也是他成功故事的关键节点。从这里,我们再次看到拉伦茨思想中有黑格尔的痕迹,而这里却又是一个范式,展示出概念及其构建的"生产性"力量。就此而言,创造"无主给付义务的债务关系"的范畴,完全可以被视为"法学发现"。[105]

非常让人惊叹,事实上让人倍感敬佩的,是拉伦茨的行文风格优雅、思维清晰。在很大程度上,这些无疑是他的著作成功的原因。不过,就我个人经历以及从其他很多人那里获知的信息来说,这同时也带有一定的危险。因为拉伦茨对问题的探讨说服力掩盖了其表象之下的难点,读者很容易被误导认为已经完全理解了问题及其解答。[106] 拉伦茨倾向于对几乎每个重要的句子提供目的性的论证(这在当时绝不是理所当然的事情,因此已经产生确定标准的效果,我在学生时代还没有意识到,直到我成为学术助理和学者的时候,才知道这个),但是它通常只包含一个思想,而且是由拉伦茨经过长期思考获得,读者却管中窥豹未见其中难处。[107] 拉伦茨写教科书,"更多的是为自己而写,而不是为别人;他的教科书因此是独白类型的,而不是对话类型的",[108] 乌韦·迪德里希森(Uwe Diederichsen,1933)的这句话并非没有道理。事实上,他有一次对我说,他写作的主要目的,是让自己明白问题及其解答。

少有听闻,但是非常值得一提的是,拉伦茨一直都对法律思想的发展持开放的态度,经常很早就捕捉到发展趋势的蛛丝马迹。比如,今天几乎还没有人知道,拉伦茨属于最早赞成对格式条款的内容进行控制的人之一,并且他对此所持的观点在今天也具有重要影响。[109] 另外,他在早期就深入研究了"新型合同",比如融资买卖合同和融资租赁合同。[110]

---

[104] BGH, NJW 1959, 1676 f.

[105] 参见脚注13。

[106] Vgl. auch *Westermann*, Larenz, Lehrbuch des Schuldrechts, NJW 1971, 1789 – 1790.

[107] 在我自己负责的债法教科书新版本中,我改变了这个,参见卡纳里斯,前引74,第430页及以下。

[108] *Diederichsen*, FS C. H. Beck (1988), S. 495, 507; ähnlich S. 498.

[109] Vgl. *Larenz*, Schuldrecht Ⅰ (1953), S. 69 f. und 2. Aufl. 1957, S. 78.

[110] Vgl. *Larenz*, Schuldrecht Ⅱ (11. Aufl. 1977), § 63 Ⅲ.

(二)《法学方法论》:一个突破

1.完全没有被发掘的学术材料的基础

拉伦茨1960年发表专著《法学方法论》时,完全就是一个突破。在方法论领域,时新的文献基本上只有恩吉施的《法律思维导论》,该书内容精彩但是主题极窄。[111] 谁要是批判拉伦茨的《法学方法论》,不要忘记,正是该书的出版,才开创了对这些材料进行集中性的学术研究,并且丰富了该领域。

另外,该书有一个特别优点,即在"体系化部分"的前面增加了几乎具有同等权重的"历史性批判部分",用来处理"萨维尼以来的德国法学和方法论"。对于这一部分,我从法律史学者那里听到的都是溢美之词。基于19世纪德国法律史研究的进步,如今,非法律史学者很难完成与之比肩的成就。因此,我也按照拉伦茨本人负责的《法学方法论》两版"学生版"的做法,在他去世之后继续了第3版的出版,删去了该书历史性批判部分,并且(未经缩减地)修订了体系化部分。[112] 魏德士批评认为,这是"方法论上继续盲目飞行指南"。[113] 因为拉伦茨在历史性批判部分,根本就没有提魏德士感兴趣的纳粹主义年代,所以他的批评没有意义。我本人当时(现在)也认为,没有理由将那个年代作为单独一章放在《法学方法论》中。正如我在"种族外人"部分所说明的,我认为当时无节制地处理法律和法的行为,不属于方法论历史的一部分,应当将其从方法论历史中剔除。[114] 按照我们今天对建立在一个有着数百年历史的欧洲传统之上的法学的理解,方法论特指以科学的方法发现和获取法的内容。而当种族主义意识形态成为方法论基础的时候,方法论从根本上就不是开创新路。[115] 我认

---

[111] *Engisch*, Einführung in das juristische Denken (1956); in der 10. Aufl. 2005 herausgegeben und bearbeitet von *Würtenberger* und *Otto*.

[112] 参见前引77。和拉伦茨不同的是,我删掉了"历史性批判部分"中最后一章"现代方法上的论辩",理由如下:其一,在我接手修订该书的时候,涉及的不是现代的,而是已经成为"历史"的观点。其二,基于大量的文献,我认为单独处理单个作者对方法论的观点不现实,更不用说是适当的;只能在处理单个问题时,逐个地提到它们,这也是法学文献中常见的做法。

[113] Vgl. *Rüthers*, Anleitung zum fortgesetzten methodischen Blindflug?, NJW 1996, 1249 – 1253.

[114] 参见上文二(三)"权利能力的相对化与对'外族'的歧视"部分。

[115] *Luig*, Macht und Ohnmacht der Methode, NJW 1992, 2536, 2539.

为,对那个年代的回顾,给我们留下的,不是没能从方法论上正确地处理法律和法,而是更多地涉及法律人与不正义国家之间的关系,[116] 从而形成一个更广泛领域的法哲学框架。[117] 伯肯弗尔德(Ernst-Wolfgang Böckenförde,1930)下述名言,适用于以正义和法治国家为目标的法哲学以及赢得科学性称号的方法论:它们自己不能保障、创造和确保它们生存的条件,[118] 不过它们至少能够为此做出一些贡献。

最后,下文集中在三个代表性的问题,呈现拉伦茨"方法论"的全貌及其对我们学科的当代意义。选择这些问题,是因为从整体上来看,它们让思维整体建筑的大部分变得清晰(这种整体建筑本身就是他的"方法论",另外我也"居住"在其中),同时使它的建构的关键因素呈现出来。

2. 抛弃黑格尔意义上的"具体一般的概念"

首先需要以否定的方式界定:拉伦茨在其《法学方法论》的随后几版中,最明显的变化是抛弃黑格尔意义上"具体一般的概念"。该书 1960 年第 1 版以此为结语,[119] 并且在一定程度上达到了极致,而从 1975 年第 3 版开始,将其转移到前面,而且只是放在了"延伸"部分。[120] 在纳粹执政期间,拉伦茨就开始在法学中使用"具体一般的概念",[121] 不过不能错误地把它和纳粹主义联系在一起,[122] 尽管拉伦茨确实也滥用了这个概念。至于抛弃黑格尔的动机,拉伦茨在 1975 年对

---

[116] 相关例子,参见上文二(四)3 部分脚注 81 之前的例子。

[117] *Rüthers* (Fn. 44), S. 443 und *ders.*, Die unbegrenzte Auslegung (6. Aufl. 2005), Nachwort, S. 494.

[118] Vgl. *Böckenförde*, Staat, Gesellschaft, Freiheit (1976), S. 60; *ders.* Der Staat als sittlicher Staat (1978), S. 37.

[119] 参见前引 75,第 353 页及以下几页,第 369 页及以下;相同的,参见该书第 2 版,第 473 页及以下几页。

[120] Vgl. *Larenz* (Fn. 76), S. 457 ff.

[121] Vgl. *Larenz* (Fn. 67), S. 43 ff.; *ders.*, Zur Logik des konkreten Begriffs: eine Voruntersuchung zur Rechtsphilosophie, Deutsche Rechtswissenschaft, Vierteljahresschrift der Akademie für Deutsches Recht, 5. Bd. 1940, 279 – 299.

[122] Vgl. auch A. *Kaufmann*, Buchbesprechung zu Methodenlehre der Rechtswissenschaft (6. Aufl. 1991), JZ 1992, 191, 192.

此做了说明,即他从此也将现代诠释学融入到他的方法论理念中,[123]并且

“黑格尔的几项对人文学科有着重要意义的观点,无疑已经融入到现代诠释学”,以及“这个体系(及其追随者所提出的体系)主张其具有绝对性,都已经成为历史。……(并且)不仅对于法学,而且对于‘实践性的’哲学(即伦理学和法哲学)而言,开放的、在某种程度上属于‘动态’的体系(该体系永远不会圆满结束,并且能够一直被质疑)才是唯一可能的体系思维的形式。”[124]

只要涉及方法论的问题,我们作为他的门生,委婉又坚决地说服他不要直接运用黑格尔的思想,这对他的观点的变化也起到了一定的作用。他在《法学方法论》第 3 版中明确将这本书献给作为“常年交谈伙伴”的特定学生,这或许与之有一定的关系。就我个人而言,早在遇见拉伦茨的之前,我就把康德(和柏拉图)视为我的哲学“启明星”,在波普尔的影响下,以至于我对黑格尔保持了很远的距离。主要是因为我一直确信,法律方法论应当具有最低程度的一般哲学基础,在这一点上拉伦茨最初跟随黑格尔,在我看来是适得其反。

当然,拉伦茨试图借助“具体一般的概念”完成的任务并未完成。相反,它应当借助其他的思维方式来完成,诸如类型(拉伦茨在 1938 年就已经提出了它,并将其视为与“具体一般的概念”具有同等地位的思维方式)[125]、功能性的概念以及一般法律原则的具体化。[126] 事实上,法学中的抽象概念尽管不可或缺,但是意义很小,因此需要补充其他的思维模式。在该意义上,法学有必要吸收瓦尔特·维伯格(Walter Wilburg,1905—1991)的“动态体系”。对此,须从不同侧重点入手,深入研究。因此我认为,这里是将来方法论领域中最为重要的研究领域之一。

3.“主观解释论”和“客观解释论”以及拒绝“实证主义的”和“科学主义的”学术理念

除了概念建构,方法论中的另一个基本问题就是解释目标的问题。简言之,该问题涉及探究“历史上”的立法者的意思(“主观论”的观点),还是最终探究法

---

[123] Vorwort zur 3. Aufl. S. Ⅷ; vgl. zu dieser Positionsänderung von *Larenz* auch *Frommel*, Die Rezeption der Hermeneutik bei Karl Larenz und Josef Esser (1981), S. 55 ff. (kaum ergiebig).

[124] *Larenz* (Fn. 75), S. 161.

[125] Vgl. *Larenz* (Fn. 67), S. 45, 47 und öfter.

[126] Vgl. *Larenz* (Fn. 67), S. 457.

律的"客观"或"规范性"意思？一直以来，拉伦茨主张"结合论"，同时倾向于认为"规范性"意思优先于"规则意图以及历史上立法者具体的规范设想"。[127]

支持"主观论"的当然理由是，司法裁判原则上受到法律约束；[128]方法论应当遵循同样的原理，就其本身而言，方法论是具体的法律适用、发现和续造的理论，同时也是司法裁判的向导。众所周知，"主观论"的第一个弱点，是人们经常不知道什么才是"历史上"的立法者的意思，必然地赋予其某种"理性的"或"客观的"意思。更为重要的关键性问题是，谁才是"历史上"立法者：议会，它虽然有立法权，但是议员经常没有想到或至少没有准确地想到特定的法条；部委的官员，他们拟定了法律草案及其官方立法说明；还是专家委员会，他们是法律思想和表述的源头？我认为目前还没有一个有说服力的回答，尤其是所谓的"契约说"。[129] 在欧盟法的层面，问题会更加严重。[130]

---

[127] Vgl. zuletzt *Larenz* (Fn. 67), S. 316 ff.

[128] Vgl. *Neuner* unternommen, Die Rechtsfindung contra legem (2. Aufl. 2005), S. 85 ff., 103 ff.; F. *Bydlinski*, Über die Lex-lata-Grenze der Rechtsfindung, in: Koller u. a. (Hrsg.), Einheit und Folgerichtigkeit im juristischen Denken, Symposion zu Ehren von Claus-Wilhelm Canaris (1998), S. 27 – 88.

[129] 不是完全说服力的，参见前引128，第104页。作者诺伊纳认为立法委员会按照事物情况，对于法律材料有提出质疑的义务。我认为，他不仅以这种危险方式触及职能分配，而且赋予立法程序中偶然性因素过多的空间。

按照契约说(Paktentheorie)，议会中的人民代表在立法咨询和通过法律时，如果没有自己独立的意见，这时接受法律草案撰写者赋予这部法律的在"立法理由"中宣布的意思。因此，议会接纳了法律草案撰写者的意思，这些撰写者可能并非议会人民代表，而是部委机关从事立法工作的人。主张契约说的著名代表人物是《法律思维导论》的作者恩吉施，具体的论述，参见[德]卡尔·恩吉施：《法律思维导论》，郑永流译，法律出版社2014年版，第116页。——译者注

[130] 相反，如果成员国立法者表达一致执行欧盟指令的意思(这个不一定需要！)，司法裁判由此得出结论，即严格地进行合指令的法律发现是合法的。"契约说"在这里在一定程度上是适当的！另外，问题被部分地转移到欧盟层面——比如从指令的"立法理由"得出指令制定者的"意思"。此外，(只是)因为欧盟法规范的产生过程经常是非常不透明，并且欧盟委员会在一定程度上有意保持不透明，所以主观论经常有局限性——从民主理论的角度来看，这是一个让人担忧的行为。

另外,著名格言“文本比它的作者更聪明”(即解释者有可能比作者更好地理解文本),[131] 这在本质上完全正确。谁要是嘲笑这句格言,[132] 甚至诋毁它,认为“该论证明显和纳粹主义的解释论相似”,[133] 一旦当他知道康德理所当然地以这个格言为基础,而且是在非常著名的地方,即在《纯粹理性批判》中与柏拉图的思想论进行争辩,就应当羞愧沉默。[134] 事实上,这些观点早就成为一般诠释学中公认的组成部分。[135] 由于复杂性,即便我们暂时忽视文本的历史性和法律适用者视角的当前性,以及其中很大的论证争议,上述观点的合理性也是明显的。有两个简单却又是有说服力的论点,支持上述观点:其一,文本作者表达不够周全,只是间接或不全面地表达想要表达的意思。[136] 其二,作者在文章中必然融入一些成分,这些成分包含在他的“材料”中,甚至他还没有意识到这些成分。诸如《俄狄浦斯》、《李尔王》、《华伦斯坦》或《浮士德》的“材料”都遵循自己的规律,它们有些在表演中展示开来,即使其作者从来没有想到过。同样,融入一部法律中的“法律思想”经常展现出独有的动态发展轨迹,超出法律思想缔造者的想象。当我今天在拉伦茨债法教科书新理念的框架中,研究给付瑕疵法的教义学落实情况,经常会感到惊讶,我们在“瑕疵给付法委员会”根本没有想到有哪些后果和“远期效果”,这些当然完全超出了议员的视线,并且形成了特定的规则及其所依据的方案模式。[137]

---

[131] *Hirsch*, JZ 2007, 853, 855.

[132] “法律意思”的表述,可能是隐喻,事实上它是指客观、规范或类似的“意思”,是理所当然的事情;同样,它有可能被反派观点拥护者误解或者滥用,所以也应当避免这个。参见前引71,第139页及以下。

[133] *Höpfner/Rüthers*, Grundlagen einer europäischen Methodenlehre, AcP 209 (2009), 1, 7 Fn. 32.

[134] Vgl. *Kant*, Kritik der reinen Vernunft (1781, 2. Aufl. 1987), A 314 bzw. B 370.

[135] Vgl. denn auch die Glossierung der betreffenden Stelle bei *Kant* durch *Blumenberg*, Die Lesbarkeit der Welt (1981), hier zitiert nach Suhrkamp Taschenbuch (2. Aufl. 1989), S. 192: „Kant im Gewand des Hermeneuten“.

[136] 康德看到了这种可能,参见前引134。

[137] *Canaris*, Die Bedeutung des Kriteriums der Unteilbarkeit der Leistung oder der Gegenleistung im modernisierten Leistungsstörungsrecht, in: Beuthien u. a. (Hrsg.), Perspektiven des Privatrechts am Anfang des 21. Jahrhunderts, Festschrift für Dieter Medicus zum 80. Geburtstag (2009), S. 17 – 41, insbesondere S. 19 ff., 30 ff., 40 f.

就我看来,该问题与拉伦茨在他的《法学方法论》中已经做出解答的几个基础性问题密切相关,所以我对这些问题进行了相对详细的论述。例如,涉及法的本体论地位或其"存在方式"的问题。拉伦茨认为,该问题的本质在于"效力"。[138] 事实上,因为效力构成法的应然秩序的特殊一面,并且法的规则很明显(但是也绝不是琐碎地看到)受制于时间和空间的范畴:一部法律和其他任何的法律规范,仅仅是在特定的时间段和特定的区域有"效力"。因此,以下说法很有意义:法的"存在方式"实质在于在时间和空间中产生效力。由此,拉伦茨合理地得出根本性结论,即法不能归结为物质的过程,也不能缩减为心理的过程,而是属于尼古拉·哈特曼(Nicolai Hartmann,1882—1950)"阶层论"意义上的"精神存在",[139] 它与前者有明显的区别。取而代之,我认为也可以将其归属于卡尔·波普尔"世界3"的概念中,他首先是将人类的语言和数学归属于其中;波普尔作为"批判理性主义"的主要代表人物,以及主要是以自然科学为导向的作品《研究的逻辑》的著者,绝对没有被怀疑从事伪形而上学的修补。[140] 这也可以包括人类思想的其他创造,比如哲学、文学、音乐、创造性艺术以及法律。如果明确了该背景,就会清楚地理解,主观论和客观论之间的对立,正如现今经常暗示或甚至公开宣扬的,仅仅抑或主要是关于司法裁判受法律约束以及宪法中的方法论基础,同时(逻辑上具有优先性!)涉及更深入的哲学问题,尤其是一般诠释学的问题。

另一方面,不能把主观论简化为宪法的推动力。相反,必须看到,在它的后面是特定的科学论理念(即使在大部分情况下没有被说出,甚至没有意识到这个):只有在实证基础上理解和检验的现象,才是历史的事实,才能成为科学知识的正当的对象。[141] 这与"实证主义的"科学概念相一致[142]——基于该概念,

---

[138] Vgl. 6. Aufl. S. 117 und *ders.* (Fn. 124), S. 176 f. im Anschluss an G. *Husserl*, Recht und Zeit (1955), S. 10 ff.; vgl. auch schon *Larenz* (Fn. 70), S. 20 ff. zu G. *Husserl*, Rechtskraft und Rechtsgeltung (1925), S. 1 ff.

[139] *Larenz* (Fn. 76), S. 117 f. bzw. S. 176.

[140] Vgl. *Popper*, Auf der Suche nach einer besseren Welt (1987), S. 30 ff.

[141] *Auer*, Methodenkritik und Interessenjurisprudenz-Philipp Heck zum 150. Geburtstag, ZEuP 2008, 517, 528 f. (in Interpretation *Hecks*).

[142] *Auer*, Normativer Positivismus-positivistisches Naturrecht, in: Heldrich u. a. (Hrsg.), Festschrift für Claus-Wilhelm Canaris zum 70. Geburtstag (2007), Band II, S. 931, 960.

原则上只有逻辑、数学和实证才被承认为科学的工具。拉伦茨的《法学方法论》的一个主要目标就是与这种以及类似的“科学主义的”科学概念进行斗争。[143]事实上,法教义学作为法学的核心领域,在这里没有一席之地。原因在于,法学的发展靠的既不是纯粹逻辑或数学,也不是实证方法;该道理同样适用于其他的学科,比如文学、艺术学或神学,只要它们采用评注而不是历史的方式发展。如果采用这种科学概念进行研究,对法学会造成灾难性的后果:它将会被排挤出科学,进而不再有大学的教育,导致组织、财务和职业活动方面的各种后果。我认为,在今天不能低估这个危险。基于自然科学巨大的吸引力,“实证主义的”或“科学主义的”科学概念在现代颇受欢迎,其代表人物经常使用令人诧异的手段,有时候是令人震惊的攻击性方式,在学术政策上得到认可。当前的例子,是德国大学中经济系教席的转型。我认为,大学锁定在构建数学模型的能力,应当解释为(内涵的)以“实证主义的”或“科学主义的”科学概念为导向(基于2007年的金融危机以及特定的经济学潮流对此承担很大的共同责任,这种转型是由于该领域代表人物的盲目和自私,似乎是一种自残行为)。

相反,我们应当清楚地想到这种学术理念的缺点:众所周知,欧洲的大学(大约在12世纪)因为博洛尼亚的法学院和巴黎的神学院而产生,[144]任何科学理解如果排除这些学科,是忘记文化和历史的标志,所以从历史的角度来看,上述科学概念没有任何的正当性。从体系角度来看,它缺少一致性,因为它没有给出足够的理由说明科学的方法只有逻辑、数学和实证;尤其是它在原则上就没有机会将“衡量”的过程融入科学体系之中,尽管它已经“流入”到无数的论证过程当中,以至于它成为理性思考过程中具有根本性和不可或缺的意义。对于我们专业的定位,拉伦茨的《法学方法论》具有关键性的作用,因为评注学和诠释学的视角融入法学思维,理所当然地成为他的思想基础。另外,认为借助

---

[143] Vgl. 6. Aufl. S. 117 f. bzw. 3. Aufl. , 1975, S. VII; pointiert zusammenfassend *ders.*, Über die Unentbehrlichkeit der Jurisprudenz als Wissenschaft (1966), S. 11; vertiefend *ders.*, Über den Wissenschaftscharakter der Rechtswissenschaft, in: Universidad de Santiago de Compostela (Hrsg.), Estudios Juridico-Sociales: Homaje al Profesor Luis Legaz y Lacambra, Bd. 1, (1960), S. 179, 181.

[144] Vgl. z. B. *Wesel* (Fn. 42), Rn. 216; Rainer A. *Müller*, Geschichte der Universität. Von der mittelalterlichen Universität zur deutschen Hochschule (1990), S. 31 ff., 34 ff.

“实证主义的”科学概念使主观论具有说服力，是个谬见。原因是，即使认同这个看法，也并不意味着我们已经实现了理性。因此，应当将讨论转移到另一个领域，该领域不再被称为“科学”或“学术”，而是诸如解释的“技艺”。[145]

我们现在直接面对的，是第三个也是最后一个基本问题：当法律人基于主观论不能找到解决办法的时候，应当以什么为导向？对此，经常会草率地提到法官的“方法忠诚”、“自我评价”或“决断”。[146] 因为拉伦茨一直（辅助地）采用“客观的目的”标准，[147] 所以他疏远上述的考虑。相反，尤其是以魏德士为代表，很久以来，就开始了一个反对其方法的对抗活动，通过强硬或咄咄逼人的方式推动[148]，下文将对此进行讨论。

4. 法律发现和续造的客观目的性标准、“超越法律的法秩序”问题以及法官“自我评价”的弊端

在论述之前，需要提醒的是，《德国基本法》第 20 条第 3 款规定法官受“法律和法”约束。基于我们宪法的基础思想，在法律之外还有“法”。[149] 粗放的两分法完全没有宪法依据，即一方面是受（经过“历史”解释）法律约束，另一方面是法官采取“决断”[150] 的方法进行“自己的法律创制”。在这里，“法”相对于（与之不一致的）法律，[151] 不仅起到修正标准的功能，而且在缺少合适的法律解决办法时，还有提供补充法源的功能。[152] 弗朗茨·维亚克尔（Franz Wieacker，1908—1994）提出了恰当的专业名词“超越法律的法秩序”。[153] 早就被证明（采

---

[145] 比如伟大的文学家施泰格（Staiger）将其方法论方面的思考，总结在 1955 年的《解释的技艺》（Die Kunst der Interpretation）之中。

[146] Typisch auch insoweit *Rüthers* (Fn. 49), Rn. 724 a. E., 813 f., 817 und öfter.

[147] Vgl. *Larenz* (Fn. 76), S. 333 ff.

[148] Vgl. nur *Rüthers* (Fn. 49), Rn. 801 f., 810 ff.

[149] Vgl. nur BVerfGE 34, 269, 286 ff.; 82, 6, 12; *Hirsch*, JZ 2007, 853, 854.

[150] *Rüthers* (Fn. 49), Rn. 817.

[151] *Rüthers*, Ideologie und Recht im Systemwechsel (1992).

[152] *Canaris*, Die Feststellung von Lücken im Gesetz (1964, 2. Aufl. 1983), S. 37 f. Fn. 95; im Ansatz ebenso z. B. *Neuner* (Fn. 128), S. 47 ff., 83 f.

[153] Vgl. *Wieacker*, Gesetz und Richterkunst. Zum Problem der außergesetzlichen Rechtsordnung (1957); siehe dazu vertiefend *Neuner* (Fn. 128), S. 69 ff.

取实证方式证明的也是如此),不仅"有"这种秩序,而且能够在"原则层面"寻找和(部分地)发现它,这也成为反对狭隘的法律实证主义的关键论证之一。[154]这也与对司法裁判和法学的当然理解相一致;因为,拥有理智理解能力的法官或学者,在遇到法律不能给出回答的时候,通常会否认他所支持的解答依然是"法的"解答,并且立即开始"自我评价"或"决断",仿佛司法裁判有创制法的职能。弄清楚我们怎样获取和处理"超越法律的法秩序",将成为法学在未来面临的一个艰巨任务。对此,拉伦茨在其《法学方法论》和在退休阶段撰写的《正确的法》中奠定了基础,并且在一些细节方面,给出了让人深受启发的观点(由于时间和篇幅关系,此处不做深入探讨)。[155]

相反,如果提到"方法忠实"要求,以此宣扬法官的"自我评价",原则上,我会持怀疑态度。这种呼吁在一定程度上值得尊重,但是它们就如同"勇敢地犯罪"("*pecca fortiter*"),也就是"主观的判断":因为"自我评价"无论如何已经不可避免,法官还需要使用它吗!这等同于法学在法律方法论的任务面前投降,绝不是拉伦茨愿意为之。事实上,不恰当地引用《浮士德》中的句子来说,法官"自我评价"的本质是"运尘世遗蜕,是个苦差事"。[156] 在现实中,这不可避免,因为法院必须在有限的时间和智力能力条件下作出裁判;在理想中,这又是不可接受的,因此原则上必须在"调整的思想"(regulative Idee)的意义上,以裁判的正确性要求为基础。[157]

尤其是在不同的解释标准缺少明确位阶时,与约瑟夫·埃塞尔(Josef Esser,1910—1999)的观点相反,绝不能认同法官自由选择使用的方法,并且在此由他的"前理解"主导。[158] 对此,拉伦茨冷静和正确地说,"不同解释标准的权重,最终是由它们在具体情形下的作用决定的"。[159] 该观点反映的不是"方法

---

[154] *Dworkin*, Taking Rights Seriously (1977), S. 22 ff.; ähnlich z. B. R. *Dreier*, Der Begriff des Rechts, NJW 1986, 890 – 896; *Alexy*, Begriff und Geltung des Rechts (2. Aufl. 1994), S. 117 ff.

[155] *Larenz* (Fn. 124), S. 45 ff., 180 ff. und passim.

[156] *Goethe*, Faust Zweiter Teil, Vers 11954 f.

[157] Vgl. näher *Canaris* (Fn. 150), S. 40 f. mit Nachw.

[158] *Esser*, Vorverständnis und Methodenwahl in der Rechtsfindung (1970), S. 123.

[159] Vgl. *Larenz* (Fn. 76), S. 345.

论恣意”,更不是“无原则性原则”,[160]而是(即使是属于非常简化的)表达了正确观点,即解释标准在它们之间发生冲突的时候(只有在这种情况下才提出位阶的问题),原则上需要对它们设定权重。从商谈理论的角度来说,它其实仅仅是对特殊论证观点进行典型化的总结(它们的标志是,在解释的框架中,它们的重要性已经有说服力地确定,并且一般地被承认,因此不需要再次对它们进行正当化[161]),在思维结束的时候(只要不是在例外情况下使用真正的优先规则),当然需要按照类别、权重和数量进行衡量,这在矛盾的论证中不可避免。[162]

(三)学术导师拉伦茨及其与门生的交往

1. 让我简单地说一下拉伦茨作为学术导师的情况。在他和学生之间的关系上,简言之:在大课上,他和同时代的大多数人一样差;在案例课上,因为涉及具体案件的解答,他经常是优秀的能手;在研讨课上,他充分展示了自己的风格,因此非常优秀。

在大课上,他几乎一直在照读讲义,甚至有时候,将他最新版教科书的书稿放在讲台上,并且从来没有向听众席提问题。有一天,他上完民事诉讼法的大课,回到研究所,对我说,“卡纳里斯先生,想想看,今天在我身上发生了多么可怕的事情:我把上课讲义忘记在家里了;出人意料的是,我居然比任何时候都要好!”基本上,拉伦茨似乎认同当时这样一种观点(很遗憾该观点相当盛行):讲授大课是一个令人讨厌的附属义务。相反,在案例课上,他当然不能照读,他卓越的自由演说能力以及他优秀的法律裁判能力因此得以展现出来,这让他在解答案例技术方面成为一名大师。研讨课是他教学活动的核心和高潮。他将所有参加研讨课的人视为潜在的研究者——完全与洪堡思想“研究和教学统一”

[160] *Rüthers* (Fn. 49), Rn. 815 bzw. *ders.*, Methodenfragen als Verfassungsfragen?, Rechtstheorie 40 (2009), 253, 277.

[161] 它的重要性可以说明如下:在比较效果评价或经济效率的观点时,虽然它们在法律发现的过程中同样具有重要意义,但是是否需要考虑它们,自始也不是没有疑问,因此它们还不属于“权威”。

[162] Vgl. eingehend *Canaris*, Das Rangverhältnis der „klassischen“ Auslegungskriterien, in: Beuthien u. a. (Hrsg.), Festschrift für Dieter Medicus zum 70. Geburtstag (1999), S. 25, 58 ff.

的理想模式相一致。他拒绝任何形式的独角戏,在他补充和进行必要的修正之前,会毫无限制地让报告人表达自己的观点。由此在他的研讨课上诞生了一些博士论文,包括我自己的博士论文《法律漏洞认定》。

2. 拉伦茨及其夫人喜欢他的门生。有一次,他问我,我先前的门生如今就职于何处,就在我支支吾吾的时候,他斥责道:“你一定得知道自己的门生在做什么!”

他原则上没有干预过我的学术研究,即使在完成博士论文之前,也是如此。尽管如此,我不仅从他身上学到了很多的“手工技术”,而且绝大部分重要的观点都受到他的影响(即使他只是更新和强化我一直以来的观点)。他从几乎确凿无误的视角,在每一个草稿中,发现论证的“软肋”,并对其进行批判。我对自己说:在我身上绝不会发生第二次。这个“教训”督促我愈加勤奋,更极大地提高了我的论证水平。

他非常渴望与他的门生有学术交流。当他从大课回到研究所,必须有一位(但是仅仅是一位)他的学术助理等着他,以便有人继续探讨。退休后,他和他的夫人邀请之前他在慕尼黑大学的门生及其夫人到他家,讨论哲学方面的问题——我们阅读和谈论了伽达默尔(Hans-Georg Gadamer,1900—2002)、哈贝马斯(Jürgen Habermas,1929)、柏拉图的“高尔吉亚”。在进入黑格尔的《精神现象学》导论的时候,我们放弃了。原因在于,不仅是这个文本非常难,而且还有些释放信号的原因:拉伦茨最终对它毫无兴趣,并且不再想将它传授给我们。

(四)拉伦茨与试图构建学术权威

在和我们这些门生进行对话的时候,经常会出现新的法律案件。对此,拉伦茨经常会说,“请看看我的教科书中写了什么”。我们当中有人对此已经熟记,也很常见。当然,我从来没有这样。拉伦茨自己也并不关心是否将其牢记于心。

如果他的教科书中没有相关内容,下一步是检阅目前文献和司法裁判对于所涉问题是什么观点。如果我们发现的观点恰好同他刚刚形成的观点相一致,他就会说,“很好,我应当在我的新一版教科书中明晰这一点”。这种态度确实让人佩服。几乎所有有一定学术造诣的学者,往往会(以一种有别于演员和政客,更为微妙的方式)虚荣(这并非无礼行为,却恰恰是学术产率的核心动力之一),在他们发现自己想到的主意之前已经被别人公开发表的时候,会感到失落。但拉伦茨并非如此!他的动机,即明确阐述和主张正确的观点(相对于学者天生获得威望的需求,我认为这种动机具有优先性),超过了他自己成为“著作权人”的需求。我认为我的假设是正确的,即回顾1933年之后他的所做作为(大部分可能是不假思索的,并且深深地根植在他的意识当中),使他看到时代精神推动的对威望的渴求,会诱惑学者误入歧途,因此他与自己的学术“创造”意义保持很远的距离,从而因此使他获得了特别的独立性。当然,这不是说拉伦茨“不炫耀”,但是他是少数几个能处理好这种危险的人。

四、留下了什么?

回望如此丰硕的成果,如此充满激情的学术人生,我们会问一个对大多数人来说可能是自始就没有必要的问题——留下了什么?

拉伦茨曾对我说:“我的人生理想,是写一本黑格尔哲学的评注。我究竟有什么成功可称道的呢?我只不过是写了本马上就会过时的债法教科书,还写了本虽然不会马上但也很快就会过时的方法论罢了!”当他指责黑格尔的“绝对要求”并且完全抛弃他的哲学的时候,他自己给出了答案。他不仅是黑格尔的追随者,更是德国债法和方法论领域的“经典作家”,在20世纪下半叶,他开辟了一个领域,无人能比!至于学术作品更替与淘汰,用马克斯·韦伯的话来说:学术的意义在于,它“将会被‘打败’,其实是情愿陈旧”。

最后,让我们以黑格尔进行收尾。黑格尔是拉伦茨作品的开端,是本报告的开端,也是本报告的收尾!卡尔·拉伦茨尽管没有完全背离黑格尔,尤其高度评价黑格尔辩证法中的词语“扬弃”。该词不仅是指超越,也包括保留,最后也包括新的更高层次的超越。在这个意义上,我们可以说,拉伦茨在1933年之前已经卓越和毫无瑕疵地开启了他的事业,并且在1949年之后又以堪称典范的方式继续下去,走向了高潮,进行了三重“扬弃”:尽管在很多方面,已时过境迁,但是它继续影响着我们的思想,已经成为理所当然的东西,就这方面而言,它产生的巨大的影响力,并且成为新理论的组成部分(甚至是核心的部分)——对于德意志联邦共和国,无论是在民法教义学思维的继续发展中,还是在法律方法论的基础部分,都是如此。

学术专论

中德法学论坛
第16辑·上卷,第187～213页

金融危机后十年新自由主义对西方文明和法律的影响

罗尔夫·施蒂尔纳*著　冯德淦　李诣灏**译

摘　要:金融危机并没有改变美国法律的统治地位,其通过不同的形式对欧洲大陆产生影响。美国和德国及欧洲大陆国家在私法自治上存在不同的理解,美国更加关注于竞争,而德国及欧洲大陆国家则更加追求公共福利和个人自由的结合。欧洲和世界市场的自由推动了英美法律的发展,但是英美法律并非完美无缺。其存在诸多缺陷,导致市场失灵,金融危机在一定程度上是英美国家"竞争社会"的现象。对于避免危机,英美国家和欧洲大陆存在不同的做法,前者注重间接调控,而后者则实行直接监管。英美国家和欧洲大陆选择了不同的路径,两者在经济自由权利的实施上,采取基本模式下的不同变种,这对世界及其经济是没有坏处的。

关键词:私法自治;自由竞争;法律预设;金融危机;间接调控;直接监管

Zusammenfassung: Die Finanzkrise hat die beherrschende Stellung des US-Rechts nicht verändert. Es hat den europäischen Kontinent durch verschiedene Formen beeinflusst. Die USA, Deutschland und die europäischen Länder haben unterschiedliche Vorstellungen von der Autonomie des Privatrechts. Die USA achtet stärker auf

---

* 罗尔夫·施蒂尔纳(Professor Dr. Dres. h. c. Rolf Stürner):德国弗莱堡大学法学教授(博士)。

** 冯德淦:南京大学民商法学2017级博士研究生;李诣灏:南京大学中德法学研究所2017级硕士研究生。

den Wettbewerb, während sich Deutschland und die kontinentaleuropäischen Länder mehr mit der Kombination von Gemeinwohl und individueller Freiheit befassen. Die Freiheit des europäischen und des Weltmarktes fördert die Entwicklung des angloamerikanischen Rechts, aber das angloamerikanische Recht ist nicht perfekt. Es gibt viele Mängel, die zum Marktversagen führen. Die Finanzkrise ist ein Phänomen der "Wettbewerbsgesellschaft" in Großbritannien und den USA. Es gibt verschiedene Ansätze, um Krisen in Großbritannien, den USA und auf dem europäischen Kontinent zu vermeiden. Ersteres konzentriert sich auf die indirekte Regulierung, während letzteres die direkte Aufsicht umsetzt. Großbritannien, die USA und der europäische Kontinent haben unterschiedliche Wege beschritten. Beide haben unterschiedliche Varianten des Grundmodells für die Umsetzung ihrer wirtschaftlichen Freiheitsrechte übernommen, die für die Welt und ihre Wirtschaft nicht schädlich sind.

Schlüsselwörter: Privatrechtliche Autonomie; Freier Wettbewerb; Rechtliche Voraussetzung; Finanzkrise; Indirekte Regulierung; Direkte Aufsicht

一、引　言

这个报告的主题致力于探讨以下问题,金融危机在多大程度上改变了那些主张以自由市场为经济体制导向的国家的法律制度。报告将集中研究美国和欧洲,特别是德国的情况。在金融危机期间及之后,西方资本主义不同形式之间的旧矛盾重新显现出来,然而,美国在金融产业架构模式上的统治地位并没有因为金融危机导致的一系列后果产生根本性的动摇。欧洲大陆的传统和思想仅仅得到初步的实现。本次报告将先简要地介绍美国的结合的出发点(第二部分),描绘过去30年里美国的私法自治理念如何走向统治地位,以及欧洲大陆法系下的社会融合之私法自治构想如何日渐式微(第三部分),并对比这两个模式(第四部分),阐释欧盟对美国市场社会模式的理解(第五部分),以便分析爆发金融危机背后的那些主要根植于美国市场模式中的原因(第六部分),以及大陆法系法律思想在已解决的问题和亟须解决的问题方面仅仅有限的影响(第七部分)。

二、私法自治和竞争作为西方文明社会无可争议的架构元素

毋庸置疑,私法自治和竞争是西方文明根本性的和不可动摇的设计元素,

应当且定将永久地坚持。金融危机对于此也没有改变,尽管它让市场的局限性再次变得明晰,并让目前的市场模式的衰弱以特别明显的方式显现出来。因此没有必要针对一个假定的贬值为私法自治和竞争来辩护,因为私法自治和竞争的地位并没有受到动摇。[1] 争论其实应该始终围绕私法自治的政治秩序框架的更精确的表现形式而展开。就此而言没有任何一个学科有明显的认知优势地位,无论是哲学,还是法学、社会学、政治学或者是经济学(均没有),即便这些在现在看来仍然有要求其优势地位的原因,或者这一主张已经得到支持并仍然将继续得到支持。每一个学科都能够运用它们的知识为私法自治的有意义的法律框架做贡献。而在极具西方特色的民主下,由民主选举产生的立法者将最终做出决定。立法者的决定以大多数选民的授权为依据,其产生于自由和平等[2]的选举中。就政治层面而言,公民的自由决定被赋予了一定的分量。于是有了如下问题的提出,在什么样的文化和政治环境下会产生如此的决策。

三、美国法律的统治地位

(一)起源和突破

在美国法律统治地位的影响下,西方文明在最近十年得到了加强。[3] 令人惊讶的是,虽然美国通过两次世界大战以及欧洲和德国力量的衰弱,确立了其政治和经济上的统治地位并持续发展和增强这一地位,[4]但美国以其全部力量对其他国家的法律发展的影响却是慢慢推动的。美国法律统治地位对欧洲的

---

[1] 这样的发展趋势如 *Meessen*, Prinzip Wettbewerb, JZ 2009, 697 ff.; 部分的如 *Möschel*, Die Finanzkrise-Wie soll es weitergehen?, ZRP 2009, 129 ff。

[2] 这是完全正确的,联邦法院在《里斯本条约》中强调民主决策自由选择的意义,就此而言欧盟的民主匮乏是与联邦国家的理解相违背的(BVerfG NJW 2009, 2267 ff., 2269 ff. und 2277 ff.); 相似的论断参见 *Stürner*, Markt und Wettbewerb über Alles?, 2007, S. 69。

[3] 关于这个概念和它的背景如 *Stürner*, in: Habscheid (Hg.), Der Justizkonflikt mit den Vereinigten Staaten von Amerika, 1986, S. 3 ff., 35 ff。

[4] 拒绝威廉主义、军国主义、反犹太主义和纳粹主义的意义较好的描述参见 *Winkler*, Der lange Weg nach Westen. Deutsche Geschichte, Bd. I und II, 4. Aufl. 2002, 以及人物传记参见 *Fritz Stern*, Fünf Deutschland und ein Leben, 7. Aufl. 2007。

完全突破是在20世纪末通过世界范围内活跃的英美律所来实现的,这些律所在德国和其他重要的欧洲国家设立办事处,就只剩下少数欧洲大陆国家没有设立。[5] 英美法在国际律师市场上的统治加强了在企业交易和金融贸易时选择美国合同法的趋势。在金融市场领域,资本流动的自由[6]推动了具有英美法特色的创新的金融产品的快速扩散,同时在美国的主导下,[7]银行和金融机构进行了一系列改革:投资银行的扩散[8]、卷帙浩繁的派生的金融产品[9]和混合的产品形式、通过特殊目的发行的股票[10]、作为高收益的风险平衡投资载体的无银行界限的基金[11]。基于此,公司法和企业法被赋予了资本市场法律的色彩(公司金融),[12]不仅仅是股份公司,中等甚至小型的公司在跨区域的投资

---

〔5〕 关于这个发展参见 Bormann ZZPInt 8(2003),1 ff. m. Nw.; Stürner/Bormann NJW 2004,1481 ff.; 富有启发性的文章参见 Chr. Wolf, Recht durch Rechtsanwälte, in: Bundesrechtsanwaltskammer, Zivilprozessrechtssymposium, 2008, S. 1 ff。

〔6〕 Art. 56 ff. EGV 理解强调的不仅仅是在欧盟国家下资本流动的自由,还有与第三方国家的资本流动自由。它们在金融市场领域更进一步的推动为"开放的国家",假如欧盟不行动或者能够行动。参见非批评性的和非常热心积极的 *Hindelang* JZ 2009,829 ff。

〔7〕 美国的发展参见 *A. E. Wilmarth*, The Transformation of the U. S. -Financial Services Industry 1975 – 2000: Competition, Consolidation and Increased Risks, 2002 U. Ill. L. Rev. 215。

〔8〕 较好的关于新兴德国投资银行的概述参见 Zöllner, Wertpapierrecht, 14. Aufl. 1987, § 31; für Aktienfonds Merkt, Gutachten 64. DJT 2002, S. G 38 m. Nw。

〔9〕 类型描述参见 § 2 Abs. 2 WpHG; 较好的概况参见 Baumbach/Hopt/Merkt, HGB, 33. Aufl. 2008, Vor § 30 BörsG Rn. 1 ff.; ferner David X. Li, 9 Journal of Fixed Income 43 (2000) für Kreditderivate und Black/Scholes 81 Journal of Political Economy 637 (1973) sowie Merton 4 Bell Journal of Economics and Management Science 141 (1973) für Optionen。

〔10〕 大量的证券技术参见 *Kern*, Die Sicherheit gedeckter Wertpapiere, 2004。

〔11〕 对冲基金的作用参见 O'Creevy/Nicholson/Soane/Willman, Trades-Risks, Decisions, and Management in Financial Markets, 2004; 谨慎的部分批评参见 Eidenmüller, Die traditionelle Privatrechtsgesellschaft im offenen Staat: volatiles Kapital als Stärkung oder Bedrohung?, in: Bitburger Gespräche, Jahrbuch 2008/I, S. 43 ff., 49 ff。

〔12〕 参见 Tirole, The Theory of Corporate Finance, 2006; Ferran, Company Law and Corporate Finance, 1999; 在德国的文章中 Merkt, Gutachten 64. DJT 2002, S. G 38/39; Eidenmüller JZ 2007, 487 ff。

者之间开始作为可交易的商品来理解(私募股权)。[13] 恶意接管已经从一种不友好并允许抵抗的行为突然转变为一种值得称赞的、起到增加经济效益的作用的市场活动。[14]

(二)作为媒介的美国法律和经济文化

那些由于他们接受的良好德国教育而往往成为美国顶尖大学最优秀的外国学生的整个德国律师界上层,认为这些美国大学是当代的博洛尼亚大学[15](无论这种说法是否公平或者不公平,都应当首先搁一搁),许多德国和欧洲的大学教授也同样在这里学习。世界银行、世界贸易组织和国际货币基金组织的创立深受美国社会、经济的基本概念的影响。否认具体战略意义的产生环境是错误的。[16] 美国的经济学思想以及它的哲学和社会学基础(只要它能寻找到政治上有影响力的公开支持者)被深深地打上美国的模式思考和经验主义的烙印,[17]德国经济学还部分维持着历史的欧肯[18]和哈耶克的思想[19](两个人过去在近代的世界金融界并不出名)。德国经济学思想非创造性地向英美国家的

---

〔13〕 参见 *Diem*, Akquisitionsfinanzierungen, 2005; *Casey Cogut*(Hg.), Private Equity, 2006; *Eidenmüller*, Bitburger Gespräche 2008/I, S. 43 ff., 46 ff。

〔14〕 关于恶意接管和接管的信息定义描述参见 *Kübler/Assmann*, Gesellschaftsrecht, 6. Aufl. 2006, § 32 VII, S. 506 ff. m. Nw.;关于收购法和它的欧洲法律框架尤其参见 *Hopt* ZHR 166(2002), 375 ff.; *Krause* ZGR 2002, 500 ff.; *Weber* NJW 2006, 3685, 3689 ff. m. Nw。

〔15〕 关于这个真实的和假定的比较参见 *Stürner*, in: Habscheid, Der Justizkonflikt, S. 3 ff., 39 ff。

〔16〕 *Mehren/Murray*, Law in the United States, S. 280 f.

〔17〕 证明的引证参见 *Adam Smith*, *Rawls*, *Keynes*, *Nash*, *Mirrlees*, *Kidland*, *Mundell*, *North*, *Engle*, *Granger*, *Arrow*, *Becker*, *Coase*, *Buchanan*, *Phelps*, *Akerlof*, *Kahneman*, *Thaler*, *Korobkin*, *M. Friedman*, *Freeman*, *Scholes*, *Merton*, *Stiglitz*, *Krugman* etc.; 参见如文献索引 *G. Kirsch*, Neue Politische Ökonomie, 5. Aufl. 2004; *Knieps*, Wettbewerbsökonomie, 2. Aufl. 2005; 此外美国诺贝尔经济学奖获得者的相关封闭的范围的赞扬在 F. A. Z., z. B. F. A. Z. vom 21. 08. 06 Nr. 193, S. 12。

〔18〕 特别的如 W. Eucken, Grundsätze der Wirtschaftspolitik, 1952, 6. Aufl. 1990。

〔19〕 *Friedrich von Hayek*, Gesammelte Schriften in deutscher Sprache, herausgegeben von Bosch, Streit, Vanberg und Veit, 2001 ff.

发展移动并不少见,[20]或者它从事单调的数据分析和预测,经常伴随着短期的修正的需要。[21] 欧盟对市场自由的实现往往会追溯美国法律文化和经济文化的榜样,许多委员会的工作人员都接受他(美国)的训练。英国在金融和经济政策方面曾经并且现在依然暂时扮演一个开路人的角色。除了金融市场领域的法律,[22]美国在公司法和竞争法领域的成果也具有明确的影响力,它的作用通过"私人执法"的形式创造了新的活力。[23] 大型的会计公司以及大型的信用评价机构过去和现在均不被欧洲大陆所控制,[24]它们的商业模式及评价标准主要受到英美法的影响。凭借其专业知识及市场控制力,这些在世界范围内建立起分支网的机构对欧洲的和民族国家的立法施加了巨大的影响,部分直接通过立法者公开、官方的或者立法者的指导建议,部分间接通过控制出版行为,以及提供咨询和能够对公众产生影响的委员会的成员来实现。[25] 其对超法律的国际

[20] 这并非偶然,法学家经常追溯到美国的"源头",当他们寻找一个新的或者旧的经济学知识,以及经济学或者行为科学方向的法学家在他们的工作时考虑到知识时;相关的例子参见 *Eidenmüller*, in: Bitburger Gespräche, Jahrbuch 2008/I, S. 43 ff., *ders.* JZ 2005, 216 ff., 2007, 487 ff.; *Wagner* ZZP 121(2008), 5 ff.; *Möllers* JZ 2009, 861 ff。

[21] 关于这种方式的批评和并不总是令人信服的成本效益分析科学的工作参见 *Stürner*, Markt und Wettbewerb, S. 150。

[22] 参见2006年6月14日的银行指令2006/48/EG,2006年6月30日的ABl. L 177及附录,这些指令,接受和处理并在银行金融系统中逐步通过不加批判的方式吸收了英美国家的金融产品。

[23] 参见 der Band Basedow(Hg.), Private Enforcement of EC Competition Law, 2007, 贡献来自于 Basedow, Paulis, van Gernen, H. L. Buxbaum, W.-H. Roth, Idot, Castonovo, M. Hellwig, Stürner, Stadler, Böge, und dem Greenpaper der Kommission; ferner Europäische Kommission, Weißbuch, 2008; Fiedler, Class Actions zur Durchsetzung des Europäischen Kartellrechts, 2009, m. Nw.; K. Schmidt AcP 206(2006), 169 ff., 193 ff.; Wagner AcP 206(2006), 352 ff., 404 ff。

[24] 关于 Berkshire Hathaway 的分享,美国大投资者的股份公司参见 *Warren Buffet*, an der Rating Agentur Moody's F. A. Z. vom 05. 09. 2009, Nr. 206, S. 21。

[25] 关于"法律市场"的定义,主要是美国法律文化,参见 Stürner, in: Bitburger Gespräche, Jahrbuch 2003/I, S. 143 ff., 150; ders., Markt und Wettbewerb, S. 43; 此外一般的参见 Eidenmüller, Recht als Produkt, JZ 2009, 641 ff.; O'Hara/Rübstein, The Law Market, 2009。

的、国家间的规范,如标准、原则或者行为规范的影响也不可忽视。[26] 对世界银行的"商业报告"[27]和世界银行推动进行的数字法律比较[28]报告的批评之声就稍小一些。在这些报告中那些以功利主义为导向的英美法法律文化下的经常以自我指示为评价标准的国家,或者那些倾向于服从和适用这一概念的新兴工业国家由此而位居前列。然而欧洲大陆国家,比如德国、法国,却远远落后了,尽管总体来说他们的国民经济是繁荣的。[29]

四、美国法和德国法以及欧洲大陆法对私法自治的理解——一种比较的尝试

(一)美国的竞争社会

1. 个人"对幸福的追求"

美国的建国者们在1776年的《独立宣言》中确立了自由的独立地位,它并非被简单定义为对幸福追求的个人福祉,而是将之作为社会目的的中心[30]来看,就此逻辑连贯地来重建社会、经济和国家。[31] 受个人自主决定控制的市场有着重大的意义。经济分析对法律效率提升的意义是这一基本认识

---

[26] 法律构造的影响参见 *Stürner*, Markt und Wettbewerb, S. 249 f。

[27] 可访问 http://www. doingbusiness. org/economy-rankings。

[28] 关于他们的起源和基础特别参见 *Djankov/McLiesh/Nenova/Shleifer* 46 Journal of Law and Economics 341 ff. (2003); *Djankov/Glaeser/La Porta/Lopez-de Silanes/Shleifer* 31 Journal of Comparative Economics 595 ff. (2003); *Djankov/La Porta/Lopez-de Silanes/Shleifer* 88 Journal of Financial Economics 430 ff. (2008);相似的如OECD的年报。

[29] 关于法律评论性的参见 *Kern* JZ 2009, 498 ff.; 部分还可以参见 *Eidenmüller* JZ 2009, 641 ff., 643; *Siems* RabelsZ 72(2008), 368 ff。

[30] "……我们认为下面这些真理是不言而喻的:人人生而平等,造物者赋予他们若干不可剥夺的权利,其中包括生命权、自由权和追求幸福的权利。为了保障这些权利,人类才在他们之间建立政府……"

[31] 关于美国自由自己对"个人幸福的追求"含义的理解参见 *J. T. Adams*, The Epic of America, 1941, S. 404; *Alexis de Tocqueville*, De la Démocratie en Amérique, 1830, deutsche Ausgabe 1959, Bd. I, S. 469; *Münsterberg*, Die Amerikaner, 4. Aufl. 1912, Bd. I S. 59; *R. B. Perry*, Puritanism and Democracy, 1944; deutsche Ausgabe 1947, Bd. I, S. 138 ff。

的现代方法的表达。[32]

2. 个人积极性和竞争

作为“对幸福的追求”基础的物质商品的竞争是经济、技术和科学的创造力的源泉。[33] 国家组织针对这些竞争设置了规则,但就不平衡进行的干预却是非常有限的。尤其是个人主动性,它在集体诉讼中创建了强大的补救方法,并从而在陪审团中找到以民主为基础的司法机构作为适当的机构。[34]

为了限制人为的市场准入壁垒的争斗,在美国反托拉斯法中,最近十年以芝加哥学派的突破为标志,该学派将企业效率的提高视为公共福利的关键,并为了它的实现尽可能地给予自由。[35] 市场自身的调节能力能促进富裕指数的高效增长,让低效的市场结构(如低效率的垄断市场)再一次坍塌。

3. 竞争社会民法的典型形式

美国市场社会的民法展现出一些与其自主行动和追求效率非常符合的表现形式。

---

〔32〕 基础的参见 *Coase*, The Problem of Social Costs, Journal of Law and Economics 3 (1960), 1 ff.; *Posner*, Economic Analysis of Law, 1972 (nunmehr 7. Aufl. 2007); 关于德国的讨论参见 *Fezer* JZ 1986, 817 ff.; 1988, 223 ff.; *Schäfer/Ott* JZ 1988, 213 ff.; *Eidenmüller*, Effizienz als Rechtsprinzip, 3. Aufl. 2005。

〔33〕 以下特别参见 *Kagan*, Adversarial Legalism, 2001; *S. M. Lipset*, American Exceptionalism, 1996; ferner schon *Stürner*, Globale Wirtschaft-nationales Recht-Chancen, Risiken, Konflikte. Bitburger Gespräche Jahrbuch 2003, S. 16 ff., 相似的如 *ders.* AfP 2002, 283 ff., 287 f。

〔34〕 详细的描述如 *Paul D. Carrington*, The Civil Jury and American Democracy, 13 Duke J. Comp. & Int'l L. 79 (Special Issue 2003); 从德国移民的阅读视角参见 *Francis Lieber*, Civil Liberty and Self Government, 1852; 2. Aufl. 1874, S. 234 ff。

〔35〕 Bork, The Antitrust Paradox, 1978; Chandler, The Visible Hand, 1977; Posner, The Chicago School of Antitrust Analysis, 127 U. Pa. L. Rev. 925 (1979); Herdzina, Wettbewerbspolitik, 5. Aufl. 1999, S. 111 ff.; P. Hay, US-amerikanisches Recht, 3. Aufl. 2005, Rn. 627 ff., S. 188 ff. mNw.; zur Geschichte der Chicago-Schule J. May, The Past and Future of Antitrust, 17 Miss. C. L. Rev. 43 (1996), der vor allem in der Arbeit von Director/Levi, Trade Regulation, 51 Nw. U. L. Rev. 281 (1956/1957) die Grundlegung dieser Schule sieht. Eine vorläufige Bilanz zieht Th. E. Kauper, The Antitrust „Revolution" and Small Business. On the Turnpike to Efficiencyville, in: Carrington/Jones, Law and Class in America, 2006, S. 120 ff. mNw.

(1)合同法

首先美国法对合同和一般交易条款的控制仅被限定在很小的范围内,需要法官对合同中基于信息和经济不对称进行修正的情况仅少量存在。[36] 人们更加注重市场的自我调节和竞争状况。合同的义务很难被进一步强制执行,而在传统的罗马法上的给付之诉是损害赔偿的权利主张规则,强制执行作为现金支付补偿不充分的例外。[37] 对合同的忠实不存在直接的强制,对于从经济角度来看不再划算的合同当事人被赋予了一定的自由和自治来决定是否解除它们。[38]

(2)缺少法律预设

美国在民法领域的法律不存在法律预设,它们觉得只有在具有家长作风的法律机关下,私法自治的理念才能与之相协调。原则上,在合同的缔结上,每个当事人和每个参与人自己或者通过对代理人的选定,做出其认为有利的、正确的关于私法自治权的实践("当事人主义")。[39] 美国法中的土地登记制度虽明确知晓各州关于登记制度的规则有差别,却未能提高现有法规在完善司法保障方面的公信力——更确切地说(少数例外除外),官方的登记只是一个纯粹的具有消极的公众知晓性的优先目录。[40] 这导致了以下后果,买受人也就是买方自

---

〔36〕 关于美国法律上合同控制典型的案例如 Carnival Cruise Lines v. Shute,499 U.S. 585,111 S. Ct. 1522:消费者法院选择了车票背后的条款; 此外参见 *Rakoff*, Contracts of Adhesion: An Essay in Reconstruction, 96 Harv. L. Rev. 1173(1983); *Slawson*, Standard Form Contracts and Democratic Control of Law Making Power, 84 Harv. L. Rev. 529(1971); 来自于新的时代参见 *R. E. Speidel*, Consumers and the American Contract System: A Polemic, in: Carrington/Jones, Law and Class in America, 2006, S. 260 ff.; 此外相关的分析来自 *Bruns*, Die Vertragsfreiheit und ihre Grenzen in Europa und den USA-Movement from Contract to Status?, JZ 2007, 385 ff.,然而美国自制的弱点占据很小的分量。

〔37〕 就此参见 *Hay*, U. S.-amerikanisches Recht, 4. Aufl. 2008, Rn. 335 ff., 339 ff。

〔38〕 参见 *Posner*, Economic Analysis of Law, 7. Aufl. 2007, § 4 1 ff。

〔39〕 详细的论述参见 *Murray/Stürner*, The Civil Law Notary-Neutral Lawyer for the Situation, 2010, Ch. 6(2)(a)。

〔40〕 就此参见 *Nelson/Whitman*, Land transaction and finance, 5. Aufl. 2007; 此外概括的如 *Baur/Stürner*, Sachenrecht, 18. Aufl. 2009, § 64 Rn. 48 ff。

己必须主动地去查证卖方的所有权(产权查证),同时必须通过"产权保证保险"来规避其余风险。

(3)低程度的标准化和缓慢的类型化

美国的法律和英国法律很相似:质疑交易法律地位的类型化和标准化,而把怀疑当事人的约定和灵活性放在优先地位。[41] 所以在财产权或者物权中,就像在英国一样,从个人在物上形成的"利益"向一个更加典型化的"物权"规则仅仅被很缓慢地推进,[42] 人们在土地法中,原本是如此正确的,但现在也不再讨论权利法定原则。同时在公司法中,美国的法律文化相较于交易安全保护的类型化更加偏爱自由的设计能力以及多样化。这种趋势由于人们能够在不同的联邦州法律之间进行选择而进一步得到了加强。[43] 在这个背景下如下情况就变得不奇怪了,尽管具有很高的交易能力,美国在有关现代化金融产品的法律中并没有落实标准化,[44] 私法自治在初级市场和次级市场中仍然都具有优先地位。[45] 间接标准化仅通过一些金融产品的所有人在资产负债评估上实现,但是这些评估往往被委托给评估机构,就此而言私法自治

---

[41] 关于普通法中较低程度的类型化和"财产权"的权利法定原则的法律思想参见 *Th. W. Merill/H. E. Smith*, Optimal Standardization in the Law of Property: The Numerus Clausus Principle, 110 Yale L. J. 1 ff., 3 ff. (2000/2001); 此美国法上一般的类型化见 *Kern*, Typizität als Strukturprinzip des Privatrechts, 2013, S. 211 ff., 267 ff., 269 ff., 290 f., 293 f., 326 ff., 350 ff., 360, 369 ff., 400 ff., 409 ff。

[42] 较好的概览如 *Hay*, US-amerikanisches Recht, Rn. 428 ff., 476 ff.; 此外如 *Baur/Stürner*, Sachenrecht, § 64 Rn. 46 ff., 110 ff。

[43] 英语国家的概述如 *Richard Freer*, The Law of Corporations in a Nutshell, 7. Aufl. 2016; deutschsprachig *Merkt/Göthel*, US-amerikanisches Gesellschaftsrecht, 2. Aufl. 2006; *Hay*, US-amerikanisches Recht, Rn. 564 ff.; 特殊的责任制度参见 *Bruns*, Haftungsbeschränkung und Mindesthaftung, 2003。

[44] 人们规定金融服务商的准入标准、股票发行披露的最大化、正确的资产负债表和风险评估、报告义务(前瞻性声明)和证券交易委员会的监督;这里参见 *Aggarwal* 2003 Colum. Bus. L. Rev. 581 ff. (2003); 德语国家的概述参见 *Hay*, US-amerikanisches Recht, Rn. 613 ff。

[45] 这方面的发展如 A. E. *Wilmarth* 202 U. Ill. L. Rev. 215 ff。

没有被完全抽走。[46] 私法自治在上述架构和评估的统治地位在于其清晰的认知,即许多公民的社会安全依赖于此。人们信任产品之间的竞争以及信息之间的竞争。

(4)通过刑法和责任法中压制的制裁措施的行为控制

一个很少遵循或者完全拒绝通过合同的控制、法律预设和标准化的规则的法律体系,必须在不得已时将私法自治的连接转向压制的制裁措施。通过这种方式,是为了在遵循私法自治下实现行为控制。就这些模式下,只要其他当事人被正确地和充分地通知,私法自治和竞争允许将风险转移给其他业务伙伴。在这背后存在这样的确信,信息可以避免不必要的风险承担,因为它使得其他当事人能做出合理的、有利的自主决定的行为。[47] 损害赔偿和责任承担应当首先补偿缺失的信息,它应该这样补偿交易的相对人,假定交易相对人在受到完整、正确的信息下做出了决定。美国的法律文化尝试加强强制制裁的行为控制作用,通过规范的因果关系假定和损害假定、[48] 多样的以及惩罚性[49] 的赔偿模式来补充,以及引入部分刑事制裁手段来实现。[50]

但是我们很难忽视,这种对于内容自由的私法自治严厉的、部分难以预见

---

〔46〕 关于最初的缺乏规则和评价机构的监管如 *Blaurock*, Control and Responsibility of Credit Rating Agencies, in: Boele-Woelki/van Erp, General Reports of the XVIth Congress of the International Academy of Comparative Law 2006, 2007, S. 481 ff., 511 ff.; 此外如 *Jochen Sanio*, F. A. Z. Nr. 52/2004, S. 27; *Möllers* JZ 2009, 861 ff., 863。

〔47〕 关于信息对称作为合同公正和正在运转的竞争的基础,例如 *Ludwig Raiser*, Vertragsfreiheit heute, JZ 1957, 1 ff., 7; *G. A. Akerlof*, The Market for „Lemons", 84 Quart. J. Econ. 488 ff. (1970); 关于市场参与者理性的选择,参见 *Korobkin/Ulen* 88 Cal. L. Rev. 1061, 1064 ff. (2000); *Eidenmüller* JZ 2005, 216 ff., 217; 总结性的参见 *Stürner*, Markt und Wettbewerb, 2007, S. 89 ff.; *ders.*, FS Canaris zum 70. Geburtstag, 2007, S. 1489 ff。

〔48〕 市场欺诈理论是损害假定最近的表现; 参见 Basic Inc. v. Levinson 485 U. S. 224 ff., 247 ff. (1988); *M. B. Fox*, Civil Liability and Mandatory Disclosure, 109 Columb. L. Rev. 237 ff., 246 f. (2009)。

〔49〕 另参见 *Hay*, US-amerikanisches Recht, Rn. 421 ff.; 此外 *Stiefel/Stürner* VersR 1987, 829 ff.; *Stürner*, FS Peter Schlosser, 2005, S. 967 ff。

〔50〕 传统的萨班斯法案(2002)的制裁; 参见 *Bloomenthal*, Sarbanes-Oxley Act in Perspective, 2003; überblicksweise Hay, US-amerikanisches Recht, Rn. 616。

的压制性的制裁手段很难在美国法律文化中不受到批判。

这将导致(坚持贯彻落实)可能的责任承担者有一个防御姿态,因为他们经常难以预见责任的原因和范围;[51]但个人积极性的优点会因此被设置的体系所打破。[52] 另一方面在经济危机时代,大量违法行为已经产生了很明显的连续影响,因为已经弱势的企业将越来越弱。[53] 两方面都对当代金融危机产生的后果做出了很好的阐释。但近些年美国法律的发展史却与通过“惩罚”和责任来实现持久的“威慑”作用相悖。2002年萨班斯－奥克斯利法案没有保持对随后几年商业道德的持续影响。多样的拘留处罚威胁——受监狱产业私有化的影响——并未达到理想的政治秩序的作用。这不是偶然,法律的家长化正在被法理学家所关注,在内容方面,其并非是一元论的,而是通过提供替代可能来操控个人决定,给一个“行为模式”[54](并不是新的理论),[55]但却是一个新的表述方法。

4.“竞争社会”的社会可接受性原因

在美国,“竞争社会”的社会可接受性原因是多样的,但这里仅仅能简单展开介绍,尽管它们对于大陆法系和德国体系的比较具有根本的意义。[56] 占支配地位的功利主义国家哲学和经济定位“重新开始”从完全的底层,通过“美国

---

[51] 因此美国的司法判决不会简单地将有价证券的法律责任限定在直接的参与者;参见 insbes. Supreme Court Judge Kennedy in: Stoneridge Investment Partners, LLC v. Scientific-Atlanta Inc. 128 S. Ct. 761, 772(2008); *Adler/Naumann/Wilske* RIW 2008, 97 ff。

[52] 在纽约交易所,许多国际性公司被从交易所除名也是美国责任法和刑法发展的回应;关于从交易所上市股票名单除名的范围参见 *Adler/Naumann/Wilske* RIW 2008, 97 ff., 106 f. m. Nw。

[53] 关于损害赔偿作为制裁手段的合理分配问题参见 *Coffee* 106 Columb. L. Rev. 1534 ff. (2006); *M. B. Fox* 109 Columb. L. Rev. 237 ff. (2009)。

[54] *Thaler/Sunstein*, Nudge, 2009; auszugsweise in deutscher Übersetzung abgedruckt in F. A. Z. vom 11. 07. 2009 mit Folgenummern.

[55] 所以德国的物权法通过它的类型构造维持市场参与者的基石,依此可以通过债法将人们的选择引入,为了最理想地达到追求的目的;参见 *Stürner* AcP 194(1994), 265 ff., 274 ff.,通过这个方式德国民法典实现了一种自由家长主义的模式。

[56] 详细的参见 *Stürner*, Markt und Wettbewerb, 2007, S. 35 ff. m. Nw。

梦”全面提升到达上层,来作为移民社会的一个决定性的规则。乐观主义和爱国主义与表现主义文化联系在一起,不仅将半空的杯子看作半满的,而且将50%的失败风险看作50%的机会。

(二)欧洲大陆和德国的组合社会(调控市场社会)*

1. 维护公共福利和维护个人自由之间的立宪主义

在欧洲设立一个像美国公民自由“对幸福的追求”那样的国家政权是完全不可能的。进步的专制主义将统治者的权力要求和公共福利的职责联系在一起。[57] 除公共福利外,19世纪的自由化还确立了对公民自由的维护。[58] 这种二元化的国家目标(在公共福利之外提出了对个人自由的要求)使个人自由决定作为国家秩序的基石的意义受到了局限,而更多地强调了以个人决定的分类和适应为前提的国家组织的集体和共同的行为。[59] 将团结一致地拼搏来塑造社会作为欧洲的特征来看是肯定没有错的,相较于美国,欧洲在更大程度上创造了更多的集体组织形式。[60]

2. 标准架构的市场

不同于美国,德国一开始就已经注意到,在市场参加者之间保持一定的平衡,尝试约束经济的主导地位。这在许多领域得到证实。在卡特尔法中重点不限于仅仅维护市场准入的自由。更确切地说,对企业合并的控制并不仅仅是在使用其市场力时,还有这一市场力本身的产生。[61]

通过规范的调整创造平等的市场参与者的努力,尤其在传统的集体的劳动

---

* 这种组合社会奉行自由竞争和国家调控并存的价值体系。——译者注

〔57〕 参见 *Willoweit*, Deutsche Verfassungsgeschichte, 5. Aufl. 2005, § § 22 Ⅰ, 23 Ⅱ, 25 Ⅱ 2。

〔58〕 关于早期自由主义宪政思想发展的意义,参见 *Th. Würtenberger*, Die Idee der Freiheit und ihre Sicherung bei Montesquieu, in: E. Klein (Hg.), Gewaltenteilung und Menschenrechte, 2006, S. 15 ff。

〔59〕 关于基本路线详细的描述参见 *Stürner*, Markt und Wettbewerb, S. 48 ff. m. Nw。

〔60〕 同样的如 *H. H. Weiler*, The Constitution of Europe, 1999, S. 238 ff., 245/246。

〔61〕 关于竞争法的传统的“第三支柱”的概要性的定义参见 *Emmerich*, Kartellrecht, 13. Aufl. 2014, § § 22 ff。

法[62]和社会法[63]领域为甚。在协商中个体公民往往和地位强大的雇主和社会保险的提供者处于一个极不平等的位置,更确切地说,人们尝试着通过集合个人薄弱的力量来建立平衡,通过这种平衡实现在劳资双方和社会伙伴之间的正常运转的市场。

政府组织的生存照顾领域显然比竞争社会走得更远,并且在质量和数量上所赋予公民的也要多之又多,而这也与规范市场思维下的社会的基本特征相契合。

3. 标准式样的市场在民法领域的传统形式

大陆法和德国法的民法深受追求在市场参与者和公民之间维持平衡趋势的努力之影响,往往被称为法律家长主义。

(1)合同法

在法律行为的私法自治实践中这种平衡的思想还限制了在经济或者智力上占优势的市场参与者对于合同的内容缔结自由。大量的合同,诸如它们使用典型的合同条款部分,受到欧洲和生效的国家法律[64]内容的规范和控制。

仅仅突出数字经济功能的合同"效率违约"的观点在德国法学界仅很有限地为人所知。[65] 主要的反驳是强制执行的权利,合同的主要义务不能够被强制执行是一个很大的例外。[66] 这种严格强调合同的强制性和严

---

[62] 概况描述参见 *Brox/Rüthers/Henssler*, Arbeitsrecht, 19. Aufl. 2016, insbes. Rn. 858 ff。

[63] 参见 *Gitter/Schmitt*, Sozialrecht, § § 8 VII, 10; 以及被强调的参见 *Köbl*, Die Funktion der Verbände in der deutschen Arbeits-und Sozialordnung, in: Leipold (Hg.), Verbände und Organisationen im deutschen und japanischen Recht, 2006, S. 167 ff。

[64] 参见 die AGB-Richtlinie der EU, Richtlinie 93/13/EWG des Rates vom 5. April 1993 über missbräuchliche Klauseln in Verbraucherverträgen (*Amtsblatt Nr. L* 095 *vom* 21. 04. 1993 *S.* 29 – 34), und die Richtlinie über die Verbandsklage, Richtlinie 98/27/EG des Europäischen Parlaments und des Rates vom 19. Mai 1998 über Unterlassungsklagen zum Schutz der Verbraucherinteressen (*Amtsblatt Nr. L* 166 *vom* 11. 06. 1998 *S.* 5155), sowie als deutsche Implementierung § § 304 ff. BGB und das VerbandsklageG 2002. Richtig ist, dass die Intensität der Vertragskontrolle bei der Abwahl deutschen Rechts eine große Rolle spielt, vor allem für den stärkeren Teil; dazu *Eidenmüller* JZ 2009, 641 ff., 643 m. Nw。

[65] Z. B. § § 275 Abs. 2, 313 Abs. 1 und 3, 649 BGB.

[66] Z. B. § 888 Abs. 2 ZPO; 关于德国法律自然执行的原则 *Baur/Stürner/Bruns*, Zwangsvollstreckungsrecht, 13. Aufl. 2006, Rn. 6. 44 ff。

守性[67]的背后存在这样的想法,遵守合同义务的信念不仅体现节约交易成本的经济价值,[68]而且体现人们可靠性的思想价值,推动合同双方彼此之间的交易,预防相互之间肆无忌惮地仅仅寻找对自己有利的合同的社会风气。

(2)通过法律预设的家长制作风

欧洲大陆通过拉丁公证设立了一个机构,借此在合同法中预防保护法律的不确定性和疏忽。[69] 这种保护可能受到更多的限制,但是人们还是能够通过中立的第三方的现场咨询,保护和维持对不诚实的羞耻心,使得含糊不清的和隐藏的欺诈内容不能实现,避免内容上重大的不公正。[70] 德国的公证与其他欧洲大陆国家的公证相比较拥有的强制专业知识的公证人要多得多。[71] 在它当今的设计来看,拉丁公证是法国大革命的产物,源于"自由、平等、博爱"三项原则。[72] 公证被辅之以高度发达的公开的登记簿,特别是在房地产和商

---

〔67〕 在其他欧洲国家发展得很慢,参见 *Baur/Stürner/Bruns*, Zwangsvollstreckungsrecht, Rn. 3. 20 f. ,3. 27,59. 24 ff. ,59. 66,59. 94 ff. ; 此外参见 *Remien*, Rechtsverwirklichung durch Zwangsgeld,1992; *Bruns* ZZP 118(2005),1 ff. ,9 ff。

〔68〕 关于这个经济学主题的总结参见 *G. Kirsch*, Neue politische Ökonomie, 5. Aufl. 2004, S. 124 ff。

〔69〕 公证处的功能参见 *Schippel/Bracker*, BNotO, 8. Aufl. 2006, § 1 Rn. 3 ff. m. Nw. ; *Stürner*, FS Dieter Leipold, 2009, S. 835 ff. ,841 f. ; *ders.* JZ 1974,154 ff. (通过对当时误解的批评性评论); 此外在英语国家如 *Murray/Stürner*, Civil Law Notary, Ch. 2(Ⅲ), Ⅴ(1) und (2); Ch. 3(1)。

〔70〕 特别的如 § 17 Abs. 1 BurkG。

〔71〕 参见 *Stürner*, FS Dieter Leipold, S. 835 ff. ,839,841 f. ; zur Quersubventionierung im Bereich des Amtsnotariats sehr kritisch EuGH NJW 2007,3051 ff。

〔72〕 在革命的法国的议会中关于公证的争论的复述参见 *A. Moreau*, Le Notariat Français à Partir de sa Codification, 1984, S. 74 „Il faut à la société des certificateurs de contrats, des officiers qui en attestent la vérité et en consacrent la date, en un mot, des officiers qui leur impriment ce caractère d'authenticité, sans lequel la loi ne peut les reconnaître ni assurer les droits qui en héritent… Son intérêt(de la société) exige encore que des hommes, plus expérimentés viennent éclairer leurs concitoyens et les garantir de ces erreurs funestes qui, en dispersant les fortunes particulières, attaquent d'une manière plus ou moins sensibles, l'ordre et la félicité publics. " 这些语句能说明在美国金融危机以及它的产生。

事法律领域,在德国这些领域通过登记的正确性,充分达到对交易安全的保护,[73]然而它在其他欧洲大陆国家和英国处在一个被修正和部分被削弱的状态。[74]

(3)标准化和类型化

不同于英美国家的法律,德国法律和罗马法传统国家的法律在交易能力的法律地位上,出于对法律明晰和交易保护的利益,有很明显的标准化和类型化的趋势。大量的法律形式的权利法定原则适用于财产权和物权领域,考虑到当事人意思自治的成本,当事人内容的形成自由一般被排除。[75] 在公司法中,通过类型化和类型强制来保护交易安全的想法被非常严格地限制实施,要具体看对各种形态的公司的强制性规范究竟为何。[76] 至少被选定的社会关系必须以公司实际的住所地来确定方向,直到欧洲法院和德国联邦最高法院的判例导致基础理论的毁灭,每一个有效的类型被摧毁。在金融产品的相关规定上,德国

---

〔73〕 § § 891,892 BGB und § 15 HGB;等级的法律证书的概述参见 *Baur/Stür*ner, Sachenrecht, § 52 Rn. 55, S. 688 f。

〔74〕 另一方面参见 *Baur/Stürner*, Sachenrecht, § 64 Rn. 9 ff. ,18 ff. ,25 ff. ,37 ff。

〔75〕 关于物权法定原则和类型化的目的参见 Heck, Grundriss des Sachenrechts, 1930, § 23,2a und b; Wiegand, Numerus clausus der Sachenrechte, FS Kroeschell, 1987, S. 623 ff. ; Westermann, Sachenrecht, 7. Aufl. 1998, § 1 Ⅰ 2, S. 3 und § 3 Ⅲ; Wilhelm, Sachrecht, 3. Aufl. 2007, Rn. 13 ff. ; Baur/Stürner, Sachenrecht, § 1 Rn. 7 ff. ; Stürner AcP 194(1994),265 ff. ,274 ff. ;焦躁的批评如 Wiegand, Sachenrecht, 5. Aufl. 2006, § 1 Ⅱ 3, S. 9 m. Nw。

〔76〕 就此参见 *H. P. Westermann*, Vertragsfreiheit und Typengesetzlichkeit im Recht der Personengesellschaften, 1970; *Teichmann*, Gestaltungsfreiheit in Gesellschaftsverträgen, 1970; *W. Ott*, Die Problematik einer Typologie im Gesellschaftsrecht, 1972; *Flume*, Die Personengesellschaft, S. 189 ff. ; *Wiedemann*, Gesellschaftsrecht, Bd. I, 1980, S. 4,42,73,93,305,678;较好的关于法律行为类型化的目的和意义的概述参见 *Kübler*, Gesellschaftsrecht, 4. Aufl. 1994, § 20, S. 267 ff。在最近的文献中,物权是法定虽然被讨论,但其充分的理由仍然像数十年前那么强大,例如 *Hueck/Windbichler*, Gesellschaftsrecht, 24. Aufl. 2017, § 1,5; § 2,1; § 4,1 und Vor § 37,1。

抵押债券法同样遵循着严格的法定类型化,[77]就像"抵押",更确切的说法为不动产的"银行抵押",[78]或者其他欧洲大陆国家相似的产物。公司债券[79]或者股票的立法以及投资立法[80]创造了稍微弱化的标准,并且这种标准并不波及延伸至其他金融产品,原因是德国及欧洲在英美统治的全球资本市场和全球资本自由流转的背景下,构建标准化的意图正逐渐减弱。在游戏、打赌、期货交易到自然债务的原始的权利贬值上,[81]金融产品的权利法定原则的萌芽变得很明显,但有的成了反干预风暴下的牺牲者,有意义的改变没有被进一步推进。[82]

---

〔77〕 此外,抵押债券法案和 Stöcker, Bankrechts-Handbuch, Bd. Ⅰ, 5. Aufl. 2017, § 86a;关于抵押债券法的重构参见 Stürner, Die Sicherung der Pfandbrief-und Obligationengläubiger vor einer Insolvenz der Hypothekenbank. Geltendes Recht und Reformvorschläge, 1998;详细的关于法定的抵押债券和美国法上约定的抵押债券的区分可参见 Stürner/Kern, Deutsche Hypothekenpfandbriefe und U. S. -amerikanische Deckungswerte, 2007, S. 75 . ff.;因为担心责任后果,著名的银行法律杂志拒绝公布这一区别对金融危机的作用。

〔78〕 就此另见 *Dufour*, in: European Mortgage Federation (Hg.), Mortgage Banks and the Mortgage Bond in Europe, 4. Aufl. 2003, S. 110 ff.; *Kälberer* DLK 1999, 634 ff.; *Kern*, Die Sicherheit gedeckter Wertpapiere, 2004, S. 100 ff.;关于旧的法律参见 *Stürner*, Hypotheken pfandbriefe und Beleihung in Frankreich, 1994, S. 55 ff。

〔79〕 参见 § § 793 ff. BGB und das Schuldverschreibungsgesetz vom 4. 12. 1899 (RGBl. 1899, 691; BGBl. Ⅲ 4134 – 1);关于最近彻底的改革参见 *Leuering/Zetzsche* NJW 2009, 2856 ff。

〔80〕 关于投资法和投资法典(KAGB)和它的改革,以及它的前身及其欧洲法律框架参见 *Köndgen/Schmies*, in: Bankrechts-Handbuch, Bd. II, 5. Aufl. 2017, § 113; die Richtlinie 2011/61/EU vom 08. 06. 2011 适用于可供选择的投资基金(对冲基金和私募股权基金)但不包含真正的类型化,而是监管规则、风险管理规则、商品化规则。

〔81〕 投机交易、期货交易、金融期货交易的可容许性的历史尤其参见 MünchKommBGB/*Habersack*, 7. Aufl. 2016, § 762 Rn. 10 m. Nw。

〔82〕 关于当前金融危机的后果状况,特别参见 Kienle, in: Bankrechts-Handbuch, § 106 (Finanztermingeschäfte) 和 Jahn, daselbst, § 114 (Außerbörsliche Finanztermingeschäfte)。

(4)责任法的功能

传统的补偿思想在德国和欧洲大陆责任法中占据主导地位。[83] 毫无疑问,就此而言行为控制是有责任的债务人的补偿义务的完全有意的反映。[84] 一个尝试通过预防措施避免将不可控制的风险转嫁给个体的法律秩序,能够满足于补偿和反射模式的法律责任控制。

4. 组合社会的社会接受原因和"调控市场社会"

存在(像支持美国的"竞争社会"的可接受性一样)各式各样的理由来支持德国和欧洲组合社会的社会的接受性。[85] 具有绝对命令的唯心主义哲学、社会主义法律理论和教会伦理是不可被低估的原因,它们完全阻碍了个人主义理念(的发展)。利息获利、投机获利或者超过正当工作报酬的其他高的获利与基督教所推崇的道德是不一致的,这一点也在很长的时间内影响了德国和欧洲大陆社会。所谓的社会市场经济是社会伦理学和经济伦理学的表达。在这个模型中,除了公司利益最大化,公司对于某一区域的社会作用在公司的目标中占据同样重要的地位,它不仅仅是金钱企业价值可持续性的反映。

五、欧洲的和世界的市场自由作为英美法律文化理解接受的推动力

(一)通过一个极民主的立法者提高自由而不是通过相应的内容扩展作为英美竞争起源的基础

美国社会模式将个人利益追求作为经济、技术和社会进步的保证,它具有很强的自由倾向和达尔文主义的大致特征,相较于对自由具有很强束缚的欧洲

[83] 就此另见 *Wagner* AcP 206(2006),352 ff.,451 ff. m. Nw。关于传统的理解:*Larenz*, Lehrbuch des Schuldrechts, Bd. I, 14. Aufl. 1987, § 27 I, S. 423 f.; MünchKommBGB/*Oetker*, 5. Aufl. 2007, § 249 Rn. 8 f. m. Nw.; *Stiefel/Stürner* VersR 1987, 829 ff., 838 ff.; *Stürner*, FS Peter Schlosser, 2005, S. 967 ff。

[84] 参见 *Mertens*, Der Begriff des Vermögensschadens im Bürgerlichen Recht, 1967, S. 109 f.; *Thüsing*, Wertende Schadensberechnung, 2001, S. 16 ff.; *Dreier*, Kompensation und Prävention, 2002; *Möller*, Das Präventionsprinzip im Schadensersatzrecht, 2006。

[85] 详细的论述参见 *Stürner*, Markt und Wettbewerb, S. 53 ff., 59 ff., 70 ff., 78 ff. m. Nw。

大陆模式,它需要更少的规则。这些强制性的规则在欧洲得到更好的落实,当国家民主选举产生的、可以完成内容构建的立法者的作用出现弱化时,要通过强制性的规定予以贯彻。这不仅在欧盟,同时在世界范围内,通过世界贸易组织的主导出现这种情况。

(二)世界的和欧洲范围内的资本流通自由以及法律文化的竞争

世界的和欧洲范围内的资本流通自由对法律体系和法律文化竞争有着双重贡献,这种竞争有利于英美模式下的"竞争社会"。

1. 外国投资者的活跃

资本流动的自由促进了外来投资者的投资活跃,但是投资者往往只考虑其利润和盈利最大化,以至于在他们的企业管理决定中,经济和社会的地域结构往往很少被考虑到,而不像在考虑经济的可持续创造利润时往往会更多地考虑到这一点。这种论断不存在排外主义和贸易保护主义。相反,它反映了现实。利润最大化作为企业目标在一定方式下得以贯彻落实,该方式与纯粹的市场模式相切合,与社会集成的企业经营相对立。[86]

2. 立法机关的统治地位

自由流动且易挥发的资本权力决定了追求最大利润中在投资者、国家和劳动者之间的收益部分,投资者选择其偏爱的投资地以及它的法律和经济文化,这使投资人可以在利益分配中得到较大的比例。投资者在追求利益最大化主义的法律文化下被赋予特权,就此而言相较于欧洲大陆的法律和经济文化,他们更加倾向于将一个企业作为可交易的商品来理解的美国市场社会的框架。然而这就意味着,关于更好的"法律产品"的"法律秩序的竞争"主要取决于资本市场的权力,[87]这是一种质量评价的形式,它与在资本市场权力的要求下世界银行出具的数字上的法律比较"营商环境报告"是一致的。[88] 地方性的民主立法者剥夺权力的危险,只能通过在适当的地方性的资本约束机制的道路上对

---

〔86〕 这就是进一步片面传播,尚未被接受的份额持有价值学说的精髓;另参见 *Windbichler*, European Business Organization Law Review Vol. 6(2005), 507 ff., 513 m. Nw.; *P. Forstmoser*, Festgabe zum Schweizerischen Juristentag 2006, S. 55 ff。

〔87〕 这种观点可以从如下文章找到 *Eidenmüller*, Recht als Produkt, JZ 2009, 641 ff。

〔88〕 *Kern* JZ 2009, 498 ff.; *ders.*, Justice between Simplification and Formalism, 2007; aufschlussreich *Siems* RabelsZ 72(2008), 354 ff.

世界范围内资本流动的限制来应付。

六、金融危机是英美国家的"竞争社会"的现象?

以英美法系的法律文化与大陆法系的包括德国的法律文化的对立为背景,人们很难不把金融危机作为一个对于英美法国家的法律文化来说是典型的现象。

(一)起点:非法律标准化的"结构化资产担保债券"和真实售出模式

危机的起点是非法律标准化的"结构化资产担保债券"和真实售出模式。相对于从德国担保抵押债券银行发行的德国抵押债券和类似的法国国家抵押银行发行的资产担保债券,以及通过土地抵押权或者贷款索求来对抗公开所有者而设定附加的担保("双重追索权"原则),[89]美国的特殊目的实体/机构(spv)发行的则是结构化资产担保债券。这种债券是从贷款银行("originator",发起人)购买的抵押贷款索求,并且通过他们的资本和利息负担"结构化债券"的偿还费用。[90] 在真实销售模型下,只有特殊目的机构以其担保范围来担保这些债券(抵押贷款证券),而不是银行,在另外一些模式下银行或者第三方也会提供辅助担保。特殊目的公司不必用自己的资产垫付那些应收款项。

负担的地产如何估值,在债券发行的手册中有明确规定,每种发行债券的评估方法可能完全不一样,土地可能被完全抵押。而与之相反的是,标准的(欧洲)大陆抵押债券却要求从发行银行获得抵押贷款索求的本金垫付,地产评估在德国模型中主要是以法律固定形式进行的,[91]并且地产的抵押价值只能到达一个固定的百分比(在德国是60%)。[92] 这种情况下,受保护的"德国抵押债券"条款不允许某些不同风险级别的债券发行。在这样的法律标准化和类型化的要求下,是

---

〔89〕 参见 § § 1 Abs. 1,6,30 ff. PfandbriefG; zur Kongruenzrechnung zwischen Pfandbriefen und Deckungswerten die sog. BarwertVO vom 14. 07,2005。

〔90〕 关于模型的塑造特别参见 *Kern*, Die Sicherheit gedeckter Wertpapiere, 2004, S. 37 ff., 119 ff.; ferner *Stürner/Kern*, Deutsche Hypothekenpfandbriefe und U. S.-amerikanische Deckungswerte, 2007, S. 49 ff., 75 ff。

〔91〕 § 16 PfandbriefG iVm der Beleihungswertermittlungsverordnung vom 12. 05. 2006.

〔92〕 § 14 Abs. 1 PfandbriefG.

不太可能出现经济危机爆发前大量流通的“有毒”的有价证券。欧洲的公开的资本市场也允许发行这种受合同约束较弱的担保型的有价债券，（评估机构给出较高评价的）欧洲银行和金融机构还在其中做出多种投资组合。

（二）缺少法律的预设

在美国法律中，购买住房抵押贷款证券（MBS）以及债务担保证券不需要中立的第三人的参加即可进行。[93] 审查和披露土地上的十万倍的负担，对于金融交易的直接参与者和潜在参与者而言没有意义。因为抵押担保的贷款债权的书面契据立即由一个特殊目的组织作出。如今在欧洲大陆或者德国，公证处实际上并没有义务对地产的价值进行告诫。[94] 但是一般根据经验公证处都会指出一些引人注目的价值评估，尤其是当他们了解到了地域性的关系（题外话：这另外又与欧盟委员会关于公证废除的趋势相对立）。[95]

因为在土地抵押权的价值和地产价值之间存在的大量的引人注目的误解，这就要求登记的协作，所以这种协作就和不被允许的和不诚实的目的如此之近。以至于公证处就连它的职务行为也必须拒绝（指公证处不履行职责）。也有证据表明，在中立的第三方的参与下，这种大量的欺诈行为甚至不会被尝试。因此美国在危机之后出现这样的呼声并非没有道理：在危机之后，人们呼吁在这种交易上将公证参与作为改革方案引入。[96]

---

〔93〕 土地交易法的综述参见 *Baur/Stürner*, Sachenrecht, § 64 Rn. 46 ff., 52 f.; ferner in englischer Sprache *Murray/Stürner*, Civil Notary, Ch. 6; 新近的研究参见 *Resch*, Sicherungsinstrumente beim Grundstückserwerb, 2016, insbes. S. 113 ff., 162 ff。

〔94〕 原则上不存在经济风险劝导的义务，只要它不能从法律的设计中像这样推导出来，关于公证法律责任的基本原则参见 *Schippel/Bracker*, BNotO, § 19 Rn. 9 ff。

〔95〕 关于理想的登记市场委员会参见 *Stürner*, FS Dieter Leipold, 2009, 835 ff., 845。

〔96〕 特别的 *Robert J. Shiller*, The Subprime Solution, 2008, S. 130:“另一种可能的违约的情况是要求每一个抵押借款人能够获得专业人士的帮助，类似于民法公证人。这种公证人在许多国家都有，虽然美国没有。例如，在德国，民法公证人是受过培训的法律专业人员，在签字之前，他们大声朗读和解释合同，并向双方提供法律咨询。这种方法特别有益于那些未能获得合格和客观法律建议的人。这样一个政府任命的人参与抵押贷款过程，将更难以使那些不道德的抵押贷款人将他们的客户引向富有同情心的律师，而这些律师不会充分提醒客户他们可能面临的风险。”

(三)具有风险且不受限制的交易行为作为不受限制的私法自治后果

只要行为相对人关于风险能够被充分告知并仍然决定冒此风险,那么不受限制且具有风险的交易与法律行为私法自治的理念是一致的。就算人们在销售和转售这些结构性债券时,把正确的信息藏在背后(不是所有类似的风险的证券化行为都以欺骗性的抵押贷款为基础),仍然存在这样的问题,不受控制的私法自治风险的扩张,(尤其在所谓的衍生金融产品领域,以及与此相联系的错综复杂的风险分散)是否是自由市场严重性系统错误,因为它大量的实践,使人们难以对这样的风险形成概览。

(四)市场信息模型的失灵和它的信息媒介中心

就与现代英美金融市场文化构想相一致的正常运转的市场而言,置身其中的知情的市场参与者应该完全不会购买后来会萎缩的金融危险品。人们虽然不能假定,每一个市场参与者都能够正确地进行风险分析,但是人们选择信任信息媒介中心,〔97〕它在一个评估的自由市场中指明真正的风险状况,特别是信用评级机构〔98〕和具有经济和金融市场覆盖率的媒体。〔99〕但是人们不能忽视,自由的评估市场使评估完全依赖于费用和任务,使客观性不能得到保障。同时人们很少意识到,很多风险产品的合同形式被设计得如此复杂,部分产品现在仍是如此,对于评估者来说,客观的评价是几乎不可能的。

(五)作为价值创造、经济和社会进步动机的利益追求绝对化

人们经常说,贪婪的小人将一个正常运转的体系错误地运用。〔100〕这同样也适用于有着错误的分红制度的银行业者,这种分红制度原来只把营业额放在主

---

〔97〕 在危机之前就已经提及参见 *Stürner*, Markt und Wettbewerb, S. 95 f. m. Nw。

〔98〕 就此问题另见 *Möllers* JZ 2009, 861 ff. m. Nw.; ferner *Blaurock* ZGR 2007, 603 ff。

〔99〕 关于金融市场报告问题特别的参见 *Flaig*, Wirtschaftsjournalismus und Markt-Notwendigkeit und Ansätze einer Regulierung, 2009。

〔100〕 前世界银行行长詹姆斯·沃尔芬森在接受采访时表示(Der Spiegel vom 05. 01. 2009, Nr. 2/2009, S. 89 ff.):不是这个体系驱动了全部。而是个人创造了资本主义的过甚,它并非存在于体系中,而是个人想要从中获得好处,而法律对此并无适当的规定。

题位置,不考虑售出货物的价值和质量,现在仍有部分如此。[101] 正是这一点往往被忽视,占据主导地位的新自由主义市场概念将人类利益追求看作价值创造、经济和社会进步的动机,并由此出发,认为所有市场参与者对利益的追求所造成的服务和商品的价格是符合市场公平的,因此并不需要受到监管。[102] 金融市场的崩溃与这些假设的基本知识的共存产生了冲突,就此而言,证券购买者的贪婪不亚于卖方和中介人的贪婪,因此道德的暗示搭上了虚伪的列车。这种购买形式最终陷于过高的投资利润——它超过了与源自“忠实勤勉劳动”的欧洲大陆传统伦理标准相符合的利润,并且打破了所谓的社会均衡。[103]

七、避免未来危机的法律选择——美国的或者传统欧洲大陆的法律模式?

市场,这个比国家调控更智能的命题明显遭到了损害,从这点来看纯粹新资本主义特色遭受了一定程度的打击。因此在西方文明的进程中,人们对国家需要加强规制达成了一定的一致。

(一)作为美国法律和经济文化的特色的间接调控

谈及美国方面加强对私法自治设计的干预时,他们的特色更像是一个间接调控。它们不干预或者很少直接干预金融产品的直接设计,而是更喜欢间接产生的影响。克服美国金融危机的重要规则出现在多德 - 弗兰克法案和消费者保护法中。[104] 这些规则主要是有关通过扩大监督权限和持续的数据收集从而达到的更高透明度的措施(金融稳定监督委员会和金融研究办公

[101] 公开的讨论集中在无能为力的银行从业者的红利规则,也许是因为它是关于一个清晰的和通俗易懂的观点,金融危机对其影响不应被高估。立法者的后果是法律规范董事会的津贴的适当性(参见 *Seibert*, Zeitschrift für Wirtschafts-und Bankrecht 2009,1489 ff. m. Nw.)以及银行法的改变,预先规定红利支付绝对的和相关的界限。

[102] 新自由主义经济理论的“经济人”概念的总结参见 *Stürner*, Markt und Wettbewerb, S. 128 f。

[103] 在前面第四部分第二小节 d 部分已经提及。

[104] Public Law No. 111 - 203; 好的概要如 *Spindler/Brandt/Raapke* RIW 2010,746 ff. mNw。

室)、通过具有消费者保护规则提案权的相应机构来改善消费者信息、美国证券交易委员会(SEC)针对“不良行为者”(bad actors)出台的禁令和惩罚、在股东权利加强下强化了金融公司的公司治理,尤其通过补偿或者额外支出以及赔偿委员会的设立,加强对透明性对冲基金的监管、对评级机构的调控,避免其利益冲突并加强其独立性。这些规则主要包括通过透明性义务规范衍生市场、危险金融机构和来自银行特别出售的救助基金的清算程序,扩大咨询义务的义务程度(尤其是住房贷款的咨询义务),在原则上区分现金交易和有价证券交易的情况下部分地回到分离的银行体系。增加银行的自有资本的程度与巴塞尔银行监管委员会给出的建议是一致的。欧洲已经迅速地开始采取相类似的措施,但并没有过多地展开其想象力[105],因为在欧洲财政金融领域,危机的前沿领域已经和英美国家的模式相一致。[106] 最终落实到实处的改变与多德-弗兰克法案和美国改革“一揽子”计划有诸多相似,例如,改善的自由资本储备[107]、改善金融机构的公司治理(风险管理、薪酬监管、禁止权利)、[108]改善证券公司的监管和透明度、有组织的交易系统、规范化的市场、[109]有组织地分开投资信贷业务和投资银行业务,以及有价证券交易、在具有超过100,000欧元存款保障的债权人参加下的风险机构的银行清算(有义务出具清

---

[105] 评级机构:命令设立欧洲议会和理事会关于评级机构的建议(2008年11月12日),KOM(2008) 704(参见 *Möllers* JZ 2009,861 ff.,864 ff.);银行和有价证券监管:宏观层面的共同的金融监管和一个关于系统性风险的欧洲委员会的成立的建议(2009年9月23日),KOM(2009) 499;命令设立欧洲银行监管机构的建议(2009年9月23日),KOM(2009) 501;命令设立一个欧洲有价证券监管机构的建议(2009年9月23日),KOM(2009) 503;参见委员会办事机构的工作文件(2009年9月23日),SEK(2009) 1235;可供选择的投资基金(对冲基金,大宗商品基金,私募股权基金):可供选择的投资基金管理人的规则的建议(2009年4月30日),KOM(2009) 207;应收账款和证券化的自有资本储备(信用加权)以及银行工作人员的报酬原则:规则改善的规则的建议 2006/48/EG und 2006/49/EG;关于应收账款和混合证券化和监督的报酬模型的资本要求 SEC(2009) 974/975。

[106] 这个发展的概括如 *Binder* ZGR 2015,668 ff.,675 ff. mNw。

[107] VO(EU) Nr. 575/2014,„CRR-VO“.

[108] 准则 2013/36/EU,„CRD VI“。

[109] 此外详细的参见 *Binder* aaO S. 695/696。

算计划)、[110]评级机构的监管和规范、[111]欧洲区域的银行联盟(欧洲监督机构:欧洲银行监督管理局、欧洲证券及市场管理局、欧洲保险和职业养老金管理局)、银行共同的维稳基金(欧洲稳定机制,之前是欧洲金融稳定机制,即ESM和以前的EFSM)。[112] 最终,这些措施以“市场理性原则”[113]为根基,通过自己的改善,朝着金融危机前建立的金融市场体系方向发展。在金融市场体系中,财政金融占据经济生产领域的主导地位。然而最近10年英美金融文化的基本理念相较之前的传统迈出了一大步,但改革的步伐却远远未及一个对市场自由直接的立法安排,这一点在欧洲大陆的法律传统下始终得到发展。在美国到目前为止,只有在万不得已时,很温和的法律家长主义的代表才寻找到了支持者,正如它们使人觉得通过公民对立法的外部建议是最理想的(微调主义)。[114]

(二)欧洲大陆直接监管的法律传统:金融产品的类型化和权利法定

间接的监管措施只能在一定程度上进行补救,因为一些信息留有空白,同时人们又拒绝内容的架构。所以,就自有资本要求和相联系的资本储备问题,人们提出了银行证券产品评价的问题,评价是关于看起来杂乱的设计和无法客观的平衡风险。当人们通过金融产品的标准化使信息量大大缩减,必要资本关系得到依法确定时,清晰透明才能为市场参与者和监督者而创设。如此的标准化必须充分权衡风险投机的金融产品的益处和损害,从而对有益的投机产品创造一个权利法定原则,也可以说是排除有害的金融产品,或者说是将有害的金融产品限定在银行和投资人的金融产品中很小的一部分。这些有意挑选出来的金融产品的法定的类型化和标准化有助于产品交易法律的明确性和安全性,就如同大陆法系的物权法和最原始的有价证券的法定类型强制。如果管理权限扩大的同时而自由领域的法定却没有扩大,就像它现在被视为唯一的出路,则官方权力会存在危险,一方面权力监管着法治国家的问题,另一方面由于权力的庞杂化,效率非常有限。如果去计算英美法在物权法领域通往物权法定已经走过了多久的时间或者未来还要经历多久,恐怕人们还要再等10年。反过

[110] 主要的准则 2014/59/EU,„BRRD“。

[111] VO(EG) Nr. 1060/2009(„Rating-VO“).

[112] 此外概览如 *Haltern*,Europarecht,Band I,3. Aufl. 2016,Rn. 238 ff。

[113] 合适的分类如 *Langenbucher* ZHR 177(2013),680 ff。

[114] 此外见 *Thaler/Sunstein*,Nudge,2009。

来这表明,只有少量的经济分析的标准支持或者反对类型化和类型法定原则。然而西方社会的分裂表明右翼势力的复活,这种分裂也是金融危机迟到的后果,目前的市场模式仍然遵循新自由主义的构想,这种构想不能够正确地适应弱势群体。欧洲法律文化将只能保持对它自己良好传统的忠诚,当它存在与英美法律文化的较量时,不得已时只能走自己的路。

(三)通过加强责任的控制

上文已经指出,一个传统英美国家的反应是呼唤市场参与者的责任,〔115〕这种责任"滥用"了私法自治,在这件事上考虑到了民法和刑法的责任。欧洲和德国的法律文化就此开始了和美国的法律发展之间的连接。尽管在美国会被严厉制裁以及被要求承担责任,但是控制效果会被限定在一定范围内。一旦金融公司的责任在周期性的金融危机中起到了作用,除明确的法律冲突和舞弊情形之外,如果立法者自己没有明确预先规定在不公平中寻找公平的方法,那么管理者因为错误管理承担责任在这里就不是问题。在金融市场领域欧盟出现了问题,并且规定了错误的"蓝图",可能因为欧盟对自由市场的过去和现在都存在错误的理解。责任不能取决于人们离开赌场的时候是赢家还是输家——欧盟和其成员国不允许他们企业的不透明的和充满风险的金融产品进入到贸易市场。

八、结　　语

综上所述,十分肯定的是金融危机使欧洲及其各个国家在内容上所构建的自由及市场自由的传统道路上要么越走越远,要么在新的领域开辟新的道路。英美国家的法律文化对自由的理解在某种程度上既没有显现出新的发展,也没有完全作为一种典范而继续保持。相反,它却以一种危险的方式使得商业智慧和不诚实之间变得模糊,〔116〕因为法律并未预先规定具体的交易行为种类。但是

---

〔115〕 关于基础的责任讨论参见 *Wagner* AcP 206(2006),352 ff.,404 ff.;针对当代的"管理者责任"问题参见 *Lutter* ZIP 2009,197 ff.;*Fleischer* NJW 2009,2337 ff.;*Bosch/Lange* JZ 2009,225 ff。

〔116〕 这种现象容易扩展,能够改变社会风气。因为在持续不断的针对坏名单的防卫中保持着公正的情感是不真实的——这恰好是邪恶契约的诅咒,继续证明了,坏的魔鬼一定会出生。(*Friedrich Schiller*,Wallenstein,Die Piccolomini,Aufzug V,1. Auftritt.)

在长时间的波动期后，美国决定重新朝着市场自由权利内容方向发展，容忍周期性的瘫痪作为创新自由的代价。欧洲人并不需要去判断，这对美国来说现在以及将来是否是正确的路径。但是他们应当去判断，欧洲的社会和经济框架是否能够承受所有社会后果带来的冲击。关于这些基本问题的决定必须取决于民选的立法者，这些决定既不被作为正当的结论从自由权利中推导出来，也不在一个或其他方向上被科学地、精确地规定，尽管很多人相信，这是为了通过所有程度上不清晰的观点的衡量，摆脱政治和道德上的责任的决定。如果美国和欧洲国家在经济自由权利的实施上，采取基本模式下的不同变种，这对世界及其经济是没有坏处的——相反，在西方文明的内部，“多种资本主义形式”有利于共同均衡的发展。[117]

---

〔117〕 交易商品类型化丰富的优点参见 *Christoph Kern*，Typizität als Strukturprinzip des Privatrechts，2013。

中德法学论坛
第16辑·上卷,第214~229页

美国不成文宪法是什么
——司法审查的视角*

赵 娟**

摘 要:在美国,不成文宪法是一个学理概念,不是一个法律概念。与立法和执法活动相比,司法审查过程是不成文宪法"生成"的典型场域。从形式上看,不成文宪法表现为法院的宪法解释,同时也是宪法解释方式或者技术。美国成文宪法体制下的不成文宪法,是附随成文宪法而产生的,其存在的必然性源自成文宪法所具有的成文法的局限性,其合法性取决于其与成文宪法的文字和精神的契合程度。美国不成文宪法的存在,不是对成文宪法与不成文宪法分类理论的否定和颠覆,这种不成文宪法不是宪法类型,也非宪法体制。

关键词:宪法;美国不成文宪法;成文宪法;司法审查

Abstract: America's unwritten constitution is an academic concept, rather than a legal term. Unlike legislation or execution, judicial review is the typical "birth-place" of unwritten constitution. When it comes to format, unwritten constitution exists in the form of constitutional interpretation from courts, as well as the method

---

* 本文最初为中国宪法学研究会宪法学教学研究专业委员会2016年年会所作,感谢肖彤博士、董建同学在文稿修改过程中的帮助。

** 赵娟:南京大学法学院教授,南京大学-约翰斯·霍普金斯大学中美文化研究中心兼职教授,法学博士。

or techniques used for interpretation. Under the system of written constitution in America, unwritten constitution is a concomitant of written constitution, and the necessity of its existence is an inevitable result of the limitations of written laws, whose legitimacy depends on the consistency of its content and spirit. The existence of unwritten constitution in America is not to nullify or overturn the classification of written constitution and unwritten constitution. It is neither a category nor a system of constitution.

Key Words: Constitution; America's unwritten constitution; Written constitution; Judicial review

近几年来,一度不受重视的不成文宪法问题,日渐成为学者们关注的理论热点之一。在不少学者的研究中,美国存在不成文宪法的现象,不时被拿来作为论证成文宪法与不成文宪法之间不是并列关系的根据,进而成为论证中国不成文宪法的比较法根据。这很容易让读者产生一种印象甚至得出一个结论:以美国这个成文宪法的首创国之例,足以说明不成文宪法与成文宪法的区分是没有多大意义的,包括中国在内的成文宪法国家普遍施行的宪法至上原则(亦是成文宪法原理)似乎也失去了被坚持的理由。在笔者看来,问题或许并不那么简单。美国不成文宪法究竟是什么,仍然有必要从理论上加以澄清。本文即是这样一份努力。

一、美国何来"不成文宪法"?

众所周知,美国是世界上第一个成文宪法国家,与其"宗主国"英国的不成文宪法形成鲜明的对比,也开启了现代立宪主义——世界范围内的宪法类型或体制以成文宪法为主导——的历史。在一个成文宪法国家谈论不成文宪法,不是一件容易的事情,需要充分的理据,我们首先必须面对的一个问题就是:美国何来不成文宪法?

在美国,"不成文宪法"作为一个名词被提出,是在法学学术研究过程中。学者们对于不成文宪法的研究,最早可以追溯到 19 世纪末,20 世纪的研究成果最多,进入21世纪以来仍有学者投入其中。[1] 从整体上看,这些研究具有极强的本土性,是对美国宪法实践,主要是立法、执法、司法权力运作的考察和评价,以及对于宪法运作中各种内在与外在因素的观察和描述,较少涉及与外国体制和理论的对比,[2]针对的和回答的是美国宪法问题,展开分析和探讨的语境是成文宪法体制。可以说,美国不成文宪法既是一个老问题,又是一个新问题,甚至称得上是一个"常说常新"的问题。

综观这些研究可以发现,学者们对不成文宪法的认识,有共通之处,也有差异,各自的侧重点不尽相同。比如,有针对国会、总统、联邦最高法院的具体宪法实践的,那些不成文宪法即是在宪法文本之外支持或者支撑宪法实施的因素;[3]有专门针对联邦最高法院的审判活动的,即由案例展开,探究司法过程的不成文宪法问题,不成文宪法与司法审查的依据、合法性乃至推理技术有关;[4]有针对美国宪政运作的历史发展的,不成文宪法被从整体上抽象为宪政运作背

---

[1] See Christopher G. Tiedeman, *The Unwritten Constitution of the United States: A Philosophical Inquiry into the Fundamentals of American Constitutional Law*, New York and London: G. P. Putnam's Sons, 1890; Thomas C. Grey, Do We Have an Unwritten Constitution? 27 *Stanford Law Review* 703 – 718 (1975); Henry P. Monaghan, Civil Liberties and the Unwritten Constitution, 5 *Cornell Law Forum* 2 – 5 (1978 – 1979); Akhil Reed Amar, America's Constitution, Written and Unwritten, 57 *Syracuse Law Review* 267 – 288 (2006 – 2007); Lawrence B. Solum, Originalism and the Unwritten Constitution, 2013 *University of Illinois Law Review* 1935 – 1984 (2013).

[2] 在这方面,泰德曼教授的研究是个例外。See Christopher G. Tiedeman, *The Unwritten Constitution of the United States: A Philosophical Inquiry into the Fundamentals of American Constitutional Law*, New York and London: G. P. Putnam's Sons, 1890, pp. 16 – 45.

[3] See Akhil Reed Amar, America's Constitution, Written and Unwritten, 57 *Syracuse Law Review* 267 – 288 (2006 – 2007); Akhil Reed Amar, *America's Unwritten Constitution: The Precedents and Principles We Live By*, New York: Basic Books, 2012.

[4] See Thomas C. Grey, Do We Have an Unwritten Constitution? 27 *Stanford Law Review* 703 – 718 (1975); Thomas C. Grey, Origins of the Unwritten Constitution: Fundamental Law in American Revolutionary Though, 30 *Stanford Law Review* 843 – 893 (1978); Thomas C. Grey, The Uses of an Unwritten Constitution, 64 *Chicago-Kent Law Review* 211 – 238 (1988).

后的原则、理念,甚至传统、文化等。[5] 一个有意思的现象是:无论采用的是哪种研究角度或者研究方法,司法过程都是绕不过去的存在,司法审查与不成文宪法之间的关系被普遍承认,几乎所有研究都不同程度地提及相关案件或最高法院,司法审查过程中的不成文宪法成为学者们的共识。对这一现象的解释理由或许有很多,其中不排除:在美国宪政构架中,最高法院在宪法问题上居于举足轻重的地位,司法审查自然成为观察和讨论不成文宪法不可或缺的宪法实施过程。这也为我们观察美国不成文宪法问题提供了一个思路:由司法过程切入,应该是合理的视角。

论及司法过程的不成文宪法研究,美国当代著名法学家格雷教授堪为这个领域的权威,其代表作《我们是否有一部不成文宪法?》算得上是经典论文,[6] 故这里以解读格雷的论文为主线,同时观照其他学者的观点,由此对美国不成文宪法问题窥出一斑。

格雷是这样提出他的研究主题的:"在审查法律的合宪性时,我们的法官是应该自我设限,仅决定相关法律是否与源自成文宪法典的规范存在冲突?还是说,他们可以去执行自由和正义的原则,即使这些原则的规范性内容并未见之于美国建国文件的文本范围内?除却司法审查本身的正当性问题,这很可能是关于我们的根本法,我们所能提出的最根本的问题。"[7] 对此,格雷持肯定态度,他指出:"我们美国人确实生活在一部成文宪法之下,它在 1789 年得到通过

---

[5] 参见[美]劳伦斯·却伯:《看不见的宪法》,田雷译,法律出版社 2011 年版。另可参见 Christopher G. Tiedeman, *The Unwritten Constitution of the United States: A Philosophical Inquiry into the Fundamentals of American Constitutional Law*, New York and London: G. P. Putnam's Sons, 1890; Lawrence B. Solum, Originalism and the Unwritten Constitution, 2013 *University of Illinois Law Review* 1935 – 1984 (2013)。

[6] Thomas C. Grey, Do We Have an Unwritten Constitution? 27 *Stanford Law Review* 703 – 718 (1975). 根据 HEINONLINE 法律数据库的统计,截至 2015 年 12 月 11 日,这篇文章被引用次数高达 2972 次,居引证率前茅。此文的中文译本可参见[美]托马斯·格雷:《我们是否有一部不成文宪法?》,田雷译,载[美]托马斯·格雷:《美国法的形式主义与实用主义》,黄宗智、田雷选编,法律出版社 2014 年版,第 1 ~ 18 页。

[7] [美]托马斯·格雷:《我们是否有一部不成文宪法?》,田雷译,载[美]托马斯·格雷:《美国法的形式主义与实用主义》,黄宗智、田雷选编,法律出版社 2014 年版,第 1 页。

并自此后有过27次的修正,而且我们承认该成文宪法自我宣布为‘国土上的最高法律’。但是,我们还有一部不成文宪法去补充着这一最高的成文宪法,此不成文宪法是由建国文件所授权或至少为其所承认,并由我们的法院在两个多世纪内通过一种普通法的过程发展而成。当美国法院基于立法侵犯了根本权利而推翻制定法时,特别是当相关权利从来未曾得到原初宪法文本以及其后修正案所正式表述或保护时,不成文宪法就得到了最生动的自我呈现。"[8]因循格雷教授的研究思路,可以看出美国不成文宪法问题的由来:不成文宪法产生于司法过程。

在格雷看来,美国具有成文宪法的事实是确定的,不仅如此,1787年通过的美国联邦宪法——成文宪法——具有至上效力,这是成文宪法的固有品质,是首先必须被坚持和遵行的,法官的司法审查过程也必须受其约束,这是司法审查的前提,这一点没有疑问,在一般情况下,法官正是根据成文宪法来判断立法的合宪性的。这里的问题在于,对于那些体现了自由与正义且并没有被成文宪法所规定的原则,法官是否可以加以运用以判断立法的合宪性,以保护没有被成文宪法规定的权利,则是需要认真对待的。比如,对于那些没有被成文宪法文本写明的权利,法官能不能运用体现了自由和正义的原则——这些原则也没有被成文宪法明文规定——去审查立法的合宪性。正是在这样的情况下,不成文宪法被发现:它不表现为成文宪法的明确的文字和条款,而是体现了自由和正义的原则,在司法审查中被法官们运用,并据此作出立法是否违反宪法的裁判。可见,不成文宪法是由法院的司法实践发展出来的,不成文宪法是司法审查的产物。

在这里,不成文宪法不是一种宪法类型上的实体性的宪法概念,而是一个抽象的学理概念,包括格雷在内的诸多学者也是在宪法学研究的意义上使用这个概念的。不仅如此,这个名词是学者对于美国宪法实践的一种描述,更具体地说,是学者对于法院的司法审查实践的理论揭示和解说。当学者将司法审查过程中法官的这类审查活动与不成文宪法这个概念相关联时,实际上是对法官司法审查行为的认同:用不成文宪法来解说司法审查,反映了学者们的肯定和支持的立场。

---

[8] [美]托马斯·格雷:《美国法的形式主义与实用主义》,黄宗智、田雷选编,法律出版社2014年版,中文版序言(田雷译),第4页。

二、不成文宪法“似”什么？

如上所述，不成文宪法问题来源于或者说是“被发现于”司法审查过程，再进一步看，被学者称作不成文宪法的存在，比如格雷提到的“自由和正义”的原则，在形式上表现为法官在司法审查中对宪法所进行的解释：法官运用这样的原则之时，就是在解释宪法之时，或者说，不成文宪法实际上是法院的宪法解释，同时也是宪法解释方式或者技术，甚至可以归结为成文宪法司法适用过程中的一种实施机制——灵活性的机制，“不成文”在很大程度上是对于法官解释宪法的灵活性或者灵活地解释宪法的描述，这是克服“固化”缺陷的机制。

众所周知，普通法的传统是：法院适用法律必须首先解释法律，法院对于宪法的适用也不例外，解释宪法是法院分内之事。那么，为什么学者要将法官所进行的宪法解释与不成文宪法相关联呢？格雷认为，原因在于这样的解释具有特殊性——不成文宪法问题产生于司法审查领域，但是，已有的实践和研究不能够解说这个问题，需要用新的理论来解说，不成文宪法之说因此而诞生。更具体地说，马伯里诉麦迪逊案作为司法审查制度的起始性案件，〔9〕开创的是一种司法审查的“纯粹解释模式”。〔10〕此案的问题很典型，其核心点是制定法（国会制定的《司法法》）与成文宪法（《美国联邦宪法》）之间的冲突，马歇尔大法官直接运用成文宪法来评价和判断制定法，得出了违反宪法的法律不能约束法官的结论，启动了法院对法律的合宪性审查的历史。但是，这样的模式并没有“涵盖”司法审查的全部范围。司法审查过程是复杂的，标准的模式或者套路有时难以应付，成文宪法也不可能对所有问题特别是权利问题规定得详尽、具体，对于那些体现了自由与正义且又没有被成文宪法所规定的原则，法官是否可以加以运用以判断立法的合宪性，从而保护没有被成文宪法规定的权利，这是需要认真对待的。如果说马伯里诉麦迪逊案中法院进行司法审查的正当性已经被证明了，那么，当法官们运用成文宪法文本以外的原

---

〔9〕 Marbury v. Madison, 5 U. S. 137(1803).

〔10〕 参见［美］托马斯·格雷：《我们是否有一部不成文宪法？》，田雷译，载［美］托马斯·格雷：《美国法的形式主义与实用主义》，黄宗智、田雷选编，法律出版社2014年版，第1页。

则和价值来判断立法的合宪性的时候,这样的正当性何在?这就是格雷教授的问题——这样的正当性是需要被证明的。因为,在成文宪法之下,宪法才是法院行为的合法性和正当性的根据,失去了宪法根据,法院行为就是存疑的。在马伯里诉麦迪逊案中,马歇尔大法官论证司法审查的合理性时,曾经反复提到美国宪法的成文形式,正是成文宪法这一区别于传统英国不成文宪法的现实,使马歇尔的结论让人信服,当然,他在成文宪法基础之上得出的"成文宪法与普通法律存在明确冲突的情形时前者的最高性",也是其得出最终结论的重要根据。

不仅如此,根据格雷教授的研究,不成文宪法因保护公民宪法权利的需要而产生。格雷教授认为,不成文宪法问题并不是20世纪才产生的问题,这个问题19世纪就已经出现。而且,"在我国不成文宪法的历史上,19世纪的晚期是最具争议的历史阶段,在这一时期,联邦和州的法官积极进取地发展出一些宪法原则,保护'合同自由'免于劳工管制,同时限制对私人商业定价的税收和调控管制。这一历史走向所引发的回应,开启了政治和知识界对不成文宪法原则整个概念的持续攻击。"〔11〕当然,随着法院注意力和关注点的转移——从实体经济正当程序领域转移到公民宪法权利问题上,不成文宪法的问题即集中到了法院所发展出的新的宪法权利上。"我们的上一代已经看到了宪法权利更进一步的发展,这些权利显然——有时候是公然——并非根源于文本解释,主要有私隐权、投票权、旅行权以及'法律平等保护'适用于联邦政府后形成的权利。"〔12〕格雷教授总结道:"简言之,无论显白的文本表达还是隐微的含义,都有一种原初的理解:不成文的高级法原则具有宪法地位。从建国伊始,一直持续到美国内战,美国法院都基于该理念来展开行动,并且作为法院司法审查的一部分功能去定义和执行此类原则。第十四修正案的制定者意识到这段历史,通过该修正案第一部分的'宏大原则'再次确认了最初的理解。此后,美国法院已经公开宣称并且执行不成文的宪法原则,其过程并没有重大的断裂。"〔13〕

〔11〕 [美]托马斯·格雷:《我们是否有一部不成文宪法?》,田雷译,载[美]托马斯·格雷:《美国法的形式主义与实用主义》,黄宗智、田雷选编,法律出版社2014年版,第16页。

〔12〕 同上。

〔13〕 同上书,第16~17页。

由此可见,不成文宪法作为原则,其内容是自由和正义,只是这些自由与正义并没有被成文宪法的具体规范所涵盖或体现。法官运用不成文宪法原则所审查的案件的类型,集中在公民宪法权利争议问题上,"这种批评集中围绕着平等保护学说的新'根本利益'路径,以及在家庭和性事务中所出现的放任自由的私隐权"。〔14〕 时常被学者提及的案例是"堕胎案"。〔15〕 "案例包括私隐权以及在性私密事务内的选择自由,它们在成文宪法中无迹可寻,但在过去半个世纪内,确由法院援引去废止禁止避孕、堕胎和同性恋性关系的法律。"〔16〕可以说,在司法审查过程中,不成文宪法产生于司法过程保护公民宪法权利的需要。

这一产生的动因非常重要,值得强调。成文宪法内含了政府权力和公民权利两个维度的张力,当某种权利并没有明确出现在宪法文本之中,其是否受到宪法的保护就成为法院在司法审查过程中面临的问题,在这里,法官对于宪法文本的解释包含了某种"创造性"的成分——某些权利因为与宪法的精神相契合而成为宪法保护的对象,某些权利因为"深深根植于我们民族的传统"而被认为是基本权利并因此被纳入宪法保护的范围,等等。

三、不成文宪法的"合法性"何在?

不成文宪法基于保护权利的需要而产生,或许是其合法性的一个方面,需要进一步追问的是,为什么基于权利的保护而产生其就具有合法性呢?基于权利保护的目的或者目标而行使宪法并未规定的权力就是合法的吗?也就是说,目的或者结果的正当是否就意味着行为本身的正当呢?或者更准确地说,为什么不成文宪法是合法的?离开了成文宪法的文本,其还是合法的吗?

---

〔14〕 [美]托马斯·格雷:《美国法的形式主义与实用主义》,黄宗智、田雷选编,法律出版社2014年版,中文版序言(田雷译),第2页。

〔15〕 Roe v. Wade,410 U. S. 113(1973). 也称"罗伊案"。有意思的是,在美国,有的学者将不成文宪法产生的时点归为罗伊案的判决,也有学者认为,开始有不成文宪法的时点要远远早于罗伊案,美国法官从一开始就准备保护宪法文本之外的宪法权利。See Jed Rubenfeld,The New Unwritten Constitution,51 *Duke Law Journal* 289 – 305(2001 – 2002).

〔16〕 [美]托马斯·格雷:《美国法的形式主义与实用主义》,黄宗智、田雷选编,法律出版社2014年版,中文版序言(田雷译),第4页。

这可能是我们更应该关注的一个关键点。这也在很大程度上反映了美国宪法的成文性质和成文宪法体制的特点。合法性或者正当性的追问,是一个法治政府的根本问题。在成文宪法国家,一切权力的行使都必须在宪法中找到最终的根据,这是法治政府的基本要求,当权力在宪法之外运行时,其合法性和正当性就是存疑的。司法权力的行使也不例外。这也可以解释为什么"不成文宪法"之名词是由学者们总结的,而非法官们提出的。事实上,法官是不可能明确提出的,因为法官司法审查的根本依据是美国联邦宪法即他们的成文宪法,否则其审查的正当性即存在疑问,而学者们提出这个名词时,也是以一种不确定的,甚至是怀疑和质疑的语气和态度。在学者们看来,如果要把法官实践的根据归结为不成文宪法的话,那么最大的问题和最核心的问题就在于如何判断和证明这种依据的正当性和合法性,因为在成文宪法国家,任何偏离成文宪法的法律根据都被预设为不正当的,除非可以证明这样的偏离在实质上是符合美国联邦宪法的精神的,这也是为什么法官通常会将其依据追溯到联邦宪法的制定过程。

或者我们可以从另外一个角度看,这个概念也是学者对于司法审查实践的反思,反映了宪法学研究的现实关怀和实践理性。这个名词本身就已经隐含了学者们对于法官进行这类司法审查的合法性和正当性的承认或者认同。尽管他们认为这是可以讨论的,但针对是否存在不成文宪法的问题,"一种肯定的回答可以更好地符合美国实践的现实"。[17] 这样的态度事实上反映了学者们的法学或者法律立场——现实主义。正如格雷教授所言,他关于不成文宪法的一系列论文,"呼应着实用主义法律理论,共同批判了普遍化的形式主义,同时也强调实践以及实用理性作为根本法律规范的根源"。[18]

不过,即便是坚持实用主义立场的格雷教授,在对于不成文宪法的合法性问题上,也以成文宪法作为标准,这也可以说明,尽管实用主义可以解释或者说明宪法的实际存在是什么,而且应该承认这样的实际存在,但是,存在与合理之间距离的跨越必须由形式主义来完成,"当然,我们美国人确实生活在一部成文宪法之下,它在1787年得到通过并自此后有过27次的修正,而且我们承认该

〔17〕 [美]托马斯·格雷:《美国法的形式主义与实用主义》,黄宗智、田雷选编,法律出版社2014年版,中文版序言(田雷译),第4页。

〔18〕 同上。

成文宪法自我宣布为'国土上的最高法律'。但是,我们还有一部不成文宪法去补充着这一最高的成文宪法,此部成文宪法是由建国文件所授权或至少为其所承认,并由我们的法院在两个多世纪内通过一种普通法的过程发展而成。"[19]在这里,我们看到了两个关键的表达,一是不成文宪法的地位——是对于成文宪法的补充,不是超越,更不是替代;二是不成文宪法的合法性——是"建国文件所授权或至少为其所承认"。第二点十分重要,此处的建国文件即是美国联邦宪法,也可以这样认为,不成文宪法只有获得宪法的授权才是合法的,在最低程度上,也必须是为成文宪法所承认,关于承认,我们的理解是,并不是说要成文宪法的纸面的、以文字形式表现出来的承认,这个承认是指符合成文宪法的精神或者意旨。简言之,不成文宪法的合法性依赖于成文宪法,取决于其与成文宪法的关系,不成文宪法的合法性需要通过成文宪法来厘清、证成。在这方面,阿玛教授有相同的立场,他强调:"不成文宪政必须与成文宪政相连接,成文宪法不能被忽视和吞并。"[20]也就是说,成文宪法的基础性地位不可动摇。如果脱离了成文宪法去承认不成文宪法,不成文宪法则是很难成立的——无论不成文宪法表现为哪一种形态,或者被发现或出现在哪个权力分支,抑或哪个权力分支的哪个环节,其必须以成文宪法作为前提和基础。

四、不成文宪法问题的实质是什么?

由以上讨论可以看出,美国不成文宪法的研究在很大程度上是对于其成文宪法的研究,进一步而言,美国不成文宪法问题的实质是成文宪法问题,是成文宪法实践中的问题,不成文宪法问题的根源在成文宪法。

不成文宪法的存在,在客观上反映了成文宪法的局限性。与所有成文法一样,成文宪法也与生俱来地具有局限性,所以,解释宪法就像解释法律一样,成为宪法实施的重要环节,司法审查过程中的法官裁量——表现为宪法解释,也

---

〔19〕 [美]托马斯·格雷:《美国法的形式主义与实用主义》,黄宗智、田雷选编,法律出版社 2014 年版,中文版序言(田雷译),第 4 页。

〔20〕 Akhil Reed Amar, America's Constitution, Written and Unwritten, 57 *Syracuse Law Review* 267 – 288(2006 – 2007).

就成为不可或缺的存在。当解释找不到成文宪法的根据的时候,解释本身就成为了宪法。这是成文法的宿命,成文宪法也逃不掉。

不成文宪法是成文宪法变迁的方式之一。不成文宪法事实上反映了宪法文本与宪法实施之间的关系(宪法文本与宪法实践之间的关系)。规范与事实之间的紧张关系,可以反映在任何一种法律关系之中,因为法律的滞后性决定了法律规范与客观的社会现实之间总是存在距离,因为"法律一制定出来就落后了"。但是在宪法关系中,因为宪法本身的特殊性,除了规范与事实之间的惯常矛盾之外,宪法的政治属性与法律属性之间也存在张力。问题的关键在于,法官进行着价值判断,如果说在马伯里式的传统司法审查模式中,法官们所进行的是对于法律的价值判断,因为是依据成文宪法来评判法律的合宪性,那么当法官们所依据的是不成文宪法的原则时,就不仅是对法律价值的判断,也是对宪法价值的判断,或者说,法官们在进行着宪法的价值判断。成文宪法要保持一种与时俱进的状态,修宪是一个途径,解释也是一个途径,不成文宪法的存在正是宪法变迁的途径之一。恰如格雷教授所言:"这个国家以及它的宪法都是古老的,正式的宪法修正案又极其困难,同时时移世易,因此宪法发展必须要有一定的空间,不仅要有修正案的轨道,还要有解释性的调适。"[21]

特别需要强调的是:不成文宪法对于宪法法治和变迁的作用和功能的发挥,是借助于成文宪法这个媒介完成的。而有些学者忽视了这一点,这是致命的忽视,离开了这一点,我们就不能够正确地理解成文宪法体制下的不成文宪法的意义。

值得注意的是,不成文宪法、司法审查与成文宪法之间存在关联性。实际上,司法审查与宪法变迁和发展之间存在关系。成文宪法的确定性是其优点,但也是其缺点,因为规范和文字本身所能够表达的意思毕竟是有限的,所以,成文宪法同样具有所有成文法的固有局限性。要保持一部成文宪法与时俱进,修改宪法是一种途径,但并不是唯一途径。法官在司法审查过程中对宪法的解释,也是更新宪法的一种方式。在美国宪法这个极其刚性的宪法形态下,修宪的难度非常大,在很多时候,是通过解释而不是通过修宪实现宪法的与时俱进。但是,解释的边界在哪里?几乎所有的司法审查案件,法官都需要解释宪法,没

---

〔21〕 [美]托马斯・格雷:《美国法的形式主义与实用主义》,黄宗智、田雷选编,法律出版社 2014 年版,中文版序言(田雷译),第 4 ~5 页。

有解释就没有适用,问题在于,在没有成文宪法的规范依据的情况下,法官的解释如何令人信服?也就是说,当法官将审查法律合宪性的根据诉诸成文宪法之外的原则时,谁、又以什么样的标准,能够确保法官不是在“滥用权力”?法官进行司法审查,必须在终极意义上证明自己判断的正当性,符合宪法——宪法文本的规范和宪法文字及其精神——才是正当的,不应该在宪法之外寻求正当性。最典型的现象是:关于合法性,法官们的办法或许更直观,无论他们在司法过程中“承认”或者“创设”了什么样的权利,都是以宪法文本的“正当程序”和“平等保护”两大原则作为宪法根据来说理的。比如,新近的“同性婚姻平权案”,[22]法院为同性婚姻权利提供宪法保护的根据即是宪法的“正当程序”条款,当然也用到了“平等保护”条款,而以罗伯茨首席大法官为代表的反对意见,则强调法院意见与宪法没有关系,显然,多数法官和少数法官对于同性婚姻作为宪法权利的合法性存在不同判断。

五、美国不成文宪法与英国不成文宪法何异?

前述探讨表明,美国不成文宪法是作为成文宪法的补充而存在的,是附随成文宪法而存在的;其产生于或者存在于成文宪法发挥作用的场域,离开成文宪法,是谈不上不成文宪法的;其存在的必然性在于,成文宪法与所有成文法一样,具有局限性,不成文宪法可以弥补这一局限性,实现成文宪法的与时俱进;其合法性以成文宪法为根据,更具体地说,不成文宪法的合法性取决于其与成文宪法之间的关系——是成文宪法所能承认的,或者是与成文宪法相契合的。

那么,被美国学者称作不成文宪法的存在,与英国的不成文宪法是什么关系?二者是一回事吗?美国存在不成文宪法的现象,是不是对成文宪法与不成文宪法之分类理论的否定,以至于区分成文宪法与不成文宪法成为不必要?可以说,我们对于美国不成文宪法的承认,并不是对成文宪法与不成文宪法之分类的否定,相反,通过观察被美国学者称作不成文宪法的存在,可以让我们更清楚地发现成文宪法与不成文宪法界分的意义。

成文宪法与不成文宪法是宪法学研究对于宪法类型的一种划分。传统宪法学理论认为,就宪法的形式而言,宪法可以分为成文宪法和不成文宪法,所谓

---

〔22〕 Obergefell v. Hodges,576 U.S. ___(2015).

成文宪法是具有法典的宪法,不成文宪法是不具有法典的宪法。比如,英国是不成文宪法,美国是成文宪法,前者只有宪法性法律,后者有宪法典,成文与不成文之间的不同只在于形式,或者说,二者之间只有形式上的不同而没有实质上的不同。

但实际上,作为宪法类型,成文宪法与不成文宪法之间存在实质性的差异。其中最突出的一点就是:在不成文宪法国家,比如英国,[23]其核心的宪法原则是"议会主权"或者"议会至上",这是一条代议制民主政治运作机制的规则,体现了政治过程在国家统治和治理中的决定性作用和议会的至上地位,英国不成文宪法体制所展现的是其宪法的鲜明政治性质或者政治属性。而在成文宪法国家,比如美国,成文宪法兼具法律属性和政治属性,也就是说,宪法既是政治性的,也是法律性的,而且更重要的是法律性的。不仅如此,成文宪法国家的统治秩序是建立在成文宪法的基础之上的,该统治秩序的最顶端不是议会,而是宪法即宪法典,"宪法至上"即体现了成文宪法的这一特质。因此,成文宪法与不成文宪法不仅是宪法类型上的不同,也是宪法体制上的差异。区别于不成文宪法体制,成文宪法体制下,所有国家权力都在宪法的约束之下,立法权、行政权、司法权不能够超然于宪法之上。特别是立法权,其受到宪法约束的状态尤其需要强调,因为,不成文宪法体制下的立法权超然于其他权力之上,没有任何权力可以约束立法权,成文宪法则不同。可以说,成文宪法开启了将政治转化为法律的历史。成文宪法作为政治的法律化,旨在实现对于权力的法律化控制即对于政府的法律控制,也就是实现政府权力在宪法之下,无论是什么类型的政府权力都不例外,尤其是立法权力。成文宪法作为政治规则的载体,以宪法文本形式为一国政治设定最基本的规则和要求,使政治运作法律化,同时,与法律一样,宪法具有规范性特质,规范性在于其确定性和强制性的品格,这样的特质使宪政区别于任意、反复无常、随心所欲的政治,从而防止统治者的恣意。[24] 这或

〔23〕 更准确地说,是加入欧洲共同体之前的英国,近半个世纪以来,英国已经不完全是不成文宪法体制。当然,2016年英国全民公投之后,情况又发生了变化,英国如果最终脱欧成功,那么其宪法体制是否能够回到、如何回到原来的不成文宪法体制,则是一个值得观察的问题。

〔24〕 以上关于成文宪法与不成文宪法关系的讨论,可参见赵娟:《中国宪法的成文性质与司法适用》,法律出版社2015年版,第29~36页。

许可以解释：为什么尽管在总体的法律传统上，美国承继了英国，但在宪法问题上，美国却选择了不同于英国的另外的形式——制定成文宪法。

不同的宪法体制决定了不同的宪法存在和发展形态。在英国不成文宪法体制下，是无所谓成文宪法与不成文宪法的，这里的意思是，英国不存在成文宪法典，不仅是与美国在宪法形式上的差异，而且实质也根本不同。在成文宪法体制国家，成文宪法典具有最高法律效力，也就是宪法至上，宪法典成为整个国家法律效力体系和层次的“统帅者”，法律规范之间的效力等级次序是确定的，而在不成文宪法国家，法律规范之间的效力等级次序是不确定的，不存在作为最高法律的宪法。所以，在成文宪法体制下讨论不成文宪法问题，其实质只能是：不成文宪法以成文宪法的价值作为价值，其合法性取决于其与成文宪法之间的契合程度，不成文宪法作为成文宪法发展和变迁的过程的产物，补充着成文宪法的不足，在大多数情况下，作为法院司法审查过程的宪法解释，约束着所有国家公权力，有时，也可以说是“过渡物”——由法院的宪法解释最终成为确定的宪法文字即体现为宪法修正案。在这个意义上，不成文宪法是成文宪法发展和变迁的一种方式或者途径。

因此，美国不成文宪法，既不是宪法类型上的不成文宪法，也不是宪法体制上的不成文宪法。美国成文宪法体制决定了美国不成文宪法的性质，美国不成文宪法存在的前提是成文宪法体制。美国不成文宪法是成文宪法体制下的不成文宪法，不是不成文宪法体制下的不成文宪法。美国不成文宪法不是一个与成文宪法相并列的概念，而是一个从属于成文宪法的概念，其本身不构成一种独立的宪法形态，不具有英国不成文宪法的性质。这样说，可能有咬文嚼字之嫌，但这个前提是需要澄清的，否则，我们即会混淆两种不同宪法体制，作出错误的判断。我们把“美国不成文宪法”替换成别的什么名词来替代，都是可以的，比如“看不见的宪法”“隐藏的宪法”“文本之外的宪法”，等等，无论叫什么名称，其性质都不是英国不成文宪法意义上的不成文宪法。

六、结语：不独是美国法问题？

总结本文的讨论，在美国语境下，被学者们称作不成文宪法的存在物，形式上是司法过程中法官为了保护公民权利的需要而对成文宪法所作的解释，抑或是宪法解释方式。不成文宪法“依附”成文宪法而存在，与宪法典之间不是并列关系,而是依从关系,不成文宪法并不能够脱离成文宪法而存在,也不能够自己证明自己的正当性,其合法性取决于成文宪法,需要从成文宪法那里寻得根据和支持。与英国的不成文宪法体制不同,美国不成文宪法不具有宪法体制和宪法类型上的意义,而是成文宪法的局限性所带来的附随性现象。值得强调的是,美国学者对于不成文宪法问题的研究,是在其成文宪法体制下展开的,这个前提是不可以被忽略的,也为所有成文宪法国家的同类研究提供了经验。

需要注意的是,同样作为成文宪法国家,在宪政发展的不同阶段,理论家对于不成文宪法现象的理解存在差异。比如,在法国,学者们关注的焦点一度是:宪法的真正含义究竟是什么,抑或谁才是真正的宪法,是形式上存在但并未充分实施的成文宪法典,还是在宪法典之外实际发挥作用的规则——这样的规则为国民所认可——即宪法习惯法或不成文宪法。[25] 这种"非此即彼"的选择和判断,实质上是对政治实践与宪法文本之间的背离状态的反思,也是成文宪法典的法律地位没有被确立以及成文宪法的至上效力尚未得到落实时的纠结甚至无奈,这或许是绝大多数处于宪政不发达阶段的成文宪法国家都会面临的共同问题。而在当代德国,基于《德国基本法》作为成文宪法的规范意义得到了真正实现,学者们对于不成文宪法的讨论多在成文宪法的秩序前提下展开,比如宪法学家黑塞教授指出:"如果一部宪法是成文宪法,那么它的稳定性和理性化的功效便会得到增强。……当宪法内容被概括成一段文字,并且通过文本解释的方法能够被说明时,成文宪法就对产生各种不同理解的可能性进行了限制,并且为宪法的具体实现提供了固定的标准。"[26] 黑塞教授认为,成文宪法不是一个"无缺漏"的系统,因而需要非成文宪法法律的补充,但"为了实现成文宪法的功能,不允许以不成文法律作为借口来取代成文宪法"。[27] 不仅如此,宪法的拘束性规定构成了宪法解释的边界或界限,"释宪者在何处逾越了宪法的界限,那么他就不再是解释宪法,而是修改或者背离了宪法。而这两种情况在现行法律中,对于释宪者而言都是属于被禁止的。即便在某个问题通过宪法具体

[25] 参见肖彤:《法兰西第三共和与勒内卡皮唐的宪法习惯法理论》,载《法理》2018年卷(总第4卷)。

[26] [德]康拉德·黑塞:《联邦德国宪法纲要》,李辉译,商务印书馆2007年版,第24~25页。

[27] 同上书,第26页。

化也无法得以适当解决的情况下,受到宪法拘束的法官也不能任意选择解释宪法的观点。"[28]这些认识与美国学者有异曲同工之处,反映了对于成文宪法秩序的坚持和强调。在整体上,如果说美国不成文宪法理论具有普遍意义的话,无疑是对成文法局限性的思考。例如,囿于局限性,法官在具体案件审判中必然需要对成文法进行解释,这是克服局限性的途径之一。但司法过程的解释空间有多大,其界限怎样确定,如何防止法官脱离或超越成文法本身致使形式上的"解释"演化为实质上的"造法"等,都是"永恒的难题",美国理论有助于启发我们审慎地处理此类难题。

[28]　[德]康拉德·黑塞:《联邦德国宪法纲要》,李辉译,商务印书馆2007年版,第54页。

中德法学论坛
第16辑·上卷,第230~244页

国家破产

汉斯-弗里德里希·穆勒*著　王延云**译

摘　要:设立一个针对国家的破产程序是非常值得讨论的问题。本文首先通过阿根廷和希腊的破产案例阐明,国家破产相关法律规则的缺失会导致怎样的难题。其次分别从法律确定性、延期清偿、纳入私人债权人和警示功能四个角度阐述了国家破产程序的优点,并且驳斥了以国家主权和融资难度加剧为依据的反对意见。再次本文批判地探究2013年生效的关于《欧洲稳定机制条约(ESM)》的解决方式,重点在于探讨,该条约对于此破产情形是否为一种可行的选择。最后简要介绍《美国破产法》针对地方政府的第九章之破产程序,并以底特律为例,提出该程序或许能作为国家破产程序之具体安排的模板。

关键词:国家破产;破产程序;欧洲稳定机制;地方政府破产

Zusammenfassung:Die Einführung eines Insolvenzverfahrens für Staaten ist ein Thema,über das es sich zu diskutieren lohnt. Dieser Artikel zeigt zunächst am Beispiel von zwei Fällen aus neuerer Zeit-der Insolvenz Argentiniens und Griechenlands-,welche Probleme sich aus dem Fehlen einschlägiger rechtlicher Regeln ergeben. Zweitens werden die Vorteile des Insolvenzverfahrens für Staaten aus den vier Aspekten der Rechtssicherheit,des Moratoriums,der Einbindung privater Gläubiger

---

* 汉斯-弗里德里希·穆勒(Professor Dr. Hans-Friedrich Müller):德国特里尔大学教授。

** 王延云:南京大学中德法学研究所硕士研究生。

und der Disziplinierungsfunktion dargelegt, und die Einwände, die auf der Staatensouveränität und der erschwerten Kreditfinanzierung beruhen, werden zurückgewiesen. Im Anschluss wird dieser Artikel sich kritisch mit dem Lösungsansatz des 2013 in Kraft getretenen Vertrages über den Europäischen Stabilitätsmechanismus(ESM) auseinandersetzen. Die Schwerpunkt liegt darin, ob die hier vorgesehenen Klauseln für den Insolvenzfall in den Anleihebedingungen, eine tragfähige Alternative sind. Am Ende wird der Artikel die Stadt Detroit als praktischen Anwendungsfall zeigen und einen Blick auf das Chapter 9 – Verfahren des US Bankruptcy Codes für insolvente Kommunen werfen, das als Modell für die konkrete Ausgestaltung eines Insolvenzverfahrens für Staaten dienen könnte.

Schlüsselwörter: Die Insolvenz von Staaten; Insolvenzverfahren; Der Europäische Stabilitätsmechanismus(ESM); Insolvente Kommunen

早在 1820 年,英国经济学家大卫·里卡多就把国家债务认为是一种“最令人恐惧的负担(……),其往往会导致一个民族的不幸”[1]。与之相对地,美国首任经济部长亚历山大·汉密尔顿却把国家债务视为一种福祉,因为它“是联结共同体强有力的纽带”[2]。德国国民经济学家洛伦兹·冯·施坦因认为:“一个没有债务的国家要么没有努力创造未来,要么对其当下索取过多。”[3]那么国家债务到底是负担还是福祉?法学家们如此回答:“这要分情况判断!”当它带来了对于未来的投资之时,债务可以是有意义的。当它的消费是由未来几代人来负担之时,债务也是值得疑虑的。特别是当债务人处于无法偿还的境地之时,国家债务是尤其可怕的。历史上,国家破产的情况时常出现,仅仅自 19 世纪初以来就发生了超过 250 起。然而,直到现在,我们都缺少一个能够解决这一危机的法律框架,我们还没有针对主权国家的破产规范。我想首先通过两个近期发生的案例,即阿根廷和希腊的破产来阐明,相关的法律规则的缺失会导致什么样的问题(一)。其次,我会进一步讲述国家破产程序所能提供的好处(二),当然我也同样会分析反对国家破产的意见(三)。再

〔1〕 引自 *Waibel*, in: Kodek/Reinisch(Hrsg.), Staateninsolvenz, 2. Aufl. (2012), S. 55, 58。

〔2〕 引自 *Waibel*, in: Kodek/Reinisch(Hrsg.), Staateninsolvenz, 2. Aufl. (2012), S. 55, 58。

〔3〕 *V. Stein*, Lehrbuch der Finanzwissenschaft, 1871, S. 666.

次,我想批判地探究2013年生效的关于《欧洲稳定机制条约(ESM)》[4]的解决方式。重点在于,前述条款对于破产的情况而言是否算得上是一种可行的选择(四)。复次,我会简要介绍美国破产法针对地方政府的第九章之破产程序,该程序也许能作为国家破产程序之具体安排的模板(五)。最后我会作一个简短的总结(六)。

一、问题的提出:阿根廷和希腊的案例

我们首先从阿根廷开始谈起。这个南美洲国家在世纪之交陷入了一场严重的经济和金融危机。2002年年初,阿根廷宣布进入紧急状态并停止偿还外国债务。接下来,阿根廷政府和它最重要的几个债权人达成了进行重组的共识,其中包含减少超过75%债务的内容。超过90%的债务人接受了这一方案。接下来,阿根廷对那些参与该重组方案的债权人重新开始偿还债务。但其仍然拒绝偿还那些不接受该和解方案的少数债权人的债务。与之相关的一个重要概念就是对冲基金(亦被称为秃鹫基金),即(仅)以一小部分的票面价值在二级市场上收购债权,然后在将来要求对方偿付全部价款及利息。但在当年的总统基什内尔的领导下,阿根廷政府并不支持这种商业模式。但是当时的法院大都支持了债权人的诉讼请求。[5] 德国联邦普通法院针对依据德国法发行的债券认为,阿根廷既不能以其宣布进入紧急状态,也不能以大多数债权人同意进行重组为理由,拒绝偿付相应的债务。[6] 美国法院则更进一步。在最初的借款条件中,存在一个所谓的"同比例支付条款",该条款排除了对于债权持有人相对于其他债权人的歧视:"该付款义务……在任何时候都应至少与其他……外债水平持平"。

---

〔4〕 Vertrag zur Einrichtung des Europäischen Stabilitätsmechanismus (ESMV) v. 2. 2. 2012, BGBl. II S. 982.

〔5〕 Überblick bei *Reinisch* in: Kodek/Reinisch (Hrsg.), Staateninsolvenz (Fn. 1), S. 163, 167 ff.

〔6〕 BGH NJW 2015, 2328; zuvor schon BVerfGE 118, 124 ff.; *Mayer*, WM 2008, 425 ff.; *Ohler*, JZ 2005, 590, 594 ff.; kritisch etwa *Bogdandy/Goldmann*, ZaöRV 2013, 61, 96 ff.; *Herdegen*, WM 2011, 913, 914; *Tietje/Szodruch*, ZBB 2007, 498 ff.

起诉它的基金认为,当其他债务重组债权人获得偿付时,自己高达 15 亿美元的债务却没有得到偿付,这构成了"同比例支付条款"所禁止的歧视。主审的纽约法院支持了该诉求,并禁止阿根廷在未清偿此项债务之前清偿其他债权人的债务。该判决是十分存疑的,因为其所谓被先行偿付的债权人在博弈中放弃了其大部分债权。然而这起案件一直上诉至美国联邦最高法院也没有驳回原告的诉讼请求。[7] 此后阿根廷可以不用继续支付利息给那些同意重组的债权人,并通过一家大型评级机构被列为破产。2017 年年初阿根廷在它新当选的总统马克里的领导下,与剩余的债权人达成协议,偿付其总债权名义价值的大约 75% 的金额, 即 62 亿美元。对于对冲基金来说这就意味着其红利达到了 800% 。[8] 阿根廷共和国自此之后重新进入了国际资本市场并且在很短的时间内再次负担了 1330 亿美元的债务,也由此导致了逐年不断增长的负债和利息清偿费用。

希腊在 2010 年陷入了巨大的偿债危机。此时希腊也采取了同样的策略,有一大批私人债权人放弃了部分债权,我们不禁要问,这种行为对于那些拒绝转换要约(即放弃部分债权)的债权人来说是否构成了一种负担。[9] 这也是大量诉讼的关注点所在。但是这种自愿削减债权的行为的目的本身并不是要使希腊重新拥有偿还能力。这个目标更多地只有通过来自欧盟成员国、国际货币基金组织(IWF)和之后建立的欧元救助计划即欧洲金融稳定基金及欧洲金融稳定机制三个援助计划,包含超过 2560 亿欧元的援助来完成。鉴于希腊负债高达 3200 亿欧元,相当于国民生产总值的 180% ,这项援助是否能够成功还是令人怀疑的。

我认为,阿根廷和希腊的案例表明,关于国家破产,目前的状况是不能令人满意的。两个案例中都没有清晰的关于重组的法律规范,这一问题事实上加重了危机。除此之外,债权人在重组过程中不受影响地针对负债累累的国家进行诉讼甚至是强制执行,这一点也是相当不利的。同时也缺少这样一种机制,能够让那些

---

[7] Republic of Argentinia v. NML Capital Ltd. , No. 12 – 482, abrufbar unter http://www. supremcourt. gov; dazu *Schumacher*, Journal of Financial Regulation 2015, 143, 144 ff.

[8] Quelle NTV, abrufbar unter http://www. n-tv. de/wirtschaft/Argentinien-kapituliert-Hedgefondsfeiern-article17136576. html.

[9] S. dazu *Sandrock*, WM 2013, 393 ff.

不愿削减债务的债权人受到法律正当地约束。所以,许多著名的经济学家〔10〕希望能够推动制定一部国家破产的法律规范,以此作为解决债务危机的出路。

二、国家破产程序的支撑点

(一)法律确定性

国家破产程序的引入可以提供一个制度性框架,从而为所有参与者带来法律确定性。该程序是透明且可预见的,因为没有了数回合的政治谈判以及部分杂乱无章的特设解决方案,取而代之的是系统性的重整程序以及明确且有约束力的规则。〔11〕 而独立的法院对规则实施的监督,为实现公正的利益平衡创造了条件。

(二) 延期清偿

根据现行有效的国际法,国家破产并未赋予相关国家拒绝履行私法债务的权利。而是在破产程序的框架内规定,陷入危机的国家可以暂时停止履行清偿和利息支付义务,并免受起诉和强制执行措施。〔12〕 通过这种债务的延期清偿,债务人可以获得喘息之机,并利用这段时间采取有力的财政措施,同时提高债权人的协商压力。〔13〕

(三)纳入私人债权人

债权人被作为程序的参与者纳入责任范围内。在市场经济的秩序下,由出借人承担支付不能的风险。对于该风险,出借人通过其资金所生的相应利息而

〔10〕 Vgl. etwa *Gianviti/Krueger/Pisani-Ferry/Sapir/von Hagen*, A European mechanism for sovereign debt crisis resolution: a proposal (2010), abrufbar unter http://www.bruegel.org/publications; weitere Nachweise bei *Das/Papaioannou/Trebesch*, Sovereign Debt Restructurings 1950 – 2010: Literature Survey, Data, and Stylized Facts, IMF Working Paper 12/203 (2012), S. 30 ff., 99 ff., abrufbar unter http://www.imf.org/external/pubs/ft/wp/2012/wp12203.pdf, S. 87 ff.

〔11〕 *Paulus*, ZInsO 2010, 2034, 2035.

〔12〕 12 Wissenschaftlicher Beirat beim Bundesministerium für Wirtschaft und Technologie, Gutachten Überschuldung und Staatsinsolvenz in der Europäischen Union (2011), S. 21.

〔13〕 Vgl. *Sester*, WM 2011, 1057, 1065.

获得补偿。即使对于国家债务,出借人也不能期待获得不具有任何风险的投资回报。破产程序可以创造一个框架,使债权人可以通过延期清偿和放弃债权参与到债务人的破产重整之中。而由于债权人一方有实行多数决的可能,其更容易达成统一。[14] 个别的反对者并不能阻止重整计划的达成。而这也防止他们通过向现已恢复履行能力的债务人实施其完整的债权,作为“浑水摸鱼者”从乐于合作的多数人的让步中获利。更确切地说,持不同意见的少数派也必须为重整公平性地做出贡献。

(四) 警示功能

尽管被称为所谓的解脱,破产程序总是有保留地适用。只有在其他债务纠纷解决手段都没有成功的希望的情况下,它才被作为最后的手段加以考虑。如果一位政府首脑迫不得已使用这一手段,那么他也同时承认了自己政治上的失败。所以,他会竭尽所能避免破产。迄今为止,特别是在欧元区的负债国家和它的私人债权人总是期待在危机时可以得到帮助。欧盟条约虽然对于国家的财政政策设置了严格的规则。[15] 但这些规则并不能避免过度的负债,因为它缺乏一个有公信力的制裁机制。任何将罢免无偿付能力国家的威胁都是没有公信力的,因为这种决定的后果是不可预见的。[16] 而这一情形将因国家破产程序的引入而得到彻底改变。对国家预算行为施加的惩戒性影响也许是这一改革最重要的成果。[17]

三、反对意见

(一)国家主权

历来都有反对者认为,如果国家的财产被强制性清算并分配给债权人,这将与国家的对内和对外主权相违背。[18] 实际上以下这种设想是错误的:例如,

---

〔14〕 Wissenschaftlicher Beirat(Fn. 12),S. 21; *Paulus*,ZInsO 2010,2034,2036.

〔15〕 更详细的参见 *Blanke*,in:Scherzberg(Hg.),10 Jahre Staatswissenschaftliche Fakultät (2012),S. 70,82 ff。

〔16〕 Wissenschaftlicher Beirat(Fn. 12),S. 19.

〔17〕 *Paulus*,ZInsO 2010,2034,2036.

〔18〕 *Kratzmann*,JZ 1982,319,322.

为希腊政府的财产任命一位破产管理人,他不经希腊民众选出的政府和国会的同意出让机场、无线电视台甚至整个岛屿。而这种反对意见的根源是对破产法的传统理解。传统意义上,破产的目标一直是以最有利于债权人的方式利用债务人财产。而在现代意义上的破产法中,重整的思想受到重视。未来的国家破产法也将以重整作为目标。这将使债务国在未来又能够可持续地履行公务,并重新获得其政权行使空间。传统的程序目标,即最大限度满足债权人,[19]必须为重整思想让步。[20] 清算债务人财产并非该(现代)程序的主题。[21] 而占有破产财产[22]以及委任管理人都将导致国际法所不允许的主权侵害。[23] 因此,债务国将在破产程序中保有其主权以及对其财产的管理、处分权。而同时对于这种自行管理中的程序,在现行有效的破产法中也完全能够找到范例,现有的一些经验也都可以得到适用。

(二)融资难度加剧

另一种反对观点认为,国家破产程序的引入会使资金筹措变得更加困难,因为债务国鉴于其无法履行债务的风险可能根本不能获得贷款,或者以极其不利的条件获得贷款。债务危机会因此加剧。[24] 但是,在我看来这种观点混淆了因和果。如果一个债务人资不抵债,就会威胁到其债权人请求权的实现。而随着破产程序的开启,这一结果仅依据判断就会得出。这种程序的存在对于债权

---

[19] S. § 1 S. 1 InsO, dazu näher *H. F. Müller*, Der Verband in der Insolvenz (2002), S. 7 ff.

[20] *Gianviti/Krueger/Pisani-Ferry/Sapir/von Hagen* (Fn. 10), S. 23; *Hornfischer/Karaudszun*, KTS 2012, 1, 14; Wissenschaftlicher Beirat (Fn. 12), S. 20.

[21] *Gianviti/Krueger/Pisani-Ferry/Sapir/von Hagen* (Fn. 10), S. 24; *Herdegen*, WM 2011, 913, 914 f.

[22] Vgl. demgegenüber die umfangreichen Überlegungen zur Abgrenzung der Insolvenzmasse bei *Hornfischer/Karaudszun*, KTS 2012, 1, 17 ff.

[23] *Giavanti/Krueger/Pisani-Ferry/Sapir/von Hagen* (Fn. 10), S. 23 f.; *Herdegen*, WM 2011, 913, 915; *Kämmerer*, ZaöRV 2005, 651, 669; Wissenschaftlicher Beirat (Fn. 12), S. 20 f.; für die Eigenverwaltung als Regelfall, aber unter Aufsicht eines Sachwalters *Hornfischer/Karaudszun*, KTS 2012, 1, 20 ff.

[24] *Balcerowicz*, in: Behrens/Eger/Schäfer, Ökonomische Analyse des Europarechts (2012), S. 285, 299 f.

人而言，在事前是有好处的，因为如此一来，所有债权虽然不能完全获得清偿，但至少可以保证所有债权获得有序且均等的清偿。诚然欧洲中央银行（EZB）和欧洲稳定机制（ESM）当时为欧元区中陷入危机的国家提供援助，缓解了贷款压力。只要这些机构的资金充足，能够在必要的范围内在二级市场购买国债或给予财政援助，欧元区的国家破产就不会出现问题。但是能持续多久呢？如果现有的框架用尽了怎么办？给予援助的国家不愿意或没有能力继续提供数十亿欧元的资金怎么办？在欧元区债务国的负债超过9.5万亿欧元〔25〕，且自实行货币统一以来这一数字已经翻了一番〔26〕的背景下，这样的预设至少并非不切实际的。放眼全世界，公共债务共计60万亿美元。〔27〕如果现在世界经济的发展放缓，并且当下极低的利率再次上涨，我们就必须考虑到国家主权债务危机的再次发生。负责任的政策必须对此做好准备，并制定明确的规则，即相关国家如何通过债务减免重获行动能力。与此同时，重整贷款必须在程序中享有优先性，这样其重回资本市场才能更容易。目前所表达的疑虑并不具有说服力，或者可以通过适当的程序设计来应对。

四、《欧洲稳定机制条约》的解决路径

（一）《欧洲稳定机制条约》和"集体行动条款"模式

2012年开始实施的欧洲稳定机制并未包含这种事项。这项机制基本按照目前已有的援助政策的模型构建，并且打开了一柄价值7000亿欧元的"保护伞"，〔28〕其中德国承担了27.1%，〔29〕即超过1900亿欧元。〔30〕当然，该条约也通过合同成员国贷款条件中的规范采取了预防措施并且参照了英美法系国家发展出的"集体行动条款"（CACs）。这是建立在债权人自一开始就自愿同意进

〔25〕 S. statista, https://de.statista.com/statistik/daten/studie/247049/umfrage/staatsverschuldungin-eu-und-euro-zone/.

〔26〕 S. FAZ v. 11.05.2013, S. 12.

〔27〕 *Hirte*, ZInsO 2018, 1.

〔28〕 S. Art. 8 Abs. 1 ESMV.

〔29〕 S. Art. 8 Abs. 1 ESMV.

〔30〕 Näher *Forsthoff* EuZW 2018, 108 ff.

行债务重组的多数决的基础之上。[31] 根据条约第12条第3款,自2013年1月1日起,欧元国家有义务在签订新的超过1年期的债务合同时接受债务重组的条款。欧元区的所有国家的法律法规中体现的该条款的法律效力必须一致。为了保证这种统一性,欧洲议会经济和金融委员会颁布了这一"集体行动条款"模式。[32] 这一条款使用英语并且符合英美法系的组织和表达习惯。欧元区成员在发行债券时需要把这一条款蕴含于内。

(二)"集体行动条款"模式的内容

1. 多数要求

在债权人过半数表决,且经债务人同意时,可以修改贷款条件。当事关侵害债权人权利,如推迟到期日、减少主债权和利息以及改变解约权等事项,[33]则需要债权人大会以至少75%的相关决议表决权作出相应决议。[34] 另一个条件是,决议仅仅在出席债权人大会的债权人能够代表2/3以上表决权时有效。[35]通过这种方法就排除了小债权人较少参与大会就能改变贷款现状的情况。一项排除债权人大会的决议或者包含不同债权发行类型的债权人的决议也可以被通过,此时适用特别表决规则。

2. 表决权

表决权由每个债权人于基准日所持有的债券的票面价值决定。[36] 发债国本国或受其支配及依赖其指令的权利主体所持有的债券不被考虑在内。[37] 以此避免债权人的真实意思因利益冲突而扭曲。[38] 根据对于"集体行动条款"模式的官方评述,欧洲中央银行和国家中央银行不属于相关附属组织,因为这些

---

〔31〕 Dazu näher *Hofmann/Keller*, ZHR 175(2011), 684, 692 ff.

〔32〕 Abrufbar unter http://europa.eu/efc/sites/efc/files/docs/pages/cac_-_text_model_cac.pdf.

〔33〕 Section 1 lit. h Model CAC.

〔34〕 Section 2(1 lit. a) Model CAC.

〔35〕 Section 4(5 lit. a, 6 lit. a) Model CAC.

〔36〕 S. 4(9) Model CAC.

〔37〕 Section 2(7 lit. c) Model CAC.

〔38〕 S. Explanatory Note(2011), S. 4 f. (abrufbar unter http://europa.eu/efc/sub_committee/pdf/explanatory_note_draft_on_the_model_cac_-_26_july.pdf).

银行根据《欧盟运行条例》第130条并不接受欧盟及其成员国的管辖。[39] 与此同时,尤其是欧洲中央银行可以凭借它从二级市场上购买的债券对债权人的决定产生影响,这一点自始至终遭到诟病。[40]

3. 程序问题

程序的履行更多的是掌握在背负债务的国家手中的。这些国家通过公告召开债权人大会,任命大会及表决领导,除此之外还设置一个计算处,用以确定是否达到了事先约定的多数。债务人国家应立即公开该计算处计算出的结果。[41]

(三)在德国的转化

经过长时间争议后于2009年生效的《德国债券法》中包含关于允许设置债务重组条款的规定。根据《德国债券法》第1条第2款第1句,该法律不适用于联邦、州和地区的债券。根据当年的(立法)理由,因为公权力机构并不能破产,所以它也无需在期间内改变债券的条件。[42] 为了转化适用《欧洲稳定机制条约》第12条第3款的内容,德国立法者在《德国联邦债务法》第4a－k条确定了联邦在发债条件中可以设定债务重组的法律基础。此外,该条款也适用于其他欧元国家根据德国法发债。[43] 在这里,立法者事先考虑到了可能发生的无法偿债的情况,这毫无疑问是基本思维理论的转变。自2013年起,联邦发债都建立在"集体行动条款"模式的基础上。[44] 平均利润率自此却没有上升。市场参与者相当公开地表示,德国目前发生破产危机的可能性微乎其微。

(四)批判性评估

"集体行动条款"模式无疑意味着在正确道路上的一步。该条款在未来提

---

[39] S. Explanatory Note(2011), S. 4 f. (abrufbar unter http://europa.eu/efc/sub_committee/pdf/explanatory_note_draft_on_the_model_cac_-_26_july.pdf).

[40] Kritisch Deutsche Bundesbank, Monatsbericht Februar 2013, S. 45.

[41] S. 3(4) Model CAC.

[42] Begr. RegE SchVG, BT-Drucks. 16/12814, S. 16; kritisch *Horn*, BKR 2009, 446, 447.

[43] § 1 Abs. 2 S. 2 SchVG.

[44] S. Bundesministerium der Finanzen, Bekanntmachung der Emissionsbedingungen für Bundesanleihen, Bundesschatzanweisungen und unverzinsliche Schatzanweisungen des Bundes vom 21. 12. 2012, BAnz AT vom 31. 12. 2012 B5; abrufbar unter http://www.deutschefinanzagentur.de.

供了债券持有人参与到国家破产的财产分配中的可能性。[45] 值得肯定的是,不同债券的持有人团体能够通过集合条款联合在一起。尽管如此,基于条约的手段从多方面来看是不足的。

首先,《欧洲稳定机制条约》中 12 个考虑因素的提法,即私人领域只能在例外的情况下参与(进破产程序中)作为管理政策是不合适的。来自欧洲稳定机制的资金用于贷款,必须严格满足以下条件,即私人债权人放弃其债权的一大部分并且该债务国采取了必要的宏观经济手段。[46] 现今的程序设计潜藏着这样的危险,处于危机中的国家和其债权人已经适应了通过获取经济上的援助而避免破产,从而也几乎不会有动力去承担重组的负担。

其次,程序启动的时点是不明确的。根据"集体行动条款"模式第 s. 2(2)条,有价证券发行人可以随时召开债权人大会。而当他处于履行迟延且拥有超过 10% 债权请求权的债权人提出要求的情况下,他必须召开债权人大会。除此之外,债务国显然可以自由选择,是否或何时召开债权人大会。这点是令人失望的,因为(召开债权人大会)的决定往往受到政治因素的影响。人们需要一个准确定义的事实构成,从而使得开始此债务免除程序具有合法性。

最后,"集体行动条款"模式的另一问题在于,它没有设定一个有利于债务人的延期清偿。[47] 在金融危机中的债权人也不会被阻止以其债权提起诉讼甚至进行相应的强制执行。调解程序可以通过一种快速诉诸法庭(rush to the courts)的方式明显受到干扰。除此之外,由"集体行动条款"模式所划定的市场参与者的范围太窄。仅仅包含自 2013 年 1 月 1 日以后发生的债权债务。条约层面上,并无可能迫使"集体行动条款"颁布前的债权人作出违背其意愿的合作行为。[48] 甚至存在这样的可能性,(有国家)在一定的范围内增发那些在基准日尚未支付的债券。[49] 值得思考的是,这些新的条款仅对长于 1 年的有价证券

---

〔45〕 Deutsche Bundesbank(Fn. 40),S. 45.

〔46〕 Wissenschaftlicher Beirat(Fn. 12),S. 24; *Blanke* (Fn. 15),S. 70,115 f.

〔47〕 *Sester*, WM 2011,1057,1065.

〔48〕 Zur Zulässigkeit der nachträglichen Einbeziehung kraft Gesetzes *Herdegen*, WM 2011, 913,914; *Sandrock*, RIW 2012,429,440; *ders.*, RIW 2013,12,14; *ders.*, WM 2013,393 ff.

〔49〕 Deutsche Bundesbank(Fn. 40),S. 45.

有效，这抑制了那些陷入危机的国家发行短期债券的动因。[50] 除此之外，他们可以选择银行债来弥补其财政赤字。完全不能让人理解的是，为什么私人借贷不能够通过多数人决议来完成债务重组。[51] 单方面侧重有价证券债务与全面地纳入私人领域是矛盾的。最后要批评的是，债务国在该程序中占据了强势的支配地位。这是有问题的，因为他本身也是一方当事人。债务人和债权人代表着对立的利益。由一个独立的法庭来领导和监督调解程序对于信赖的建立和利益的平衡是有促进作用的。这一点显著地体现了基于条约的条款的局限。在债券条件中虽然可以在特定的前提下约定一家已存在法院的管辖权。[52] 但以同样方式通过一家尚不存在的针对国家的破产法院来解决这一问题绝无可能。[53]

总结来看，通过合同预防保证效率的希望并不合理。绕开"集体行动条款"是相对简单的，但它也并没有提供一个充分的、既定的、制度化的危机解决办法。

该问题的全面的解决办法只可能在国际法背景下得以实现。[54] 首选的是在一份联合国层面上签订的、在世界范围内有效的条约。[55] 如果设立世界范围内针对国家的破产法律法规不现实的话，欧洲人应当作为榜样先行一步，通过补充《欧盟运行条例》[56] 或者《欧洲稳定机制条约》来设立一个可行的大陆法系的针对国家的破产法。

五、《美国破产法》第九章的程序——地方政府破产的典范

（一）概述

目前《美国破产法》第九章关于地方政府重整的规定是在 20 世纪 30 年代

---

〔50〕 *Sester*, WM 2011, 1057, 1064.

〔51〕 *Sester*, WM 2011, 1057, 1064.

〔52〕 Dazu näher *Thole*, WM 2012, 1793 ff.

〔53〕 *Herdegen*, WM 2011, 913, 916.

〔54〕 *Herdegen*, WM 2011, 913, 916 f.; *Kämmerer*, ZaöRV 2005, 651, 668 ff.

〔55〕 Die Annahme, der Sicherheitsrat der Vereinten Nationen könne auf der Basis von Kapitel 7 der UN Charta ein Restrukturierungsverfahren anordnen [vgl. *Goldmann*, GoJIL 4 (2012), 153, 166 ff.], überdehnt dessen Befugnisse in unvertretbarer Weise.

〔56〕 *Herdegen*, WM 2011, 913, 917.

引入的。当时巨大的世界经济危机使许多地方政府陷入财政困境。在罗斯福总统签署并颁布这部法律之前,违背相关债权人意愿,削减陷入危机的地方政府的债务是不可能实现的。这就导致个别债权人所追求的重整可能遭受阻碍。而这次改革首次使得重整方案可以在法院的监督下,以有效的多数决方式通过。该程序的唯一目标就是债务人的重整。对破产地方政府的清算是绝不可能的。这些规范经受住了实践的考验,并且已经在超过650起案件中得到适用。

(二)程序启动的条件

只有相关的地方政府拥有申请破产的权利。申请的条件是:债务人已经基本无法支付债务或者无法支付将要到期的债务。由此可见,具有支付不能的威胁性就可以满足条件。这样可以尽早开始程序,以优化重整的机会。

(三)程序

启动的条件是否满足由具有管辖权的法院裁定。程序一旦启动便产生延期清偿的效力("自动冻结"),以此排除针对地方政府的诉讼和强制执行措施。[57] 他们作为"持产债务人"可以继续管理并处分自己的财产。通常情况下不会雇佣破产财产管理人。例外情况是行使撤销权。在自行管理的程序中,地方政府还可以获得贷款。在法院同意的情况下,重整贷款相比于其他债权将享有优先性,从而使地方政府更容易获得新的资金来源。法律还明确规定,国家对地方政府的监督不能因程序而被影响。破产法院也不能干涉地方政府的政治事务。

地方政府提交破产方案,其中会列明地方政府或债权人为了克服危机而需要支出的款项。债权人会被分组。[58] 原则上只要获得债权人过半数同意,且参加投票的债权人所代表的债权额占债权总额的2/3以上,方案即可获得通过。个别小组的同意在一定条件下可以被代替。最后,方案还需要法院的批准。条件是方案具有可行性,且能够实现债权人利益的最大化。法院不会将该方案与

---

〔57〕 Wissenschaftlicher Beirat(Fn. 7),S. 21; *Kämmerer*, ZaöRV 2005, 651, 669 f.; ablehnend *Herdegen*, WM 2011, 913, 915; für eine Entscheidungsbefugnis der Gläubiger IWF, The Design of the Sovereign Debt Restructuring Mechanism-Further considerations(2002), abrufbar unter http://www.imf.org/external/pubs, S. 33 ff.

〔58〕 *Berensmann/Herzberg*, Journal of Economic Surveys 23(2009), S. 856, 873 f.

预想的资产清算收益进行比较。法院批准该方案后，方案中约定的债权的削减便产生效力。债权的缩减可以以负债地方政府采取其所承诺的措施为条件，例如地方企业私有化，提高税收以及削减支出。

（四）实践中的应用情形——底特律

底特律是美国汽车工业的中心。汽车工业的衰落也对这座城市产生了严重影响。在1950年汽车工业最为繁荣之时，这座城市拥有185万人，而到2012年这个数字缩减了不止一半，降至70万人。失业率达到18%，36%的人口生活在贫困线以下。财政赤字每年达到1.5亿美元，负债总额升至约180亿美元。

在这样的困境中，底特律启动了《美国破产法》第九章所规定的程序并提交了破产方案。[59]

该方案拟投入17亿美元用于重组和投资措施，例如在市政中引入有效的电子数据处理系统。

有争议的是，该城市是否有义务出卖其珍贵的艺术博物馆，这样就可以获得5亿美元的收益。人们最终没有这样做，因为密歇根州以及众多慈善组织声明，自己将提供大笔资金用于养老金支付义务的履行。

作为出借方的债权人应当放弃85%～90%的债权。市政退休职工的债权最开始预计缩减34%，最后修改成为养老金设置最高限额（总计约30亿美元）。养老金领取者所在的小组同意了该项方案，其当然也得以过半数通过。从2014年7月提交重整方案，到2015年11月法院批准该方案，其间经历了15个月。通过该程序，这座城市重新获得财政上的活动空间。在底特律连续3次提交平衡的财政预算之后，其在2018年终于不再受到国家监督，这是40年来的第一次。[60] 对基础设施和公共安全的投资获得显著收益。其间，其经济再次呈上行趋势，具体表现为失业率在几年的时间里减少了一半，下降至8%。

六、总　　结

尽管《美国破产法》第九章所规定的破产程序与我们期望的主权国家破产

---

〔59〕 Zum Ablauf im Einzelnen *Mears*, ZInsO 2015, 1813, 1820 ff.

〔60〕 S. http://www.detroitmi.gov/News/ArticleID/2207/Detroit-exits-active-state-financial-oversightachieves-full-self-governance-for-first-time-in-four-decades.

程序有许多不同,但它的一些元素可以被吸收学习。这当然不是针对目前债务危机问题的万能解药,但却可以为解决目前的问题做出重要的贡献。这样的改革正是一个明确的信号,它反对表面上势不可当的欧洲国家支付联盟的形成,它将对陷入债务危机的国家的金融政策作出警示,同时把不审慎借贷的风险分配给债权人。程序法的设计必须考虑到程序债务人的特殊性,在很多方面这都需要法律上的细致处理。设立一个针对国家的破产程序是一个值得讨论的问题。

中德法学论坛

Jahrbuch des Deutsch-Chinesischen
Instituts für Rechtswissenschaft der Universitäten
Göttingen und Nanjing

第16辑 下卷

方小敏 主编

法律出版社 LAW PRESS · CHINA

中德法学论坛

第16辑·下卷(2019年)

Jahrbuch des Deutsch-Chinesischen Instituts für Rechtswissenschaft der Universitäten Göttingen und Nanjing

Band 16 Heft 2 Jahr 2019

感谢德国学术交流中心及德国外交部
对《中德法学论坛》的支持
Gefördert vom Deutschen Akademischen Austauschdienst (DAAD)
aus Mitteln des Auswärtigen Amtes (AA)

Jahrbuch des Deutsch-Chinesischen Instituts für Rechtswissenschaft der Universitäten Göttingen und Nanjing

Band 16 · Heft 2

Jahr 2019

· EU-Recht ·

· Umweltrecht ·

欧 盟 法

中德法学论坛
第16辑·下卷,第3~22页

欧盟《通用数据保护法案》对数据主体权利的保护及其影响

廖博宇*

摘　要:欧盟于近期正式颁布实施了《通用数据保护法案》(GDPR)。该法案的进步意义主要体现在,对个人数据的定义及对儿童数据和个人生物学数据的着重保护,对法案涉及主体的权利义务的规定,以及在管辖权上运用的以地域管辖为基础的长臂管辖原则。同时,法案在数据主体的权利属性上将数据权归为人身权,并规定数据控制者和处理者要承担广泛的注意和通知义务,一旦违反将承担极重的赔偿责任。而正是由于数据权的人身权属性以及法案条款的具体规定,该法案并不会像外界担心的那样,对区块链等网络技术的发展产生阻碍,甚至是颠覆其赖以存在的核心技术基础。此法案相对于日本《个人信息保护法》的保守,以及美国数据隐私保护制度的零散和止步不前,是巨大进步,对我国相关领域的立法具有借鉴意义。

关键词:GDPR;数据权保护;区块链

Abstract: The EU officially enacted the General Data Protection Regulation (hereinafter "GDPR") on May 25, 2018. This Regulation uses the principle of long-arm jurisdiction, and enhances protection of children' s personal information and personal biological information. At the same time, GDPR classifies data rights

* 廖博宇:武汉大学国际问题研究院2017级博士研究生。

as personal rights, and provides data controllers and processors with extensive attention and notification obligations, which will result in heavy compensation if data controllers and processors breach them. And because the data right is a personal right, this regulation does not have a material impact on the existence of blockchain technology. Compared with the Japanese Personal Information Protection Law and the US data privacy protection system, GDPR is a great progress and can be used as reference for China's relevant fields.

Key Words: GDPR; Protection of Data Right; Blockchain

随着计算机及网络技术的飞速发展,数据的存储、分析、处理技术不断更新换代。这其中孕育了巨大的商机,并催生出了许多行业的划时代变革。对数据的控制和处理能力越来越成为一个优秀企业想要做大做强的关键。但由于立法的滞后,法律法规对社会中各种收集、控制、分析、处理数据行为的监管一直相当迟滞,各主体之间的权利义务关系也含混不清。虽然在新事物发展的初期,这种混沌的状态有利于自由竞争及技术的革新与突破,但长时间缺乏监管则必将带来恶性竞争及对个体权利的损害或滥用。因此,经济体量巨大且在科技领域领先世界的欧盟于2018年5月25日正式颁布实施了《通用数据保护法案》(General Data Protection Regulation, GDPR)。此法案意在整合欧盟境内的数据监管及流通,同时,此法案的实施也必将在世界范围内产生极其深远的影响。

一、GDPR在各个层面对数据主体的保护

纵观法案全文,不得不承认立法者对数据主体的保护可谓细致入微。虽然有些原则性规定在笔者看来理念有些超前,但整部法案针对管辖原则、被保护数据范围的界定、数据主体(data subject)的定义及其权利内容、数据控制者(controller)和处理者(processor)的定义及其义务范围、权利受侵犯后的举证责任分配以及监管机关的组建运行等诸多实际问题制定了非常详尽且切实可行的规则。本文将择其重点,对法案中的具体内容进行介绍。

(一)GDPR所保护数据的范围

GDPR第1条就明确规定制定本法的目的在于保护自然人(natural person)

的个人数据安全及信息的流动。[1] 因此,毋庸置疑的是,法人(legal person)的数据安全被明确排除在 GDPR 的保护范围之外,而这一点也在法案前言第 14 段予以明确。[2]

就个人信息(personal data)而言,法案第 4 条在对"个人信息"的定义中规定,其必须是已识别或可被识别的自然人的信息。[3] 并且,法案在前言第 26 段中强调,只要通过这一信息在"任何可能被使用的手段"(all means reasonably likely to be used)下能够识别出某一自然人,那这一信息就可被称为个人信息。[4] 所以,我们可以看出 GDPR 在划定其所保护的客体范围时的两个重要态度。首先,法案在确定何种信息是能够识别出某一自然人的个人信息时采取了极为宽泛的认定标准,不做任何限制,力求使法案能够最大限度地适用于各种针对个人数据处理的情况之中,从而尽可能地给予数据主体以更加全面的保护。其次,在这种极为宽泛的认定条件下依旧无法追溯至某一明确自然人的匿名信息(anonymous information)将不受保护。[5]

针对符合这一保护标准的个人信息,法案又对以下两方面作出了更加细致的规定,即法案第 8 条对儿童信息安全的保护,以及第 9 条对个人基因信息和同健康有关的其他生物学信息的保护。

对儿童信息的特别保护体现在,一般情况下数据控制者和处理者在处理数

---

〔1〕 Art. 1, GDPR.

〔2〕 Recital 14, GDPR.

〔3〕 Art. 4 (1), GDPR. 'Personal data' means any information relating to an identified or identifiable natural person ('data subject'); an identifiable natural person is one who can be identified, directly or indirectly, in particular by reference to an identifier such as a name, an identification number, location data, an online identifier or to one or more factors specific to the physical, physiological, genetic, mental, economic, cultural or social identity of that natural person. "个人数据"是指同一个被辨识出或能够被辨识出的自然人("数据主体")有关的任何信息;一个可被辨识出的自然人是指可通过直接或间接的方式,尤其是通过参照名字、标识号、位置数据、网上编号等识别信息,或是通过由一个或多个物理、心理、基因、精神、经济、文化、社会标识等特别因素构成的身份信息,所辨识出的自然人。

〔4〕 Recital 26, GDPR.

〔5〕 Recital 26, GDPR.

据之前只要获得数据主体的知情同意即可,但如果数据主体是儿童时则需要取得儿童家长的同意和授权。[6] 此外法案对“儿童”的年龄界定也很严格,GDPR规定16周岁以下皆属儿童,虽然欧盟各成员国可自行调整年龄限制,但最低不得低于13周岁。[7] 不过,立法者考虑到现实情况的复杂性,在法案的前言部分对第8条关于家长同意和授权这一严格规定也进行了一定程度上的柔化处理,前言第38段规定,在直接向儿童提供预防和咨询服务的情况下,父母的同意对数据控制者和处理者来说并不是必需的。[8]

GDPR第9条规定了一系列需要被保护的特别种类的个人信息,其中尤其能体现立法者思维之睿智、缜密的规定莫过于将个人基因信息和同健康有关的其他生物学信息纳入GDPR的保护当中。[9] 对于自然人来说,生老病死无疑是其一生中最在乎的事情。医疗机构存储了大量与此相关的数据信息。而随着网络信息技术的发展,如果不对个人基因信息和同健康相关的其他生物学信息的存储和处理进行有效的管控,一旦这些信息外泄,则无异于将数据主体生理和心理上最私密、最脆弱的一部分直接暴露给外界,届时被泄露信息的数据主体将毫无隐私可言,其合法权益必受极大损害。因此,立法者在GDPR第9条着重强调了对这部分信息的保护。不得不说此举体现出欧盟在保障人权方面仍旧走在世界的前列。

(二)数据主体的权利范围

欧盟对个人信息安全的保护起源于对个人住宅等传统隐私信息的保护,属于公民所享有的、不可剥夺的基本人权之一。[10] 因此,在这一原则的指导下,欧盟成员国于1981年1月28日签订了《关于自动化处理的个人信息保护公约》[11],

---

〔6〕 Art. 8 (1),GDPR.

〔7〕 同上。

〔8〕 Recital 38,GDPR.

〔9〕 Art. 9,GDPR.

〔10〕 Bartosz M. Marcinkowski, Privacy Paradox(es): in Search of a Transatlantic Data Protection Standard, *Ohio State Law Journal*, Vol. 74, No. 6, 2013, pp. 1188 – 1189.

〔11〕 Convention for the Protection of Individuals with regard to Automatic Processing of Personal Data,载 https://rm.coe.int/1680078b37,最后访问日期:2018年6月24日。

并于1995年颁布了《关于个人信息处理保护及个人信息自由传输的指令》[12]。相较于前两部法案,GDPR给予了数据主体更广泛的权利并作出了更为细致的规定,如数据主体的访问权(Right of access)、修正权(Right to rectification)、被遗忘权(right to be forgotten)、可移动权(Right to data portability)和反对权(Right to object)。其中尤其值得注意的是有关被遗忘权的规定。

被遗忘权的详细内容被规定在GDPR第17条,其条文的准确名称为删除权(Right to erasure)。[13] 自从欧盟法院在一起有关Google公司的经典案例中判决Google公司删除一名西班牙居民姓名的搜索结果中的网站链接开始,一些网络公司就被要求删除某些个人信息的请求所淹没。[14] 所以GDPR正式将数据主体的这一权利法典化。

第17条关于被遗忘权的规定并非孤立存在,与之相配合的条款还有第16条规定的修正权、第18条规定的限制处理权(right to restriction of processing)和第20条规定的可移动权,以及第19条关于数据处理者和控制者修正、删除或者限制处理的通知义务。这些条款共同构成了数据主体对自身数据进行支配、控制的权利保护体系。修正权是对不准确信息的修改,其实质是删除权的一种较为缓和的表现形式;限制处理权一方面是根据信息主体的要求或者利益对需删除的信息代之以限制处理的缓和形式(第18条第1款b项),另一方面也可以是信息主体提出删除或者修正请求后信息处理者作出决定前所采取的临时措施;而第19条则明确了信息主体行使上述权利时信息处理者所负有的通知其他相关信息披露者的义务。[15] 当然,法案第23条也从预防犯罪以及维护社会和国家安全的角度对数据主体的这些权利进行了一定程度的限制,为国

---

〔12〕 Directive 95/46/EC of the European Parliament and of the Council of 24 October 1995 on the protection of individuals with regard to the processing of personal data and on the free movement of such data, OJ L 281, 23. 11. 1995, p. 31.

〔13〕 Art. 17, GDPR.

〔14〕 David Smith, *Preparing for the General Data Protection Regulation*, p. 21,载http://www.allenovery.com/SiteCollectionDocuments/Radical%20changes%20to%20European%20data%20protection%20legislation.pdf,最后访问日期:2018年7月28日。

〔15〕 参见满洪杰:《被遗忘权的解析与构建:作为网络时代信息价值纠偏机制的研究》,载《法制与社会发展》2018年第2期。

家机关对个人数据的流动进行监管留下了可操作的余地。

由 GDPR 在此部分的规定中我们可以看出,立法者认为数据主体的权利更多的是一种人身权而非财产权。GDPR 法案第 1 条中就明确规定了,制定本法案的一个重要目的就是促进个人数据的自由流动,[16]而数据的流动,尤其是在数据控制者、处理者之间的流动不可能完全免费。在各大公司不断强调掌握数据存储及处理优势的情况下,产品或服务受众的个人数据在不同公司进行流动时必然会伴随着利益交换,而 GDPR 并没有赋予数据主体分配这部分利益的权利。这证明在立法者眼中,数据权利并不是一种可以通过使用和处分而使数据主体享有收益的财产性权利。而法案第 82 条及其他条款中对于数据主体只有在权利受侵犯时才能得到物质补偿的规定,[17]也进一步证明了这一推论。同时,通过德国学者曼弗里特·雷炳德教授对人身权的分析则可以从侧面证明数据权利应被归类于人身权的一种。曼弗里特·雷炳德教授认为:“人格利益可以区分为三个方面。首先,与人格直接相关的权利。从物理上讲,这种权利包括对身体(人身权)、对健康(健康权)的保护;从精神方面讲,包括对人的尊严以及社会声望的保护;此外,还包括对这些权利在物理上以及精神上相关的扩展领域的保护。其次,主体直接拥有的非人身的利益,这些利益体现了主体的人格(实体人格),比如个人肖像、私人信件、把个人形象录制下来的音响载体。最后,主体直接拥有的无形财产利益,这些利益属于主体人格的创造性智力劳动所产生的成果,这些权利包括著作权以及发明权等。”[18]而数据权利,则近似于曼弗里特·雷炳德教授关于人身权分类中第二类所包含的“主体直接拥有的非人身的利益”。

(三)数据控制者和处理者的义务范围

分析条文内容我们可以看出,法案对数据控制者和处理者的具体类别进行了区分,将其分为公权力机关(public authority)和私权利主体(private body),并赋予了二者不同程度的义务范围。其中最主要的差别体现在,公权力机关的某些职权行为,被法案区别对待。比如法案前言第 31 段和第 4 条(9)对“数据接收者(recipient)”的定义中就明确规定税务、海关、金融监管机关等公权力主体

---

[16] Art. 1,GDPR.

[17] Art. 47(2)(e) & Art. 80(1) & Art. 82,GDPR.

[18] 参见[德]M. 雷炳德:《著作权法》,张恩民译,法律出版社 2005 年版,第 267 页。

在接收被披露的个人数据时不被认定为数据接收者，因此，在处理数据时应遵从“适当的”（applicable）数据保护法规，而并未指明其必须受本法约束。[19] 但在某些情况下法案也对公权力机关作出了额外的限制，以防其手中的权力被滥用。如法案第 6 条第 1 款的最后一句就规定，本条款 f 项中的规定，不适用于公权力机关在履行职务时处理数据的行为。而 f 项的规定是，如果处理数据的行为对于数据控制者或第三方追求合法利益来说是必要的话，则数据处理行为是合法的。[20] 想必立法者认为第 6 条第 1 款 f 项的规定太过宽泛，如果允许公权力机关援引这一条款为自己辩护，则极易使法案对数据主体权利的保护在公权力面前流于形式。

不过，除了上文中提到的某些特别条款的规定，整体而言，所有数据控制者和处理者，无论其身份有何不同，所应遵守的义务大致相同。纵观法案全文，笔者将其义务范围作了三个类别的划分，即获取数据主体同意的义务、限制数据处理范围的义务、保证数据处理行为安全透明的义务。

基于对数据主体权利的保护，数据控制者和处理者在处理数据之前要征得数据主体的同意。虽然这并非数据控制者和处理者进行数据处理的唯一合法性来源，但法案将其作为获取合法性的第一种方式，且另外两种方式也与之间接相关，[21] 足见其作为维护数据主体权利的根本原则的重要性。[22] 同时，为使数据主体有更多选择的余地，法案规定，当数据主体不同意数据控制者和处理者分析自己的个人数据时，数据控制者和处理者不得因此而使数据主体享受的服务受到任何形式的减损或影响。[23] 此外，数据主体可在十分复杂的科学研究类数据处理中选择自己的个人数据被处理的程度和范围，[24] 亦可在任何情况下随时向数据控制者和处理者发出撤回同意对方处理自己个人数据的意思表示[25]，且数据控制者和处理者不得拒绝。

---

[19] Recital 31& Art. 4(9), GDPR.

[20] Art. 6(1)(f), GDPR.

[21] Art. 6(1)(b)(d), GDPR.

[22] Art. 6(1), GDPR.

[23] Recital 32, GDPR.

[24] Recital 33, GDPR.

[25] Art. 6(3), GDPR.

限制数据处理范围的义务主要体现在法案第5条有关处理个人数据原则的规定中。首先是目的上的限制,该条第1款b项第一句话就明确规定,个人数据应基于一些特定的、明确的以及合法的目的而被收集,同时不能因与被收集目的不相容的其他目的而被处理(公共利益、科学或历史研究、统计等目的不受约束)。[26] 其次是数据范围上的限制,第1款c项规定,被处理的数据应限制在为实现处理目的而必需和相关的最小范围内,同时第1款d项规定,如果被收集到的个人数据跟实现处理目的并不相关,则应被立刻删除或修改。[27]

在要求数据控制者和处理者保证数据处理行为安全透明上,立法者进行了多个层次的规定。首先,在获取数据主体个人数据时,就要向数据主体提供控制者的身份和详细联系方式、数据保护局的详细联系方式、个人信息处理的目的以及合法基础、个人数据的储存阶段以及数据主体所享有的各种权利。[28] 其次,要求数据控制者和处理者采取切实有效的措施以实现法案第5条要求的对数据进行精准、有限处理的基本原则,[29] 同时,通过对个人数据进行匿名化、加密、备份等方法,以及通过记录处理活动的各个步骤,保证数据处理的安全性及可追溯性。[30] 最后,要求数据控制者和处理者同政府监管机构进行合作,在发生自身无法处理及挽回的个人数据泄露事件时,在72小时之内通知监管机构。[31]

而一旦违反上述法案所规定的义务,数据控制者和处理者则需要支付巨额罚款及受害者赔偿金。法案第83条第4款规定,对于违法行为,轻者[32] 处以

[26] Art. 5(1)(b),GDPR.

[27] Art. 5(1)(c)(d),GDPR.

[28] Art. 13 & Art. 14,GDPR.

[29] Art. 25,GDPR.

[30] Art. 32,GDPR.

[31] Art. 31 & Art. 33,GDPR.

[32] 根据法案第83条第4款a项至c项要求,轻度违法情况主要指的是,违反法案第8条、第11条、第25~39条、第42条和第43条所确定的作为控制者和处理者的责任;违反法案第42条和第43条所确定的作为确认主体的责任;违反法案第41条第4款所确定的作为监控主体的责任。

1000万欧元或者上一年度全球营收的2%(两者取其高)的罚款;重者[33]处以2000万欧元或者企业上一年度全球营收的4%(两者取其高)的罚款。[34] 同时,在承担对被侵害数据主体的赔偿责任时,如果加害方是数个数据控制者或处理者,则他们彼此之间对赔偿金的支付承担连带责任。[35]

(四)GDPR的管辖范围

法案第3条在"地域范围"(Territorial scope)这一条款名称下,规定了法案的管辖原则。归纳起来可以分为两点:其一,以数据控制者和处理者所在地为判断依据的属地管辖,即法案适用于设立在欧盟境内的数据控制者和处理者对个人数据进行处理的行为;其二,以数据主体所在地为判断依据的属地管辖,即法案适用于向欧盟境内数据主体提供商品(goods)、服务(services)或对欧盟境内数据主体的网络行为进行监控(monitoring)的数据控制者和处理者的行为。[36] 从第二点来看,GDPR在管辖权问题上采取了长臂管辖原则。但笔者认为GDPR中的长臂管辖,是以属地管辖为基础的,十分克制且法理上十分严谨的一种长臂管辖。因为在第二点中,位于欧盟境外的数据控制者或处理者是否受GDPR管辖,关键在于其提供商品和服务的对象所在地是否位于欧盟境内,而非对象是否具有欧盟成员国的国籍。因此,当具有欧盟成员国国籍的数据主体位于欧盟境外时,其不受GDPR保护,这也就在一定程度上尊重了他国的司法主权,尽可能地避免了管辖权冲突。

具体分析涉及长臂管辖的规定时我们可以发现,虽然在法律条文中没有规定向欧盟境内数据主体提供商品、服务或对欧盟境内数据主体的网络行为进行监控等行为的具体含义,但法案前言部分的第23段和第24段则以列举的方式

---

[33] 根据法案第83条第5款a项至e项要求,重度违法情况主要指的是,违反法案第5条、第6条、第7条和第9条所确定的数据分析的基本原则,其中包括判定获得数据主体同意的条件;侵害数据主体根据法案第12条至第22条所享有的权利;违反第44条至第49条的规定,将个人数据传送给第三国的数据接收者或国际组织;违反成员国适用本法案第四章所制定的本国法律;不遵守命令或监督机构根据第58(2)条处理或暂停数据流动的临时或最终限制,或未能提供违反第58(1)条规定的访问权限。

[34] Art. 83(4)(5),GDPR.

[35] Recital 146,GDPR.

[36] Art. 3,GDPR.

对以上行为的判定标准作出了解释。

前言第23段就明确指出,仅仅是能在欧盟地区进入的网络链接、邮箱地址,或服务提供者在提供服务时运用其所在地的通用语言并不能够被认定为向欧盟境内的数据主体提供商品或服务,而必须运用欧盟地区成员国语言或货币单位以提供商品、服务,或发布针对欧盟境内消费者的信息,方可认定数据控制者或处理者向欧盟境内的数据主体提供了商品、服务。[37] 但笔者认为,立法者虽做出了限定,可前言第23段文句中所体现的仍旧是一个十分宽泛的标准。依此标准,任何一家非欧盟地区的在线销售公司的网站上,只要使用"面向欧洲的特惠产品""欧洲区包邮"等字样(无论使用何种语言),或者标注了商品的欧元价格及在产品介绍中使用了欧盟成员国的语言,就可以被视为在欧盟市场提供商品或服务,从而受到GDPR的管辖。

同时,为了确保法案对数据主体所实施之保护的全面性,前言第24段详细解释了如何判断位于欧盟境外的数据控制者或处理者是否对欧盟境内的数据主体的行为进行监控。立法者认为,对某一数据主体的行为的监控体现在该数据主体是否在互联网上被追踪,这种追踪可能是使用一种个人数据处理技术,而对数据的处理包括为了做出与数据主体有关的决定而对其个人偏好、行为和态度做出的分析和预测。[38] 由此可见,很多门户网站或是购物网站对浏览者及消费者进行信息及广告的推送,应被认为是法案第3条第2款b项所规定的对数据主体的网络行为进行监控的表现形式,而一旦这种监控针对的是欧盟境内的网络行为,则实施监控的数据控制者或处理者无论其是否位于欧盟境内,都将处于GDPR的管辖下。

欧盟的立法者在GDPR中运用长臂管辖原则的同时也考虑到了其他国家在数据保护和披露问题上可能行使的长臂管辖权,因此在法案前言部分的第115段以及法案第49条第1款d项明确规定了应如何处理他国的长臂管辖。[39] 首先,法案前言第107段、第108段以及法案第45条第1款赋予欧盟监管机构阻止个人信息向第三国或国际组织流动的权力,并在法案第45条至第48条详细规定了在欧盟监管机构的监管下,个人数据向第三国或国际组织流动

---

〔37〕 Recital 23, GDPR.

〔38〕 Recital 24, GDPR.

〔39〕 Recital 115 & Art. 49(1)(d), GDPR.

所要满足的条件。[40] 其次,作为这种监管的例外,立法者规定,以维护欧盟及第三国都认可的公共利益的名义,第三国可以基于其法律、法规或其他法律行为,如法院判决、仲裁裁决或行政命令,要求欧盟境内的数据控制者或处理者转移或披露个人数据,即便这种行为有可能违反国际法或有损本法案对个人信息的保护。[41] 由此可见,欧盟以公共利益为切入点,为其同欧盟范围外的其他主权国家和国际组织进行数据信息交流及合作留下了一道方便之门。

二、GDPR 同其他国家对个人数据保护的对比

除欧盟以外,明确通过立法对个人数据进行保护的国家并不在少数,如日本、韩国等,也有一些国家将对个人数据的保护从属于对隐私权的保护,如澳大利亚、新西兰。其中新西兰已经获得欧盟对个人数据保护的安全认证,[42] 而日本则在 2018 年 7 月 17 日获得欧盟数据管理委员的认定,被认为是能够对个人数据提供与欧盟相同保护的国家。[43] 但在个人数据保护这一领域,计算机及网络技术相当发达的美国却表现得相当迟缓,到目前为止,美国尚未颁布一部统一的联邦层面的法案,而只是通过各部门法及各州法律对个人数据提供保护。[44] 下文将以美国和日本为重点,分析 GDPR 相对于其他国家保护个人数据的法律规范的优势。

(一) 美国

与欧盟在法律文件中使用"数据保护"(data protection)这一用语不同,由于

---

[40] Art. 45 – Art. 48, GDPR.

[41] Recital 115, GDPR.

[42] 参见潘乐:《国内外数据保护方法比较》,载 http://www.kwm.com/zh/knowledge/insights/data-protection-at-home-and-abroad-20161122,最后访问日期:2018 年 7 月 23 日。

[43] *The European Union and Japan agreed to create the world's largest area of safe data flows*, European Commission-Press release,载 http://europa.eu/rapid/press-release_IP-18-4501_en.htm,最后访问日期:2018 年 7 月 23 日。

[44] Ieuan Jolly, *Data protection in the United States: overview*,载 https://uk.practicallaw.thomsonreuters.com/6-502-0467?transitionType=Default&contextData=(sc.Default)&firstPage=true&comp=pluk&bhcp=1,最后访问日期:2018 年 7 月 23 日。

美国将个人数据保护从属于对隐私权的保护,因此,在文字表述中,美国学界和实务界更倾向于使用“数据隐私”(data privacy)。[45] 虽然美国尚未出台一部统一的联邦层面的法律保护个人数据隐私,但目前有其他一些法案可作为政府对网络数据进行监管以及个人主张数据隐私权利的依据。在联邦层面,这样的法案主要有健康保险携带和责任法案(The Health Insurance Portability and Accountability Act of 1996)、隐私法案(Privacy Act of 1974)、金融隐私权法案(Right to Financial Privacy Act of 1978)、联邦贸易委员会法(Federal Trade Commission Act of 1914)以及宪法第四修正案(Fourth Amendment to the United States Constitution)。

由于在联邦层面缺少全面的针对数据隐私保护的立法,宪法第四修正案就成了数据主体主张自身权利的重要依据。[46] 根据宪法第四修正案的规定,除依照合理根据并作出保证之外,人民享有其人身、住宅、文件和财产不受无理搜查、扣押、侵犯的权利,因此,很多律师要求数据处理者在搜集数据时提供“合理依据保证”(Probable Cause Warrants)。但宪法第四修正案对数据主体的保护在司法实践中却经常受到美国法律制度中“第三方原则”(Third Party Doctrine)的影响。“第三方原则”是指,当某人自愿将信息传输给第三方,如银行、电话公司、网络服务提供者时,将不具有“合理的隐私权期待”(No Reasonable Expectation of Privacy),而当其不具备“合理的隐私权期待”时,美国政府可在不具备“合理依据保证”的情况下调取当事人的个人数据。[47] 虽然1974年的隐私法案在防止“第三方原则”被滥用等方面作出了有利于数据主体的规定,但这些规定仍给公权力机关留下了十分宽松的活动空间,并且隐私法案的约束对象仅为

---

〔45〕 Swire, P. P. and Ahmad, K. (2012a) *Foundations of Information Privacy and Data Protections*, Portsmouth, NH: International Association of Privacy Professionals.

〔46〕 Stephen Cobb, Data privacy and data protection: US law and legislation, p. 4, 载 https://www.welivesecurity.com/wp-content/uploads/2018/01/US-data-privacy-legislation-white-paper.pdf,最后访问日期:2018年7月25日。

〔47〕 Thompson R, *The Fourth Amendment Third-Party Doctrine*, Congressional Research Service, p. 1,载 https://www.fas.org/sgp/crs/misc/R43586.pdf,最后访问日期:2018年7月25日。

联邦政府,并不包括地方政府和私人公司。[48] 因此,在应对私人公司侵犯个人数据隐私时,通常是以联邦贸易委员会法中有关不公平竞争以及不公平或欺骗性商业行为的规定作为政府进行监管或数据主体主张个人数据隐私权的依据。[49]

通过对比美国的数据隐私和欧盟的数据保护,可以发现两者之间有着鲜明的不同。首先,从立法层级上来说,由于 GDPR 是欧盟的二级立法,因此可以适用于整个欧盟地区,并且 GDPR 设立了一个独立的数据监管机关,这也有利于整合欧盟境内各国家及各部门的行政和司法资源,从而促进整个欧盟区域范围内的数据流动、监管及数据主体的权利保护。而美国在联邦法层面对公民的数据隐私保护则散见于各部门法中,在实务中难免会出现顾此失彼的弊端,而在州法层面,又受限于管辖范围的影响而无法适用于全国,从而极大阻碍了数据在全国范围内的流动与监管。其次,从立法所最终确定的实体权利义务上来看,欧盟的立法者也更多地考虑到对数据主体权利的保护及对政府权力的限制,但美国的立法中更强调的是政府对数据的监管,很多情况下美国法律赋予政府的监管权在欧盟立法者看来并不符合比例原则。[50]

(二) 日本

日本对个人数据的法律保护始于 1998 年 12 月政府制定的《有关行政机关电子计算机自动化处理个人信息保护法》。最初,个人数据保护的义务主体仅为政府部门,但由于电子商务的快速发展,电子商务经营者在个人数据保护方面的作用越来越重要,此外民间企业对个人信息的不适当应用造成的个人信息外泄事件频发,引起了日本消费者对现行个人信息制度体系的不安全感和不信任感,因此,将民间企业纳入个人信息保护的调整范围内,并对相对类型化的个人信息的采集、存储、使用和信息交换、共享等加以规制开始进入政府的视野,

---

〔48〕 Franziska Boehm, *A comparison between US and EU data protection legislation for law enforcement purposes*, p. 54,载 http://www.europarl.europa.eu/RegData/etudes/STUD/2015/536459/IPOL_STU(2015)536459_EN.pdf,最后访问日期:2018 年 7 月 25 日。

〔49〕 Solove, D. J. and Hartzog, W. (2014) "The FTC and the New Common Law of Privacy", *Columbia law review*, 114 (3): 583 - 676.

〔50〕 同上文,第 67 页。

并最终促成了《个人信息保护法》于2005年4月全面实施。[51]

此法案在2015年9月经历过一次修订。修订后法案总则中有关个人信息内涵的规定变得更加详细且具体。法案第2条对个人信息的定义主要分为两部分,第一部分是与信息主体的人身直接相关联的信息,即因为其中包含姓名、出生日期或其他描述,如使用语音、动作或其他方法等,在文件、图纸或电磁记录中写入、记录或以其他方式表达的信息;第二部分是"个人识别码"(personal identification code),即个人在获取服务或购买商品时被分配到的用以识别其身份的,通过文件或电磁格式记录的任何字符、字母、数字、符号或者其他标记。[52]笔者认为,此法案中对个人信息的定义清楚地展现出日本对个人信息的保护最初主要由公权力主体承担进而向私权利主体扩散的发展脉络。相对于欧盟对个人信息的定义针对性更强,即主要针对的就是公权力机关及公共组织为实现公共管理而收集、处理的公民个人信息,以及日常生活的商品交易中私权利主体为进行商业活动而搜集、处理的交易对象个人信息。

此外,此法案相对于GDPR的另外一大不同之处在于,其没有对数据主体享有何种权利直接进行规定,而是通过对个人信息处理业务者应承担何种义务进行规定后倒推出数据主体享有何种权利。虽然从目前来看,通过这种单方面规定义务主体应承担何种义务的方式亦能够涵盖GDPR所赋予数据主体的诸多权利,并且能够避免对权利的规定和对义务的规定有细微冲突时所造成的矛盾,但这种立法模式的弱点在于,一旦义务主体所掌握的技术手段产生了革命性的突破使其足以摆脱法案中为约束其行为而施加给它的义务,在此情况下,权利主体便无法直接依靠法案所赋予的权利维护自己的合法权益。所以,稳定有余而灵活性不足。

三、GDPR对比特币所使用的区块链技术的影响

比特币是迄今为止最为成功的区块链应用场景。据区块链实时监控网站Blockchain. info统计显示,平均每天有约7500万美元的120,000笔交易被写入

---

〔51〕 参见谢青:《日本的个人信息保护法制及启示》,载《政治与法律》2006年第6期。

〔52〕 Art. 2, Amended Act on the Protection of Personal Information, 载 https://www.ppc.go.jp/files/pdf/280222_amendedlaw.pdf,最后访问日期:2018年7月28日。

比特币区块链,已生成超过53万余个区块。[53] 目前比特币供应量(已经挖出的比特币数量)已经超过1600万枚,按照每枚比特币6216.04美元的现行价格估算其总市值已超过1056亿美元,在世界各国2017年GDP排名中占据第60位(略高于欧洲的乌克兰)。[54] 换言之,在没有政府和中央银行信用背书的情况下,去中心化的比特币已经依靠算法信用创造出与欧洲中小国体量相当的全球性经济体。预计到2027年,全球10%的GDP将会通过区块链技术存储。[55]

而区块链是一种按照时间顺序将数据区块相连组合成的一种链式数据结构,并通过密码学方式保证数据不可篡改和不可伪造的分布式账本。[56] 所以,区块链技术对于比特币这种去中心化的数字货币来说,是在货币使用者之间达成信任、共识,以及维护交易安全、稳定的核心技术。尤其是区块链中数据不可篡改、不可伪造的技术特点,是区块链用户在不具备权威的中心机构(如银行等)对用户交易数据进行存储、维护、更新的前提下,低成本地创建并维持彼此之间信任的基础。[57]

有些人认为,GDPR赋予数据主体的修正权和被遗忘权严重影响甚至是颠覆了区块链中数据不可篡改、不可伪造的技术特点,如果满足GDPR的合规要求,区块链低成本创造并维护陌生人之间信任的努力将顷刻间荡然无存。[58] 虽然单纯从逻辑角度上讲,如果允许数据主体对区块链中的交易数据进行修改,的确会影响区块链的安全稳定,但从法理上讲,笔者认为GDPR对数据主体的

---

[53] Blockchain Monitoring Website,载https://www.blockchain.com/en/explorer,最后访问日期:2018年7月14日。

[54] 同上文。

[55] World Economic Forum Survey,载http://www.coinfox.info/news/3184-world-economic-forum-survey-10-of-global-gdp-may-be-stored-with-blockchain-technology-by-2027,最后访问日期:2018年7月14日。

[56] 参见姚博:《比特币、区块链与ICO——现实和未来》,载《当代经济管理》2018年第9期。

[57] 参见王健、陈恭亮:《比特币区块链分叉研究》,载《通信技术》2018年1月。

[58] Andries Van Humbeeck, *The Blockchain-GDPR Paradox*,载https://medium.com/wearetheledger/the-blockchain-gdpr-paradox-fc51e663d047,最后访问日期:2018年7月8日。

权利保护并不必然导致数据主体可以对区块链中的交易数据进行修改,或者说GDPR并不要求使用区块链技术的系统软件允许数据主体修改区块链中的数据。由于目前大家普遍接受的区块链技术的应用领域仍以比特币为主,因此,本文将以比特币为例,对这一问题进行分析。

(一)问题的由来

区块链技术在维护比特币交易记录时会通过一系列复杂的加密及数据运算技术,以维持一条具有唯一性的数据链条的方式来保证交易记录的安全稳定及实时更新。[59] 简单解释其原理就是,任何一个新生成的新区块都需要包含前一个区块的SHA-256函数值(即前一个区块中的所有信息输入SHA-256函数后所得出的数值)、这个新区块的基本信息及这个新区块所包含的所有交易记录。因此,新区块中的交易记录如果想要得到全网络的确认并添加到区块链中,则必须以前一个已经被确认的区块中的交易记录为基础。[60]

而这种环环相扣的记录和确认交易信息的方式,虽然可以低成本地实现数据难以被篡改、避免发生重复交易、便捷全网络数据更新等去中心化的信任共识,但与此同时,可能产生的问题就是,一旦交易主体输入的交易信息(如交易对象或交易数额)发生错误,这种错误同样难以被修改,如果强行修改,则必然会导致修改信息所在区块及其后的所有区块中记载的交易记录失效。即便发生哪怕一次这样的数据修改,也必将会对区块链所创建的陌生人之间的信任造成毁灭性打击。因此,简单地从逻辑上看,区块链技术同GDPR所要求的数据控制者或处理者应当设法保障的数据主体对自身数据的修正权和被遗忘权相冲突。但笔者认为,通过分析GDPR法案文本,我们不能简单地得出这一结论。

(二)数据权的人身权属性对这一问题的影响

首先,在本文第一部分的第二小点中,笔者将GDPR赋予数据主体的数据权归类为人身权的一种,而基于笔者的这一观点,数据主体对自身处于其他主体控制下的数据并没有如财产权主体处分自己的财产一般,任意取回数据的处分权。也就是说,如果数据权是一种财产权,由于权利主体对自身享有的财产拥有处分权,所以财产所有人行使处分权时,义务人需要积极地履行义务予以

[59] 前引56;前引57。

[60] Satoshi Nakamoto, *Bitcoin: A Peer-to-Peer Electronic Cash System*, pp. 2-3,载https://bitcoin.org/bitcoin.pdf,最后访问日期:2018年7月15日。

配合。但通过笔者分析，数据权是一种人身权，而人身权的义务主体所需要承担的义务是一种消极不侵犯的义务。因此，由于比特币交易中所有交易记录都是货币所有人自己录入的信息，并且，因区块链的技术特点，比特币交易系统也无修改数据的可能，所以只要系统管理者不刻意改变区块链数据记录及信息加密技术的正常运行，交易主体无权要求系统管理者对自己亲手录入的信息进行修改或删除，因为数据控制者或处理者已经尽到了消极不侵犯的义务。

其次，基于法案条文，我们也可发现，GDPR 并没有赋予数据主体任意撤回先前作出的同意（即同意数据控制者或处理者处理自身数据）的绝对权利。也就是说，虽然数据主体可以根据法案第 17 条第 1 款 b 项的规定撤回基于第 6 条第 1 款 a 项或第 9 条第 2 款 a 项作出的同意，但前提是数据处理行为没有其他法律基础。[61] 而法案第 6 条第 1 款规定的各种合法性基础在比特币交易这一特定的情形中，笔者认为能够最直接地用以抗辩法案第 17 条第 1 款 b 项赋予数据主体撤回同意权的，是法案第 6 条第 1 款 d 项，即“处理是为了保护数据主体或另一个自然人的切身利益之必要”。[62] 这一条款之所以能够对抗数据主体的撤回同意权，笔者认为主要基于以下原因：第一，虽然根据上文所述观点，自然人对自身数据所享有的权利是人身权，但数据对应的比特币所代表的财产价值，是财产权的客体，而无论在何种情况下，财产权都与权利主体的切身利益密切相关；第二，根据区块链的技术特点，如果修改某一区块中的数据，必然会导致修改数据所在区块及其后的所有区块中记载的交易记录失效，其结果就是与失效数据相对应的比特币交易需要重新确认，而在等待重新确认的过程中，先前支付比特币的一方可能会在私利的驱使下篡改原有交易记录，将已经支付过的比特币支付给第三人，而一旦比特币交易系统重新确认的是篡改后的交易记录，则篡改前的收款方将因没有合法有效的交易记录而无法使用本应属于他的比特币，其手中的比特币也就相当于被凭空转让给了篡改交易记录后收到比特币的第三人，这自然严重侵害了交易记录被篡改前比特币收款方的财产权。[63] 所以，基于以上两点原因，虽然 GDPR 赋予数据主体撤回同意权，但由于这一权利并非无条件的，因此，笔者认为，在数据控制者或处理者基于法案第

---

[61] Art. 17(1)(b), GDPR.

[62] Art. 6(1)(d), GDPR.

[63] 前引 57。

6条第1款d项的原因处理数据时,可拒绝数据主体撤回先前作出的同意。

(三)票据行为中的背书转让是否对解决这一问题有所启示

我们不难发现,票据行为中的背书转让与比特币系统中的区块链技术,在对交易信息的记录上有许多相似之处。票据的背书转让有以下几个特点:(1)后一手持票人享有的票据权利的合法性来源于前一手持票人的背书转让;(2)最后一手持票人在向票据付款人主张票据权利时需要提供签章连续且信息一致的票据;(3)根据我国《票据法》的规定,票据金额、出票日期、收款人姓名不得更改,更改的票据无效。[64] 而在比特币交易中,如前文所述,交易系统同样维持着一条唯一且连续的数据链,后一手比特币交易以前一手交易的数据信息作为证明自身比特币合法来源的基础,且交易数据不可篡改。这刚好与票据背书转让的特点相对应。不过,票据背书的转让过程中,如果签章的书写发生错误,是有补救措施的。虽然我国《票据法》并没有确定票据涂销制度,但《英国票据法》[65]《日内瓦统一汇票本票法》[66]等,对票据涂销制度都有规定。通过票据涂销制度,背书人在背书转让时如果发生书写错误,是可以对票据进行涂改的。而即便在我国,由于实务中不时会出现背书人在背书转让时写错被背书人名称的情况,大家约定俗成的解决方法就是由被背书人提供一份证明,告知票据付款人票据上名称不一致的情况只是笔误,从而避免直接在票据上进行涂改所引起的票据失效的后果。

但笔者认为,票据背书转让制度中对签章发生错误时的补救方法对本文所提到的问题的解决并不具有启示意义。和比特币相比,票据行为仍旧是一种中心化的记账方式。所有的背书转让,无非是为了取得票据付款人的信任。因此,即便在背书转让过程中签章出现瑕疵,只要有票据付款人认可的补救方式,持票人最终都有可能获得兑付。所以,在票据行为中,票据付款人就是中心记

---

[64] 1995年中国《票据法》第9条第1款(2004年修正)。

[65] Art. 64, Bills of Exchange Act 1882,载 http://www. legislation. gov. uk/ukpga/Vict/45 - 46/61,最后访问日期:2018年7月16日。

[66] Art. 16 & Art. 29 & Art. 50, Convention Providing a Uniform Law For Bills of Exchange and Promissory Notes (Geneva, 1930) The League of Nations,载 https://www. jus. uio. no/lm/bills. of. exchange. and. promissory. notes. convention. 1930/portrait. pdf,最后访问日期:2018年7月15日。

账人。所有票据行为的效力最终都需由票据付款人进行确认。但区块链并非如此。如果想要修改区块链上的信息,修改者需要获得链条上所有数据记录者的同意,但修改信息本身就已经打破了信息不可修改这一在陌生人之间建立信任的基础。因此,当某人需要博得信任的对象是除他自己以外的所有人时,获得信任的唯一方式就是严格遵守先前所有人达成的共识,即区块链上的信息不得修改。所以,笔者认为,在去中心化的分布式记账这一模式下,由于没有了中心记账人为所有参与者的行为兜底,任一当事人必须为自己的所有错误和疏忽负责,且没有补救的余地。或许在收款人信息录入错误的情况下,付款人可以不当得利为由要求并非基础交易当事人的收款方通过一串新的交易信息返还付款方错误支付的比特币,当这段交易信息被系统确认时,先前的付款方就可收回自己错误支付的比特币。但如果错误输入的收款人信息并不对应一个真实的账户,则这笔被错误支付的比特币就必然像被扔进黑洞一般,没有任何找回的可能了。所以,虽然比特币所采用的这种分布式记账方式相比中心化记账方式容错率较低,但它却可以倒逼交易主体提高自身注意义务水平,从而提高交易效率。此可谓有利有弊,不能一概而论。

四、结　论

从技术层面来说,区块链开启了价值互联网时代,即在社区中实现信息与价值、产品和品牌的同步。此外,区块链快速验证和智慧协同所构成的整个反馈过程,成为构筑商业数字化经济的内在核心力量。而在未来的发展中,区块链在数字货币以外领域的智能合约应用(如分布式身份认证、分布式域名系统、分布式自治组织等),并由此引发的金融领域以外的其他领域(如司法、物流、医疗等)的规模协调,将深刻地改变人们的生活方式,并提高所应用领域的系统运转效率。[67]

欧盟最新颁行的这部《通用数据保护法案》是欧盟政府在网络信息技术迅猛发展、传统监管手段无法应对的背景下,为解决网络数据安全监管问题在世界范围内率先做出的尝试。因此,这部法案中的很多原则性规定,很可能被其

〔67〕 参见袁勇、王飞跃:《区块链技术发展现状与展望》,载《自动化学报》2016 年第 4 期。

他国家的政府在制定本国法律时所借鉴与模仿。目前为止,我国关于数据保护方面最高级别的法律依旧是2012年全国人大常委会发布的《关于加强网络信息保护的决定》。虽然我国《侵权责任法》以及工信部通过的《规范互联网信息服务市场秩序若干规定》以及《电信和互联网用户个人信息保护规定》可在一定程度上为数据主体的合法权益提供保护,但这些并非完全针对个人数据保护的法案在面对发展迅速且异常复杂的网络信息状况时,对数据主体的权利保护仍显不足。[68] 值得庆幸的是,我国立法机关已经注意到了这一问题,并在2017年的全国人大会议上提交了《关于制定〈中华人民共和国个人信息保护法〉的议案》并在附件中提交了草案。所以,分析和对比世界其他主要国家和组织有关个人数据保护的法律文件,将使我国在这一领域的立法变得更加完善。

本文也正是希望通过对GDPR的管辖范围、所保护数据的具体内容、所管辖主体权利义务关系的具体意涵(尤其是权利主体的权利属性),GDPR同他国相关法案的对比,以及其具体规定是否真如社会大众所顾虑的那样影响技术进步,这几个核心问题作出分析,从而为进一步研究个人数据的法律保护,并给未来我国的立法提供有益的参考。

〔68〕 前引42。

中德法学论坛
第16辑·下卷,第23~35页

欧盟与德国商业秘密立法及对中国的借鉴*

吴佩乘**

摘 要:重视对商业秘密的法律规制不仅是国际上主要司法辖域的普遍趋势,也是我国近年来制定法律和修法的重点。欧盟《商业秘密保护指令》要求各成员国统一在国内转化适用,这有利于维护欧盟统一大市场的竞争秩序以及保证相对一致的商业秘密保护标准,从而促进企业创新。德国在转化适用欧盟规定时,选择在原有《反不正当竞争法》规制商业秘密路径之外制定新的专门的商业秘密法,有其特殊的国内背景。我国在选择商业秘密立法方式时不能盲目跟从,需要了解其他成文法法域立法的背景,根据本国国情选择合适的制度安排,同时借鉴欧盟与德国立法的有益经验,注重商业秘密法律规制的利益平衡,防止商业秘密权益滥用。

关键词:欧盟;德国;商业秘密;中国

Abstract:Paying attention to the legal regulation of trade secrets is not only the general trend of the major jurisdictions in the world, but also the focus of China's legislation and revision of laws in recent years. The EU-TSD requires all member states to apply in a unified domestic transformation, which is conducive to

---

* 本文系笔者主持的2018年度北京仲裁委员会科研基金项目"知识产权和竞争民事纠纷仲裁相关问题研究"(2018-18)的阶段性研究成果。

** 吴佩乘:上海交通大学凯原法学院经济法学博士研究生,新南威尔士大学法学院联授法学博士学位候选人。

maintaining the EU's unified market competition order and ensuring relatively consistent standards of trade secret protection, thereby promoting enterprises' innovation. When transforming the EU regulations, Germany chose to enact a new trade secret law outside the path of the original anti-unfair competition laws with its special domestic background. When choosing the legislative method of trade secrets, China needs to understand the background and situation of other statute law laws and regulations, select appropriate institutional arrangements according to the national conditions, learn from the useful experience of EU and Germany's legislations, pay attention to the balance of interest of trade secrets and other interests, and prevent abuse of rights of trade secrets.

Key Words: EU; Germany; Trade secret; China

一、问题的提出:商业秘密规制的国际趋势和国内因应

(一)商业秘密规制的国际趋势

尽管存在争议,但学术界普遍认为世界贸易组织框架下《与贸易有关的知识产权协定》(TRIPS协定)第39条所规定的"未披露信息"指的就是商业秘密。TRIPS协定对商业秘密的规定并不像其规定的其他知识产权内容一样详细,属于原则性较强的条款。

美国和欧盟作为世界上最主要的经济体,近年来均在本领域内对商业秘密立法做出重要调整。美国一直以来未将商业秘密作为联邦立法权限予以保留,而是由各州制定法律予以规定。[1] 美国在2016年制定了新的《商业秘密保护法》,该法由美国参众两院通过并由时任总统奥巴马签署,被誉为更有利于统一全国保护商业秘密的立法、行政和司法程序,能够及时有效保护商业秘密。[2] 欧盟也在2016年正式通过了《商业秘密保护指令》(EU-TSD,以下简称《指

[1] 《美国宪法》第1条第8款第8项规定:"仅授权联邦对专利和著作权进行专属立法和排他管辖,对于商标和商业秘密的立法权限则经该条款第3项授权,与各州共同管辖。"

[2] 参见季冬梅:《众望所归:美国〈商业秘密保护法〉正式生效》,载《科技与法律》2016年第3期。

令》),[3]《指令》在很大程度上解决了欧盟各成员国间商业秘密法律不统一、不完善的问题,《指令》同时要求欧盟成员国必须在一定期限内完成本国立法调整以遵守《指令》的内容。

(二)商业秘密规制的国内因应

尽管原来美国各州立法和欧盟成员国内部分别立法都未能实现在其整个司法辖区内商业秘密的法制统一,出于市场竞争中对商业秘密保护的内生性需求,两大法域均作出了统一立法的决策。相较而言,我国商业秘密法律制度在全国内一直是统一的。我国在 1993 年《反不正当竞争法》中明确了商业秘密的含义和规制路径。2017 年我国第一次修订《反不正当竞争法》,重点对商业秘密的定义条款重新确定,[4]但此次修法普遍被法学界认为对商业秘密条款的修改不大,仍然可以从更多方面予以完善。[5]

在《反不正当竞争法》体系之外,我国在《民法总则》第 123 条将商业秘密界定为知识产权专有权的客体。法学界对商业秘密是否属于权利产生的争议颇多,有学者认为,商业秘密并不具有专有的属性,法律只能禁止获取或泄露商业秘密,[6]商业秘密的保密性决定了不可能有一套事前的设权标准,天然地阻却了财产权的设定。[7]《民法总则》中的规定尚不足以成为商业秘密持有人维权的请求权基础。

商业秘密被纳入反不正当竞争保护,这在《巴黎公约》之后被广泛承认并被 TRIPS 协定明确规定,[8]侵害商业秘密的行为同样也是我国《反不正当竞争法》列举的典型不正当竞争行为。巧合的是,长期以来一直与我国相似地将

---

[3] European Union Directive 2016/943 on the Protection of Trade Secrets.

[4] 2017 年修订的中国《反不正当竞争法》第 9 条第 3 款规定:"本法所称的商业秘密,是指不为公众所知悉、具有商业价值并经权利人采取相应保密措施的技术信息和经营信息。"

[5] 参见宁立志:《〈反不正当竞争法〉修订的得与失》,载《法商研究》2018 年第 4 期。

[6] 参见李琛:《论〈民法总则〉知识产权条款中的"专有"》,载《知识产权》2017 年第 5 期。

[7] 参见郑友德、王活涛:《新修订反不正当竞争法的顶层设计与实施中的疑难问题探讨》,载《知识产权》2018 年第 1 期。

[8] 参见孔祥俊:《论反不正当竞争法的现代化》,载《比较法研究》2017 年第 3 期。

商业秘密规定在《反不正当竞争法》中的德国,目前也正在对商业秘密法律规制予以重新考虑,并已经提出了相关法律草案,[9]作为其执行欧盟《指令》的制度设计。在此背景下,对同为成文法传统的德国及欧盟的相关新法令的制度进行分析,有利于重新审视我国法律体系中商业秘密规制的改善路径和具体适用。

二、欧盟与德国的商业秘密立法:统一标准与利益平衡

(一)欧盟与德国商业秘密立法动态概述

《指令》并没有意图界定商业秘密的法律属性,其指出不论商业秘密是知识产权的种类或是替代,都对商业竞争、市场创新和市场研究具有重要作用。[10]此外,《指令》更加注重商业秘密和其他制度之间的利益平衡。例如,《指令》在保护企业员工自由流动时采取了比以往更为强硬的立场,强调欧盟不会因为采取统一的商业秘密保护而限制辖区内的劳动力流动。[11] 值得一提的是,欧盟在对《指令》解释时除了考虑私法意义上对商业秘密的滥用应当受到规制,同时指出该指令的实施并不会妨碍欧盟竞争法的适用,特别是《欧盟运行条约》第101条和第102条关于反垄断规制的适用。

《指令》作为欧盟法域内具有法律强制力的规定,仅为欧盟成员国提供了

---

[9] Gesetzentwurf der Bundesregierung, Entwurf eines Gesetzes zur Umsetzung der Richtlinie (EU) 2016/943 zum Schutz von Geschäftsgeheimnissen vor rechtswidrigem Erwerb sowie rechtswidriger Nutzung und Offenlegung, RegE_GeschGehG, available at https://www.bmjv.de/SharedDocs/Gesetzgëbungsverfahren/Dokumente/RegE _ GeschGehG. pdf; jsessionid = 35938A551CD52C3411729F4782741C07. 2_cid297? __blob = publicationFile&v = 1.,最后访问日期:2019年4月15日。

[10] See DIRECTIVE (EU) 2016/943 on the protection of undisclosed know-how and business information (trade secrets) against their unlawful acquisition, use and disclosure, Official Journal of the European Union, 15th June, 2016, L157/2.

[11] Patel A B, Pade J A, Cundiff V, et al. The Global Harmonization of Trade Secret Law: The Convergence of Protections for Trade Secret Information in the United States and European Union[J]. Defense Counsel Journal, 2016, 83(4): 482.

商业秘密保护的最低要求,各成员国可以根据本国情况制定标准不低于该指令的法律制度。和中国类似,德国现有的商业秘密规制散见于《反不正当竞争法》和其他民事法中,德国《反不正当竞争法》第 17 条、第 18 条和第 19 条分别是侵害商业秘密相关的刑事规定,在一般的商业秘密民事纠纷中,原告只能根据德国《反不正当竞争法》第 17 条和第 18 条并结合该法一般条款或德国《民法典》的规定提起诉讼。[12] 由于法律体制迥异,德国联邦司法和消费者保护部长期以来对在德国实施《指令》沉默不语。[13] 应当指出的是,《指令》只是对商业秘密保护的程度和内容作出最低限度规定,但并未要求成员国必须采取商业秘密统一立法的方式,成员国可以选择在原有法律框架内予以完善或进行新的立法。随着《指令》在成员国实施期限的日益临近,德国在 2018 年 7 月 18 日公布了《保护商业秘密法草案》(以下简称《草案》),[14]标志着德国最终决定对商业秘密进行专门立法。《草案》解释了制定单独商业秘密法的必要性在于通过德国《反不正当竞争法》和德国《民法典》的方式保护商业秘密不足以实施《指令》,特别是《指令》的规制对象并不以"竞争关系"的存在为前提,因此难以继续通过《反不正当竞争法》实施商业秘密保护制度,制定一项新法律就成了当然选择。

(二)欧盟与德国商业秘密立法的制度解析

1. 欧盟《商业秘密保护指令》

《指令》说明欧盟的商业秘密保护政策不得影响其他权利的正常行使,如言论和信息自由权(包括尊重媒体多元化和表达自由),基于公共利益向行政或司法机关披露信息,行政当局依法披露企业信息等,《指令》还重申商业秘密保护不应作为限制员工自由流动的理由,例如雇员在正常就业活动中依靠诚信经营获得的知识技能和经验不应作为商业秘密的保护对象。[15]

---

[12] 参见安斯加尔·奥利:《比较法视角下德国与中国反不正当竞争法的新近发展》,范长军译,载《知识产权》2018 年第 6 期。

[13] 参见郑友德、钱向阳:《论我国商业秘密保护专门法的制定》,载《电子知识产权》2018 年第 10 期。

[14] 全称为《关于转化适用保护商业秘密不受非法获取、使用和披露指令(EU)2016/943 的法律草案》。

[15] Article 1 of EU-TSD.

《指令》在参考TRIPS协定的基础上,提出商业秘密是符合具有秘密性、商业价值和采取合理保密措施的信息。《指令》没有确认商业秘密的法律属性是否为权利,因此《指令》保护的主体是商业秘密持有人,即能够合法控制商业秘密的自然人或法人,相应的侵权人也就是非法获取、使用或披露商业秘密的人。[16]《指令》阐明自主创造、反向工程、工人或工人代表依法的信息和咨询权行使以及其他符合诚信商业惯例的行为是合法的,[17]而未经商业秘密持有人同意对合法处于其控制下的商业秘密的剥夺、使用、不当披露应视为违法,第三人在获取、使用或披露商业秘密时若明知该秘密是非法途径得来的,也一并视为非法。[18]《指令》规定成员国在涉及言论、公共利益保护和员工基本权益保护等情况时,应当作为除外条款不适用商业秘密保护。[19]

《指令》特别强调了商业秘密的救济措施应当符合比例原则且不能为欧盟统一内部市场设置壁垒,此外成员国立法还需要防止商业秘密救济措施被不当滥用。[20]《指令》要求成员国为商业秘密保护规定最高不超过6年的诉讼时效限制。[21] 成员国理应设置相应的制度,确保在诉讼活动中防止商业秘密泄露,如限制阅读含有机密文件的人数,司法裁决公布的文本对涉密信息予以删除编辑等。[22]

临时禁令措施是《指令》中的一个显著亮点。《指令》规定司法机关可以视情况在诉讼过程中发布禁令,禁止暂时使用或披露涉案商业秘密,或禁止生产、提供、进出口涉案侵权产品,《指令》也允许被控侵权人以缴纳足够弥补损失的金钱作为替代措施,但不允许商业秘密持有人在诉讼中以披露信息的方式换取对价。《指令》明确了司法机关在适用临时禁令时应考虑的因素,包括:商业秘密的价值,为保护商业秘密采取的措施,侵权行为程度,侵权造成的影响,第三

---

〔16〕 Article 2 of EU-TSD.

〔17〕 Article 3 of EU-TSD.

〔18〕 Article 4 of EU-TSD.

〔19〕 参见周克放:《欧盟商业秘密保护例外问题研究》,载《电子知识产权》2018年第7期。

〔20〕 Article 7 of EU-TSD.

〔21〕 Article 8 of EU-TSD.

〔22〕 Article 9 of EU-TSD.

方利益,公共利益以及基本权利保障等因素。[23]

《指令》还规定了在案件裁决后商业秘密持有人可以获得的救济措施。司法机关可以要求侵权人禁止使用、披露商业秘密,禁止继续生产、投放进出口侵权产品并可以对侵权产品采取市场召回、交付商业秘密持有人等措施,司法机关也可以判令侵权方支付损害赔偿金。《指令》指出,企业的员工如果是在不具有故意的主观条件下非法获取、使用或披露雇主的商业秘密,成员国对此种情形可以通过立法减轻员工需承担的损害赔偿责任。在确定具体损害赔偿数额时,《指令》规定违法行为对商业秘密持有人的精神损害也应当被纳入考虑范围。[24]

2. 德国《保护商业秘密法草案》

商业秘密定义方面,《草案》第 2 条与欧盟《指令》保持了一致,即要求商业秘密的秘密性、价值性和具有合理保密措施。《草案》对商业秘密需具有保密措施的要求比德国法先前的规定更客观化。之前德国法中只要求商业秘密持有人具有客观情形下表现出的可识别的主观保密意愿,就足以符合保密措施的要求。根据现在《草案》的要求,保密措施是必须客观存在的,商业秘密持有人对此负有举证责任。

按照和《指令》相似的体例,《草案》分别规定了法律允许的行为、法律禁止的行为及其例外规定。其中,反向工程属于《草案》允许的获得商业秘密的方式,《草案》第 3 条在此基础上进一步规定了反向工程的适用条件:一是用于反向工程的产品是公开渠道可以获得的;二是拥有产品的人是合法获得该产品且其自身没有相应保密义务的。《草案》第 5 条遵循欧盟《指令》规定了适用例外的规定,特别是《草案》强调基于公共利益对不法行为的举报不受商业秘密保护的限制。

在救济措施方面,《草案》和《指令》基本相似。为了更好地平衡员工和雇主间的责任,《草案》第 12 条规定雇员因职务行为侵害他人商业秘密时,商业秘密持有人可以直接向公司主张索赔。《草案》第 13 条明确德国法下的商业秘密案件的诉讼时效为 6 年。并且,为了确保在法院诉讼程序中对商业秘密的保护,《草案》继受了《指令》的规定,在基于当事人请求的情形下可以限制访问涉

---

〔23〕 Section 2 of EU-TSD.

〔24〕 Section 3 of EU-TSD.

案文件或听证会的会议记录中的机密信息。

三、中国商业秘密规制的经验汲取:走向系统的法律体系

(一)中国商业秘密立法的规制路径:统一立法或分散立法

欧盟制定商业秘密专门法的目的在于在欧盟统一大市场内维护标准一致、保护力度类似的商业秘密制度,从而鼓励企业特别是中小企业的创新能力。在《指令》出台之前,德国和我国均在各自的《反不正当竞争法》中规制商业秘密问题,并通过赋予经营者民事诉权的方式保护商业秘密。德国之所以选择重新制定商业秘密法,原因在于原有的德国《反不正当竞争法》中难以包含《指令》要求的所有内容,德国统一立法更多的是承担欧盟内转化适用法律的成员国义务使然。

德国《反不正当竞争法》的适用范围要求经营者须具有竞争目的,通过对"竞争目的"的客观化解释,1909年德国《反不正当竞争法》中的一般条款中的竞争目的已经可以被理解为"竞争关系中经营者影响其他竞争者利益的行为",[25]因此诸如雇员或第三人窃密等不具有竞争关系的主体难以受到的德国《反不正当竞争法》的规制。在我国《反不正当竞争法》修订过程中,国务院向全国人大常委会提请审议的《反不正当竞争法(修订草案)》中增加了关于商业秘密持有人的员工、前员工侵犯商业秘密情形的规定,但在常委会审议中并未将该条保留。尽管如此,上述法律审议的过程并不构成具有法律约束力的立法解释,经济法学界和司法实践对"竞争关系"的要求逐渐持较为宽松的认定标准,例如在"58同城案"中,法院认为:"竞争关系的界定不应局限于狭义上的理解……只要经营者以不正当的手段谋取竞争优势或者破坏他人竞争优势,在此过程中可能对竞争对手、其他经营者或者竞争秩序造成损害,就可以纳入《反不正当竞争法》的调整范围。"[26]最高人民法院的司法政策也表明:"正确认识竞争关系的法律定位,竞争关系并非认定不正当竞争或者提起不正当竞争之诉的

[25] 参见王博文:《德国反不正当竞争法私法属性的历史和理论建构》(下),载《竞争政策研究》2016年第5期。

[26] 参见北京市第三中级人民法院(2014)三中民终字第11197号民事判决书。

条件。"[27]

由是观之,欧盟及德国进行商业秘密统一立法的理由并不适用于我国的情况。我国目前尚不宜制定专门的商业秘密法,原因在于:其一,法学界目前对制定统一商业秘密法没有取得基本共识,尽管有部分学者呼吁制定《商业秘密保护法》,[28]但更多的观点认为商业秘密欠缺基本的权利属性,[29]无需制定专门性法律进行系统规定。其二,在现有中国《反不正当竞争法》中对商业秘密进行规制,不仅避开了关于其是否属于财产权的争论,而且通过民事诉讼和行政执法双重执行模式[30]更有利于保护商业秘密持有人的利益,增加违法成本。[31]其三,包括全国人大财政经济委员会和原国家工商总局在内的多部门均认为,在现有《反不正当竞争法》中规定商业秘密是符合我国承担的国际义务标准的。[32]

从规定的实质内容上来看,商业秘密单独立法和在《反不正当竞争法》中规定并不矛盾,这表现在:(1)从欧盟及德国的立法经验看,其制定的商业秘密规定均不涉及对商业秘密性质的评价,而更多地从防止商业秘密遭受不当侵害的层面规定,与一般的权利法(尤其是知识产权法)的规范路径显然不同。商业秘密的非公开性决定了对其保护只能从防止侵害的角度规定。(2)商业秘密与竞争法具有紧密的关系,即使制定商业秘密专门法,其中的规制方式和内容也应

---

〔27〕 最高人民法院副院长陶凯元:《以习近平新时代中国特色社会主义思想为指引 全面开启新时代知识产权司法保护新征程——在第四次全国法院知识产权审判工作会议上的讲话》(2018年7月9日)。

〔28〕 参见李昌麒等主编:《经济法学》,法律出版社2013年版,第252页。

〔29〕 参见冯晓青:《〈民法总则〉"知识产权条款"的评析和展望》,载《法学评论》2017年第4期。

〔30〕 德国《反不正当竞争法》在运行中以私人诉讼为唯一方式,即便是刑事责任也以自诉为原则。参见王博文:《德国反不正当竞争法私法属性的历史和理论建构》(上),载《竞争政策研究》2016年第4期。但我国《反不正当竞争法》的运行既包括民事诉讼的私人执行也包括公力救济的行政执法方式。

〔31〕 参见张玉敏主编:《知识产权法学》,法律出版社2017年版,第430页。

〔32〕 参见《全国人民代表大会财政经济委员会关于第十二届全国人民代表大会第三次会议主席团交付审议的代表提出的议案审议结果的报告》(2015)。

当参照现有《反不正当竞争法》及司法解释中关于商业秘密的规定,作为《反不正当竞争法》的特别法存在。(3)在不制定统一商业秘密法的情况下,通过制定专门性商业秘密司法解释、商业秘密滥用的反垄断指南等方式在我国同样可以起到系统性规制商业秘密的目的。例如,欧盟与德国立法中对商业秘密诉讼中禁令的规定在我国已经通过有关行为保全的司法解释予以解决。[33] 我国目前也效仿美国正在制定《关于滥用知识产权的反垄断指南》,有望在其中规定涉及商业秘密滥用的反垄断内容。最高人民法院也正在研究制定专门性商业秘密司法解释,对侵害商业秘密行为认定、商业秘密案件的举证责任以及诉讼过程中防止商业秘密泄露等问题细化规定。

(二)商业秘密与竞业禁止:私权保护与自由竞争

欧盟与德国立法者十分重视商业秘密私权保护与员工自由流动之间的平衡,两者间的一个联结点在于怎样对待竞业禁止协议。我国《劳动合同法》颁布后,该法第23条和第24条确立了竞业禁止制度,法学界一般认为适用竞业禁止的前提是雇主具有合法的商业秘密。[34] 竞业禁止协议确实会在一定程度上限制自由竞争,例如员工离职后由于负有竞业限制义务,不仅自身不能成为原雇主的竞争者,也不能到原雇主的其他竞争者处就职。

一方面,我国设立竞业禁止制度确有必要,竞业禁止协议可以作为企业证明商业秘密要求的合理保密措施的有力证据;另一方面,囿于竞业禁止协议对劳动者就业权和自由竞争产生的不利影响,在立法上必须对适用竞业禁止的条件作严格限制。这主要体现在两个方面,即竞业限制的期限和内容。一方面,竞业禁止协议的性质属于合同,原则上竞业限制的期限属于员工和前雇主意思自治的范畴。但是由于竞业禁止具有对市场竞争以及劳动者择业权的限制作用,法律有必要对竞业禁止期限作强制性规定。我国现行《劳动合同法》对竞业禁止的期限设置了不超过2年的上限规定,对于超过2年期限的竞业限制协议应当归于无效。另一方面,竞业禁止并不代表禁止员工从事的所有工作,必须要明确竞业限制的内容。目前法律中对负有竞业禁止义务的劳动者限制从事

---

〔33〕 即最高人民法院《关于审查知识产权纠纷行为保全案件适用法律若干问题的规定》(法释〔2018〕21号)。

〔34〕 参见邓恒:《德国的竞业禁止制度与商业秘密保护及其启示——兼论〈劳动合同法〉第23、24条的修改》,载《法学杂志》2017年第3期。

的内容过于严苛，即限制从事同行业所有业务。基于竞业禁止的前提和目的都是为了保护商业秘密，竞业禁止的范围应当仅包括与原雇主所接触的商业秘密有关的范围。[35] 此外，我国法院对发轫于美国判例法的“不可避免披露”原则的适用应当持谨慎态度。所谓“不可避免披露”指的是在知晓企业商业秘密的雇员跳槽到和原企业有竞争关系的企业中时，前雇主可以基于该员工会不可避免地泄露商业秘密的理由申请法院发布禁令禁止员工从事相关工作。[36] 是否选择适用“不可避免披露”原则不仅是法律逻辑推演的过程，更是一国法律政策对利益平衡的结果，我国目前宜同欧盟与德国立法精神保持一致，慎重对待可能造成人员自由流动受阻的政策措施。[37]

（三）商业秘密滥用规制：界定权益保护边界的新制度

长期以来，我国法学界对商业秘密的探讨侧重于如何加强保护，而忽视了商业秘密也可能会被持有人滥用。欧盟和德国的商业秘密立法为我国在商业秘密滥用制度构建上提供了很好的思路。

首先，欧盟与德国的立法中指出，符合诚信商业惯例的获取、使用和披露商业秘密行为不应当视为侵害商业秘密。竞争法通说认为，诚信原则作为《反不正当竞争法》的核心，不仅可以确认法律未明确列举的不正当竞争行为，还可弥补该法具体规定的漏洞。[38] 这体现在对侵害商业秘密的行为进行界定时，除了应当考虑该行为是否未经商业秘密持有人许可外，还应当考虑该行为是否符合公认的商业道德。例如，基于举报违法行为的获取、披露商业秘密应当得到法律的豁免。

其次，需要合理设定商业秘密的诉讼时效。根据欧盟的《指令》，德国《草案》规定了商业秘密持有人的 6 年诉讼时效限制。我国尚没有对商业秘密诉讼设置特殊诉讼时效，一般情形下适用 3 年的普通诉讼时效。商业秘密诉讼中应当更加注重平衡秘密持有人合法权益和侵权人行为自由的关系，对于超过诉讼

〔35〕 前引 34。

〔36〕 参见聂鑫：《商业秘密不可避免披露原则的制度发展与移植设想》，载《知识产权》2016 年第 9 期。

〔37〕 即使在美国，在部分案例中法院也指出，“不可避免披露”原则可能导致员工根本不可能到原雇主竞争者处任职。See 899 F. Supp. 1477(W. D. N. C. 1995).

〔38〕 参见王先林：《竞争法学》，中国人民大学出版社 2018 年版，第 92 页。

时效的案件,不应一律驳回原告的诉讼请求。如在“万斯特案”[39]中,法院参照专利侵权案件中诉讼时效的制度设计,[40]判决侵权损害赔偿数额自权利人向法院起诉之日起向前推算2年计算。[41]

最后,要加强商业秘密反垄断的法律体系建设。欧盟的态度非常明确,即商业秘密保护并不影响反垄断法的执行。商业秘密滥用的法律规制不仅需要从私法或诉讼法角度考虑,当商业秘密滥用行为严重限制了市场竞争活动时,反垄断法就必须介入。

和专利等典型的知识产权相比,商业秘密在一定程度上给经营者带来的垄断优势更为明显。举例而言,专利权人虽然可以依照法律规定行使排他性权利,但其专利内容是公开的,且专利保护具有时间限制。商业秘密则具有秘密性的特征,原则上商业秘密持有人的秘密信息永远无需进入公有领域流通,这为商业秘密持有人增加了竞争优势。经济学意义上的垄断与现代反垄断法中的垄断是两个相区别的概念,前者侧重对垄断地位的研究,而我国《反垄断法》文本中的垄断指的是限制竞争的行为。正因如此,我国《反垄断法》虽然没有特别规定商业秘密滥用的反垄断行为类型,但并不影响在《反垄断法》框架下对其进行一般分析。诚然,我国《反垄断法》第55条规定了知识产权反垄断的内容,但学界通说认为该条没有设立独立的垄断行为类型,而是要“根据行为的性质和表现形式,分别或同时构成《反垄断法》所规定的垄断行为”。因此无论商业秘密是否属于权利(或知识产权)都不影响其在我国《反垄断法》中的分析路径。[42]

商业秘密滥用可能构成一种或多种垄断行为。特别是,在对滥用市场支配地位案件处理时,需要进一步结合商业秘密特性分析相关市场及竞争效果影响。由于商业秘密不具有公开性,外界难以获知企业商业秘密的具体内容,并且商业秘密不具有专有性,其他企业可能拥有相同的商业秘密,因此需要更加

---

[39] 参见山东省烟台市中级人民法院(2013)烟民三初字第192号民事判决书。

[40] 参见最高人民法院《关于审理专利纠纷案件适用法律问题的若干规定》第23条。

[41] 案件发生时我国《民法总则》尚未颁布,因此普通诉讼时效为我国《民法通则》规定的2年。

[42] 参见王先林:《反垄断法与创新发展——兼论反垄断与保护知识产权的协调发展》,载《中国价格监管与反垄断》2017年第8期。

细致地考察此类案件的相关商品或技术市场的范围。必要时需要参考最高人民法院在“奇虎诉腾讯案”[43]中确立的分析路径,将相关市场、市场支配力以及行为效果分析作为相互联系、彼此照应的分析要素,通过各要素分析相互验证的方式提高合理性。[44] 现实中滥用商业秘密的案件已经多有发生,如商业实践中企业通过恶意商业秘密诉讼方式阻碍竞争对手进入相关市场,如果该企业同时在相关市场中具有市场支配地位,就有可能违反反垄断法。[45] 我国有必要进一步加大商业秘密反垄断执法力度,制定相应的反垄断指南,商业秘密滥用诉讼案件中的被告也可以积极利用《反垄断法》提出保护自身合法权益的反诉。

四、结　语

面对越来越复杂的商业竞争环境,世界主要司法辖区美欧均加强了商业秘密保护措施,我国也相应地根据国情对与商业秘密有关的法律进行制定或修改。作为成文法系的代表,欧盟和德国相继出台了商业秘密专门性规定或草案。欧盟在保护商业秘密的同时也重视平衡商业秘密私权益与其他利益或基本权利的关系,防止商业秘密的不当滥用。德国作为欧盟的成员国,改变了原有通过其《反不正当竞争法》规制商业秘密的路径,转而制定专门性商业秘密法。目前我国关于是否需要制定统一商业秘密法的争论,很大程度上源于对欧盟与德国制定新法背景的了解不足,在我国单一制法律体系且不存在履行其他国际义务的情况下,目前尚不宜制定专门性商业秘密法。我国制定的商业秘密政策和法律需要与劳动者就业权、市场自由流动进行利益权衡。商业秘密滥用的法律规制在我国是界定权益保护边界的新制度,在法律设计上不仅要从私法层面为当事人规划合理的实体及诉讼保障措施,对于严重损害市场竞争秩序的行为要积极适用我国《反垄断法》进行规制。

---

[43] 参见最高人民法院(2013)民三终字第4号民事判决书。

[44] 参见朱理:《互联网领域竞争行为的法律边界:挑战与司法回应》,载《竞争政策研究》2015年第1期。

[45] CVD, Inc. v. Raytheon Co., 769 F.2d 842, 850－51 (1st Cir. 1985).

中德法学论坛
第16辑·下卷,第36~61页

反歧视抑或尊严:性骚扰概念全球移植下的困境与共识*

范继增　王璟玥**

摘　要:由于受到女权主义运动和反种族歧视运动的影响,美国法律体系下的"性骚扰"概念归为性别歧视,受害者需要通过特殊的反歧视法程序在《民权法案》第7条的框架下得到救济。尽管国际组织和世界其他国家移植了源自美国法的"性骚扰"词语,但是固有的文化认知和法律价值影响移植域外法的结果。多数国家立法者将性骚扰视为个人侵权行为,是对人的尊严和人格权的侵犯。甚至,相同的文化传统、认知能力和固有价值成为立法者选择移植对象的重要因素。但是,受法律全球化和欧盟一体化的影响,两种不同价值基础的反性骚扰立法模式在欧盟出现融合。这也导致了欧盟成员国司法裁判模式的变化。尽管美国普通法的特殊性导致其无法接受"尊严"作为判断标准,但是法定的雇主责任为美国企业内部建立女性员工个人化的保障标准提供了可能。

关键词:性骚扰;女权主义;反歧视;人的尊严;法律移植

Abstract:The American concept of "sexual harassment" that has been deeply influenced by the feminist movement and the anti-racial discrimination movement is

---

* 基金来源:0010204117001——职场性骚扰权利救济体系建构研究。

** 范继增:四川大学法学院特聘副研究员,意大利比萨圣安娜大学法学博士,邮箱:qqh-mxm@126.com;王璟玥:四川大学法学院法律硕士研究生。

persuasively described as gender discrimination in the American legal system. The victims need to resort to remedy from its specific anti-discrimination procedure under Section 7 of the 1964"Civil Rights Act". Though many international organizations and states' legislatures have been accepted"sexual harassment"discourse, the difference in the aspects of the cultural cognition and legal value inherent in the existing legal system set an obstacle to the complete acceptance of foreign law. The majority of state and regional legislation prefers to move the activity of sexual harassment into the tort law system, rather than be modelled according to the American way. Thus, Sexual harassment undermines human dignity and the rights to personhood. Even the points of sharing similar cultural traditions, knowledge and legal value become crucial factors impacting the legislator's choice of transplantation. However, due to the globalization and Europeanization of law, we have been witnessing the integration of these two different legal foundations in the EU Directives concerning the anti-sexual harassment issue, which lead to the evolution of an judicial approach on some concrete cases. On the other side, though American common law tradition cannot accept the vague"dignity"as the parameter for their decision, the legal responsibility of the employer, according to American statutes, force them to take seriously the individual complaints of which many concerns will be raised from their individualized uncomfortable situations.

Key Words: Sexual harassment; Feminist jurisprudence; Anti-discrimination; Human dignity; Legal transplant

一、前言:背景、问题的提出与文章结构

反性骚扰的法律实践是美国女权主义者利用"平等"与"反歧视"话语推动下的产物。女权社会学者林·法蕾(Lynn Farley)在康奈尔大学开设的课程中首次使用"性骚扰"词汇表达在职场中男性对于女性的剥削。法蕾没有对"性骚扰"概念给予规范性的解释。她希望找出适合的词语描述男性利用霸权迫使女性员工感到不舒服或者服从的现象,而"'性骚扰'一词与其所期望的描述对象

具有契合性”。[1] 显然,法蕾的“性骚扰”词语蕴含着握有经济权力和掌控资源的男性在日常工作领域之外对女性整体性剥削的意味。[2] 20世纪70年代,以凯瑟琳·麦金浓(Catharine MacKinnon)为代表的美国女权主义法学家坚持将性骚扰归为性别歧视,提倡依据1964年的《民权法案》第7条救济受害人。[3] 美国联邦巡回法院最终在“*Barnes* 案”中确认性骚扰属于性别歧视。[4]

然而,美国式的“性骚扰”概念在传播过程中遇到了其他国家社会文化和法律认知的排斥,早期欧洲国家将反性骚立法的价值基础归为“禁止道德骚扰”或者保障个人的尊严。[5] 在女权主义传统较弱但受到美国法文化影响较强的日本、印度和以色列等国的法律体系中,立法和司法机构也普遍将保障人的尊严作为反性骚扰立法的价值基础。[6] 在美国法的概念中,“性骚扰”专指工作场所和学校中与性或者性别相关的歧视行为,但是联合国消除针对妇女歧视委员会在1992年发布的第19号一般性意见中明确将性骚扰归为性暴力。[7] 我国现行立法尚未对“性骚扰”发生的场所给予明确的界定。依据我国民法典人格权编草案(以下简称人格权编草案)的规定,性骚扰是指“违背他人意愿,以言语、行动或者从属的方式对他人进行性骚扰”。显然,将其纳入人格尊严本身意

[1] Lin Farley, Sexual Shakedown: *The Sexual Harassment of Women on the Job*, McGraw Hill, 1975, xi.

[2] Ibid., pp. 14 – 15.

[3] Margaret A. Crouch, *Thinking about Sexual Harassment: A Guide for Perplexed*, Oxford University Press, 2001, p. 175.

[4] Barnes vs. Costle, 561 F. 2d 983.

[5] James Q. Whitman & Gabrielle S. Friedman, “The European Transformation of Harassment Law: Discrimination Versus Dignity”, *Columbia Journal of European Law* (2003), vol. 9, p. 246.

[6] Daphine Barak-Erez & Jayna Kothari, “When Sexual Harassment Law Goes East: Feminism, Legal Transplantation, and Social Change”, *Stanford Journal of International Law* (2011), vol. 47, pp. 178 – 179; Christopher Uggen & Chika Shinohara, “Sexual Harassment Comes of Age: A Comparative Analysis of the United States and Japan”, *The Sociology Quarterly* (2009), vol. 50, pp. 207 – 208.

[7] Deirdre MaCann, *Sexual Harassment at Work: National and International Response*, Conditions of Work and Employment Series No. 2, 2005, p. 11.

味着立法者仅在权力不对等的“从属”领域接受了美国法的“反歧视”的观念，而主体部分仍然受欧洲大陆法系下“尊严”价值的影响。

法律概念在移植过程中与当地文化因素产生不确定的“法律刺激”,形成不同于原始国的社会效果和认知。[8] 阿比加尔·萨谷依(Abigail Saguy)指出不同社会法律体系和传统法律价值的差异是导致欧洲和美国对性骚扰防控机制产生差异的主要原因。然而,萨谷依的重点是从社会学和政治学的视角分析欧美立法的差异,忽视了欧盟立法和法官对于“反歧视”和“保障人的尊严”两种立法价值的融合。因此,需要借助比较法的研究视角研究固有价值和社会概念认知对于法律体系建构的影响,需要研究这些因素如何具体地影响了美国法概念向欧洲和世界其他地区的传播,是否两种不同的法律价值在全球化时代出现交融和相互影响。法律概念的认知和法律改革是贯穿整个域外国家移植“性骚扰”法律概念的主要动力。但是,笔者的研究动机是以法治的逻辑和规范视角分析为目标,展现不同法律价值基础对不同法律体系的实践性影响,并不追求得出两种价值模式孰优孰劣的结论。

笔者首先需要从价值争议和概念认知的视角研究美国司法体系对“性骚扰”概念的定义和判断标准,以及反思美国法院判决是否符合法治原则所要求的确定性和可预测性。其次,研究为何美国以外的多数国家仅能接受“性骚扰”词语,无法完全接受美国法对性骚扰的定义和救济途径。尽管社会文化的不同是导致结果差异性的因素之一,但是法律体系、固有价值和社会认知的差异性也影响了域外国家对美国法概念的接受效果。最后,笔者在全球化的框架下,通过动态的视角分析各国反性骚扰法律体系在最近十年是否具有扩大共识和彼此融合的趋势,并且研究中国民法典草案和现有地方性法规如何定义性骚扰。

二、平等与反歧视原则:美国法律禁止“性骚扰”的法律价值基础

(一)“性骚扰”行为的性质之争:侵权抑或反歧视

20 世纪 60 年代反种族主义和女权主义运动为“性骚扰”词语的产生提供了社会基础。但是,美国法学界对于“性骚扰”的概念、性质和救济法律途径产

---

[8] Günther Teubner, “Legal Irritant: Good Faith in British Law or How Unifying Law Ends up in New Divergencies”, *Modern Law Review* (1998), vol. 61, p. 12.

生了巨大的争议。性骚扰属于集体性质的性别歧视抑或属于偶然的个人歧视间的性质之争,直接影响了性骚扰受害者救济程序的设置和司法机构以及社会大众对于性骚扰的重视程度。前者将性骚扰制度归为社会现实和文化导致的严重性不平等,国家机构和企业需要对这种制度进行严格的审查和限制;后者仅意味偶然的个人侵权事件,不会改变普通的侵权诉讼结构。

麦金浓从社会文化与平等视角将"性骚扰"概念定义为"在社会权力不平等的情景下,男性向女性提出的不合理的性要求"。[9] 她将"性骚扰"分为"利益交换型性骚扰"(Quid Pro Quo)与"敌意工作环境型性骚扰"。前者是公司管理层通过利益换取其主管范围下的女性员工与其发生性行为,而后者则意味着工作环境包含对女性偏见、侵犯和敌意。[10] 尽管两类性骚扰呈现的内容不同,但是两种形态紧密相关。麦金浓认为"那些不愿忍受充满性骚扰的工作环境并选择离职的女性通常都拒绝用'性'交换工作利益"。[11]

麦金浓的女权主义法哲学与马克思主义研究方法相似,将社会成员划分为不同阶层,从阶层占据物质的视角剖析不同阶层掌握的社会权力彼此间形成的关系。"权力的不平等"和"统治阶级滥用权力"是女权主义法哲学研究性骚扰的出发点。[12] 在麦金浓看来,"占据支配地位的男性利用掌握的权力向女性员工提出违背女性意愿的性要求以及雇主包庇或者鼓励雇员和顾客对女性员工实施性骚扰的行为是男性霸权的体现。对社会资源的控制是男性强迫女性服从的主要原因"。[13] 因此,麦金浓认为"性骚扰阻断了女性在职场中获得平等地位,也阻碍了女性获得社会平等的路径"。[14] 安妮塔·苏博森(Anita Superson)将女性弱势地位和反歧视法构成要素相结合,认为侵害人针对女性个人性

---

〔9〕 Catharine A. MacKinnon, *Sexual Harassment of Working Women: A Case of Sex Discrimination*, Yale University Press, 1979, p. 1.

〔10〕 Ibid., at 32.

〔11〕 Ibid., at 254.

〔12〕 Chao-Ju Chen, "Catharine A. MacKinnon and equality theory", in R. West & C. Bowman (eds.), *Research Handbook on Feminist Jurisprudence*, Elgar Edward, 2019, p. 44.

〔13〕 MacKinnon, *Supra note* 9, at 1–2.

〔14〕 Ibid., at 216.

骚扰的行为就是对女性整体的性别歧视。[15]

女权主义法学者主张1964年《民权法案》第7条禁止劳动领域内的性别歧视可以成为禁止性骚扰行为的法律依据。但是，部分学者要求通过侵权法惩罚加害者和弥补受害者的损失，仅在出现伤害结果时才能认定"敌意工作环境型性骚扰"违反法律。[16] 甚至，自由主义者质疑女权主义者将性骚扰归为男性霸权结论的合理性，艾兰·保罗（Allen Paul）指出"除非可以证明在任何情况下占据工作地位的男性比女性具有更大的权力，否则就不能简单地将同事间不合适的行为归为男性管理霸权导致的工作环境性骚扰"。[17]

麦金浓指出个人主义价值导向建构的侵权法只能通过"过错—赔偿"模式惩罚偶然性和个体性的侵权事件，忽视了受到骚扰女性群体的特殊性。侵权法救济措施忽视了女性员工性吸引力和社会权力之间的关系。所以，"性骚扰应该是忽视个体和背景差异，针对女性集体的侵犯。受害者的共同特点是皆为女性……侵权法的立法目的是赔偿受害者、惩罚加害者和警告后来人，而反歧视法的立法目的是改变（现有的性别权力等级结构和对女性的偏见）"。[18] 麦金浓的激进观点的初衷是改变男性对女性固有的社会支配权和认知。因此，均衡男女两性的社会权是消除性骚扰的根本途径。

理查德·埃博斯坦（Richard Epstein）从自由主义和市场经济视角出发，担心《民权法案》第7条扩大政府对于私人领域的干涉范围，导致"扼杀劳动和服务市场的自主性……威胁我们的政治自由和思想自由"。[19] 以"主观过错—损

---

〔15〕 Anita M. Superson, "A Feminist Definition of Sexual Harassment", *Journal of Social Philosophy* (1993), vol. 24, pp. 46–53. "处于统治阶级的A向被统治阶级的成员B或其他成员通过语言或者行为表达了性别是其不能与A享有平等权力的原因，那么A的行为就构成了对于B所属阶级所有人的侵犯……因此，当A对B实施了性骚扰时，A的言行不仅是对B个人的性骚扰，也是对女性整体的侵犯"。

〔16〕 Ellen Frankel Paul, "Bared Buttocks and Federal Case", *Society* (1991), vol, 28, p. 6.

〔17〕 Ellen Frankel Paul, "Sexual Harassment as Sex Discrimination: A Defective Paradigm", *Yale Law and Policy Review* (1990), vol. 8, p. 335.

〔18〕 MacKinnon, *supra note* 9, at 172.

〔19〕 Richard A. Epstein, *Forbidden Grounds: The Case against Employment Discrimination Laws*, Harvard University Press, 1992, p. 505.

害结果"为导向的美国侵权法体系可以帮助受害人获得精神赔偿,立法也对加害人施加了惩罚性赔偿的义务。一般侵权法为所有性别和性取向的公民提供了平等的救济渠道与保障标准。[20] 以自由主义价值为导向的侵权法反对雇主在敌意工作环境的性骚扰案件中承担法律责任。保罗认为《民权法案》第7条对无辜的雇主施加了太多的风险:一方面,"管理层职员利用自己的职权强迫下层员工与其发生性行为的事件已经破坏了企业工作秩序;另一方面,被迫陷入长期官司中的雇主的名声也会受到影响……因此,只有在雇主知道员工间存在性骚扰且不采取任何措施的情况下,才能认定雇主承担责任"。[21] 侵权法学者的忧虑源于美国企业独特的资本主义运行模式。由于美国劳动法突出劳资双方的合同意志,因此占据优势地位的雇主通常与员工签署"随意解聘"的合同。为了逃避雇主责任和维持公司名誉,雇主倾向于直接解聘受指控的公司员工或者受害者,甚至建立了限制私人交往的报告制度和性别隔离等内部政策。[22] 奎因(B. Quinn)通过实证调查得出"雇主对于性骚扰指控的担心加剧了性别隔离和男性员工对女性员工的仇恨"。[23]

但是,以反歧视为导向的《民权法案》为原告提供了远多于侵权诉讼程序的便利和保障强度。政府在反歧视法诉讼程序中将承担原告的诉讼费用。原告在《民权法案》框架下承担更少的举证责任。相比于政府在侵权诉讼程序中的中立立场,政府会在《民权法案》的框架下介入,保护原告不受打击报复和维护个人的隐私,并且促成问题的和解。[24]

(二)从拒绝到承认:美国联邦法院"性骚扰"认定标准的演变

美国联邦法院在20世纪70年代成为女权主义的支持者和反对者的主战场。在"*Miller* 案"中联邦法院加利福尼亚巡回法庭认为"两性吸引属于自然现

---

〔20〕 Ibid., at 506.

〔21〕 Paul, *supra note* 17, at 6.

〔22〕 Vicki Schultz, "The Sanitized Workplace", *Yale Law Journal* (2003), vol. 112, p. 2134.

〔23〕 B. A. Quinn, "The Paradox of Complaining: Law, Humor and Harassment in the Everyday Work World", *Law and Social Inquiry* (2000), vol. 25, p. 1176.

〔24〕 William Petrocelli & Barbara K. Repa, *Sexual Harassment on the Job*, Nolo Press, 1992, 1227 - 1229.

象,不是男性压迫女性的理由"。[25] 甚至,联邦法院阿利桑纳巡回法院在"*Corner* 案"中认为性骚扰的本质是公司高管满足性欲望的个人行为,公司不能从侵害中获益;女权主义者坚持适用反歧视法维权将导致男性性骚扰受害者失去法律救济的渠道。[26] 在 1975 年的"*Willingham* 案"的判决中,第五巡回法庭曾经向美国国会询问《民权法案》的立法者是否希望禁止与性相关的一切差别对待。[27] 当得知立法者并未太多考虑此问题后,法院认定《民权法案》第 7 条的目的仅是禁止产生重大影响的性别歧视,不能成为干涉企业经营自由权的绊脚石。显然,女权主义者的性别歧视主张未能获得法院的支持。华盛顿特区联邦巡回法庭在 1974 年的"*Barnes* 案"指出"性骚扰不是性别歧视,而属于'希望能与特定人发生性关系'的歧视"。[28]

但是,罗宾逊法官在 1976 年的"*Barnes* 案"的判决中首次将反歧视法作为禁止性骚扰的法律依据。与麦金浓和苏博森等学者激进的主张不同,罗宾逊法官将"性取向"作为连接性骚扰和性别歧视的绳索。他认为,具有领导地位的异性恋高管不会向同性提出性要求;同样,具有同性恋倾向的领导也不会对异性提出性要求。[29]

反歧视立法保护的对象不是个别女性成员,而是女性群体。法官需要证明高管行为是对女性员工整体的性别歧视,而不是仅针对特定受害人。面对这个难题,罗宾逊法官将《民权法案》第 7 条与平等就业机会相连接,指出"尽管并非所有与受害女性工作的女同事都会受到影响,但是《民权法案》第 7 条禁止一切由性别歧视导致侵犯平等就业机会的事由"。[30] "*Barnes* 案"对美国司法史的最大贡献是罗宾逊法官运用以权利为导向的规范主义释法模式代替了传统的

---

[25] Miller vs. Bank of America, 418 F. Supp. 233, 236 (N. D. Cal. 1976).

[26] Corner vs. Bausch & Lomb, 390 F. Supp. 161, 163 (D. Ariz. 1975).

[27] Willingham vs. Macon Tel. Publ' g Co., 507 F. 2d 1084, 1090 (5th Cir. 1975) (en banc).

[28] Barnes vs. Train, 13 F. E. P. Dec. 123 (D. D. C. 1974), 1974 WL 10628.

[29] Barnes vs. Costle, 561 F. 2d 983, 997 (D. C. Cir. 1977).

[30] Barnes vs. Costle, 561 F. 2d 983, 993 (D. C. Cir. 1977).

形式主义反歧视法证明方法。[31] 罗宾逊法官通过将禁止跨越种族性行为和性骚扰进行类比的途径证明,容忍主管或领导利用权力向下属提出发生性关系的要求会导致女性的弱势社会地位的固化。因此,这意味着将性骚扰归为性别歧视的理由不再是性别差别对待形成的直接歧视,而是将导致女性无法与男性平等享有就业机会和剥削女性工作之外的资源,从而固化了女性社会地位,形成对女性的固有偏见。尽管法院与女权主义适用反歧视法达成一致,但双方对“性骚扰”概念的认知仍有不同:罗宾逊法官认定性骚扰的动力是“性欲”,而女权主义却坚持认为男性掌握不对等的经济权力是迫使女性就范的主要原因。

但是,20世纪70~80年代流行的女权主义观念却主导了联邦最高法院对性骚扰的认知。法蕾认为男性对女性实施性骚扰的目的是迫使女性退出非传统工作领域,并且降低其在传统工作领域中的表现[32];芭芭拉·博格曼(Barbara Bergman)认为男性在工作场所对女性做出的不适当和不友好的行为皆可归因于男性对女性占据其就业职位的排斥。[33] 女权主义的社会学理论影响了美国联邦最高法院的判决。在“*Vinson* 案”中,原告女性职员与银行高管发生了数次性行为,但是巡回法院认为“被告与原告的性关系是女性职员自愿所为,被告提出性要求时并未许诺原告任何工作利益”。[34] 但是,联邦最高法院认为原告“自愿”与被告发生性行为的原因不是追求个人工作利益,而是担心失去工作职位和受到报复。[35] 这构成了“敌意工作环境的性骚扰……阻碍了职场中的性别平等”。[36] 相比于“*Barnes* 案”的判决理由,“*Vinson* 案”没有提及“性欲”是判断性骚扰行为成立的必要前提,而是指出处于被支配地位的女性无法承担拒绝的后果,因此“女性的同意”不能成为判断女性职员意志的唯一标准。

---

〔31〕 Reva B. Siegel,“Introduction: A Short History of Sexual Harassment”,in C. MacKinnon & R. Siegel (eds.),*Direction in Sexual Harassment Law*,Yale University Press,2004,p. 15.

〔32〕 Farley,*Supra note* 1,McGraw Hill,1975,p. 90.

〔33〕 Barbara R. Bergmann,*The Economic Emergence of Women*,Basic Books Incorporated,1986,p. 106.

〔34〕 Vinson vs. Taylor,23 FEP (BNA),(D. D. C. 1980),42.

〔35〕 Meritor Saving Banks,FSB vs. Vinson,477 U. S,64 (1986).

〔36〕 Meritor Saving Banks,FSB vs. Vinson,477 U. S,65 – 66 (1986).

"*Barnes* 案"和"*Vinson* 案"的案件事实皆与高管人员的"性图谋"相关,但是联邦法院在 1993 年的"*Harris* 案"[37] 判决中否决了"性追求"是构成性骚扰的必要条件。"*Harris* 案"的背景是女性进入到非传统工作领域中,并展现与男性相同的工作能力,但是去性别化的装饰和行为导致了男性领导对女性员工的嘲笑和歧视。被告使用带有"性色彩"或者偏见的评价并非是引诱或者强迫原告与其发生性关系,而是对女性进入男性传统工作领域的嘲笑与侮辱。联邦最高法院将"两性社会权力不平等"视为职场霸凌、固化社会性别歧视和抵制两性就业平权的根源。显然,"*Harris* 案"的判决结果是女权主义哲学的胜利。女权主义法学家维奇·舒尔茨(Vicky Schultz)认为多数性骚扰案件不是上级利用职权强迫下级发生性关系,而是在男性主导的工作领域中,男性对女性的权力霸凌和固有的性别偏见。[38] "*Harris* 案"判决意味着在工作领域中任何针对特定性别的粗鲁评价皆会构成性骚扰。

如何处理同性间的性骚扰成为 20 世纪 90 年代联邦法院的难题。在"*Garcia* 案"中,联邦法院第五巡回法庭认为"《民权法案》第 7 条不适用禁止同性骚扰。第 7 条主要禁止性别歧视"。[39] 但是,联邦最高法院在"*Castaneda* 案"中指出同种族的歧视不能成为拒绝《民权法案》管辖的理由[40],这成为联邦最高法院受理"*Oncale* 案"[41] 的主要原因。在此案中,原告在工作和洗浴时经常被同事和上级领导用性器官侮辱和猥亵,甚至受到强奸威胁。倘若依据罗宾逊法官在"*Barnes* 案"中确立的证明标准,联邦最高法院需要查明加害人的性取向。但是,联邦最高法院却在本案中指出不能简单地凭借具有"性含义"或者"性指向"等词语断定工作场所中的所有骚扰行为自动构成性别歧视。因此,联邦最高法院判定要求发生性行为不是构成性骚扰的充分条件,追求满足性欲也不是构成骚扰行为的必要条件。[42] 显然,这种论证方式排除了联邦最高法院确认被

---

[37] Harris vs. Forklift Systems, 510 U. S. 17 (1993).

[38] Vicki Schultz, "Reconceptualizing Sexual Harassment, Again", *Yale Law Journal* (2018), vol. 128, pp. 33 – 34.

[39] Garcia vs. Elf Atochem North America, 28 F. 3d 446 (5th Cir. 1994).

[40] Castaneda vs. Partida, 430 U. S. 482 (1977), 499.

[41] Oncale vs. Sundowner Offshore Service, 523 U. S. 75 (1998).

[42] Oncale vs. Sundowner Offshore Service, 523 U. S. 75 (1998), 80.

告性取向的义务,也潜在地将不以满足"性欲"为目的的涉"性"行为纳入"性骚扰"概念中。联邦最高法院在"*Oncale* 案"的判决中延续了"*Harris* 案"对性别歧视的判决思路,认为原告受到同性霸凌是被告公司人员对同性员工就业平等的限制,构成就业领域中的性别歧视。但是,"*Harris* 案"与"*Oncale* 案"在案件事实的构成上具有明显差异。在"*Harris* 案"中,公司老板明确威胁用男性替换她的岗位,但在"*Oncale* 案"中没有证据表明异性不会受到相同的性霸凌。

通过对"*Barnes* 案"到"*Oncale* 案"等标志性判决的分析,不难发现法院越来越依赖从社会地位和权力等实质性因素识别个人的社会阶层的地位。从"*Barnes* 案"到"*Vinson* 案"的事实部分体现出女性的经济弱势地位是导致其服从男性要求的主要原因。去自由主义化的"性骚扰"定义是改变形式化的歧视公式,联邦最高法院的判决有助于修复社会经济不平等对平等价值的冲击。即便女性作出"同意"的意思表示,这也无法掩盖实质上性别权力的不平等。从"*Harris* 案"到"*Oncale* 案"是对"性骚扰"概念的扩大。法院表面上关心的不是个人权利是否受到了侵害,而是平等就业的原则是否获得尊重。这就是"*Harris* 案"的被告人在不谋求与原告发生性关系的情况下,其不适当的性别评价仍被视为对女性进入男性领域工作的不尊重,被定义为性骚扰。另外,同性骚扰与保障良好工作环境相关联。同性骚扰不再被定义为满足个人的性欲,而是被认定为恶意工作环境和对特殊外表和气质的同性同事在工作领域中的排斥。显然,机会平等和公平对待是美国反性骚扰法律体系的核心。

(三)以反歧视为价值基础的美国法院判决的内在法治缺陷

首先,法律概念适用的连贯性是法治原则的基本要求,但是联邦法院在判决过程中不断地倾向女权主义和保障个人权利,降低了法院运用形式逻辑的证明力和说服力。联邦法院巡回法庭在"*Barnes* 案"的判决中将"性欲"和"性吸引"产生的区别对待作为证明性别歧视的依据,但是联邦最高法院在"*Oncale* 案"和"*Harris* 案"的判决中放弃了"性欲"是构成性骚扰的必要条件,而是将性别仇视和用"与性有关"的方式影响特定性别人员的工作状态作为判断"性骚扰"行为的要件。但是,从构词的角度分析,"性骚扰"与"性"(sexual)关联密切,而与"性别"(sex,gender)的关系较远。"性骚扰"构词所表达的含义是用带有性色彩的方式追求对特定人员的骚扰,导致其心理的不适。但是,联邦最高法院在"*Harris* 案"中仅强调带有"性色彩"的不当性别评价属于对女性社会地位和形象的偏见,从而将"性骚扰"的概念从强迫发生性关系转变为工作场所的性别歧视和不良工作环境。

其次,美国法院在“*Barnes* 案”和“*Vinson* 案”中运用《民权法案》第 7 条将性骚扰归为性别歧视的弊端是法院需要证明性骚扰的本质不是偶然的个人侵权,而是男性对女性整体的压迫。然而,无论是“利益交换型”抑或“敌意工作环境型”的性骚扰皆是特定个人受到了实际的影响,无法满足构成歧视的形式要件。联邦法院在“*Vinson* 案”和“*Oncale* 案”中都未能证明为何对特定员工的霸凌不属于针对特定人员的愤恨,而是对成员的性别歧视。

再次,“*Harris* 案”的判决是女权主义的胜利,但是却削弱了法治的基础要素——可预知性。法院从两性社会权力的不对等和不利后果的视角论证了女性即使作出了“同意”性要求的意思表示,那么也不能成为免除性骚扰成立的唯一理由。这就模糊了自愿性行为和强迫性行为的认知界限,限制了企业和员工的行为自由。另外,联邦法院将性骚扰定义为“不受欢迎”的评论缺乏具体的操作空间。异性间带有“性色彩”的评价、玩笑甚至对异性的追求都有可能成为“敌意性工作环境型性骚扰”。这导致了美国雇主的忧虑,也为员工增添了风险。依据美国的劳动法,雇主有权无条件解雇职员。因此,雇主为了避免麻烦的诉讼和保护自己的名誉,通常会选择直接解雇一切被指控实施了性骚扰行为的员工,或者通过性别隔离的方式避免两性员工过多地接触。

最后,联邦法院在“*Oncale* 案”中将同性间骚扰归为性别歧视的论证存在合理性的缺陷。虽然法院证明了同性间的性别歧视可以成为同性间性骚扰的逻辑基础,但是墨西哥湾的石油平台没有女性员工的存在,不存在做出比较的客观条件,因此联邦法院认定同性骚扰行为构成性别歧视的判决论断不具有逻辑说服力。

三、保障人的尊严:欧洲国家“反性骚扰”立法的机制基础

(一)“法律刺激”视野下美国“性骚扰”法律概念向欧洲的传播

宫特·托伊布纳(Günther Teubner)用“法律刺激”描述外来的法律概念在移植的过程中与接受国社会文化产生的“吸收—排斥—改变”的化学反应。尽管立法者希望借用域外的法律制度改革社会弊端,但是移植后的法律概念本身、社会对法律的认知和产生的社会状态结果皆可能与立法者的预期和原始国

的状态具有差异性。[43] 比较法学者通常将立法文本和司法实践的差异视为欧洲拒绝接受美国“性骚扰”理念的证据。安妮塔·伯恩斯坦(Anita Bernstein)认为欧洲国家通过侵权法途径救济受害人和拒绝诉讼文化,成为其拒绝接受美国理念下“性骚扰”概念的主要原因。[44] 但是,欧洲和其他国家的立法实践并未完全拒绝将性骚扰归属于性别歧视。英国法院从“*Porcelli* 案”起认定“利益交换型性骚扰”受1975年通过的英国《反性别歧视法案》的管辖。[45] 妮古拉·利博(Nicolle Lipper)认为英国《反性别歧视法案》与美国《民权法案》的适用范围完全相同,也可适用于“敌意工作环境”的性骚扰。[46] 加拿大法院在“*Bell* 案”判决中明确将性骚扰归为性别歧视。[47] 爱尔兰法院和丹麦法院皆有将性骚扰归为性别歧视的判决。[48] 尽管1987年葡萄牙平等就业和工作委员会起初认定性别歧视不能成为制约性骚扰的法定理由,但是随后该委员会的成员认为缺乏禁止性骚扰行为的立法将导致严重的社会后果,因此承认性骚扰属于性别歧视。[49] 日本和欧盟皆是通过平等法案禁止职场性骚扰行为。但是,法律文本的相似性无法取代社会认知和法律文化对法律制度建构的影响。吉川荣一郎指出,日本人民普遍不认为性骚扰属于性别歧视,而是对个人尊严的侵犯;[50] 另

---

[43] Teubner, *supra note* 8, at 12.

[44] Anita Bernstein, “Law, Culture and Harassment”, *University of Pennsylvania Law Review* (1994), vol. 142, p. 1233.

[45] Porcelli vs. Strathclyde Regional Council [1986] SC, 137.

[46] Nicolle R. Lipper, “Comment, Sexual Harassment in the Workplace: A Comparative Study of Great Britain and the United States”, *Comparative Labour Law Journal* (1992), vol. 13, p. 317.

[47] Bell vs. Ladas & The Flaming Steer Steak House & Tavern, Inc. 1 C. H. H. R. D/155 (Ont. Bd. of Inquiry 1980).

[48] Micheal Rubenstein, *The Dignity of Women at Work: A Report on the Problem of Sexual Harassment in the Member States of the European Community*, European Community, 1989, pp. 122 & 133.

[49] International Labor Office, *Combating Sexual Harassment at Work*, Condition of Work Digest 1/92, p. 138.

[50] Eiichiro Yoshikawa, “Harassment Law in Japan and Trends in Recent Case”, 载《同志社商学》第66卷,第3~4期。

外,欧盟2002年通过的《欧盟平等对待指令》(Equal Treatment Directive)将性骚扰定义为以侵犯个人尊严为目标的歧视行为。[51] 融合维护尊严和反歧视的立法价值导致了欧盟立法的特殊性,性骚扰不仅侵犯了个人的平等权,同时也为受害人提出其他侵权赔偿诉求提供了法律基础。

欧洲国家的法律传统、社会文化和学术研究普遍排斥美国司法对于性骚扰内容的定义。由于欧洲女权主义缺乏社会影响以及欧洲劳动法制度为雇主设立了更为广泛的保护责任,所以欧洲国家在很长一段时间内甚至认为性骚扰不是严重的社会问题。[52] 法国议会担心引进美国特色"性骚扰"概念将导致"两性战争",同时社会舆论普遍将美国式的"反性骚扰"法律概念与女权主义和清教徒的道德生活相联系。[53] 广泛的法国社会民众将禁止"性骚扰"理解为禁止日常生活中的两性"调情",[54] 而部分律师将"性骚扰"理解为针对妇女的暴力犯罪[55]。虽然法国议会在2008年通过的法国《劳动法》第132条第1款承认性骚扰属于性别歧视,但是主管职场歧视的欧盟法执行部门极少受理性骚扰案件。由于多数案件缺乏证明存在性别歧视的理由,因此只能交由就业权利保护

[51] Linda Clarke, "Sexual Harassment Law in the United States, the United Kingdom and the European Union: Discriminatory Wrongs and Dignitary Harms", *Common Law World Review* (2007), vol. 36, p. 98.

[52] Vicki Schultz, "Global Perspectives on Workplace Harassment Law: Proceedings of the 2004 Annual Meeting, Association of American Law Schools Section on Labor Relations and Employment Law", *Employee Rights and Employment Policy Journal* (2004), vol. 8, p. 167.

[53] Abigail C. Saguy, *What is Sexual Harassment? From Capitol Hill to The Sorbonne*, University of California Press 2003, p. 84.

[54] Ibid., at 43.

[55] Abigail C. Saguy, "Europeanization or National Specificity? Legal Approaches to Sexual Harassment in France, 2002 – 2012", *Law & Society Review* (2018), vol. 52, p. 152. 凯瑟琳·勒·马奎哈斯(Catherine Le Magucresse)指出法国法采取了"混合"立法模式用于惩罚性骚扰行为:法国刑法将性骚扰行为视为性暴力加以禁止;法国劳动法将性骚扰视为侵犯平等工作的歧视行为。一位受访的律师指出"对于我们而言,性骚扰就是性暴力的一部分"。法国《刑法》第22条第33款规定"以追求性预约为目的的骚扰他人构成犯罪"。

协会处理。[56] 因此,部分法国官员不认为法国人民会将性骚扰认知为性别歧视。[57] 法国的《劳动法》为雇主设置了更多保障雇员安全和健康的责任,这就导致了多数法官认为性骚扰侵犯了雇员的"心理健康"。法国律师也普遍发现将侵犯健康权作为诉讼标的可以较为容易地获得法院的支持,因此"在司法实践中,性骚扰被定义为侵犯健康权的手段"。[58]

另外,具有影响力的学术观点对某种社会现象的权威解释促成了共同体生活下的人民对特定的社会现象形成了相同的认知。1984年瑞典学者海因策·雷曼(Heinz Leymann)用"霸凌"(mobbing)词汇描述在工作场所中成年同事间彼此欺压形成的恐惧心理和不道德环境。[59] 法国学者玛丽-弗朗斯·伊利古杨(Marie-France Hirigoyen)进一步认为"霸凌"的本质属于"道德骚扰",即"通过语言、表情和行为的方式损害个人的人格尊严和心理承受力;这些行为损害了良好的工作环境"。[60] 尽管伊利古杨将性骚扰归为道德骚扰,但是她认为性骚扰的本质属于违背道德的"人际暴力"。[61] 该学说影响了法国的立法活动。2001年法国《劳动法》将性骚扰定义为道德骚扰,2002年法国《刑法》专门增加了禁止"道德骚扰"条款,2012年修订的法国《刑法》专门将"性骚扰"归为"道德骚扰"。

与多数欧洲国家文化相似,德国性骚扰立法根基是反对霸凌。1994年德国《联邦雇员保护法案》规定了禁止职场性骚扰,但是将性骚扰定义为违反雇主与雇员合同的私法行为,未能将其纳入公法规制的范围。因此,在《欧盟平等对待指令》生效前,性骚扰行为不能单独成为劳动法庭受理案件的诉讼理由。法国法信奉的"道德骚扰"和德国法信奉的"职场霸凌"理论皆认为性骚扰侵犯的客

---

〔56〕 Ibid., at 153.

〔57〕 Ibid.

〔58〕 Ibid., at 153.

〔59〕 The definition of "mobbing". See http://www.leymann.se/English/frame.html.

〔60〕 Marie-France Hirigoyen, *Stalking the Soul: Emotional Abuse and the Erosion of Identity*, trans by H. Marx, Helen Marx Books, 1998, p. 52.

〔61〕 Saguy, *supra note* 55, at 147.

体是个人尊严。[62]

尽管初期美国模式的立法价值影响了部分欧洲国家的立法实践,但是欧洲一体化和美国以外的国家普遍缺乏女权主义文化导致联合国和世界多数国家选择了欧洲立法价值。1986 年欧盟议会将"性骚扰"认定为针对妇女的暴力行为后,1993 年《联合国反对针对妇女的暴力宣言》第 2 条将性骚扰视为针对妇女的暴力。认知的差异导致了"性骚扰"概念内容和惩戒方式的不同。在美国法中,性骚扰属于性别歧视,加害者仅承担赔偿责任;部分欧洲和亚洲国家将性骚扰归为一切形式的性犯罪和性侵,加害者需承担赔偿责任之外的行政法或者刑法责任。[63]

(二)保障人的尊严是欧洲国家"反性骚扰"立法的价值基石

对客观事物产生的认知差异影响对事物本质的理解。即便处于不同文化共同体下的立法者制定出了相似的法律制度和条款,但是认知差异仍会导致立法价值的差异性。法律认知与法律价值紧密相连,对事物本质的认识决定了对特定行为评价结果。但是,为了增强对域外法的接受度,立法者通常用本国法律体系已存在的立法概念和广泛接受的法律价值解释从域外移植的法律规范。[64] 这个本土化过程不仅会影响民众对域外法律概念的认知,也会导致法律概念在移植过程中产生差异。因此,移植不会产生复制效果,本土化过程是对域外法的改变。[65]

普通法传统下的法治原则排斥抽象的法律价值。普通法没有形成抽象的"人的尊严"或者"私生活"(the right to privacy)等法律概念,进而美国《民权法案》确立的禁止性别歧视成为保障社会弱势性别群体的立法基础。美国立法和

---

〔62〕 法国刑法将"道德骚扰"定义为"伤害他人的权利和尊严";德国将"性骚扰"定义为"任何在工作场所侵犯他人尊严的故意性行为"。

〔63〕 See Barak-Erez & Kothari, *supra note* 6, at 191. 以色列《刑法》第 352 条规定的性侵犯罪条款适用于性骚扰的案件中。参见李宁:《性骚扰行为的刑法规制——以新加坡判例为视角》,载《中国检察官》2018 年第 14 期。

〔64〕 参见范继增:《人权法的移植的成功与挫折》,载《南京大学法律评论》2015 年第 1 期。

〔65〕 Pierre Legrande, "The Impossibility of Legal Transplant", *Maastricht Journal of European & Comparative Law* (1997), vol. 4, p. 114.

司法保障的核心内容是特定性别群体获得平等对待与机会。

相比于美国法倡导的实用主义原则,大陆法系倡导在法典化体系下的规范与价值的连接。立法和司法机关依据抽象性哲学价值证明法律条文和司法解释的合法性。人本主义为现代“尊严”概念的哲学基础,反映出个人不受外界侵害的独立性和道德性。[66] 从罗马法时代的不义(*inuria*)过错概念[67]到现代的《世界人权宣言》的序言,人的尊严成为欧洲国家人权法体系的核心价值。[68]

德国法对现代“人的尊严”法律概念的塑造产生了深刻的影响。不仅联邦德国《基本法》第2条确立的“人的尊严”条款影响了欧盟及其成员国的立宪结果,而且德国《宪法》第2条规定了个人自由全面的发展是人格权保障的宪法基础。人格权与自由的结合效果不仅关注平等竞争和升职机会,同时也意味着公权力必须为个人生活和发展提供优越的环境,立法必须尊重个人选择、名誉和公共形象。这就是欧洲模式和美国模式在反性骚扰立法动机上的差异。

德国模式的“法治国”概念将一切部门法纳入宪法价值体系内。一般人格权在民法体系中具有统摄其他具体权利的地位,一切违反道德和对个人自主性以及身心完整性的侵犯皆违反一般人格权。自20世纪50年代的“*Schacht*案”起,德国法院在德国《民法典》第823条框架下运用“一般人格权”(*Arbeitnehmer-Persönlichkeitsrecht*)概念落实德国《基本法》对人的尊严的承诺。[69] 1957年德国法院在判决中将一般人格权解释为“母权利”(*muttergrundrecht*)。在刑法领域,一般人格权成为保护个人免受侮辱和言语攻击的法益。1989年德国法院在判决中将性侮辱罪定义为对一般人格权的侵犯。性自主权与尊严和人格权紧密相关。

从20世纪30年代起,德国的《劳动法》强调雇主保护工人的特殊责任。立

---

〔66〕 Guy Green, “Human Dignity and Law”, in J. Malpas & N. Lickiss (eds.), *Perspective on Human Dignity: A Conversation*, Springer, 2007, p. 151.

〔67〕 B. N. Nicholas, *An Introduction to Roman Law*, Oxford University Press, 1962, p. 216.

〔68〕 Roger Brownsword, “Human Dignity from Legal Perspective”, in M. Duwell & J. Braarvig *et al* (eds.), *The Cambridge Handbook of Human Dignity: Interdisciplinary Perspective*, Cambridge University Press, 2014, p. 1.

〔69〕 BGHZ 13, 334.

法不仅禁止雇主对雇员的辱骂,同时雇主担负着保障雇员在工作环境中全面发展和保护雇员健康的义务。“把雇员当人看”成为德国职场最流行的谚语。因此,对雇员身体或者精神的损害以及故意营造恶劣的工作环境皆侵犯了雇员的一般人格权。2001 年出版的《劳动法手册》将禁止职场性骚扰描述为“保护人格权的特殊立法表达”。在德国,向下级提出性要求或者作出与性相关的评论属于不尊重下级雇员和侮辱人格的侵权行为。[70] 德国法的“人的尊严”概念为其他欧洲国家和欧洲超国家组织立法提供了模板。法国《刑法》将“道德骚扰”视为对人的尊严的侵犯。2001 年制定的《欧盟基本权利宪章》第 1 条突出了尊严权在整个人权法典中的统领地位。至今,所有欧盟成员国的宪法条款中皆将保障人的尊严作为本国最高的宪法价值,欧盟法院运用保障人的尊严条款解决棘手的纠纷并扩张既有的法定权利边界。[71] 即便《欧洲人权公约》文本未能专门提及“人的尊严”,但是“尊严”一词已经成为人权法院动态解释具体条款和寻找公约合法性依据的工具。[72] 另外,2012 年法国议会将“性骚扰”一词分别纳入法国《刑法》第 222 条第 33 款和法国《劳动法》第 1153 条第 1 款。两部法律皆将性骚扰定义为“以降低或者侮辱人格的方式或者创造针对特定人敌意的工作环境,导致个人尊严受损的行为”。从欧盟法指令到成员国立法皆将人的尊严是否受到损害作为判断特定行为是否构成性骚扰的标准。

劳动者保障标准的差异也是欧洲和美国立法不同的原因之一。美国劳动市场人员流动性强,劳动法赋予雇主任意解雇员工的权利;欧洲劳动法为雇主施加了保障员工的义务,雇主解雇员工的决定受到严格的立法限制。[73] 欧洲法将工作权视为基本人权,也是保障人的尊严的基础,进而劳动法也带有保障劳

---

〔70〕 Whitman & Friedman, *supra note* 5, at 255.

〔71〕 Jackie Jones, “Human Dignity in the EU Charter of Fundamental Rights and Its Interpretation before the European Court of Justice”, *Liverpool Law Review* (2012), vol. 33, pp. 299 - 300.

〔72〕 Antoine Buyse, The Role of Dignity in ECHR Case Law, available at http://echrblog. blogspot. com/2016/10/the-role-of-human-dignity-in-echr-case. html. Visit in 20 - 02 - 2019; *See* Yaloslav Belousov vs. Russia, app nos. 2653/13 & 60980/14, judgment 4 October 2016, para. 90.

〔73〕 Whitman & Friedman, *supra note* 5, at 245.

工的社会主义性质。甚至,德国《侵权法》第273条赋予性骚扰受害者在雇主未能采取合理措施时罢工的权利。

以"尊严"价值理念为导向的欧洲立法者自然排斥美国的实用主义立法模式。这为欧洲法院在判决中减少了许多法律论证的难题。美国法院在性骚扰的案件中通常要通过性别对比的方式证明性别歧视的存在,但是欧洲法院只需要证明存在损害事实和加害人行为具有"不受欢迎性"即可作出裁决。〔74〕尽管欧洲立法者和法院能通过"尊严"或者"一般人格权"的途径扩大性骚扰行为的认定范围,但是欧洲反性骚扰立法的价值基础与美国的女权主义和司法判决之间产生了差异。运用侵权法保障受害人意味着性骚扰行为出现的原因属于偶然的个人不道德行为,与不平等的两性社会权力无关。女权主义法学家苏珊·拜尔(Susanne Baer)批评欧洲侵权法"无法系统地解决社会结构性歧视"。〔75〕另外,拒绝承认两性权力不平等将会固化社会性别偏见和女性受支配的地位。琳达·克拉克(Linda Clarke)认为"个人尊严"不是纯粹的权利词语,可以成为束缚个人的保守观念,固化人民对性别的社会性偏见。〔76〕例如,部分欧洲公司以"尊严"和"得体"为理由规定女性在工作时间内必须穿着统一的制服裙装。然而,美国法将此种要求视为典型的性别歧视。

四、全球化时代下两种法律价值实践的融合与分歧

法律认知和法律价值的差异虽然阻碍了其他国家完全接受美国法概念,但是这并不意味着两种法律模式不会出现融合的情形。罗萨·艾伦利希(Rosa Ehrenrich)提倡采用两种价值基础能够共存的多元主义视角重塑对于性骚扰的认知。首先,个人的基本尊严要求每位职员在工作单位内应享有被善待的权利;其次,人民需要国家通过制定法律和政策的方法禁止针对弱势群体的社会

---

〔74〕 Clarke, *supra note* 51, at 98.

〔75〕 Susanne Baer, "Dignity or Equality: Responses to Workplace Harassment in European, German and U. S Law", in C. MacKinnon & R. Siegel (eds.), *Direction in Sexual Harassment Law*, Yale University Press, 2004, p. 595.

〔76〕 Clarke, supra note 51, at 94.

歧视。[77] 多元主义的融合理念认为性骚扰行为损害了个人的尊严,但是由于女性的社会权力低于男性,因此性骚扰的社会现象是对处于弱势地位女性的歧视。保障人的尊严和反对性别歧视共同构成反性骚扰立法的价值基础。[78]

欧盟在2002年颁布的《欧盟平等对待指令》和2006年颁布的《平等就业指令》通过区分性骚扰行为的性质和意图的方式,将平等权和人的尊严融入欧盟立法概念中。《欧盟平等对待指令》第2条第2款认为部分性骚扰行为侵犯了男女两性的平等权,构成了性别歧视;性骚扰行为对个人尊严构成伤害。但是,第2条第3款也规定了非歧视性骚扰的概念。被害人仅需证明骚扰行为与性相关且伤害个人尊严,法院无需论证性别差异与骚扰行为的关系。另外,欧盟法效仿美国法将敌意性工作环境作为性骚扰的法定类型。

由于欧盟成员国有义务通过立法和司法的途径将欧盟法令转化为国内法,因此具有普通法传统的英国和大陆法传统的法国通过立法的方式融合了两种立法价值。1975年英国《反性别歧视法案》明确将性骚扰归为性别歧视。在2010年之前,英国法院通常采取比较方式,审查特定的骚扰行为是否对男女两性产生不同的影响结果。个别女性成员的厌烦或者恐惧不能成为法院认定性骚扰行为成立的事实依据。因此,在"*Brumfitt* 案"[79] 和"*Moonsar* 案"[80] 判决中,由于英国法院不能确信,雇员在工作场所公开传播色情笑话或者张贴带有性挑逗色彩的低俗海报导致女性比男性受到了更大的伤害,因此认定这些行为不能构成性骚扰。但是,欧洲大陆的"尊严"价值仍然对英国少数判决结果产生影响。在"清洁公司案"中,法院判定男性对于特定女性身体部位的不当评价伤害了这名员工的情感。尽管法院没有提及"尊严"保障,但是判决该行为构成性骚扰。[81] 在"*Kufeji* 案"中,一位白人向一名黑人妇女寄去了一张带有挑逗性词语的裸体黑人模特照片。法院认定此行为"损害了黑人妇女在工作单位的尊

---

[77] Rosa Ehrenrich, "Dignity and Discrimination: Towards a Pluralistic Understanding of Workplace Harassment", *Georgetown Law Journal* (1999), vol. 88, p. 15.

[78] Ibid., at 17.

[79] Brumffit vs. Ministry of Defense [2005] IRLR 4.

[80] Moonsar vs. Fiveways Express Transport Ltd. [2005] IRLR 9.

[81] Institute Cleaning Co Ltd. vs. Heads [1995] IRLR 4.

严”,构成了种族骚扰。[82]

英国议会在 2010 年通过的英国《平等法案》改变了旧有的性骚扰定义,接受了欧盟法令确定的概念。在继续坚持性骚扰属于性别歧视的前提下,将性骚扰行为目的定义为“损害他人的尊严”。由于新的英国《平等法案》要求法官以受害人的主观感知为判断依据,[83]因此法院会放弃 1975 年英国《反性别歧视法案》确立的性别整体比较的客观性裁判教义,转而支持以个人尊严为基础的主观感知评判标准。

受到欧盟法令和国内政府和议会观点的影响,2008 修订的法国《劳动法》反性骚扰条款同时纳入了反歧视和尊严的价值。法国《劳动法》第 1132 条规定禁止劳动场所内的歧视。该条文第 1 款规定“带有性意味的任何行为,导致个人受到伤害或者以损害个人尊严为目的,抑或创造敌意、恶意或者侮辱人格环境”皆属于《劳动法》规定的性别歧视行为。从 2012 年到 2018 年 6 月,法国最高法院一共在 6 个判决中援引《劳动法》第 1132 条第 1 款的规定,性别歧视和性骚扰共同成为所有案件的诉讼理由。[84] 2018 年负责促进男女两性平等的法国国务院曾指出“如果性别和性暴力广泛地存在,那么就不可能有真正的男女平等”,[85]法国议会的宪法与法律委员会的报告指出性骚扰是对平等权和人的尊严的共同侵犯。[86]

从 2012 年起,立法概念的变化改变了法国法官的审判模式。相比于过去简单地将性骚扰行为定义为具有性色彩且损害个人尊严的行为,当下的法国法院在部分判决中逐渐地兼顾两者的关系。法国奥尔良劳动法院审理在工作场所中讲色情笑话、张贴暴露女性海报和播放暴露女性视频的案件中指出这些行

[82] Chief Constable of Kent Constabulary vs. Kufeji, EAT/1135/00, 4 May 2001.

[83] Joanna Dodd, Sexual Harassment Law-Is a “Hug Culture” Ever OK?, available at https://www.clarionsolicitors.com/blog/sexual-harassment-law-is-a-hugging. Visit in 02 - 03 - 2019.

[84] L. Camille Hébert, “Dignity and Discrimination in Sexual Harassment Law: A French Case Study”, *Public Law and Legal Theory Working Paper Series No.* 455/2018, p. 8.

[85] *Rapport sur le projet le loi renforçant la lutte contre les violences sexuelles et sexistes*, Assemblée Nationale, No. 938, p. 25.

[86] Ibid., at 13.

为不仅侵犯了原告的个人尊严,而且由于笑话和海报的内容特别针对女性,并引起了对女性的不当评价,因此这些公开行为导致了原告和其他女性的不悦。[87] 2017年法国最高法院在关于性骚扰和性暴力的刑事判决中指出"因为(针对妇女身体和语言的骚扰行为)带有侮辱和降低女性人格的特征,所以毫无疑问地这些行为伤害了女性员工的个人尊严;由于受害人是女性,公司高管在工作场所内公开实施骚扰行为无异于表明女性成为男性的玩物。考虑到被告人是利用自己的权力对女性施加的侵害,这足以构成敌意工作环境"。[88] 显然,法国法院在判决过程中逐渐考虑到职场权力不平等是产生性骚扰的原因之一,运用性别平等视角论证性骚扰对固化女性弱势性别地位的影响。

然而,尽管欧盟和成员国立法不断融合两种法律价值,但是比较英国法院和法国法院在部分相似案件事实下得到的不同判决结果,就可以反映出传统的法律认知和法律价值仍然影响法官判决的进路。英国法院在"Moonsar案"仅从特定行为是否会导致男女两性不同的实质性伤害论证判决依据,而法国法院将特定行为是否会导致男性对女性的不当评价作为论证能否构成"敌意工作环境型性骚扰"的基础。显然,前者是在形式主义基础上形成平等权的概念,后者对平等权的解释带有实质性和价值性色彩。

美国法对欧洲法的吸收较为滞后。尽管罗伯特·博斯特(Robert Post)在20世纪90年代初提倡美国法院可以通过整合宪法和侵权法的方式吸收欧洲法的"尊严"概念,[89]但是学术主张并未被美国联邦法院所接受。在"*Meritor*案"中,美国联邦最高法院认为"尊严"仅意味着"允许她人正常地生活";[90]在"*Barry*案"中,联邦最高法院甚至认为"尊严"标准过于主观化,无法成为裁判依据。[91] 理查德·波斯纳(Richard Posner)法官认为欧洲法的"尊严"概念与内

---

[87] Cour d'appel d'Orléans, Chambre sociale, No. 15/02566, 7 février 2017.

[88] Cass. Crim. No. 16-83934, 26 avril 2017.

[89] Robert C. Post, "The Constitutional Concept of Public Discourse, Outrageous Opinion, Democratic Deliberation, and Hustler v. Farewell", *Harvard Law Review* (1990), vol. 103, p. 617.

[90] Meritor Saving Banks, FSB vs. Vinson, 477 U. S, 67 (1986).

[91] Boos vs. Barry, 485 U. S. 312 (1988).

容非常模糊,“无法具体地解决性骚扰对个人情感的伤害”。[92] 但是,由于惧怕“敌意工作环境型性骚扰”影响企业名誉和生产力,因此雇主通常会以公司内部章程的方式禁止员工在工作场所内谈论成人笑话或者张贴具有诱惑性模特的海报。[93] 显然,企业担心的出发点并非是低俗笑话会构成性别歧视,而是涉及“性”的话题会导致女性员工的投诉,从而引发雇主责任。[94]

五、我国的立法实践

2018年公布的我国人格权编草案对“性骚扰”概念的界定再次证明了立法者文化传统和认知能力是影响立法的关键因素。由于受我国台湾地区“立法”影响[95]和大陆缺乏特定的女权主义传统,[96]当下大陆多数学者赞同“反性骚扰”的立法基础是维护人的尊严,[97]并提倡适用广义的“性骚扰”概念,将一切性侵行为皆纳入“性骚扰”概念。[98] 人格权编草案对“性骚扰”的定义范围显然移植了我国台湾地区“性骚扰防治法”的规定,将性骚扰扩展到职场或者教育机构以外的领域。显然,我国对“性骚扰”的法律认知与欧美有着巨大的差异。欧美多数国家立法仅将性骚扰适用范围局限在就业领域。美国联邦最高法院仅

〔92〕 Gertrud M. Fremling & Richard A. Posner, "Status Signaling and the Law, with Particular Application to Sexual Harassment", *University of Pennsylvania Law Review* (1999), vol. 147, p. 1084.

〔93〕 Deborah Zalesne, "Sexual Harassment Law: Has It Gone Too Far or Has the Media", *Temple Political & Civil Rights Law Review* (1999), vol. 8, pp. 357 – 358.

〔94〕 参见卢杰锋:《美国职场性骚扰雇主责任的判例法分析》,载《妇女研究论丛》2016年第2期。

〔95〕 参见靳文静:《性骚扰法律概念的比较探析》,载《比较法研究》2008年第1期;邓喜莲:《我国性骚扰防治之法律建构——以我国台湾地区反性骚扰法制为借鉴》,载《求索》2013年第3期。

〔96〕 参见耿殿磊:《性骚扰概念的产生和流变——国际视角的分析》,载《妇女研究论丛》2010年第1期。

〔97〕 参见王成:《性骚扰行为的司法及私法规制论纲》,载《政治与法律》2007年第4期。

〔98〕 参见王恒涛:《性骚扰立法研究》,载《环球法律评论》2006年第5期。

在“*Davis* 案”后承认美国《民权法案》第 9 条适用于教育领域的性骚扰事件。[99] 然而,同处于亚洲文化圈的日本移植了美国法对性骚扰范围的界定。[100] 欧美国家对于公共场所发生的广义性骚扰普遍表述为“街道骚扰”(street harassment)。[101]

由于受到联合国文件和欧盟立法的影响,部分国家和地区将性骚扰行为归为性暴力,纳入刑法制裁范围内。我国台湾地区“性骚扰防治法”第 25 条将任何场合违反他人意志的“强迫接吻、袭胸和袭臀”纳入触犯“刑法”的性骚扰行为。这些行为在多数欧美国家的法律体系中构成性侵罪。然而,我国学者受台湾地区的影响,不仅未能对“性骚扰”和“街道骚扰”的概念加以区分,也未能对性骚扰与性侮辱的法律定义加以分辨。蒋梅教授提倡修改刑法,将性骚扰视为性侵犯罪;[102] 张新宝和姜虹教授将“性骚扰”视为《治安管理处罚法》第 42 条禁止的“猥亵”和“淫秽”行为,造成侮辱他人的后果,需承担公法责任。[103]

伯恩斯坦在研究比较法的过程中指出美国法概念中的“性骚扰”构词不易被国外同行所理解,无论是美国平等就业委员会还是美国联邦最高法院都将滥用权力、强迫员工同意性行为和营造“敌意工作环境”视为性骚扰的核心。[104] 不平等权力结构下引发的性别偏见与歧视是美国反性骚扰法的基础。欧盟立法将“具有性本质的行动”作为性骚扰成立的必要要件,但是法官依旧有权依据情景对“性”的范围作出解释。由于缺乏女权主义文化以及美国法院对性骚扰属于性别歧视的解释缺乏说服力,欧盟法普遍将违反人的尊严作为禁止性骚扰立法的核心基础。与美国司法判决相同,色情和猥琐不是构成性骚扰行为的必要要件。王恒涛曾预测我国学者会对“性骚扰”词语“望文生义”,担心将“性

---

〔99〕 Davis vs. Monroe Country Board of Education, 526 US 629 (1999).

〔100〕 Yoshikawa, supra note 50, at 85.

〔101〕 Street Harassment and Law: Introduction, available at http://www.stopstreetharassment.org/strategies/sshlaw-intro/. Visit in 27 - 02 - 2019.

〔102〕 参见蒋梅:《性骚扰立法的比较研究——兼论中国反性骚扰法之设计》,载《环球法律评论》2006 年第 4 期。

〔103〕 参见张新宝、高燕竹:《性骚扰法律规制主要问题》,载《法学家》2006 年第 4 期;姜虹:《公安机关应对性骚扰入律之管见》,载《法学杂志》2006 年第 5 期。

〔104〕 Bernstein, *supra note* 44, at 1235.

欲”、“性挑逗”和“性追求”作为认定“性骚扰”行为的条件。[105] 依据笔者统计，自2005年《妇女权益保障法》出台后，全国33个省级人大皆通过了新的妇女权益保障法实施办法，其中11部地方性法规将性骚扰定义为与“性行为”和“淫秽”相关。

六、结　论

法律认知和固有的法律价值阻碍了域内立法者和司法者对域外法的完全接受。美国的“性骚扰”概念与女权主义哲学和美国《民权法案》有着密切的关联。女权主义者将“性骚扰”现象归为男女两性社会权力的不平等。因此，“性骚扰”的本质是掌控不平等社会权力的男性对于女性的性别歧视和压迫。美国女权主义者和联邦法院将性骚扰视为两性社会权力不平等的结果，拒绝依据侵权法程序加以救济。美国联邦法院需要通过两性对比的方法论证特定的骚扰行为构成性别歧视。

尽管欧盟法令承认了性骚扰属于性别歧视，但是欧洲传统的法律认知和法律价值将性骚扰定义为侵犯个人尊严的“霸凌”与“道德骚扰”。在严格的法典化结构下，人的尊严是一切权利的合法性和道德性渊源，“性骚扰”构成了对个人自主性和完整性的侵犯。不同于美国法将性骚扰的目的归为固化社会性别歧视，欧洲立法将性骚扰行为的目的归为侵犯个人尊严。美国法概念和欧洲本土文化间产生了“法律刺激”，导致了欧洲大陆国家法官通常无需对比特定行为对两性的影响，直接从个人权利和尊严的视角检验性骚扰行为是否成立。

相似的文化基础和认知能力成为国家机构决定是否接受域外法制度的关键因素。英国与美国相同的普通法文化和两国立法者相似的认知能力是1975年英国《反性别歧视法案》规定性骚扰属于性别歧视的主要原因；普遍认可“人的尊严”的宪法地位成为欧洲大陆国家反性骚扰立法共同的基础。甚至，我国大陆和台湾地区的法律文化和认知的相似性导致海峡两岸对性骚扰定义和制度设计的高度统一。

但是，全球化和欧洲一体化的进程客观上弥补了由法律认知和法律传统导致的立法差异。由于成员国有义务将欧盟法转化为国内法，因此融合两种不同

---

[105] 前引文98，王恒涛文。

价值导向的欧盟法令成为欧盟成员国改变原有认知和旧有立法内容的样本。效仿美国立法理念的英国和沿袭传统模式的法国皆已通过立法和司法途径混合两种法律价值。但是,欧盟法并不能完全消除不同法系对性骚扰行为的司法认定路径。另外,尽管美国的普通法传统无法接纳欧洲法的“尊严”概念,但是由于美国法设置了相关的雇主责任,所以雇主必须认真对待具有个人化的性骚扰投诉。

中德法学论坛
第16辑·下卷,第62~76页

欧洲主要国家刑事领域中被害人地位简评
——欧洲比较刑法中的犯罪被害人权利*

克里斯汀娜·拉塞杰**著　陈　萍***译

摘　要:对六个主要欧洲国家的刑事领域被害人地位进行的总体比较研究对于欧洲刑法的发展至关重要。刑事领域中的被害人地位问题应当区分为损害赔偿问题和个人修复问题。在损害赔偿方面,以国家团结精神为基础的专门的赔偿司法机关向被害人提供真正的司法程序的机制正逐步在欧洲各国建立。刑事领域中的被害人个人修复区分为刑事诉讼中的修复和刑事诉讼外的修复,我们应当更加关注刑事诉讼作为修复工具的局限性。

关键词:刑事被害人;刑事诉讼;欧洲刑法;比较研究

Abstract: An overall comparative study of the status of victims in the criminal field of six major European countries is crucial for the development of European criminal law. The issue of the status of victims in the criminal field should be divided into damages compensation and personal repairs. In terms of damages compensa-

---

* 本文原载La victime sur la scène pénale,codirection Christine Lazerges,Geneviève Giudicelli-Delage,PUF 2013。

** 克里斯汀娜·拉塞杰(Christine Lazerges):巴黎第一大学终身名誉教授、法国国家人权咨询委员会(CNCDH)主席。

*** 陈萍:中共南京市委党校政治与法律教研部讲师,南京大学法学院与巴黎第一大学比较法研究中心联合培养法学博士。

tion, the special compensation judicial system based on the spirit of national solidarity which provides the true judicial process for victims is being gradually established in European countries. The personal repair of victims in the criminal field is divided into repairs in criminal proceedings and repairs outside criminal proceedings. We should pay more attention to the limitations of criminal litigation as a repair tool.

Key Words: Criminal victim; Criminal procedure; European criminal law; Comparative study

比较法的颠覆性〔1〕功能在于其中的放大效应。若非要提供证据,则关于欧洲刑事领域中被害人力量提升的研究,正是因为缺乏对被害人本身的概念化,使得在本文所选定的国家中,有关被害人恒定和变动的特征都被放大。赔偿问题与修复问题很少或根本不相区分就是一个典型例子。立法者和法学家经常指出,〔2〕被害人的概念及其在刑事诉讼程序中地位的概念仍然模糊不清,并且他们时常提及,赔偿和修复概念的粗略和混乱。《罗贝尔词典》对赔偿(indemnisation)的定义简单而精短:"赔偿行为;确定并支付赔偿金。"对修复(réparation)的定义则较为丰富:"修理某物的活动和工作,见修理、修补、恢复……见愈合……见损失(损害赔偿)、赔偿金。"在民法中,遭受损害人员的修复主要是赔偿,修复和赔偿几乎是同义词。Gérard Cornu〔3〕法律词典指出,被害人是"遭受损害的人,与引发损害的人相对"。该损害使得被害人享有一项权利,而该权利带有修复性。

对刑法学家(不管其是否研究被害人学)而言,被害人可能是而且可能主要是身体受到损伤而正在经历痛苦的人员,而这种损伤不可能仅仅以赔偿或者归还告终。尽管刑罚的关键之一是犯罪人重新回归社会,然而被害人的修复、恢

---

〔1〕 Horatia Muir Watt, « La fonction subversive du droit comparé», *Rev. int. dr. comp.*, p. 503.

〔2〕 Xavier Pin, « Les victimes d'infractions. Définitions et enjeux », *Arch. pol. crim* n°28 p. 49, Pedone 2006, Elisabeth Fortis, « Ambiguïtés de la place de la victime dans la procédure pénale », *Arch. Pol. crim* n°28 p. 41, Pedone 2006, cf. également *supra* « Figures nationales ».

〔3〕 Gérard Cornu, *Vocabulaire juridique*, H. Capitant, PUF Quadrige, 2000, v° Victime, v° Préjudice.

复意味着更多其他内涵,而不仅仅是一笔赔偿金。

欧洲法和欧盟法[4]中都规定了被害人的国家权利,尤其是要求赔偿和获得修复的权利,尽管各国规定的法律性质各有不同,其义务强制性也千差万别。

《欧洲人权公约》第6条,以平等诉讼的名义,构成促使被害人作为民事当事人发展其诉讼程序权利和获得赔偿权利的基础。这些权利对修复是否有意义,我们将予以探究。欧洲委员会的一大工作是反思其自20世纪80年代中期开始提出的有关建议,比如第(87)21号关于被害人援助和被害预防的建议和第(2006)1号关于犯罪被害人解决方案的建议。已提交成员国批准的欧洲公约,对于某些特殊被害人,除了赋予其平等诉讼的基本权利,[5]还包括其他衍生权利。所有这些条文加上欧盟或国际刑事司法机关[6]中的被害人权利,使被害人 的损害赔偿和被害人的个人修复之间的区别具有重要意义,即赔偿是修复的非必要环节。在德国、英国、比利时、西班牙、法国和意大利,被害人问题越来越多而其解决路径也呈现多样化,尽管2001年3月15日欧盟理事会的框架决议[7]给成员国留下了很大的解释空间。

一、被害人的损害赔偿[8]

损害远远不止一种。为了有效说明损害,应当对损害和被害人进行类型学分析。抢劫罪被害人的损害(被害人可能还已投保)与强奸罪或反人类罪被害人的损害显然具有天壤之别。然而,问题在于通过损害要素对所有情形中的损害进行区别。在本文所研究的六个国家(德国、英国、比利时、西班牙、法国和意

---

[4] Cf. *supra* Marie-Laure Lanthiez, « La clarification des fondements européens des droits des victimes » et Giulietta Gamberini, « Les politiques supranationales européennes ou l'âme ambiguë de l'harmonisation ».

[5] 《暴力犯罪被害人赔偿的欧洲公约》、《禁止酷刑和其他残忍、不人道或有辱人格的待遇或处罚欧洲公约》、《全面禁止歧视欧洲公约》以及《禁止恐怖主义欧洲公约》均有规定。

[6] Cf. *supra* Mathieu Jacquelin, « De l'ombre à la lumière : l'intégration contrôlée des victimes au sein de la procédure pénale internationale ».

[7] Cf. *supra* Giulietta Gamberini, précité.

[8] 本文不涉及民事裁判机构中民事诉讼的赔偿问题。

大利)的现有司法架构中,被害人赔偿包括犯罪人本人对被害人进行赔偿、司法判决支付损害赔偿、司法赔偿制度和以国家连带主义(solidarité nationale)为基础的非司法赔偿制度。长期以来,国际刑事司法机关并未介入被害人赔偿问题,随着国际刑事法庭(TPI)和国际刑事法院(CPI)的设立,其首次允许向被害人归还财物(尽管这条道路依然很狭窄),对国际刑事法院而言,理论上甚至有在该法院获得损害赔偿的可能性。

(一)刑事诉讼中犯罪人的损害赔偿

关于此点,调研国家可以分为两类:一类是以比利时、西班牙、法国或意大利为代表的国家,这些国家允许被害人满足一定条件即可以作为诉讼当事人;另一类国家(如德国或英国)只赋予被害人在刑事诉讼中出庭作证的优先权……值得关注的是,我们观察到对于国际刑事法院来说,被害人首先是证人,是一场经济纠纷诉讼的被动主体,无论被害人是直接被害人还是间接被害人,尽管国际刑事法院对该特殊证人的地位是如此描述的:"国际刑法的特点在于它是被害人自我认可逐渐增强的一个过程,能帮助被害人逐渐走出他们曾被禁锢其中的阴影。"[9]相比而言,欧洲刑事诉讼程序的和谐之处就在于其丰富了作为证人的被害人权利,即在刑事诉讼结束后赋予其获得赔偿的实质可能性,而这种可能性与作为民事诉讼当事人的被害人获得赔偿的可能性并无根本差异。

被害人作为优先证人并不因此减少其获得赔偿的可能性,当然,这应当符合一定条件。

在英国和德国,被害人从未完全被当作刑事诉讼程序的当事人,但会向他们提供获得赔偿的渠道。在英国,虽有始于2005年的英国《犯罪被害人实务法典》(Code of Practice for victims of Crime),但若被害人无合法身份,则其在法庭作证时无权要求赔偿。[10] 如果犯罪嫌疑人被判定有罪,被害人可以通过"英国皇家检察署"(CPS)从法庭获得经济赔偿。犯罪人不会直接赔偿被害人,支付经由法庭实施;这在必要时可以看作一种支付保证,而这种保证是被害人作为债权人从犯罪人处直接索赔时无法享有的。在德国刑事诉讼中,对赔偿问题的处理有所不同。在德国,对于某些由立法机关有限列举的违法犯罪行为,被

[9] Cf. *supra* Mathieu Jacquelin, précité.

[10] Cf. *supra* Aurélien Martini, « La victime en Angleterre : « une formidable absence, partout présente ».

害人有权通过所谓辅助起诉(plainte accessoire)的方式参与到检察院的公诉程序中。被害人选择[11]辅助起诉程序有利于与之并行的民事赔偿诉讼。另外,在德国还存在所谓附属起诉程序(procédure annexe),通过该程序被害人有权获得损害赔偿,而无需另外提起民事诉讼。对于附属起诉程序,立法上并不存在任何违法犯罪行为清单,直接被害人与间接被害人均可提起,被害人的损害包括物质损害和精神损害。

从民事损害赔偿结果来看,被害人具有民事当事人地位的事实,似乎与其表象相反,实际上并未产生太大差异。

被害人作为民事当事人,或者在条件允许下已发起诉讼,或者已加入相关公诉程序。在这两种情况下,其诉讼当事人的地位都不容置疑,其损害也会受到赔偿。比利时、西班牙、法国和意大利正是如此。但被害人需要支付判决执行的后续费用,而强制执行将给被害人带来一笔价格不菲的开销。

刑事政策对赔偿问题的关注,同样也表现在对犯罪人进行刑罚选择及刑罚调整时,将其对被害人(们)的损害赔偿考虑在内。比如在西班牙,其1995年《刑法》规定,将犯罪人对被害人进行损害赔偿认定为可减轻刑罚的法定情形,可给予缓期或者减刑。[12] 在法国,自1975年立法机关引入暂缓执行和免予刑罚后,其便取决于被害人是否获得赔偿。另外,经2005年12月12日法律修订的法国《刑法》第132-24条引入"被害人利益"作为一项量刑标准。[13]

在我们所考察的任一国家中,被害人利益(从其所遭受的损害赔偿角度来看)经常会遇到犯罪人无力清偿的情况。而如果行为人无法确认,当然更不可能要求犯罪人损害赔偿。

随着时间发展,建立一个以国家连带主义为基础的赔偿体系,以补充或取代由犯罪人对被害人进行损害赔偿,在欧洲各国已不同程度地显示出其必要性。

---

〔11〕 Cf. *supra* Hervé Henrion, « Y a-t-il une place pour la victime en procédure pénale allemande ? ».

〔12〕 Cf. *supra* Rodolfo Brenes Vargas, Alberto Manuel Poletti Adorno « La victime en Espagne : acteur privilégié du procès pénal ».

〔13〕 法国《刑法典》第132-24条第2款规定:"应当以在社会的有效保护、被判刑人的惩治、被害人的利益、有利于被判刑人回归或重新回归社会以及预防发生新的犯罪的必要性之间予以协调的方式,来确定宣告刑罚的性质、数额和制度。"

(二)以国家连带主义为基础的损害赔偿

正如 Giulietta Gamberini[14] 曾经非常透彻地描述的那样,欧洲法律条款明确规定应实施公共赔偿体系,从而至少对暴力犯罪的直接被害人进行援助。1977 年欧洲委员会部长理事会出台首批此类建议,[15] 随后,1983 年即出台《暴力犯罪被害人赔偿的欧洲公约》。欧盟在 2001 年出台《关于犯罪被害人赔偿实施情况绿皮书》之后,紧随其后,2004 年 4 月 29 日[16] 出台《关于犯罪被害人问题赔偿的指令》*,这是首个采取国家强制模式处理该问题的法律条文。尽管各成员国的实施情况仍然存在很大差异,但是大多数成员国已经引入国家直接赔偿、地方行政部门赔偿或通过以国家连带主义为基础的更为复杂的机制来赔偿被害人。在替代模式或赔偿模式的基础之上,已经发展出某些特定犯罪被害人的赔偿基金和/或赔偿对象更加广泛的专门司法机关。

赔偿基金呈现扩张趋势,甚至于依据《罗马公约》设立的国际刑事法院也计划设立被害人基金。[17] 恐怖主义的猖獗和恐怖事件被害人的斗争往往是设立首批基金的根源。在意大利,袭击事件被害人的首个赔偿基金可追溯至 1969 年,通过 2004 年 2 月 4 日的第 13 号政府法令和 2003 年 4 月 2 日的第 56 号的修订法律,议会规定新条款援助所有恐怖主义行为的被害人,通过提供终身养老金的方式改善了目前被害人援助的实际情况,但在 Teresa Ottolini 看来,意大

[14] Cf. *supra*, Giulietta Gamberini, précité « Les politiques supranationales européennes ou l' âme ambiguë de l' harmonisation ».

[15] Résolution (77) 27 *sur le dédommagement des victimes d' infractions pénales*, adoptée le 28 septembre 1977.

[16] Conseil de l' UE, *Directive* 2004/80/*CE du* 29 *avril* 2004 *relative à l' indemnisation des victimes de la criminalité*, JOCE L 261, 6 août 2004.

* 该指令规定,欧盟内的刑事被害人应当有权在他们遭受伤害时获得公平和适当的补偿,而不管犯罪是在欧盟之内的何处发生。该指令意在建立一套便于跨国境情形下的刑事被害人获得补偿的合作机制。——译者注

[17] Cf. *supra* Mathieu Jacquelin : « De l' ombre à la lumière : l' intégration contrôlée des victimes au sein de la procédure pénale internationale ».

利法律仍只提供了最低限度的赔偿。[18] 在西班牙,仅仅只有恐怖主义行为的被害人能够获得国家赔偿,其 1999 年的一项法律规定,该赔偿是涵盖所有主要损失的全部赔偿。自 1985 年出台的一项法律以来,比利时与西班牙情形相同。自 1986 年设立恐怖主义被害人赔偿基金以来,法国同样也提供全部赔偿。

在英国,由国家对某些犯罪行为被害人(包括恐怖主义被害人)进行赔偿的首个计划于 1964 年设立,其后,该计划分别于 1996 年和 2001 年进行修改。

除了恐怖主义被害人损害赔偿,危害公共秩序和国家安全的袭击与恐怖主义性质相同,对其被害人损害也十分有必要设立以国家连带主义为基础的专门赔偿制度,因为恐怖主义被害人赔偿制度在欧洲各国普遍存在,尽管其实施模式和赔偿水平在各国仍存在差异。

然而,除了恐怖主义被害人赔偿,在欧盟国家中,由国家赔偿和/或以国家连带主义为基础的赔偿制度可能尚不存在(如德国)或尚处在萌芽阶段(如意大利或者英国),有的似乎已经非常成熟(如法国),因为在 2004 年 4 月 29 日欧盟《关于犯罪被害人问题赔偿的指令》基础上,法国还建立了专门的和专业的司法机关。

以国家连带主义为基础的专门的赔偿司法机关向被害人提供真正的司法程序。其特点是独立的法院,有权支付预付金或无需等候刑事司法程序即可直接赔偿。法国的例子值得更加细致地研究。[19] 该制度的演进经历三个阶段:首先,1977 年确立由国家进行赔偿制度;随后,1983 年,设立于大审法院的刑事犯罪被害人赔偿委员会(CIVI)成立,为行为人无法识别或者无赔偿能力的犯罪被害人提供限额赔偿;最终,该制度也发生了巨大变革,因为 1990 年的一项法律规定,对人身伤害犯罪被害人进行全额赔偿,对符合严格条件的某些财产犯罪被害人进行限额和附属赔偿。

其标志性条文是法国《刑事诉讼法典》第 706-3 条规定:“受到具有犯罪性质的故意行为或非故意行为造成之损害的任何人,可以对人身伤害产生的损失

---

[18] Cf. *supra*, Teresa Ottolini, « La victime en Italie : histoire d'un difficile équilibre entre les intérêts privés et publics à la réponse du crime ».

[19] Christine Lazerges, *Introduction à la politique criminelle*, l'Harmattan, 2001. Cf. *supra* Martin Méchin « Le double visage de la victime en France, entre quête de reconnaissance et quête d'un véritable rôle procédural ».

获得全部赔偿……"只要具有犯罪性质的行为导致死亡、永久伤残或完全丧失劳动能力满 1 个月以上的损害结果即可。但若是性侵犯犯罪的被害人,被害人获得赔偿则无需满足该条件。法国刑事犯罪被害人赔偿委员会(民事司法机关)的独创之处在于,只要存在具有犯罪性质的行为即可获得赔偿,这是不是指犯罪的客观表现?法国最高司法法院的一个扩张性判例即如此认定。因此,精神疾病患者或任何暴力性质行为的被害人可立即获得所有损失的赔偿,而之后的刑事司法机关的判决无关紧要。2004 年,该程序进一步简化,此后,被害人可在第一时间直接向恐怖主义和其他犯罪行为被害人保险基金申请赔偿,只有在被害人和基金无法达成协议时,刑事犯罪被害人赔偿委员会才会介入。在法国,该基金体现了其刑事犯罪被害人的国家连带主义,因为基金的资金来源于住房保险合同的提留款,而并未增加国家预算。被害人希望和期待的修复比赔偿复杂太多,而法律和司法却无法参与到这种赔偿之中。

二、被害人的个人修复

我们故意没有提及"哀悼"一词。我们如此多地使用和滥用这个词汇(意即"痛苦"),从而在表达"自我哀悼"时其已失去价值,以至于我们相信司法是一种治疗方式,因为司法即是探求事实且只探求法律事实。而该法律事实从本质上来讲,只会有利于被害人修复。我们称"修复",即意味着恢复和愈合,而不仅仅是赔偿。对刑事诉讼的巨大期望往往会引起被害人的误解和痛苦,更不用提有时其只会引起被害人的报复行动。被害人的合理期望是其所遭受的侵犯、痛苦以及(有时是)侮辱能够获得公开确认。保罗・利科(Paul Ricœur)认为"这种公开确认绝非毫无意义"。[20] 对此,刑事诉讼无疑有其地位,[21]但在刑事诉讼之外,恢复性司法[22]也有其存在空间。

---

〔20〕 Paul Ricœur, *Le juste*, Editions Esprit, 1995, p. 199.

〔21〕 Anne d'Hauteville, « La problématique de la place de la victime dans le procès pénal » *Arch. pol. crim.* n° 24, p. 7, Pedone, 2002.

〔22〕 Robert Cario, *Victimologie*, *« De l'effraction du lien intersubjectif à la restauration sociale »*, L'Harmattan, 2000.

(一)刑事诉讼中的被害人修复

对被害人而言,保护被害人尊严和遵守平等诉讼规则,[23]是其修复的关键因素。在这方面,近几十年欧洲国家已经尝试改善被害人权利,但仍未能形成切实有效的被害人保护模式,尽管各国对其赔偿程度水平非常相近。条文和条文落实之间的差距仍然巨大。实践远远不能达到被害人的期望,尽管其要求的仅仅是倾听和知情。

立法机关对被害人予以关注的标志性条文,体现在刑事诉讼的各个阶段,在欧洲多个国家甚至在刑罚执行阶段也赋予被害人诉讼权利,但这并非没有问题。

标志性条文[24]尤其如此,因为它们应当符合刑事诉讼的基本原则,比如在法国,这些原则规定在法国《刑事诉讼法典》的典首条文中。认为"典首条文是2000年6月15日法的'首要条款',能加强对无罪推定和被害人权利的保护"的观点并不客观。自诩为平等对抗的刑事诉讼旨在在保障"嫌疑人无罪推定"和"被害人被害推定"之间寻找平衡。2000年法国《刑事诉讼法典》典首条文第2条规定:"司法机关在任何刑事诉讼程序中务必告知并保障被害人的权利。"被害人知情权在法国《刑事诉讼法典》第75条*中随即被否认。《刑事诉讼法典》第304条规定的陪审员宣誓也具有标志性。宣誓的核心是要求陪审团

---

〔23〕 Cf. *supra* Marie-Laure Lanthiez précité.

〔24〕 Christine Lazerges, « Le renforcement des droits des victimes par la loi n°2000 – 516 du 15 juin 2000 », *Arch. pol. crim.* n° 24, p. 15, Pedone 2002 ; Xavier Pin, « Les victimes d'infraction. Définitions et enjeux », *Arch. pol. crim.* , n° 28, p. 49, Pedone, 2006.

* 2002年9月9日第2002 – 1183号法律规定:"司法警察警官和警员以任何方式告知被害人可以享有:1. 对其受到的损害获得赔偿的权利;2. 在检察院已经发动公诉或者直接传讯犯罪行为人至有管辖权的法院或者向预审法官提出告诉的情况下,有权成为民事当事人。3. 如果受害人希望成为民事当事人,有权得到由其任选的律师的协助,或者应其请求,由有管辖权的法院辖区的律师公会会长指定的律师协助,费用由被害人负担,但如受害人具备享有司法援助的条件或其享有法律保护的保险利益,不在此限。4. 有权得到属于一个或数个公共机构的帮助,或者获得帮助受害人的特别协议规定的协会的帮助;5. 相应情况下,在涉及第706 – 3条与第706 – 14条所致的犯罪时,有权向犯罪被害人赔偿委员会提出请求。"——译者注

“……不背叛被告人的利益,不背叛对被告人提出指控的社会的利益,也不背叛被害人的利益……”

在我们看来,英国2005年发布《犯罪被害人实践法典》也具有标志性,因为该法典对在警察面前声称遭受侵犯的任何人均拒绝赋予其被害人权利。比利时也是如此,其1998年“Petit Franchimont”法[25]的某些条款,比如序言一章中第5条之一第1款规定受伤人员的概念,即是一个影响广泛的、旨在承认被害人在刑事诉讼中的地位的欧洲运动的象征。西班牙和意大利直接引用该条款。在西班牙,宪法法院确认被害人的知情权、诉讼权、通过告发参与诉讼的权利以及根据宪法第24-1条规定构成民事当事人的权利。该条规定为“任何人均有权获得法官和法院的有效保护,以行使其权利和合法利益,在任何情况下,均不得对其拒绝该保护”。[26] 在意大利,1988年《新刑事诉讼法典》第6章整章专门规定受伤人员相关条款。只有在德国我们难以明确其标志性条文,因为正如Hervé Henrion指出的那样:“被害人权利本身没有任何价值,而只存在于刑法和刑事诉讼法的详细规定之中”。[27]

这些条文对被害人真正达到“愈合”意义上的修复具有重大意义,因为它们意味着承认被害人的痛苦和愤怒,这种愤怒不仅是对犯罪行为人的愤怒,也有对刑事司法冷漠(不管是真实的或是被害人感受到的)的愤怒。

程序性权利至少能部分回应被害人的痛苦和愤怒,也能体现对被害人本身应有的尊重。欧洲委员会成员国中被害人诉讼权利的共同基础是《欧洲人权公约》第6条规定的平等对抗诉讼程序,并为各成员国留下充分的解释空间。Marie-Laure Lanthiez[28]提醒,斯特拉斯堡法院[29][即欧洲人权法院,因其位于斯特拉斯堡故如此描述——译者注]认为适用第6条时应当包括民事诉讼,只要被害人未明确放弃其获得修复的权利,尽管该修复只是象征性的。

平等对抗原则应当在被告人权利和被害人权利之间获得平衡:辩护权、定

---

〔25〕 Cf. *supra* Kris Decramer, Lore Gyselaers, « La victime dans la procédure pénale belge: victime de son succès ».

〔26〕 Cf. *supra* Rodolfo Brenes Vargas et Alberto Manuel Poletti Adorno précité.

〔27〕 Cf. Hervé Henrion, précité.

〔28〕 Cf. *supra* Marie-Laure Lanthiez, précité.

〔29〕 Cour EDH, 12 février 2004, Pérez c. France, [GC], n° 47287/99.

期获知诉讼进展情况的权利、文件查询权、询问证人权以及合理期限权(此处仅举其中几例)。尽管在大多数国家已有明文强制规定,且这些规定已通过多次改革得以完善,然而事实是被害人或被害人协会在定期获知调查或预审进展情况方面仍然困难重重,这能被接受吗?[30] 大多数情况下,经过数月等待,被害人才能见到预审法官,或者才知道行为人已被判刑(此前却无人告知其相关情况),这能被接受吗?后者在所谓的速审程序中较为常见。刑事诉讼快速化的实现以损害被害人的修复为代价,这并不罕见。如意大利辩诉交易(意大利语 patteggiamento)程序无需开庭审理,法官不能判决对被害人预付金,也不能解决被害人修复问题。[31] 无论相关国家的法律如何,被害人权利是否有效行使、能否保护被害人尊严以及能否满足被害人的修复需要,皆因法官的人格个性或诉讼程序中相关司法官员的人格个性不同而出现重大差距,同时也因诉讼类型不同(是否是简化程序、是否是速审程序)而存在重大差异。

若以被害人知情权为例,对该权利保护最完善的国家无疑是西班牙。西班牙宪法法院通过申诉保护程序(recours d' amparo)* 对未向被害人履行告知义务的行为进行审查。此外,为使被害人本人获得修复,在西班牙被害人在诉讼中能够获得保护令。[32] 英国《犯罪被害人实务法典》的明确目标即是为被害人及其近亲属提供更完善的信息和更良好的援助,[33] 该法律制度与西班牙、法国和德国截然不同。意大利的情形值得关注,其于1988年建立刑事诉讼程序,然而被害人的权利保障却并未改善。Teresa Ottolini 认为"被害人寻求司法救济的道路仍然困难重重,主要因为其权利仍未受到认真对待"。[34] 若要使被害人有效行使程序性权利以及使参与被害人修复的司法程序数量大幅提升,对所有

---

[30] En Italie, par exemple, une loi du 6 juin 2006 prévoit le renforcement des droits à l' information de la victime dès son premier contact avec la justice et jusqu' au terme de la phase de l' exécution des peines.

[31] Cf. *supra*, Teresa Ottolini, précité.

* recours d' amparo 西班牙原文为 Recurso de amparo,是指由公民直接向宪法法院提起的针对行政行为或司法行为的具体审查程序,尤见于西班牙语系国家。——译者注

[32] Cf. *supra*, Rodolfo Brenes Vargas, Alberto Manuel Poletti Adorno, précité.

[33] Cf. *supra*, Aurélien Martini, précité.

[34] Cf. *supra*, Teresa Ottolini, précité.

研究国家而言,显然都前路漫漫,而不仅仅是在德国(在德国,被害人在刑事诉讼中尚没有真正找到自己的定位)。[35]

刑事审判最终阶段(即刑罚执行阶段)中,被害人可能享有的程序性权利问题无法回避。易言之,法院判决或执行刑罚时,听取被害人陈述,是否足以证明被害人已获得修复?刑罚执行的司法化促使理论界和立法者进行反思,而该程序性运动在欧洲已取得重大发展。2004 年 3 月 9 日法国《刑事诉讼法典》第 707 条规定:"刑罚的执行,在尊重社会利益与被害人权利的同时,有利于被判刑人回归或再回归社会,有利于预防犯罪的再次发生。"因此,该法律允许刑罚执行法院直接或通过律师通知被害人或民事诉讼当事人,其可以提出书面意见。[36] 次年即 2005 年 12 月 12 日法律准许民事诉讼当事人的律师参与刑罚执行法院的法庭辩论,以对刑罚执行提出其意见。[37] 通过 2006 年 5 月 17 日的法律,比利时也承认被害人在刑罚执行过程的权利[38]。但是,在被害人权利已经取得发展的首批国家中似乎已经开始的刑事政策的这种演变,真的是明智的吗?被害人参与到刑罚执行模式的选择甚至介入假释(举例而言)的决定之中,是否有利于其心理重建或修复?我们认为不是。被害人不是法官,被害人要求修复的正当性不应与其参与惩罚选择的不当性相混淆[39]。

欧盟成员国中与德国或西班牙一样的国家仍然是少数,这些国家在刑罚最终宣告之外,在法律上仍在刑事领域中为被害人赋予地位。为满足民众的报复性期望将被害人置于相反地位,完全不符合遭受痛苦的被害人完成修复的要求。已经进入刑事诉讼最终阶段的被害人,即使有足够多人陪伴,也从未希望跟踪刑罚执行,而只希望能够知情,以及在行为人再犯时,能够获得除刑事诉讼之外的保护(若有需要)。

---

〔35〕 Cf. *supra*, Hervé Henrion, précité.

〔36〕 Pierre Couvrat, « Les dispositions relatives à l'application des peines de la loi Perben II », *Dr. pén.* 2004, Etudes n° 8.

〔37〕 Martine Herzog-Evans, « Les dispositions relatives à la récidive dans la loi n° 2005 – 1549 du 12 décembre 2005 », *D.* 2006. 182.

〔38〕 Cf. *supra*, Kris Decramar, Lore Gyselaers, précité.

〔39〕 Robert Cario, « La place de la victime dans l'exécution des peines », *D.* 2003, chr. n° 3, p. 145.

(二)刑事诉讼外的被害人修复

在刑事诉讼之外与之密切相关,最有助于被害人修复的,毫无疑问是被害人援助协会或被害人援助服务组织以及缓和程序(如和解或调解)。它们让被害人倾诉、交流,最终完成个人修复,正如犯罪行为人获得矫正一样。

犯罪被害人信息和援助协会或服务组织的形式多样、层级各异,在欧盟各国不断发展。在公共领域的首次启动可以追溯到20世纪80年代初。在法国,时任司法部长罗贝尔·巴丹特尔(Robert Badinter),设立专门预算以促进各市级刑事犯罪被害人信息和援助协会或服务组织的发展。时至今日,该网络已扩展到近200个,并迅速纳入全国被害人援助和调解学会(INAVEM)。该网络在警察局、法院、(某些时候也与)医院急救服务中心设立值班室,以与其紧密合作。对法律工作者或心理学工作者进行培训,使其能够真正完成倾听和信息传递工作,从而满足被害人最急需的需求。得益于国家和地方行政团体的补助,该网络已实现其公共服务职能,并且获得认可。这个重要的广泛网络既不应与特殊犯罪被害人协会(比如遭受性侵犯的未成年被害人)混淆,也不应与公共安全事故被害人协会相混淆,后者的职能之一是消解被害人的孤独感,为他们完成全部活动提供便利。

虽然法国和英国被害人在刑事诉讼程序中的地位存在重大差异,但是支持被害人和帮助被害人修复的机构设置却极其相似。在英国,该机构是被害人支持国家办公室(Victime Support National Office)。在意大利,被害人获得由公共机构实施和组织的支持服务较为困难。然而,2003年其司法部长设立了被害人援助和支持委员会,负责在国家层面进行协调,从而在各省(préfecture)*建立名为“被害人窗口”的机构。该机构尚处于萌芽阶段。相应地,各行政区(région)和各市(commune)则支持某些特殊类型被害人协会,比如,暴力犯罪的女性被害人或高利贷犯罪的被害人。在西班牙,国家和地区层面的被害人支持协会数量均十分可观。除了个人支持之外,Rodolphe Brenes Vargas 和 Alberto Poletti 将被害人支持协会作为一项重大游说政策。[40] 我们认为,在欧洲,一般性的协会与专门性的协会发展等量齐观。它们都承担支持被害人的职能,尽管

---

* 意大利政府拥有20个一级行政区(Region)、110个省(Prefecture)以及8092个市/镇(commune)。——译者注

[40] Cf. supra, « La victime en Espagne : acteur privilégié du procès pénal ».

性质不同,但其功能都是帮助被害人修复。某些协会也试图通过调解—修复的形式,在犯罪行为人和受害人之间进行调解。

欧洲理事会和欧盟委员会以及欧盟成员国法律都推荐和鼓励调解程序,但该程序几乎难以有效实现其职能,只有未成年刑法例外。Louk Hulsma 三十多年前曾主张通过和解或调解程序由各当事方解决其冲突,[41]而这正是修复性或恢复性司法对犯罪行为人和被害人的意义所在。[42] 在比利时、法国和西班牙,犯罪学家和刑法学家对恢复性司法著述丰厚。[43] 在多个国家,立法者已经将刑事司法调解或受司法监督的非刑罚模式,作为提起公诉的替代性程序。这些实践不管是否具有试验性,都值得支持并予以发展,因为对于某些犯罪,它们能满足通过缓和程序来维持社会稳定的需要。本文所研究的6个国家(德国、英国、比利时、西班牙、法国和意大利),仍然计划继续发展调解程序,因为各国一致公认,该程序对被害人和犯罪行为人的修复具有同样重要的意义。在德国,理论界和立法机关对在刑事诉讼中赋予被害人地位都表现出质疑和审慎,但对刑事调解却形成强烈共识。2005年德国联邦司法部主持的一份报告充分说明这条非正式路径在解决冲突方面的价值,尤其适用于未成年人犯罪及其被害人的期望。[44] 最后,以意大利为例,应当承认的是治安裁判(justices de paix)鼓励和解及调解,因为它们比刑事诉讼更有利于被害人修复。[45]

促进被害人恢复以及帮助被害人心理重建在于帮助被害人脱离"获得赔偿即意味着修复"的状态。如果刑事司法使被害人深深陷入某种境地,而我们只有帮助被害人脱离这种境地才能对被害人遭受的痛苦表示尊重,那么,这种刑

〔41〕 Louk Hulsman, Jacqueline Bernat de Célis, *Peines perdues, le système pénal en question*, le Centurion, 1982.

〔42〕 Christine Lazerges, « Médiation pénale, justice pénale et politique criminelle », *RSC*, 1997, p. 186 et s.

〔43〕 Tony Peters, « Victimisation, médiation et pratiques orientées vers la réparation », in Robert Cario, Denis Salas (dir.), *Œuvre de justice et victimes*, L'Harmattan, 2001 ; Robert Cario, *Justice restaurative, principes et promesses*, L'Harmattan, 2005.

〔44〕 Cf. *supra*, Hervé Henrion, précité.

〔45〕 Francesco Palazzo, « Le juge de paix dans le système pénal italien », Revue pénitentiaire et de droit pénal, 2004, p. 263.

事司法肯定是一种错误的路径。

比较法研究弱化差异,从而进入关键之处。此处的关键就是在刑事领域中寻找被害人的正当地位。刑事司法的重大关键所在:在不改变刑事诉讼自身性质的前提下,首先,不应当再给被害人造成二次伤害;其次,理想状态是能确定犯罪人;最后,使被害人获得赔偿并能帮助被害人心理重建。

时至今日存在一种煽动相关政策偏向的所谓的被害人癖(victimophilie)的民粹主义氛围,而在这种氛围之中,刑事诉讼变性(甚至突变)的风险确实存在,这就是刑事民粹主义的一面,Denis Salas 对此有精到描述。[46] 因此,像法国2007年11月13日法令规定的那样,指定某位法官为"被害人法官代表",这是否可行呢?[47]就概念而言,法官本身应当是独立且公正的,那么,法官能真正成为被害人的法官吗?

赔偿和修复的双重问题,旨在明确刑事司法能够且应当回应被害人的正当期待是什么。刑事司法对于哪些较不正当期待绝不应放任,否则就可能扰乱其措辞和职能。至于被害人是否能"自我哀悼",应当不惜一切代价避免欺骗被害人。比较法能让我们了解在刑事诉讼之中或之外的被害人修复的情况,进而引发对刑事诉讼本质的必要反思。

法国一项法律草案建议规定,预审法官不得再以"患有精神疾病进而丧失判断能力"为由宣布被告人免予起诉,并应当向被害人提出对"无判断能力的精神疾病患者是否有罪"进行开庭审理的可能性。[48] Michel Dubec 对此评论道:"我正式反对认为'刑事诉讼能允许被害人自我哀悼'的观点,这种想法是错误的,甚至是对被害人的侮辱。"[49]这是否有点过激?在不抛弃也不违反恢复性司法愿景的前提下,起码值得提出的问题是刑事诉讼作为修复工具的局限性以及刑事领域中被害人地位的局限性。

---

〔46〕 Denis Salas, *La volonté de punir. Essai sur le populisme pénal*. Hachette Littératures, 2005.

〔47〕 第2007-1605号法令规定被害人代表法官,并将其指定为刑事犯罪被害人赔偿委员会主席。

〔48〕 Avant projet de loi soumis pour avis au Conseil d'Etat, Le Monde, 8 novembre 2007.

〔49〕 Michel Dubec, expert psychiatre, Le Figaro, 9 novembre 2007.

环 境 法

程雨燕 环境公益的协商表达

——论生态环境损害赔偿磋商的本质及其实现

洛塔尔·库伦著 胡敏慧译 环境刑法

——新教义学的探索

中德法学论坛
第 16 辑 · 下卷,第 79 ~93 页

环境公益的协商表达
——论生态环境损害赔偿磋商的本质及其实现*

程雨燕**

摘　要:生态环境损害赔偿磋商具备社会主义协商民主"理性争论"、"集体决策"和"公众参与"三大基本特征,是通过协商民主的手段实现环境公益的新兴方式,其本质应当被界定为"环境公益的协商表达"。该界定既有利于破解赔偿磋商制度理论争鸣、立法粗糙和操作混沌的困局,也有利于推进社会主义协商民主于实践中的"广泛、多层、制度化"发展,从而具有理论可行性、实践必要性和价值正当性。赔偿磋商的制度设计应当本着实现其本质的路径展开——维持磋商双方的自由平等,厘定磋商目标的客观标准并保证磋商过程的开放包容,进而以此观察中央及地方层面的赔偿磋商试行方案,即可发现其中仍然存在颇多需要校正完善之处。

关键词:赔偿磋商;环境公益;协商民主

Abstract: Consultations on ecological environmental damage compensation accord with the three basic characteristics of deliberative democracy, which are "rational argument", "collective decision" and "public participation". The essence of the compensation consultation should be defined as a new way to realize environ-

---

* 本文系国家社科基金年度项目"生态环境损害赔偿磋商制度研究"(批准号:16BFX173)的阶段性研究成果。

** 程雨燕:中共广东省委党校教授。

mental public interest through deliberative democracy. The definition is not only conducive to resolving the dilemma of the compensation consultation system, but also promoting the development of socialist deliberative democracy in practice, which are provided with theoretical feasibility, practical necessity and value legitimacy. The system design of the compensation consultation should be carried out in accordance with the path to its essence: maintain the freedom and equality of the consultations, determine the objective criteria for the consultations and ensure the open and inclusive process of the consultations. In this regard, the current trial plan of compensation consultations needs to be corrected and perfected.

Key Words: Compensation consultations; Environmental public interest; Deliberative democracy

一、问题的提出

2018年1月1日,中共中央办公厅、国务院办公厅印发的《生态环境损害赔偿制度改革方案》(以下简称《改革方案》)开始在全国试行。《改革方案》是在继承2015年《生态环境损害赔偿制度改革试点方案》(以下简称《试点方案》)大体框架的基础上,总结吉林等7省市试点经验而调整形成。从"地方试点"到"全国试行",生态环境损害赔偿制度的实施范围虽然大为拓展,但仍然以"试"的方式推行,这表明:一方面,该制度在经过一轮地方试点之后已经积累了一定的立法经验和案例样本;另一方面,该制度某些基础性问题的理论研究及实践探索亟待在更大范围和更深层面展开,尤其是生态环境损害赔偿磋商这类能够突出展现其制度价值及创新要义的问题。自2015年《试点方案》提出开展赔偿磋商试点以来,理论界及实务界共同致力于推进该制度的施行,但事与愿违的是相关难题不但没有迎刃而解,反而使赔偿磋商制度陷入理论争鸣、立法粗糙及操作混沌的困境。其一,理论争鸣集中表现为不同学者对赔偿磋商性质持有不同观点,有的学者认为,"生态环境损害赔偿磋商是涉及公法元素的特殊民事行为";[1]另有学者则认定,"政府的主动磋商行为应被视为体现对话与合作的

[1] 程雨燕:《生态环境损害赔偿磋商制度构想》,载《北方法学》2017年第5期。

协商行政手段”。[2] “性质”问题是理论建构的基石，其认识差异直接导致制度设计的不同理念和思路。其二，立法粗糙突出表现为已经出台的赔偿磋商法规要么内容抽象而缺乏可操作性，要么虽然初具实施细则却缺乏合理性论证，并因地方政府各自为政而迥然不同，例如后文将进行详细比对的《贵州省生态环境损害赔偿磋商办法（试行）》（以下简称《贵州省磋商办法》），《湖南省生态环境损害赔偿磋商管理办法（试行）》（以下简称《湖南省磋商办法》）等。其三，操作混沌则主要表现为试点省市虽已纷纷确定生态环境损害赔偿案件并展开磋商实践，但是选案标准具有主观性，倾向于选取较易实现试点目标的案件；并且在案件处理中较为强调案件的示范结果而忽视争议的解决过程，这使得案件实际操作过程因疑点被掩盖，难点被简化而变得模糊不清。其实，这三种状态在某种程度上互为因果，操作混沌大多因为立法粗糙，立法粗糙往往缘于理论争鸣，而理论争鸣始于“性质”之争，并最终根源于人们对生态环境损害赔偿磋商本质的模糊认识。因此，赔偿磋商制度要突破“瓶颈”状态就必须以厘清“本质”问题作为重要抓手。那么，生态环境损害赔偿磋商的本质究竟是什么？应当通过何种途径在赔偿磋商制度设计中充分实现其本质？又应当如何运用相应结论对赔偿磋商试行方案予以校正完善？笔者拟就此三个问题展开论述。

二、生态环境损害赔偿磋商本质：环境公益的协商表达

相比“性质”，“本质”是认识事物的更深层次，性质是“一种事物区别于其他事物的根本属性”，本质则是“事物本身所固有的，决定事物性质、面貌和发展的根本属性”。[3]

因此，学者们在争执生态环境损害赔偿磋商究竟是行政行为还是民事行为时，重点在于描述赔偿磋商与其他事物相区别的属性，探讨的是其“性质”，而非隐蔽于其内部的根本属性——“本质”。至于赔偿磋商的本质则鲜有研究，大多数学者根据赔偿磋商的外在表现形式和功能直接将其理解为赔偿权利人与赔

---

〔2〕 黄锡生、韩英夫：《生态损害赔偿磋商制度的解释论分析》，载《政法论丛》2017 年第 1 期。

〔3〕 中国社会科学院语言研究所词典编辑室：《现代汉语词典》（第 7 版），商务印书馆 2016 年版，第 1470、63 页。

偿义务人之间的“代替性纠纷解决方式”(Alternative Dispute Resolution,ADR),“ADR概念源于美国,原来是本世纪逐步发展起来的各种诉讼外纠纷解决方式的总称,现在已引申为对世界各国普遍存在着的、民事诉讼制度以外的非诉讼纠纷解决方式或机制的总称”。[4] ADR不是一个具有严苛内涵和外延的概念,其核心要素在于“代替性”、“选择性”和“非行政性”。但是,尽管生态环境损害赔偿磋商被视为效率优于民事诉讼的赔偿纠纷解决方式从而具有“代替性”,却并不具备完全的“选择性”和“非行政性”。2015年《试点方案》赋予赔偿磋商以完全的“选择性”,纠纷当事人既可以在磋商与诉讼之间选择,也可以在是否达成磋商协议之间选择;2018年《改革方案》则删除了“赔偿权利人也可以直接提起诉讼”的规定,使磋商成为诉讼之前的必经程序,不再具备程序上的完全“选择性”。与此同时,生态环境损害赔偿磋商的赔偿权利人是国务院授权的省级、市地级政府,自带行政权力背景;磋商事项涉及环境公共利益而具有“不可恣意处置性”,从而超出私法自治范畴并不具有“非行政性”特征,这也正是某些学者将其认定为行政协商的原因。由此可见,生态环境损害赔偿磋商的本质并非ADR可以涵盖。这是由环境问题的特殊性所决定的:ADR是理性经济人于法律框架下的利益交换和妥协,而法学、经济学的分析理论和方法在遭遇生态问题时却难免失灵。一方面,ADR中理性经济人的决策方式是在目标之间进行成本效益衡量,但是当涉及不可放弃的目标时将面临失灵,环境问题则恰恰是涉及基本人权而无法运用经济学视角进行权衡取舍的目标。正如一些环保主义者的观点:“享有清新的空气和清洁的水是基本人权,不应该从经济方面考虑,否则就是对它们的贬低……环境如此之重要,以至于无论代价多大,我们都应该尽可能地保护它。”[5]另一方面,ADR中法律框架的作用在于制造“法律阴影下的谈判”,即当事人会将法院诉讼判决的预测结果作为最重要的谈判资源。然而法院在涉及环境诉讼时,其裁判标准往往因为涉及道德伦理、科学技术等难题而无法准确设定,其裁判结果也会因为生态破坏行为同时具有维持生存、发展经济的有益性而大多成为利益衡量的结果,从而当涉及生态问题的复杂性、相对性和不确定性时,法律框架也将面临失灵。因此,对于生态环境损害赔

〔4〕 范愉:《代替性纠纷解决方式(ADR)研究——兼论多元化纠纷解决机制》,载《法哲学与法社会学论丛》1999年,第138页。

〔5〕 [美]曼昆:《经济学原理》,北京大学出版社2015年版,第224~225页。

偿磋商的本质的认识需要超越单纯的法学或经济学视角,并结合政治学视角加以审视。

在政治学维度下,可以将生态环境损害赔偿磋商的本质视为通过协商民主手段实现环境公益的新兴方式,即"环境公益的协商表达",这是中国特色社会主义进入新时代后环境公益需求提升以及协商民主创新推进这两端发力共同指向的结果。一方面,社会公众对良好生态环境的需要不断提升,环境公益迫切需要突破传统找寻更为有效的实现方式。2017 年 10 月 18 日,习近平同志代表第十八届中央委员会在中国共产党第十九次全国代表大会上作报告,提出"我国社会主要矛盾已经转化为人民日益增长的美好生活需要和不平衡不充分的发展之间的矛盾",尤其指出人民美好生活需要包括在环境等方面的要求日益增长。并且明确在本世纪中叶建成富强民主文明和谐美丽的社会主义现代化强国的总任务,将"美丽"增设为现代化强国的标准之一。但是,也正如报告所指出"生态环境保护任重而道远",其重要原因之一即在于环境公益的表达困难。环境公益是环境公共利益的简称,其表达困难既源自上位概念"公共利益"的复杂性,也源自环境问题自身的特殊性,环境公益具有"主体抽象、利益普惠、内容不确定以及易受侵害"[6]等特点,从而改善生态环境的重要突破口即在于寻找到适当的环境公益表达方式。另一方面,社会主义协商民主不断向纵深发展,正凭借其优越性日益成为公民政治生活的主流表达方式。十九大报告强调:"发挥社会主义协商民主重要作用"并作出部署,明确社会主义协商民主应该向着"广泛、多层、制度化"的方向发展,具体途径包括"稳步推进基层协商""探索开展社会组织协商"等。社会主义协商民主是一项典型的符合中国传统并具有中国特色的制度。该制度根植于中华民族兼容并包的价值理念及民间社会以和为贵的道德习俗,产生于中国共产党领导人民从事革命、建设、改革的长期实践,被历史证明是适应我国国情的独特民主形式,"我国协商民主的实质是最广泛地发扬社会主义民主……表现在国家政治和社会生活的各个方面,具体有四种实现途径,即政治协商、参政议政、民主监督、合作共事"。[7] 社会主义协商民主也是一项在借鉴西方协商民主理论基础上不断融入新时代元素的制度。协商民主理论研究热潮肇始于 20 世纪 80 年代西方学术界对资本主义

---

〔6〕 朱谦:《环境公共利益的法律属性》,载《学习与探索》2016 年第 2 期。

〔7〕 罗豪才:《软法与协商民主》,北京大学出版社 2007 年版,第 71 页。

国家政治和民主制度的反思,并于21世纪初进入国内学术视野,开始与中国政治实践形成良性互动。协商民主是一个内涵丰富而颇具争议的概念,不同学者因而持有不同观点,但总体而言仍然具有一定的共通性。一是将重点聚焦于"协商",认为协商民主所具备的核心要素包括"理性争论"、"集体决策"和"公众参与",例如科恩认为:"协商旨在达成由理性激发的一致意见。"[8]二是普遍将协商民主与法律的制定和运行相联系,并区分为立法过程中的论证性商谈和法律实施阶段的运用性商谈两种类型,例如哈贝马斯的商谈理论认为"对政治统治的行使,要以法律为取向、并且用法律来获得合法性——这些法律就是公民自己在一个商谈地构成的意见形成和意志形成过程中制定的"。[9] 三是协商民主随着时代的发展所涉及的内容越来越广泛,形式越来越丰富,从参政议政到立法协商,从市民论坛到网络问政,从听证公示到专家咨询……已经不再局限于最初的狭义政治层面,而是被扩展至事项决策的各个环节。正如某些学者指出:"对话、磋商、讨论、听证、交流、沟通、商议、辩论、争论等协商民主的各种形式,其实都是公民参与政治生活的重要渠道,是决策民主化和科学化不可或缺的环节。"[10]因此,笔者认为:环境公益实现的强烈需求和尴尬困境迫使人们寻求新的有效表达路径,而社会主义协商民主作为由"公众参与"通过"理性争论"作出"集体决策"的一种制度手段,具备成为环境公益表达方式的妥当性,进而有充足理由在此基础上将生态环境损害赔偿磋商本质界定为环境公益的协商表达。

首先,生态环境损害赔偿磋商具备社会主义协商民主的三大基本特征。其一,赔偿磋商是一个形式平等的"理性争论"过程。赔偿磋商是赔偿权利人与赔偿义务人就损害事实与程度、修复方式、启动时间与期限、赔偿责任承担方式与期限等进行平等协商,以期达成赔偿协议的制度。赔偿磋商以"平等"为前提,以"协商"为方式,以双方利益让渡妥协为目标,完全符合"理性争论"的要件。

---

[8] Joshua Cohen, "The Economic Basis of Deliberative Democracy", Social Philosophy & Policy 6(1989), p. 33.

[9] [德]哈贝马斯:《在事实与规范之间:关于法律和民主法治国的商谈理论》,童世骏译,生活·读书·新知三联书店2003年版,第207~208页。

[10] [美]詹姆斯·菲什金、[英]彼得·拉斯莱特:《协商民主论争》,张晓敏译,中央编译出版社2009年版,第1~2页。

其二,赔偿磋商是一项涉及环境公益的“集体决策”。赔偿磋商的外在表现形式类似于和解、调解或ADR这类只存在于当事人双方的利益商谈,从而容易被误解为赔偿权利人与赔偿义务人之间的二元谈判。然而,赔偿磋商的特殊之处在于其还涉及重要的第三方——社会公众,既包括可能因环境公益被侵害而环境权受损的公众,也包括可能因高额赔偿而就业机会或经济权利受损的污染企业员工。并且,生态环境损害赔偿制度建立的初衷就是要破解“企业污染、群众受害、政府买单”的困局,这表明赔偿磋商的格局从来就是超越二元结构而涉及三方利益的协商,其协商结果更接近于政府、企业与公众就环境公益与经济利益进行权衡所作出的集体决策。其三,与第二点相关联,赔偿磋商中的“公众参与”并非可有可无的选择性规定,而是必须具备的程序。《改革方案》明确要求鼓励公众参与,其具体措施包括但不限于邀请专家和利益相关的公民、法人、其他组织参加生态环境修复或赔偿磋商工作,以及依法公开生态环境损害调查、鉴定评估、赔偿、诉讼裁判文书、生态环境修复效果报告等信息。

其次,将生态环境损害赔偿磋商的本质界定为环境公益的协商表达有利于运用协商民主视角破解赔偿磋商制度中的理论和实践难题。赔偿磋商制度设计的理论“瓶颈”在于:试图通过“私权利的实现方式”行使“国家公权力”以实现“公共利益”。“私权利的实现方式”指赔偿磋商是利益相关方在平等自愿的基础上就生态环境损害赔偿数额进行意思自治协商,即尝试用私益协商的方式弥补传统行政追责方式的不足,从而成为生态环境损害赔偿制度改革的重要创新所在。“国家公权力”指赔偿磋商的权利基础源于自然资源国家所有权理论,是由政府代表国家行使自然资源管理权,要求违法企业承担赔偿责任以填补生态环境自身所受损害的过程。“公共利益”指赔偿磋商目标在于实现及时救济和修复受损生态环境这一与不特定多数社会公众密切相关的重大利益。然而,在现有法律框架下,无论是自然资源国家所有权的“公权力说”“三层结构说”“双阶构造说”,还是“所有制说”,[11]都无法圆满支撑政府既是国家自然资源管理权力人,又是生态环境损害赔偿请求权利人的妥当性;无论是行政协商理论,还是民事赔偿理论都无法有效解释公权力可以在政府与企业之间进行协商让

[11] 参见巩固:《自然资源国家所有权公权说》;王涌:《自然资源国家所有权三层结构说》;税兵:《自然资源国家所有权双阶构造说》;徐祥民:《自然资源国家所有权之国家所有制说》,载《法学研究》2013年第4期。

渡,以及意思自治协商却又受到公共民主制约的矛盾性,这也正是开篇提及学者们对于赔偿磋商法律属性争论不休的缘由所在。然而,协商民主理论却可以从政治学维度就社会公众通过与政府平等协商的方式对公权力运作发生影响,并实现环境公益的过程作出完美而简单透彻的诠释:民主的实质就是权力运作的一种方式,从而协商民主顺理成章地成为行政管理权的运作方式,有学者因此将协商民主描述为"如何通过公民协商交往的权力影响和控制司法权力、行政权力以及社会权力的运行过程";[12]同时也正如习近平同志在十九大报告中指出"有事好商量,众人的事情由众人商量",既然生态环境损害赔偿所涉及的环境公益是众人的事情,当然可以,也应当由众人商量解决。

最后,将生态环境损害赔偿磋商本质界定为环境公益的协商表达顺应了社会主义协商民主发展的趋势。近年来,社会主义协商民主不断向着范围愈加广泛,层次更为多元的方向发展,因此其覆盖的领域已经从最初狭义的政治协商制度扩展为公民表达诉求的民主渠道;达致的阶段已经从最初的立法协商为主延伸到包括法律实施运行协商在内的全过程;表现的方式也已经从最初的正式、严肃、完整的参政议政到非正式、灵活、多元的科学决策。生态环境损害赔偿磋商顺势而为,既是公众表达环境利益诉求的途径,也是生态环境损害赔偿法律实施运行的协商方式,同时是政府、企业和公众就环境问题所共同作出的科学决策。并且随着环境污染、生态破坏的状况日趋严重,环境问题作为影响人民生活质量的关键因素必然是基层群众及社会公益组织的关注和参与重点,这使得赔偿磋商已经俨然发展成为融入"基层协商""社会组织协商"等时代概念的新型协商,更加应当被纳入社会主义协商民主范畴,从而有利于推进社会主义协商民主在实践中向纵深发展。

三、生态环境损害赔偿磋商本质的实现路径

生态环境损害赔偿磋商具备社会主义协商民主的基本特征,并且当从协商民主视角将赔偿磋商本质界定为环境公益的协商表达时,既有利于破解其制度设计中的理论和实践难题,也有利于在实践中持续推进社会主义协商民主"广

---

〔12〕 张杨金:《权利观与权力观重塑:哈贝马斯协商民主思想研究》,中国社会科学出版社2012年版,第211页。

泛、多层、制度化”发展，因此该界定具有理论可行性、实践必要性和价值正当性，赔偿磋商的制度设计进而应当本着实现其本质的路径展开，以期早日挣脱理论争鸣、立法粗糙和操作混沌的困局。

(一)维持磋商双方的自由平等

生态环境损害赔偿磋商作为环境公益的协商表达方式具备协商民主的“理性争论”特征，即赔偿磋商应当由理性、公正的参与者通过自由平等的研讨或争论来达成。理性争论的优势在于聚焦个体能力以尽量克服有限理性，不但具有“附加”价值——讨论他方可能考虑到己方未知的方面，还具有“倍增”价值——己方可能在讨论中不仅得知而且采纳他方考虑到的方面，反之亦然。该优势对于直面生态问题复杂性和环境公益不确定性的生态环境损害赔偿磋商制度而言无疑具有重要意义。“理性争论”的主要干扰因素在于协商不平等，“社会处境相对不好的公民缺乏有效的参与或足够的公共机能，是民主中首要的一个不平等问题，协商也不例外”。[13] 而该干扰因素同样存在于赔偿磋商制度中：根据《改革方案》，国务院授权的省级、市地级政府是赔偿磋商的启动者，并且主导着生态损害调查、鉴定评估、编制修复方案和索赔监督等全过程，相比赔偿磋商义务人而言显然具有更为“足够的公共机能”。因此，为了确保赔偿磋商的“理性争论”特征，并在展现“理性争论”优势的同时避免其干扰因素，赔偿磋商制度设计的重点应当是维持磋商参与方的自由平等，限制非协商的暴力，防止社会不平等因素阻滞对话机制的正常运行，而不是防止赔偿权利人的公权力受到侵犯，或是继续强调制度运行中已经颇为强势的行政主导。

(二)厘定磋商目标的客观标准

生态环境损害赔偿磋商作为环境公益的协商表达方式具备协商民主的“集体决策”特征。“集体”强调决策的作出应当建立在广泛参与的基础之上，从而笔者将其归入下文“公众参与”特征予以论证，此处不再赘述。“决策”则意味着赔偿磋商不仅仅是解决当下棘手问题——赔偿方式、数额和时限等，更是追求特定目标的实现——通过决定性策略对生态环境发生良性影响。然而，当赔偿磋商以协商方式作出生态决策时存在偏离环境公益的可能性：一方面，赔偿权利人未必能够充分代表环境公益，省、市地方政府基于其经济人和政治人属

---

〔13〕 [美]詹姆斯·博曼：《公共协商：多元主义、复杂性与民主》，黄相怀译，中央编译出版社2006年版，第92页。

性与中央政府的博弈始终存在,其在代表国家行使生态环境损害赔偿请求权时仍有自身的政治利益和经济利益需要维护,此时环境公益目标的实现程度将面临大打折扣的风险;另一方面,赔偿义务人可能误导赔偿权利人及参与公众而形成虚假偏好或达成虚假认同,“如果虚假偏好与虚假认同不是民主中存在的个别现象,那么,协商有时会带来通常是令人不愉快的结果:它可能会允许政策受到特殊利益集团的驱动……”〔14〕因此,为了确保赔偿磋商的“集体决策”特征,赔偿磋商的制度设计不能等同于常规商谈,常规商谈具有主观性即只要满足私益主体需求即可;而赔偿磋商具有客观性即并非协商双方没有底线的妥协,必须事先厘定体现环境公益目标的客观标准并保证磋商结果与之相符。

(三)保证磋商过程的开放包容

生态环境损害赔偿磋商作为环境公益的协商表达方式具备协商民主的“公众参与”特征,即赔偿磋商需要确保商谈过程的开放包容,从而使相关决策富有“集体”属性。一是参与主体的开放包容,保证具有不同文化背景的公众代表都能够广泛参与进来。不同党派阶层、不同知识学历、不同年龄性别的群体基于其文化背景差异对于生态价值、环境危机和经济利益的认知必然存在分歧,而这些相异观点应当拥有各自同等的表达机会。二是参与结果的开放包容,赔偿磋商的目的在于形成“理性争论”,并不要求达成绝对一致的观点,正如有学者指出“参与者通过反思和讨论来深入思考、改变、深化并稳固他们的观点时,即使它不会引致参与者的意见趋于一致,它也是有价值的”,〔15〕从而必须经过开展赔偿磋商的过程,是否最终达成磋商协议则在所不问。三是参与方式的开放包容,公众参与不限于信息知情权以及是否同意的表决权,还包括直接提出建议方案的权利,从而赔偿磋商应当允许公众在修复方案及协议拟定中的实质性参与。因此,为了保证磋商过程的开放包容,生态环境损害赔偿磋商制度设计中的公众参与应当比一般行政程序中的公众参与环节更为严苛,一般行政程序中的公众参与仅仅是从提高政府工作透明度、促进依法行政的视角“允许”公众参与或是“鼓励”公众参与;而赔偿磋商中的公众参与却强调过程的“必须”性,需要具备确保公众有效参与的强制性规定和制度性方案。

---

〔14〕[美]约·埃尔斯特:《协商民主:挑战与反思》,周艳辉译,中央编译出版社2009年版,第136页。

〔15〕陈家刚:《协商民主与政治发展》,社会科学文献出版社2011年版,第374页。

四、生态环境损害赔偿磋商方案的校正

生态环境损害赔偿磋商的本质是环境公益的协商表达，并且实现该本质的路径在于维持磋商双方的自由平等，厘定磋商目标的客观标准并保证磋商过程的开放包容，进而以此观察已经出台的中央层面和地方层面的赔偿磋商试行方案，即可发现其中存在颇多需要校正完善之处。

（一）赔偿磋商试行的方案比较

1. 中央层面赔偿磋商方案的前后变化

2018年《改革方案》相较2015年《试点方案》在赔偿磋商制度方面的主要变化如表1所示：

表1　中央方案前后变化

对比项	2015年《试点方案》	2018年《改革方案》
赔偿义务人	违反法律法规，造成生态环境损害的单位或个人。试点地方可根据需要扩大生态环境损害赔偿义务人范围，提出相关立法建议	增加"做到应赔尽赔"
赔偿权利人	国务院授权的省级政府	增加"国务院授权的市地级政府（包括直辖市所辖的区县级政府）"，细化赔偿权利人的责任和义务
赔偿磋商与诉讼的衔接	磋商未达成一致的，赔偿权利人应当及时提起生态环境损害赔偿民事诉讼。赔偿权利人也可以直接提起诉讼	增加"经磋商达成的赔偿协议，可以依照民事诉讼法向人民法院申请司法确认"。删去"赔偿权利人也可以直接提起诉讼"
公众参与	1. 信息共享，公众监督。 2. 鼓励公众参与。创新公众参与方式	强调"不断"创新公众参与方式

2. 地方层面赔偿磋商方案的横向区别

截至目前，仅有贵州和湖南两省出台了较为完善的生态环境损害赔偿磋商实施办法，[16]因此笔者着重在两省办法之间进行比对。两省办法经比对主要存

〔16〕 以"生态环境损害赔偿"作为关键词在"北大法宝"法律信息数据库搜索相关地方法规规章，搜索日期截至2018年2月23日。

在三类情形:

第一类是与中央层面的相关部署完全一致,例如赔偿范围、赔偿义务人等相关规定;即使存在稍许差异也是因为地方立法时间节点位于2015年《试点方案》和2018年《改革方案》之间而形成,并将随着“试行”办法的修订而消弭差异,例如关于赔偿权利人的规定。

第二类是中央层面没有具体规定,但是两省规定较为一致。例如,两省关于磋商启动条件、《生态环境损害赔偿磋商意见书》内容、磋商协议内容,磋商会议程序、磋商的次数时限等规定虽有字句、条款、顺序和时间长短方面的差异,但是并无实质性区别。具体如“磋商启动条件”的相关规定。《贵州省磋商办法》规定:“(一)赔偿权利人向赔偿义务人提出磋商建议并得到义务人的同意……”《湖南省磋商办法》规定:“赔偿权利人可以直接向赔偿义务人发出磋商邀请,或向调委会提出生态环境损害赔偿磋商申请”,都以赔偿权利人提出磋商作为启动条件。

第三类是两省相关规定存在实质性差异,具体内容如表2所示:

表2　地方磋商办法对照

对比项	《贵州省磋商办法》	《湖南省磋商办法》
磋商原则	自愿、合法、公平、公开、高效和风险最低原则	双方自愿、平等;遵守法律、法规、规章和政策;尊重当事人合法权利;依据生态环境损害鉴定评估结果
磋商主体	生态环境损害赔偿权利人、赔偿义务人、生态环境损害第三人、调解组织和受邀参与磋商人	未明确规定
磋商方式	赔偿义务人同意赔偿权利人提出磋商建议的,赔偿权利人、赔偿义务人应当在7个工作日内向调解组织提出磋商申请	生态环境损害地的生态环境保护行政主管部门可以代表赔偿权利人与赔偿义务人在平等自愿的基础上自行磋商,也可以在生态环境损害地的调委会的主持下进行磋商
磋商协议效力	生态环境损害赔偿协议应当进行司法登记确认	生态环境损害赔偿协议签订后,双方当事人宜自协议生效之日起30日内共同向相关基层人民法院申请确认协议的法律效力

(二)赔偿磋商办法的校正建议

中央层面赔偿磋商实施方案的前后变化是相关理论、概念和运作通过地方试行逐渐清晰的成果,大体描绘出制度完善的趋势。地方层面赔偿磋商方案的横向区别则是各地尝试摸索不同理论框架的结果,间接体现出赔偿磋商制度具体实施中的困惑。二者从整体上表明:相关制度完善正在自发围绕实现生态环境损害赔偿磋商本质的路径展开,但仍然需要从以下三个方面加以评估和校正。

首先,由于维持磋商双方的自由平等是实现生态环境损害赔偿磋商本质的路径之一,赔偿磋商办法的主旨必然是完成磋商平等的基础维护。其一,应当保证赔偿权利人、赔偿义务人及社会公益组织在启动磋商程序方面的平等权。出于维护司法秩序的考量可以赋予赔偿权利人第一顺位的优先启动权,但不能因此剥夺赔偿义务人及社会公益组织主动发起赔偿磋商的权利。然而《贵州省磋商办法》《湖南省磋商办法》都仅规定以“赔偿权利人提出”作为启动磋商条件,显然不够全面。其二,应当确保磋商方式多元灵活,不因不必要的限定而影响协商自由。例如,《贵州省磋商办法》规定必须“向调解组织提出磋商申请”,这表明其磋商方式只限于由调解组织在赔偿权利人与义务人之间进行居中协商,这显然是不恰当的。应当采用《湖南省磋商办法》的规定,既允许自行磋商,也鼓励生态环境损害地调委会主持下的磋商。其三,应当维持赔偿权利人与义务人之间的平衡关系,地位的平衡要求赔偿权利人的层级宜尽量与赔偿义务人匹配;信息的平衡要求赔偿权利人能够充分了解赔偿义务人及生态损害地的实际情况。以此观之,2018 年《改革方案》将赔偿权利人从国务院授权的省级政府扩展到市地级政府并明确二者的职责分工,正是顺应平衡要求的正确修正。

其次,由于厘定磋商目标的客观标准是实现生态环境损害赔偿磋商本质的路径之二,赔偿磋商办法的主旨必然是确保客观标准的多元适用。其一,应当以生态环境损害鉴定结论作为赔偿磋商的基准。生态环境损害鉴定是由中立的鉴定评估机构综合运用科学技术和专业知识,评估污染环境或破坏生态行为所致生态环境损害的范围和程度,确定生态环境恢复至基线及补偿期间损害的恢复措施,量化生态环境损害数额的过程。生态环境损害鉴定基于科学有限性而无法绝对正确,却是现阶段相对最为客观准确的结论。赔偿磋商鼓励意思自治下的平等协商,但始终是“有限度的意思自治”,要求利益让渡必须围绕生态环境损害鉴定结论展开。因此,2018 年《改革方案》在赔偿义务人责任中特别强调"做到应赔尽赔"具有必要性;《湖南省磋商办法》在磋商原则中规定"依据生态环境损害鉴定评估结果"具有合理性,《贵州省磋商办法》规定的"风险最低原则"则明显表述不清而有待修改。其二,应当明确要求对生态环境损害赔偿协议进行司法确认,以确保赔偿磋商不过度偏离生态环境损害鉴定结论。2015年《试点方案》起初并未设定司法确认程序,2018年《改革方案》才增设该程序,但主要是出于赔偿协议效力的考虑,希望通过司法确认赋予赔偿协议以强制执行力。大多数学者目前尚未认识到司法确认对于赔偿协议客观标准监督审查的重要意义。其实,最高人民法院《关于人民调解协议司法确认程序的若干规定》已经明确司法确认的内容既包括合法性审查,也包括是否侵害国家利益、社会公共利益,是否侵害案外人合法权益,是否损害社会公序良俗等情形的审查。因此,司法确认可以避免环境公益目标因赔偿权利人与义务人的合谋而落空,理应成为必经审查程序而非当事人的自愿选择程序,从而笔者支持《贵州省磋商办法》规定生态环境损害赔偿协议"应当"进行司法登记确认,而不是《改革方案》中的"可以"或《湖南省磋商办法》中的"宜"申请司法确认。当然,由于"赔偿磋商"与"人民调解"是交叉概念,加之该制度设计与《中华人民共和国人民调解法》第33条的规定并不完全吻合,还需要在磋商方案明确之后通过司法解释对生态环境损害赔偿磋商协议的司法确认作出专门性规定。

最后,由于保证磋商过程的开放包容是实现生态环境损害赔偿磋商本质的路径之三,赔偿磋商办法的主旨必然是构建公众参与的制度保障。其一,应当规定赔偿磋商主体在赔偿权利人、赔偿义务人之外还包括磋商参与公众。赔偿磋商本质决定其不仅仅是赔偿权利人与义务人之间的协议,更是一项涉及环境公益的集体决策,公众参与的作用不可或缺。《贵州省磋商办法》关于磋商主体包括"生态环境损害赔偿权利人、赔偿义务人、生态环境损害第三人、调解组织和受邀参与磋商人"的规定在一定程度上确保了磋商参与的广泛性,颇值得效仿和推广。其二,应当将赔偿磋商规定为必经程序。公众参与讨论并共同决策生态环境损害赔偿方案是必须予以保证的民主过程,不是可以由赔偿当事人自愿选择决定的环节,从而佐证了2018年《改革方案》在关于赔偿磋商与诉讼衔接的规定中间接确认磋商必经的必要性。其三,应当明确规定磋商参与公众的政治权利和经济权利,并对侵犯相关权利的行为予以追责。磋商参与公众的政治权利包括知情权、表达权、表决权和提案权等,经济权利包括因参加磋商活动而获得交通、就餐等补助的权利,以及不因参与磋商而被所在单位克扣或者变相克扣工资、奖金及其他福利待遇的权利。但是,现有赔偿磋商方案显然尚未涉及相关内容,公众参与规定仍然停留在鼓励阶段,还远远未能抵达制度性推进及保障阶段,这也正是2018年《改革方案》特别强调“不断”创新公众参与方式的原因所在。

中德法学论坛
第16辑·下卷,第94~123页

环境刑法
——新教义学的探索*

洛塔尔·库伦**著　胡敏慧***译

摘　要:现代生活方式伴随着大规模的环境破坏,这使得长期保护完整的自然生活基础更加重要。由于刑事责任是以个人行为为基础的,如果试图借助刑法来防止这种类型的损害,就必须放松刑事责任所要求的"行为"与"法益"的关联。环境刑法及其教义学在很大程度上不再要求存在现实的法益侵害或具体危险,甚至不再要求个人行为与法益之间存在抽象危险关联。对此我将针对三个子问题展开进一步的探讨:生态法益,行政从属性和环境刑法中特有的行为与法益间的松散关系。这三个问题都是环境刑法及其教义学有违法治国原则之变化的有力例证。

生态法益可以很容易从个人利益中推导而来,从而能够符合个人法益论所

---

* 本文由国家留学基金委高水平大学公派研究生项目(201706190045)资助。

原作者注:这篇论文的脚注是之后补充的,其余的部分与我1993年5月在巴塞尔刑法教师大会上的讲稿大致相同,只略作改动。脚注当中也包含了很多由于时间原因未及在大会上探讨的学术观点。我非常感谢迈克尔·巴尔曼(Michael Baurmann)就这里提出的有关环境刑法问题的宝贵建议。

** 洛塔尔·库伦(Professor Dr. Lothar Kuhlen):德国曼海姆大学法学院教授。

*** 胡敏慧:南京大学法学院经济刑法专业、德国马普外国与国际刑法研究所联合培养博士研究生。

提出的合理要求。因此当前的通说认为，环境刑法同样服务于生态法益的保护。环境刑法不苛求对生态法益的绝对保护。它只是力求抵制任何超出允许的环境污染量的行为，而环境污染量根本上是由环境立法和行政管理决定的。在可预见的时间内，非行政从属性的环境刑法是不可能的。鉴于生态法益的范围十分广泛，环境刑法中主要是抽象危险犯也就不足为奇了。普遍认为，抽象危险犯这一犯罪类型中行为与法益之间的联系被显著地削弱。环境刑法中是否发展出了一种违背法治国原则的、全新的“归责结构”？在环境领域和在其他领域一样，不禁止抽象危险的行为是不行的。如果公共法益将会因为本身无害行为的累积而受到损害或威胁，那么相应地就仍需要有禁止这种本身无害行为的行为规范。这些法益受到来自于抽象危险行为或者甚至大量累积的无害行为的威胁。因此除了环境刑法之外，其他旨在保护公共法益的构成要件中，均存在抽象危险犯乃至累积犯的问题。环境刑法构成要件中行为与法益的关系十分松散，甚至在一定程度上超越了抽象危险犯。因此，进一步研究如何将轻微的不法行为从环境刑法中排除出去就显得非常必要，这些行为更适于归入违反秩序行为中。任何对于抽象危险犯或者累积犯的批判，都是没有说服力的，因为它既不能证明公共法益能得到除此以外其他方式的保护，也不能证明放弃保护公共法益是明智的。

关键词：生态法益；行政从属性；行为与法益的关系；累积犯；抽象危险犯

Zusammenfassung: Mit unserer heutigen Lebensweise sind massive Umweltbeeinträchtigungen verbunden. Sie verleihen der langfristigen Erhaltung intakter natürlicher Lebensgrundlagen eine gesteigerte Bedeutung. Das deutsche Umweltstrafrecht und seine Dogmatik tragen dem dadurch Rechnung, dass sie die natürlichen Lebensgrundlagen des Menschen, also insbesondere Luft, Boden und Gewässer, als eigenständige Schutzobjekte, ökologische Rechtsgüter, anerkennen. Außerdem gibt es nennenswerte Umweltbelastungen, die sich nicht auf bestimmte einzelne Handlungen zurückführen lassen. Sie ergeben sich vielmehr aus den für sich genommen unspektakulären Belastungsbeiträgen, die mit einer großen Zahl von Einzelhandlungen verbunden sind. Versucht man derart konstituierte Beeinträchtigungen mit Hilfe des Strafrechts zu verhindern, so muß man, da die Anknüpfung der Strafhaftung an die Einzelhandlung unabdingbar ist, die strafrechtlich vorausgesetzte Beziehung zwischen Handlung und Rechtsgut lockern. Das Umweltstrafrecht und seine Dogmatik tun das, indem sie weitgehend auf das Erfordernis einer Verletzung oder konkreten Gefährdung des Rechtsguts verzichten und beim praktisch wichtigsten Tatbestand, dem der Gewässerverschmutzung, noch nicht einmal eine abstrakte Gefährdungsbeziehung zwischen Einzelhandlung und geschütztem Gut verlangen. Damit sind die drei Einzelthemen versammelt, auf die ich näher eingehen will: ökologische Rechtsgüter, Verwaltungsakzessorietät und eine spezifisch gelockerte Beziehung zwischen Handlung und Rechtsgut im Umweltstrafrecht. Diese drei sind Beleg für die These von der rechtsstaatlich bedenklichen Transformation des Umweltstrafrechts und seiner Dogmatik.

Ökologische Rechtsgüter lassen sich zwanglos aus individuellen Interessen herleiten und erfüllen damit die einzige Anforderung, die eine personale Rechtsgutslehre berechtigterweise aufstellen kann: die heute dominierende Annahme, das Umweltstrafrecht diene auch dem Schutz ökologischer Rechtsgüter. Das Umweltstrafrecht bezweckt keinen absoluten Schutz ökologischer Güter. Es versucht nur, einer Überschreitung des zugelassenen Grades von Umweltbeeinträchtigung entgegenzuwirken, der im Wesentlichen von der Umweltgesetzgebung und-verwaltung festgelegt wird. Ein nicht verwaltungsakzessorisches Umweltstrafrecht ist damit auf absehbare Zeit ausgeschlossen. Angesichts der sehr weiträumig gefassten ökologischen Schutzgüter überrascht es nicht, dass im Umweltstrafrecht abstrakte Gefährdungsdelikte dominieren, eine Deliktsart also, bei der nach überwiegendem Verständnis die Relation zwischen Handlung und Rechtsgut stark gelockert ist. Das wirft in der Tat die Frage auf, ob nicht im Umweltstrafrecht rechtsstaatlich bedenkliche neuartige "Zurechnungsstrukturen" entwickelt werden. Dabei wird man im Umweltbereich wie anderswo ohne Verbote abstrakt gefährlicher Handlungen nicht auskommen. Wo Gemeingüter durch die Kumulation für sich genommen ungefährlicher Einzelbeiträge gefährdet werden, braucht man zudem Verhaltensnormen, die entsprechende für sich genommen ungefährliche Handlungen verbieten. Demgemäß stellt sich neben der Problematik abstrakt gefährlicher Handlungen auch die reiner Kumulationsbeiträge nicht nur im Umweltstrafrecht, sondern ebenso bei anderen Tatbeständen, die Gemeingüter schützen sollen. Die Beziehung zwischen

Handlung und Rechtsgut ist in umweltstrafrechtlichen Tatbeständen weit gelockert, zum Teil über die abstrakte Gefährdung hinausgehend. Das macht weitere Bemühungen zur Ausgrenzung von Handlungen geringen Unrechtsgehalts erforderlich, die als Ordnungswidrigkeiten angemessener erfasst sind. Eine weitergehende Kritik, die sich gegen jede Art der Sanktionierung von abstrakten Gefährdungs-oder reinen Kumulationsbeiträgen wendet, ist dagegen jedenfalls solange nicht überzeugend, wie sie nicht dartut, daß sich Gemeingüter auch anders schützen lassen oder dass es vernünftig wäre, auf diesen Schutz gänzlich zu verzichten.

Schlüsselwörter: Ökologische Rechtsgüter; Verwaltungsakzessorietät; Beziehung zwischen Handlung und Rechtsgut; Abstrakte Gefährdungsdelikte; Kumulationsdelikte

一、引　言

现代生活方式伴随着大规模的环境破坏，这使得长期保护完整的自然生活基础更加重要。德国环境刑法[1]及其教义学也都考虑到了这一点，因此承认人类的自然生活基础——尤指空气、土壤和水——是刑法独立的保护客体和生态法益。[2] 当然刑法并没有考虑对这些法益提供绝对的保护。规模化的工业社会必然造成严重的环境污染，因而必须明确允许的和不允许的环境污染之间的界限，这一界限是基于复杂而多样的利益衡量作出的。刑法并不具有划分这一界限的能力。在我们的法秩序中，这应当首先是归属于行政法及负责其实施的相关职能部门的任务。环境刑法因其行政从属性而导致了一系列传统核心刑

〔1〕 此处德国环境刑法限于实证法上的含义。

〔2〕 参见 Lackner, StGB, vor §324 Rdn. 7 m. w. N。除了环境介质土壤、空气和水，动植物（参见 §325 Abs. 1 Nr. 1 StGB）作为值得保护的生物群落（§329 Abs. 3 StGB），也应被视为生态法益。进一步参阅 Ronzani, Erfolg und individuelle Zurechnungim Umweltstrafrecht（环境刑法中的结果与个人归责），1992, S. 25 ff. Welches Rechtsgut einzelne Tatbestände des Umweltstrafrechts schützen, ist Auslegungsfrage; zutreffend Rengier, in: Schulz (Hrsg.), Ökologie und Recht, 1991, S. 33, 36 ff。

法中并未出现的问题。[3]

另一个表面看起来全新的挑战则来自这样一个事实:重大的环境污染往往不能追溯至具体的某一个个人行为。相反地,他们是由大量的与个人行为相关的、就其本身来看并不严重的环境污染共同造成的。由于刑事责任是以个人行为为基础的,如果试图借助刑法来防止这种类型的损害,就必须放松刑事责任所要求的"行为"与"法益"的关联。环境刑法及其教义学在很大程度上不再要求存在现实的法益侵害或具体危险。尤其是在污染水体罪这一实践中最为重要的构成要件中,甚至不再要求个人行为与法益之间存在抽象危险关联。[4] 这是运用新的刑法手段解决新问题的一种尝试。

对此我将针对三个子问题展开进一步的探讨:生态法益,行政从属性和环境刑法中特有的行为与法益间的松散关系。这三个问题都很重要,近年来也有不少广泛且深入的探讨。而这三个问题各自相互之间又联系紧密,他们共同构成了检验环境刑法教义学是否已经形成了应对新挑战的范本,还是仍在探索之中这一问题的试金石。

不仅当人们积极地肯定环境刑法的发展时,甚至即便是在否定环境刑法的发展、认为其所选择的是一条错误的道路时,上述问题仍然是重要的。这一观点近年来已经取得了相当可观的发展。1980 年德国环境刑法修订曾经被寄予厚望,但时至今日这一期待已经破灭,[5] 越来越多的刑法关注者对环境刑法提出了根本性的质疑:既有效又符合法治国要求的环境刑法是否可能实现?[6]

经验性的实证研究进一步加深了这种怀疑:环境刑法实践所涉及的大多是

---

[3] 参见 Überblick bei Cramer, in: Schönke/Schröder, vor § § 324 ff. Rdn. 11ff.; die ausführliche Darstellung bei Kuhlen, WiVerw 1991, 181, 226 ff.; ders., WiVerw 1992, 215, 217 ff.; Frisch, Verwaltungsakzessorietät und Tatbestandsverständnis im Umweltstrafrecht, 1993; Marx, Die behördliche Genehmigung im Strafrecht 1993。

[4] 目前仅参见 Kuhlen, GA1986, 389; Rengier(参见注释 2), S. 46 ff。

[5] 对此具有代表性的是 Heine 和 Meinberg 的律师代表意见, Verhandlungen des 557. DJT, Bd. I, Gutachten D, 1988。另参见 Rogall, Festschrift der Rechtswissenschaftlichen Fakultät zur 600 – Jahr-Feier der Universität zu Köln, 1988, S. 505, 506; Schall, NJW1990, 1263, 1265。

[6] 其中主张废除环境刑法的需求也仅仅是冰山一角;参见 Albrecht, KritV 1988, 182, 192 f., 205 f.; 12. Strafverteidigertag, StV 1988, 276。

具有轻微不法内涵的行为，可以依据德国《刑事诉讼法》第153条和第153a条的规定终止诉讼程序，或仅处以禁制令，鲜少使用徒刑。[7] 在理论上，对于环境刑法的质疑则建立在对现代刑法学发展的分析基础之上，跳脱出刑法教义学的框架，而从特定的法社会学视域内寻找支点。其中又具体包括不同的理据。干预性国家[8]或者预防性国家[9]，社会关系的法制化[10]日益加强，法律的去形式化[11]越发显著，这些越来越成为现代刑法发展的特征性趋势。其中尤其受到重视的是风险社会这一社会学理论，认为人类当下的共同体生活是由新型的巨型风险所形塑的。[12] 就环境风险而言，虽然目前更多是由社会而非自然本身产生的，但是也不再追溯到具体的个人行为。刑法一方面以个人归责作为刑事责任的前提，另一方面又试图像其他特殊的现代部门法一样去应对风险，刑法本身会负荷过度，其传统的法治国内涵也将扭曲异化。[13] 这种扭曲或异化的特征是承认抽象的超个人法益(abstrakter, überindividueller Rechtsgüter)，损害只能借助于新的"非典型归责结构"(atypische Zurechnungsstrukturen)才能追

---

〔7〕 环境刑法的实证经验见于 Hümbs-Krusche/Krusche, Die strafrechtliche Erfassung von Umweltbelastungen, 1982; dies., ZRP 1984, 61; Rüther, Ursachen für den Anstieg polizeilich feststellbarer Umweltschutzdelikte, 1986; Meinberg, ZStW 100(1988), S. 112; Meinberg/Link, Umweltstrafrecht in der Praxis, 1988; von Dannwitz, Die Umweltkriminalität der Landwirte in Nordrhein-Westfalen in den Jahren 1983 und J984, 1990, Kriminologisches Seminar der Universität Bonn, Die behördliche Praxis bei der Entdeckung und Definition von Umweltstrafsachen, 1991. Zur österreichischen Situation Wegscheider, ÖJZ 1985, 481; ders., ÖJZ 1987, 356; ÖJZ1989, 641。

〔8〕 Albrecht, KritV 1988, 182.

〔9〕 Hassemer, JuS 1987, 257; Denninger, KJ 1988, 1.

〔10〕 Bussmann, Kriminalsoziologische Bibliographie 1989, 1.

〔11〕 Bussmann, Die Entdeckung der Informalität, 1991.

〔12〕 Beck, Risikogesellschaft—Auf dem Weg in eine andere Moderne, 1986; ders., Gegengifte—die organisierte Unverantwortlichkeit, 1988; ders. (Hrsg.), Politik in der Risikogesellschaft 1991. Beck 将现代社会作为风险社会的阐释引发了大量社会学和法律解释学的复杂讨论。从刑法角度来看，参见 Prittwitz, Strafrecht und Risiko, 1993。最新文献参见 Hilgendorf, Strafrechtliche Produzentenhaftung in der „Risikogesellschaft", 1993。

〔13〕 论断出自 Prittwitz (参见注释12)。

溯到个人行为。[14] 这样的刑法并非仅仅从众多的个人环境污染中挑出典型的、特定的行为,因而欠缺公平性;同时也不能再将其理解为解决有关问题的尝试,尤其是不能将其作为降低现代社会风险至可承受范围内的尝试。它真正的功能其实在于,打消民众日益增长的不安全感,同时满足随之提升的政治合法化需求。[15] 从它所宣称的保护任务来看,这种刑法更像是具有欺骗性和象征性的法。[16] 环境刑法与麻醉品刑法(Betäubungsmittelstrafrecht)、现代经济刑法的某些构成要件,一直被认为是这一论断最典型的例证。[17]

上述关于环境刑法的看似接近真实且并不有失公允的论断无疑是基于部分教义学上的论点的。然而,忽略局限于分析现行法之内的教义学是如何被理解和运作的,这是不妥当的。一方面,这一根本性的质疑涉及法教义学工作的一个重要前提(当然通常是隐含的前提),即教义学研究的对象是一个就整体而言能够被正当化的法律素材(Rechtsmaterie)。如果这个前提被日益严重的批判所否定(同时这里所提及的"批判"也要被认真对待),教义学本身就应当对此进行探究和分析。如果环境刑法真的具有象征性,换言之以欺骗为基础并且因而确实不具有合法性,我无论如何也不准备参与到环境刑法教义学的建设性发展之中。

另一方面,现代刑法学发展的批判分析也不可避免地涉及现行环境刑法的

---

〔14〕 Seelmann,NJW1990,1257.

〔15〕 可特别关注《德国刑法典》第324条一般抽象危险犯,参见Herzog,Gesellschaftliche Unsicherheit und strafrechtliche Daseinsvorsorge(社会不安与刑事司法),1991,S 50 ff,141 ff。

〔16〕 "象征性法"的论点是非常模棱两可的(参见Voß,Symbolische Gesetzgebung,1989),但在一些规范解释中是没有疑问的(参见Pawlowski,Festschrift für Robert Weimar,1986,S. 353)。在对现代刑法的批判分析中,通常将"象征性刑法"和"(解释学意义上的)欺骗性刑法"相等同(代表作Hassemer,NStZ 1989,553,556),这在规范学视角下是显而易见的。关于此概念的进一步详述不在此处展开。在此列出一份重要的法律文件以供参考(不包含术语"象征性法"):BVerfGE 84,239,269 ff。

〔17〕 参见Lüderssen,StV 1987,163,164 f.;Albrecht,KritV 1988,188 ff.;Hassemer,NStZ 1989,553,557;ders.,in:Scholler/Philipps(Hrsg.),Jenseits des Funktionalismus,1989,S. 85,88 ff.;Herzog(参见注释15),S. 141 ff.;Müller-Dietz,Festschrift für Rudolf Schmitt,1992,S. 95;Seelmann,ZG 1993,452。

教义学问题。生态法益，与其所受到的具有行政从属性的刑法保护，以及通过新的归责结构而发生松动的行为和法益之间的关系，都是环境刑法及其教义学有违法治国原则之变化的有力例证。[18] 这也提供了在探讨这些教义学问题时进一步分析讨论此类论题的部分观点的契机。我将充分利用这次机会，在我讨论前文提及的三个问题时，对于每个问题我都将阐释它是否能够支撑该论题。随后在此基础上我将针对环境刑法及其存在的问题提出具体的观点，这些观点可能与前文所述的现代刑法学发展中的批判的主要论点有所不同。

二、生态法益

依据主流观点，环境刑法服务于生态法益的保护。[19] 水、土壤和空气，因其提供了一定质量的自然生活基础所必不可少的功能，应当被保护和维持。[20] 对生态法益的认可最终还是建立在现世的人们及其子孙后代的长远利益的基础上。[21] 这一概念在不同的层面中出现，[22] 它必须妥善地回应观点不一的法益概念。

主流的“人类中心主义”(Anthropozentrismus)主张生态法益必须最终归结为人的利益，与之不同的是，生态中心主义立场则认为，应当为了自然自身而赋予其权利。这种观点最近得到了非常详细和富有想象力的法律阐述。[23] 在环

---

〔18〕 参见 Seelmann, NJW 1980, 1257; Hohmann, Das Rechtsgut der Umweltdelikte, 1991, S. 170 ff.; Hassemer, ZRP 1992, 378。

〔19〕 Lackner, StGB, vor § 324 Rdn. 7; Kareklas, Die Lehre vom Rechtsgut und das Umweltstrafrecht, Diss. Tübingen 1990, S. 88 ff., jeweils m. w. N.

〔20〕 Kleine-Cosack, Kausalitätsprobleme im Umweltstrafrecht, 1988, S. 133 ff.; Bloy, ZStW 100 (1988), S. 485, 496.

〔21〕 Lackner, StGB, vor § 324, Rdn. 7; Hörn, in: SK StGB, vor § 324 Rdn. 2; Steindorf, in: LK, 10. Aufl., vor § 324 Rdn. 13, 进一步参考 Bloy, ZStW 100 (1988), S. 485, 493 ff.; 最新参见 Frisch(参见注释 3), S. 143。

〔22〕 进一步参考 Kuhlen, WiVerw 1991, 181, 191。

〔23〕 生态中心主义的一般基础见于 Bosselmann, Im Namen der Natur, 1992(后被 Anna Lübbe/Weyma Lübbe, ZUR 1993, 90 一文批判)。更侧重于法律实施的参见文章 Leimbacher, Die Rechte der Natur, 1988。

境刑法领域,目前尚鲜有认同,[24]这是正确的。如果真的重视起"具备独立法律权利的自然界"这一概念,我们的生活方式也许会发生革命性的变化。但这一变革并不能够通过在刑法领域内制定新法来完成,也显然不能为现行法所涵摄。如果不重视生态中心主义,这一概念所带来的误解远大于澄清,因而也就可有可无了。[25]

主流观点所提出的另一种在某些层面恰恰相反的批评则认为,生态法益不能与自由主义国家必不可少的"一元个人法益论"(monistisch-personale Rechtsgutslehre)[26]相调和。[27][28] 这种批判基于不同的论点,这些论点可以且应当被明确地区分开来。与"一元个人法益论"所引起的期待相反,该学说的主张者完全不否认除了个人法益之外,刑法上依然存在值得保护的公共法益或普遍法益(Gemein-oder Universalrechtsgüter)。[29] 而相反的论点也大幅度地偏离了。那么这一理论究竟提出了什么主张呢?

这种观点的主张者认为,首先,公共法益只能在满足"它能够促成人的利益"这个范围内得到承认,[30]这在我看来是正确的。不过,这一观点只是与生态中心主义相冲突,与明确主张生态法益应当还原为个人利益的通说并不矛盾。[31] 其次,环境刑法保护的是人的生命与健康,这在现代"高科技社会"条件

---

〔24〕 对于其他一些表述也同样如此,比如否定一个法益的理由是基于"纯粹功利性的考量",Arzt,Kriminalistik 1981,117,120。由此,对主流观点"人类中心主义"的反驳有些过于苛刻(如 Steindorf,in: LK,vor §324 Rdn. 13,und Bloy,ZStW 100 [1988],S. 485,488),至少从近期对于生态中心主义(参见注释23)的最新阐述来看,这些反驳并没有说服力。

〔25〕 更详尽的,我认为对于生态中心主义十分中肯的批判见 Hohmann 的文章(参见注释18),S. 74 ff。

〔26〕 参见 Hassemer(参见注释17),S. 90 ff.; ders.,in: AK StGB,vor §1 Rdn. 274 ff。

〔27〕 Hohmann(参见注释18),S. 189; ebenso ders.,GA 1992,76. Ob Hassemer diese Auffassung teilt,ist unklar(参见 AK StGB,vor §1Rdn. 280).

〔28〕 Hassemer,in: AK StGB,vor §1 Rdn. 276.

〔29〕 至少这是我依据这篇文章的理解:Hassemer,in: AK StGB,vor §1 Rdn. 274 ff。

〔30〕 Hassemer,in: AK StGB,vor §1 Rdn. 276.

〔31〕 因此,Hohmann(参见注释18),S. 192 认为依据"生态法益概念","水域将依照其自身的利益被保护",这是不准确的。

下必须给予提前保护。[32] 这种观点与《选择性草案》[33]中的环境刑法理念一样,确实称得上“个人一元论”。但也正因为如此,它并不坚持对生态法益的认可,也不能与现行法相契合。[34] 这一观点从整体而言并不合乎实际,因而从应然层面看也并不值得推荐。

其依据最终基于第三个论点,根据这种论点公共法益仅仅是从个人法益中推导出来的。[35] 这一点我并不认同。公共法益的特点就在于,任何人都能够非排他性地使用这种利益。在这种使用可能性之下,个人利益存在于公共法益之中。主张公共法益最终为了实现值得保护的个人利益,并不意味着,公共法益

〔32〕 Hohmann(参见注释 18),S. 195。

〔33〕 § §151 ff. des Alternativ-Entwurfs eines Strafgesetzbuches, Besonderer Teil, 2. Halbband,1971.

〔34〕 这表明,从一方面讲,《刑法典》第 324 条及其后规定所保护的个人法益与立法者的法律理念存在冲突(参见 BT-Drucks. 8/2382,S. 9 f.)。最重要的是另一方面,也是 Hohmann 自己从他的法益概念中推论出来的结论,例如污染水体罪的构成要件应当以对人类的身体或生存产生危害为前提,如果仅仅是鱼死了,是不能构成充分的因果关系的[Hohmann(参见注释 18),S. 196]。这还是源于以《水平衡法(旧版)》(WHG a. F.)第 38 条为代表的对“水资源管理”的解释(参见 Wernicke,NJW 1977,1662 f.),第 18 次刑法修改法(StÄG)的立法者舍弃了为更长远的生态利益考虑的观点。此外,Hohmann 还得出结论(出处同上 S. 198),从他的法益概念来看,“刑法典第 324 条及其后规范的刑罚威慑力必须被剥夺”而且《刑法典》第 324 条、第 325 条、第 327 条、第 328 条和第 329 条完全不应当属于刑法典(也见于 Hassemer,in: AK StGB,vor §1 Rdn. 280,mit Blick auf § 324),而是应当处于附属刑法中的合理位置[例如违反秩序处罚法(Ordnungswidrigkeitenrecht)](Hohmann 出处同上 S. 199)。任何对现行法教义学感兴趣的人最终都不得不承认这样的改革需求:目前现行的环境刑法所保护的法益与基础的法益概念根本不是一回事。

〔35〕 Hohmann(参见注释 18),S. 189. 此外还有一种观点认为普遍法益是从属于个人法益这一等级的(Hohmann)(参见注释 18),S. 189;也见 Hassemer, in: Scholler/Philipps, Jenseits des Funktionalismus,1989,S. 85,92。这种从属意味着普遍法益的损害不如个人法益的损害那么严重[参见 Hohmann(参见注释 18),S. 63],因此其他人只能被“相对较轻地惩罚”(Hassemer,出处同上)。那么是否意味着,例如,惩罚叛乱罪(Hochverrat)和叛国罪(Landesverrat)是明显错误的立法(参见 § §81 ff.,94 StGB),因为它们超越了《刑法典》第 223 条规定的内容?

是由个人法益推导出来的,也不能将公共法益还原为个人法益。[36] 例如《德国刑法典》第331条以下所规定的罪名保护的公共法益[37]是职务的公正行使,对此许多人存在着强烈的个人利益。但应当追溯于哪一个具体的个人法益呢?《德国刑法典》第331条及其后旨在预防的政府腐败究竟会在经济上剥削公民,还是会引起身体健康的损害甚至死亡,是完全不清楚的。同样,毁灭性地掠夺与消耗自然生活基础,长期来看究竟会造成哪些个人法益的受损,也并不清楚。它可能以健康或生存为代价,也可能以另一种更友好的方式——人们为高昂的补救措施承担经济费用即可。这种复杂的关系决定了公共法益不能还原为个人法益,这也并非由于公共法益概念不清晰所造成的。就此而言,现行法中的"二元法益论"(die dualistische Rechtsgüterkonzeption)是正确的,环境刑法保护的是公众利益这一主张也是合理的。

主流观点的第三种反对意见认为,这依然属于一种行政法上的法益确定,正如行政法文献中在污染水体罪构成要件中所主张的那样。[38] 根据这一理论,《德国刑法典》第324条,保护的是水资源在公法上的目的设定,这一目的应当由行政管理机构确定。这种法益理论最大的问题在于,它不仅仅与立法者的意图相冲突,也与一种不偏颇的思考相冲突:我们最终是要维护我们生活的自然基础,主权之下的行政管理只是达到这个目的的一种手段。[39] 正因如此,生态法益才值得被优先考虑。[40]

生态法益概念并不是刑法有违法治国原则地朝着特殊现代法律部门变化

---

〔36〕 顺便一提,这也会对普遍法益的一般认可产生质疑。

〔37〕 Dreher/Tröndle, § 331 Rdn. 3.

〔38〕 Papier, GewasserverunreJnigrung, Gre. n2we. rtfestsetzuDg und Strafbarkeit 1984 S. 10; ders., NuR 1986, 1; Bickel, in: Meinberg/Möhrenschlager/Link (Hrsg.), Umweltstrafrecht, 1989, S. 261, 275 f.

〔39〕 详见 Rengier, NJW 1990, 2506, 2507; Kuhlen, WiVerw 1991, 181, 189 ff. Frisch (Anm. 3), S. 41. Fn. 122。

〔40〕 这不仅仅适用于《德国刑法典》第324条,也适用于第326条第一节第3款。另外,这并不妨碍环境刑法中抽象危险犯在狭义上的法益确定,尤其是第327条[Rengier (参见注释2), S. 43 ff.]。行政处置权能否被视为第324条所保护的具有生态价值的利益中的一种,仍然是个问题,参见 Samson, JZ 1988, 800, 803 ff.; Kuhlen, WiVerw 1992, 217, 233 ff。

发展的例证。一方面,生态法益在概念上是确定清晰的或者至少是可被确定的。毫无疑问,水、土壤和空气应当被作为人类生存的自然基础加以保护。另一方面,生态法益可以很容易从个人利益中推导而来,[41]从而能够符合个人法益论所提出的合理要求。因此当前的通说认为,环境刑法同样服务于生态法益的保护,也是并不存在疑问的。当然这只是非常暂时的结论,因为只有结合诸如行政从属性等其他问题,法益概念才会进一步产生重要的问题。

三、环境刑法的行政从属性

行政从属性被视为环境刑法的"神经痛点",[42]因此在最近的十年中被广泛讨论。[43] 这些讨论毋庸置疑引领了教义学的发展。一方面,在这十年间提出了对一系列个别问题的解决方案,其中不乏近几年才被"发现"的问题;[44]

---

〔41〕 也正是出于这个原因,公共法益并不特别具有"意识形态倾向",参见 Kuhlen, GA 1986, 389, 403 f.,这与公共法益反对者提出的担忧恰恰相悖[Hassemer(参见注释 35), S. 93]。

〔42〕 Schall 在他的文章中(Schall, wistra 1992, 1, 4.; Schall, NJW 1990, 1263, 1265)"并不认为它是所有弊端的根源,但确实是当前环境刑法运用过程中的巨大问题的根源"。

〔43〕 从有关的专著来看,关于这个论题的文献指引的范围已经非常明确:Winkelbauer, Zur Verwaltungsakzessorietät des Umweltstrafrechts, 1985; Hübenett, Rechtswidrige behördliche Genehmigung als Rechtferügungsgrund — ein gelöstes Problem?, 1986; Hüwels, Fehlerhafter Gesetzesvollzug und strafrechtliche Zurechnung, 1986; Hallwaß, Die behördliche Duldung als Unrechtsausschließungsgrund im Umweltstrafrecht, 1986; Tiessen, Die „genehmigungsfähige" Gewässerverunreiniguixg, 1987; Brauer. Die strafrechtliche Behandlung genehmigungsfähigen, aber nicht genehmigten Verhaltens, 1988; Ensenbach, Probleme der Verwaltungsakzessorietät im Umweltstrafrecht, 1989; Mumberg, Der Gedanke des Rechtsmißbrauchs im Umweltstrafrecht, 1989; Rademacher, Die Strafbarkeit wegen Verunreinigung eines Gewässers (§ 324 StGB), unter besonderer Berücksichtigung der behördlichen Genehmigung als Rechtfertigungsgrund, 1989; Gentzke, Informales Verwaltungshandeln und Umweltstrafrecht, 1990; Schmilz, Verwaltungshandeln und Straf recht, 1992; Frisch(参见注释 3); Märx(参见注释 3)。

〔44〕 详见 Kuhlen, WiVerw 1992, 215, 217 ff。

另一方面,行政从属性所涉及的各种不同的基本原理已经得到系统性的完善[45]。这些方法当然还没有达成共识,不过这一天即将到来。争论主要在于,刑法究竟从属于行政法的实体规范,还是从属于行政部门的个别命令。前者采取的是实质的行政规范从属论(verwaltungsznormakzessorische),而后者采取的是目前主流的形式的行政行为从属论(verwaltungsaktsakzessorische)。

关于这些观点争鸣的深入探讨在这篇文章中不做赘述。[46] 我并不否认观点争鸣的教义学意义,但我更要指出的是,这些观点的对立最终只周旋于非常狭窄的余地。我认为,无论是缺少法定的负担性命令,[47]还是行政许可尽管违法却有效[48]时,都不能违背实际的行政行为实践而对公民造成不利影响。在缺乏值得法律保护的信赖利益的情形下(如通过欺骗获得的许可),后者并不为行政规范从属论者以及部分主流的行政行为从属论者所赞同,[49]这些行政行为从属论者在这类案件中采用了权利滥用理论(Rechtsmissbrauch)。[50] 在我看来,这一观点并不符合行政法对于违法但有效的行政许可的规定。[51] 而且从以往至今的环境刑法实践经验来看,即使相应的法定规则限制或者取消通过操纵获得的许可,[52]也几乎

〔45〕 参见 Rengier, ZStW 101 (1989), S. 874, und Kuhlen, WiVerw 1992, 215, für den verwaltungsaktsakzessorischen sowie Schmilz (Anm. 43), Frisch (注释 3) und Marx (注释 3) für den verwaltungsnormakzessorischen Ansatz。

〔46〕 此处深入分析参阅 Kuhlen, WiVerw 1992, 215, 217 ff。

〔47〕 如果一个具有执行力的行政命令、附注规定或者禁令还没有被正式发布,那就不能被违反,因此也就排除了诸如 § 325 Abs. 1, 4, 1., 2. und 4. Alt. StGB 或者 § 327 StGB 的相关构成要件选项的可罚性。

〔48〕 这对《德国刑法典》第 324 条极其重要。

〔49〕 最新参见 Frisch (同注释 3), S. 21 ff., 73 ff.; Marx(同注释 3), S. 173 ff。

〔50〕 进一步参见 Lenckner, Festschrift für Pfeiffer, 1988, S. 27; Mumberg(同注释 43); Kuhlen, WiVerwl992, 215, 245 ff。

〔51〕 仅见 Kuhlen, WiVerw 1992, 215, 237 f。

〔52〕 如果没有其他因素的干扰这当然是可能的,正如德国《对外经济法》修订版第 34 条(AWG)中所提及。参见 Wimmer, JZ 1993, 67。

不能产生明确的效果。[53]

因此,在刑法教义学上唯一存在讨论空间的问题是,能否为了公民的利益而以行政实体法为基准。就这点来说,首先产生的问题是,违反有效但违法的负担性行政行为,是否像主流观点所认为的那样是可罚的。[54] 其次有争议的是,对于一个可以批准甚至应当批准但却没有获得许可的行为如何评价。大多数观点依然认为这一行为是可罚的,因为毕竟没有真正获得必要的许可,[55]这与行政法是一致的。当然刑法可以另行作出有利于公民的判断,尽管在行为具有行政违法性时,否定行为具有刑事违法性。违法行政行为与合法行政行为的规范性差异当然是一个实质性理由。[56] 另外,主流观点有助于实现环境管理机构的保护任务,又因其直接与实际的行政行为现状相关联,而较之相反观点更具有可行性。[57]

如何回答这个开放的教义学问题,并不能影响行政从属性给环境刑法所造成的合法性危机。对于实质合法的行政行为这种典型情况而言,不同的观点最终还是殊途同归。环境刑法的行政从属性所带来的质疑因而会极大地阻碍这种实践向实体理论的转化。

并非刑法和行政法学家所担心的那样,之所以产生这种质疑,并不是因为

---

〔53〕 我并不知道任何一起存在"通过操纵获得许可"这一问题的法院判决。在此我不能够同意 Schall 在巴塞尔会议中提出的观点,他认为有效的环境刑法是存在巨大的问题的。如果把权力滥用理论方案进一步推动到诸如 Alkem 评判系统(LG Hanau,NJW 1988,571)的标准上来,当然有重大的实际意义。据此,当受益人明知其违法性时,不得援引该违法的许可(如果援引了,依照《德国刑法典》第 327 条是可罚的)[参见 Marx(同注释 3),S. 176]。然而按照 Schünemann 在此次巴塞尔会议中提出的观点,立法论已经在破坏行政程序和行政法程序的道路上偏离太远(为此受到行政法和刑法学者的强烈批评):即使依据构成要件该主管部门并不具有处理权限[Rengier(注释 2),S. 43 ff.],也同样可以做出实质的行政许可并且依据《德国刑法典》第 327 条实施惩罚。进一步参见 Ganzen Lenckner (注释 50),S. 27; Dolde,NJW 1988,2329,2333 ff.; Hörn,NJW 1988,2335; Kuhlen,WiVervr 1991,181,288 ff。

〔54〕 BGHSt 23,86; BGH NJW1982,189; BGH NStZ 1990,123; BVerfG NJW1990,37.

〔55〕 OLG Frankfurt 不同观点参见 NJW 1987,2753,2755; BGHSt. 37,21,29。

〔56〕 参见 Frisch (注释 3),S. 34。

〔57〕 详见 Kuhlen,WiVerw 1992,215,254 ff。

刑法与行政法这两个部门法之间的融合会导致刑法或行政法丧失作用。[58] 确切来说,它建立在一个简单而又重要的问题上:刑法在保护环境法益的同时允许合法地破坏环境,且这种破坏往往不是例外性的,而是经常且大规模的,这种环境法益的刑法保护方案究竟是否可靠呢?将那些严重但得到许可的环境破坏,与那些相对轻微但却进入刑事诉讼程序的环境破坏相对比,上述问题就进一步加剧了。可以认为,人们在环境刑法中往往因小失大。[59] 这也进一步论证了下述观点:环境刑法的功能在很大程度上是象征性的,它形成了一个"通过法律和政策设计同环境问题作坚决斗争"的错误印象。[60]

我认为,这个问题和顾虑应当被认真对待,也影响深远,但是目前尚且缺乏依据。一方面,在工业化的大众社会中,大范围地允许环境污染事实上是别无选择的。另一方面,目前仍然主要是由行政命令来确定允许的环境污染的规模。因此,在可预见的时间内,非行政从属性的环境刑法是不可能的。

允许实施严重的环境污染行为并不当然地意味着要在根本上质疑对于未经许可的污染的处罚。当然,这极大地影响了处罚的正当性。而且这也导致了,环境刑法旨在绝对而全面地保护生态法益这一庄严而无须论证合法性的命题61] 变得站不住脚。环境刑法所追求的目标仅仅是:防止环境污染超出许可限度。这个小目标听起来非常可信,它应当被认真对待而绝不是停留在象征性的层面。

在此基础上,得到许可的环境污染程度非常严重并不能成为有力的批判理由。鉴于上文提到的目标,将经许可和未经许可的环境污染相互比较,并基于此抱怨大小不公的刑事结论的做法是不明智的。因为刑法从一开始就不打算保护环境免受允许的污染。当然这种观点需要克服自然主义的见解,自然主义只考虑环境污染的事实影响。以及,与之相关联的抽象作用对于规范接收者的

---

〔58〕 这方面存在问题是肯定的,参见 Kuhlen, WiVerw 1991, 181, 226 ff。刑法视角文献参见 Dreher/Tröndle, vor §324 Rdn. 4a; Horn, UPR 1983, 362; 行政法视角参见 Breuer, NJW 1988, 2072, 2083; ders, AöR 1990, 448。

〔59〕 Humbs-Krusche/Kruschke, ZRP 1984, 61, 62; Genien, ZRP 1988, 323; Herzog(注释15), S. 147.

〔60〕 Hassemer, Neue Kriminalpolitik 1989, 47. Kritisch dazu Schall, wistra, 1992, 1, 2 f.

〔61〕 参见 § 324 StGB Steindorf, in: LK, § 324 Rdn. 6; Gieseke/Wiedemann/Czychowski, Kommentar zum Wasserhaushaltsgesetz, 6. Aufl. 1992, § 324 Rdn. 5 m. w. N。

理解也提出了较高的要求。

然而,很多批判者之所以否认环境刑法的合法性,是因为与未得到许可的环境污染相比较,得到许可的环境污染的程度反而畸高。[62] 这种批判是有根据的。即便是未经许可的生态法益损害,当其超过了一定的程度但却没有受到处罚,这种黑数的存在也会导致对于其余案件的处罚产生合法性上的质疑。[63] 这里人们当然可以援引"不公正中无平等"的原则,[64] 但这一原则并不适用于从一开始就得到许可的大规模损害。这种不完全保护的合法性取决于对于允许的和不允许的法益损害的分配是否具有实质适当性(Angemessenheit)。

污染限额的决策越公正,环境刑法就随之越有正当性;决策越不公正,环境刑法合法化就越困难。这个问题与个人法益保护之间有一定的相似性,[65] 但并不完全对应。[66] 而对于公共法益的保护,同样存在于环境刑法之外,如税务刑法。这并不算一个真正有力的反对理由。与法社会学不同的是,环境刑法及其教义学不能够仅仅停留在这种简单的对比上,而要回答正当性的问题。当人们必须要作出决策时,就会发现环境刑法并没有认真地考虑如何确保行政机关对于污染权限的分配具有合法性。行政从属性决定了,环境刑法放弃了审查经许可的法益侵害是否具有实质适当性,由于缺少具有可操作性的替代方案,这种放弃原则上也是必不可少的。

对于实质适当性审查的原则性放弃,与对于规范接收者所提出的抽象化要求相关,我认为这只有两个例外。如果未经许可的环境污染程度不值一提,或者得

---

〔62〕 Albrecht, KritV 1988, 182, 188 f.; Hohmann (注释 18), S. 171 f.

〔63〕 Lüderssen, Strafrecht und „Dunkelziffer", 1968.

〔64〕 Dazu Kuhlen, in: Luderssen/Sack (Hrsg.), Seminar: Abweichendes Verhalten IV, 1980, S. 26. 38 ff m. w. N. 把"不公正中无平等"这个司法形式主义的谚语称为"烦人的缓和尝试"是没有帮助的(Frehsee, KJ 1991, 25, 39)。这个说法并非空洞或流于形式,反而具有丰富的内涵,并且对下述问题给出了建设性的答案:人们应当如何对待当下确实存在的规范实施不完善的问题?实际上比这个答案的意识形态批评更有意思的是司法的努力:在规范考量的基础上尽可能尝试精确地明确原则适用的边界, BVerfGE84, 239, 269ff。

〔65〕 Jakobs, Allg. Teil, 2. Aufl. 1991, 2/4 (S. 35 f.).

〔66〕 即使在一个有着不公正的财产秩序与财富分配的社会,与盗窃相关联的受害人的财产权损害也是存在的,对于行为人来说这点也显而易见。

到的许可行为给环境造成了长时间难以消除的灾难性损害,那么就不能通过这种有限的法益保护目的而将对于额外的污染行为制裁正当化,这种制裁要么是不合理的,要么是纯象征性的(如果一定要有所区分的话)。无论是对日渐觉醒的环保意识充满信心,还是对根深蒂固的生态悲观主义也充满理解,这个结论所必要的“末世论”无论从其乐观面还是消极面而言都是毫无根据的。但如果没有这种“末世论”,行政从属性所引发的质疑也不足以构成针对环境刑法的有力批判。

四、环境刑法中行为与法益间的关系

鉴于生态法益的范围十分广泛,环境刑法中主要是抽象危险犯也就不足为奇了。[67] 普遍认为,[68]抽象危险犯这一犯罪类型中行为与法益之间的联系被显著地削弱。[69] 因此在所有实害犯和危险犯的类型学划分中,抽象危险犯被视为最饱受争议的犯罪类型。[70] 尽管在实践中人们已经对这一概念习以为常甚至认为不可或缺。[71] 关于这个问题我将不赘述。

我以污染水体罪为例,行为与法益之间的关系被进一步地削弱。正如主流观点的理解,污染水体罪的成立并不要求,符合构成要件的个别行为对于被保

〔67〕 § §326 Abs. 2,327,328 und 329 StGB 涉及狭义的抽象危险犯,这些罪名中符合构成要件行为的一般危险最终由立法者所确定(这样司法者就可以也应当据此概括出某个符合构成要件的行为是否确实具有一般危险)。《德国刑法典》第325条的结果犯也需要具有一般危险的行为才能构成,但这只能由司法者在个案中确定。§ 326 Abs. 1 StGB 的构成要件要素也同样不以具体危险为前提条件[参见 Kuhlen, WiVerw 1991,181;另参见 Kleine-Cosack(注释20),S. 171,die § 326 Abs. 1 Nr. 3 StGB 解释了具体危险犯; zu § 326 Abs. 1 Nr. 3 StGB 参见注释98)。与此相对的 § §330 Abs. 1,4 Nr. 1,330a StGB 具体的危险构成要件(BGHSt. 36,255)]以及 § §330 Abs. 2,4 Nr. 2 StGB 实害构成要件。

〔68〕 其他观点见 Kindhäuser, Gefährdung als Straftat, 1989, S. 14 ff., 277 ff。

〔69〕 此后抽象危险犯被称为“刑法法益保护最宽泛的延伸”,参见 Ostendorf, JuS 1982,426。

〔70〕 参见 Cramer, in: Schönke/Schröder, vor § § 306 ff. Rdn. 3a f。

〔71〕 Herzog 关于抽象危险犯的论战(注释15)并没有取得真正的成就,因为他对“真正的危险”没有兴趣(例如交通刑法或附属刑法中的抽象危险构成要件大幅减少了对“真正的危险”的要求),因为“危险是不存在的……”(Herzog, a. a. O., S. 54.)

护的法益造成了抽象的危险。行为只需要使“天然水体的特性在物理、化学或生物意义上遭到了并非不重要的、超出了可忽略程度的恶化”，即可构成本罪。[72] 因此，当某人将未经处理的生活污水排放到已经受到严重污染的河流中，即使并不清楚这种排放造成了什么有害的后果，该行为就是可罚的，而且在实践中可能也真的受到过处罚。[73]

这引起了一个新的问题，即环境刑法中是否发展出一种违背法治国原则的、全新的“归责结构”？[74] 即便主流观点将《德国刑法典》第324条视为实害犯，[75]也不能规避这一问题。虽然污染水体罪是结果犯：其成立以环境媒介的损害为条件，而大多数环境刑法中的抽象危险犯则是单纯的行为犯，[76]并没有这样的要求。[77] 不过这种对于行为与行为客体之间关系的理解是自然主义的。反之，实害犯与危险犯的类型划分遵循的是法益载体[78]之间的关系，并由此获

---

〔72〕 BGH NStZ 1987, 323. Siehe auch BGH NStZ 1991, 281, sowie Kuhlen, WiVerw 1991, 181, 194 f., m. w. N. 瑞士联邦最高法院判例法参见 BGE104IV, 45, 以及 Heine, ZStW 101 (1989), S. 722, 739。

〔73〕 Kuhlen, GA 1986, 389, 390. 依据德国《刑事诉讼法》第153条和第153a条，这种情况大多数会造成程序中断[案例报告参见 Meinberg/Link(注释7), S. 55 ff.]。

〔74〕 Seelmann, NJW 1990, 1257, 1259.

〔75〕 参见最新 BGHSt 38, 325, 339。Ebenso etwa Horn, in: SK StGB, vor § 324 Rdn. 2; Sack, Umweltschutzstrafrecht, § 324 Rdn. 6c; Gieseke/Wiedemann/Czychowski, § 324 Rdn. 4; Möhrenschlager, in: Meinberg/Möhrenschlager/Link (Hrsg.), Umweltstrafrecht, 1989, S. 33, 34; Wachenfeld, Wasserrechtliches Minimierungsgebot und Gewässerstrafrecht, 1993, S. 43 f., m. w. N. in Fn. 180.

〔76〕 详细关于结果犯和单纯的行为犯参见 Jescheck, Allg. Teil, § 26II1 (S. 234)。

〔77〕 另外，《德国刑法典》第325条的适格构成要件与第324条的结果构成要件是一致的(但和第326~329条不同)。

〔78〕 参见其他引证文献 Suhr, JA 1990, 303。提到实害犯和危险犯的类型划分，大多是根据行为和法益的关系，这是存在误解的。“利益”是指“积极评价的事实”(参见 Jakobs, Allg. Teil, 2/3)，故而“法益”是指“法律上积极评价的事实”。“事实”是不可能被人“侵害”(verletzen)的，因此在所探讨的类型学意义上也不存在“威胁”(gefährden)。只有为法所保护的事实背后的利益能够被侵害或威胁，也就是法益载体(或者说他们的被保护的利益)。或者还可以简单点说，法益载体被保护的利益可以被侵害或威胁。

得其规范上的意义。[79][80]

以水体或者水体的纯净度将污染水体罪视为实害犯(这种观点经常出现[81]),那么就必须把水体本身理解成被保护法益的承担者,但水体的被保护利益从一开始就已经在维持现状的过程中被损害了。[82] 只有当怀有极端强烈[83]和少有的生态主义意识,将《德国刑法典》第324条中的污染水体罪[84]的构成要件类比为人身伤害的构成要件去理解,这种观点才能行得通。[85]

正如对《德国刑法典》第324条的解读渐趋正确,如果采取"人类中心主义

[79] 犯罪类型的层级是依据行为与法益的密切程度来划分的,从实害犯到具体危险犯再到抽象危险犯,符合刑罚正当化的难度逐级增加。此外,保护公共法益型犯罪的一般情形和某些环境刑事构成要件的特殊情形中,这种关系是不存在的(对后者的怀疑也参见 Vierhaus,ZKP 1992,161,163)。

[80] 一般来说将《德国刑法典》第324条归类为实害犯是基于对这两种犯罪类型的差异存在误读,从结果犯的满足条件来看,第324条从整体上更满足实害犯。BGHSt 38,325,339 中对比了将污染水体罪归类为"结果犯"和"实害犯"。当结果犯和抽象危险犯相互对比时,这两种分类之间的差异也存在误读[参见 Hohmann(注释18),S. 186 ff.]。

[81] 参见注释75以及批判见于 Kuhlen,GA 1986,389,396 ff.;Ronzani[注释2],S. 53 ff。

[82] 相反的观点参见 Tiedemann,JuS 1989,689,697:"如果在生态意义上反对额外地(或单独地)将水体的纯净度作为保护对象(作为人类在生物学上的生活基础来保护),那么对纯净度的破坏就必须是真正的损害而非仅仅是损害威胁。"但是水体作为人类的生存基础的功能是建立在多种行为之上的,根据主流观点必须要满足《德国刑法典》第324条的构成要件,既不能是破坏,也不能是侵害或者威胁。

[83] 因为也包含自然界的无生命体。

[84] 古老的伐木罪参见 Heine,in:Lübbe/Stöber(Hrsg.),Ökologische Probleme im kulturellen Wandel(文化迁移中的生态问题),S. 116,121 f。

[85] 这种观点可能听起来有点挑衅,其实不然。至少比如法兰克福初级法院详细地探讨了关于这个问题的其他观点(NStZ 1986,72):一个环境部门的官员因为违法发放许可导致了对水体的损害,是否应当负有罪责?因此"对水体的损害"这个说法看起来没有什么概念性困难。

的生态”(anthropozentrisch-ökologische)法益观,[86]那么该条文的保护法益首先是“公众在维护水体作为人类生活的自然基础上的长远利益”。[87] 以这个概括性的法益为基准,个人行为在任何情形下也无法引起法益的抽象危险。例如,一个农场主将大量的粪肥污水倾倒入溪流,无论实施这个行为时的情境多么不利,我们对于水资源的长远利益没有受到损害威胁。即便是污染严重得多的情形也是如此。

当然,第324条的法益可以被进一步具体化,将其理解为某一特定水体或者水体的某一部分在行为时间点上所发挥的实际作用。例如,溪流用于捕鱼,河源用于供给饮用水。生态法益的观点显然将人类的直接利用等同于水体作为生物群落(也即作为动植物值得保护的生存空间)的功能。特定水体作为人类和动植物的生活基础的这一功能,可以理解为《德国刑法典》第324条所保护的具体法益。这种法益当然被个别行为所侵害或威胁。[88] 例如,倾倒粪肥或者油污会导致鱼类死亡、泉水无法饮用等。若行为侵害或威胁公众对于这种具体法益的利益,依据现行法将其认定为可罚的污染水体罪是没有问题的。

然而主流观点仍然认为,将生活污水排放入作为人类和动植物生活基础的河流之中就有可能造成破坏,这在实践中是不可能的;这种行为因此也不能够一般或抽象地导致水体功能的紊乱。[89] 即便采取具体化的法益理解,个别行为引起法益侵害或威胁也并不足以对《德国刑法典》第324条进行教义学上的阐

---

〔86〕 Kuhlen, GA 1986, 389, 394; Kleine-Cosack (注释20), S. 113 ff.; Ronzani (注释2), S. 52 ff.; allgemein Bloy, ZStW 100 (1988), S. 489, 493, 496; Frisch (注释3), S. 143. “《德国刑法典》上的水保护不适用于水体本身”也是因为“理论上对水体最大的破坏,也就是水资源的减少,并不直接被处罚,而仅仅是按照《德国刑法典》第329条第3节第3款在有限的范围内接受罚款”;参见 Rogall(注释5), S. 518。

〔87〕 参见 „Schutzgesichtspunkten des Umweltrechts“ Ronzani (注释2), S. 26 ff。

〔88〕 此处基于 § 330 Abs. 2 StGB 的分类属于实害构成要件(Lackner, StGB, § 330 Rdn. 1)。

〔89〕 在任何情形下,基于事实判断去确定行为是否适用抽象损害是可行的;进一步参见 § 326 Abs. 1 Nr. 3 StGB Kuhlen, WiVerw 1991, 181, 213 ff。反之,如果建立在“无从发现”[so Rengier(注释2), S. 49 zu § 326 Abs. 1 Nr. 3 StGB]的“事实”上,对抽象损害适用性的需求就毫无意义了。

释,尽管通说尤其是实践上这样认为。[90] 因此,我建议应当将污染水体罪理解为“累积的构成要件”(Kumulationstatbestand),从而将没有危险的个别行为也包含在内,因为如果不通过制裁禁止这种行为,那么一旦这种行为被大量实施,就很有可能最终造成被保护水体功能的紊乱。[91] 我认为,将污染水体罪解释为累积犯在教义学分析上具有优越性,[92]这种解释尤其能够满足这种犯罪类型的

[90] 进一步参见 Ronzani (注释 2),S. 59:„Der Erfolg des § 324d StGB erfaßt prinzipiell jede wie auch immer geartete Belastung eines Gewässers“。正如 Kindhäuser 教授在巴塞尔会议中所批判的,《德国刑法典》第 324 条不再要求“实际的损失”。这一要求是不合理的(相对于“简化客观化”的观点,参见 Frisch, Festschrift für Stree und Wessels, 1993, S. 69, 73),因为“实际的损失”是法益保护明确具体的前提,它一直被作为法益理论的“受保护的最低底线”(als kleine Münze der Rechtsgutslehre)在刑事政策领域中被反复使用。

[91] 这里的表述和 Kuhlen, GA 1986, 389, 399 的观点有两点不同。一方面,他们试图找到对 Ronzani (注释 2),S. 60 f. Fn. 134 的合理的反驳,总结来说,累积效应并不能归结为类似行为的简单的总和。因此不再取决于大量的行为是否造成了消极的后果。只要这些行为和其他的污染相结合共同导致这种后果就足够了。另一方面,这种观点认为必须考虑事实判断,如果不通过制裁禁止大量的个别行为,那么累积的巨大损害就会发生(参见 Joerden, GA 1991, 411, 421, der die gleiche Sachproblematik mit Blick auf § 34 Satz 2 StGB diskutiert, vom Erfordernis einer „realen Gefahr“)。有人可能认为这些合法化前提是毋庸置疑的,并且当前的生态问题是很容易实现的(很遗憾并不是)。在累积犯视域下,这个问题通常被看作一个纯假设性的问题,即假设所有的行为都是以某一特定的相同的方式发生;参见 Hassemer, in: AK StGB, vor § 1 Rdn. 280; Herzog (注释 15),S. 147。这种错误的认识也来自 Samson 的一个例子,参见 ZStW 99 (1987),S. 663(在巴塞尔会议上 Kindhäuser 已经重述过):如果街上所有的人都吹口哨而且噪声已经达到了不可忍受的程度,是不是所有吹口哨的人都应该受刑罚惩罚呢?当然不是。但是“立法者采纳了非常好的理由,他们认为污染水资源的人比吹口哨的人要多。数量的问题就已经让吹口哨这个例子不成为一个实际的理由”(Petznek, Umweltstrafrecht, 1989, S. 26)。

[92] 在这方面 Herzog (注释 15),S. 153 Fn. 238 也是同意的。这样解释的目的首要在于尽可能地理解,按照主流观点注解和运用《德国刑法典》第 324 条通常会产生误解;其次根据 Wachenfeld'(注释 75),S. 50,他认为,这是关于“结果”的新定义。

说理需求，解决其中的说理难点。[93]

这种解释也使得尤其有必要将构成要件该当的行为方式与那些仅具有轻微不法内涵而不值得处罚的行为方式区分开来。环境刑法借助微罪条款(Bagatellklausel)来进行这一区分。[94] 例如，在上文所提到的将"微不足道、可以忽略的小损害"排除在污染水体罪之外。[95] 这个界分一方面很模糊[96]，另一方面覆盖面又不够广，[97]这不仅仅体现在《德国刑法典》第324条的实践，也体现在环境刑法次重要的构成要件，即《德国刑法典》第326条的实践中，[98]后者最重要的构成要素《德国刑法典》第326条第1款第3项也存在(§326 Abs. 1 Nr. 3 StGB)第324条的构成要件的部分问题。[99]

将生活污水排放入被污染的河流中，主要是违反秩序的行为而不是犯罪行

---

〔93〕 进一步参见 Kuhlen, GA 1986, 389, 401 ff。当然"累积犯"这个术语并没有什么，人们更习惯于(尤其是从特征上讲)将其称为"抽象危险犯"(例如 Petznek, Umweltstrafrecht, S. 26)。重要的是，必须要注意到累积犯与抽象危险犯(比如醉酒驾驶)事实上的差异。只有在抽象危险犯(而不是累积犯)时，个别行为才适用抽象的侵害。只有在累积犯(而不是抽象危险犯)时，现实的期待才有根据，如果不通过制裁加以禁止，这些行为积少成多后就会造成危险。

〔94〕 参见 § 326 Abs. 5 StGB. Zur Kritik dieser Vorschrift zuletzt Frisch (注释3), S. 133 f。

〔95〕 BGH NStZ 1987, 323. 我所提出的将《德国刑法典》第324条视为累积犯的观点，绝不是像 Rengier 认为的那样，将污染水体罪的构成要件限制放弃到最低限度的惩罚[Rengier (注释2), S. 53, 类似观点 Rogall (注释5), S. 520; Wachenfeld (注释75), S. 52]，尽管我也强调这个惩罚是必不可少的(Kuhlen, GA1986, 389, 407 f.)。

〔96〕 Frisch (注释3), S. 134 ff.

〔97〕 Frisch (注释3), S. 136 ff.

〔98〕 参见 Kuhlen, WiVerw 1991, 181, 212 f。

〔99〕 对于 § 326 Abs. 1 Nr. 3 StGB，行为的适格对结果的实现已经足够了。如果确定了结果是和《德国刑法典》第324条一样的，那么 § 326 Abs. 1 Nr. 3 StGB 既不会以法益侵害的抽象危险作为前提，也不会将实践中单独的累积贡献作为前提。它更加注重的是，将纯粹累积的环境污染带来的危险归入"累积犯"。§ 326 Abs. 1 Nr. 3 StGB 对于抽象危险犯仅仅限制于"持久性"(nachhaltig)特征的解释上，这在实践中是不能完全自洽的，在文献中甚至被明确否定过[Rengier (注释2), S. 49]。

为。基于一系列的理由,应当相应地提高其可罚性门槛。[100] 在具体的实施中应当怎么做,是一个极其重要的问题,但迄今仍然没有具有说服力的答案。[101] 立法论上,可以借鉴《德国刑法典》第325条第1款第1项,规定第324条的成立以污染水体的行为能够导致"其他物种的健康,如动物、植物或其他具有重要价值的物种受到损害"为要件。[102] 这样一来,《德国刑法典》第324条就变成了抽象危险犯(适格犯)。[103] 当然也应当把大量的累积贡献包括在其中,尤其当被污染水体的规模及其此前所受到的污染使得污染水体的行为没有造成实际上的功能紊乱而只是具备抽象的功能紊乱的危险,也应被包括其中。[104] 然而,即便将纯粹的累积贡献降格为秩序违反行为,也不能说服一些反对者。[105]

从文献中可以看出,累积性构成要件会导致第三方连带责任(ex iniuria tertii)并因此违背了罪责原则。[106] 因此,环境污染中纯累积贡献既不能作为犯罪行为也不能作为违反秩序行为来处罚。[107] 事实上,《德国刑法典》第324条并不意味着行为人要对他人的不法承担责任。如果不通过制裁禁止这种行为,他人是否就会大量地实施这种行为从而引起破坏性的后果,这对判断应否作出这

[100] 有说服力的论证参见 Frisch (注释3),S. 121 ff。

[101] 进一步讨论这个问题的重要启发是最新专著 Frisch (注释3),S. 121 ff。

[102] Frisch (注释3),S. 142.

[103] 参见现行法 Rogan(注释5),S. 519。

[104] 这与政府法案《打击环境犯罪法》(UKG)第2条的污染土壤罪的构成要件结构是一样的,除了抽象的危险之外,还需要满足"特别巨大的"有害变化来充实构成要件(BT-Drucksache 11/7101,S. 3)。

[105] 在此我并不考虑那些对于累积的构成要件的不恰当的批评。Hamm, Verhandlungen des 57. DJT,1988,Bd. II,S. L 66 („Dolchstoß ins Mark des Rechtsstaates") oder Herzog (注释15),S. 147 („Ausdruck von unreflektierten sozialpädagogischen Ambitionen im Straf recht")。

[106] Rogall (注释5),S. 520; ihm zustimmend Möhrenschlager (注释75),S. 34 Fn. 8; ebenso Kahlo, Das Problem des Pflichtwidrigkeitszusammenhangs bei den unechten Unterlassungsdelikten,1990,S. 84 Fn. 327; Wachenfeld (注释75) S. 51 f.

[107] 因为罪责原则也适用于违反秩序处罚法(Bohnert, KK OWiG, Einl. Rdn. 116)并且也禁止第三方连带责任。

种禁止而言是重要的。[108] 在作出这个回答之前,无法判定某个行为是否不法。[109] 而一旦作出回答之后,就仅仅是根据个别行为本身来进行判断了。即便规范制定者允许这种行为在毫无危险的情况下继续,也是违法的。这就说明,在累积犯的情形下,每个人都只对自身的不法负责。[110]

另一种反对意见与"违背罪责原则"的观点同样重要,但却更难判断。该观点认为,当今的环境问题涉及的是巨型风险,[111] 这种风险从法社会学角度看,不再适宜作为个人行为的问题来理解,而应当视为系统性的问题;而从规范角度看,出于公平的考虑也不能再追溯于个人的行为。如果我的理解正确的话,这种观点[112] 已经走偏了。因为它全面否认了通过制裁禁止某些行为能够解决包括环境问题在内的某些严重问题。这种观点的主张者并不关心制裁手段的转变(例如从刑罚变为罚金),因为这种转变于其所提出的根本性质疑毫无用处。此外,这种反对意见也不仅仅针对《德国刑法典》第 324 条的构成要件,它也针

[108] 结合第三方实际的可预期行为加以评判,在规范上是没有问题的,甚至是必需的。例如,地广人稀的某印第安部落百年来与自然和谐相处,他们为什么要废物处理(超过了抵御健康危害的范围)规范化?而在人口众多的繁华的工业化社会中,我们尚且不明确,巨大的废物处理工程是否找到了新的出路,是否需要再次规范化?

[109] 因为污染水体罪必然不是"天然不法",参见 Schick, in: Funk (Hrsg.), Abfallwirtschaftsrecht, 1993, S. 269, 279 f。

[110] 如果清楚了这一点,那么就很容易看出,《德国刑法典》第 324 条在归责问题上不存在难点,尤其是多次被错误地假设的因果关系问题,也不存在难点(Kuhlen, WiVerw 1991, 181, 195)。这类问题在刑事实践中表现为,把行为的巨大的整体风险归因于造成这个风险的一个普通的个别行为。用累积的构成要件去解释,比用抽象危险的构成要件更加清楚。这种观点限制于"把普通的不起眼的行为归咎于个人",当然这是以一种评估为基础的,这种评估解释了哪些巨大的问题是由渺小的行为构成的。

[111] Schüler-Springorum, Kriminalpolitik für Menschen, 1991, S. 235 ff., 240 ff., 从"大维度"(Mega-Dimensionen)讲述其他环境问题。

[112] 此处摘引自 Prittwitz 的资格论文 Prittwitz (注释 12), S. 236 ff., 364 ff。也可以参见 Wolf, Leviathan 1987, 357, 相关论题为„Zur Antiquiertheit des Rechts in der Risikogesellschaft"。针对"风险社会"这一概念的文化批判性推论的论辩,参见 Baurmann, Das Problem der sozialen Unordnung (Manuskript), Frankfurt a. M. 1993。

对抽象危险犯,因此基本上涵盖了整个环境刑法。[113]

刑法或秩序违反法上通过制裁加以禁止的构成要件只是为这种反对意见提供了一个范例,它们以最为鲜明的方式表明这么做是不可能成功的:也就是说,以制裁威吓去禁止人们的某些行为,通过这种方式去解决一个重大的问题,其作用微乎其微。前述问题当然很重要,也值得进一步探讨。最后,我还是想就这一观点提出一些反对的意见,同时开辟一个不同于当今刑法学发展普遍批判观点的全新的环境刑法视角。

五、公共利益问题与环境刑法

环境刑法并不直接关注环境问题的解决,而是关注于社会秩序的问题,即如何维持完整的自然生活基础这一公共法益。如果从个人行为出发,这个问题可以在法社会学角度得到彻底的研究,并且社会科学方向的思考已经为其提供了极具启发性的分析。[114] 这些分析是针对个人的行为,个体总是基于其自身的利益而有目的地安排其行为。这些个人与公共法益之间的关系正是问题的根源。

个人即使对这些法益有强烈的利益(如洁净的空气或者水),也无法在有限的群体之外实现这类利益。因为个人出于利己主义的考虑,并不愿意通过作为或者不作为为公共利益做出贡献,而是尽可能地“搭便车”从他人的贡献中获利。而他人也会做同样的选择来追求自身利益的实现,这样一来公共利益便无从产生或得到维护,最终也无法实现各自的个人利益。[115] 认识到这一问题的

---

[113] 因为《德国刑法典》第324~329条是累积犯或者抽象危险犯。第330条接续,但第330a条是否完全属于环境刑法,仍存在疑问(参见Horn,in: SK StGB, § 330 a Rdn. 1)。

[114] 进一步参见文献Buchanan, Ethics 1965, 1; Hardin, Science 1968, 1243; Olson, Die Logik des kollektiven Handelns, 3. Aufl. 1992; Olson, Aufstieg und Niedergang der Nationen, 2. Aufl. 1991, S. 20 ff.; Baurmann, Der Markt der Tugend. Recht und Moral in der liberalen Gesellschaft, Habilitationsschrift Frankfurt a. M., 1992。

[115] Kuhlen, GA 1986, 389, 401 ff.

人,便会致力于维系用以保护公共法益的行为规范。[116] 在环境领域和在其他领域一样,不禁止抽象危险的行为是不行的。如果公共法益将会因为本身无害行为的累积而受到损害或威胁,那么相应地就还需要有禁止这种本身无害行为的行为规范。

然而行为规范本身是不能解决问题的。对于理性的利己主义者来说,如果遵守规范将会付出成本,他们就不会去遵守规范,而是通过“搭便车”把遵守规范的义务转嫁到别人身上去。因此,要保护公共法益离不开制裁的行为规范。制裁威胁可以通过消极的一般预防来影响个人的“成本—收益计算”从而敦促其遵守规范。[117] 对于不遵守规范的制裁同时也通过积极的一般预防强化了守法公民遵守现行法律规范的法忠诚意识。[118] 这些考虑同样适用于组织体的行为,尤其是商业企业。[119] 这对于环境刑法是相当重要的,因为除了个人行为造成的相当大的环境污染之外,大量的环境污染是由集体或组织的行为造成的。[120]

---

〔116〕 这至少适用于对公共利益产生致命激励的局面,例如个人针对其自身的长远利益而采取行为,是不为他人所改变的。在这方面,与此具有相似功能的行为都应当得到刑事政策学的特殊关注,因为这有助于实现他们迫切需要的合理刑事免责。除了广泛讨论的尝试中所指的通过创设主观的(污染的)权利或者通过环保税来内化行为负面的外部效应(negative externe Effekte)(参见 Opp, Die Entstehung sozialer Nomen, 1983, S. 59 ff; Wasmeier, NuR 1992, 219),同样也要考虑技术专家的解决办法,例如已经实施的(并且取得了巨大的成功)单户强制连接家庭污水处理系统。

〔117〕 对于一个理性人(Homo oeconomicus)来说,消极的一般预防的效果在每一个决策情形下都是不同的,这意味着没有规范的约束,对行为结果的估量和相应的决定都是非常有限的。参见 Blinkert, Soziale Welt 1988, 397; daran anknüpfend Prittwitz (注释 12), S. 181, sowie Baurmann (注释 114), S. 192 ff。

〔118〕 Baurmann (注释 114), S. 192 ff., 355 ff.; Baurmann, Positive Generalprävention — methodologische und empirische Probleme (Manuskript), Frankfurt a. M. 1993.

〔119〕 从社会学视角出发,参见 Coleman, Analyse und Kritik 1992, 117; Baurmann (注释 114), S. 473 ff。

〔120〕 从环境刑法的角度来看,个人在组织中的行为的刑事责任(主要参见 BGHSt 37, 106; 38, 325, sowie Kuhlen, WiVerw 1991, 181, 236 ff.)和组织本身的责任(参见 Ackermann, Die Strafbarkeit juristischer Personen im deutschen Recht und in ausländischen Rechtsordnungen, 1984; Stratenwerth, Festschrift für Rudolf Schmitt, 1992, S. 295; Volk, JZ 1993, 429)都是非常重要的。

此处对于公共法益保护规范的阐述和论证无疑需要进一步的细化和探讨。但它已经不仅仅是一个初步的想法,而是理解本文开头所介绍的对于现代刑法发展的各种批判观点的另一种视角。从这种视角出发,环境刑法的核心并不在于特殊的当代问题,例如象征性地消除风险社会中的不安,而在于公共法益的切实保护。这些法益受到来自抽象危险行为的或者甚至是大量累积的无害行为的威胁。因此除了环境刑法之外,其他旨在保护公共法益的构成要件中,均存在抽象危险犯乃至累积犯的问题。对此理论上已经有各种不同的观点。[121]

因此 Loos 将贿赂犯罪(Bestechungsdelikte)纳入"只有危险行为的总和才能导致损害的构成要件,因为个别的公职人员的个别犯罪行为(不考虑纯假设的极端情况)不足以造成上述功能损害:孤立的个别行为不会影响社会行为结构或者支持社会行为结构的态度,不论是公职人员方面还是大众方面,都不会受到影响……只有频繁发生的贿赂事件才会影响相关行政部门的运作和造成明显的损害"。[122] 这与"贿赂犯罪是累积犯"的观点事实上是一致的。[123] 事实上,腐败和环境污染的问题是完全相似的。例如,一位收入微薄的公职人员,因从一个富裕的行贿人那里得到大量的馈赠而使生活得以改善,受贿行为固然本身能够增加社会整体福利,但是这一行为不可能给"国家公正的职务行使"这一公共法益带来危害。最有说服力的解释是,如果不通过制裁来禁止受贿行为,那么这种法益就会因为该行为将来的频繁发生而确实陷入危险之中。

如果人们强调环境刑法的核心是公共利益问题,那么不仅这一问题会出现在相邻领域,如贿赂犯罪中,同时也会消解现代法律领域所出现的特殊问题。由此可见,一如既往地将环境刑法与麻醉品刑法一并处理是合理的。[124] 这种所谓的密切关系(不适用环境刑法及其教义学)并不能表明他们属于公共法益保护的一个子分类。因为毒品刑法致力于保护公共健康,这完全不是关于公共利

---

[121] Otto, ZStW 96 (1984), S. 339, 352 f.; Dorn, wistra 1992, 129, 133.

[122] Loos, Festschrift für Welzel, 1974, S. 879, 891 f.

[123] Loos, Festschrift für Welzel, 1974., S. 879, 892,不过他并没有阐述"大规模的风险犯罪",在这个标题下客观上基本一致的观点没有引起任何人对于法治的质疑,这一点上显得更为精湛。

[124] Seelmann, ZG 1993, 452.

益,而是关于个人法益的集合。[125] 相比于环境刑法,毒品刑法的特征在于其家长主义的尝试,即试图违背个别法益主体的利益取向来贯彻这一利益,这同样导致了严重的、但与环境刑法完全不同的正当性。[126]

另一个明显的区别是,这里阐述的观点基本上建议以积极的态度对环境刑法做一些尝试,从而为解决环境问题做出贡献。因为毕竟通过制裁性的行为规范去解决公共利益问题在理论上是现实的而不仅仅是象征性的解决方案,并且也被多次实践证实过。至今我们还不明确,这种规制方式能否一般地或仅仅在环境领域被其他方式替代,比如,为避免污染设立财政奖励,甚至通过提倡环保意识来解决。

与此相反,尽管存在一些有趣的法政策建议,[127] 但依然不能清楚地知道,哪些解决公共法益问题的积极思想与现代刑法学发展的批判相关。当然,参与这些批判的人对这个问题也有不同的观点。不过人们有这样的印象:现代刑法学发展的猛烈抨击者总是乐观地相信这些问题能够通过刑法外的方式得以解决。[128] 这种乐观主义最近被浓缩为一个贴切的口号——"通过非犯罪化保护法益",[129] 并且明确地以自然的名义要求废除环境刑法,[130] 而非德国工业地点的名义,这也是可以理解的。

就公共法益保护而言,根据前述的分析这种乐观主义毫无根据。相反,它受到了强烈的质疑,因为它突破了一个看似不言自明的假设:行为参与者无论如何都会以基于理性的行为去实现他们共同的利益。但事实并非如此,首先在全球环境问题方面就已经出现了悲观的看法。可以预见,国家同样也是作为"理性的利己主义者"而行为的,[131] 因此如果没有更高位阶的强大的制裁机构,对普遍利益的保护(如气候保护)几乎不可能实现。

---

[125] Köhler, GA 1992, 3, 27 ff.; ebenso jetzt Frisch (注释 90), S. 94.

[126] 有力分析参见 Köhler, GA 1992, 3。

[127] Albrecht, KritV 1988, 182, 192 f.

[128] Herzog (注释 15), S. 158.

[129] Albrecht/Hassemer/Voß (Hrsg.), Rechtsgüterschutz durch Entkriminalisiening. Vorschläge der Hessischen Kommission „Kriminalpolitik" zur Reform des Strafrechts, 1992.

[130] Hamm, Im Zweifel für die Natur, Die Zeit 1989, Nr. 44, S. 64.

[131] Weede, Wirtschaft, Staat und Gesellschaft, 1990.

即便环境刑法不太着眼于追求全球性目标,基于诸多理由其成效也是值得怀疑的。例如,人们可以一般性地质疑刑法是否具有一般预防作用。[132] 加上公共法益的保护也存在一些特定的困难。这里所探讨的刑法教义学问题(生态法益,行政从属性和环境刑法中特有的行为与法益间的松散关系)在相应的折中说中都有其反面,[133] 折中说的影响力是有目共睹的。[134] 没有具体的受害者,其他人的行为更加严重(但依然合法),单个的个人行为不足以构成损害,这三点都是明显的正当化范式,即便是守法公民也会出于自身的利益考量而援引这些正当化范式。这使得他们遵守规范的普遍意愿逐步消解,并且将他们置于与"理想的理性人"相同的决策处境。不过,如果违反保护公共法益的规范被发现和被处罚的可能性都很小,在这种情形下他们往往会选择不遵守规范。

可以一般地讨论的观点是,如果仅仅具体地计算成本与收益,那么通过法治国的手段来解决公共法益问题是根本不可能的。[135] 如果采取这一观点并一以贯之,正如我们法学家所言,这种行为导向正在广为流传,[136] 就会怀疑整个自由主义法治国家的长期前景。[137] 不过这只是推测,推测环境刑法及其教义学不能成为其进一步发展的基础,但无论如何也不能让这种推测成为废除环境刑法的理由。

六、结　论

环境刑法服务于生态法益的保护。这一点可以从个人利益中推导出来,这是没有问题的。当然,即使是在教义学的个别问题[138] 中,也应当重视这个推论,同时,正当性的论证困难并不能通过简单粗糙地借用"生态中心主义立场"来回避。

---

[132] Dölling, ZStW 102 (1990), S. 1.

[133] Sykes/Matza, in: Sack/König (Hrsg.), Kriminalsoziologie, 2. Aufl. 1974, S. 360.

[134] Frehsee, KJ 1991, 25.

[135] Baurmann (注释 113), S. 192.

[136] Bunkert, Soziale Welt 1988, 397; Prittwitz (注释 12), S. 181 ff.

[137] 对于这个问题更普遍的讨论主要在于英美社会学中,参见 E. L. Jones, The European Miracle, 1981, 以及 Baurmann (注释 114), S. 2ff., 他本人的观点更加悲观。

[138] 例如,污染水体罪的犯罪类型划分问题。

环境刑法不苛求对生态法益的绝对保护。它只是力求抵制任何超出允许的环境污染量的行为,而环境污染量根本上是由环境立法和行政管理决定的。在作出这一决定时,就应该考虑到生态法益的保护如何真正地被落到实处。在这个决策层面,环境刑法与其行政从属性是密不可分的。这一方面导致了巨大的合法性问题,并且这些问题在本质上并不能通过环境刑法及其教义学本身去解决;另一方面这些问题也容不下真正有力的反对意见,因为行政从属性的环境刑法几乎没有别的选择。

环境刑法构成要件中行为与法益的关系十分松散,甚至一定程度上超越了抽象危险犯。因此,进一步研究如何将轻微的不法行为从环境刑法中排除出去就显得非常必要,这些行为更适于归入违反秩序的行为中。任何对于抽象危险犯或者累积犯的批判,都是没有说服力的,因为它既不能证明公共法益能得到除此以外其他方式的保护,也不能证明放弃保护公共法益是明智的。

海外中国法研究

罗尔夫·施蒂尔纳著　霍旭阳译　中国物权法的发展状况以及未来中国民法典物权编的编纂

中德法学论坛
第 16 辑・下卷,第 127 ~149 页

中国物权法的发展状况以及未来中国民法典物权编的编纂*

罗尔夫・施蒂尔纳**著　霍旭阳***译

摘　要:中国《民法典物权编草案》以中国《物权法》为蓝本作了增删,未作重大修改。从物权法的基本原则来看,目前中国的物权变动模式采"不完全"的区分原则,由于其"未完全"所以无法继受抽象性,对于交易安全的影响只能通过其他制度弥补。虽然中国《物权法》努力贯彻物权绝对原则,但仍存在登记对抗的物权。中国《物权法》明确规定了物权法定原则,增加了居住权等新物权以缓和该原则。中国《物权法》中的公示原则大致与德国法相同,但在善意效力上,中国《物权法》的善意取得不区分动产与不动产。中国立法并没有始终区分形式上的土地登记法与实质上的物权法。物权变动中最为关键的优先原则,中国法虽然采纳优先原则,但未能彻底贯彻以向登记机关递交登记申请作为判断标准。

关键词:物权编草案;物权法基本原则;登记;善意取得

Zusammenfassung:Der Entwurf eines Buches Sachenrecht im neuen ZGB basiert auf das Sachenrecht vom 16. 3. 2007 ohne dramatische Veränderungen. Aus

---

* 衷心感谢我的同人卜元石教授在提供中文文本翻译、中国法的德语文献以及提出重要建议方面的襄助。但对可能存在的任何不足之处,责任均由作者本人承担。

** 罗尔夫・施蒂尔纳(Prof. Dr. Dres. h. c. Rolf Stürner):德国弗莱堡大学教授。

*** 霍旭阳:德国弗莱堡大学法学博士。

Perspektiven der Prinzipien des Sachenrechts nimmt das chinesische Sachenrecht das unvollkommene bzw. hinkende Trennungsprinzip auf, das mit dem Abstraktionsprinzip unvereinbar ist. Sein Einfluss auf Verkehrsschutz kann nur durch anderen Institute modifiziert. Das chinesische Sachenrecht versucht auch die Absolutheit der dinglichen Rechten durchzusetzen, obwohl im Gesetzbuch noch „dingliche" Rechte ohne Drittwirkung gibt. Das chinesische Sachenrecht sieht Typizität und Numerus Clausus ausdrücklich vor. In der Kodifikation wird durch Ergänzung der neuen dinglichen Rechte z. b. Wohnungseigentum modifiziert. Das Publizitätsprinzip im chinesischen Recht wird dem im deutschen Recht wesentlich gleichgestellt. Nur die Gutglaubenswirkung (Gutgläubiger Erwerb) in China unterscheidet nicht Immobilien und Mobilien. Darüber hinaus ist die Unterscheidung zwischen formellem Grundbuchrecht und materiellem Sachenrecht in China noch nicht klargestellt. Letztlich beherrscht der Prioritätsgrundsatz das chinesischen Recht. Aber der Gesetzgeber kann zu keiner allgemeinen Vorschrift entschließen können, welche die rangbildende räumliche Reihenfolge der Eintragung nach dem Zeit-punkt des Eingangs anordnet.

Schlüsselwörter: Entwurf des SRG; Prinzipien des Sachenrechtes; Eintragung; Gutgläubiger Erwerb

一、中国物权法的发展及其在成型过程中的中国民法典的编纂状况

(一)中国《物权法》作为未来民法典中新物权编的基础

依照现有计划,中国将追随大陆法系的传统,将物权法以分编的形式整合到目前正在制定过程中的中国新民法典之中。[1] 针对此整合,目前正通过一份立法草案进行前期准备工作,草案仍以 2007 年 3 月 16 日的《物权法》为

[1] 针对目前的草案以及立法计划,参见 *Bu*, Einführung in das Recht Chinas, 2. Aufl. 2017, § 10 Rn. 6 ff., 8。

蓝本。[2]从现有的草案来看,立法者计划对现有的《物权法》作出部分重要修订。

(二)《物权法》若干条文的删减

共计11项条款将会被删除,[3]原因在于这些条款的内容将在筹划中的民法典其他分编中予以考虑,或者在立法者眼中,这些条款是冗余的。例如《物权法》第1条、第247条规定了物权法的目的及施行时间,这些内容在总体法典编纂中不再必要;其他删除的条款涉及物权法的基本概况,或者个别条款涉及物权法与其他法律领域的关系,因而最好在总则[4]中,或必要时,在与之相关的法律领域中予以规制。[5]个别情形下,一些重复的内容在《物权法》中仍有保留。[6]将来难以进行合理化论证的例外规则也被删除。[7]总体而言,这些都尚未构成重大的修订。

(三)新增加的条款以及法条编号的变更

同样,物权法编新增加的16个条款,也未从总体效果上带来重大变更。这些条款主要涉及共有制度的具体构建、共有人之间的关系和新增加的设定在农村宅基地所建住宅上的物权性质的居住权,以及除此之外对《物权法》现存规则

---

〔2〕 德文翻译见 *Zhou/Qi/Lohsse/Liu*,ZChinR 2007/1,78 ff。针对此法律已有文献参见 *Stürner*,Das neue chinesische Sachenrecht aus deutscher Sicht, in: *Bu* (Hrsg.), Chinesisches Zivil-und Wirtschaftsrecht aus deutscher Sicht,2008,3 ff.; *Hang Xu*,Entwicklung und Stand des chinesischen Grundstücksregisters, in: *Bu* a. a. O., 19 ff.; *Hongliang Wang*, Kreditsicherheiten nach dem neuen chinesischen Sachenrechtsgesetz, in: *Bu* a. a. O., 57 ff.; ferner *Bu*, Der gutgläubige Erwerb im chinesischen Sachenrecht-ein Beispiel für die Rechtsrezeption in China, ZVglRW 2009,307 ff.; *Bu/Werthwein*,Chinese Civil Law,Part IV: Property,2013,185 – 232; *Bu*,Einführung in das Recht Chinas,a. a. O., § 14。

〔3〕 删除的条款包括《物权法》第1条、第2条第2款、第3条、第5条、第7~8条、第65条、第178条、第188条、第190条、第246条和第247条。

〔4〕 比较参见《物权法》第2条第2、3款和《民法总则》第114条第2款及第115条,《物权法》第5条和《民法总则》第116条以及《物权法》第7条和《民法总则》第6~8条。《民法总则》的德语译文,参见 *Klages/Leibküchler/Pißler*,ZChinR 2017/3,208 ff。

〔5〕 例如,被删除的《物权法》第8、65、178、190、246条所展示的情况。

〔6〕 例如,《物权法》第6条以及保留下来的第9条、第23条及以下。

〔7〕 例如,《物权法》第188条。

的解释和小幅补充。新增加的条文[8]与对现有《物权法》条款的删除自然而然地共同导致民法典物权编条文编号的更改。为了避免混淆,在下文叙述中,除了使用《物权法》的原有编号以外,也会使用《民法典分则草案(一审稿)》中的新编号。

(四)最高人民法院针对《物权法》的司法解释

最初,最高人民法院仅针对物权法特定领域内[9]的已有法律问题制定解释规则,[10]但通过2016年2月22日发布的最高人民法院《关于适用〈中华人民共和国物权法〉若干问题的解释》(以下简称《物权法司法解释》),其制定了一系列处理广泛法律问题的规则。然而,最高人民法院并未以跨领域的体系化为基础,而是仅涉及依其自我判断、通过判决提供了成熟解决办法的领域。[11]展示中国物权法过去十年间的发展变化时,必须同时考虑这些规则。

(五)不动产登记法

《物权法》颁行后的10年内,中国于2014年11月24日发布的《不动产登记暂行条例》[12](以下简称《登记条例》)以及于2016年1月1日发布的《不动产登记暂行条例实施细则》[13](以下简称《登记条例实施细则》),对中国物权法的继续发展贡献深远。这两部法规首次实现了登记机构的统一化,并创设了统一的登记程序。[14]《物权法》第6条第1句,在《民法典分则草案(一审稿)》中作为第4条继续存在,以及《物权法》第10条第2款(《民法典分则草案(一审稿)》第6条第2款),以这些关于不动产物权设定、内容变更、转让和消灭登记

---

〔8〕 计划中的民法典草案物权编中的第15、59、71、73、77、101、117、131、139、152、159、160、161、162、206条和第207条。

〔9〕 例如关于2009年5月14日公布的《关于审理建筑物区分所有权纠纷案件具体应用法律若干问题的解释》和2009年5月15日公布的《关于审理物业服务纠纷案件具体应用法律若干问题的解释》;参见 *Bu*, ZChinR 2017/1, 23 ff. Fn. 3 及引证。

〔10〕 针对《立法法》第104条的权限,参见众多文献之一的 *Bu*, Einführung, § 4 Rn. 2 f。

〔11〕 此解释内容的概况及对其批判性认可,参见 *Bu*, ZChinR 2017/1, 23 ff。

〔12〕 德语译文,参见 *Klages*, ZChinR 2015/1, 59 ff。

〔13〕 德语翻译参见 *Groth*, ZChinR 2017/1, 34 ff。

〔14〕 针对《登记条例实施细则》的概况分析,参见 *Klages*, ZChinR 2015/1, 44 ff。

的法律规定为前提，而登记作为必要的公示载体，带有设权或有时具有维持优先权效果。通过这两个涉及登记体系的法案，立法者完成了其承担的任务。《物权法》第9条到第22条或《民法典分则草案(一审稿)》第5条到第19条仅包含不动产登记的基础规则及其功能。在《登记条例实施细则》颁布不久前，2014年9月在莱比锡举行的中德法治国家对话研讨会上还对此议题予以探讨，学者在分论坛的一般议题“现代经济下的土地法与土地登记法”下研究了当时几乎已经完成的立法草案，并提出了一些修改建议，而部分建议也得到了关注。

(六)本文的论述结构

本文意在展示《物权法》颁布后至中国民法典物权编草案制定之间，中国物权法发展的基本状况，并对所有现今已经颁行和起草的法规作为整体予以考量。只有这样才能获知一个有意义的全貌，因为这些所有不同的法律规定对《物权法》以及未来民法典的施行贡献至关重要。除此之外，立法并没有始终区分形式上的土地登记法与实质上的物权法，也并没有从法律内容角度固守形式上的法律与行政法规之间的位阶区别。通过这种方式，行政法规和司法解释不仅仅在执行严格意义上的法律，同时其经常超越其被限定的范围而在内容上补充法律，甚或是修改法律。下文的展示会试图避免陷入技术性细节的泥淖，而是以物权法的核心问题为基础，展示其进一步的发展。下一节将会讨论中国法在具体制度上对物权法基本原则的路径选择，即中国法对分离原则(Trennungsprinzip)与统一原则(Einheitsprinzip)、对物权的绝对性、对类型化与物权法定、对公示及善意取得的态度(章节二)。之后一节将会致力于探讨不动产登记制度的基本内容以及登记程序(章节三)。最后一节将关注优先原则及其在物权实体法与登记程序法中的体现(章节四)。

二、以重要的物权法基本原则评判物权法的发展

(一)统一原则与分离原则?

1. 概念解释

在使用统一原则与分离原则这两个概念前，最好先稍作解释，否则讨论会变得尤为混乱。

依照本文的理解，统一原则是指当事人之间仅存在唯一的合同，其会设定创设物权、支付价款的义务，同时也会在当事人之间产生所有权转移、创设或转

移物权的效果。法国法是此类形式的典型例证,设定物权的义务以及可能的对价义务和物权的转移均以此唯一的合同为基础,额外的事实行为,例如登记或占有仅是产生对抗第三人效力的必要条件。[15]法国民法典的此安排被日本法至今沿袭接受。[16]因为凭借唯一合同中的合意就可以获得所有权,统一原则也被称为"合意原则",这也许会导致误解,因为合意对任何类型的物权转移的设权性安排都是必要的。

众所周知,德国法采用了彻底的分离原则这一完全相反的模式,其区分仅设定请求权或义务的债法上的负担行为与转移物权的法律行为,后者一方面由合同合意("物权合同"),另一方面由实现权利转移的事实行为(登记或占有转移)构成。[17]

如果不存在两份合同,即一个设定债权的负担合同和一个转移权利的合同,而是仅存在一个同时设定债权和转移物权的合同,但是会在当事人之间区别负担合同和转移物权的效果,即权利转移是以额外的事实行为,即登记或占有转移为前提条件,那么这种安排会被称为"不完全的"或"不彻底的"分离原则。欧洲境内,这种安排或与之类似的安排主要存在于瑞士、奥地利、匈牙利、罗马尼亚、捷克、斯洛伐克[18]以及一定范围内的西班牙[19],其除了葡萄牙以外

〔15〕 法国《民法典》第711、1196条;需要注意法国《民法典》第1196条第2款的内容:"Ce transfert peut être différé par la volonté des Parties, la nature des choses ou par l'effet de la loi"。关于事实行为作为产生对抗第三人效果的必要性,参见法国《民法典》第1198条。但在实践中,发生于买卖合同之前的"promesse de vente",通常会导致负担行为与实施行为的分离(法国《民法典》第1589条及以下);关于此问题整体,参见 *Stürner*, DNotZ 2017, 904 ff., 909 ff.;另外,法国民法典改革前以其他条文编码显示的内容相同的权利,参见 *Baur/Stürner*, Sachenrecht, 18. Aufl. 2009, § 64 Rn. 8 ff., 87。

〔16〕 参见日本《民法典》第176~178、555、560条。

〔17〕 参见德国《民法典》第433、925、929条;参见 *Baur/Stürner*, Sachenrecht, § 4 Rn. 23; § 5 Rn. 1 ff, 40 ff。

〔18〕 针对不动产参见 *Stürner*, DNotZ 2017, 904 ff., 910 f. m. w. N.;针对动产参见 *Baur/Stürner*, Sachenrecht, § 64 Rn. 117 ff。

〔19〕 针对不动产参见 *Stürner* DNotZ 2017, 904 ff., 909 f.,以及 *Baur/Stürner*, Sachenrecht, § 64 Rn. 23 ff.;针对动产参见 *Baur/Stürner*, Sachenrecht, § 64 Rn. 99。

也在南美和中美州产生影响力。[20]

2. 将中国的解决办法认定为“不完全”或“不彻底”的分离原则

中国法律既没有接受法国法以及与之相同的日本法所采纳的纯粹的统一原则(合意原则),也没有继受德国法的完全分离原则,也即要求两个合同,即负担合同以及事实行为和物权合意,而更多是采用了“不完全”或“不彻底”的分离原则。[21]从《物权法》第9条和第15条,以及采用相同措辞的中国《民法典物权编草案》第5条和第11条可以明确地看出此点。仅存在一个关于设定、内容变更、转让和消灭物权的合同。如果附加上事实行为,此合同会产生权利转让的效果,针对不动产,事实行为是登记(《物权法》第9条或中国《民法典分则草案(一审稿)》第5条),针对动产则是交付或替代交付(《物权法》第23条、第27条或中国《民法典分则草案(一审稿)》第20条、第22~24条)。针对不动产,《物权法》第15条第2半句或《民法典分则草案(一审稿)》第11条第2半句明确规定,针对不动产,即便未办理权利变更的登记,合同依然保持有效,法律明确区分合同的债权和物权效力,债权效力不以登记为前提,而物权效力与登记共同产生。债权效力也允许要求合同另一方当事人共同提起权利变更申请,[22]因为可以从债权合同中导出相应的请求权。[23]

但是针对动产,法律则没有明确规定物权上的权利变更是如何具体实现的,因为缺乏与《物权法》第9条、第15条第2半句或《民法典分则草案(一审稿)》第5条、第11条第2半句相对应的条款,而是仅在《物权法》第23条以及《民法典分则草案(一审稿)》第20条提及,作为事实行为的交付是有效设定或转让物权的必要条件。但可以推论,与不动产类似,此时也需要一个合同实现

---

〔20〕 除买卖合同之外,巴西法律基本上要求转移物权时应有登记(不动产)和交付(动产)作为事实行为;关于“不彻底”的分离原则的此类形式,详见 *Stürner/Mafra Leal*, O Princípio da Abstracao e a Transmissao da Propriedade, in: Conselho da Justica Federal (Hrsg.), V Jornada de Direito Civil, 2012, 50 ff., 64 f。

〔21〕 针对以下,参见完全正确的论述:*Bu*, Einführung, § 14 Rn. 25 f。

〔22〕 关于共同提出申请的必要性,见《登记条例》第14条(形式合意)。

〔23〕 关于《登记条例实施细则》第27条第1款提到的、作为不动产物权登记基础的、因买卖、互换,赠与和以不动产作价出资义务而产生的民事诉讼,特别见《物权法司法解释》第1条第1句。

设定义务的效果,其共同与作为事实行为的交付产生物权效果,以及当另一方不主动交付时,可以提起要求交付的民事诉讼。

据此,中国法并没有承认以两个合同为存在形式的、完全的分离原则,那么将共同提出登记申请(《登记条例实施细则》第14条第1款)或交付(《物权法》第14条以及《民法典分则草案(一审稿)》第20条)时共同完成事实行为的必要性,解释为带有法律行为性质的物权合意的这种尝试也是无意义的,这种尝试意图在负担合同之外另外寻求独立的物权合意。因为双方共同提起登记申请仅是程序行为,[24]而交付则仅是通过具有自然性质的意思形成而构成的事实行为,[25]并不具备法律行为的性质。只要此交付的事实行为被间接占有而代替(《物权法》第26条、第27条或《民法典分则草案(一审稿)》第23、24条结合《物权法》第241条或《民法典分则草案(一审稿)》第249条),那么此带有法律行为性质的意思表示则指向创设间接占有的法律关系,[26]而非交付此动产。在这些示例中,如果在权利转移中承认额外的物权合意则过于牵强了。[27]

3. “不完全”或“不彻底”的分离原则与抽象原则的不兼容性

中国立法者选择了“不完全”或“不彻底”的分离原则,其仅认可带有债权效果以及与事实行为共同发生物权效果的统一合同,那也同时意味着立法者拒绝了抽象原则。如此,虽然中国法承认仅由一份唯一的合同和一项事实行为构成的交易中,债权和物权效果的分离,但并不认可独立于合同有效性的、物权意义上的权利变更。因为抽象性意味着从法律角度分离且区别两个合同——债权和物权合同的有效性,那么当物权合同不存在时,抽象性在中国法律体系中则没有作用。这同样也适用于有因原则,也即统一判断原因合同与物权合同有

〔24〕 参见 *Baur/Stürner*, Sachenrecht, § 16 Rn. 8,21 ff.,25 ff.。

〔25〕 *Baur/Stürner*, Sachenrecht, § 7 Rn. 17 f.

〔26〕 同样参见 *Baur/Stürner*, Sachenrecht, § 7 Rn. 30 ff.。

〔27〕 这看起来是正确的,尽管萨维尼在论证其分离和抽象理论时,将其与交付时以转移物权为指向的意思表示相关联;详见 *Astrid Stadler*, Gestaltungsfreiheit und Verkehrsschutz durch Abstraktion, 1996, 46 ff.,49 ff.。在中国立法者完全了解区分原因行为与履行行为的不同模式,并在长时间的讨论之后,而决定采用从国际层面而言被广泛采用的不完全的分离原则时,那么很难通过萨维尼以解释中国法的方式回到曾经的模式论证,因为现在中国法的措辞或多或少与之相反。

效性的学说，因为这一原则同样以存在物权合同为前提。因而，在中国法体系下，统一合同的有效性始终会在物权层面发生影响，同时，为排除对权利继受人的瑕疵影响，中国法则像许多采纳统一原则或"不完全"或"不彻底"分离原则的法律制度一样，需要通过其他制度，例如时效取得或善意取得而得以弥补。[28]

4. "不完全"或"不彻底"分离原则的例外处理有利于通过事实行为创设第三人效力的纯粹统一原则

在某些情况下，中国法完全或更倾向于接受日本或法国法的模式，将合同当事人之间物权变更的全部有效性完全与合同缔结相绑定，以便于仅将权利变更的对抗第三人效力与事实行为的实施相联系。例如土地承包经营权（《物权法》第127条至第129条或《民法典分则草案（一审稿）》第128条至第130条），地役权（《物权法》第158条或《民法典分则草案（一审稿）》第165条），或者是针对企业、个体工商户及农业生产经营者所有动产的抵押（"浮动抵押"）（《物权法》第181条、第189条或《民法典分则草案（一审稿）》第187、194、195条）。针对船舶、航空器和机动车，登记并非当事人间物权变动的必要条件，但是对于产生对抗第三人的效力则是必要的（《物权法》第24条或《民法典分则草案（一审稿）》第21条）。[29]但是也存在一些迹象表明立法者似乎希望废除这些例外，以便于形成统一的完整体系。因而中国《民法典物权编草案》删除了《物权法》第188条，其规定对生产设备、原材料、半成品、产品以及正在建造的建筑物、船舶、航空器和交通运输工具的抵押，自合同缔结时在当事人间生效，且登记仅在为对抗善意第三人时才是必要的（《物权法》第180条第1款第4～6项、第188条）。新创设的在农村宅基地用地上所建造的建筑物上设立的居住权（《民法典分则草案（一审稿）》第159～162条），已经要求在双方之间设定权利时就需登

〔28〕 正是这个不实用的法律后果，导致在英国和美国法中区分并抽象处理"权利转移"和"买卖"；参见 *Stürner*, DNotZ 2017, 904 ff., 916 ff. m. w. N.；类似文献，*Baur/Stürner*, Sachenrecht, § 64 Rn. 41, 53；关于美国，见 *Stadler*, Gestaltungsfreiheit, 517, 523 ff. m. w. N。可能中国立法者并没有完全考虑此点。在中国的讨论中将分离和抽象作为德国法的特殊之处来讨论，而忽略英国和美国的土地法，这是不对的；参见 *Bu*, Einführung, § 14 Rn. 28 f。

〔29〕 在这些情况则有疑问，为产生当事人之间的有效性，是否需要像处理所有动产时（《物权法》第23条或《民法典分则草案（一审稿）》第20条），将作为事实行为的交付视为必要条件。

记(《民法典分则草案(一审稿)》第159条第2款)。总体而言,进一步的统一适用是值得期待的,特别当这些不经登记的合同缔结的传统会导致未经深思熟虑的、不具备对抗第三人效力的权利变更时。

(二)物权的绝对性原则

1. 物权绝对性原则的实质与其带来的针对第三人的请求权

物权绝对性原则意味着,基本上任何与物权所有人没有特殊关系的第三人,都需要尊重并重视此权利。[30]由此可以特别推导出与此权利相联系的、由各种不同请求权所防护的法律保护地位。在德国法下有排除妨碍及不作为请求权(德国《民法典》第1004条第1款)[31]、侵害占有时的返还请求权(德国《民法典》第985条及以下)[32]、损害赔偿请求权(特别是德国《民法典》第823条及以下)以及对不当征收的保护和适当征收的补偿请求权[33]。同样,中国法也在努力将这些保护请求权审慎地法典化,并显示出其原则上与大陆法及德国法一样以物权绝对性为其出发点:排除妨害或者消除危险请求权(《物权法》第33、35条或《民法典分则草案(一审稿)》第30、32条)、恢复原状请求权(《物权法》第36条或《民法典分则草案(一审稿)》第33条)、无权占有时的返还原物请求权(《物权法》第34条或《民法典分则草案(一审稿)》第31条)、损害赔偿请求权(《物权法》第37条或《民法典分则草案(一审稿)》第34条)以及对不当征收的保护以及征收补偿权(《物权法》第38、42、44条或《民法典分编草案》第35、39、41条)。与德国法比较时,可以留意到,中国法并未明确规定针对持续存在的妨害危险或首次即将产生的妨害的不作为请求权,而是均通过消除危险请求权予以保护(《物权法》第35条或《民法典分则草案(一审稿)》第32条)。但两个法律体系下的实践操作应该会带来相似的结果。

2. 所有权人的处分和使用自由

中国立法者也保护所有权人基本的使用和处分自由(《物权法》第39、40条

---

〔30〕 在此意义上,参见*Baur/Stürner*,Sachenrecht, § 4 Rn. 3 ff。

〔31〕 详见*Baur/Stürner*,Sachenrecht, § 12 Rn. 1。

〔32〕 针对此在细节上颇为复杂的请求权及其附属权利和反对权,参见*Baur/Stürner*,Sachenrecht, § 11 Rn. 1 ff。

〔33〕 针对损害赔偿权和公权力征收及类征收侵害的详细概况,参见*Baur/Stürner*,Sachenrecht, § 13 Rn. 1 ff。

或《民法典分则草案(一审稿)》第36、37条),并与此相应地保护所有其他物权所有人的此自由(《民法总则》第114条)。然而,在动产以及尤其是不动产上,可以保留国家所有权和集体所有权(《物权法》第41条、第45条及以下,第58条及以下或《民法典分则草案(一审稿)》第38条、第42条及以下、第55条及以下)。特别是公民对归属于国家所有权或集体所有权的不动产的、可以转售的使用权,被构建为一种与所有权类似的、具有时限的权利(例如尤为重要的建设用地使用权,《物权法》第135条及以下或《民法典分则草案(一审稿)》第137条以下)。

3. 不具备对抗第三人效力的"物权"的独特性

如前所述,[34]只要所有权或其他物权的获取可以不以事实行为的完成(登记或交付)为前提,就在当事人间发生效力,但不产生对抗第三人的效力,那么则基本可以认为,这并不是以绝对性和对抗第三人效力为特征的物权取得,而仅是在当事人间产生效力的相对法律地位。对此点的批判还常常会涉及下列情况,即获取的法律地位只是不对善意第三人发生效力,但对恶意第三人则有效。即便如此,当事人所获取的法律地位的效力强度也会因此而大幅削弱,并会被难以判断的主观因素所影响。此批判也适用于物权的法国模式,特别是针对设有优先权的担保权利时——例如抵押权,这种批判尤为合理,因为此担保权利的核心特点就是针对第三人的优先特权。当代可以迅速完成各种电子登记,这又带来质疑——因未登记而不能产生对抗第三人效力的物权是否还符合时代发展,其带来的混乱是否会远超过其实用性。

(三)物权的类型限定和物权法定

1. 法律确定的基本原则

在几乎所有大陆法系国家都或多或少被认可的物权类型限定和物权法定原则要求,涉及物权法律行为的合同自由和意思自治仅仅以合同缔结自由为限,法律不会或者很少会赋予当事人针对合同内容的构建自由。而在更多情况下,会由法律规定物权的内容,并且当事人不能创设立法者未规定的物权新类型。[35] 中

[34] 参见上文B. I. 4。

[35] 关于此原则及其法律政策上的功能,详见*Kern*,Typizität als Strukturprinzip des Privatrechts,2013,insbes. 35 ff.,67 ff.,111 ff.;*Baur/Stürner*,Sachenrecht,§ 1 Rn. 7;etwas ausführlicher *Stürner* AcP194 (1994),265 ff。

国法明确将此原则确定在法律条文之中,但以后仅在《民法总则》第116条中规定,而非在民法典物权编之中,因为至少就目前的草案来看,《物权法》第5条被删除,而由措辞完全一致的《民法总则》第116条所代替。在德国民法典中未明确提及类型限定和物权法定,但德国《民法典》第137条的条文明确表达了此原则:物权处分权不可通过附物权效果的法律行为而有效限制或排除(德国《民法典》第137条第1句),因为这将会变更物权的内容,并常常会产生不曾由法律规定的物权。

2. 类型化、分离原则和信托担保

但在德国法下,物权人可以从债法层面对另一方合同当事人承担不得或不得以特定方式处分物权的义务(德国《民法典》第137条第2句)。如果物权人违反此协议,即将或已经处分物权,那么此约定的另一方当事人享有不作为和损害赔偿请求权,但此权利处分对第三人而言仍基本是有效的,尽管物权人违反了相对性的债权义务。此完全贯彻的分离原则允许德国法区分物权和债权的法律地位,并因此可形成基于信托的所有权和权利人关系,而同时不直接违反类型限定要求。这允许德国法可以构建管理信托(非自益信托)和担保信托(自益信托),其具有与被担保的债权仅通过合同(带有"抽象"担保权的担保合同)相关联的担保权利,而非通过法律直接规定(附属的担保权)。[36]在类似法国、中国或日本的法律体系下,通过一个统一合同来同等地构建债权和物权,那么是几乎不可能通过无断层的构建而实现一项具备物权性质的、绝对的,但又可以通过债权进行限制的完整权利的。这也解释了,为什么在这些法律体系中,不同时创设物权所有权的法定特殊形式,[37]而直接创设信托担保是尤

---

〔36〕 关于构建基于信托的担保权利和基于信托的让与合意与权利人关系,参见*Baur/Stürner*,Sachenrecht, § 3 Rn. 32 ff. ,34。构建信托担保时做出了并不完全适合体系的让步,此让步是在变价前对担保人财产的责任法上的分配,而其主要与物权归属划分不协调。

〔37〕 这也是为什么基于信托的担保权思路未能在中国取得突破的原因,其就像此前的法国一样,需要一个明确的法律依据;关于中国法律状况,参见*Bu*,Einführung, § 14 Rn. 69;富有启发性的文章,参见*Meiying Fu*,Abstrakte Sicherheiten in China und Deutschland,2017,316 ff. und vorher passim。

为困难的。[38] 长久以往的问题则是,中国基于经济活动所必需的灵活性,是否确实需要追随法国的模式,法国虽然面对实践中的构建前提和困难,仍在长期踌躇后迈出了这一步。民法典物权编中就像以前的《物权法》一样,目前并没有进展。

3. 通过扩充内容构建而实现的物权类型化进展

在过去近十年中,中国法在一些重要的制度上显示出了增加内容规制的趋势,并由此加强了物权类型化。

(1)住宅所有权

在建筑上设立的、与房屋专属所有权相联系的共同所有权,也即中国的住宅所有权或建筑物区分所有权,已经在《物权法》第 70 ~ 83 条中得以详细规定。[39] 中国《民法典物权编草案》第 66 ~ 82 条中保留了重新调整法条编号的规定,同时对其作出重要补充,这涉及满足所有权人对车库和车位的需求(《民法典分则草案(一审稿)》第 71 条)、业主大会决议的必要多数决(《民法典分则草案(一审稿)》第 73 条)以及利用共有部门产生收益的分配(《民法典分则草案(一审稿)》第 77 条)。

(2)出售共有份额时的优先购买权

考虑到共有的广泛适用性(《物权法》第 93 ~ 105 条或《民法典分则草案(一审稿)》第 92 ~ 105 条),出售共有份额时,其他共有人享有的优先购买权在实践中发挥着重要作用,此权利也是新增加的《物权法》第 101 条或《民法典分则草案(一审稿)》第 101 条的补充调整对象,其主要规制了通知的及时性和多位共有人同时行使权利的情形。同样,《物权法司法解释》第 9 ~ 14 条也调整了共有权人的优先购买权:通过继承获得共有份额时,其他共有权人不享有优先

---

〔38〕 关于近些年前法国法创设的"fiducie sûreté"以及其"分娩镇痛"和法理学难题,特别参见 *Fix*, Die fiducie sûreté, 2014, 44 ff. und passim; *Crocq*, Propriété et guarantie, 1995, Rn. 106 ff.; *Stürner*, DNotZ 2017, 904 ff., 932 m. w. N.; 关于日本法下担保转让,参见 *Stürner*, Deutsche öffentliche Pfandbriefe und japanische Deckungswerte, 2006, 49 ff., 包括自 1912 年起始的超越现行法或与现行法相冲突的司法法律续造。

〔39〕 概况参见 *Bu*, Einführung, § 14 Rn. 38 ff.; 详见 *Pißler*, Wohnungseigentum in China, 2012; 与此相关的论述,参见 *Bu*, RabelsZ 77 (2013), 883 ff., 其中着重探讨了与德国《住宅所有权法》的重要区别。

购买权;确定了与享有优先购买权的共有权人签订的合同“同等条件”的内容;具体化行使优先购买权的“及时性”;排除了行使优先购买权时的变更或解除合同的后果;排除将共有份额转让给共有权人时,其他共有人的优先购买权。《物权法司法解释》第14条对应未来《民法典分则草案(一审稿)》第100条(如今《物权法》第101条),由此,如果此条款在民法典物权编草案中得以保留,那么最高人民法院的司法解释将被提升为形式意义上的法律。总体而言,共有权人优先购买权的示例恰好显示出中国法律目前尚未能达成保障法律交易所必需的法律规制密度,而这需要通过对物权——此处是共有,进行类型化而实现。

(3)预告登记

依目前的计划,《物权法》第20条也将被作为《民法典分则草案(一审稿)》第17条,不做变更地被纳入民法典物权编,其规定了通过预告登记来保障将来实现的、不动产上的权利变更。预告登记的前提条件是,当事人达成将来进行权利变更的协议,并同意通过预告登记以保障实现。但与德国法下的预告登记不同,在预告登记权利人同意之前,此预告登记会全面地排除登记机构的登记以及原权利人后续的处分可能性,而在德国法下,预告登记仅会使后续违反约定的处分行为对预告登记权人而言相对无效。[40] 但是,如果预告登记权人没有及时提出登记申请,中国法下的预告登记,会在能够登记已经预告登记的权利变更之时起3个月后丧失其效力,此外预告登记也会因当事人共同完成登记而导致要求权利变更的请求权消灭。此条简单的法规现在由《登记条例实施细则》第85条至第89条予以补充,其详细规制了多种细节问题:将不动产预购合同、购买合同或其他设定抵押权的相应合同作为前提条件;明确描述了不予登记的效力及其终止;并详细列明了不同登记情形下所需的登记文件。通过在短期内排除登记以临时保护预计中的权利变更有效性的思路,在其他法律体系下也并不陌生。[41] 其常常仅具有登记法的功能,并附有短期的担保效果,且并不像德国法的预告登记一样,是一种能够将未来债权请求权予以长期物权化的形式。

---

〔40〕 参见 *Baur/Stürner*, Sachenrecht, § 20 Rn. 33 ff。

〔41〕 意大利关于有时限限制(art. “trascrizione di contratti preliminari”)的登记(art. 2645 – bis CC);另外英国法下的单方通知[sec 35, 36 (3) Land Register Act 2002 und Land Registration Rules 2003 Nr. 86]。

(四)公示与善意取得

1. 公示原则的三类效力形式

依据德国法,公示与三类效力密切相关:转让效力、推定效力以及善意效力。[42] 所有这三类效力都或多或少地以各种形式在中国法下有所体现。如同前述,[43] 中国法与德国法类似,通常都以当事人之间或针对第三人完全有效的物权转移、债权合意以及公示承载的转移为前提条件。针对不动产,这通常是指在不动产登记机构的登记,而针对动产则是指占有转移,也即不动产的受让者需要登记其不动产权利,而动产受让人则需取得占有(《物权法》第9、23、25~27条或《民法典分则草案(一审稿)》第5、20、22~24条)。例外情形下的特殊状况,本文已经有所涉及。[44]

可推翻的、对实体物权所有权的推断与公示承载的所有权联系在一起,《德国民法典》第891、1006条对此予以规制。同样,中国法也通过《物权法》第16、17条或《民法典分则草案(一审稿)》第12、13条,针对不动产达成了类似的规定。但对于动产,则没有相似的规定。就"善意效果"而言,德国通过其《民法典》第892、893条以及第932条至第936条与中国通过《物权法》第106条第1款第2句和第3款、第108条或《民法典分则草案(一审稿)》基本达成了相同的调整模式。中国法律在此尤为值得细致地关注分析,特别是《物权法司法解释》更加详细地修订了正式成文法中的规则。

2.《物权法》及筹划中的中国民法典物权编中当前及未来的条款

最初,中国形式意义上的成文法在《物权法》和筹划中的民法典物权编中,仅以唯一一条规定调整善意取得,也即《物权法》第106条第1款,而且是同时规制动产和不动产。无论如何,此条法规至少为善意取得制度设定了基本框架,然而,同时也在很大范围内引发重要疑问。《物权法》第107条第1句和第108条或《民法典分则草案(一审稿)》针对动产制定了相应的规则,而这些特殊情况在不动产中不会出现。

(1) 第一个基础前提是受让人的善意(《物权法》第106条第1款第1项或《民法典分则草案(一审稿)》)。如果受让人知道处分人无权处分,也即具有积

---

〔42〕 参见 *Baur/Stürner*, Sachenrecht, § 4 Rn. 9 ff。

〔43〕 参见上文 B. I. 2。

〔44〕 比较参见上文 B. I. 4。

极的恶意,那么其不能主张善意。但因过失而不知道无权处分是否符合此要件,以及针对动产和不动产是否适用相同规则,法律并未给出答案。除此之外,以何种标准主张善意,即仅以知晓处分人的所有权为判断标准,还是以虽没有所有权但有处分权来判断善意即可;以及知晓(或因过失而不知晓)权利人的处分限制是否会排除善意,对这些问题也没有明确的解释。另外,法律也没有明确规定判断善意的具体时间点。

(2) 第二个基础前提是公示承载转移至受让人(《物权法》第106条第1款第3项或《民法典分则草案(一审稿)》),即针对不动产,其被登记于不动产登记簿,针对动产,其已经按照法律规定通过"交付"而获得占有。当取得登记不具有设权效果的不动产时,以及获取需经过登记才具备对抗第三人效力的动产时,则依然存在不明晰和荒谬之处。[45]以占有转移作为公示承载要件,但占有的移转并非通过交付完成时——例如受让人仅是间接占有或处分人依然保留间接占有,法律也并未涉及其中的细节问题。这将会产生相关的法律问题,而德国法在其《民法典》第932条第1款第2句、第933条、第934条对此予以调整。

(3) 中国法规定的第三个基础前提是存在合理的交易价格(《物权法》第106条第1款第2项或《民法典分则草案(一审稿)》)。由此,两类截然不同的类型将会被排除在善意取得之外:一是善意受让人的无偿取得,[46]二是以可疑的过低交易价格,二者不可反驳地推断受让人的恶意。

(4) 第四个基础前提则是,在善意取得动产时,动产不得是非基于占有人之意而丧失占有(《物权法》第107条第1句或《民法典分则草案(一审稿)》)的情形,但当时中国立法者在《物权法》草案中谈及的是"被盗窃"和"被抢劫"的物品,[47]并在其后错误地规定成"遗失物"。然而,这个奇怪之处至今也未得以修正,并且民法典物权编起草也没有利用此次修正的机会。最后,《物权法》第108条或《民法典分则草案(一审稿)》也规定了对动产的无负担的善意取得,这

---

〔45〕 与此相关的示例,参见上文 B. I. 4.;针对《物权法司法解释》中的解决办法,参见下文 c (2)。

〔46〕 德国法通过不当得利返还来处理此类不具有保护利益的案件类型(《德国民法典》第816条第1款第2句)。

〔47〕 参见此处所使用的德语译文的第36项说明。也将此解释为"丧失占有"的文献,同样参见 *Bu*, Einführung, § 14 Rn. 52。

在设定了具有对抗第三人效力的负担的不动产上是不可能存在的，因为这类负担都会经过登记。

3. 最高人民法院司法解释中的漏洞填补和澄清

考虑到如此众多的疑问，那么《物权法司法解释》以第 7 条规定及其详细的条文来关注善意取得，这也是必然的结果。在此可以确认，《物权法司法解释》仅针对部分、而非全部问题，提供了明确的答案。

（1）最高人民法院司法解释的澄清和留存的疑问

首先，最高人民法院的解释明确排除了重大过失时的善意取得，并且没有区分对动产和不动产的适用（《物权法司法解释》第 15 条第 1 款）。在此条款中也规定，善意取得的规则既适用于买方作为权利所有人的情形，也适用于其拥有处分权的情况。但是，仅通过唯一的条文，十分精简地澄清多个对于法律交易而言至关重要的问题，这依然并不令人满意。判断善意的重要时间点，对于不动产而言，应该是权利受让的完成，通常情况下是具备设权效力的登记完成时；针对动产，合乎逻辑的时间基本上是交付之时（《物权法司法解释》第 18 条及以下）。但对于船舶、航空器和机动车，其对抗第三人的效力以登记为基础（《物权法》第 24 条或《民法典分则草案》第 21 条），也作出了澄清，判断善意的关键时间点是交付时；但对于不动产而言，登记仅仅是例外地产生对抗第三人的效力，而并非在双方当事人间产生受让效力的必要条件，这种情况下判断善意的时间点则仍未明确。[48] 如果此处也遵循动产下严格的语义解释，那么在这些情况下，合同缔结后交付的时间点对于不动产而言也和动产一样至关重要，但这仅仅对不动产买卖有意义，而不适用于没有使用权限的负担设定。针对这两种情况，解释中建议的解决办法似乎并不是必然正确的，因为善意取得更应该被视为此前受让的对抗第三人效力的一种形式，因而将其与对抗效果的产生相关联则更符合逻辑。此处可以看到立法者在例外情况下做出让步，反而会导致并不容易避免的复杂化。

（2）对将交付作为公示承载的细化

针对《物权法》第 25 条至第 27 条或《民法典分则草案（一审稿）》第 22 条至第 24 条中规定的特殊情况，即通过转移占有作为公示承载时留存的不清晰之处，最高人民法院试图通过《物权法司法解释》第 18 条第 2 款予以澄清。针

〔48〕 与此例外示例相关内容参见上文 B. I. 4。

对受让人已经合法占有的情况(《物权法》第 25 条或《民法典分则草案(一审稿)》第 22 条),解释将构成善意取得所必要的占有转移的时间点确定为缔结有效合同的时点;而在转让对第三人的返还请求权的情形下(《物权法》第 26 条或《民法典分则草案(一审稿)》第 23 条),以有效转移返还请求权的时间点为准。解释没有涉及因而依然不明晰的则是针对《物权法》第 27 条或《民法典分则草案(一审稿)》第 24 条的解决办法(占有改定),德国法下并不允许未获得直接占有时的善意取得。但因为中国法下没有其他特殊的规定,则可以假定,在这种情况下,中国法也认为交付是指获取直接占有,所以由此而言,看起来也与德国的解决办法相同。但无需额外解释,最高人民法院针对受让人已经占有和转让返还请求权时采用的解决办法与德国法(《德国民法典》第 932 条第 1 款第 2 句及第 934 条)并非完全一致。

(3) 对恶意的细化及批判

最高人民法院在其解释中通过无数的提示,对澄清其他可以料想到的存疑问题作出了贡献。其制定了正确的证据规则,即(被假定的!)真实权利人承担证明所谓的权利受让人不具备善意的证明责任(《物权法司法解释》第 15 条第 2 款)。最高人民法院也正确地列举了可以证明缺乏善意的细节:针对不动产,受让人明知登记的转让人并非权利主体,或者知道他人的权利受让未经登记(《物权法司法解释》第 16 条第 1 款第 4、5 项);针对重大过失情形,试图基于个别化的事实情况制定一个“应当知道”的表面证据规则(《物权法司法解释》第 16 条第 2 款);动产受让时,基于交易的对象、场所或者时机等不符合交易习惯而认定重大过失(《物权法司法解释》第 17 条);判断交易价格合理性的重要依据(《物权法司法解释》第 19 条)。但是,针对不动产权利的恶意取得,以我的观点判断,最高人民法院也列举了一些具有误导性的阻碍受让的情形,其实际上应与受让人的知情无关地被适用或排除适用:已经登记的异议或未经预告登记人同意变更时的预告登记;已经登记的有权机关的查封或者其他已经登记的处分限制(《物权法司法解释》第 16 条第 1 款第 1 项至第 3 项)。因为此处涉及的是登记这种公示产生的客观限制,其直接由公示承载自身所体现。总体而言,中国法下的善意取得并不取决于受让人对登记内容到底是否知情;[49] 否则的话

[49] 与德国法相关内容参见众多文献之一的 *Baur/Stürner*, Sachenrecht, § 23 Rn. 32; BGHZ 104,139,143。

则需要一直审查,对登记的信赖与受让二者之间是否有因果关系。上文提及的情形中,对善意取得的排除并不取决于受让人任何的知情或不知情,因而也无需对其主观状态进行考察。《德国民法典》第 892 条第 1 款第 1 句中提到,土地登记簿的内容“被假定是……正确的”,中国法的法条措辞虽然与此类似,但并没有如此明确:《物权法》第 16 条第 1 句或《民法典分则草案(一审稿)》第 12 条第 1 句提到:不动产登记簿是物权归属和内容的根据,这也支持了上述解释。在上述讨论的情形中,由土地登记簿可以得知,受让人法律地位的归属和内容不能有效地正当化其处分行为。因此,与最高人民法院的态度相反,对受让人知情的任何推断和拟定都不是必需的。[50]

(4) 受让合同的有效性——澄清善意取得的一项重要前提条件

最高人民法院在解释善意取得前提条件时的一个重要贡献则是说明,善意取得的相关法律规定仅会补正作为受让基础的统一合同上需要进行登记的、与出卖方权限有关的和与被转让权利的内容有关的瑕疵,而并非通过登记描述此权利。此合同也需要满足所有其他的有效要件。在此,《物权法司法解释》第 21 条列举了值得关注的重要瑕疵,但根据解释的实质和目的,此列举不应是排他列举,而应理解为是示例性的。受让人获得的法律地位仅是在土地登记簿内容正确时,其应该获得的法律地位。[51]

三、中国的不动产登记体系

(一)法律框架

《物权法》仅以其第 9 条至第 22 条涵盖了登记制度、登记机构和实体权利与物权登记间关系的基本条文。根据目前的计划,这些条文大部分会被中国《民法典》物权编作为第 5 条至第 19 条所承继。《登记条例》的颁布完成了《物权法》第 10、246 条确定的相应任务。对土地权利进行登记的制度,在一定程度上延续了《登记条例》颁行之前就已由来已久的传统,其明显特征是登记权限的分割和各类地方登记法律的并行。新的条例使得机构组织和登记程序得以统

[50] 关于中国最高人民法院的构想,参见 *Bu*,Einführung, § 14 Rn. 48。

[51] 参见 *Baur/Stürner*,Sachenrecht, § 23 Rn. 40,中国最高人民法院的解释可以是在教科书中进一步详细探讨此问题的原因。

一。以下的论述只能非常简短地探讨一些基础问题,并只能例外地考虑一些已经在《登记条例实施细则》的详细施行法规中予以涵盖的细节问题。

(二) 有权机构及其组织以及司法保护

对登记簿或土地登记簿的管理由国务院国土资源主管部门以及县级以上地方人民政府确定的不动产登记机构来负责指导和监督(《登记条例》第6、7条)。其作为行政机构层级之内的管理部门。在欧洲大陆国家,[52]不动产登记机构是作为非诉管辖的组成部分而设置于法院内部,并由具备类似法官独立性的司法人员所维护,或者其依照罗马法传统,作为行政机构的一部分,但作为"抵押保护人"、"登记人"或"保护人"(conservateurs des hypothèques, Registradores, 或 Conservatores)享有独立的特殊地位,或者在一定程度上作为财政意义上的"收费机构"(Gebührenbeamte)。在受到社会主义影响的国家,不动产登记机构在大多数情况下都归属于行政机关。针对所有不同情形,其核心内容都是对登记机构所作出决定的司法控制,依据作出决定的机构管理者独立程度的不同,这会直接导向法官审查,或需要先在其行政机构层级内部进行审查或改善。在中国似乎并不存在土地登记人员的特殊独立性,而是更强调法律对登记机构的约束、登记机构的资质、机构监管以及在损害情形下登记机关的首要赔偿责任(《物权法》第10条、第12条及以下或《民法典分则草案(一审稿)》第6条、第8条及以下;《登记条例》第11条、第29条及以下)。同时,司法救济途径也并不明确,针对登记事宜的民事和行政救济[53]似乎同时存在[54],但是考虑到中国的统一司法审判,[55]这也并不必然会给公民带来特别的困难。

(三) 土地登记簿或登记机构的构建

依据《登记条例》第8条,需要以不动产单元为基本单位进行登记。登记分类以不动产单元为基础,并且每一土地单元都有一个特殊的卷册。由此,针对某一特定土地的登记簿依照相关法律事实,由一卷土地所有权、一卷建设用地使用权、一卷对在建建筑物的所有权构成。当对这些权利设定抵押、地役权或与各项权利有关的、已经存在的预告登记、异议或查封时,将会添加额外一页登

[52] 概况参见 *Stürner*, DNotZ 2017, 904 ff., 914 f. m. w. N。

[53] 与民事诉讼的区别主要存在于前设的异议程序(*Bu*, Einführung, § 9 Rn. 2 ff.)。

[54] 参见《物权法司法解释》第1、2条。

[55] 参见 *Bu*, Einführung, § 3 Rn. 3。

记至相应卷册。[56]土地登记簿的构建恰恰反映了中国不动产法的复杂结构，这是因国家所有权和集体所有权的存在而导致的。立法者要求采用电子介质进行登记，但同时要求备份，并且要求唯一的、确定的纸质转化形式的规定是巧妙的（《登记条例》第9条）。

（四）登记程序的基本状况

因合同导致的权利变更，登记程序以双方当事人共同提起申请为前提条件（形式合意）；因继承导致权利变更时，前提条件为法院或行政机关的决定；涉及更正要求（《物权法》第19条或《民法典分则草案（一审稿）》第16条第1款）时，单方申请即可（《登记条例》第16条）。当事人或者其代理人应到不动产登记机构当场提出申请（《登记条例》第15条），并应展示身份证明和构成交易基础的文书（《登记条例》第16条）。当满足受理的形式要件时，不动产登记机构以书面形式做出决定，并可以要求补充或更正资料（《登记条例》第17条）。存在疑问时，不动产登记机构享有广泛的形式和实质审查权，其甚至包括视觉检查，以便于确保文件与事实情况的一致。值得关注的一点是，不动产登记机构可以在当事人之间或当事人与第三人之间存在权属争议时候，开展调查，并可以在调查结果不理想时拒绝登记申请（《登记条例》第22条）。更正申请没有被接受时，申请人可以提出异议登记申请，但需在登记后的15天内提起诉讼（《物权法》第19条第2款或《民法典分则草案（一审稿）》第16条第2款）。不动产登记机构享有十分广泛的审查权并承担广泛的审查义务，并且似乎程序耗时较长。如果在提交申请时有受训良好的公证员予以协助，那么事实上会有很大的帮助。[57]对于大陆法系的观察者而言，中国过于强调将不动产登记机构设置至行政机关的层级之中，而不动产登记机构本身应是具有强大影响力的司法机构，中国应赋予不动产登记机构更多的独立性，并且其应仅受司法审查。

（五）查询权

与德国法类似，土地登记簿仅有限地针对"权利人和利害关系人"公开（《物权法》第18条或《民法典分则草案（一审稿）》第14条），其可以要求查询、

〔56〕 对已公开的登记模板的介绍和展示，参见 *Klages*, ZChinR 2015, 44 ff., 48, und *Bu*, Einführung, § 14 Rn. 30 ff。

〔57〕 参见 *Bu*, Einführung, § 14 Rn. 31 a. E。

复制登记材料。[58] 利害关系可以因不动产交易、继承、诉讼而产生(《登记条例实施细则》第97条第4款)。[59]除此之外,登记机构有保密义务。[60]

四、优先原则

优先原则在物权法整体内都贯彻适用,其保证物权的在先受让优先于其后的受让,并且先产生的担保权利在变价时优先于其后产生的担保权受偿。[61]在德国法下,此原则也与中国法(《物权法》第199条第1项或《民法典分则草案(一审稿)》第205条第1项、第206条和第207条)一样得以实现,但是并没有完全显示出其基本特征。[62]针对所有已经登记的物权,其优先性需要通过登记体现,并且由于此关联,与此相关的问题则在探讨登记制度后予以讨论。起初,中国法(《物权法》第199条第1项或《民法典分则草案(一审稿)》第205条第1项)仅针对抵押权达成一项条文,而针对其他质权则至今依然没有相关规定,因为人们相信,占有质权能难以从法律角度在同一件物品上构成多项质权,或者从实践角度来看也很少见。[63]与此相反,中国法将在未来调整质权与抵押权、质权与留置权之间的优先关系(中国《民法典分则草案(一审稿)》第206、207条),并由此填补了重要漏洞。就不动产登记的相关法律而言,优先原则在很大程度上受下列因素影响:登记申请中是提交登记的时间点还是登记完成的时间

[58] 参见《登记条例》第27条第1款,但其在第2款中赋予有关国家机关在与处理事项有关的范围内相同的查询权限。《登记条例》第28条要求说明查询目的,且在使用资料时不得用于其他目的。

[59] 关于查询权的其他具体内容,参见《登记条例实施细则》第94~102条。

[60] 特殊情况下对登记申请作出公告的情形,见《登记条例实施细则》第17条。

[61] *Baur/Stürner*, Sachenrecht, § 17 Rn. 1,7; § 36 Rn. 72; § 55 Rn. 3,7,45; § 56 Rn. 9; § 59 Rn. 53 ff.

[62] 德国教材在探讨基本原则时并未着重强调此原则,而仅是顺便提及,这可能与强制执行法的整体关联有关;比较参见 *Baur/Stürner*, § § 1-5 以及其他已经给出的参考。

[63] 同样参见 *Baur/Stürner*, Sachenrecht, § 55 Rn. 7,17; 参见 *Bu*, Einführung, § 14 Rn. 10 ff.,92。

点更为关键,或者登记机构至少是否需承担按照登记受理顺序完成登记的义务。[64] 对优先性而言,中国法以登记完成的重要性为出发点,但至今明显未达成任何广泛适用的、确定递交申请顺位的规则,尽管在《登记条例》的草案中曾在第18条第2款作出相应的规定。[65] 与此相反,现在《登记条例实施细则》第67条中针对抵押权,有相应的规定,其依据受理时间的先后顺序来确定顺位。这条规定应该被广泛适用于与所有登记之间的相互关系中。缺乏类似规定时,将会存在以无序、恣意和操控而伪造优先性的危险,并带来影响广泛的后果。

五、结　语

总体而言,中国物权法正走在改善可靠性、提高经济效力和法律确定性的积极道路上。担保与善意取得的相关法律可以通过抽象担保予以改善,换言之,可以通过合同构建灵活的附属担保,以及引入示权和设权登记来实现。对物权法规则的体系化也在稳步前进,尽管还有很多针对个别情形的条文或例外规则存在,其在实践中容易引发错误,并且其公正性很容易受到质疑。但是,这个现象有可能也是百年来传统的社会化和文化的表现形式,其在共同生活中更多以妥协和平衡为准则,因而不能过多地达成明确的是或否,但这同时也会带来优势,虽然这些优势在物权法中需要强烈的形式秩序功能的规制领域里,并不应该特别重要。

---

〔64〕 关于德国法,特别参见 § § 13,17 und 18 GBO; 关于法国法下依据 Art. 2200, 2201 Code Civil 和 art. 31 Décret No. 55 – 22 du janvier 1955 portant à la réforme da la publicité foncière i. d. F. vom 24. 3. 2006 进行受理登记和登记受理对权利顺位的意义,参见 *Wagemann*, Funktion und Bedeutung von Grundstücksregistern, 2002, 20 f.(针对未经修订的旧法)。

〔65〕 关于此问题以及在中德法治国家对话论坛下的讨论,特别参见 *Klages*, ZChinR 2015, 44 ff., 50。

德意志法学家

约瑟夫·格奥尔格·沃尔夫著　周万里　张焕然译　弗朗茨·维亚克尔的生平与著述

中德法学论坛
第 16 辑・下卷,第 153 ~171 页

弗朗茨・维亚克尔的生平与著述*

约瑟夫・格奥尔格・沃尔夫**著　周万里　张焕然***译

弗朗茨・维亚克尔(Franz Wieacker,1908—1994)作为法学家和法史学者,丰富了关于现行法的法教义学和法律理论;他奠定了欧洲私法史的基础并塑造了它的结构;他对罗马法的全部历史事实都做了全面的发掘。

---

* 本文译自《门生眼中的 20 世纪德语区民法学家》[*Joseph Georg Wolf*, Franz Wieacker (5. August 1908 - 17. Februar 1994), in: *Stefan Grundmann/Karl Riesenhuber* Deutschsprachige Zivilrechtslehrer des 20. Jahrhunderts in Berichten ihrer Schüler, Bd. 1, Berlin 2007, S. 72 - 86],原文无小标题和脚注,为了便于读者理解和查找原文,译者在正文中增加了小标题,并在脚注中添加了若干原著信息和必要的说明文字。关于维亚克尔的生平与作品简介,亦可参见[意]保罗・格罗西:《弗朗茨・维亚克尔:我们时代的伟大的法学家》,宋晓庆译,载徐涤宇、[意]斯奇巴尼主编:《罗马法与共同法》(第 4 辑),法律出版社 2014 年版,第 223 ~ 237 页。——译者注

本文以下脚注均为译者注,不再一一注明。

** 约瑟夫・格奥尔格・沃尔夫(Joseph Georg Wolf,1930—2017):生前系德国弗莱堡大学法学院荣休教授。本文是作者 2007 年 2 月 1 日在柏林洪堡大学大学所做的报告。报告的大部分内容源自作者 1994 年 11 月 19 日在哥廷根举办的学术纪念会上的发言(*J. G. Wolf*, Die Gedenkrede, in: In memoriam Franz Wieacker, Akademische Gedenkfeier am 19. November 1994 in Göttingen, 1995, S. 17 - 42)。

*** 周万里:德国波恩大学法学博士,研究方向为商法、经济法和法学方法论;张焕然:德国波恩大学博士研究生,研究方向为民法基础理论、私法史和法学方法论。

一、生平简介

1908年8月5日,弗朗茨·维亚克尔出生在什切青旧城(Stargard in Hinterpommern)[1]。他与出生地后来没有更多的关系。他的父母并非特意找到这个地方:父亲作为年轻的普鲁士法官被任命到当地工作。之后,因为父亲离开法院到普伦茨劳(Prenzlau)担任第一任市长,全家人都离开了这里,移居到普伦茨劳。1912年1月,父亲想要参选帝国议会的议员,可就在选举前,一起严重的车祸迫使他离开公职机关,成为一名律师。后来,一家人搬到兰河河畔的威尔堡(Weilburg a. d. Lahn),在这个风景优美的小城,维亚克尔度过了真正属于他的童年。

维亚克尔就读文理中学时,由于父亲在施塔德(Stade)重新开始了法官职业,一家人又得再次搬家,来到这座易北河下游的城市;之后,父亲又在策勒待了一阵子,最后以施塔德地方法院院长的身份结束了法官生涯。对维亚克尔来说,施塔德成了他的故乡:在易受影响的青少年时期,这里的风景和人文深深地塑造了他的感性世界。即便年岁已高,维亚克尔最爱的消遣仍然是回到那个有着海岸风景的小城度假。1926年,他在这里通过高中结业考试。在最后几年的高中学习时光里,策勒增进了作为北德人的维亚克尔对高雅的、有修养的并且重视教育的城市社会经验的自我认知。

高中毕业时,维亚克尔只有17岁。非同寻常的天赋在其早年就已经表现出来了,可以说他完全就是个“神童”。回首过去,他认为学校对他的影响很小,反而是他的家族、家庭对其影响很大。

维亚克尔父母的都来自西德:父亲这一脉来自下莱茵地区(Niederrhein),母亲这一脉则来自威斯特法伦。经考证,父亲这一脉的祖先自17世纪以来在“右莱茵”的贝克(Beeck)务农——贝克是距杜伊斯堡(Duisburg)几千米的一个北方小镇。这些先辈们都是热爱生活的人,他们的很多优点传承给了祖父、父亲,当然还有维亚克尔本人:乐观、幽默、富于想象,出众的口才,活跃同时也是开朗的性格,乐善好施、温和包容,并且在任何时候都能享受生活。

就家族的智识背景(intellektuelle Biographie)而言,祖父约翰·维亚克尔

---

[1] 什切青旧城(波兰语:Stargard Szczeciński)是波兰西北部波美拉尼亚地区的一个城镇,斯塔加德县首府,位于伊纳河畔。

(Johann Wieacker)与神学家族扎恩(Zahn)的联姻非常重要。弗朗茨·路德维希·扎恩(Franz Ludwig Zahn)的名字正是维亚克尔名字的来源,他于1832年来到莫尔斯(Moers),作为教育改革者而出名。约翰·维亚克尔(Johann Wieacker)虽然出生在贝克小镇,但因接受了上述的教育理念,因此追随了其岳父;祖父与玛丽亚·扎恩(Maria Zahn)的婚姻使得作为孙辈的弗朗茨·维亚克尔也成为牧师的后代。

传教士的血统也源自母亲这一脉。其外祖父是牧师的儿子和孙子,但他的职业却是学校的高级文职人员,年轻时就已经是文理中学的校长。外祖父的专业是古典语文学(Klassische Philologie),平时也需要从事学术研究,并以那个时代的风格与其大学同事进行切磋。

除了一个例外,所有的祖辈都是新教徒。选择新教作为其宗教信仰的原因在于,母亲这一脉的先辈们都接受了所谓的文化新教主义(Kulturprotestantismus),它在19世纪受过教育的中产阶层中很快传开。在此背景下,新教传统在维亚克尔这里也得以继续。我们可以从维亚克尔身上看到很多这些传统,比如坚决抵制既有的教会势力以及批判教义主义——首先是神学意义上的,其次是各种实践中的。这是他世界观的另一种稳定因素。

家庭教育——正如维亚克尔后来所乐意描述的——其实就是没有什么教育方法。并非出于什么原则,而是出于温和的性情和天然的慷慨,他的父母从不摆弄“权威”。加上学校几乎不去限制自由时间,所以维亚克尔就去做所有的他觉得有趣的事。到了他选择大学专业的时候,他就以父亲为榜样。维亚克尔的兄弟也同样如此。

维亚克尔先后在图宾根大学、慕尼黑大学以及哥廷根大学(最后两个学期)度过了大学的学习生涯。1929年夏天,他在策勒通过候补文官考试(Referendarexamen)。在大学里,没有谁的课堂曾给他留下深刻印象,直到大学课程的后期,他才发现自己最爱的学科:受到普林斯海姆[2]人格魅力的感染,他喜欢上了

〔2〕 弗里茨·普林斯海姆(Fritz Pringsheim,1882—1967),德国法学家,20世纪20年代先后任教于弗莱堡大学、哥廷根大学等大学,主要研究希腊法、罗马法、拜占庭法。其主要作品有:《论债权让与应继份的出质》(Zur Lehre von der Abtretung und Pfändung des Erbteils,1906)、《关于〈巴西尔法典〉新版本的计划》(Zum Plan einer neuen Ausgabe der Basiliken,1910)、《法律教育与政治思维》(Rechtserziehung und politisches Denken,1960)。

罗马法。那一年的年末,他作为学术助手追随普林斯海姆来到弗莱堡大学,此时,他实际上也已做出了职业选择,很难想象还有什么其他选择的可能。

维亚克尔当时21岁。弗莱堡让他倍感亲切。在这里,他迅速地开始了学术上的征途。古典语文学家爱德华·弗伦克尔(Eduard Fraenkel,1888—1970)吸引维亚克尔参与他的研讨课;克劳迪乌斯·冯·什未林(Claudius von Schwerin,1880—1944)让他了解了古北欧时期的法律渊源;安德利亚斯·巴特兰·施瓦茨(Andreas Bartelan Schwarz)的法律纸草学导论,促使维亚克尔撰写了一篇有关埃及的希腊文献中质押权人作出放弃表示(Verzichtserklärung)的论文:这是他第一篇公开发表的论文,也是他对纸草学不可磨灭的兴趣的难得线索。[3] 他真正的专业是罗马法。一年后,即1930年12月,维亚克尔以一篇研究罗马法的论文[即下文第三部分提到的《解除约款》——译者注]取得博士学位;此后两年,即1933年2月16日,他又凭借一篇罗马法方向的论文[即下文第三部分提到的《合伙》——译者注]获得了教授资格。

这还只是个序曲,序曲中所做出的承诺,还需要年复一年来兑现。维亚克尔从未停歇。他非常勤奋,这才使得他的巨大天赋能够在科学研究中开花结果。

最初的职业生涯并不顺利。在法兰克福大学(1933年至1934年以及1934年至1935年的冬季学期)、基尔大学(1935年夏季学期,1935年至1936年的冬季学期)和莱比锡大学(自1936年夏季学期起)从事教学代理活动之后,直到1937年1月1日,他才成为莱比锡大学的编外教授(außerordentlicher Professor),1939年5月1日成为正式的编内教授(Ordinarius)。从那时起,来自其他大学的教席邀请应接不暇:在接下来的几年里,他拒绝了基尔大学、布拉格大学、柏林大学和斯特拉斯堡大学的教席教授邀请。在"二战"结束时,维亚克尔还是意大利战区的士兵。他被英军关押,不过很快就被释放了。然而维亚克尔并没有回到莱比锡,而是在1945年12月1日承担了哥廷根大学的教学工作。1948年,当哥廷根大学和弗莱堡大学同时向他发出教席邀请时,他选择了弗莱堡大学;而当哥廷根大学于1953年再次向他发出邀请时,他又一次选择了哥廷根。但是他并未放弃自己在弗莱堡的居所。后来,当弗莱堡大学法学院于1963年邀请维亚克尔作为他老师普林斯海姆的教席继任者时,他

---

[3] 该论文即《债务人拘禁所与将他人的钱用于买卖》(*Franz Wieacker*, Eὐδόκησις und Kauf mit fremdem Geld, ZRG RA 51, 1931, S. 408-417)。

做出留在哥廷根大学的决定也就并不是很难了:他一直保留着两地的住所。因为维亚克尔一直以来保持着与弗莱堡大学法学院的紧密联系,所以他在1971年被授予了荣誉教授的称号。但是维亚克尔在他65岁时即1973年就退休了。做出提前退休的决定是因为他经历了当时所谓的大学生革命(Studentenrevolution)。对维亚克尔来说,大学曾经是一个真正的“师生合作社”。这一共同体现在被贬低为统治关系,作为他生活空间的大学被暴力所侮辱,这些都深深地伤害了他的心灵。

维亚克尔从不知何为退休状态。在退休之后,他开始进入到一个尚可工作20年的全新的人生阶段。这些年是属于《罗马法史手册》的。在他对第二卷添加注释期间,1994年2月17日以86岁高龄在哥廷根去世。

在最后的几年里,他也因其在欧洲的声誉和崇高的人格赢得了巨大的表彰,每个这样的荣誉都让他心生喜悦。不过,在他这个年纪感到最为幸福的,还是两德统一。

二、民　　法

就在纳粹取得政权的几天后,维亚克尔通过了教授资格论文(Habilitation)的考核。作为虽有声望但却是犹太裔的学者——正在被驱逐的普林斯海姆——的学生,却选择了纳粹党所反对的学科:未来突然间变得不明朗。但是维亚克尔坚定地站在逃亡朋友的一边。普林斯海姆自1936年起生活在柏林,直到1939年才离开德国,维亚克尔用尽各种方式与他保持联系。对于自己的专业,他也丝毫没有怠慢,不间断地发表罗马法作品。公开承认自己与犹太裔老师、朋友及老乡关系的,是他发表于1935年出版的莱纳尔[4]纪念文集《弗莱堡的象征》(*Symbolae Friburgenses*)中的一篇长文。[5] 与此同时,他还发表了

〔4〕 奥托·莱纳尔(Otto Lenel,1849—1935),德国法律史学家、罗马法学家,对罗马法渊源的文本重构做出了开创性贡献。其代表作是:《常续谕令》(Das Edictum perpetuum,1883)、《〈国法大全〉的重构》(Palingenesia Iuris Civilis,1889)。

〔5〕 即《〈狄奥多西法典〉拉丁语评注》(*Franz Wieacker*, Lateinische Kommentare zum Codex Theodosianus, in: Symbolae Friburgenses in honorem Ottonis Lenel. Otto Lenel zu seinem 60. Doktorjulibiläum am 16. Demzember 1931, Leipzig 1935, S. 259 – 356)。

一系列民法论文和书评,加上1938年出版的教科书《土地法》[6],这些作品在当今都被视为纳粹主义所有权学说的有力证据。

在这些作品中,维亚克尔严厉批判主流的抽象形式与个人主义的所有权概念,并且提出一个更为具体的、根据物品(Sachgüter)的不同社会功能来具体确定的所有权概念。由于物品受社会约束程度的不同,就必须放弃个人主义所有权公式下抽象的物的概念,取而代之的应当是具体的物品类型(Sachgütergruppen)。据此,所有权的概念不再存在,有的只是对"农庄"的所有权、对"商品"的所有权等,因为对于每种这样的具体类型要适用与其社会功能相适应的特别规则。

即便在这种所有权的概念下,物品仍是经由法共同体(Rechtsgemeinschaft)分配给个人的:但分配的目的并不是让个人对物进行自由支配,而是让他们对其进行合乎功能的使用——这是由公共福祉所决定的使用。根据维亚克尔的观点,这一分配制度是建立在共同体承认"法人"(Rechtsperson)的基础之上的,因为只有这样,才能在共同体中实现人和物的功能。因此,所有权通过"对物品合乎功能的使用"受到了限制;但同时,所有权的概念也以个人化(即共同体中每个人的具体身份,比如"农民"或"商人")为基础建立起来。

这一方案符合维亚克尔对社会批判的确信:责无旁贷地反对经济自由主义,并主张各类清晰且来源各异的社会主义观念(sozialistische Optionen)。这种方案当然不是纳粹主义的。私法概念的抽象性有利于自然主义法律目的观,对这种抽象性的强烈拒绝深受耶林以来方法论批判的影响。所有权概念应当是具体的,此种观点可以追溯到格奥尔格·贝泽勒(Georg Beseler,1809—1888)和奥托·冯·基尔克(Otto von Gierke,1841—1921)以来日耳曼学派的教义学批判传统。只有当维亚克尔对共同体——该共同体承认"法人"的概念——采取种族主义的方式定义时,这一"个人化的所有权概念"才可能被称为纳粹的;但事实并非如此。

把这些作品视为纳粹所有权学说的证据,是因为维亚克尔曾明确表示,写这些作品就是为了要对所谓的"法律革新"(Rechtserneuerung)做出贡献,而它们也恰恰被收录在这一系列的丛书当中,此外,这些作品的出版地和所使用的字眼都可以证明他这一明显的意图。按照维亚克尔本人的说法,积极投身其中的社会批判者所拥有的是"幻想",新政权"彻底忽视了公正的社会结构和占有结构(Sozial-und Besitzverfassung)所能带来的新秩序"。他有雄心按照自己的

[6] 即《土地法》(*Franz Wieacker*, Bodenrecht, Hamburg 1938)。

设想去参与建构这一"公正的新秩序"。由此我们可以推测,他是为了职业生涯的发展,才对纳粹政府做出了妥协。这更是解释了为何他会在 1937 年针对当时即将进行的婚姻法改革撰写了一篇不同寻常的文章。[7]

维亚克尔的其他民法著作进行的完全是学术方面的探究,包括所有权保留、事实合同关系理论、交易基础理论以及将刑法中的"行为"概念(Handlungsbegriff)引入到侵权法中等。除此之外,我们总是可以看到其他"不会过时的基础理论问题"研究的作品:财产法中债的秩序功能(Ordnungsaufgabe)、给付行为和给付结果的二元论以及法人理论等。

这些作品中的很大一部分在今天都成了权威的观点。例如,他在 1936 年发表的第一篇教义学论文就堪称典范,实至名归。[8] 这篇文章研究的是不动产登记簿更正请求权(Grundbuchberichtigungsanspruch),从中得出了在今天看来仍是理所应当的结论:对更正的同意在功能上是对登记簿占有的返还,因此更正请求权并非别的什么,它就是一种返还请求权,只不过是用正式的"不动产登记簿法"的专业术语表述的而已。

类似的还有他在 1938 年对所有权保留的研究。[9] 该研究根据功能内容(Funktionsgehalt)的不同,把所有权细分出两种功能:作为使用物(Nutzgut)的功能和作为责任物(Haftungsgut)的功能。在所有权保留的情况下,所有权的这两种功能分别属于出卖人和买受人;根据它的功能,被保留的所有权因而就应当被解释成"动产抵押"(Mobiliarhypothek),而买受人的期待权则应被解释为承受负担的所有权(belastetes Vollrecht)。

1973 年有关"法人"的论文亦是如此。[10] 以实用主义的方式确定法人的功

---

[7] 即《婚姻改革的历史性出发点》(*Franz Wieacker*, Geschichtliche Ausgangspunkte der Ehereform, Deutsches Recht 7, 1937, S. 178 – 184)。

[8] 即《更正请求权的结构》(*Franz Wieacker*, Zur Struktur des Berichtigungsanspruchs, DJZ 41 , 1936, S. 989 – 995)。

[9] 即《作为物权性优先责任的所有权保留》(*Franz Wieacker*, Der Eigentumsvorbehalt als dingliche Vorzugshaftung, Zeitschrift der Akademie für Deutsches Recht 5, 1938, S. 590 – 594)。

[10] 即《论私法中的法人理论》(*Franz Wieacker*, Zur Theorie der Juristischen Person des Privatrechts, in: Festschrift für Ernst Rudolf Huber zum 70. Geburtstag, Göttingen 1973, S. 339 – 383)。

能,这有助于他不再将19世纪的伟大理论——拟制说(Fiktionstheorie)、目的财产说(Zweckvermögenstheorie)以及合作社说(Genossenschaftstheorie)——视为相互排斥的模式,而是将其理解为相互补充的模式,并使他能够将这些学说中的合理要素(bewährte Elemente)运用到现代的法人理论之中。

所有这些作品都展现出清晰的结构分析和明确的功能定位,这些一方面是为了清晰地表述,因而经常有助于精简问题;另一方面,这还有利于在教义学上把握这些问题,并且在整体秩序的价值关联中对其进行归类。

三、罗 马 法

在维亚克尔60年的创作生涯中,他那永不停歇的思想、充满激情的表达以及对语言的游刃有余催生出了大量作品。除了主要作品《近代私法史》《古典法学家的文本阶段》《罗马法史手册》,在1931年至1994年,他所发表的作品总数超过了350件。按照这些作品所研究的内容,它们可被划分到"古代罗马法"、"欧洲私法史"、"民法教义学与法律理论"、"方法论"(Methodologie)以及"涉及基本伦理问题的法哲学"这几个主题之下。大约有2/3的作品均可归入"罗马法"这一领域,该领域一直是维亚克尔研究计划的重心。排在第二位的是"现代民法教义学",但"二战"后,它的地位先是被"私法史"所取代,之后,该位置又日益被"法律理论和法学方法的问题"所占据:在该领域,维亚克尔的基本论题是"法律发现"(Rechtsfindung),他试图发展出一套法官如何正确行为的实践学说;同时,他还呼吁法律人的公共责任——即使对学术界的法律人来说亦是如此。正是在该意义上,维亚克尔将"法律史"理解成有责任担当的法律人在法律科学的指引下所创造的历史。

(一)早期的罗马法研究

维亚克尔最初发表的涉及罗马法领域的两篇论文并非典型的罗马法学作品,而是关于制度史的作品:一篇是他的博士论文《解除约款》(*Lex commissoria*)(1932年),[11]研究的是罗马法上的买卖法;另一篇是他的教授资格论文

〔11〕 即《解除约款:罗马买卖法中的强制履行与撤回》(*Franz Wieacker*, Lex Commissoria. Erfüllungszwang und Widerruf im Römischen Kaufrecht, Berlin 1932)。

《合伙》(*Societas*)(1936 年),[12]研究的是罗马私法中的“取得型合伙”(Erwerbsgesellschaft)。尽管这两篇论文的基本观点无法摆脱时代局限,但它们却成为具有长远意义的作品。它们的思想均源自莱比锡的“米泰斯学派”(Mitteisschule),[13]自 20 世纪 20 年代中期以来,该学派的核心人物正是普林斯海姆。该学派认为,希腊和东方民族法的涌入导致了新的法律学说的形成,在东罗马的贝鲁特和君士坦丁堡的法律学校中,古典罗马法与这些新学说发生了叠合(Überlagerung);该学派进一步认为,这种叠合可以直接反映在前优士丁尼和优士丁尼时期对古典文本的添加(Interpolationen)之中。在这两篇早期的论文中,维亚克尔仍谨慎地把确证的和可能的“拜占庭重构式文本”(byzantinische Neubildungen)与“古典文本”剥离开来。例如,维亚克尔运用从东罗马法律教师那里继受而来的希腊预付制度(Arrhalkauf)来解释根据解除约款而解除合同的物权效力;同样地,在《合伙》一文中,所有支持“意思说”这一合同理论(willenstheoretische Vertragslehre)的文本均被错误地认定为出自优士丁尼时期的法学家之手。

在完成教授资格论文之后,维亚克尔很少再对罗马私法的教义学问题发表看法。并且,他很快就放弃了其“学生阶段的信条,即贝鲁特的法律学校(对古典文本)进行了大范围的实质性改变”;然而,他一生都在对这一信条进行思考:由于他“宣布放弃了该信条”——在他最后写给施密特－奥特(Schmitt-Ott)的

---

〔12〕 即《合伙:家庭共同体与取得型合伙——罗马合伙法史研究之一》(*Franz Wieacker*, Societas. Hausgemeinschaft und Erwerbsgesellschaft. Untersuchungen zur Geschichte des römischen Gesellschaftsrechts. Erster Teil, Weimar 1936)。

〔13〕 路德维希·米泰斯(Ludwig Mitteis, 1859—1921),奥地利法律史学家,1899 年起于德国莱比锡大学教授古代法律史。维亚克尔的老师普林斯海姆、比较法学家拉贝尔(Ernst Rabel, 1874—1955)等都曾是米泰斯的学生。在德国,米泰斯被视为古代法律史的专家和法律纸草学的先驱。其代表作是:《罗马法中的代理理论——兼论奥地利法中的代理理论》(Die Lehre von der Stellvertretung nach römischem Recht mit Berücksichtigung des österreichischen Rechts, 1885)、《东罗马帝国行省中的帝国法与民族法》(Reichsrecht und Volksrecht in den östlichen Provinzen des römischen Kaiserreichs, 1891)、《讫至戴克里先时代的罗马私法——第一部分:基本概念与法人学说》(Römisches Privatrecht bis auf die Zeit Diokletians. 1: Grundbegriffe und Lehre von den Juristischen Personen, 1908)。

一封信中,他写道,“对于‘后古典时期文本改变的来源’这一问题,直到写作《罗马法史》一书时,我仍在一定程度上反对之前所坚持的‘东罗马学派观’(oströmische Schuldoktrin)”。

(二)罗马法研究的三条主线

在维亚克尔的罗马法学作品中有三条主线,正是这三条主线主导着他的思考方向,它们分别是:“早期罗马法”、“文本批判”和“罗马法学”。在很大程度上,这三个主题同样框定了当今罗马法研究的图景。

1. 早期罗马法

从一开始,维亚克尔有关早期罗马法的论文就把法律史和社会史联系起来;它们体现出印欧比较法的成果和局限,此外,它们还是运用全部古典学研究工具的示例和典范;之后的几年,他的研究超出了法律理论的界限,进而探究早期罗马法律状态下“法产生”的问题。即便是后来的研究范围不断扩大,他的首要目标依然是发现历史上处于古罗马法规范之下的生活世界。

在1940年的一项研究中,维亚克尔认为指定继承人遗嘱(Erbeinsetzungstestament)产生的原因是公元前4世纪以来的人口增长导致自家继承人共同体(Hauserbenkonsortium)负担过重。〔14〕对于由继承人共同体(Erbengemeinschaft)所组成的具有合作性质的耕作团体而言,被继承的家庭农庄(Familiengut)经过一段时间就会变得过小。尽管《十二表法》中规定了允许分割遗产,但这又会进一步导致该农庄被分割成诸多无利可图的零碎地块。遗嘱解决了这一困境:这是一种有意识的、以目的为导向的制度创造,为的是维持农户对其财产的占有。

“二战”之后,维亚克尔的研究视野进一步扩大:此时,他研究了“十二表法问题”,并指出,只有运用所有的古典学科(从考古学到语言学)才有助于找到这一问题的答案。〔15〕

最后,基于众多的具体研究,维亚克尔在20世纪80年代还探究了早期的

〔14〕《家庭合作社与继承人指定:论罗马遗嘱制度的起源》(*Franz Wieacker*, Hausgenossenschaft und Erbeinsetzung. Über die Anfänge des römischen Testaments, Leipzig 1940)。

〔15〕《十二表法问题》(*Franz Wieacker*, Zwölftafelprobleme, Revue international des droits de l'antiquité, Ser 3.3, 1956, S. 459–491)。

法律观以及“远古时期罗马中法秩序的产生”。[16] 我们今天关于法秩序的概念,即法秩序作为一种抽象的规范秩序,是在罗马的共和晚期才形成的;相反,在罗马的早期,法(*ius*)和正义(*iustum*)仅仅是关于某些具体行为合法性的陈述,如果用维亚克尔的话来说,即关于某些具备特定形式的行为的陈述:某人通过这些行为对人或物行使了权力。这些受仪式约束的干预行为(an Rituale gebundene Zugriffsakte),如果缺少了那种仪式化的内容,就不是“法”(*ius*),而是“不法的暴力”(rechtlose Gewalt, *vis*)。因此,社会达尔文主义的“法是从暴力中诞生的”这一观念就被否定了,而具备特定形式的权力获得“法”的资格就可以从它作为解决社会冲突的和平性规则(friedliche Reglung)中推导出来。对维亚克尔来说,法律史和法理论在这一点上相互交汇:在早期罗马的法秩序中,他同样看到了“法产生”的范式。

2. 文本批判

第二条主线是文本批判(Textkritik)。它涉及的研究问题是辨别法律渊源的真伪性(Authentizität der Quellen)。文本批判的对象,大多数是古典法学家的著述,即1世纪、2世纪以及3世纪早期的法学家著述。然而,这些著述差不多只剩下残篇,几乎只能通过6世纪30年代优士丁尼的《学说汇纂》得以流传下来。由于连优士丁尼自己都说过这些法学家文本在被编进《学说汇纂》时是经过改变的,因此文本批判最初的兴趣就在于所谓的“添加”,并且在实践和方法上均忽略了前优士丁尼时期文本改变的可能性。将文本批判固定在优士丁尼时期的添加,或者更确切地说,固定在教义学问题上,这成了当时的研究重心,但它却忽视了这些文本的历史个性,从而导致20世纪20年代以来文本批判的持续性危机。

维亚克尔尚未参与到这场在20世纪30年代中期就不断进行着的危机大讨论之中;但是在“二战”后,他于1949年再次着手研究这一迫切的主题。1960

---

[16] 《法:远古时期的法秩序在远古时期罗马的产生》(*Franz Wieacker*, Ius. Die Entstehung einer archaischen Rechtsordnung im archaischen Rom, in: Rechtswissenschaft und Rechtsentwicklung. Ringvorlesung von Professoren der Juristischen Fakultät der Georg-August-Universität Göttingen, Göttingen 1980, S. 33–52)。

年,接着尼德迈尔[17]和舒尔茨[18]的研究,他出版了巨著《古典法学家的文本阶段》(以下简称《文本阶段》)[19],随着这一专著的出版,维亚克尔彻底终结了这场方法论危机:当古典法学家的著述被编纂者(Kompilatoren)摘录出来时,距离它们的首版之日已经有三百到五百年的历史了。由于我们并不能知道它们在几个世纪之间是否保持不变,因此除了优士丁尼时期的文本改变,文本批判还需要考虑前优士丁尼时期的文本改变。针对优士丁尼时期的文本改变,统一的文本批判标准尚可把握,但相反,前优士丁尼时期的文本改变就要求"对各文本阶段进行研究","这一"文本阶段研究"(Textstufenforschung)试图重构每一个具体法学文本的生命历程——从其首次出版直到它们被编纂者所摘录使用。在《文本阶段》一书中,维亚克尔首先总结出可运用于所有文本历史的一般性准则,接着运用这些方法,使得利用非优士丁尼时期的多种抄本(außerjustinianische Doppelüberlieferungen)进行严格的文本重构成为可能。

1889年,莱讷尔著名的"古典法学文本"之《重构》(*Palingenesie*)[20]一书为新的历史罗马学研究(die junge historische Romanistik)指明了实质的法律渊源;而维亚克尔的《文本阶段》则发现了这些法律渊源各自的历史。将古典语文学

---

[17] 汉斯·尼德迈尔(Hans Niedermeyer,1883—1964),德国法律史学家、语文学家,他为前优士丁尼时期的文本批判开辟了新的道路。其代表作是《前优士丁尼时期的注释和添加与文本抄本》(Vorjustinianische Glossen und Interpolationen und Textüberlieferungen,1934)、《乌尔比安和关于暴力的法律理论诸论》(Ausgewählte Introduktorien zu Ulpian und zur Rechtslehre von der vis,1936)、《萨宾以来迟延理论的科学基础研究》(Studien zu den wissenschaftlichen Grundlagen der Lehre von der Mora seit Sabinus,1951)。

[18] 弗里茨·舒尔茨(Fritz Schulz,1879—1957),德国罗马法学家、法律史学家。1923—1931年任教于波恩大学,1931年起任教于柏林大学,由于其犹太血统被迫于1939年经荷兰流亡英国,1947年加入英国国籍,1957年卒于牛津。他被其门生维尔纳·弗卢梅(Werner Flume,1908—2009)誉为三部曲的作品是:《罗马法原理》(Prinzipien des römischen Rechts,1934)、《罗马法学史》(History of Roman Legal Science,1946)和《古典罗马法》(Classical Roman Law,1951)。

[19] *Franz Wieacker*, Textstufen klassischer Juristen, Göttingen 1960 (unveränderter Neudruck Göttingen 1975).

[20] 该书分为两卷,完整书名是《〈国法大全〉的重构》(*Otto Lenel*, Palingenesia Iuris Civile, Leipzig 1889)。

中早已通行的标准运用到罗马法的研究中,通过这一方式,维亚克尔最终将他的全部知识整合进具有历史性的古典学之中:这是划时代的一步,一旦迈出这一步,学术研究就不存在倒退的可能。

3. 罗马法学

维亚克尔为之贡献最多的,乃是"罗马法学家及其法律科学"这一主题。这构成了他罗马法学作品的第三条主线。

自"二战"以来的几十年间,一系列极具学术推动力的研究彻底改变了罗马法学的图景,即关于罗马法学家的社会现实的研究:它探究这些法学家的个人性格与写作风格,他们的公共角色和在政治社会中的地位;深入挖掘他们法律发现的方法、论证和说理的过程,以及他们如何创造概念和建构体系——对这些内容的研究全都尚属首次。自"二战"结束以来,所有这些研究内容共同引起了学术界对这个新兴独立领域的关注,就好像共同法(*ius commune*)的教义学传统直到此刻才把罗马的法律科学交到历史经验的手中似的。维亚克尔参与塑造了这一发展趋势。即便是在其他人所提出的启发性观点面前,他也能极其敏锐地对每一思想动向作出反应;每一种新观点都被他接受、拒绝抑或是整合为一体。除了维亚克尔,没人能够做到这一点。

比如,昆克尔[21]提出的罗马共和晚期的"贵族法学"(Adelsjurisprudenz)模式被维亚克尔精确化了:不是说贵族阶级的垄断就是法学,如何晋升为贵族的途径才是。再如,奥古斯都授权元老院法学家根据自己的权威(*ex auctoritate sua*)做出法律鉴定,这一做法并不是对法律解答自由的限制,而是一项使法学的专业声望服务于国家改革的政策。其他之前已探究过的主题亦被他继续研究:1982 年,当维亚克尔研究得出"罗马法学起源于宗教纪律(Pontifikaldisziplin)、祭祀仪式(Sakraltechniken)对世俗法律产生了巨大影响"这一

〔21〕 沃尔夫冈·昆克尔(Wolfgang Kunkel,1902—1981),德国罗马法学家、法律史学家,以对"罗马法"和"罗马法史"的研究闻名于"二战"后的学术界。其代表作是:《罗马法学家》(Die römischen Juristen,1967 年第 2 版)、《罗马法》(Römisches Recht,1987 年第 4 版由 *Honsel*、*Mayer-Maly* 和 *Selb* 三人修订)、《罗马法史》(Römische Rechtsgeschichte,2005 年第 14 版由 *Schermaier* 修订)。

结论时,[22]他就承接了1935年《罗马共和国的宗教与法律》[23]一文所作的研究。同样地,自从发表了《论罗马法学家》[24],他仍一再地对该领域进行研究,并总是给出更加具体的理由来反对“罗马法学受到希腊修辞学的影响”这一说法。此外,到了晚年,他一如既往但却更带激情地与这种观念作斗争,即“自从罗马法学诞生于祭祀团体(Pontifikalkollegium),希腊的科学理论(hellenistische Wissenschaftslehre)就彻底改变了罗马法学的方法论基础。”

维亚克尔对罗马法学的新图景的最大贡献也许就在于他对其方法论的研究。根据传统观念,罗马法学是一门实践性的、代代相传的经验知识;它的法律发现是依靠直觉和基于本能的,并且依赖于法学家的个人权威。

现在我们知道:罗马法学在早期阶段就已经反对非理性的法律发现,而选择了法律论证的理性化(die Rationalität ihrer Begründungen)。自共和晚期以来,罗马法学就从纯粹的关于法律、判决、交易形式和诉讼程式的专门经验知识中发展出一套科学的、由制度和规则所构成的知识之网(Erkenntniszusammenhang)。关键的一步在于经验知识的问题化(Problematisierung der Erfahrungswissens),其背后的推动力是对案件裁判这一实践目的之外的知识的兴趣(Erkenntnisinteresse)。因此,法学文献中的决疑术(Kasuistik)并非杂乱无章的案例汇编,而是案例比较和作出相似判决的工具,通过这一工具,这套科学知识的一贯性才能得到保障。在制度、规则以及原则所组成的彼此相关的秩序中,维亚克尔发现了罗马私法内在体系的特征。

维亚克尔关于早期罗马法、文本批判以及罗马法学的著作虽然构成了其研究的三条主线,但这绝非他罗马法学作品的全部。比如,除此之外他还写了《奥

---

〔22〕《祭祀法学家:论罗马祭祀法学的遗产》(*Franz Wieacker*, Pontifex iurisconsultus. Zur Hinterlassenschaft der römischen Pontifikaljurisprudenz, in: Hommage à René Dekkers, Bruxelles 1982, S. 213-231)。

〔23〕*Franz Wieacker*, Religion und Recht im römischen Stadtstaat, Zeitschrift für Deutsches Recht. Sonderheft Ausland 2 (1935), S. 273-277。

〔24〕*Franz Wieacker*, Vom römischen Juristen, Zeitschrift für die gesamte Staatswissenschaft (= ZgS) 99 (1939), S. 440-463.

古斯都元首制时期的宪法史》[25]、《论〈学说汇纂〉的编纂:重构的必要条件》[26]等论文,以及他就"通俗法与通俗主义"所发表的论文——这是维亚克尔自1955年在海德堡科学院发表会议报告《古典时代晚期的通俗主义与古典主义》[27]以来一直都在研究的主题。

4.《罗马法史》手册

以上所有这些都在本质上代表了半个世纪以来罗马法学研究的发展特征。它们均被汇入雄伟的《罗马法史》手册(以下简称《手册》)之中。《手册》的第一卷出版于1988年,[28]而从维亚克尔的遗稿中编辑而成的第二卷则于几周前——2006年11月——才刚刚出版。[29] 第二卷的注释部分维亚克尔已无法亲自完成了,也就是说,这一卷只有1/5的注释是经过他手的。

《手册》的目的和内容是论述所有参与塑造法律的因素所反映出来的经验现实:从罗马建城之前一直到优士丁尼法典编纂时期。用维亚克尔自己的话说(第6页),这本手册主要论述罗马法秩序产生的一般性条件,接着是立法、职务法[Amtsrecht,或译"裁判官法"——译者注]和皇帝法(Kaiserrecht),然后是法学和法律文献,最后是每个时期中的罗马国家的基本政治、社会和经济结

---

[25] 此处作者记忆有误,准确的标题并非《奥古斯都元首制时期的宪法史》(Zur Verfassungsgeschichte des Augusteischen Prinzipats),而是《奥古斯都元首制时期的宪法结构》(*Franz Wieacker*, Zur Verfassungsstruktur des Augusteischen Prinzipats, in: Festschrift für Wilhelm G. Grewe zum 70. Geburtstag, Baden-Baden 1981, S. 639 – 653)。

[26] *Franz Wieacker*, Zur Herstellung der Digesten. Rahmenbedingungen ihrer Rekonstruktion, in: Festschrift für Wolfgang Waldstein zum 65. Geburtstag, Stuttgart 1993, S. 417 – 442.

[27] *Franz Wieacker*, Vulgarismus und Klassizismus im Recht der Spätantike, Heidelberg 1955.

[28]《罗马法史,第一卷:导论、史源学、早期、共和时期》(*Franz Wieacker*, Römisches Rechtsgeschichte. Erster Abschnitt: Einleitung, Quellenkunde, Frühzeit und Republik, München 1988)。

[29]《罗马法史,第二卷:从元首制早期到古代结束之间的西罗马帝国法学,以及到优士丁尼立法时期的东罗马法律科学》(*Franz Wieacker*, Römisches Rechtsgeschichte. Zweiter Abschnitt: Die Jurisprudenz vom frühen Prinzipat bis zum Ausgang der Antike im weströmischen Reich und die oströmische Rechtswissenschaft bis zur Justianianischen Gesetzgebung. Ein Fragment aus dem Nachlass von *Franz Wieacker* hrsg. von *Joseph Georg Wolf*, München 2006)。

构——它们是塑造法律的必要条件。第一卷研究的是“罗马史源学”(Romanistische Quellenkunde)、“罗马早期”以及“古典共和时期”。“罗马史源学”(第61~182页)实际上是以有关法律史的抄本(die rechthistorische Überlieferung)为重点的一般史源学,“早期”(第185~340页)和“共和时期”(第343~675页)的法律史则是论述一般意义上的罗马史,并以其各自的法秩序为特别观察视角。第二卷研究的是“从元首制早期到古代结束之间的西罗马帝国法学,以及到优士丁尼立法时期的东罗马法律科学”。

《手册》贯彻了罗马法学研究的历史化(die Historisierung der Romanistik),将其最终整合进古典学之中,并且不舍弃罗马法史自身的特征。彻底的历史化为罗马法学研究打开了新的大门,所有古典学科中的实证事实、政治和社会经济条件、语文学(Sachphilologie)、纸草学(Papyrologie)、古文书学(Diplomatik)、碑铭学(Epigraphik)以及人学(Prosopographie),都源源不断地汇入罗马法学的研究之中。但这一做法对《手册》来说也同样是一种冒险行为,就“共和时期”来说尚已如此,而这种冒险性主要还是针对其“帝政时期”(Kaiserzeit)的论述而言的。然而,维亚克尔在《手册》中却保持住了法律史的轮廓,同时又不使其消失在众多学科的光谱(Kontinuum)之中。很显然,仅根据其研究对象,罗马法史就不能被社会史和经济史所涵盖。所以维亚克尔始终留意着全部学科的文献,但却将其论述限定在与塑造法律的历史相关的素材上,尤其是对立法、法学、法律实践和文献实践(Rechts-und Urkundenpraxis)有着巨大影响的素材。

因此,维亚克尔的《罗马法史》不是一本一般意义上的手册。它没有在任何一方面局限于对研究状态的批判论述,而是更进一步地分析了关于塑造法律的所有实证资料,他将这些资料视为一般性历史进程的一部分——正如维亚克尔在第一卷的前言中一直所说的那样,《手册》是在“表明他自己的立场”。以这种方式来把握罗马法史的,尚无先例。在现代罗马法学研究中能够做到这一点的,只有维亚克尔。

四、私 法 史

这对于维亚克尔最著名的作品《近代私法史》(以下简称《私法史》)也同样如此。不过,《罗马法史》是扩建并且完工了,而《私法史》则是基石和地基(Grundstein und Fundament)。

该书原本是维亚克尔计划为它的同名大课而写的一本教科书，自从1935年颁布埃克哈特“方针”以来，这门课就是德国法学院的课程方案之一。该书第1版于1952年出版，[30]而第2版则是在15年后，也就是在1967年出版。[31]与该书的第1版相比，第2版不再维持其当初的整体规划，该版最大的亮点或许是它的表述方式，即不再去整合大量的想法，而是将其发展为散文的形式，使该书得以在不丧失气质和新鲜感的前提下将理所当然的事表达出与众不同的效果。

维亚克尔的《私法史》是一部法学思维的历史，是该思维对社会、政治现实以及对国家和社会发展产生影响的历史。维亚克尔论述道，欧洲法律科学的产生是因为在博洛尼亚(Bologna)再次发现了罗马法、复兴后的罗马法在欧洲的传播以及作为其后果的法律和统治的彻底理性化：这一结果是由受过罗马法训练的法学家完成，他们较早地承担起他们在欧洲公共生活中的引路人角色(die einleitenden Funktionen)，运用科学的方法论深入欧洲整体的法律生活之中，并在体系上对其进行重构。与此同时，通过法的“科学化”，法律思维永久地成为欧洲思想史的一部分。由此可以看出三个基本特征：古代西方法律传统的延续性、欧洲法律发展的统一性以及法律科学与各个时代的思潮和社会现实之间持久的相互影响。

在各国相互隔离几十年后，维亚克尔在“二战”后以全新的视角审视欧洲法律发展的统一性。这种统一性大大促进了上述共同价值观的产生：只有超越所有差异，相互理解才有可能。

自第1版发行以来，该书的声望就在持续增加，成为一部不可被轻易替代的作品。维亚克尔的《私法史》属于最有思想深度的经典之一，将法律科学纳入到了欧洲文化史之中。该书已被翻译成多种语言。在20世纪90年代被翻译

---

〔30〕《近代私法史：以德意志为观察重点》(*Franz Wieacker*, Privatrechtsgeschichte der Neuzeit, unter besonderer Berücksichtigung der deutschen Entwicklung, Göttingen 1952)。

〔31〕《近代私法史：以德意志为观察重点》(*Franz Wieacker*, Privatrechtsgeschichte der Neuzeit, unter besonderer Berücksichtigung der deutschen Entwicklung, 2. Aufl. Göttingen 1967)。

成英语[32]和汉语[33];俄语版还在翻译当中,而葡萄牙语版已经出到了第3版。

五、方 法 论

维亚克尔在《近代私法史》的最后几页诊断出了现代民法学的方法论危机:悬而未决的首要是法律理论中的基本问题,即教义学的预设任务(vorgeordnete Aufgabe der Dogmatik)是什么:是“正确解决问题的技艺之学”还是在逻辑的组织下“由各种理论分支所构成的学理体系”?维亚克尔在20世纪50年代就已经有了结论。自从发表著名的论文《论德国民法典第242条在法学理论上的精确化》[34]以及在卡尔斯鲁尔所作的报告《制定法与法官技艺》[35]以来,维亚克尔就自始至终且充满激情、有时甚至是不厌其烦地为“法官正确行为的实践学说”而据理力争。至20世纪80年代,维亚克尔的所有论文中都涉及法律适用的实证研究以及法律发现的过程,最终围绕的主题是“正确、公正的判决”。他提出的基本模式是简单的:

法律适用是公共的具备法律形式的行为;其核心领域是做出法律决定;法律决定的范式是法官的判决,而在制定法国家,法官判决在大多数时候就是法律适用。与经典法律实证主义的设想不同,维亚克尔认为法律适用通常来说并不仅限于涵摄时的简单逻辑操作;更确切地说,法官做出裁判时所依据的规则,

---

〔32〕 Franz Wieacker, A History of Private Law in Europe, trans. by *Tony Weir*, with a foreword by *Reinhard Zimmerman*, Oxford: Clarendon Press 1995.

〔33〕 作者此处叙述有误,实际上《近代私法史》的中译本最早是在2004年出版的,并非20世纪90年代,即[德]弗朗茨·维亚克尔:《近代私法史:以德意志的发展为观察重点》,陈爱娥、黄建辉译,五南图书出版有限公司2004年版;该繁体字中译本后来在大陆出版了简体字版本,即[德]弗朗茨·维亚克尔:《近代私法史:以德意志的发展为观察重点》(上下册),陈爱娥、黄建辉译,上海三联书店2006年版。

〔34〕 *Franz Wieacker*, Zur rechtstheoretischen Präzisierung des § 242 BGB, Tübingen 1956.

〔35〕 *Franz Wieacker*, Gesetz und Richterkunst. Zum Problem der außergesetzlichen Rechtsordnung. Vortrag gehalten vor der Juristischen Studiengesellschaft in Karlsruhe am 15. November 1957, Karlsruhe 1958.

多数都是在裁判时才被创制。这才是问题所在。他是如何得出该规则的?法官在何处寻找创制规则的材料?有哪些标准、哪些准绳约束着他?

维亚克尔在方法论领域的唯一主题,就是对这些问题做出回答。他认为,由于具备了法律形式性,法律发现的过程应当被理解为是一般性规则的适用;因此,其标准就不能由自由的论题学研究(freie topische Erörterung)而得出。由于法律适用的普遍说服力是以合理的判决(Plausibilitätsurteile)为依托的,因此诸如规范逻辑学、语言学分析等现代科学主义的方案在法律发现的过程中就显得意义甚微。另外,"法教义学的实践功效"以及体系、制度、概念都应复兴成为法律发现的重要工具。所以,作为公共行为的教义学者的工作也是公共责任的一部分。维亚克尔对德国《民法典》第242条的研究超出了法律理论的界限,揭示了法律史经验对法律适用的直接贡献。此外,不会被人们遗忘的是,维亚克尔反对这样一种观点,即法官的法律发现要受到一个"预设的"绝对伦理的约束。为了从根本上维持法秩序,他告诫立法者和法官不要超越"适用于所有人的实践道德"和"要求更高的特殊道德"之间的界限。他所给出的理由不仅仅是针对他那个时代的:"对制定法的服从和对法律的普遍忠诚",他写道,"而非意识形态方面的价值观,才是法秩序和法院对法律共同体的成员(Rechtsgenossen)的要求。"

六、结　　语

以上就是关于弗朗茨·维亚克尔的作品的介绍。在所有领域,这些作品都有重要意义;他对法律史的贡献无人能及:维亚克尔圆满地完成了罗马法学研究的历史化,并构建了近代私法史。

这项历史性的伟大工作是由一个法律人完成的;而更重要的是,这些作品都在服务于他的目的,这一目的就是:在历史中成形的正义之经验以及能够促使正义实现的具体条件。

在报告的最后,我想用几句话来谈谈我个人的回忆:弗朗茨·维亚克尔为人师表,以身作则。他从不利用其优势地位。他尊重任何的学术观点。一意孤行自己的观点,甚至强迫他人接受其观点,都不是他的作风;理论灌输和独掌大权都与他格格不入。他的老师普林斯海姆是怎样对待他的,他也是这样对待他的学生的:他鼓励他们走自己的路。

学术专论

中德法学论坛
第16辑·下卷,第175~198页

网络环境下中国淫秽物品犯罪的除罪思路

周子实*

摘　要:中国对于淫秽物品的全面禁止,反映的是20世纪80年代的道德观念与刑法思维。随着社会变迁,尤其是网络时代的到来,这一政策陷入多重困境之中。德国容许普通淫秽物品,但以未成年人保护为优先,通过刑法限制其传播方式,这一模式在网络时代同样暴露出缺陷。相比之下,美国强调言论自由,通过对"淫秽—猥亵"的二分实现了传播普通淫秽物品的完全除罪化,并在网络时代捍卫了这一立场。从法益理论、法经济学、法制史以及网络政策的角度进行考察,全面禁止淫秽物品缺乏足够的依据。对中国而言,局部轻刑化与适度除罪化是大势所趋,通过对"淫秽"一词进行限缩解释实现传播普通淫秽物品的除罪化是最佳途径。

关键词:淫秽物品;网络空间;猥亵;除罪化

Abstract: A total ban on pornography in China reflects the moral and the criminal law thinking in the old time. With the social change, especially the advent of the internet era, this policy faces a lot of difficulties. In Germany the dissemination of pornography can be allowed, only when minors have no chance to get to it, but this model has also problems in the internet era. Because of the protection of the freedom of speech, pornography is generally allowed in the USA, and this model is in the internet era also insisted on. From the aspects of punishability, econom-

* 周子实:湖南大学法学院助理教授,德国弗莱堡大学法学博士。

ic analysis of law, legal history and Internet policy, a total ban on pornography lacks sufficient basis. The mitigation of penalty and the partial decriminalization of pornography should be the trend in China, and the best solution is the restrictive interpretation of the word "Pornography".

Key Words: Pornography; Internet; Obscenity; Decriminalization

一、引　言

随着互联网的兴起,网络空间成为淫秽物品犯罪的主要场所,这是世界各国政府都面临的重大问题。在我国,政府近年来积极填补网络环境下的法律漏洞,并展开了规模空前的网络"扫黄",其最高潮莫过于"快播案"。2016年1月该案公开审理中的控辩交锋曾引爆全国舆论圈,同年9月再次庭审时,被告人当庭认罪,法院判决有罪,但是科处了相对轻缓的刑罚,[1]之后二审维持了原判。

我国理论界对于该案的关注,除技术问题之外,更多地集中在依据现行法与教义学的可罚性层面,尤其是作为与不作为的问题上。在德国刑法中,关于作为与不作为的区分,尤其对既有作为因素又有不作为因素的情况如何界定,在小部分案件中确实有着教义学意义,但是其意义不应被高估,因为绝大多数案件的刑事责任确定并不取决于此。[2]"快播案"正是后一种情形,只要不是像高艳东副教授那样否认不纯正不作为的可罚性,[3]那么无论是不作为说,[4]还是作为与不作为结合说,[5]都会得出同样的可罚结论。

---

[1] 参见北京市海淀区人民法院(2015)海刑初字第512号刑事判决书。

[2] Vgl. Uwe Murmann, Grundkurs Strafrecht, 3. Auflage, München 2015, S. 435.

[3] 参见高艳东:《不纯正不作为犯的中国命运:从快播案说起》,载《中外法学》2017年第1期。

[4] 参见陈兴良:《在技术与法律之间:评快播案一审判决》,载《人民法院报》2016年9月14日,第3版;陈兴良:《快播案一审判决的刑法教义学评判》,载《中外法学》2017年第1期。

[5] 参见张明楷:《快播案定罪量刑的简要分析》,载《人民法院报》2016年9月14日,第3版;周光权:《犯罪支配还是义务违反——快播案定罪理由之探究》,载《中外法学》2017年第1期。

应当看到的是，舆论对技术细节、刑法适用的质疑仅仅只是表象，真正引发各界关注、民间真正反对的是当前淫秽物品全面禁止的刑事政策与淫秽物品犯罪刑法制裁体系本身。换言之，该案反映出来的不仅是技术问题或教义学问题，更多的是一个刑事政策问题。这恰恰是迄今所有研究所忽略或者回避的问题。因此，若能够抓住时机，充分利用该案营造的舆论氛围，反思我国对淫秽物品的刑法规制，在立法与司法上推动对淫秽物品犯罪的轻刑化与除罪化，无疑将更具有现实意义，也更能够顺应民意的期待。

二、全面禁止淫秽物品——中国模式的困境

以保护社会主义道德风尚为名，中国对淫秽物品予以全面禁止，并通过刑法处罚任何形式的传播行为。现行刑法关于淫秽物品犯罪的条文来源于1990年全国人民代表大会常务委员会《关于惩治走私、制作、贩卖、传播淫秽物品的犯罪分子的决定》，反映的是20世纪80年代的道德观念与刑法思维。随着中国社会与民众观念在过去的二十多年中的快速变迁，尤其是互联网对淫秽物品传播方式的重大影响，这种全面禁止的政策及依此建立起来的刑法制裁体系陷入了多重困境之中，而"快播案"正是这些困境的集中体现。

其一，道义困境。先不论道德风尚作为法益是否恰当，"快播案"中舆论对于被告人的大量支持，就清楚地说明民众关于性的道德观念已经发生了显著的变化。20世纪80年代，连通奸都有可能被判处死刑，[6]这在当今社会是不可理喻的。我国的年轻一代对于性的观念越来越开放，对于淫秽色情的接触也越来越多。当年的洪水猛兽，如今已成为"日常用品"。对传播淫秽物品的行为进行制裁，逐渐丧失了民众观念所支撑的道义基础，不仅无法起到维护道德的作用，反而引发了来自民间的对立情绪。

其二，执法困境。在网络时代之前，制裁淫秽物品犯罪所面对的主要是侦查困境，由于是无被害人犯罪，因此缺少举报、证据不足。进入网络时代，网警可以通过技术手段侦查传播行为，在网络上证据的搜集也较以往更为方便。然而，基于侦查的可执行性提升的同时，基于现实的可执行性成了更为棘手的问题。海量的互联网用户涉及犯罪，导致了法不责众、执法成本过高等后果。"快

[6] 参见陈兴良：《关于死刑的通信》，载《北大法律评论》2005年第1期。

播案”涉嫌传播淫秽物品犯罪的人数以百万计,但又有几个受到了制裁？如果说普通用户以间接故意心态与不作为方式上传淫秽物品,其可罚性还不够明确的话,那么,那些以直接故意心态主动传播淫秽物品的“站长”们按照现行刑法完全可罚,却仍旧未受到制裁,这就令人匪夷所思了。该案的一审法官也只能以“本案是否起诉直接上传淫秽物品的网络用户,并不影响本案对快播公司及被告人的定罪量刑”进行回避,[7]而被扣上“选择性执法”的帽子无疑会让其更为头疼。同时,一审法院的法官也意识到,随着网络技术的发展,比如磁力链接的问世,网络资源传播将进一步实现去中心化,届时连快播这样的媒介都不再需要,人人均可轻易传播淫秽物品,这将导致监管与执法面临更大的困境。[8]

其三,判刑困境。由于诞生于计划经济时代,淫秽物品罪名带有旧时代的思想烙印。在当时,立法者将牟利视为一种卑劣的目的,因而处以严厉的刑罚,就连如今的正常商业行为按照当时的刑法规定都构成投机倒把罪。正是在这一因素的影响下,牟利性传播淫秽物品受到了极为严厉的刑罚(法定最高刑为无期徒刑),其与非牟利性传播的刑罚(法定最高刑为有期徒刑2年)之间不成比例,更严重违背了罪刑均衡原则。同时,由于数额(量)在我国的量刑中处于极为关键的作用,因此只要达成所要求的数额(量),根本不存在回旋的余地。按照2004年最高人民法院、最高人民检察院《关于办理利用互联网、移动通讯终端、声讯台制作、复制、出版、贩卖、传播淫秽电子信息刑事案件具体应用法律若干问题的解释》,“快播案”涉及的淫秽物品数量达到“情节特别严重”的标准,其被告人也本应面临10年以上有期徒刑至无期徒刑的刑罚。但是,若法院当真判处如此严厉的刑罚,必然引发来自民间的激烈批评与被告人的强烈反弹,难以实现法律效果与社会效果的统一。因此,该案的一审法院又以“没有证据表明快播公司事先明确知道其中不特定的任一视频是否为淫秽物品”“并不能证明快播公司‘希望’淫秽视频通过快播网络平台大量传播”“直接获利数额难以认定”“新类型网络传播淫秽物品的量刑方法区别于传统传播行为”等为理

---

〔7〕 参见京华时报:《快播淫秽视频占比超过70%,公司CEO王欣获刑3年半》,载新华网:http://www.xinhuanet.com/fortune/2016-09/14/c_129281148.htm,最后访问日期:2018年11月14日。

〔8〕 参见范君:《快播案犯罪构成及相关审判问题——从技术判断行为的进路》,载《中外法学》2017年第1期。

由认定该案不属于“情节特别严重”，从而避免了这一结局。这种突破现有规则的做法，其实也充分说明我国法院已经认识到了目前制裁体系的僵化与缺陷。

其四，区分困境。我国刑法全面禁止淫秽物品，导致的另一后果是不再区分淫秽物品的类型。实际上，淫秽物品大体可以分为普通淫秽物品与重度淫秽物品两类，后者涉及的主要是未成年人、暴力等内容，社会危害性显著，对此类淫秽物品进行惩罚是理所应当的。然而，全面禁止淫秽物品使政府失去了打击的重点，而前述执法困境的存在使得重度淫秽物品的传播在现实中同样没有受到规制。可以说，这一全面禁止政策起到了适得其反的效果。

其五，预期困境。我国刑法将“淫秽”定义为“描绘性行为或者露骨宣扬色情”，这一表述较为模糊。国家新闻出版署在 1988 年《关于认定淫秽及色情出版物的暂行规定》和在 2005 年《关于认定淫秽与色情声讯的暂行规定》对“淫秽”与“色情”进行了区分，色情是指仅在部分内容上含有淫秽内容、对普通人特别是未成年人的身心健康造成毒害而缺乏艺术价值或者科学价值。色情物品尽管在广义上也属于淫秽物品，但不属于刑法上惩处的淫秽物品。[9] 然而，这两部暂行规定列出的区分标准笼统模糊，并不具有可操作性。因此公安机关使用内部非公开的鉴定标准，法院则通常不加审查地全盘接受公安机关的鉴定结果。这样秘而不宣的“鉴黄”方式严重损害了民众的可预期性，有违法治国家的精神。

这多重困境意味着，根植于旧时代的过时思维已经无法适应当今社会，中国对淫秽物品的刑法规制有必要进行大幅改革。在此，域外经验能够为我们提供很高的参考价值。德国与美国分别是两大法系最具代表性的国家，对这两个国家的规制模式进行考察与比较，当然是最佳的研究途径。

三、未成年人保护优先——德国模式的尴尬

德国现行刑法遵循了未成年人保护优先的原则，对于淫秽物品进行了明确的区分：按照德国《刑法典》第 184a 条、第 184b 条与第 184c 条，涉及暴力、人兽、儿童与青少年内容的四类重度淫秽物品被绝对禁止；按照德国《刑法典》第

---

〔9〕 参见王作富主编：《刑法分则实务研究（下）》，中国方正出版社 2007 年版，第 1781 页。

184条,普通淫秽物品只允许以有效防止未成年人接触的方式进行传播。瑞士、奥地利等国也有类似的规定。但是,随着网络空间成为淫秽物品传播的主要场所,这种模式开始陷入尴尬之中。

(一)德国刑法规制模式的发展与现状

德国在刑法大改革之前对淫秽物品的刑事政策与法律规制,与当前中国的情形非常相似:一方面,将道德风化作为法益,所有淫秽物品被视为非法,对淫秽物品的区分不够;另一方面,刑法所制裁的行为主要局限在公开传播。20世纪70年代的刑法大改革之后,道德风化不再是德国刑法保护的法益,淫秽物品犯罪实现了一定程度的除罪化,即成年人之间自愿传播普通淫秽物品不再构成犯罪,但是它将未成年人保护确定为新的法益,通过区分内容、区分受众、增设犯罪构成等方式,反而扩大了刑事制裁的范围,例如,将未经合意的定向提供行为和所有可能使未成年人接触到的传播行为都被纳入了犯罪圈中。[10]

从20世纪90年代开始,可罚性的扩张主要体现在重度淫秽物品犯罪,持有型犯罪开始出现,传播犯罪的刑罚也不断提升。[11] 从外部看,这主要是近20年来社会大众对于性犯罪——尤其是针对未成年人的性犯罪——的恐惧与愤怒所推动的,是德国立法者强化打击性侵犯罪的衍生品,因为他们认为淫秽物品有诱发性侵犯罪的危险性。[12] 从内部看,这也具有法益展开的逻辑性:要全面保护未成年人,就需要从两个方面入手,一是防止未成年人接触淫秽物品对其身心发展造成不利影响,这是普通淫秽物品犯罪所保护的法益,使得以任何形式可能导致未成年人接触的行为均成为犯罪;二是防止拍摄与模仿导致未成年人成为性侵受害人的淫秽物品,这是儿童淫秽物品犯罪和青少年淫秽物品犯罪所保护的法益,这导致成年人对此任何形式的接触都被绝对禁止。

(二)淫秽物品的跨国网络传播冲击现有模式

为了应对网络时代的到来,德国刑法也进行了相应的调整,使原先的刑法

---

[10] 4. StrRG vom 23. 11. 1973 (BGBl. I S. 1725).

[11] 27. StrÄG vom 23. 7. 1993 (BGBl. I S. 1346); SexualdelÄndG vom 27. 12. 2003 (BGBl. I S. 3007); EUBekSexAusbKindUG vom 31. 10. 2008 (BGBl. I S. 2149); 49. StrÄG vom 21. 1. 2015 (BGBl. I S. 10).

[12] 参见[德]汉斯-约格·阿尔布莱希特:《德国性犯罪刑法的改革与成果》,周子实译,载《刑法论丛》2013年第3期。

规制能够没有漏洞地适用于网络空间，这主要体现在德国《刑法典》第184d条：通过广播或电子媒体使他人或公众可获取淫秽内容的，按照前述罪名制裁；传播行为只有在采取了严格有效的技术以确保未成年人无法接触时才不构成犯罪。然而，互联网时代使得淫秽物品的跨国传播成为常态，导致跨国管辖困难与法益保护落空，并放大了德国刑法原本就存在的规制过宽的弊病。

1. 跨国管辖困难

在农业社会，由于受到运输工具的限制，跨国犯罪是很稀少的；进入到工业社会之后，虽然飞机、火车等运输工具使得人们跨越国境变得方便起来，但跨国犯罪也无法成为主流；但是，进入信息社会后，由于互联网具有无国界的特性，跨国犯罪的门槛和成本大为降低，只要点击鼠标便可以使犯罪结果轻而易举地发生在他国境内，跨国网络犯罪数量呈现爆炸式增长。淫秽物品跨国传播所导致的首要问题便是严重冲击了德国刑法现有的管辖权规则。

目前，世界各国的管辖权规定多以属地原则为主，属人原则、保护原则与普遍原则为辅，这种管辖权模式孕育和诞生于农业社会与工业社会，并不能很好地解决信息社会的网络犯罪管辖权问题，导致各国饱受跨国网络犯罪之苦却又束手无策。德国学界对于网络犯罪管辖权的界定难点一直都有很清晰的认识。在网络犯罪进入人们的视野之前，德国学界就长期研究在属地管辖原则下如何界定侵害犯、具体危险犯、抽象危险犯的结果地。对于侵害犯而言，结果地是直观而无争议的；对于具体危险犯而言，遭受到危险的法益若在德国境内，那么就可以认定结果地在德国；受到争议的是抽象危险犯，主要指传播类犯罪和表达类犯罪——在他国发表的言论或出版的书刊是有可能影响到德国境内的，但如果对其进行管辖又涉嫌干涉他国事务。在这一问题上，德国法院将“结果”扩张解释为“犯罪既遂”，事实上将行为地在境外却可能影响到德国的抽象危险犯全部纳入法院管辖之下。[13]

德国法院的这种做法和德国《刑法典》的这种规定，如果说在以前还能够勉强维持，那么随着互联网的兴起和跨国网络犯罪的急剧增加，已经遭遇到极大的尴尬并濒临灭亡——面对着成千上万的网络犯罪和千差万别的他国刑法规定，其名义上的管辖权根本无法得以落实，法律的公信力基础受到动摇。应当

〔13〕 参见[德]齐白：《全球风险社会与信息社会中的刑法：二十一世纪刑法模式的转换》，周遵友等译，中国法制出版社2012年版，第437~442页。

说,追诉跨国网络犯罪,一个国家确定自己适当的管辖权仅仅只是基础,如果没有国家之间的合作,一切声称自己享有管辖权的主张都是苍白无力的,一切规定自己享有管辖权的法律都只能是一纸空文。与国际民商事法律关系中的法律适用和管辖权分离原则不同,由于刑罚权与国家主权紧密关联,刑事法律关系中的法律适用与管辖权的确定是一体的,本国不可能适用外国刑法。这也就导致涉及跨国犯罪时国家之间的管辖权冲突更为激烈——在主权问题上,没有国家愿意轻易让步。德国学界早就意识到了法律"不可执行"的弊端,提出了种种理论试图限制解释结果地,比如首次结果地理论、主观结果地理论、推入—拉入理论以及目前主流的客观的合理合法连接点理论。[14] 总而言之,面对淫秽物品的跨国传播,德国刑法规定了相当大的管辖权,但是在现实中毫无用武之地,陷入尴尬的境地。

2. 法益保护落空

跨国管辖困难所导致的直接结果就是法益保护落空。德国这种"未成年人保护优先"的模式在网络时代到来之前也许发挥着有效的作用,因为政府能够对境内淫秽物品的贩售场所进行有效管制。但是,互联网的无国界性使淫秽物品的跨国传播成为常态,执法难度陡增。德国政府虽然能够规制本国的淫秽网站,但是对于境外的淫秽网站却束手无策,再加上英语的普及以及网络搜索的便捷性,德国未成年人可以轻而易举地寻找并浏览境外淫秽网站,德国刑法防止未成年人接触淫秽物品的目的根本无法实现。可以说,将监管义务施加于传播源的旧模式,无法适应网络时代的新形势。

3. 刑法规制过宽

互联网还放大了德国刑法原本就存在的规制范围过宽的弊端。若比较当前中德两国现行刑法,就会发现,德国对淫秽物品的管制从某个角度上看更为严格:(1)在犯罪对象方面,德国对于淫秽物品的界定范围要宽于中国——通过立法将在线实时直播的淫秽表演纳入刑罚之下,未将色情与淫秽予以区分,甚至不排除将文艺作品归为淫秽物品的可能性。[15] (2)在犯罪行为方面,德国刑法的规制类型也多于中国——最为典型的是,向特定人提供淫秽物品也可能构成犯罪,比如未经对方同意、向未成年人提供观看等。(3)在犯罪门槛方面,德

---

〔14〕 同上书,第443~446页。

〔15〕 BGH 37,55 ff; BverfGE 83,130 ff.

国刑法设置的入罪门槛远低于中国——传播淫秽物品属于抽象危险犯，以是否对法益产生了危险作为犯罪构成实现的标准；同时，中国式的数量门槛要求在德国并不存在，因此只要实现了被不特定多数人观看的可能，就构成犯罪，并不要求有人真实观看。在前网络时代，规制过宽的弊端尚不明显，但互联网的普及——尤其是依靠“手指滑动”的移动互联网时代的来临——使得这一弊端被迅速扩大，普通人构成犯罪的可能性大幅上升。因此，中国的执法困境在德国同样存在，然而涉及普通淫秽物品的犯罪案件在德国的立案数每年仅2000件左右，其背后的犯罪黑数有多大不言而喻。[16]

四、言论自由优先——美国模式的坚守

在美国，宪法第一修正案确立了言论自由的基本权利，美国对于言论自由保护的重视程度众所周知。这在对淫秽物品的规制中同样得以体现——在言论自由保护的保驾护航下，全球淫秽物品的最大来源国正是美国，对淫秽物品网络传播的管制在美国同样最为宽松。

（一）淫秽与猥亵的区分：社区标准

美国区分淫秽（pornography）与猥亵（obscenity）。普通淫秽物品受到言论自由保护而不可罚，只有当其达到猥亵的程度时方被禁止。[17] 界定猥亵的司法标准经历了漫长的演变，美国联邦最高法院意识到定义是一件十分困难的事情，最终于20世纪70年代在米勒案中确立了“米勒测试”。[18] 该测试考察三个要素：（1）按照当代社区标准，一个普通人是否会将该作品在整体上视为勾起

---

〔16〕 从2014年德国警方统计的犯罪数据来看，立案的淫秽物品犯罪共计10,192件，其中涉及网络的占6774件，82.6%的案件能够被查清；在涉及普通淫秽物品的案件中，向未成年人传播普通淫秽物品共1210件，其他普通淫秽物品犯罪共955件；其余皆为重度淫秽物品案件，其中传播儿童淫秽物品的犯罪共2535件，持有儿童淫秽物品的犯罪共3982件，占全部案件的一半以上。

〔17〕 英国、日本类似这种模式。英国区分淫秽与极端淫秽（extreme pornography），日本对于“猥亵”的认定也标准较高。

〔18〕 参见郑海平：《“淫秽色情”与言论自由：美国的经验》，载《东吴法学》2012年秋季卷。

淫欲的;(2)作品是否通过一种显著令人反感的方式去描绘州法律明确界定的性行为或排泄功能;(3)该作品是否在整体上缺乏严肃的文学、艺术、政治或科学价值。[19] 其中,前两个要素被统称为“社区标准”。照此规则,猥亵的判断权被下放至各个地区,依据当地的道德观念与法律规定判断,更确切地说,主要是由各主审法院的陪审团在个案中进行判断的。

“社区标准”至今仍是美国法院所坚守的标准。然而,在近二十余年的司法实践中,因达到猥亵程度而定罪的案件很少,而且对猥亵物品的打击力度与政府的刑事政策紧密相关。民主党对淫秽物品的态度非常宽容,克林顿执政的 8 年期间,仅在 4 例案件中作出了有罪判决;而共和党较为保守,布什上台之后,成立了专门部门(Obscenity Prosecution Task Force)打击猥亵物品(主要涉及人兽、排泄物、暴力等重度内容),但在 2001 年至 2005 年也仅涉及 98 个案件,其中有罪判决 40 个。[20] 民主党人奥巴马上台之后又撤销了该部门,打击力度重新变小。总体而言,“猥亵”在美国有着极高的标准,美国对于淫秽物品是非常宽容的。不过,儿童淫秽物品则是另外一回事,并不处于“淫秽—猥亵”的二分法之中,对这类淫秽物品的打击美国向来是非常严厉的,体现了重点保护的政策取向。[21]

(二)关于网络空间淫秽物品的判决:言论自由优先

随着互联网成为淫秽物品传播的主要场所,美国政府也开始关注未成年人通过互联网接触淫秽物品的问题。然而,美国法院不断通过判决否定各级政府的相关立法,体现出言论自由保护优先于未成年人保护的考量。广为人知的是,美国联邦层面的两部重要法律——1996 年的《通讯风化法案》(Communications Decency Act)与 1998 年的《儿童在线保护法案》(Child Online Protection Act)——先后因美国联邦最高法院的判决而不得施行。[22] 美国各州的立法尝

〔19〕 Miller v. California, 413 U. S. 15, 17 – 18 (1973).

〔20〕 Robert D. Richards, Clay Calvert, Obscenity Prosecutions and the Bush Administration: The Inside Perspective of the Adult Entertainment Industry & Defense Attorney Louis Sirkin, Jeffrey S. Moorad Sports Law Journal: Vol. 14: Iss. 2, Article 2, p. 235.

〔21〕 参见朱和庆、刘静坤:《美国儿童色情犯罪的法律规范》,载《法律适用》2010 年第 7 期。

〔22〕 这两个案件的具体情况可参见前引 18,郑海平文。

试也多以失败告终——从1997年至2001年，纽约州、新墨西州与密歇根州关于规制网络淫秽的法案均被联邦法院判定违宪。[23] 不仅如此，甚至关于规制网络儿童淫秽物品的法律也受到了阻碍——1998年美国国会通过的《儿童淫秽预防法》(Child Pornography Prevention Act)在之后被联邦最高法院宣告违宪；[24] 宾夕法尼亚州试图让网络服务提供商封锁儿童淫秽网站的法律同样未能通过违宪审查。[25]

在网络时代，美国法院仍旧坚守了对言论自由的保护，在安全与自由的价值权衡中始终偏向自由一边，但是，这并不意味着美国法院就放弃了对未成年人的保护。这些判决体现出美国对于未成年人保护的视角与德国的不同——德国将防止未成年人接触淫秽物品的义务施加于传播源，而美国法院认为，这种方式过分限制了成年人的权利，应当将防止未成年人接触的义务设定在客户端，尤其是在家庭、学校与图书馆的电脑设置过滤软件。

(三)疑问：社区标准在网络时代的适用

美国法院当前所面临的问题是，如何在网络空间中适用社区标准。按照“米勒测试”的规则，社区标准是建立在陪审团的判断之上的，因此，何地的法院享有管辖权就至关重要。在“United States v. Extreme Associates, Inc. 案”中，被告人公司所在地是观念开放的加利福尼亚州，但是起诉与审判却以其他理由发生在宾夕法尼亚州，原因是此地民风较加利福尼亚州保守，陪审团更有可能作出有罪的判定。但是，这种做法并不合适。虚拟世界没有地理边界，难以如同在现实世界中一样划定社区，而且，网络传播的范围没有限制，各地之人有同等的机会获取所发布的信息。因此，以某一特定地区的人作为判断群体，显然并不公允，尤其是当该地区人民的观念特别开放或者特别保守时。

针对这一疑难，美国学界也存在多种观点。一种观点主张放弃社区标准，建立全国性的统一标准；另一种观点认为，为了充分满足宪法保障的言论自由，

〔23〕 American Library Association v. Pataki, 969 F. Supp. 160 (S. D. N. Y. 1997); ACLU v. Johnson, 4 F. Supp. 2d 1024, 1026 (D. N. M. 1998); Cyberspace Communications, Inc. v. Engler, 142 F. Supp. 2d 827 (E. D. Mich. 2001).

〔24〕 Ashcroft v. Free Speech Coalition, 535 U. S. 234 (2002).

〔25〕 CDT v. Pappert, No. 03－5051 (U. S. D. C. Eastern District PA, 2004).

政府应当完全取消对网络猥亵内容的规制;[26]还有一种观点主张改造社区标准,在网络传播的案件中,这一社区不再是地理意义上的社区,而指的是网络社区,在此谷歌搜索的大数据可以作为达到"猥亵"与否的重要依据。[27] 这一争议背后所反映出的是,根植于旧时代的社区标准在网络时代之下已经摇摇欲坠,寻找新的方案已迫在眉睫。

五、反思中国现有的淫秽物品犯罪的规制模式

哪些行为应被刑罚所禁止,这是刑法中一个永恒的疑问。在德国,尽管法益的立法批判价值受到学界与实务界越来越多的质疑,但仍旧是学界的主流出发点,因为与法益保护说相对立的规范效力保障说在法条合理性的验证功能上有所欠缺。对某一法条合理性的追问,从规范的内部视角出发无异于缘木求鱼,从外部视角出发才能够发现其问题所在。因此,笔者将从法益理论、法经济学、法制史与互联网政策这四个方面出发对这一问题进行讨论,以论证当前的刑法规制模式不合时宜。

(一)从法益理论出发之考察

以法益理论为导向,刑事立法的学理检验分为两个阶段:第一阶段为法教义学上之应罚性(Strafwürdigkeit)考察,即考察其所规制的行为是否损害了刑法应保护之法益并具有社会危害性;第二阶段为刑事政策上之需罚性(Strafbedürftigkeit)考察,即对此类行为的规制是否需要通过刑罚手段以及通过何种程度之刑罚予以实现,刑法谦抑原则与罪刑均衡原则能否得以体现。[28] 因此,应当首要考察的是应罚性,即淫秽物品犯罪所侵害的法益是否具有刑法保护的必要性。根据通说,淫秽物品犯罪侵害的首要法益是道德风尚,同时也侵

---

〔26〕 See E. Morgan Laird, The Internet and the Fall of the Miller Obscenity Standard: Reexamining the Problem of Applying Local Community Standards in Light of a Recent Circuit Split, Santa Clara Law Review, Vol. 52, Nr. 4, p. 1530.

〔27〕 See Shannon Creasy, Defending Against a Charge of Obscenity in the Internet Age: How Google Searches Can Illuminate Miller's "Contemporary Community Standards", Georgia State University Law Review, Vol. 26.

〔28〕 参见我国台湾地区"司法院"释字第594号解释。

犯了社会管理秩序;依据官方说法,淫秽物品还有两个危害,一是诱发犯罪,二是危害身心健康。[29] 然而,这四个理由无一成立。

1. 道德风尚并非刑法应保护的法益

所谓道德风尚,实际上就是大众道德观念的统称。张明楷教授认为淫秽物品犯罪侵害的法益是性的羞耻感情与正常的性行为观念,而淫秽物品无端挑起性欲进而损害了这一观念。[30] 其实,正常的性行为观念与道德观之间并无本质区别。当犯罪单纯以道德风尚作为法益时,其正当性是相当可疑的。在英国、德国、日本的刑法学界,均存在法益侵害说与规范违反说的对立或类似学说对立,而旧规范违反说正是基于刑法乃道德之底线的观念。[31] 随着法益侵害说成为主流,现代刑法正不断从纯粹的道德领域中退去,德国的刑法大改革如此,我国刑法的发展趋势亦是如此。乱伦、通奸、人兽相奸等行为严重违背道德,但是我国现行刑法并未将其入罪,相比之下,道德违背性更小的色情物品传播反而构成犯罪,岂不奇怪?从广义上说,盗窃、杀人等自然犯无疑也严重违背了道德,但是此类犯罪从不曾将道德风尚视作其法益,这同样动摇了道德风尚作为法益的合理性。在我国,仅在淫秽物品犯罪、卖淫类犯罪、聚众淫乱罪等少数罪名中将道德风尚视为法益,颇有搪塞之嫌。更为重要的是,人们的道德观并非一成不变,而是随着时代的变化而变化。尤其是中国社会在过去的几十年中快速变迁,人们的性观念发生了重大转变,对于淫秽物品的接受程度也越来越高。其导致的结果是,原本属于严重违背道德的行为,在当前也许只属于轻微违背道德,甚至被许多人认为是不违背道德的。那么,以道德风尚作为理由进行刑事处罚便不再具有正当性。

2. 社会管理秩序不是淫秽物品犯罪所侵犯的法益

在我国,大多数淫秽物品犯罪被规定在《刑法》第六章“妨害社会管理秩序罪”之中,因此也经常被认为侵害了社会管理秩序这一法益,具体而言,就是图

---

[29] 1985年4月17日国务院发布《关于严禁淫秽物品的规定》:“淫秽物品,毒害人们的思想,诱发犯罪,危害极大。为了保护广大人民特别是青少年的身心健康,维护社会治安,保证社会主义现代化建设的顺利进行,对各种淫秽物品必须严格查禁……”

[30] 参见张明楷:《刑法学》,法律出版社2011年版,第1028~1029页。

[31] 参见张明楷:《新刑法与法益侵害说》,载《法学研究》2000年第1期。应当注意的是,目前德国流行的规范违反说已经不再以道德为指向了,比如雅各布斯。

书出版、音像制品、演出方面的文化市场管理秩序。[32] 然而,仔细分析就会发现,这只不过是以道德风尚保护为根据的全面禁止淫秽物品政策的一个衍生物,其逻辑是:刑法保护道德风尚而禁止淫秽物品,那么,制作、贩售淫秽书刊、音像制品或组织淫秽表演就是违法的,因而理所当然地扰乱了文化市场管理秩序。但是,反过来可以说,一旦道德风尚作为处罚理由丧失了正当性基础,淫秽物品实现了一定程度的合法化,那么制作、贩售淫秽书刊、音像制品或组织淫秽表演也完全可以在法律规定的范围内得以实行,比如在法律限定的书店、音像店或夜店正常经营,这样一来就不存在侵犯社会管理秩序的问题。因此可以说,社会管理秩序根本算不上淫秽物品犯罪所侵犯的法益,只不过是循环论证的产物罢了。

3. 淫秽物品不会诱发犯罪,甚至会抑制性犯罪

诱发犯罪本身就不是一个法益。如果将诱发犯罪的原因全部纳入处罚范围,那么人们在生活中将毫无自由可言。更重要的是,认为淫秽物品会诱发犯罪的观念纯粹是主观臆断,缺乏实证基础。不能排除在个案中犯罪人观看淫秽物品后产生性冲动进而实施性侵,但是从宏观上看,淫秽物品与性犯罪之间并无关联。在淫秽物品合法或者部分合法的国家,有着充足的实证数据证明这一论点。[33] 越来越多的证据反而证明,观看淫秽物品是释放性欲、减少性冲动的一个重要途径,实际上恰恰能够对性冲动犯罪产生抑制作用。

桑本谦教授指出:"许多心理学和统计学的研究表明,所谓色情的危害在很大程度上是虚构的,色情并不拥有腐蚀心灵或败坏风气的力量,与滥交和性暴力也没有统计学意义上的因果关系。还有些研究发现色情对人还有些好处(提供娱乐,缓解性饥渴,替代并减少性侵犯,有利于让妇女从一本正经的社会规范的禁锢中解放出来),尤其是,美国有调查发现,在网络色情泛滥以后,不负责任的性行为反而有减无增。"[34] 他甚至在一个完全相反的方向上阐述了淫秽物品

---

〔32〕 参见前引9,王作富书,第1706页。

〔33〕 See Kutchinsky B : Pornography and rape: theory and practice? Evidence from crime data in four countries where pornography is easily available, Int J Law Psychiatry. 1991;14(1-2):47-64.

〔34〕 桑本谦:《网络色情、技术中立与国家竞争力——快播案背后的政治经济学》,载《法学》2017年第1期。

的危害，即提升了男性性唤起的阈值，造成了男性性欲下降、进取心下降、两性亲密度降低等一系列社会问题。[35] 这一说法固然颇有新意，也许其想进一步表达的是，淫秽物品削弱了人们对异性的渴望并影响了对后代的繁衍，对于少子化与老龄化的社会，可能会影响到其延续与发展。但是，从刑法的角度看，这称不上是一个合格的法益，无论如何都无法达到刑法应当介入的程度。更何况，在当前中国男女比例失调、男性求偶越发困难的情况下，色情物品能够释放单身男性的性欲，减少其性冲动与愤懑感，对于维持社会稳定反而起着积极作用。

4. 为保护身心健康欠缺需罚性

在应罚性层面，保护道德风尚、维护社会管理秩序与防止诱发犯罪这三个理由难以成立，只有身心健康可能成为具有刑法保护价值的法益。不过需要追问的是，淫秽物品是否真实危害了身心健康？诚然，个别人会因沉溺于淫秽物品而精神萎靡，同时，观看淫秽物品导致过度手淫，可能会造成男性疾病或身体虚弱。但是，涉及法律规制时，所考虑的对象不应是少数人而应是一般人，而一般成年人具备足够的自制力防止沉迷。将成年人的身心健康作为法益以实现某种行为的入罪，在现实中是比较困难的。烟酒对于身体健康的影响众所周知，但是法律从未禁止过成年人享用；电子游戏同样使人上瘾，但是也未受到限制；也合法存在让成年人观赏的限制性电影。因此，从刑法谦抑性原则与比例原则出发，对于成年人而言，如果危害尚未达到显著的程度（如吸食毒品），就不宜将身心健康作为刑法介入的理由，这也是尊重其自我决定权的体现。

真正值得刑法保护的法益是未成年人的身心健康。未成年人——主要是儿童——的身心并未成熟，分辨能力较弱，接触淫秽物品可能会对其思想造成冲击，并影响到这一年龄阶段重要的身体发育。德国刑法规制淫秽物品的传播方式，正是出于这一原因。但是，从需罚性的角度出发，若有其他手段能更好地解决这一问题，那么基于刑法的谦抑性，就不应当通过刑法手段能进行规制。美国强调从用户端上防止未成年人接触淫秽物品，过滤的义务被施加于图书馆、学校、网吧以及家长，实际上就是用行政手段替代了刑罚手段。中国的问题则在于相关措施的缺失，比如电影电视分级制度的缺失、网吧禁止未成年人进入的规定未得到贯彻等，导致最终只能依赖刑法，但这并不符合刑法的谦抑性原则。退一步说，即使未成年人保护是动用刑罚的正当理由，全面禁止的政策

---

〔35〕 同上文。

也是错误的,因为成年人仍旧享有接触淫秽物品的权利——在强调未成年人保护的德国,成年人之间的自愿传播也是完全合法的。

(二)法经济学之考察

在当今的法学研究中,法经济学的视角越来越受到重视。根据法经济学,良法的判断标准是效益,即社会收益与社会成本之间的比值。因此,要尽量降低社会成本,并努力提升社会收益,在二者之间寻求最优配置。在刑事立法中,完全以效益作为罪与非罪的标准,显然是不恰当的。对于那些社会危害重大的案件,立法者不能因为社会成本高而将其排除出刑法的规制范围。效益考察只能作为一种辅助方法,在需罚性层面发挥作用,尤其是针对那些存在争议的边缘情况,而淫秽物品犯罪正是这样一种边缘情况。从法经济学的角度看,通过刑法全面禁止淫秽物品不仅社会成本过高,而且社会收益极低。

中国全面禁止淫秽物品,需要付出高昂的社会成本,尤其是高昂的国家财政支出。桑本谦教授指出:"法律之所以放弃或应当放弃对通奸以及手机传播黄色短信的处罚,最根本的原因,不是由于人们在道德上享有性选择的权利,或是宪法赋予公民以通信不受干涉的自由,而是因为,对这两种有害行为进行法律控制的成本太高,以至于会让执法机关和司法机关(确切地说是国家)的财政预算不堪重负。"〔36〕其实,不仅仅是黄色短信,现实中各类淫秽物品无时无刻不在被私下传播。目前政府不断开展的网络"扫黄",需要投入大量的财力、物力与精力;一旦涉及刑事责任,漫长且复杂的侦查、起诉、执行各阶段则要耗费更多的司法资源。可想而知,如果真要对所有嫌犯一一追诉,国家财政必然破产。这实际上也是"快播案"中普通用户未被追诉的主要原因。

另外,全面禁止淫秽物品的社会收益极低,甚至可以说是负收益。全面禁止淫秽物品所能取得的社会收益不过是降低了人们——尤其是未成年人——接触淫秽物品的可能。但是,降低的幅度极其有限,只要有心,人们仍然有无数种方法去获取淫秽物品。前文提及过,适度地观赏色情物品能够疏导性冲动、缓解心理压力,对身心健康是有益的。因此,全面禁止的政策损害了个人的身心健康与愉悦感,实质上产生了负收益。此外可能涉及的其他负收益,可以参考美国当年的禁酒令。在禁酒令颁布之后,私酒遍地,由于缺乏监管,时常发生酒质

〔36〕 参见桑本谦:《法律控制的成本分析——以对通奸和黄色短信的法律控制为例》,载《现代法学》2007年第5期。

低劣害人伤残的事件；私酒的暴利使得有组织犯罪猖獗，社会治安恶化；同时官员获得了权力寻租的空间，腐败滋生。[37] 这样的前车之鉴值得我们反思。此外，对于互联网行业，全面禁止淫秽物品的负效益情况格外严重。刑罚的达摩克利斯之剑悬于头顶，使互联网从业者瞻前顾后、畏首畏尾，难以大胆创新与开拓，并花费大量的成本在内部审查，这将在下文"网络政策考察"中详述。

（三）法制史考察

我国将淫秽物品纳入刑事制裁始于清朝，《大清律例》规定，对于"淫词小说"，"有行造作刻印者，系官革职，军民杖一百、流三千里。市卖者，杖一百、徒三年。买看者，杖一百"。民国时期刑法深受日本影响，对散布、贩卖、公然陈列"猥亵之文字图画及其他物品"及其预备行为予以刑事制裁，但处罚轻微，一般仅适用罚金刑。[38] 新中国成立后，迟迟没有颁布《刑法》，因此在1949年至1979年的30年间对于淫秽物品犯罪没有明确的刑事制裁规范。政府虽然收缴和禁止淫秽书画，但是通常不予处罚。[39] 1957年我国刑法草案第22稿曾经被广为传播，尽管未能公布生效，但在实际判案中已经成了不少法院主要参考的裁判依据，[40] 而该草案也未将传播淫秽物品行为定为犯罪。终于，1979年《刑法》第170条规定："以营利为目的，制作、贩卖淫书、淫画的，处三年以下有期徒刑、拘役或者管制，可以并处罚金。"其可罚范围因犯罪目的、行为方式和犯罪对

---

〔37〕 参见王茂生：《美国禁酒执法的过程及启示》，载《政治与法律》2012年第5期。

〔38〕 1912年《中华民国暂行新刑律》第292条规定："贩卖猥亵之书画物品，或意图贩卖而制造或收藏，或自外国贩运者，处拘役或五十元以下罚金。其公然陈列者亦同。"1928年《中华民国刑法》第251条规定："散布或贩卖猥亵之文字图画及其他物品，或公然陈列者，处一千元以下罚金。意图贩卖而制造持有前项文字图画及其他物品者亦同。"1935年《中华民国刑法》第235条规定："散布或贩卖猥亵之文字、图画及其他物品，或公然陈列，或以他法供人观览者，处一千元以下罚金。意图贩卖而制造、持有前项之文字、图画及其他物品者亦同。"

〔39〕 1955年《国务院关于处理反动的、淫秽的、荒诞的书刊图画的指示》规定："只有对于极少数专门著绘、摄制、印行、贩运和租售反动、淫秽、荒诞图书的反革命分子和坚决抗拒改造的不法分子，才依法给以惩处；对其中个别罪大恶极分子应依法予以逮捕，公审法办。"

〔40〕 参见高铭暄、黄薇：《25年曲折立法路——见证新中国第一部刑法诞生的艰辛》，载《文史参考》2011年第7期。

象三方面的限制而较为狭窄,刑罚也相当轻缓。

1983年"严打"运动开始,性犯罪成了严厉打击的重点对象,而传播淫秽物品行为被视为诱发此类犯罪的重要原因。1984年最高人民法院、最高人民检察院《关于当前办理流氓案件中具体应用法律的若干问题的解答》规定,利用淫秽物品教唆、引诱青少年进行流氓犯罪活动的,或者在社会上经常传播淫秽物品,危害严重的,按流氓罪予以严惩。"严打"运动结束之后,全国人大常委会于1990年颁布《关于惩治走私、制作、贩卖、传播淫秽物品的犯罪分子的决定》,取代1979年《刑法》第170条,对淫秽物品犯罪进行了全面的规定:[41]行为对象由淫书、淫画扩展至所有淫秽物品;行为方式除制作、销售外,还包括了复制、出版、传播、走私、公开播放、提供书号等;犯罪目的不再是必要条件,不以牟利为目的的传播行为单独成罪;极大提升了加重情节下的刑罚力度,以牟利为目的的犯罪在特别严重情况下最高可以判处无期徒刑等。1997年《刑法》修订后的第六章第九节"制作、贩卖、传播淫秽物品罪",在罪名体系、犯罪构成和法定刑等各方面都基本延续了上述规定的内容。

回顾历史不难发现,我国历史上对淫秽物品犯罪规制本是较为宽松的,而由宽转严的转折点正是20世纪80年代的"严打"运动。现行《刑法》的条文正是受到"严打"遗风之影响,体现出不合时宜的严厉性,因此去除这一因素势在必行。

(四)网络政策考察

淫秽色情,自互联网产业兴起之初便与之形影相随。难以否定的是,网络上的淫秽色情内容,在早期,对于网民培养、流量吸引、宽带开通起到了很大的推动作用;之后,视频播放、在线直播、硬件升级、在线支付等诸多领域的发展也都得以受益;直到现在,前沿科技领域如虚拟现实产业与机器人产业也从这方面入手吸引社会关注。[42] 可以说,性欲一直是包括科技进步在内的社会发展的重要推动力。同时,对淫秽色情的宽容程度,也标志一个社会的自由程度。以创新作为根本的网络行业,最需要的就是自由。美国是网络产业的领军国家,同时也是淫秽网站最多的国家,很难说二者之间没有关联。民主党对淫秽物品

〔41〕 此外,全国人大会常委会1988年颁布的《关于惩治走私罪的补充规定》将走私淫秽物品行为纳入打击范围。

〔42〕 参见前引34,桑本谦文。

的态度较共和党明显宽容得多,同时,它对互联网产业的扶持力度也远超共和党,其政策的一致性也间接反映了这一关联。相比之下,作为传统工业强国的德国,在互联网领域并无突出贡献,享誉世界的网络公司更是寥寥无几,这与德国政府从严的网络政策紧密相关。

我国的互联网政策经历了由宽转严的转变,对于淫秽色情内容更是经历了由不管至开始管再至严管的变化。在互联网产业发展的早期,我国政府为了扶持这一新兴产业,采取了较为宽容的态度,成就了当今一大批世界级的网络公司。随着互联网产业的逐渐壮大,淫秽物品传播的速度、广度、便捷度都有了飞跃式的提升,网络空间成为淫秽物品传播的主要场域,这使得政府开始直面这一问题。2004 年是一个转折点,网络“扫黄”正是在这一年拉开了帷幕,并在之后不时开展。同时,最高人民法院、最高人民检察院在 2004 年和 2010 年分别颁布了两个关于“淫秽电子信息”的司法解释,以填补网络时代下的法律漏洞。2014 年至今的“扫黄打非 · 净网”运动所展示出的打击力度是空前的。2015 年,在淫秽网站基本得到治理的情况下,云盘服务又成为重点整治对象。

然而,目前过于严厉的禁止政策束缚了科技公司的手脚,尤其是“快播案”对于网络从业者有着“杀鸡儆猴”的效应。2016 年被称为“虚拟现实元年”,虚拟现实(VR)产业在美国迎来了大爆发。其中,淫秽视频、色情游戏等成了虚拟现实设备的重要卖点,甚至部分淫秽网站也积极投入与这一行业的合作之中。另一个朝阳产业是机器人,家用机器人很有可能在未来的几十年中迎来普及化,其中机器人的“性爱”功能对于消费者而言也极具吸引力。事实上,美国、英国、日本制造的“性爱机器人”已经获得了广泛的关注。对于虚拟现实与机器人来说,淫秽色情可以称得上是行业爆发的催化剂。可是,在中国现有的严厉政策之下,无论是虚拟现实还是家用机器人,想在中国借助“淫秽色情”的卖点来实现爆发都非常困难。恰恰相反,将在业界产生“虚拟现实会成为下一个快播”的担忧。[43] 有了“快播案”的前车之鉴,科技创新者需要承担一定的有形负担与无形负担。公司内部需要鉴黄师、需要事先的技术防范、需要事后的平台监管,这是有形的负担;开发者担忧政策风险、创新进取的心理受到阻碍,这是无形的负担。

---

[43] 参见赵苏砚:《涉足色情产业的 VR 会是下一个快播吗?》,载钛媒体:http://www.tmtpost.com/1500012.html,最后访问日期:2018 年 11 月 14 日。

六、对中国的建议:局部轻刑化与适度除罪化

总而言之,淫秽物品并没有需要通过刑罚进行制裁的社会危害性;全面禁止淫秽物品的社会成本过高,而社会收益极低;现行刑法严厉的规制模式源自20世纪80年代,带有明显的"严打"遗风,并不符合一贯的轻缓特征;同时,它会给互联网产业增添负担,不利于其创新发展。对于中国而言,局部轻刑化与适度除罪化是大势所趋。局部轻刑化迫在眉睫,它指的是降低个别罪名的法定刑,解决牟利性传播犯罪刑罚畸重的问题。适度除罪化则是长远解决之道,即在保留重度淫秽物品可罚性的基础上,对普通淫秽物品进行除罪(美国模式)或者部分除罪(德国模式);对此,德国模式与美国模式均可成为中国的选项,而美国模式更值得推荐。

(一)局部轻刑化:降低牟利性传播犯罪的法定刑

刑罚过重是我国淫秽物品犯罪刑法规制存在的首要问题。在德国、奥地利、瑞士这些传播普通淫秽物品可能构成犯罪的国家,非法传播普通淫秽物品的法定最高刑不过1年或3年自由刑,只有涉及重度淫秽物品时法定刑才会大幅提升;日本刑法更为宽松,即使是传播重度淫秽物品,其法定最高刑也不过2年惩役。我国的相关调查显示,八成以上的民众对淫秽物品犯罪倾向于不处罚或行政处罚,[44]这表明对淫秽物品犯罪予以轻刑化有着广泛的民意基础。考虑到重度淫秽物品的社会危害性,对淫秽物品犯罪进行全部去刑化并不现实,但是对牟利性传播犯罪进行局部轻刑化刻不容缓。我国刑法对于牟利性传播的处罚畸重,法定最高刑为无期徒刑,严重违背了罪刑均衡原则;相比之下,非牟利性传播的法定最高刑仅2年有期徒刑,两个罪名之间差距悬殊,在个案中,是否存在牟利目的将导致所受刑罚有着天壤之别。如前所述,将牟利视为卑劣目的的观念源自计划经济时代,在当前市场经济条件下已不合时宜。牟利目的可以保留成为区分罪名的要素,但不应再受到过度的负面评价。对于我国而言,缩小两个罪名之间的刑罚差距是当务之急。对此,奥地利的《淫秽物品法》有着示范效果,该法尽管也区分了牟利性传播与非牟利性传播,但是二者之间的刑

〔44〕 参见黄大威、李景华、韩冰:《对"传播淫秽物品行为"的民众态度调查》,载《犯罪研究》2014年第4期。

罚差距极小,法定最高刑分别为1年自由刑与6个月自由刑。因此,应当通过《刑法修正案》将《刑法》第363条中的法定最高刑大幅降低,5年有期徒刑已经足够。

(二)适度除罪化的选择之一:德国模式之效仿

关于适度除罪化,德国模式是可选方案之一。该方案在区分普通淫秽物品与重度淫秽物品的基础上,对重度淫秽物品绝对禁止,而对普通淫秽物品进行有限度的许可,即必须通过防止未成年人接触的方式进行传播。这一防止义务被施加于传播者,因此在互联网上,淫秽网站必须采取严格有效的年龄验证措施,即要求实名登录;成年人之间互相自愿传播不再构成犯罪,但是若向未成年人传播,或者公布至网上使得未成年人能够轻易接触,那么则构成犯罪。

如前所述,这一模式在德国存在跨国管辖困难、法益保护落空与刑法规制过宽的缺陷,但是,若将这一模式移植于中国,那么,由于中国当前网络安全、管辖模式与刑法规制范围的特殊性,这些缺陷恰恰能够得以克服。换言之,德国模式与中国现实的契合度,似乎比该模式与德国现实的契合度更高,其理由在于:

其一,在网络安全方面,中国建有网络防火墙,有效隔绝了境外色情网站对国内未成年人的影响。因此,对于境内网站严格实施年龄验证措施,就能够达到杜绝未成年人接触淫秽物品的目的,不存在未成年人保护这一法益落空的现象,同时,所面临的跨国管辖难题也就少得多。

其二,在管辖模式方面,德国刑法对行为地的界定过宽导致管辖过大而无法执行,与之相反,我国刑法对行为地采取了较为保守的认定方式,导致了管辖权过小。正是在这种背景下,我国学界才提出了"实害联系原则"等新的认定方式以图在网络空间扩张我国的管辖权至合理的范围。[45] 因此,我国不会像德国那样陷入管辖权过大却无法执行的尴尬境地。

其三,在规制范围方面,与德国刑法相比,我国刑法对淫秽物品犯罪的刑法规制范围要小得多——淫秽与色情的二元划分排除了色情作品的可罚性,一定程度上限缩了淫秽物品的范围;行为手段局限于针对不特定多数人的传播,私下的定向传播并不可罚;我国《刑法》与《治安管理处罚法》的二元规制模式也

〔45〕 参见于志刚:《"信息化跨国犯罪"时代与〈网络犯罪公约〉的中国取舍——兼论网络犯罪刑事管辖权的理念重塑与规则重建》,载《法学论坛》2013年第2期。

设置了较高的犯罪门槛,有效地将部分轻微违法行为排除在犯罪圈之外。因此,只要在借鉴德国模式时避免全盘照搬,就不会产生刑法规制过宽的缺陷。

但是,中国若采纳这种模式,仍会产生若干弊端。首先存在一些现实的不利与困难,比如防止未成年人接触的义务被施加于传播源,不利于网络产业的发展;要通过修正刑法的方式进行,成本高且阻力大,颇费周章。不过最大的问题在教义学上,即界定普通淫秽物品存在困难。普通淫秽物品与色情物品之间的界限模糊又易变,尤其是在性观念越发开放的当今社会。美国正是因为定义困难而最终确立了社区标准,而在德国,这一困难同样存在。对于"淫秽"一词,德国《刑法》并无明确定义,而且在立法和司法层面过去存在两种迥然不同的标准:一是联邦最高法院1969年在"Fanny Hill案"中认定"猥亵"时的主要标准——将性过程通过过分的、失真的方式展现;[46]二是1973年第四次德国《刑法》修正法的立法理由所列出的标准——仅仅或主要是以引起观者的性刺激为目的,并且明显逾越了由共同社会价值所绘制的性风俗的界限。[47] 第一种标准的缺陷在于,要求"失真"过于限缩了淫秽物品的范围;第二种标准中的淫秽物品范围则要大得多,但存在的缺陷是,"共同社会价值""性风俗"等规范要素的含义不明确。在学术界,有的学者结合、修正这两种标准并被认定为通说,有的学者以其中之一为基础进行扩展或改造,还有的则完全脱离这两种标准进行独立定义,比如一种观点认为"淫秽"仅指包含"性行为"的内容,形成了目前众说纷纭的局面。[48]

(三)适度除罪化的选择之二:美国模式之借鉴与中国式改造

相比于德国模式,笔者更推荐美国模式,它指的是对普通淫秽物品犯罪进行更为彻底的除罪化,仅保留对重度淫秽物品的刑罚。不过,这种模式需要进行改造,才能符合中国的现实。

本文将中国《刑法》中的"淫秽"与"色情"分别翻译为"pornographic"与"erotic",遵循的是全国人大的官方译本。但是,另有民间译本将"淫秽"与"色情"分别翻译为"obscene"与"pornographic",实际上更为恰当。在英文语境下,"e-

---

〔46〕 BGH, 22. 07. 1969 – 1 StR 456/68.

〔47〕 BT-Drs VI/3521, S. 60.

〔48〕 Vgl. Adolf Schönke/ Horst Schröder (Hrsg.), Strafgesetzbuch Kommentar, 28. Auflage, München 2010, S. 1700, Rn. 4, m. w. N.

rotic"通常带有艺术性,译为"情色"更为恰当;"pornographic"缺乏艺术性,但是属于中性名词,在中国,"色情"的贬义色彩也较低,因此二者应当对应;相比之下,"obscene"具有较强烈的贬义色彩,这与中文"淫秽"的对应性更强,毕竟"淫"与"秽"都带有强烈的负面评价色彩。

既然中文里的"淫秽"与英文中的"obscene"是相通的,那么,在除罪化思路上也可以借鉴美国的思路,在司法实践中对"淫秽"一词作限缩解释——普通淫秽物品是不可罚的"色情",重度淫秽物品才是可罚的"淫秽";并借鉴德国对重度淫秽物品的界定范围,采用中国特色的司法解释模式,将重度淫秽物品的类型予以明确化——特指那些含有未成年人、暴力、人兽或其他侮辱人格内容的淫秽物品。这一方案的优点如下:

一是简单方便。除了不需要对《刑法》进行修正,还免去了对普通淫秽物品定义的困难。前文已经提及,无论是在德国还是在我国,对普通淫秽物品的界定都存在很大的困难。对普通淫秽物品予以除罪,则完全消除了这一困难。

二是灵活性佳。"淫秽"属于规范性不确定法律概念,又被称为需价值补充的不确定法律概念(Wertausfüllungsbedürftiger Begriff)。对于此类概念的界定,必须基于一定的价值观,因此,它的定义不会一成不变,而会随着人群、时代的不同而不同。司法解释的修正成本较低,可以随着社会发展而进行调整,具有较好的灵活性。

三是明确性强。美国的社区标准建立在其联邦制的政体基础之上,并不符合我国国情,而且这一标准在网络时代也已经过时。通过司法解释确立全国性的标准,通过列举的方式划定"淫秽"的范围,更符合明确性原则,也实现了民众的可预期性。应当指出的是,界定重度淫秽物品要比界定普通淫秽物品简单得多。

需要强调的是,普通淫秽物品的完全除罪化并不意味着可以随意传播,传播渠道仍旧受到限制,这需要大量配套行政措施跟进:传统传播渠道如电视、广播、书刊等应当受到严格管制;网络空间中的传播,一是应当避免骚扰式传播,即用户的主动请求是内容播放与下载的前提,二是应当禁止侵犯他人隐私与版权,防止未成年人接触的重心应当放在客户端,即控制未成年人的上网渠道,尤其是在家庭电脑或网吧电脑中加装过滤软件等。

(四)结语:关键在于刑事政策之转向

无论是对《刑法》条文进行修正,还是通过司法解释对刑法名词进行重新诠释,在根本上都有赖于刑事政策之转变。一方面,众所皆知的是,刑事政策驱动着刑事立法。另一方面,刑事政策对刑事司法的影响,也越来越受到认同。在德国,刑法功能主义成为学界主流,刑法教义学与刑事政策之间的“李斯特鸿沟”已经被填平,罗克辛教授主张以刑事政策的目标设定来指导刑法体系被广泛接受。[49] 因此,刑事政策同样是司法实践中对刑法条文进行解释的根本出发点。可以说,淫秽物品犯罪的问题,本质上还是刑事政策的问题。所以,淫秽物品犯罪的局部轻刑化与适度除罪化都只是技术性手段,归根结底,只能寄希望于刑事政策制定者作出顺应时代潮流的决策。

---

〔49〕 参见冯军:《刑法教义学的立场和方法》,载《中外法学》2014年第1期。

中德法学论坛
第16辑·下卷,第199~217页

条件公式的检讨与反思
——合法则的条件说之提倡

陈文涛*

摘　要:在因果关系或客观归属理论中,通常将条件公式作为事实归因的判断方法,在此基础上再进行规范性的归责判断。但是,经条件公式圈定的因果关系范围极为宽广,而因果关系中断论与条件公式存在逻辑矛盾,不能胜任事实归因阶段限定因果关系的任务;条件公式虽不会导致处罚范围扩大,但会造成刑法评价范围的过度扩张,有损理论的经济性;条件公式无法圆满地处理假定的因果关系和择一竞合的问题,存在理论的不完满性;更为致命的是,条件公式采用的"思维排除法"这一运作机制并非纯粹形式性的,而是以科学法则作为其判断的基地,其本来就蕴含着合法则的条件说的思考方式。合法则的条件说可以还原事实归因判断的本来面目,且能够更好地处理假定的因果关系和择一竞合的问题,是比条件公式更优越的学说。

关键词:因果关系;条件公式;合法则的条件说;假定的因果关系;择一的竞合

Abstract:In the theory of causality or attribution theory, the conditional formula is usually used as a judgement method in the factual attribution, before making a normative judgment of attribution. But the causal relationship delineated by the conditional formula is too broad, causality interruption theory has a logical con-

* 陈文涛:中国民航大学法学院讲师,法学博士。

tradiction with the conditional formula, therefore it cannot complete the task of restriction to causality. The conditional formula will not lead to the enlargement of the scope of punishment, but it will lead to the excessive expansion of the scope of criminal evaluation and damage the efficiency of the theory. Conditional formula fails to deal satisfactorily with hypothetical causality and alternative concurrence, and there is theoretical imperfection. Even more lethal is that the operational mechanism of the "thinking exclusion" adopted in the conditional formula is not purely formal, while it is based on scientific principles. So the conditional formula inherently contains the thought of the theory of conditions in accordance with the law. The theory of conditions in accordance with the law can restore the true nature of the factual attribution judgment, and can better deal with the hypothetical causality and the problem of alternative concurrence, and is therefore a superior theory to the conditional formula.

Key Words: Causal relationships; Conditional formula; The theory of conditions in accordance with the law; Hypothetical causality; Alternative concurrence

一、因果关系概念的意义及界定

刑法上认定因果关系的意义在于,建立结果与构成要件行为之间的关系,判断现实发生的结果(包括实害和具体的危险)是否属于构成要件不法的内容,进而决定行为人的客观不法的范围。如果不能认定因果关系,在故意犯的场合就不能成立既遂犯,在过失犯的场合就因为缺乏必要的构成要件结果从而不成立犯罪,在结果加重犯的场合因不存在加重结果而仅成立基本犯。[1] 由于此种实践重要性,因果关系的诸论历来是刑法理论中最具争议的范畴之一。关于因果关系,在学术史上存在过条件(关系)说、原因说、重要说、合法则的条件说、相当(因果关系)说、客观归责理论等。[2]

---

[1] 如果认为存在对加重结果具有故意的结果加重犯形态,则成立相应的结果加重犯的未遂犯。

[2] 参见张明楷:《外国刑法纲要》,清华大学出版社 2007 年版,第 118 页。

尽管极具争议,但"因果性和归责的分离是一种信条学的成就",[3]基本被接受了。[4] "人们将因果关系这一经验问题与答责性这一规范问题合理地分开了,而这在科学上是可取的。"[5]客观不法层面的判断是一种价值判断,因果关系也不例外,"对于因果关系问题的讨论必须与讨论的直接目的联系起来……在什么条件下,并且从什么目的上说,一个单一的事件会被称为原因"。[6] 因此,"刑法绝不可以盲目地采用哲学上、科学理论或者自然科学中发展起来的一个因果关系的概念,而是必须按照刑法自身的目标来确定其因果关系概念"。[7]

但是,尽管最终要做价值判断,也仍然不能放弃存在论的基础。"机能的因果关系概念不得与今日的科学理论上的理解相抵触,而是必须和自然科学上的认识相协调。"[8]所以,如果采取广义的因果关系概念(即客观不法范围的圈定),那么其包括事实性的归因和规范性的归责,归因是归责的基础,归因和归责共同决定了行为人的客观不法范围。

需要注意的是,"因果关系"这一概念存在术语上的不统一。德国学者基本认为"因果关系"只是一个事实性的概念,比如罗克辛教授认为:"因果关系的理论是各种归责于客观行为的基础。对客观行为构成的归责必须遵循两个彼此衔接的步骤,在第一步中,应当说明因果关系的理论,在第二步中,才能讨论其他的归责条件。"[9]但日本学者则相反,大部分采取广义的因果关系概念,其包

---

〔3〕 [德]克劳斯·罗克辛:《德国刑法学总论》(第1卷),王世洲译,法律出版社2005年版,第239页。

〔4〕 参见陈兴良:《从归因到归责:客观归责理论研究》,载《法学研究》2006年第2期。

〔5〕 [德]乌尔斯·金德霍伊泽尔:《刑法总论教科书》,蔡桂生译,北京大学出版社2015年版,第79页。

〔6〕 [英]H. L. A. 哈特、[美]托尼·奥诺尔:《法律中的因果关系》,张绍谦、孙战国译,中国政法大学出版社2005年版,第17页。

〔7〕 前引5,金德霍伊泽尔书,第76页。

〔8〕 同上书,第76页。

〔9〕 前引3,罗克辛书,第231页;相同观点参见[德]约翰内斯·韦塞尔斯:《德国刑法总论》,李昌珂译,法律出版社2008年版,第93页;前引5金德霍伊泽尔书,第76页;[德]汉斯·海因里希·耶塞克、托马斯·魏根特:《德国刑法教科书》,徐久生译,中国法制出版社2017年版,第375页以下。

括事实判断与规范判断两部分,比如西田典之教授的表述:"我国的通说与判例一般认为,可分两个阶段判断是否存在因果关系:第一个阶段是判断是否存在条件关系,第二个阶段是在此基础上再判断是否存在相当因果关系。所谓条件关系,是指明确行为与结果之间是否存在事实上的关联(结合关系);所谓相当因果关系,则是以存在条件关系为基础,进一步规范性地限定客观归责范围。"[10]这只是纯粹的定义问题,属于概念之争,德日学者间并无实质的观点冲突。本文以下采取狭义的因果关系概念,即"因果关系"仅指事实层面的归因阶段。

二、条件公式作为因果关系的判断标准

(一)条件公式的价值无涉性

由于事实性归因与规范性归责的区分,在因果关系判断阶段,需要采取价值无涉的判断方式。在判断行为与结果的事实性关联时,条件说最初成了唯一的因果关系理论。[11] 条件说运用"思维排除法"(或"假定消去法""假定排除法")来作为因果关系判断的标准:导致一个结果的各种条件,在具体结果没有被取消就不能想象其不存在时,都应当看作原因。作为原因的就是各种不能不考虑的条件,就是各种没有它们就不会出现这种结果的条件。在各种结果的诸条件中,是无法选择出可以作为结果的条件的,更准确地说,全部条件都被看成是等值的,而等值理论就是因为这种同等价值的评价而得名的。[12] "根据条件说或等价说,所有导致结果发生的条件包括最远和最不重要的条件,都具有同等价值,所以刑法上的原因是所有不能被忽略不计的,如果缺位便不会发生的

---

[10] [日]西田典之:《日本刑法总论》,王昭武、刘明祥译,法律出版社2013年版,第77页;相同观点参见[日]松原芳博:《刑法总论重要问题》,王昭武译,中国政法大学出版社2015年版,第49页。大谷实教授则与德国学者一样,采取狭义的因果关系概念,参见[日]大谷实:《刑法总论》,黎宏译,中国人民大学出版社2009年版,第195页。

[11] 参见李海东:《刑法原理入门——犯罪论基础》,法律出版社1998年版,第53页。

[12] 参见前引3,罗克辛书,第232页。

条件。"[13]条件公式可以用“非A则非B”这一逻辑公式得以表述，即A为B的必要条件，在现实中出现结果B的场合，假设行为A不存在，B就不可能发生，那么就可以承认A与B的因果关系。条件说又称为必要条件说，因为“条件关系并不是指‘有A则有B’这一充分条件；相反，是指‘无A则无B’这一关系。”[14]

在德国刑法学中，条件公式在文献上被压倒性多数的学者支持。[15] 究其原因，在于其符合纯粹逻辑或者纯粹形式的品格，在判定某一行为是否为结果的原因的时候，不带有任何价值评价。自然科学被认为是价值无涉的，因此在归因判断中“可以不加任何改变地使用自然科学领域的因果关系概念……共同构成效果的原因的所有条件，都是同样必需和同样重要的，以至于可能割裂开来考察具体的条件”。[16] 日本学者川端博也指出：“想要将自然科学意义之下的因果关系概念，原封不动地套用在社会科学之刑法学领域中，就非得采取条件说不可。在自然科学领域，事实就是事实，没有价值高低之问题，将全部之因素找出来，只考量有无原因与结果之关系。”[17]因果关系被认为是一种纯事实判断，“因此大量所谓的个别化理论在今天都不再具有代表意义了，因为人们无法成功地证明它们之间的区分是符合逻辑的，同时，在确定因果性之前要在法学上先做出大量的决定，而这些决定又使得这种区分在确定一种应当首先与法学上的评价范畴相联系的最大限度的责任范围时，都变得不合适了”。[18] 因此，条件公式因其价值无涉的特性，在区分事实性归因与规范性归责的体系中成为优势的因果关系理论。

（二）条件关系与因果关系中断论、超越的因果关系论

因为条件公式价值无涉的特性，缺乏对引起结果的诸原因的过滤机制，因此运用条件公式所判定的因果关系范围会极其广泛。根据条件的等值性，杀人

---

〔13〕 [德]冈特·施特拉腾韦特、洛塔尔·库伦：《刑法总论Ⅰ——犯罪论》，杨萌译，法律出版社2006年版，第94页。

〔14〕 前引10，西田典之书，第78页。

〔15〕 前引9，耶塞克、魏根特书，第379页。

〔16〕 同上书，第375页。

〔17〕 [日]川端博：《刑法总论》，余振华译，元照出版有限公司2008年版，第9页。

〔18〕 前引3，罗克辛书，第232页。

犯的母亲与被害人的死亡也具有因果关系。在不区分归因与归责的情况下,为了限制运用条件公式导致过广的不法评价范围,学说上曾采用因果关系中断理论(或禁止溯及理论)对因果关系加以限定。

但因果关系中断论存在逻辑上的问题。"在因果关系之性质上,客观上所存在之事实,不可能在行为历程中突然消失,因果关系中断论不可采"。〔19〕黄荣坚教授更是直接指出因果关系中断论与条件公式的逻辑冲突,认为"既然条件是决定因果关系的标准,有条件关系就是有因果关系,没有条件关系就是没有因果关系。在确认因果关系之后又有所谓因果关系中断的说法,纯粹是一个文字的独断与标准的自我矛盾。"〔20〕所以,在各种归责理论发展起来后,"至今因果关系中断说已经被德国通说扬弃,通说见解认为,上述事实(异常介入因素)并非否定因果关系,因果关系无所谓中断,其所否定的只是结果在客观上无法归责于行为人的客观归责问题"。〔21〕德国判例也不赞成因果关系中断理论或禁止溯及理论,在经第三人故意纵火发生火灾的场合,判例仍判定户主未排除火灾危险的过失行为仍然与火灾造成的死亡结果具有因果关系;在情妇不知毒药用途的情况下将毒药提供给男友,该男友将其妻子毒死的场合,尽管介入了一个第三人的故意犯罪行为,判例仍然肯定提供毒药的行为与死亡结果具有因果关系。〔22〕

本文认为,拒绝承认因果关系中断论在逻辑上是正确的,就对结果等值的诸条件之间,不存在谁中断谁的问题。因此,如果仍要维持条件公式以完成事实归因的判断,就不能以因果关系中断论来限缩因果关系范围。如此一来,经条件公式的判定,会导致一个广泛的因果关系范围。这一问题只能通过(客观)归责理论予以解决。但这种做法也仅仅是将问题的解决后置了,在实际结论上没有什么差别。不过,这一后置的处理是将条件公式作为因果关系判准的必然要求,条件公式本身不能与因果关系中断论共存,这是其本身内含逻辑所决定的。

---

〔19〕 前引17,川端博书,第10页;大谷实教授也持相同观点,参见前引10,大谷实书,第194页。

〔20〕 黄荣坚:《基础刑法学》,元照出版有限公司2012年版,第267页。

〔21〕 林山田:《刑法通论》(上册),北京大学出版社2012年版,第135页。

〔22〕 参见前引3,罗克辛书,第232页。

虽然否认因果关系中断论，但因果关系的断绝（或“超越的因果关系”“条件关系的切断”“凌驾性因果关系”“因果关系的切断”）却被承认，用来否认前行为与结果的因果关系。“当一个计划好的因果链条被另一个原因所打断，‘所超越’，不再继续发挥作用，就缺少因果关系。”〔23〕比如(1)在甲对乙下毒，但在毒发前被害人死于车祸的场合，由于甲下毒造成的因果进程还未开始，而另一独立的因果流程就已开启并单独导致死亡结果发生，因此下毒者与死亡结果没有因果关系。但(2)如果甲下毒后乙感到不适，乙在去医院途中死于车祸，因为存在如果甲不下毒，乙就不会去医院，也就不会死于车祸这一条件关系，发生车祸不是一个独立的因果流程，根据条件公式就需要肯定甲的行为与乙的死亡结果的因果关系。实际上，在超越（断绝的）因果关系的场合，否认其因果关系，“本就是条件因果关系理论判断的当然结果。“‘超越’一词有语病，第一个行为与结果无因果关系可言，无所谓超越。”〔24〕的确，在上述情形(1)中，适用条件公式，即使甲不下毒，乙也会死于车祸，因此不存在因果关系，根据条件公式本就可以得出该种结论，不需要特别提出超越（断绝的）因果关系这一理论；在(2)的情形，本来也就符合条件公式，超越（断绝的）因果关系理论对此也无所助益。因此，本文认为，是否承认“超越因果关系”这一概念并非问题的本质，在介入因素是独立发生这一意义上，使得前行为的条件未发挥作用，在概念上将其称为“断绝”也未尝不可。

通过前述考察，可以认为，条件公式因其价值无涉的特性被视为事实归因的适格判准。条件公式运用“思维排除法”，建立引发结果的诸（等价值的）必要条件与结果之间的条件关系，即因果关系。运用因果关系中断论去限缩条件关系为条件公式本身的逻辑所不容，而只能在归责阶段将过于宽广的因果关系予以过滤。所以，将条件公式作为因果关系的判准，就必须严格区分归因与归责，并在归责阶段设置大量的过滤机制。另外，因果关系的断绝理论，是内含于条件公式的判断方法，并不能得出与条件公式相异的结论。因此，将“因果关系断绝”称为否认条件关系的一种事实类型即可，不能将其视为条件公式的补充或限制理论。

---

〔23〕 同上书，第241页；相同观点参见前引21，林山田书，第136页；前引10，松原芳博书，第49页；［日］山口厚：《刑法总论》，付立庆译，中国人民大学出版社2018年版，第53页。

〔24〕 前引20，黄荣坚书，第268页。

三、条件公式的问题点

(一)条件公式可能扩大刑法评价范围

条件关系受到的批判首先是,该理论扩大了刑事评价对象的范围。[25] "条件理论有扩大原因范围之嫌,事实上,对于结果而言,可称之为必要条件的事实简直可以说是无穷无尽,因为决定某一事实存在的条件可以无限地外推上溯。"[26]如此无限制地追溯,将一些刑法并不关注的现象视为结果的原因,违反了构成要件的类型性要求,因为"刑法上的因果关系,本来就是为了类型性地确定在所发生的结果中,能够作为基于实行行为所引发的情况而予以处罚的范围而存在的"。[27]

对此,有观点以实行行为来限缩因果关系的范围。[28] 日本学者山口厚指出:"要想肯定构成要件该当性,成为指向构成要件结果的因果关系之起点的行为并非无所限定的,而必须是能够认定为具有构成要件结果的现实危险性的行为(实行行为)。"[29]但这里的问题是,其一,虽说在故意既遂犯的场合,先要确定实行行为,再讨论其与结果的条件关系,可以限缩条件的无限回溯;但在过失犯的场合,是否也存在实行行为值得怀疑。因为就过失犯而言,其本来就是因未遵守行为规范而引起结果的,其行为并未具有定型性或定型性较弱,因此就难以实行行为来限制过失犯的因果关系。其二,条件公式的适用本来就是价值无涉的,但实行行为的确定却预先设定了各条件之间的价值差别,"如此是否会与视为等价之条件说之基本思考相违背?"[30]

所以,虽说对条件公式会导致刑罚处罚范围扩大的疑虑实属过虑,因为刑

〔25〕 前引13,施特拉腾韦特、库伦书,第95页。

〔26〕 [意]杜里奥·帕多尼瓦:《意大利刑法学原理》,陈忠林译评,中国人民大学出版社2004年版,第136页。

〔27〕 前引10,大谷实书,第194页。

〔28〕 同上书,第192页。

〔29〕 前引23,山口厚书,第50页。

〔30〕 前引17,川端博书,第10页。

法对此另有体系上的对策,[31]比如通过归责判断阶段或主观要件的过滤。但是条件关系的确会导致刑法评价范围的扩张,有损理论的经济性,而以实行行为作为限定的方案并不能很好地解决这一问题。特别是,就不区分归因与归责的体系而言,采取条件公式会导致无意义的因果关系范围的扩张,建立诸如杀人犯的母亲与被害人死亡的因果关系,有违构成要件的类型性;就将故意、过失等主观要素作为责任要素的结果无价值论的体系而言,采用条件公式有可能导致不法的范围的不当扩张,因为按其逻辑,杀人犯的母亲、出售管制刀具给凶手的商家均实施了不法行为(可能对其实施正当防卫),这无疑导致了不法范围的不当扩张。

(二)条件公式面临假定的因果关系和择一的竞合的难题

对条件公式的另一重要批判是,“当缺乏这一行为由于一个其他原因在其后导致了同一结果或者这一结果同时由几个各自独立的行为引起时,排除法(条件说)导致认识上的偏差”。[32] 也就是说,条件公式无法圆满地处理假定的因果关系和择一的竞合的情形。

1. 假定的因果关系的典型事例是,甲在机场将乙杀害,但事后证明,乙将要乘坐的飞机坠毁,即使没有甲的杀害行为,乙也会死于空难。运用条件公式,甲的行为与乙的死亡并无因果关系,甲只构成故意杀人未遂。对上述“机场截杀案”,有观点认为,即使行为人没有行为,也可能会在同一时间发生同样的后果,也许就不能将结果归责于行为人。

但是,主流认为,行为人还是需要为该死亡结果负责,其核心理由是“应当坚持这一思想:不允许某种法益因为是不可挽救的而成为犯罪的牺牲品”。[33]所以,为了避免不合理的结论,德国学者 Spendel 提出禁止附加理论,即“仅仅考虑那些仍然保留的、事实上也就已经完成的情节”,[34]从而在坚持条件公式的基础上,仍然肯定甲的行为与乙的死亡结果的因果关系。对这一观点,“学说上早有批判,所谓不得添加假设情况的说法,事实上和‘非 P 则非 Q’的思考方法是一个完全相互矛盾的说法。如果此原则可以成立,条件关系根本无法判断。

〔31〕 前引 20,黄荣坚书,第 269 页。

〔32〕 前引 11,李海东书,第 51 页。

〔33〕 参见前引 13,施特拉腾韦特、库伦书,第 103 页。

〔34〕 参见前引 3,罗克辛书,第 234 页。

因为'非P'事实上就是一种假设情况,而且是事实上不存在而被添加进去用来取代既有事实的假设情况"。[35] 所以,禁止附加的方案"是不能令人满意的,因为如果已经发生、仅仅是由于行为人的行为而未能实现的代替因素被不予考虑,条件关系思想实际上已经被抛弃。"[36]

对于假定的因果关系情形的另一种解决方案是结果的具体化理论(具体化等值理论),因为适用条件公式,"仅限于现实所发生的具体结果和导致该结果发生的个别的实行行为之间的关系"。[37] 在上述"机场截杀案"中,具体结果是乙死于甲的追杀,与假想中的乙死于空难是不同的结果,不仅使死亡的时间得以提前,而且具体的死亡方式也并不相同。只要以此具体的死亡结果作为适用条件公式的结果,就可以得出肯定甲的杀人行为与乙的死亡结果具有因果关系的结论。对于将结果具体化的方式,有观点仅仅将时间点作为问题,"基于举止规范的保护目的,改变的时间点也属于刑法上的结果。……将负面改变的结果界定在一个特定的时间点,亦即所谓具体形态的结果,也同时意味着:损害事件的其他所有情况均不需加以考虑"。[38] 但另有观点则认为需要考虑具体的时间、样态,"条件关系的判断是通过考虑具体时间、样态等而得出的结论……不过,即使是具体的结果观,与法益侵害毫无关系的属性也不属于结果(比如,没有提前死期,而是移动了垂死者的位置的情形)"。[39] 可见,如何将结果进行特定化没有一个特定的标准,特别是,条件公式本身没有蕴含这一标准。更为重要的是,无论如何具体化,具体化这一做法本身就存在逻辑上的问题,"因为在认定因果关系时总是从事实上已经发生的事件的因果过程的具体形态和产生方式出发的,所以,在实际上所发生的和想象的因果过程完全相同的情况下,人们也只是在循环论证:行为之所以被视为有因果关系,正是因为这个行为是结果发生的根据"。[40] 普珀教授更是特别指出结果的具体化理论存在循环论证

〔35〕 前引20,黄荣坚书,第271页;相同观点参见前引10,松原芳博书,第55页。

〔36〕 前引9,耶塞克、魏根特书,第383页;日本学者西田典之也认为禁止附加的方法过于讨巧,参见前引10,西田典之书,第81页。

〔37〕 前引10,大谷实书,第200页。

〔38〕 前引5,金德霍伊泽尔书,第77页。

〔39〕 前引10,松原芳博书,第49页。

〔40〕 前引9,耶塞克、魏根特书,第383页。

的问题：不仅只是那些"存在于结果发生之时，并且以某种方式与结果有所关联"的情形系完全具体情形之下的结果，而且还包括了"所有通往结果的中间环节"或"导向结果的具体环节"。然而，所谓通向结果的"中间环节"，所指的不是结果的原因，又会是什么？"导向结果的具体流程"，如果不是由结果的原因组成，那要由什么组成？这些作为具体形态结果之必要条件的原因，正是我们所要去发现及证明的。但是从一开始就没有先确定何者应属于这个特点结果的具体形态，何者又不应属之，所以人们甚至可以把因果历程或是其他一切想要说明为原因的事物也加入具体形态的结果的描述当中。[41] 本文赞成前述批评意见，认为结果的具体化理论不但没有统一的将结果具体化的方案，而且具体化的结果总是将原因提前带入结果的产物，因此实际上是循环论证。事实上，巧妙地运用结果具体化理论，可以建立任何行为和结果之间的条件关系。比如在前述"机场截杀案"中，特别地将乙死于甲的追杀作为具体的结果，再判断其与甲的杀害行为之间的条件关系，就是预先地将甲的追杀行为作为乙死亡的具体原因，才设定如此的具体结果，再创造所谓具体结果与行为的条件关系；本案中的具体原因实际上可以由判断者自行设定，比如也可以将运送甲去机场的司机的驾驶行为作为乙死亡的原因，因为司机的行为(开车的快慢等)也多多少少决定了乙死亡的具体时间。

所以，在假定的因果关系场合，无论是禁止附加理论还是结果的具体化理论均不能解决条件公式的问题。

2. 择一的竞合(二重的因果关系、双重的因果关系)与假定的因果关系的不同在于，前者是属于代替原因现实化的事例，后者属于代替原因潜在化的事例。[42] 其典型案例是甲和乙在无通谋的情况下，各自将100%致命的毒药放入丙的饮用水中，导致丙中毒死亡。在此"毒药案"中，运用条件公式，若没有甲的行为，丙也会被乙的毒药毒死，反之亦然，结果是甲与乙均与死亡结果没有因果关系。

对于这一结论，大谷实教授指出：(1)独立实施能够将人杀死的行为，结果也导致了他人的死亡，但两者都被认定为杀人未遂，显然违反常识；(2)至少对

〔41〕 参见[德]英格博格·普珀：《法学思维小学堂》，蔡圣伟译，北京大学出版社2011年版，第151页。

〔42〕 参见前引23，山口厚书，第53页。

结果的发生有一半的原因;(3)发生了实行行为所预定的结果,但对此不能追究实行行为人的责任,不合理;(4)和重叠的因果关系的场合相比,实施了更加危险的行为,但仅成立未遂,不均衡。[43] 基于此,为避免得出未遂的结论,必须采取对条件公式进行修正的方法,所谓"整体考察法"或"一揽子消去法",比如川端博教授指出:"原本,条件关系乃个别行为与结果之因果关系,然而在择一竞合之情形中,则将其修改为'若各自独立之二行为同时不存在'……从正面违背了条件公式。……但从因果关系之事实观点而言,应维持条件关系的存在,因此即使做例外之修正,亦绝对不会产生理论上中破绽。"[44]但是,"整体考察法"并不可取,其"完全是'先有结论后找原因'。要避免这种做法,统括范围的限定标准就不可或缺,而一揽子消除说本身并未内含这种标准。一揽子消除说不过是,事先选定感觉上想肯定存在条件关系的行为,并将'一揽子'统括起来,由此使自己所希望的结论得以正当化"。[45]

也有观点认为,条件说在择一的竞合的场合得出的结论并非不合理,因此无需修正条件公式。比如,黄荣坚教授认为,在择一竞合的场合,否定因果关系的结论是正当的,"所谓这种法感情(不均衡)是误解刑罚存在的基本意义所致,刑罚要求人做正确的行为选择,以及对于人有所处罚,是为了回避可以回避的利益损害,而对于行为人无法回避的利益损害,并非刑法所要预防的范围……刑罚的意义不在于对抗宿命,因此条件说本身的修正是不对的"。[46] 松原芳博教授在择一竞合的场合提出"逻辑结合说",在维持条件公式的情况下,对择一竞合的问题作出细致处理:"可以将择一的竞合视为因果关系的切断的极限情形,即'相互同时切断';如果认为,在Y的毒药先于X的毒药起到效果的场合,X的条件关系被切断,那么,在X、Y二人的毒药起效时间慢慢接近直至在同一时刻发挥作用的场合,从X来看,其条件关系被Y切断,反之,从Y来看,其条件关系被X切断。……'因为X的缘故发生了结果'——不是作为事实认

[43] 参见前引10,大谷实书,第202页;川端博教授也认为,在择一竞合的场合,否定因果关系,与通常感觉不相符合,参见前引17,川端博书,第17页。

[44] 前引17,川端博书,第18页;大谷实教授认为,不能分别进行评价,两者必须一并排除。……应当承认"存在论的基础"的条件关系,参见前引10,大谷实书,第202页。

[45] 前引10,松原芳博书,第51页。

[46] 前引20,黄荣坚书,第274页;相似观点参见前引10,松原芳博书,第52页。

定——就不能从逻辑上确认这一点,因而X的行为止于未遂,反之,Y也是如此。可以说这是'罪疑从无'的思想在实体法中的运用"。[47] 面对无法与双重的因果关系的结论不均衡的指责,松原芳博教授指出:"这种批判是通过让XY的药量发生联动,而掩盖了结论之所以不一致的理由。在双重的条件关系的场合,之所以肯定X存在条件关系,其理由并不在于,与择一的竞合相比,X的药量更少,而只能在于Y的药量更少,失去了单独的致死力。……X的毒量的增减,与X是否存在条件关系无关。"[48]

本文认为,逻辑结合说在论理上具有正确性,但其只适用于无法查清到底是X的毒药还是Y的毒药导致被害人死亡的情形,在此种场合,维持条件公式,结合存疑时有利于被告的原则,判定双方都没有因果关系并无缺陷。但在能够查明X与Y的毒药均对被害人的死亡起到作用,即两种毒药共同起到导致被害人死亡的场合,认为此时仍然不存在因果关系,恐怕存在疑问。此时,如果继续维持条件公式,就无法得出肯定因果关系的结论。如果因为两种毒药导致死亡时间提前,进而采取结果具体化理论,也存在前述循环论证的问题。所以,条件公式在择一的竞合的场合也始终存在问题。

(三)条件公式的无用性

条件说无法圆满地处理假定的因果关系和择一的竞合的情形,但还不是其致命的缺陷。"条件理论的真正缺陷不在于它扩大了原因的范围,而是深藏于其运作机制的本身:运用'思维排除法'的前提,是人们必须事先就已经知道究竟条件具有何等的原因力,即知道这些条件如何作为原因(之一)而发挥作用的。"[49]罗克辛教授也指出:"在事实上,这个公式对于查清因果性并不能有什么贡献。例如,当人们想知道在怀孕期间吃安眠药Contergan是否会导致以后出生的孩子畸形,人们以想象没有服用安眠药这一点来判断结果是否还会存在时,这个公式并不能为问题的回答提供任何帮助。这个问题只有在人们知道安眠药是否会造成胎儿畸形时才能回答。但是人们已经知道了这一点,这个问题就成为多余的了。换言之,这个'在想象中不存在'公式,其实就是这个问题所

[47] 前引10,松原芳博书,第53页。

[48] 同上书,第54页。

[49] 前引26,帕多尼瓦书,第137页。

应当查清的哪一点本身。"[50]此即关于条件说本身的无用性批判,即如果能够确定行为对结果的作用力,并且该行为的危险在结果中也实现了,那么就不再需要用条件公式来肯定因果关系。

对该批判的第一种回应观点是,"的确,当我们对于自然律关系没有认识的情况下,条件公式根本无助于刑法上的因果关系的判断。不过问题是,条件公式的提出,其目的本来就不在于取代自然科学对于自然律的认知问题,而是在已经具备自然律的前提下,进行刑法上的价值判断而已"。[51] 但是,这一回应的意义并不明确,所谓"刑法上的价值评价"是不是条件说本身的任务,值得怀疑;更甚者,既然已经查明了"自然律",就已经具有行为对结果的具体原因力的了解,何必再运用条件公式进行因果关系的判断?径直认定因果关系就可以了。正如有学者所言:"条件关系公式不过是为了判断事实因果关系的(不充分的)手段,如果已经能够判断行为与结果之间事实上的关联,那就没有必要非使用条件关系公式不可了。"[52]只是在本文看来,条件公式不但不充分,而且是无用的,因为确立行为与结果之间的事实关联是证据法上的必要要求,如果无法证明这一事实上的关联,那么就应根据"存疑时有利于被告原则",否定因果关系,此时的条件公式也是毫无助益的。

对该批评的第二种回应观点是,该点批判"本质上可以适用于所有的因果乃至于归责理论,并不是条件理论特有的缺失。……法律上所能且应处理的,是如何将经验科学知识引进法律程序,此即鉴定制度的问题"。[53] 的确,查明被经验科学承认的事实关联是所有因果关系和归责理论的前提,所有的因果关系理论都依赖于科学法则关系的查明。但是,如前所述,如果查明了行为与结果之间的科学法则关系,条件公式就没有用武之地,因此此时并非"理论缺失"的问题,而是理论的互斥问题;而且如后所述,合法则的条件说可以将科学法则

〔50〕 前引3,罗克辛书,第234页;相同观点参见前引5,金德霍伊泽尔书,第80页;前引13,施特拉腾韦特、库伦书,第80页;前引9,韦塞尔斯书,第95页;劳东燕:《事实因果与刑法中的结果归责》,载《中外法学》2015年第2期。

〔51〕 前引20,黄荣坚书,第268页。

〔52〕 [日]佐伯仁志:《刑法总论的思之道·乐之道》,于佳佳译,中国政法大学出版社2017年版,第43页。

〔53〕 林钰雄:《新刑法总则》,元照出版有限公司2018年版,第157页。

关系(事实因果关联)更好地纳入法律判断(鉴定制度),并不存在所谓的“理论缺失”,因此“本质上可以适用于所有的因果理论”这一批判并不准确。

四、合法则的条件说之提倡

(一)合法则的条件说的基本内容及优势

如前论述,既然查明行为与结果之间的法则关系是必需的,那么刑法理论就应该指向对该法则关系的查明,而非指引没有意义的条件关系的确立。具体而言,在因果关系的判断中,首先要确定行为本身具有导致结果的作用力,然后判断该作用力是否在结果中实现。基于这种考虑,有学者提出“合法则的条件说”,该理论最早由的德国学者恩吉施提出:“耶塞克以最简明的方式表示了这个公式:一个行为是否能够在时间上与随后发生于外部世界的变化相联系,并且,这种变化应当根据我们所知道的自然法则与这个行为必然地相联系和表现为符合行为构成的结果。这个公式表明,因果关系从来不会通过什么公式,而是永远只能通过准确的自然科学方法来证明。”[54]合法则的条件说审查“依据某个符合法则的关系审查所涉及的行为是否的确在具体结果中发生了作用”。[55]

与条件公式相比,合法则的条件说不会导致刑事评价范围的扩大。因为合法则的条件公式建立的是行为与结果之间的充分条件关系,而非如条件公式建立的必要条件关系。合法则的条件说放弃诸原因是等价的思想,可以径直从构成要件行为出发,考察该行为与结果之间的实际作用力,而不必无限地溯及引起结果的所有条件。并且,合法则的条件说可以避免条件公式在假定的因果关系中的场合的难题。在前述“机场截杀案”中,甲的杀害行为具有致人死亡的作用力,而且确实在乙的死亡结果中发生了作用,此时依照合法则的条件说,不必进行“若没有甲的伤害行为,乙会不会同样死亡”这样的条件公式的考察,就可以直接肯定行为与结果的因果关系。同样,合法则的条件说可以很好地处理择一的竞合的情形,在前述“毒药案”中,只要能够证明某个人的毒药对死亡结果具有实际作用,便肯定因果关系;反之,如果无法查清毒药对死亡结果的法则关

[54] 前引3,罗克辛书,第235页。

[55] 前引9,韦塞尔斯书,第97页。

系,便根据存疑时有利于被告的原则,否定因果关系。

因此,合法则的条件说是与条件公式完全不同的思考方法。[56] 对此,有学者指出:“正确的说法是,不要问,根据当时的情况即使没有因果关系的行为是否也会发生那种结果,因为对一行为的条件质量而言仅仅取决于,根据我们的经验知识,依照因果法则,行为是否确实导致了结果的产生……条件关系公式没有任何益处,有益处的只是专家们的内行的判断。”[57] 可以认为,条件公式进行的是寻找必要条件的假设式考察,而合法则的条件公式以自然科学和经验法则为基础,进行充分条件的现实性考察。条件公式与合法则的条件说虽然都被冠以“条件说”这样的称谓,但却是完全不同的因果关系理论。

(二)合法则的条件说面临的批判及应对

对合法则的条件说的第一个批评是,“采取合法则的条件说的论者认为,因果关系的实质内容是指‘有 A 则有 B’这种充分关系。不过针对结果的充分条件,是指先行于结果的整个情况,而并非是指属于担责对象的个别行为。对此该说论者提出,只要是‘针对结果的最小限度的整体条件中的必要条件’就可以肯定具有条件关系。但内容未必明确,因而也难以除去这样一个疑问:最终不还归结到‘针对结果的必要条件’吗?从根本上说,问题在于,从条件关系的内容中除去‘必要条件’时,为什么能将该结果归结于并不能左右结果是否发生的条件?”[58] 本文认为,该批判并不能成立。因为合法则的条件说与条件公式不同,其是在预先确定条件的危险性后才将结果归结于该条件的,归结的依据是科学法则或经验法则。合法则的条件说适用的前提是“用来确定因果关系的科学法则,可以是绝对意义的法则,也可以是具有统计学意义的法则(说明或然性的法则)。运用后者的条件是,(1)在多数情况下该法则能够说明类似情况的因

---

[56] 对此,有观点正确地指出:“合法则性条件说是以取代条件说为宗旨的、独立的刑法因果关系学说,而非某个既有的刑法因果关系学说的翻版或变体”。参见邹兵建:《合法则性条件说的厘清与质疑》,载《环球法律评论》2017年第3期。

[57] 前引9,耶塞克、魏根特书,第384页。

[58] 前引10,松原芳博书,第52页。

果关系；(2)没有其他法则能对具体的案情作出更确切的解释”。[59]

对合法则的条件说的第二个批评是：“与条件说相比，合法则条件说的方法虽然更好，所提出的问题也更为准确，但是它得出的结论却与经过改进的条件说并无多少不同之处。在我们的经验知识不能对某个情况是否在具体的结果中发生了作用提供明确的回答的时候，合法则的条件说同样不能对我们有所帮助。”[60]该批评同样不得要领，因为在无法确定行为的作用力的场合，合法则的条件说当然也无法适用，对此必须适用存疑时有利于被告的原则，否定合法则的条件关系（因果关系）。

对合法则的条件说的第三个批评是，“无论是对于一般性法则的掌握，还是对于具体事实经过的知悉，都与合法则性条件说本身没有任何关系。由此可见，在查明因果关系的过程中，合法则性条件说不能提供任何帮助。在此意义上，如果说，条件说是一个无用的理论，那么合法则性条件说同样是一个无用的理论。”[61]对此，本文认为，合法则的条件说的确没有对法则的查明具有实质的贡献，而只是对法则关系的查明提供了指引，而条件公式则完全不能提供这种指引，就这一点而言，合法则的条件说是比条件公式更优越的学说。自然，“在自然科学领域一般因果关系的认定上，关于能否以主流意见或学术代表人物的意见认定自然法则的问题，合法则性条件说无法给出令人满意的答案。其次，在社会科学领域一般因果关系的认定上，合法则性条件说面临着难以找到普遍性法则的难题”。[62]但这些难题是人类认知上的共通难题，即使采取条件说或其他任何学说均不可避免上述难题，以此来指摘合法则的条件说无益于任何问

---

〔59〕 前引26，帕多尼瓦书，第140页；相似观点参见前引9，耶塞克、魏根特书，第385页，该书指出：“有这样一些案例，行为与结果的合法则关系虽然根据科学认识是极有可能的，但没有绝对的把握确定之，而该行为以外的其他原因能被排除。这里，极高的盖然性必然足以认定原因联系。……通过排除可选择的原因来认定合法则的条件是有争议的，但如果其他原因合理地未被考虑的话，则是不得指责的。”进一步的分析，参见［德］埃里克·希尔根多夫：《德国刑法学：从传统到现代》，江溯、王笑岩译，北京大学出版社2015年版，第273页以下。

〔60〕 前引9，韦塞尔斯书，第97页。

〔61〕 前引56，邹兵建文。

〔62〕 同上。

题的解决。

当然,有观点认为:“本来,判断行为与结果之间的关联时就必须根据科学法则和经验法则,这是理所当然的,因此,也可以说,没有必要特地称之为合法则性条件关系说。此外,如果强调合法则性,恐怕也会招致误解。一个误解是,行为与结果之间只要有一般性合法则性关系就可以了(这个要求过低了,必须是具体的行为和结果之间的合法则性关系);另一个误解是,对全部的事态经过中的一环一环都必须证明合法则性关联(这个要求过高了,只要证明行为与结果之间的关系是合法则的就足够了)。”〔63〕对该批判意见,本文认为,既然承认判断因果关系必须根据科学法则和经验法则,那么合法则的条件说的思考方式就是事实归因的本来面目,在称谓上明确这一点也是必要的。如此“冠名”的第一点误解完全是可以避免的,通过合法则的条件说建立的本来就是具体的行为与结果之间的具体法则关系;另外,行为与结果之间的合法则关系只是行为人对结果负责的前提,在此基础上还需要进行规范性的归责判断,因此,诸如客观归责理论或者相当因果关系说仍需要进行。该批判观点提到的第二个误解则值得瞩目,但其并不构成对合法则的条件说的真正批判,事实归因阶段只需证明行为与结果之间的合法则关系就足够,并非要证明事态经过中的每一个环节的合法则关系,对于这一点,合法则的条件说应当予以认可。

五、结　语

合法则的条件说应当代替条件公式作为事实归因的判断标准。在合法则的条件说的判断中,首先确定作为起点的危险行为,在此基础上,运用科学法则或经验法则判断该行为的危险是否在结果中实现,而不需要考察假设的情况。条件说的无用性,乃是因为它本身是一个空洞的公式,其背后仍然需要依靠科学法则和经验法则才能起到作用(比如在确定实行行为的过程中),还不如直接回归合法则的条件说,更何况合法则的条件说可以避免由条件公式带来的在假定的因果关系和择一的竞合情形中的认识偏差。因此,不能认为合法则的条件说是一个失败的理论。

需要说明的是,本文主要旨在指出条件公式在运作中的问题点,并认为合

〔63〕 前引52,佐伯仁志书,第44页。

法则的条件说具有相对的优势。但是，合法则的条件说存在理论上的缺陷，这一点也不可否认：比如在所谓的“疫学的因果关系”的场合，法则关系的证明存在难题，但基于保护法益的强烈需求，需要更加灵活的归因和归责模式来扩张处罚范围；在不作为犯等义务犯的场合，因为不存在经验意义上的法则关系，需要对事实归因与规范性归责加以整合，提出新的归责模式。[64] 所以，随着对新型案件和特殊事例的特别归责模式的探究，对合法则的条件说进行修正或突破也应该被适当的正当化。基于现实的需求，发展新的归责模式，始终是一项未竟的任务。

---

〔64〕 参见杨绪峰：《条件说的困境与结果归责的类型化》，载《中国刑事法评论》2015 年第 4 期。

中德法学论坛
第16辑·下卷,第218~238页

德国的法官调解制度:历史、实践与反思
——以劳动法院不作本案判决的法官调解制度切入*

柴永旺**

摘　要:德国劳动法院畸高的调解率,源于德国较早在劳动法院开展的不作本案判决之法官调解的制度试点,也与其制度惯性和劳动纠纷解决机制的发展有密切关系。战后德国的法官调解制度以诉讼经济和纠纷解决的效率为基础,旨在从审判权的宪法解释、法官调解的程序构造、当事人程序权利的保障以及法学方法中为法官调解制度找到正当性依据,寻求替代纠纷解决机制与诉讼之间的契合,并致力于在法的框架内为权利和平与权利斗争谋求平衡。我国的诉讼调解则在滥用与批判的两级徘徊。对比德国模式和经验,我国的诉讼调解制度应着力于规范适用的精细化论证,并强化制度运转过程中当事人主义的贯彻以及程序保障。

关键词:劳动争议;劳动法院;不作本案判决的调解法官;诉讼调解;替代纠纷解决机制

Abstract: High mediation rate of the German Federal Labor Court should result from the earlier piloting in the Labor Court for the court-related mediation before a judge, who is not authorized to make the decisions. On the other hand, it's

* 本文获“国家建设高水平大学公派研究生项目”留学基金资助,资助编号:No. 201806190059。

** 柴永旺:南京大学法学院博士研究生。

also closely related to the development of institutional inertia and labor dispute resolution mechanism. After the World War II, the Germany judicial mediation system is based on the process economy and the efficiency of dispute resolution. The aim is to find out the basis of legitimacy, to negotiate the alternative dispute resolution mechanism and the process and to deal with it in the context of the judicial interpretation of jurisdiction, the procedural structure of the judicial mediation, the protection of the procedural law of the parties and the system of judicial mediation or the jurisprudence the right to seek compensation for legal peace and legal struggle. The court-mediated mediation in China is between abuse and criticism. Compared to the German model and experience, Chinese court-mediated mediation should focus on refining the application of the norms, reinforcing the principle of empowerment in the process and ensuring procedural rights.

Key Words: Labor dispute; Labor court; The court-related mediation; In-court mediation; ADR

一、问题的提出

早在1877年德国《民事诉讼法》颁布后,德国就已开始强调通过调解解决民事纠纷。1924年修订的德国《民事诉讼法》更是增加了有关先行调解的内容。但随着战后民众权利意识的增强和学界对调解的质疑,调解制度的发展在德国经历了一段低迷时期,尤其是1950年诉前强制调解被取消之后,调解制度的发展以及对替代纠纷解决机制的探讨逐渐沉寂。[1] 但这种局面并未长期维持。20世纪70年代,德国政府开始倡导发展替代纠纷解决机制(ADR),学界和司法实践也开始了对多元化纠纷解决机制的探索,其中最为重要的内容便是调解。近年来,德国的调解制度在发展过程中产生了一个令人困扰的现象,即相较于普通法院和其他专门法院,劳动法院的调解率长期以来呈现畸高的态势。据统计,在劳动争议的解决过程中,法院对于90%以上的案件适用了法官

[1] 参见章武生、张大海:《论德国的起诉前强制调解制度》,载《法商研究》2004年第6期;张明强、刘明凤:《德国民事调解制度的发展与启示》,载《中国司法》2012年第5期。

调解程序,且成功率很高。[2] 这对于注重权利斗争、程序保障和青睐诉讼解决纠纷的战后德国而言,不得不说是纠纷解决机制发展过程中的一种溢出。法官调解程序缘何能在劳动法院获得青睐? 其在劳动法院的适用又为何会产生此种溢出效应呢?

2012 年 7 月 26 日,德国《联邦法律公报(一)》公布了德国《促进调解以及其他诉讼外纠纷解决程序法》(以下简称《调解促进法》),这部法律的生效标志着调解制度作为一般性的纠纷解决机制在实定法的基础上被确立下来。[3]《调解促进法》被认为是立法对调解制度在德国适用状况和效果的肯定。与我国法官长期以来对调解所持的立场类似,德国学界和司法实务也对前述的溢出效果给予了高度肯定并达成了广泛的共识,以至于除劳动争议程序外,在普通法院的民事诉讼中也产生了旨在促进调解制度适用的见解。2012 年新修订的德国《劳动法院法》和德国《民事诉讼法》中引入了不作本案判决的法官调解制度,便是这种共识的引致结果。与此同时,实践中的"调解热"在德国也不乏反对和质疑的声音,旨在寻求诉讼与替代纠纷解决机制间平衡的见解也极具说服力。但国内的相关研究成果在不作本案判决的法官调解制度及其批判的问题上着墨较少。[4] 那么,德国劳动法院畸高的调解率与引入不作本案判决的法官调解制度之间,是否存在必然的联系呢? 法官调解相较于其他替代纠纷解决机

---

[2] Henssler, Koch, Budde, Mediation in der Anwaltspraxis, S. 497, S. 501. 尽管裁判外的(调解员)调解在德国也有很高的比例,且成功率也很高(如 1980 年至 1987 年,调解的成功率达到了 56%),但相较于劳动争议的调解率和成功率仍处于较低的水平。即便在规定诉前强制调解的情况下,如 1924 年的德国《民事诉讼法》曾针对小额诉讼案件规定了诉前强制调解,但实际上,当年的调解成功率只有 13% 左右。参见章武生、张大海:《论德国的起诉前强制调解制度》,载《法商研究》2004 年第 6 期。

[3] BGBl I 2012 S. 1577 ff.

[4] 我国学界对德国调解制度的探讨多集中在诉讼外的调解员调解制度,对法官调解制度的介绍较少。不作本案判决的法官调解制度在学界除了一些译作外,鲜有提及。参见前引 1,张明强文。另参见周翠:《调解在德国的兴起与发展兼评我国的人民调解与委托调解》,载《北大法律评论》2012 年第 1 期;龙柯宇:《德国调解制度的最新建构与启示》,载《河北法学》2013 年第 6 期;蔡慧霞:《德国调解制度新发展评析》,载《东南司法评论》(2013 年卷)。

制有何独特的优势?其制度设计和实践经验能为我国带来何种启示,又是否值得我国借鉴和参考?

本文为使诉讼调解制度在我国能有进一步的探讨空间和比较研究的参考资料,拟以德国的文献作为参照,以德国劳动法院中不作本案判决的法官调解制度为切入点,对德国的法官调解制度进行梳理与研究,并尝试对本土的诉讼调解制度进行有限的探讨。

二、不作本案判决的法官调解在德国实证法上的演进

20 世纪 70 年代,德国政府就已经开始倡导发展替代纠纷解决机制。伴随 20 世纪 90 年代英、美等国掀起的 ADR 改革浪潮,大陆法系国家也开始了替代纠纷解决制度的研究和制度尝试。其中,德国对替代纠纷解决机制的推动及其学说构建极具代表性,其不作本案判决的法官调解制度在劳动法院的试点和立法最为引人关注。

(一)调解在劳动争议解决中的制度传统

在德国,劳动争议的类型主要有两种:其一,因工资集体契约产生的纠纷;其二,因解除劳动合同产生的纠纷(解约纠纷)。[5] 实践经验表明,因工资集体契约的纠纷牵连甚广,且容易导致冲突升级甚至罢工或闭厂,对社会秩序和国民经济的伤害极大。[6] 因此,为避免争议和纠纷长久地处于对立状态而导致冲突升级,引发劳动斗争,在劳动争议中一直强调对话、协商以及引入第三方调停机制等多样化的纠纷解决方法。[7] 通说认为,因工资集体契约引发的纠纷应在法律框架内尽可能通过协商调解之;如果不成功,才能将纠纷升级为劳动法院

[5] Jörg Risse, Mediation als Strategie zur Streikvermeidung, NZA 2017, S. 1030 ff.; Frank Matheis / Michael Hippeli, Mediation und Kündigungsschutzprozess, DB 2016, S. 53.

[6] 如德国联邦铁路公司因工资集体契约纠纷而经常罢工,导致全国范围内的铁路停运;另外,德国汉莎航空公司也曾因工资集体契约纠纷而罢工。

[7] 此处所谓的调解,属于诉讼外劳动斗争调解机制,较法官调解制度的范围宽泛,主要包括工厂调解、合意调解和国家调解等。参见[德]雷蒙德·瓦尔特曼:《德国劳动法》,沈建峰译,法律出版社 2014 年版,第 513 页以下。

诉讼。[8] 但从实践效果来看,“工资集体契约争议双方在协商谈判中经常达不到(协商一致的)目的”,[9]此时,“经双方当事人一致同意,或者当一方当事人向对方表示拒绝谈判时,可由一个或者多个分属于争议双方的委员和一个中立的委员会主席组成调解委员会进行调解”。[10] 基于自治原则,社团也可以通过章程创设自治组织,通过该组织帮助调停其成员与组织之间的意见分歧。[11] 无论何时,在双方的协商谈判落空之后,即可通过调解员调解。该当调解员具有道德权威,并且可以提出有关解决纠纷的各方面的建议,以努力促成双方意见的统一。[12] 对此,因双方尚未进入诉讼程序之中,此时的调解只是一种诉讼外调解。但诉讼外调解制度的发达,也能从侧面反映劳动纠纷中国家对于和平、迅速解决纠纷的迫切需求,同时也反映出争议难以调和的特点。

(二)不作本案判决的法官调解制度在劳动法院的试点

2002年4月19日,为促使各成员国之间存在的跨国民商事纠纷得以快捷、有效解决,欧盟委员会颁布了《关于民商事案件替代纠纷解决程序绿皮书》(以下简称《绿皮书》)。在对《绿皮书》相关内容进行磋商的基础上,欧盟委员会于2004年10月22日对欧洲议会和欧洲理事会提出了一项动议,旨在出台欧洲议会与欧洲理事会《关于在民商事案件中适用调解制度的指令》(Mediations-Richtlinie,以下简称欧盟《调解指令》)。作为欧盟主要成员国,以及出于对替代纠纷解决机制进行深入探索的需求,德国自2002年起便在其州劳动法院启动了不作本案判决的法官调解制度的试点。[13]

相较于诉讼和解和裁判外调解,劳动法院中的这种试验性制度被称为“不

[8] 参见前引5,Jörg Risse,S. 1030 ff。

[9] 前引5,Jörg Risse,S. 1133。

[10] 前引7,雷蒙德·瓦尔特曼书,第515页。

[11] 德国劳动法意义上的“社团”(Gemeinschaft),应指德国《基本法》第19条第3款意义上的法人,其具有最低要求的内部组织,从而能独立形成意思并实施行为。松散的、公民自发形成的组织也属于该当法人。至于其是否具备民法意义上的法人的特征而成为民法上的法人,在所不论。参见Gerhard Robbers,Nomos,Einführung in das deutsche Recht,Auf. 5,S. 117。

[12] 参见前引5,Jörg Risse,S. 1030 ff。

[13] 有国内学者将其译为“不作出裁判的受命法官”。参见《德国民事诉讼法》,丁启明译,厦门大学出版社2016年版,第66页。

作本案判决的法官调解”。此“不作本案判决之法官”是相对于通常意义上的法官调解、即作出本案判决的法官调解而言的。因此,劳动法院中调解纠纷的法官,可以是审理本案劳动纠纷的法官(即传统意义上的法官调解),也可以是与作出本案判决的法官非属同一合议庭甚至非属同一法院的法官。[14] 所谓“不作本案判决”,旨在强调法官在调解及和解辩论的过程中仅仅扮演“主持人”的角色,其只能引导当事人促成和解,而不能决定事实认定并作出判决。从2002年到2012年的十年间,不作本案判决的法官调解在《调解促进法》生效前已在州劳动法院试点中取得了很好的效果,在劳动争议的当事人和律师中间拥有极高的满意度。而与此形成鲜明对比的是,裁判外调解和传统的法官调解制度的发展成效并不明显。有学者认为,传统的裁判外纠纷解决机制在劳动争议解决中逐渐边缘化,可能要归因于裁判外调解高昂的费用(律师费用和当事人自己在调解过程中的耗费)和明显更长的持续时间;[15]而通过和解解决纠纷则完全建立在当事人之间的自由和妥协的基础之上,因其本身的缺陷,在纠纷解决过程中的效果也远不及法官调解。

鉴于法官调解制度所具有的优势,以及不作本案判决的法官调解制度卓有成效的试点效果,2011年11月9日,在柏林举行的第82次司法部长会议以压倒性多数赞成不作本案判决的法官调解的立法,旨在保持纠纷解决多样性的基础上,促进替代纠纷解决机制的运用。值得注意的是,立法程序的推进过程中也伴随着反对的声音。这种反对的声音来自一些职业和兴趣联合会(如足球协会),他们反对在实定法层面引入不作本案判决的法官调解制度。反对的原因在于,从裁判外调解制度(即调解员调解)的运行效果来看,因使用裁判外纠纷

---

〔14〕 Johannes Peter Francken, Erforderliche Nachbesserungen im Mediationsgesetz und im Arbeitsgerichtsgesetz, NZA, 2012, S. 249.

〔15〕 德国劳动争议的裁判外调解(社会调解),通常是由调解委员会或者调解官主持的调解,调解官通常由律师或者公务员担当。同时,近年来为消费投诉而设置了越来越多的私人的、特别的替代纠纷解决结构(巡视员),如保险巡视员、私有银行巡视员,以及为公共客运设置的调解机构、投资基金巡视机构、律师公会的调解机构、能源调解机构以及德意志银行调解机构等。通说认为,以上所谓巡视员、调解员与调解机构虽然是裁判外的纠纷解决主体,但属于公法上的纠纷解决机构。参见 Hirsch, Außergerichtliche Beilegung von Verbraucherstreitigkeiten-ein alternativer Zugang zum Recht entsteht, NJW 2013, S. 2088。

解决机制的费用在很多情况下比诉讼更高,且持续时间更长,[16]所以调解并非优选的纠纷解决方式;加之传统的法官调解在纠纷解决过程中表现一般,自然没有立法另辟其他的法官调解程序的必要。而反对此观点的见解则认为,引入不作本案判决的法官调解制度,自然能压缩裁判外调解或和解的适用范围,增加当事人可供选择的纠纷解决方式,进而降低相关职业和兴趣联合会在解决纠纷过程中的经济压力。[17]

(三)为转化欧盟《调解指令》而制定《调解促进法》

欧盟委员会于2004年10月22日对欧洲议会和欧洲理事会提出了动议后,经过近三年半的磋商,欧洲议会和欧洲理事会于2008年5月21日颁布了《关于在民商事案件中适用调解制度的指令》。为转化欧盟《调解指令》,德国开始了相关的立法工作,旨在对已经过长期试点的法官调解制度在实定法上作出规范与回应。在这一过程中,德国联邦议会对联邦政府提供的《调解促进法草案》进行了广泛探讨并提出了相关修改意见,这对后来的立法产生了重要影响。

《调解促进法草案》由联邦政府提交议会讨论,囊括了欧盟《调解指令》中的立法建议。此外,《调解促进法草案》的内容并不限于欧盟《调解指令》所设定的范围,而是同时规定了国家间与民商事案件相关的调解制度的冲突解决机制(即冲突规范)。在欧盟《调解指令》的框架下,并在总结迄今为止的司法和替代纠纷解决机制的实践基础上,《调解促进法草案》在第1条第1款第2段确定了调解制度的三种基本类型:[18]第一,诉讼外调解(außergerichtliche Mediation),即不依附于司法程序的诉讼外调解员调解;第二,诉讼系属内的法官调解(gerichtsnahe Mediation),也称为本案裁判的法官调解,也即通常意义上的法官调解;[19]第三,诉讼系属内、不作本案判决的法官调解(gerichtsinterne Media-

[16] Seltmann, NJW-Spezial 2011, S. 126; BRAK, Stellungnahme-Nr. 27/2010, S. 5 ff., 转引自前引14, Johannes Peter Francken, S. 251。

[17] 参见前引14, Johannes Peter Francken, S. 251。

[18] BT-Dr 17/5335, BT-Dr 17/5496.

[19] 《调解促进法草案》第112条中,"gerichtsnahe Mediation"(während eines Gerichtsverfahrens außerhalb des Gerichts)直译为"在诉讼程序期间的法庭边进行调解",是相较于诉讼程序中不作本案判决的法官调解而言的,意指德国《民事诉讼法》第278条、德国《劳动法院法》第54条修订前规定的传统的诉讼调解。

tion),也就是在劳动法院中试点的新型法官调解。

德国联邦政府提供的《调解促进法草案》,将(诉讼内)不作本案判决的法官调解与调解员调解和传统的法官调解并列规定,而且在议会第一次宣布该草案时,也基本遵循了这样的类型区分,并在之后提交法律委员会讨论。这也能反映出不作本案判决的法官调解制度因其长期在劳动法院试点的成功经验和效果,德国联邦政府迫切需要推动其在实定法层面上的确定。同时,将不作本案判决的法官调解单列,旨在突出其与其他调解类型的区别,尤其是其与传统的法官调解的区别。然而,2011年5月27日在法律委员会就德国《调解促进法草案》的公开听证中,对法官调解制度的立法却产生了极大争议,且在2011年12月15日联邦议会第二次和第三次宣布法案时,在法律委员会最终通过的《调解促进法》中已不再单列不作本案判决的法官调解类型。德国联邦议会的立法理由书中指出:“政府草案中关于诉讼内(不作本案判决的法官)调解的规定被删除……迄今为止被实践的诉讼内法官调解制度的不同模式,应整合为一种范围更大的法官调解方案,且这种制度(的适用和推广)延及劳动法院、社会法院、行政法院、知识产权法院和财政法院的程序之中。”[20]

从立法本意和立法过程观之,德国《调解促进法》所规定的调解,应囊括了替代纠纷解决机制所包含的所有调解制度的类型,包括诉讼外的调解员调解和诉讼系属内的法官调解。而诉讼内调解从条文的文义来看,亦包含了《调解促进法草案》第1条第2项(传统的法官调解)和第3项(不作本案判决的法官调解)。笔者认为,立法将草案中的(诉讼内)不作本案判决之法官调解的内容删除,一方面旨在将法官调解的概念予以整合、统一,以明确法官调解与其他替代纠纷解决机制之间的界限;另一方面或许是出于对立法上争议的回避,以促成《调解促进法》的通过。况且从结果来看,这样的整合反而没有产生太大争议,因为在《调解促进法》生效以前,甚至在联邦政府提出草案之前,德国学界就已形成了“在纠纷解决方式的比较层面上引入经批判性承认的(不作本案判决的)法官调解制度”的多数见解,[21]这也可以从以后的法律修订过程中得到印证。

---

〔20〕 前引14,Johannes Peter Francken,S. 251。

〔21〕 Arno Tautphäus,Roland Fritz,Psychologe Heiner Krabbe,Fristlose Kündigung wegen Vertrauensbruchs-neue Methoden der Konfliktbeilegung,NJW 2012,S. 364. 还有学者指出,“伴随《调解促进法》(的颁布),调解制度可在其所包含的全部范围内加以确定。”参见前引14,Johannes Peter Francken,S. 251。

(四)不作本案判决的法官调解制度在《劳动法院法》和《民事诉讼法》上的确立

为贯彻《调解促进法》和实现规范适用的统一,德国新修订的《民事诉讼法》和《劳动法院法》亦引入了不作本案判决的法官调解制度,并将其与传统的法官调解制度进行整合。《民事诉讼法》第278条新增第5款规定:“法庭可将当事人的和解辩论和进一步的纠纷解决尝试交给不作出裁判的法官处进行。调解法官可采用包括调解在内的全部纠纷解决办法。”《劳动法院法》第54条新增第6款亦作出相同规定。同时,为促进法官调解制度的适用,增强法官在调解解决纠纷过程中的作用,并整合法官调解制度的概念,《民事诉讼法》在第278条之后新增第278条之一、《劳动法院法》在第54条之后新增第54条之一,两个条文的第1款均规定法官可(主动)提议当事人进行调解或者使用其他裁判外纠纷解决机制;并且为了满足依《民事诉讼法》第278条第5项、第278条之一和《劳动法院法》第54条第6款、第54条之一项下的要求,《调解促进法》规定至迟于2013年8月1日在大部分法院设立(不作本案判决的)调解法官。

由此可见,德国的制度设计过程中表现出了对法官调解制度的极大兴趣,而且学界对法官调解制度的探讨也较为积极,且给予充分的肯定。正如有学者指出,将不作本案判决的法官调解制度引入实定法之后,劳动法院中的当事人对立的程序就可转变为达成合意之法官调解程序。[22] 将不作本案判决的法官调解制度在《民事诉讼法》和《劳动法院法》中明确规定,也为德国所有的州引入这种新型的、广受欢迎的法官调解模式奠定了法律基础。但是,正如前文所述,在州劳动法院的试点过程中,其实早就已经引入并整合了这种法官调解模式。法律的修订,一方面是为了规范的统一,另一方面是将依据《调解促进法》引入的不作本案判决的法官调解制度在实定法层面上予以具体化、明确化,并与传统的法官调解制度进行整合,使其具有可操作性。

(五)小结

从宏观层面来看,德国劳动法院案件畸高的调解率与不作本案判决的法官调解制度在劳动法院的试点密切相关。换言之,长期的试点和经验积累所形成的制度经验、制度惯性和纠纷解决的选择偏好,是高调解率的一个重要原因。

---

〔22〕 Annegret Pilartz, Mediation im Arbeitsrecht: Güterichter und innerbetriebliches Konfliktmanagement, ArbRAktuell 2013, S. 431.

德国在实定法上确立包括范围宽泛的法官调解制度在内的替代纠纷解决机制,虽然是为了转化欧盟指令,但从立法的推进过程和对相关争议的处理方式来看,德国在这一过程中并非只是成员国义务的履行者,而是扮演了积极的主导者和推动者的角色。立法上对不作本案判决的法官调解和传统的法官调解制度的整合,使得德国的调解制度不仅没有趋向于我国实务中的"大调解"格局,而是在原有的基础上发展出了新型的法官调解模式,对推动纠纷的快捷、有效解决具有重要意义。但成功的制度效果和立法上的整合也随之带来了学界对"调解狂热"现象和纠纷解决的"去法律化"现象的担忧,集中表现为关于法官调解制度冲击和侵蚀诉讼制度和程序保障的论争和批判。

三、问题的转向:对法官调解制度的反思和论争

劳动争议解决的制度目的,在很大程度上决定了替代纠纷解决机制在劳动纠纷中的地位。一方面,相较于普通法院诉讼和其他专门法院诉讼,在劳动争议解决的过程中处处体现着替代纠纷解决机制的适用倾向,旨在避免因纠纷处理期限的延长而导致的冲突升级;另一方面,法官调解以其具有的制度优势以及在劳动法院的长期试点积累,受到了纠纷双方和律师的青睐,迎合了诉讼经济和纠纷解决效率的目的。但是,随着《调解促进法》的生效,以及在《劳动法院法》和《民事诉讼法》中引入不作本案判决的法官调解制度,并与传统的法官调解制度进行整合,未来的普通法院诉讼和专门法院诉讼程序中,调解率的增长亦无法避免。德国学界长期以来对替代纠纷解决机制的批判与反思,以及重新认识诉讼制度的价值的观点,虽然以"调解狂热论"为批判对象,但法官调解制度在诉讼法上扩张的制度背景,才是论战的最重要推手。

(一)批判法官调解制度的宪法视角

通说认为,对包括调解在内的替代纠纷解决机制的追求,旨在实现当事人之间的"权利和平"(Rechtsfrieden)被认为是一项国家任务。[23] 据此,是否就能直接认为法官对争议进行调解属于实现该当国家任务的应有之义呢?德国联邦宪法法院对审判权概念界定的教义学尝试,或许可为此疑问提供一种解释的

〔23〕 Raimund Wimmer, Bonn, Ulrich Wimmer, Verfassungsrechtliche Aspekte richterlicher Mediation, NJW, 2007, S. 3243.

可能进路。

在不作本案判决的法官调解制度的运用过程中,其制度设计的最初障碍来自于两方面:其一,对于是否允许法官进行调解以及在何种情况下允许其调解的问题,理论上一直存在争议;其二,“法官调解”在法学理论上的定位也是亟待阐释和明晰的一个问题。对于将调解的权力授予法官的宪法上的安排,德国《基本法》并未对审判权概念的内涵和外延作出限制,而只是在《基本法》第92条规定了审判权的行使主体和机构,并将这种权力的界定交由立法者来决定。[24] 然而,进一步的问题还在于,审判权的内涵和外延因德国联邦宪法法院的众多判决和阐释而变得不确定。在较早的判例中,德国联邦宪法法院将审判权界定为:“但凡包含需要法院判断和决定的要素的”,都是法院审判权的范畴。[25] 然而旨在限缩审判权概念范围的质疑声逐渐在德国联邦宪法法院的裁判中被提及。例如,在非讼程序中,非对抗性的法官活动是否属于审判权的行使,也不再有确定的结论。[26] 换言之,在对话式的法官调解制度中,纠纷解决的结果已不再被法官判断和决定的要素所涵盖,且法官调解过程中的争点归纳、释明等职务活动是否属于审判权的行使,争议也较大。总而言之,立法者将调解处理纠纷作为德国《基本法》所规定的审判权,进而交由法官行使,其合法性和正当性是存在疑问的。

持反对立场者则认为,德国《基本法》第92条所规定的是实质意义上的审判权概念,旨在能和《魏玛宪法》第103条所规定的审判权作出区分。具体言之,根据哪一种内容抽象的标准来将国家处理纠纷的行为归入审判权,虽然尚未论定;但可以确定的是,经由德国《基本法》授权的司法权力,进一步说,属于传统的民事司法和刑事司法的核心领域的司法权力和法官行为,都应属于审判权行使之范畴。[27] 因此,不作本案判决的法官调解制度在立法上的引入和适用

---

〔24〕 德国《基本法》第92条规定,审判权经由法官通过联邦宪法法院、本法所规定之联邦法院以及州法院行使。至于审判权的内涵和外延,则并未作出明确规定,而是在众多宪法判例中进行阐释。

〔25〕 NJW 1958, S. 97. 转引自 Raimund Wimmer, Bonn, Ulrich Wimmer, Verfassungsrechtliche Aspekte richterlicher Mediation, NJW, 2007, S. 3243。

〔26〕 NJW 1967, S. 1123.

〔27〕 NJW 1983, S. 2812.

并不违背德国《基本法》的规定，法官调解属于行使审判权的行为。

(二)试点初期的反对理由

1. 律师和当事人对法官调解的认识误区

不作本案判决的法官调解的制度试点遇到的最大阻滞来自律师和当事人。首先，因争议一旦进入诉讼程序，往往意味着纠纷双方已经进行过对话和协商，且最终的谈判已经破裂。此时争议双方是否还能进行协商、协商是否还有意义，不无疑问。其次，律师和当事人对于不作本案判决的法官调解制度尚属陌生。相反，律师对于诉讼程序则较为熟悉，也擅长或"偏爱"其熟悉的纠纷解决方法。如果法律职业教育没有根本性的变化，律师不会当然从法律专家变身为谈判专家。〔28〕 最后，根植于德国的权利斗争思想也使得职业共同体和民众并不会优先选择和平的方式解决纠纷。正如耶林所言，裁判所关涉的不仅仅是填补金钱上的损失，而是在张扬人格，主张个人的权利……被害人提起诉讼，往往不是因为实际上的利益，而是基于权利感情。〔29〕 更何况，相较于普通的私权争议，劳动纠纷中的斗争显然更有必要性，也更合乎传统。和平的对话式的调解与权利斗争(至少在表面上)是格格不入的。

2. 律师对自身的职业理解与职业定位

法官调解制度在德国的推进是极其缓慢的过程，从劳动法院早期的试点过程中可以看出，由于律师对传统的职业理解和职业定位，导致其在心理上不愿意向当事人推荐通过调解来解决纠纷。一方面，律师对于传统的职业理解是对抗式的，其应成为当事人的武器，以对立局面和竞技状态在法庭上进行攻击和防御；如果向当事人推荐通过调解来解决纠纷，当事人会认为律师太软弱，调解制度似乎是为不合格的律师设置的。〔30〕 另一方面，律师并不希望纠纷过早地解决，毕竟从律师自身的利益出发，其依然需要凭借一定的代理期限以收取费用，调解的制度效果对于律师而言并非是一种福音。

针对以上两点，德国学界和实务界进行了回应和反驳。首先，人们对法官调解制度太过陌生的说法是不成立的。毕竟，法官调解制度在家事纠纷、遗产

---

〔28〕 Peter Hammacher, Widerstand gegen Mediation abbauen, SchiedsVZ 2008, S. 30.

〔29〕 [德]鲁道夫·冯·耶林：《为权利而斗争》，郑永流译，法律出版社2012年版，第9页。

〔30〕 Härtling, Für eine mediationsferne Justiz, AnwBl 2007, S. 660.

纠纷和教育、企业纠纷中运行良好,劳动法院的不作本案判决的法官调解试点也已经取得了巨大的成功,法官调解的适用在所有法律领域中只会越来越强,回避和阻滞并不能为当事人和律师本身带来任何益处,也不利于解决纠纷。[31] 其次,在欧盟范围内,通说也认为调解应该在经济生活领域中发挥与诉讼相当的作用,即便是在传统的裁判解决纠纷的过程中,法院也会更多地考虑替代纠纷解决方法。[32] 再次,成功的纠纷解决并非只存在于审判程序当中,律师应该对争议有所区分,有些争议是能够通过协商解决的,且像劳动纠纷这样的争议必须先通过谈判来解决。由于熟知当事人所处的情况,律师能对合法、经济的纠纷解决方案进行有效评估,进而向当事人提示所有法律并提出关于协商策略的"目录"以供其选择。[33] 换言之,除了在攻击、防御的诉讼程序中帮助当事人,律师可以在更高的层次上提供服务。最后,基于法官的专业和权威,其更容易让争点具体化,且在调解过程中,程序的运转不再依托于攻击和防御的唇枪舌剑,而是将其委任给值得信赖的调解法官,这有利于当事人情绪的疏散与排解,进而令纠纷尽早解决。[34]

3. 关于法官调解的时间和费用成本

有观点认为,调解的过程中也会发生陷入漫长对话的情况,律师的收费也是基于时间的,并不会因为当事人选择了和平的纠纷解决方式而有所区别。[35] 然而,将时间和费用成本作为否定见解去批判法官调解制度,并没有针对性和说服力。具体言之,时间和费用成本是任何纠纷解决机制都难以避免的问题。而以效率为目的的替代纠纷解决机制,其时间和费用成本在绝大多数情况下都要低于传统的诉讼程序,迅速解决纠纷以及由此带来的较少的纠纷解决成本是由其制度目的和制度特点决定的。而且从其实际的运行效果上看,调解的时间和费用成本与诉讼相当或者高于诉讼的情况并非普遍存在;裁判外的协商与和

---

〔31〕 Greger, Justiz und Mediation-Entwicklungslinien nach Abschluss der Modellprojekte, NJW 2007, S. 3258.

〔32〕 Hobeck, Mahnken, Koebke, Schiedsgerichtsbarkeit im internationalen Anlagenbau-Ein Auslaufmodell?, SchiedsVZ 2007, S. 225.

〔33〕 参见前引28, Peter Hammacher, S. 30。

〔34〕 同上。

〔35〕 同上。

解或许普遍存在这一问题,但不能以之作为攻击法官调解制度的有力见解。

(三)对"去法律化"的纠纷解决机制的批判

在民事诉讼的维度内批判和质疑法官调解制度比较普遍,其争点的核心是替代纠纷解决机制的"去法律化"特征。诉讼以权利为本位,通过在程序保障机制中贯彻辩论主义,以当事人为中心进行攻击和防御以促成事实和法律争点的明晰。和解、调解等替代纠纷解决机制的核心是对话、谈判和妥协,事实和法律上的争点处理被弱化,注重和平、协力处理纠纷,是典型的社会本位纠纷解决进路。于此,程序的运转直接指向纠纷的快捷解决(即效率),而非法律技术和事实上的权利义务关系。论及这一问题,有以下两点值得注意:其一,对"去法律化"现象的批判并非仅仅针对劳动争议中的法官调解,而是以诉讼程序作为对比和参照,对整个替代纠纷解决机制的缺陷作出的反思和修正;其二,对纠纷解决"去法律化"现象的反省和修正,并不是源于劳动法院畸高的调解率,而是一直贯穿于替代纠纷解决机制的引入、实践和批判的过程中的。

有观点认为,对欧盟《调解指令》的转化会对传统的通过诉讼的方式对权利进行保护的机制产生冲击,替代纠纷解决机制有利于争议解决文化的转变和加快解决纠纷,有利于实现"法律和平"以及为法院减负,但这些基本问题还需要进行深刻的、合乎科学的研究。[36] 因此,在将欧盟《调解指令》转化为法律的过程中,德国学界对裁判外纠纷解决机制对传统的法院诉讼的冲击进行了反复探讨。德国学者瓦塞尔曼认为,效率取向的、"去法律化"的纠纷解决机制势必对程序保障和实体权益造成消减。他还指出,从(以权利为本位的)自由的民事诉讼向社会的民事诉讼的转变,即从竞争、在诉讼中自由进行力量角逐转变为在法官的指挥和照顾下进行诉讼上的合作,严重地动摇了辩论主义的适用。[37] 当事人主导的、刚性的攻击和防御及其配套的程序保障变成了一场对话和谈判。争议解决的结果似乎不再取决于法律技术,而是由当事人及律师的地位和谈判水平决定的。但施蒂尔纳对此持反对立场。他认为诉讼程序中的辩论主义和处分权主义并不是非此即彼的关系,诉讼制度的发展也并非完全遵循辩论主义模式。方法论上的精确性和准确的法规范上的涵摄应当让步于"贴近生活的"

〔36〕 参见前引15,Hirsch,S. 2089。

〔37〕 参见[德]鲁道夫·瓦塞尔曼:《从辩论主义到合作主义》,载[德]米夏埃尔·施蒂尔纳编:《德国民事诉讼法学文萃》,赵秀举译,中国政法大学出版社2005年版,第361页。

形式,就此而言,当时有些被夸大的调解趋势是时代精神的典型表现形式,而这种时代精神的特征则是规范式思维遇到了危机、作为私法的核心内容的主观权利丧失了意义。[38]

笔者认为,德国《民事诉讼法》的改革过程中诸如法官诉讼指挥权的强化,不负证明责任当事人的阐明义务等,都属于辩论主义和对抗式诉讼制度在一定程度上的缓和。社会本位与权利本位之间并没有本质冲突,其以纠纷解决的诉讼目的论为归依,在大的程序的概念范畴内进行互动。理论和实务上的努力,应当以实现两者的平衡作为批判或修正的出发点,而非以僵硬的非此即彼关系作为目的。替代纠纷解决机制所针对的是传统的诉讼,旨在克服或弥补传统诉讼在解决纠纷过程中缺乏灵活性和耗时过长等缺陷。由于欧盟的推动和长期的试点和实践,德国在理论和法律框架中,正在构建可供当事人选择的广泛的纠纷解决机制。毫无疑问,这一构建过程是长期的、深刻的(不作本案判决的法官调解从制度试点到实在法上的确定已逾10年),以至于当事人、律师、法官以及持肯定立场的学者虽然承认替代纠纷解决机制削减诉讼制度的效用,但依然会选择这样的纠纷解决方式并接受其结果。毕竟,不是法官调解制度侵害了当事人的诉讼权利和实体权利,而是在处分权主义下当事人理性选择的结果。

法官调解制度一方面消减了传统诉讼的某些缺陷,但由于其在很大程度上独立于诉讼程序之外,或法律约束力较弱,或缺乏专门的行为规范,因此在严格的程序保障方面自然不能与诉讼程序相提并论。但是,我们在不作本案判决的法官调解制度的立法过程中,应该看到德国学界和实务界为修正这些缺陷所做的努力。法官调解虽然属于替代纠纷解决机制的范畴,但旨在加强调解程序中的程序保障的尝试,也让制度设计和运用表现出了浓厚的当事人主义和教义学色彩。

四、问题的修正:以权利为本位的法官调解及其程序保障

调解制度在德国的争议解决机制的发展历程中意义重大。尤其是在劳动

〔38〕 参见[德]罗尔夫·施蒂尔纳、阿斯特里德·施塔德勒:《法官的积极角色——司法能动性的实体和程序》,载[德]米夏埃尔·施蒂尔纳编:《德国民事诉讼法学文萃》,赵秀举译,中国政法大学出版社2005年版,第415页。

争议解决机制中，法官调解制度的地位尤为特殊。从德国劳动争议解决进路的历史和制度架构中，可为其重要性和特殊性寻找答案，也可以在微观层面管窥劳动法官调解率畸高的原因所在。同时，旨在修正法官调解制度弊端的教义学上的尝试，也为探讨和解决本土化的问题提供了一些有益的视角和方案。

（一）以权利为本位的法官调解之教义学上的尝试

不作本案判决的法官调解在德国州劳动法院的试点已经进行了很长时间，且效果显著。在劳动争议案件中，当事人对于法官调解表现出了极高的满意度，也非常愿意选择法官调解以解决争议。相较于其他纠纷解决途径，法官调解的确具有明显的优势，运用法官调解来解决纠纷持续时间短，较诉讼和其他纠纷解决机制更为快捷。调查显示，劳动法院的法官调解在试点的最初几年中显示出了其快速解决纠纷的优点，相较于漫长的诉讼，70% 的劳动纠纷仅仅需要一次协商即可得到解决，且当事人对于这样的纠纷解决方式和结果表现出了很高的满意度；[39] 而在 2010 年以后的实践中，92% 的调解程序只需一个调解会议后即可宣告终结，且这样的调解会议在 67% 的案件中仅持续 1 ~ 3 小时；超过 90% 的律师对于达成的协议表示满意。[40] 德国的法官调解制度的优势，不仅源于制度设计的精细化，更重要的原因在于，法官调解以当事人为本位，并极尽教义学上的技术和方法，来获得当事人可接受的纠纷解决方案。

第一，以当事人（权利）为本位的核心要义，是在法官调解中贯彻尊重当事人意愿的原则，具体表现为程序选择的自主与调解法官选择的自主。一方面，（和解与）法官调解制度适用的前提是当事人的同意，是否启动法官调解程序，其决定权在于当事人自己（德国《劳动法院法》第 54 条第 1 款）。同时，《民事诉讼法》和《劳动法院法》还规定，法官可将当事人和解辩论和进一步的纠纷解决移送至调解法官处进行，但前提是争议之双方当事人须一致同意适用裁判外纠纷解决机制。此外，在劳动合同中不得预先约定，发生争讼时可不经当事人同意即将争议移送至调解法官处进行和解辩论和进一步纠纷解决程序。另一方面，民众对于法官的声誉、能力和中立地位十分信任，可以合意确定调解法

〔39〕 Leiss, Empirische Erkenntnisse zur Mediation im Wirtschaftsrecht, SchiedsVZ 2007, S. 139.

〔40〕 Beschl. zu TOP I. 10 – Umsetzung der Mediations-Richtlinie/MediationsG.，转引自前引 6，Johannes Peter Francken，S. 249。

官。根据试点经验和立法本意,不作本案判决的调解法官可以是(案件系属的)同一个法院的其他法庭的法官,甚至可以是与受诉法院不同的法院的法官。[41]

第二,运用法教义学上的技术和方法,在调解程序中实现尽可能严格的程序保障。首先,法官调解可与诉讼程序直接对接,二者可以有条件地自由流动,在言词辩论终结前几乎没有障碍。换言之,在言词辩论终结前,当事人可就争议的事项在法官调解与诉讼程序之间进行转换。德国《劳动法院法》第54条第4款规定,当一方当事人未出席和解辩论或和解辩论失败,即可转入言词辩论;若言词辩论因某种原因而被阻滞,法官须立即确定言词辩论之期日。同时,德国《民事诉讼法》第278条之一第2款、《劳动法院法》第54条之一第2款都规定,如果当事人决定适用调解或其他裁判外纠纷解决机制,法庭将决定中止诉讼。其次,法律为当事人提供相对宽泛的期日限制。德国《劳动法院法》特别规定,法官可以根据一方当事人的申请来决定言词辩论的期日,且除非当事人主张调解或其他裁判外纠纷解决尚在进行,否则法官通常在中止审理3个月后才再次开始审判程序。[42] 可见,新修订的法律为当事人提供相对宽泛的期日限制,并给予当事人极大的自主权。再次,调解法官必须通过引导和建议,归纳双方事实和法律上的争点并与当事人进行讨论,并在法律框架内提出令争议双方都愿意接受的解决方案。[43] 其作用与审判程序相比,在形式上并无二致。为了让当事人更容易接受和信服调解结果,调解法官的确定较为灵活,但调解法官在调解程序中的地位和作用较法律修订前更加明确。此外,诉讼上和解和调解过程中的和解辩论的内容,不对辩论原则产生根本影响,尤其是和解辩论中的主张、抗辩、放弃和自认等,仅在该和解辩论中有效(《劳动法院法》第54条第2款)。最后,由于在调解法官前的和解辩论并不公开进行,也没有特定的程序规则,因此调解法官的诉讼指挥权受到诸多限制。例如,调解法官不能命令当事人到庭,也不能缺席判决。

第三,以当事人为本位,应尽可能减少纠纷解决的成本。据统计,适用替代纠纷解决机制解决纠纷的平均耗费仅相当于传统诉讼的60%甚至更少,[44] 且

---

[41] BT-Dr 17/8058,S. 22,BT-Dr 17/8058,S. 21.

[42] BGBl. I 2012,S. 1577.

[43] 参见前引28,Peter Hammacher,S. 30。

[44] Christoph C. Paul,Konzepte und Kosten,auch im internationalen Vergleich,S. 176.

较传统的诉讼更有效率,当事人也愿意选择经由调解法官和平解决纠纷。因此,法官调解制度在替代纠纷解决机制中的地位日趋重要,对于避免冲突升级能够起到重要作用。[45]

(二)在纠纷解决过程中贯彻加速审理原则

当事人舍弃诉讼程序而选择通过法官调解解决争议,是处分权主义贯彻的结果,也是诉讼经济和快速解决纠纷的应有之义。程序的价值,除了保障当事人实体权利得以实现之外,还应使当事人的劳力、时间及费用的成本支出尽量合理地降低。同时,程序的价值,还应顾及争议的特殊性和当事人解决纠纷的紧迫性。因此,在纠纷解决过程中贯彻加速审理原则是以当事人为本位的纠纷解决机制的另一个面向,也是法官调解制度设置和适用的正当性基础。《民事诉讼法》和《劳动法院法》中,旨在诉讼中贯彻加速审理主义的规定有很多,典型的如言词辩论的一次完成(《民事诉讼法》第 276 条、《劳动法院法》第 57 条第 1 款)、在劳动争议中适用督促程序(《劳动法院法》第 46 条之一)和解辩论与言词辩论的(即时)转换(《劳动法院法》第 54 条第 4 款)等。

《民事诉讼法》和《劳动法院法》修订以前,在劳动争议中贯彻加速审理原则主要表现为以下几个方面:第一,法官在诉讼中可以向当事人建议撤诉讼上和解和调解。《劳动法院法》规定,在劳动争议中法庭可(主动)建议当事人适用调解或者其他诉讼外纠纷解决程序(第 54 条之一第 1 款);整个诉讼程序期间应追求争议之调解解决(第 57 条第 2 款)。《民事诉讼法》也规定,无论诉讼进展到何种程度,法官应注意使诉讼或各个争点得到友好解决(第 278 条第 1 款)。第二,法律直接规定了法官在和解辩论中的地位、作用和权限。《民事诉讼法》第 278 条第 2 款、《劳动法院法》第 54 条第 1 款规定,除非当事人已在庭外和解所进行过和解尝试,或者诉讼外和解明显无望,为使诉讼友好解决,法院在言词辩论之前应先进行和解辩论。和解辩论中法官应就案件事实和法律争议状态与当事人进行讨论,不受限制地评估全部情况并在必要时对当事人进行发问。法官应听取出席的各方当事人发表意见。第三,法院应命令当事人亲自参加和解辩论并进行其他和解尝试(《民事诉讼法》第 278 条第 3 款第 1 句)。

在不作本案判决的法官调解制度的试点过程中,因法律尚无明文规定,因此,将案件移送至不作本案判决的调解法官处进行调解,是从加速审理主义的

---

[45] 参见前引 5,Jörg Risse,S. 1030 ff。

目的出发来对《劳动法院法》第54条进行的解释中获致的。[46] 2012年新修订《民事诉讼法》和《劳动法院法》中引入该制度之后,德国《民事诉讼法》第278条新增第5款、《劳动法院法》第54条新增第6款规定,为和解辩论及其进一步程序,审判长得将争议之双方当事人移送至不作本案判决之法官(调解法官)处进行调解,调解法官得适用包括调解在内的所有争议解决之方法。如此,即便纠纷已经处于诉讼程序之中,只要在当事人同意的情况下法官可以毫不迟延地将案件移送给调解法官,以组织和解辩论和进一步的调解程序。此外,有学说认为,在解除劳动关系的纠纷中适用关于先行调解的规则,但裁判外调解的实施既不是解约诉讼的先决条件,也不是实质法律意义上的解除劳动关系的前提条件,只是在劳动争议中贯彻加速审理原则的结果,调解程序与劳动关系的解除具有的联系仅在具体个案中具有一定意义。[47]

(三)小结

调解解决劳动争议的制度传统和避免纠纷拖延与冲突升级的迫切需求,是德国决定在劳动法院开展不作本案判决的法官调解制度试点的动因。因劳动法院成功的实践经验和法官调解较好的制度设计,契合了以对话方式快速、和平解决纠纷的制度目的,使法官调解制度获得了当事人和律师的青睐,普通法系掀起的替代纠纷解决机制改革浪潮在德国的本土化推进过程中获得了得以确立和推广的土壤。这种制度推进的动因,以及加速审理原则在诉讼中的贯彻,加之调解制度本身在纠纷解决中所具有的优势,多方面的合力导致了调解率和调解成功率在劳动争议解决中畸高的结果。而学说和实务上对法官调解制度(尤其是不作本案判决的法官调解)的修正,因其具有回归当事人主义和程序规制精细化的特点,使得辩论原则和处分原则达到了某种平衡,实现了传统的诉讼和替代纠纷解决机制之间在特定情形下的“无缝连接”。这种通过教义学上的技术和方法的修正,兼顾了法官调解的适用需求与各种质疑和争议,使得长期以来对法官调解制度的批判未能形成较为有力的见解和通说。因此,与其说对法官调解制度的修正是为了抑制“去法律化”的纠纷解决机制的滥用,倒不如说这种修正是为了更好地推广适用法官调解机制。这种教义学上尝试的努力,使法官调解制度在实证法和司法实务中的发展表现出了德国的本土特

---

〔46〕 BT-Dr 17/8058,S. 21.

〔47〕 参见前引5,Frank Matheis,Michael Hippeli,S. 53。

色,也使法官调解在广义的调解制度范畴内得以确立其特殊的地位。

五、余论:德国法官调解制度对我国的启示

不作本案判决的法官调解制度在大陆法系国家的替代纠纷解决机制的改革浪潮中表现出了强烈的德国特色,并取得了显著的制度成效。受息讼文化和制度传统的影响,我国在解决民事纠纷的过程中历来重视调解制度的适用,旨在弱化当事人之间的对抗并迅速、和平解决纠纷。然而,相较于德国在对待法官调解制度上的审慎态度和渐进式的发展模式(如通过长期的法院试点),我国对诉讼上调解的实务运用和学说构建则较为粗放。具体言之,诉讼上调解在我国一直处于滥用和批判的两个极端。一方面,在过去很长一段时间内,我国法院追求高调解率、强迫调解的做法被广为诟病;另一方面,对法院调解的批判和修正也仅仅着力于取舍上的探讨。学说论争亦众说纷纭、莫衷一是,缺乏德国式的精细化论证和教义学方法。

着眼于取舍两极化的争议,在对劳动争议中的调解制度的探讨中极具代表性。有观点就认为,我国劳动争议的解决机制是"一调一裁两审"的模式,在劳动争议仲裁和诉讼之前,已经消耗大量的资源通过调解来解决纠纷,诉讼中再进行调解或设置强制调解程序,属于重复调解,因此诉讼中应当取消调解程序。[48] 相反的见解则认为,我国劳动争议仲裁程序和诉讼程序之前的调解,属于非必经程序,乃是计划经济体制下化解人民内部矛盾的产物,不适宜市场经济发展的需要,而是应当强化调解制度的适用,甚至仿效德国立法将调解设置为诉讼的必经程序。[49] 可见,我国对诉讼上调解和替代纠纷解决机制的研究和探讨,则更多是从制度传统和制度效果出发,来论证替代纠纷解决机制与诉讼

---

[48] 参见刘诚:《国外劳动争议调解制度及其启示》,载《中国劳动关系学院学报》2006年第6期。

[49] 参见范跃如:《劳动争议诉讼调解程序研究》,载《法律适用》2009年第6期;谢鹏鑫:《近年来国内劳动争议调解的研究综述与展望》,载《中国人力资源开发》2015年第1期。但这种观点并不严谨,根据德国学者的观点,在解约纠纷中,诉讼外调解并非解约诉讼的前提条件,仅仅是贯彻加速审理原则的结果。参见前引5,Frank Matheis,Michael Hippeli,S. 53。

之间的优劣。

其实,从实证法的角度上来看,除了不作本案判决的法官调解制度外,我国的法律和司法解释对于诉讼上调解不乏相对精细的规范,立法的本意,也基本贯彻了德国法官调解制度的立法精神。诸如强调调解的自愿原则、调解中的自认、调解协议性质的界定、调解程序与诉讼程序的转化以及首创协助调解制度等。我国的诉讼上调解与德国的法官调解之间的差异并非制度差异,本质上是理念和方法上的差异。从制度构建和发展历程来看,德国对法官调解制度的探索、实践和修正依循这样一种进路:以诉讼经济和纠纷解决的效率为基础,旨在从法官审判权的宪法解释、法官调解的程序构造、当事人程序权利的保障以及法学方法中,为法官调解制度找到正当性依据,寻求替代纠纷解决机制与诉讼之间的契合,并最终在法的框架内为权利和平与权利斗争寻找一种平衡。

诉讼调解在我国替代纠纷解决机制中的重要性不言而喻。从制度运转的结果论之,我国的诉讼调解与德国的法官调解在实现诉讼经济和提高纠纷解决效率上是一致的。而且在争议中适用包括法官调解在内的替代纠纷解决机制不仅是诉讼经济和纠纷解决效率的必然要求,也符合争议解决的社会需要和市场经济对争议解决的根本诉求。与其在取舍之间争执不休,倒不如参考德国调解制度的发展进路和实践经验,从我国的实证法规范和争议解决的现状出发,在法律的框架下,寻求诉讼与替代纠纷解决机制之间的平衡。

中德法学论坛
第16辑·下卷,第239~269页

后金融危机时代中小投资者保护范式的转变
——以欧洲投资者保护范式最新转变趋势为借鉴

卢 琦 喻 露*

摘　要:传统的投资者保护理念认为,由信息不对称所导致的市场失灵是妨碍投资者做出恰当决策的根本原因。因此,保护投资者的首要途径便是通过信息披露来修正该等市场失灵。这一点,其实暗含了期待投资者通过信息的武装自立起来的理念,即"投资者自立"的保护范式。这一范式在欧盟和我国的资本市场法律制度中均得到了充分的体现。它的理论前提是经济学中的经济人假设,然而,匮乏的投资知识与经验、非理性的行为模式,都使现实中的投资者往往与经济人形象相去甚远。是以,以该范式来保护投资者似乎并不能达到制度设计预期的效果。就这一点,次贷危机和欧债危机相继向立法者和监管者提出了挑战。危机之后,欧盟监管者痛定思痛,在反思以往"投资者自立"保护范式不足的基础上渐渐表现出了向中介机构规制与产品规制的倾斜。而相较欧盟的迅速反应,面对同样层出不穷的投资者受到侵害的问题,我国监管理念尚停留在"投资者自立"的阶段。在当前金融消费爆炸式增长和金融产品日益复杂的双重挑战下,这一范式在投资者保护方面已显得有些力有不逮。有鉴于此,笔者在分析三大范式各自侧重和利弊的基础上,借鉴欧盟在危机后重塑投资者保护机制的路径选择,提出了以信息披露为基础、结合中介机构规制和具有创新意义的产品管理规制的优势,构造出一套三重保护机制,使投资者获得

* 卢琦:比利时根特大学金融法研究所博士研究生;喻露:德国哥廷根大学法学博士研究生。

更加全方位也更有的放矢的保护。

关键词:投资者保护;投资者自立;中介机构规制;产品规制

Abstract: The traditional investor protection idea perceives the market failure brought about by information asymmetry as the root cause for investors' suboptimal decision-making. Therefore, the primary method to protect investors would be correcting such market failure through information disclosure. This implies the rationale of empowering investors with sufficient information, i. e., the "investor empowerment" paradigm. This paradigm, whose prerequisite constitutes the homo economicus assumption, has been fully reflected in the capital market regulation in EU and in China. Nevertheless, the lack of investment expertise and experience, as well as the irrational investment behavior of the investors in reality, show us an image of investors which deviates significantly from the homo economicus model. As such, it seems to be rather difficult to achieve the expected outcome by means of this paradigm. Accordingly, in practice, the subprime crisis and the Eurozone debt crisis had also both posed a challenge to the EU legislators and regulators. Upon the crises, the EU regulators have reflected on their current regime, and recognized the deficiency of the empowerment paradigm in protecting the investors. On this basis, they have been adjusting the protection paradigm ever since, shifting from the traditional approach of investor-facing disclosure to the more paternalistic paradigms of distribution and product regulation. In contrast to the swift reaction in Europe, the Chinese regulators still put their emphasis on the conventional disclosure approach, which gradually shows its incompetence in the face of the explosive growth of individual financial consumption and the ever-increasing complexity of the financial products. In light of these, the thesis canvasses the merits and limits of the three paradigms, and proposes a triple protection mechanism building upon the respective strengths of the conventional disclosure paradigm, the distribution approach as well as the innovative product governance model to afford more targeted and comprehensive protection for the investors.

Key Words: Investor protection; Investor empowerment; Distribution regulation; Product regulation

一、问题的提出

经济的日益发展和居民收入水平的显著升高，使我国个人手上的闲置资金越来越多，开始倾向于利用资本性收入和财产性收入进一步增加自己的财产。与此同时，较低的银行储蓄利率并不能满足居民的这一需求，因此，越来越多的人把目光放到了资本市场。根据上海证券交易所发布的《2016 年度沪市个人投资者结构与行为报告》，在沪市二级市场上，个人投资者的账户比例已达到了 99.48%。[1] 而这当中，不少是以工薪收入为主的中小投资者。同样，《开放式证券投资基金投资者结构季报表》也显示，2016 年，基金有效账户的增幅达到了 43.7%，其中个人投资者贡献了主要增长。[2]

高收益必然伴随着高风险，资本市场相对丰厚的收益致使其风险也较银行存款较高。中小投资者[3]，无论是从信息、资金还是专业水平来说，与机构投资者和少数个人大户相比，都存在明显的劣势，因此他们无论是在识别还是抵抗风险的能力方面，都相对较弱。除投资行为本身所蕴含的经济风险外，中小投资者还极易受到来自其他市场参与者的不法侵害。近年来，证券虚假陈述、金融理财产品不当销售等各类金融欺诈行为屡见不鲜，严重侵害了中小投资者的利益。鉴于他们在市场上的高占比，保护这类群体的利益对于金融市场的稳定发展而言可以说是至关重要。

自 1999 年中国第一部《证券法》颁布以来，投资者保护就被列为我国立法目的之一。同样，2003 年颁布的中国《证券投资基金法》第 1 条也开宗明义，强调了投资者保护的重要意义。放眼世界其他相对成熟的资本市场，各国立法机构亦无一例外地将该点写入了立法宗旨。可以说尽管不同时期侧重点不同，资本市场对投资者保护的探索从未停止过，自 2008 年金融危机以来，这一点更是被视为证券市场监管目标中的重中之重。

---

[1] 上海证券交易所资本市场研究所：《2016 年度沪市个人投资者结构与行为报告》。

[2] 中国证券投资基金业协会：《中国证券投资基金业年报（2016）》，第 197 页。

[3] 因不存在中小机构投资者，中小投资者即指中小个人投资者，为本文欲构建法律制度之保护对象，以下“投资者”与“中小投资者”的表述交替使用，如非特别指出，均指中小个人投资者。投资者划分标准参见《2016 年度沪市个人投资者结构与行为报告》。

传统的投资者保护多以“信息披露”为中心。这种信息披露范式认为,信息不对称是导致投资者做出失当决定的重要原因,因此,信息披露可以有效克服这类不对称,帮助投资者做出更为理性的决定。该范式在各国的立法和实践中都得到了充分的体现,我国也不例外。该范式包含着很强的“投资者自立”的隐义,因其认为投资者有能力在所披露信息的基础上,根据自己明确的偏好做出明智的投资决定。但是,这种设想是否与现实相符合,以该设想为基础的信息披露范式能否真的有效保护投资者的利益?投资者保护领域最新的理论和实践分别对此提出了挑战。

本文以该问题为导向,试从保护我国资本市场上处于弱势地位的中小投资者的角度出发,结合金融危机后相对成熟的欧洲资本市场在投资者保护方面监管理念的转变,探索投资者保护的更多可能性,以期为我国该领域未来的立法和实施提供一些思路。

二、中小投资者典型形象的确立

要解决投资者保护的问题,首先我们应当明确要保护的是什么样的投资者。准确认识被保护对象的特点有助于在立法和监管实践中提供有的放矢的保护。因此,在明确中小投资者保护政策之初,我们需实事求是地对投资者的形象进行准确的刻画。

古典经济学认为,作为市场参与者的个人具有自利的本性,该本性会促使其在市场活动中以追求自身利益最大化为目标,但同时又会产生增进社会利益的效果。这样一个形象,经过帕累托等经济学家的提炼,形成了现代主流经济学最重要的基石之一的“经济人”假设。而在此基础上,结合经济学的进一步发展,新古典经济学对“经济人”进行了更精确的阐述,即“在理想情形下,经济行为者具有完全有序的偏好、完备的信息和无懈可击的计算能力,即具备完全理性的特征”。[4]

无论是古典经济学还是其一脉相承的新古典经济学,都肯定了个人作为市

---

〔4〕 郑贵廷、庄惠彬:《在制度框架下研究经济人假设——从完全理性到适应性理性》,载《吉林大学社会科学学报》2003年第6期;该处所提及的“理想状态”实指一些补充性假设条件,如完全竞争、市场均衡、充分信息以及同质性假设。出处同前。

场参与者行为的理性。概莫能外，中小投资者，也被视为这样一个具有有序偏好与相应选择能力的经济人。这么一个“智”而“强”的形象（*homo sapiens*），符合我们对包含中小投资者在内的一般投资者的预期——无论是在立法还是监管中。

然而该预期与事实相比是否存在偏差？对此，行为经济学早就提出了疑虑。自20世纪70年代起，一系列行为经济学研究都表明，投资者在做出投资决策时其实面临着诸多偏见的干扰和能力上的不足，例如现状偏见（status quo bias）[5]、过分自信偏见（over-confidence bias）以及禀赋效应（endowment effect）[6]等。因此，在实际的投资决策中，投资者的理性程度与理想中的经济人形象相去甚远。

除这些一般投资者在进行选择时会普遍面临的偏见以外，中小投资者匮乏的投资经验和金融知识也限制了他们理性决策的能力。中国人民银行一项中国消费者金融素养调查报告显示，城镇消费者回答问题平均正确率为64.78%，农村消费者的平均正确率为50.70%。而在这当中，十分值得注意的是，消费者对投资知识回答的平均正确率仅为49.08%。当让消费者从银行存款、理财产品、股票基金、债券、房地产、人寿保险和期货中选择风险最大的投资产品时，仅有29.31%的消费者选择了正确答案“期货”。[7] 中小投资者对金融产品知识之匮乏由此可见一斑。而期待这样一名投资者对其所不了解的产品进行理性

---

[5] 现状偏见是指投资者倾向于维持现状，他们总是低估现状中所包含的风险和重新进行选择的益处。Anthony I. Ogus，“Regulatory Paternalism：When is it justified?” in Klaus J. Hopt and others，*Corporate Governance in Context*（Oxford University Press 2005），p. 307.

[6] 诺贝尔经济学家Kahneman教授和Thaler教授等的一系列研究表明，人们普遍有厌恶损失的倾向。当一个人拥有某项物品或资产的时候，他对该物品或资产的价值评估要大于没有拥有这项物品或资产的时候。而在此基础上，相较于失去未来一个获取财物的机会，他们更加不愿意失去已经获得的财物。损失在个人心中的权重是获得的两倍。Daniel Kahneman and others，“Anomalies：The Endowment Effect，Loss Aversion，and Status Quo Bias Anomalies The Endowment Effect，Loss Aversion，and Status Quo Bias”（1991）5 *The Journal of Economic Perspectives* 193，p. 194.

[7] 参见《消费者金融素养调查分析报告（2017）》，载http://yh.zjj.gov.cn/cosupload-files/content/20170719095337.pdf，最后访问日期：2018年1月5日。

选择,实在是有些不切实际。

然而,投资者因自身原因所引发的投资风险并不仅仅归结于其行为的非理性。有时候,恰恰是他们的理性行为导致其决策的盲目与错误。以金融产品所披露的信息为例,信息披露模式的出发点在于期待投资者能够在对所披露信息进行阅读分析的基础上,根据自己有序的偏好做出合理决策。但在现实中,所披露信息内容之繁杂、总量之巨大无不使这一效果大打折扣。以我国证监会公布的招股说明书和上市公司的定期披露文件为例,它们无一不动辄几百页,并包含复杂的专业术语。[8] 这类文件,已背离其为投资者决策服务的初衷,变成了金融服务提供者或发行人事后规避责任的保护伞。行为经济学家 Camerer 等曾将这种现象戏称为"知识的诅咒"(curse of knowledge),[9]因如此过量的信息,对于一个普通的中小投资者来说无疑是一种负担。从成本收益学的角度来说,阅读并理解这些信息所需的交易成本,极有可能超过该项投资所带来的收益。因此,撇开前述的偏见不谈,要求一个"完全理性"的中小投资者在做出投资决策之前,真的对这些浩如烟海的信息进行阅读分析,显得并不那么合理。反之,不去阅读这些信息,反而是一种理性的选择。但倘若这些信息不经阅读为投资者所理解消化,那么即使其蕴含的内容再关键、披露的方式再符合要求,也不能达到消除信息不对称、保护投资者的目的。

这么一来,即使认定投资者是理性的,没有信息的武装,一个"智"而"强"的中小投资者人像也无法树立起来。因此,现实生活中的他们,更倾向于是一个带有偏见、缺乏金融知识、乃至缺乏信息武装的"愚"而"弱"的人。[10]

---

〔8〕 例如,实证研究表明,绝大多数非专业投资者都不能准确地理解复杂的法律术语。而这类术语,在披露文件中并不少见。Omri Ben-Shahar and Carl E Schneider,"The Failure of Mandated Disclosure" (2011) 1 *University of Pennslyvania Law Review* 647, p. 684.

〔9〕 Colin Camerer and others,"The Curse of Knowledge in Economic Settings: An Experimental Analysis" (1989) 97 *Source Journal of Political Economy Journal of Political Economy* 1232.

〔10〕 本文提及的"愚"而"弱"只是与"智"而"强"相对的概念,不含任何价值取向,对投资者并无贬损意图。

三、不同投资者形象所对应的投资者保护范式及其风险

相对于一个“愚”而“弱”的人,一个“智”而“强”的人所需要的保护程度显然要弱得多。因此,不同的投资者形象必然对应着不同的投资者保护范式。自2008年金融危机以来,各国监管和实践纷纷对危机前的监管进行了反思,并探索着投资者保护的不同路径。而这些探索,不约而同地呈现出一种投资者“消费者化”的趋势。

纵观危机前后,投资者保护在规制领域主要呈现三种范式:

(一)“智”而“强”的投资者——“投资者自立”(investor empowerment)

1.“智”而“强”的投资者人像与“投资者自立”范式的正当性

一直以来,传统的投资者保护理念建立在前文所提及的“经济人”形象之上,而这样一个“智”而“强”的投资者之所以有保护的必要,是因为立法者期待通过一系列保护投资者的举措,向公众传达一个市场有序健康的信号,并由此加强他们的信心,使他们更多地参与到资本市场中来,从而降低融资成本,实现资本的高效分配。所以,该意义下的投资者保护,从本质上来说,只是向投资者推销资本市场(marketing the market)的一种手段,提升市场融资效率才是其最终目标。[11]

因此,相应地,这种以市场为导向的理念同时还强调为投资者提供尽可能多的投资可能性,并保证投资者能在这些可能性中根据自己的偏好进行自由选择。是以规制的存在,就是为这一目标服务的,即为投资者的自由选择提供可靠的外部条件,纠正由市场失灵、特别是信息不对称所带来的问题。

这一充分强调投资者的自治和选择以及积极市场参与的理念构成了“投资者自立”(investor empowerment)的保护范式。该范式贯彻的是金融投资领域长期以来根深蒂固的“买者自负”(caveat emptor)的原则。也就是说,投资者作为一个“智”而“强”的人,在信息不对称这类外部干扰因素得到修正的前提下,所做的任何投资决策,其后果都应当由投资者自己承担。[12] 这类后果,包括宏

〔11〕 Niamh Moloney, *How to Protect Investors: Lessons from the EC and the UK* (Cambridge University Press 2010), p. 47.

〔12〕 同上书,第53页以下。

观经济冲击所带来的不利影响。

这一点,与一直以来各发达资本市场监管者所秉持的理念,即规制对一般市场风险无能为力、该等风险应当由投资者自行承担,是一致的。[13] 但2008年次贷危机对世界各地中小投资者的冲击迫使各国监管者纷纷开始对这一理念进行反思。因事实已经表明,这类冲击巨大的一般市场风险会在很大程度上打击中小投资者们对资本市场的信心,使他们对资本市场望而却步,从而与“投资者自立”保护范式原本期望的扩大投资者市场参与度的初衷大相背离。

但是,需要注意的是,“投资者自立”范式并非等同于任由投资者自生自灭。投资者能够“自立”的前提是市场失灵得到了有效的纠正。

资本市场是具有高度信息依赖性的市场,投资者的决策很大程度上受制于信息的供应。而投资者无论是从收集信息的能力上,还是获取信息的渠道上都明显处在劣势地位。因此,如无外力的干涉,信息不对称的情况将在所难免。“投资者自立”的保护范式就着眼于投资者的这一弱点,通过强制信息披露的方式纠正市场上充盈的信息不对称问题,给予投资者信息的武器,令其在充分信息的武装下做出符合自己偏好的选择。作为一种传统的投资者保护手段,“信息披露”在各国资本市场的规制法律和监管规则中都有所体现,我国《证券法》和《证券投资基金法》也不例外(《证券法》第三节所有条款、《证券投资基金法》第七章第75条至第78条)。

2.“投资者自立”范式存在的风险与问题

然而,信息披露仅能保证与金融产品或服务(为免繁赘,以下统称“金融产品”)相关的信息得到了公开,换言之,即投资者对信息有了较低成本的获取可能性,但并不能保证这些信息能被投资者认知。鉴于金融信息的专业性和复杂性,投资者对这类信息的认知程度在很大意义上取决于他的金融知识水平。也就是说,只有当投资者足够“智”而“强”时,所披露信息才能对其发挥作用,否则,它非但不能在事实上消除信息不对称,它的形式主义还将致使其沦为金融服务提供者规避责任的保护伞。投资者在懵懂的情况下签下《风险认知书》的例子比比皆是,而金融产品提供者却可利用投资者的无知据此免责。

此外,行为经济学上的研究结果也对“信息披露”的作用机制提出了质疑。即便所披露信息已被投资者所认知,投资者心理上的固生偏见并不会轻易被这

[13] 同上书,第62页。

些信息所改变,相反,有研究表明,行为人会更倾向于选择依赖与他们在先决定相符合的披露信息,而忽视其他披露事实(即确认偏见,confirmation bias),或者选择依赖最易被他们大脑接纳并处理的信息(即可得性捷径,availability shortcut)。[14]

鉴于投资者能力和心理状态上缺陷的普遍性,把他们当成"智"而"强"的人来保护,规制者们是否在一定程度上有推卸责任的嫌疑?也就是说,信息一旦按照要求披露,无论投资者能否真正理解其中的内容和自己投资行为的含义,他们都需根据"买者自负"原则自行承担后果,那么相应地,规制者便也无需再为保护他们做出任何努力。如此一来,规制者就将实际中大量存在的投资者遭受损失的情况排除在了保护的范围外,与规制真正的目标自相矛盾,也将导致法调整社会关系的目的难以实现。

基于这些考量,金融危机以来,理论和监管实践都对"信息披露"这一传统投资者保护工具的作用进行了深刻的反思,以"智"而"强"的投资者人像为基础的"投资者自立"保护范式[15]也受到了很大程度的冲击。有观点认为,我们不仅要保护投资者免受其他市场参与者的侵害,还要保护他们免受自己的侵害,并据此提出了更家长式的保护范式(paternalistic protection)。这一点,笔者将在下文中继续讨论。

(二)"愚"而"弱"的投资者——产品规制

1."愚"而"弱"的投资者人像与产品规制范式的正当性

如果一个"智"而"强"的中小投资者并不符合现实,那么盲目鼓励其参与市场只会达到适得其反的结果。次贷危机以后,大量中小投资者失望离场便是这一点的充分例证。这非但不能——从宏观角度而言——实现"投资者自立"模式优化资金配置、提升市场效率的目的,从投资者个人的角度而言,也不利于满足他们福利需求,实现其增加家庭财富的愿望。

---

〔14〕 Cass R Sunstein,"What's Available-Social Influences and Behavioral Economics Empirical Legal Realism: A New Social Scientific Assessment of Law and Human Behavior" (2003) 97 *Northwestern University Law Review* 1295,pp. 1300 et. seq.

〔15〕 "投资者自立"保护范式还包括投资者教育与自我规制等其他方面,但因与本文论述的内容并不十分密切,笔者在此有意做了取舍。关于"投资者自立"保护范式,详见前引11,Moloney 文,pp. 53 et. seq。

与古典经济学刻画的理性经济人形象相反,行为经济学为我们描绘了一个非理性的投资者人像。这样一个非理性的投资者,面临现今日益复杂的金融产品时,往往会手足无措,做出不符合他们风险承受能力的投资决策。因此,为避免他们遭受自己非理性决策所带来的损失后果,对他们采取一些限制性措施就显得十分有必要。这一理念投射到规制上,就形成了更为激进、干涉性更强的规制手段,如通过税收或产品测试等手段来限制中小投资者的选择权,将其排除在某些高风险产品之外等。

从宏观经济的角度来说,对中小投资者本身采取限制也与提高市场效率的目的相符。有研究表明,非理性的投资者往往会给市场带来一些噪声,大量的非理性投资会导致市场自身的定价功能削弱,使资产定价与其实际基本价值相偏离,极大影响资源配置,有时候还会导致市场过热,增加其系统性风险。[16] 因此,有观点认为,我们应当通过规制手段排除中小投资者投资某些高风险产品的可能性,或至少限制其大量涌入。

但是,这类排除或限制性措施也存在一定的风险。无论是怎样的排除或限制性措施,它一定会对市场的流动性产生极大的不利影响,因为个人投资者是市场流动性的天然供应者。[17] 而同时,另有大量研究表明,广泛的市场参与对市场定价起着至关重要的作用,限制中小投资者参与市场只会适得其反地削弱市场的定价作用,[18] 同样不利于市场实现资源的优化配置。

鉴于这类家长式保护措施的明显弊端,它们鲜少被规制者所采用。但中小投资者金融投资能力与心理上的不成熟,又是不容忽视的事实。因此,为更好地保护这些比预想更为脆弱的投资者,规制者不得不多费一些思量。

中小投资者,作为为了实现家庭或个人财富增值保值的金融需求而购买金融产品的非营利性个人,同样也越来越被视为这类金融产品的消费者。自进入21世纪以来,个人投资者消费者化的问题在各国学界都引起了普遍的讨论;金融危机以后这种讨论更加激烈。本文无意就"金融消费者"的概念展开更深的

---

〔16〕 参见前引11,第77页。

〔17〕 Ron Kaniel, Gideon Saar and Sheridan Titman, "Individual Investor Trading and Stock Returns" (2008) LXIII *The Journal of Finance* 273, p. 296.

〔18〕 Kenneth R. French, "Presidential Address: The Cost of Active Investing", (2008) 63 *The Journal of Finance* 1537, p. 1538.

阐述。但基于中小投资者与一般消费者弱势地位的相似性,[19]投资者保护向消费者保护制度取经,似乎存在一定的合理性。

以这样一个相对脆弱的金融消费者人像作为保护对象,相应地,投资者保护的规制手段也应当做出一些改变。如果把金融产品看成是一个普通消费品,那么对产品本身进行规制是否比对信息或作为主体的消费者进行规制更加有效?

产品规制主要是指围绕产品本身的设计和开发所采取的一系列规制措施,包括但不限于在产品进入市场之前为其设定前置许可,禁止高风险产品进入零售市场,对已经进入市场但被认定为对中小投资者存在高风险的产品采取限制或禁止措施等。这种规制理念的出发点在于,金融产品作为产品中的特殊体,必然也需经历开发、生产、营销、买卖等环节,信息披露是在整个链条的下游即买卖环节设置"守门人",那么既然"守门人"不能很好地将门守牢,我们能不能将规制往上游移,在链条的各个阶段分别设置"前锋""后卫"等规制工具,加强整个金融产品供应链条的安全性?

近些年来,欧洲国家越来越将产品规制这种干预性较强的规制手段纳入考虑的范畴。事实上,各个成员国的法令和监管措施都或多或少地体现了这一规制理念。2010 年,法国金融市场管理局(AMF)就明确禁止向投资者推销复杂的结构性产品。2011 年,比利时金融服务与市场管理局曾向金融行业呼吁,要求其停止向中小投资者营销不必要的复杂的结构性产品。同年,荷兰政府也要求其金融管理局对新金融产品的开发进行监督。而最严格的规制策略来自英国金融行为监管局(FCA)。该监管机构表示,要对金融产品的设计过程进行管理监督,并不排除对特定产品采取前置许可或后置禁售的措施。[20]

这类禁止措施,在欧盟层面上也有所体现。自欧洲证券及市场管理局(ES-

---

〔19〕"普通投资者在面对金融产品时理解力以及风险判断能力普遍较低,其判断能力、谈判能力、决定能力和抵御风险能力愈加接近或等同于消费者。"参见陈洁:《投资者到金融消费者的角色嬗变》,载《法学研究》2011 年第 5 期。

〔20〕Niamh Moloney, *EU Securities and Financial Markets Regulation* (Oxford University Press 2014), p. 826.

MA)(以下简称欧洲证管局)对差价合约等复杂金融衍生品发出警告后,[21]《欧盟金融工具市场法规》(MiFIR)和《打包零售的投资基金(PRIIPS)监管法规》(以下简称《打包基金法》)中都对欧洲证管局直接禁止或限制特定产品发售、特定金融活动的权力做了直接规定。当然,该等权力的实施,需符合一定的条件,其中之一便是存在严重的投资者保护方面的顾虑或威胁。考虑到执法权力一般仅属于各个成员国,欧盟层面上的执法权几乎屈指可数,这一规定可以说是对现有制度的极大突破。

2. 产品规制范式存在的风险和问题

通过这些规制措施,那些高风险的复杂金融产品便无法再被投资者所获取,投资者也当然不再受到他们的侵害。但高风险往往会带来高收益,并不是所有投资者的风险承受能力、投资目标都是一致的。尽管普遍来说,投资者的投资水平并未达到"智"而"强"的高度,但并不意味着不存在少数这样的投资者,而对于他们来说,某些复杂金融产品恰恰是分散或对冲风险的良好工具。

此外,哪些产品当属于这类不应被投资者获取的高风险类别?监管者能否对此做出准确判断?鉴于监管者并不直接参与市场,以及监管人员无充分激励机制去甄别对投资者存在较大威胁的产品,诸多学者对此提出了质疑。而同样毋庸置疑的是,这类规定势必会给金融产品提供者带来额外的合规支出,并在一定程度上打击他们的创新积极性。

但就规制成本而言,这些皆非金融规制的特性,一般的市场规制也一定会伴随着一些风险与代价,也会给市场参与者尤其是卖方带来额外成本。这并不意味着,我们就要因此而放弃规制干预。LLS[22]的横向研究,早就从实证的角度说明了规制对金融市场发展的正向作用。[23] 而席卷全球的金融危机也从反

---

〔21〕 ESMA, *Warning about CFDs, binary options and other speculative products* (ESMA/2016/1166, 25 July 2016).

〔22〕 LLS 即美国经济学教授 Rafael La Porta,金融学与法学教授 Florencio Lopez – De – Silanes,以及经济学教授 Andrei Schleifer 的合称,通常为研究与交流便利,取三人姓氏首字母,合称为 LLS。

〔23〕 Rafael La Porta, Florencio Lopez-De-Silanes and Schleifer Andrei, "What Works in Securities Laws?" (2006) LXI *The Journal of Finance* 1.

面的角度例证了去规制化(de-regulation)所隐藏的巨大危机。投射到投资者保护领域,由于投资者利益代表在监管层面的缺失,以及与之相对应的金融服务机构的雄厚资金所支撑的强大游说能力,使金融监管极易被后者所俘获(regulatory capture),因此落实到规制上,在权衡投资者利益与金融创新所带来的益处时向前者做出一定倾斜,就显得更为必要。

但这类产品规制是不是保护"愚"而"弱"的投资者的唯一出路?产品规制具有明显的家长主义(paternalism)特征。而家长主义,因其对个人自主和选择权的限制,在法哲学、政治学和心理学上引发了诸多疑虑和反对,[24]因此对于这样一种规制方式,我们必须要更为谨慎一些。只有当其他规制手段已经穷尽而无法达成目的时,我们才应当采取家长主义的规制方式。该等规制手段,它不应当是劝诫与教育的替代手段,而是不得已的最后策略。[25] 回到投资者的问题上,对于保护心理和能力上相对弱势的中小投资者,我们是否还有别的规制路径可供选择?笔者在下一节中将会对这一人像所对应的另一条保护路径进行考量与分析。

(三)信赖投资者(trusting investors)——中介机构规制

1. 信赖投资者人像和中介规制范式的正当性

近些年来,几乎每一份涉及投资者保护的法令或政令,都会提到"提高投资者信心"或诸如此类的字眼,投资者信心对于规制的重要性由此可见一斑。

投资者对于资本市场的信心,很大程度上源于他们对"游戏规则"或交易对手的信赖。"信赖"对于经济活动的影响,已经越来越受到学界的关注。[26] 芝加哥布斯和凯洛格商学院还特别创制了"金融信赖指数"(Financial Trust Index)来量化信赖的影响。[27] 金融危机之后,大量投资者选择退出资本市场,也

---

〔24〕 Susanna Kim Ripken, "Paternalism and Securities Regulation" (2015) 21 *Stanford Journal of Law*, Business & Finance 1, pp. 27 et. seq.

〔25〕 同上文,第56页。

〔26〕 2007年的一份研究表明,截至当时有7000多份研究在分析评估"信赖"这一指标对经济活动的影响。参见 Paola Sapienza, Anna Toldra and Luigi Zingales, *Understanding Trust* (2007), ssrn abstractid = 1008943。

〔27〕 http://www.financialtrustindex.org/.

得以归咎于信赖的缺失。[28] 已有研究表明,如果投资者认为他在金融市场被欺骗的概率每提升3%,那么他投资证券的财富值门槛就会翻五番。[29] 这也就是说,信赖已经成为描述投资者的一个重要要素。

以信赖为指标的投资者模型虽然刻画的仍然是相对脆弱、决策能力有欠缺、深受行为偏见限制的投资者,但它已经不再简单地将重心放在投资者的行为偏见和非理性上。作为行为经济学上的一个概念,行为偏见虽然已被诸多研究所证实,但若要将其作为规制的理论基础,仍缺乏一定的可操作性和可信度。投资者在决策时存在哪些偏见,偏见对于决策的影响力有多深,因偏见所导致的不善决策对市场的影响范围有多广,以及如何避免由个人所构成的监管者在监管活动中的偏见等,都是影响制度构建的重要因素。此外,有学者也提出,投资者并不总是那么非理性或对所投资的金融产品知之甚少,他们的投资行为有一个发展的过程,就算他们一开始深受非理性行为之害、遭受了不少损失,基于趋利避害的动机和学习效应(learning effect),他们后期的决策也很有可能会越来越理性化。[30]

但对于监管者而言,他们不能寄期望于投资者从自己的惨痛失败中吸取教训,继而成长起来。否则这将会导致大量投资者的黯然离场。同时,前述这一切因素的不确定性已决定了我们将目光局限于理性非理性问题上,并不能为投资者保护找到一条可靠的出路。而另辟蹊径,以信赖为要素来刻画投资者或可为我们提供一个跳出藩篱的可能。

这样一个投资者形象我们可以称之为"信赖投资者"(trusting investor),与传统的理性人假设不同,他们的投资行为并非基于理性判断,而是对交易对手

[28] Paola Sapienza and Luigi Zingales, "A Trust Crisis" (2012) 12 *International Review of Finance* 123, pp. 125 et. seq.

[29] Luigi Guiso, Paola Sapienza and Luigi Zingales, "Trusting the Stock Market" (2008) 63 *Journal of Finance* 2557, p. 2567.

[30] 转引自 Gerald Spindler, "Behavioural Finance and Investor Protection Regulations" (2011) 34 *Journal of Consumer Policy* 315, p. 320。

或市场的信赖。[31] 前文曾提到，理性人假设假定所有市场参与者的行为都是自利的，这种自利不仅体现在投资者进行投资决策时以尽可能扩大自己的利益为导向，同时它还体现在投资者以己推人，认为与之相对应的交易对手的行为也会像自己一样的理性。也就是说，投资者预设其交易对手会为扩大自己的利益采取一切措施，在法律允许的范围内"不择手段"，乃至侵害自己的利益。以"恶"的出发点来判断交易对手，要保护自己的利益不受损害，投资者就必须通过各种途径确定交易对手的"恶"已被各种制度的缰绳套牢，不能肆意在自己利益的领地上狂奔、践踏。否则他就宁可放弃交易，避免此类风险的发生。[32]

该假设其实是经济人理论在博弈论中的基本体现。如它真的与实际相符，那么现今活跃的资本市场，尤其是金融零售市场，将会缩水大半。因金融投资本就基于非实体的信息的交换，要确认交易对手并未"作恶"，投资者所需的信息成本将远超其因投资所获得的利益，作为一个理性人，他们将极有可能根本不会进行投资。[33]

当今金融市场的繁荣却恰恰证明了投资者并未从"恶"的出发点去看待他们的交易对手，相反，他们对对手的信赖远超预期。这种信赖的原因可能是多方面的——出于私人联系、以往交易经验[34]或者单纯直觉，但无论是哪种，如缺乏可靠的机制对交易对手进行管控，投资者的信赖都存在很大的被辜负的风险。从当前屡见不鲜的金融欺诈案件来看，这种"辜负"显然并不少见。而要避

---

〔31〕 "信赖投资者"的概念最初由美国法学教授 Lynn Stout 提出，建立在经济分析中关于"信赖"这一指标对投资者行为影响力的论证基础上，后被英国法学教授 Niamh Moloney 等所采纳并发展。Lynn A Stout, "The Investor Confidence Game" (2002) 68 *Brooklyn Law Review* 407, p. 410; Moloney, *How to Protect Investors: Lessons from the EC and the UK*, pp. 81 et. seq.

〔32〕 Lynn A Stout, "The Investor Confidence Game" (2002) 68 *Brooklyn Law Review* 407, p. 410.

〔33〕 同上文，第 408、417 页。

〔34〕 有研究表明，如交易对手一直以来表现出较为合作的状态，信赖投资者会倾向于认定此人会继续以这种可靠的状态与自己合作。也就是说，信赖投资者会依赖以往的交易经验来做判断，认定交易对手会像以前一样表现，即使他并不能完全理解该行为表现背后的动因。学者将这种认知模式称为"适应性期待"(adaptive expectation)。同上文，第 416 页。

免投资者们最终因信赖受挫而失望离场,用制度的缰绳将交易对手套牢就显得十分有必要。

因此,监管者在采取规制措施前首先必须认可的一个事实是,投资者们既无法预料到交易对手会欺骗他们,也没有资源与意愿去监控交易对手的行为是否诚信。是以,作为社会关系调整工具的法律,就要弥补这一缺位,对交易对手进行监管和规制,以避免投资者在交易过程中处于劣势地位。

落实到具体的交易关系中,这类交易对手,指的便是金融产品的供应方。金融产品——像一般商品一样,它的供应方也包括产品的生产者与销售者。[35] 但投资者一般不直接与金融产品的生产者直接接触,而是通过各类营销途径购买金融产品或获悉金融产品的信息。因此,这里所说的交易对手,实际指的是那些连通金融产品与投资者、承担营销职能的金融中介机构(以下简称中介机构),一般为商业银行、证券公司、投资基金等。而交易对手规制,指的便是对这些中介机构的规制。

中介机构是沟通投资者与资本市场之间的桥梁,在资本融通的过程中发挥着不可或缺的作用。除向投资者营销各类金融产品外,它们一般还为投资者提供投资建议、资产管理服务、证券经纪服务等。以投资建议为例,理想状态下,投资者对中介机构投资建议的信赖的确有利于解决投资者专业性缺失和行为偏见所带来的问题,英德两国的实证研究都表明,向中介机构寻求投资建议的投资者,往往会获得更高的收益。[36] 但这类金融中介服务,同时也会带来新的风险。

首先,投资者与金融产品发行者之间的信息不对称的问题将会被转嫁到投资者与中介机构身上,并且由于后两者专业知识悬殊的差距以及多数投资者对交易对手盲目充满信赖的特点,该问题只会更加严重。其次,投资者还将深受

---

〔35〕 尽管在现实中,金融产品的生产与销售往往由同一个金融机构实施,但在理论中,因不同职能所指向的法律关系与规制制度的显著差异,笔者认为实有区分的必要。

〔36〕 Ralph Bluethgen and others, *Financial Advice and Institutional Investors' Portfolios* (2008), ssrn abstractid = 968197; Financial Services Authority ('FSA'), *Stopping Short: Why Do So Many Consumers Stop Contributing to Long-Term Savings Policies* (Occasional Paper No. 21, 2004), p. 6.

由利益冲突所导致的代理风险(Principal-agent problem)[37]之害,由此所导致的不当销售(mis-selling problem)现象,无论是在欧美发达资本市场,还是在我国,业已十分严重。[38]

是以,所谓的中介机构规制[39]就是对这些中介机构的行为进行约束与调整,其主要表现为一系列商业行为规则(conduct of business rules)。[40] 欧盟自20世纪末起就逐渐意识到了这一规制路径的重要性,2004年颁布的《欧盟金融工具市场指令Ⅰ》(以下简称《市场指令Ⅰ》),尽管仍将信息披露视为一个重要的规制手段,却已在很大程度上体现了欧盟规制者逐渐与传统的"投资者自立"范式相背离的趋势。

商业行为规则突出体现在对中介机构"适当性"的要求上。这一点,可以说是中介机构规制的支柱理念之一,在《市场指令Ⅰ》中也有充分体现。它要求中介机构在主动了解投资者的资产现状、投资目的、金融素养等基础上,为投资者

---

〔37〕 Choi. Stephen J. Choi, "A Framework for the Regulation of Securities Market Intermediaries" (2004) 1 *Berkeley Business Law Journal*, p. 52.

〔38〕 在我国如建设银行"证大金牛"案:"2003年1月,媒体报道建设银行在代销建信'证大金牛'增长集合资金信托计划(1期)时涉嫌误导消费者,即在该理财产品账面浮动超过50%后,部分投资者才知道自己所购买的是私募基金类信托产品。"参见许多奇、张维宇:《我国非保本理财产品之运作困境与制度设计——以商业银行个人理财业务实证考察为主线》,载《法学》2014年第10期;另外,2018年伊始,证监会就基于"对保守型客户销售高风险金融产品"等不适当的推介行为对国都证券北京朝阳路营业部、中信银行南宁分行、国信证券无锡梁溪路证券营业部等下达处罚决定,参见《监管动真格的,已对银行券商开出多张"适当性"罚单》,载 http://www.nbd.com.cn/articles/2018-01-15/1183353.html,最后访问日期:2018年5月2日;而国外的典型不当销售案例包括英国支付保障保险(PPI)不当销售案,美国富国银行大规模私开账户案,我国香港、新加坡雷曼迷你债券风波等。

〔39〕 因欧盟将这些中介机构视为各类金融产品及服务的营销渠道,学界将这类规制路径称为"营销规制"(distribution regulation),本文为免对该概念字面理解上产生歧义,仍使用相对直观的表述——"中介机构规制"。

〔40〕 国际证券事务监察委员会组织(IOSCO)将"商业行为规则"定义为一系列为保护投资者利益和市场规范而确立的规制金融服务公司行为的原则,具体而言,则指要求金融机构提供给投资者的服务需满足一定质量标准的规则。参见 IOSCO, *International Conduct of Business Principles* (July 1990),第18条。

选择恰当的金融产品。[41] 具体而言,笔者认为,这一规定体现了立法对中介机构四个层面的要求:其一,了解投资者的基本信息。就这一点而言,根据中介机构所提供服务类型的不同,指令对其所科以的义务程度也不同。其二,充分了解所推荐或可能推荐的金融产品。投资者向中介机构寻求建议或推荐的原因就在于期待他们能凭借自己的专业素养对金融产品作出更理性的判断,而该等理性判断只有在充分理解金融产品的基础上才能作出。其三,向投资者推荐符合其风险承受能力和收益期望的产品,该要求为"适当性"制度题中应有之义。其四,向投资者充分披露金融产品和中介机构本身所提供服务的信息,其中特别值得强调的是,该披露应当包含明确的风险揭示,以避免中介机构为推销高风险产品而隐瞒或故意忽略风险。[42]

这一适当性制度非常具有借鉴意义,尤其对于当前我国中介机构适当性要求的相关规定比较分散、模糊、缺乏可操作性的情形,该规定可以说提供了一个不错的范本。例如,无论是在立法还是在实践中,我国在提及该等适当性要求时用的都是"投资者适当性"这类字眼。而从前述分析来看,应当遵守适当性要求的义务主体是中介机构,而非投资者。"投资者适当性"这样易引发歧义的表述,可能会导致中介机构轻怠自己的义务,任意对投资者的投资行为横加限制,它既不利于投资者保护,也将为日后在此基础上中介机构责任的创设埋下概念混乱、逻辑难以自洽的难题。而架构完善的中介机构责任体系,笔者认为,是投资者保护制度构建中不可或缺的一环,因非本文研究重点,在此不再赘述。

除适当性要求外,中介机构规制的另一重心还体现在对利益冲突(conflict of interest)的防范和规避上。这一点越发被规制者所重视,很大程度上可归咎于证券经营行业21世纪初因内控制度失效而导致的接二连三丑闻。[43] 因此相应的,《市场指令Ⅰ》对中介机构的内部组织和风险管理都提出了较高的要求。而在此基础上,金融危机又揭露出利益冲突中的其他问题。

---

〔41〕 参见《市场指令Ⅰ》第19条。

〔42〕 Veerle Colaert, "Building Blocks of Investor Protection: All-Embracing Regulation Tightens Its Grip" (2017) 6 EuCML 229, p. 234; 参见张付标、刘鹏:《投资者适当性的法律定位及其比较法分析》,载《证券市场导报》2014年第5期。

〔43〕 John C Coffee Jr., "Understanding Enron: It's About the Gatekeepers, Stupid" (2002) <http://www.ssrn.com/abstract=325240>.

一般而言,金融中介人员的薪酬往往由所售产品的数量、价值来决定,这就难免导致此类中介人不顾风险、盲目向投资者推销产品,或者有选择地推销提成较高或中介机构自营的产品。而与之相对应的,则是有研究表明,尽管不少投资者愿意依赖中介人,却没有多少人愿意为此额外支付报酬,[44]这就致使中介机构不得不以较低的管理费或咨询费来吸引客户,并转向产品生产者或其他第三方收取佣金,从而使得本应作为投资者受托人的投资机构,反而变相成了第三方的受托人,转而向投资者推销产品。

这类因薪酬结构失当与佣金所带来的问题,可被归纳为激励失当风险(incentive misalignment)。而这一风险,又难免导致投资机构的建议或决策具有一定的偏向性,影响建议的质量或引发不当销售的后果。金融危机以后,针对该利益冲突问题,欧盟规制者在其制度架构中做出了迅速的反应,这类反应,主要体现在取代《市场指令Ⅰ》的《欧盟金融工具市场指令Ⅱ》(以下简称《市场指令Ⅱ》)及其配套制度中。

有鉴于前述矛盾,《市场指令Ⅱ》明确禁止在提供独立性投资建议(independent investment advice)或代投资者进行资产组合管理时,收受第三方(或第三方的代理人)支付的佣金或其他经济的、非经济的利益。[45] 同时,《市场指令Ⅱ》还对中介机构的薪资结构作出了严格规定,要求其不得影响管理人或投资

---

〔44〕 参见《市场指令Ⅱ》第24条第4款、第7款。《市场指令Ⅱ》将投资建议分为两类,即独立性投资建议与非独立性投资建议。投资顾问在提出建议之前即需向投资者示明,其所提供的建议是属于哪一类别。因独立性投资建议一般会受到投资者更多的信赖和青睐,它所面临的规制也更加严格。除满足前述要件之外,该建议还需在对大量金融产品进行分析的基础上作出,并且这些金融产品与投资顾问并无一定的关联。这一服务模式主要在英国,我国并无这一细分,但值得借鉴。

〔45〕 参见《市场指令Ⅱ》第24条第7款。该款还规定了一种除外情形,即如第三方或第三方的代理人所提供的利益满足以下条件时,投资顾问可以收取该等利益:(1)小的非经济性利益(minor non-monetary benefits);(2)该利益可以提高标的服务的质量;(3)不损害投资顾问"为客户最佳利益行事"(act in the best interest of the client)的义务的履行;(4)明确向投资者进行了披露。值得注意的是,在欧盟理事会(欧盟立法机构)就该条草案的讨论中,有成员国提出将禁止收受佣金这条的适用范围扩展到金融机构的所有中介服务中,但遭到了其他成员国的反对,究其原因,可能与各成员国主要金融产品类型的不同相关。

顾问履行“为客户最佳利益行事”的义务。落实到具体操作上,《市场指令Ⅱ》第24条第10款还特别指出,这类薪酬不得通过与销售指标绑定或其他的方式,激励管理人或投资顾问向消费者推销特定产品,而与该产品相比,其他可供选择的产品明显更为符合投资者的需求。

2. 中介机构规制存在的风险与问题

然而,不当销售的原因并不仅仅在于利益冲突。中介机构本身亦由个人组成,只要是个人,就难免或多或少存在前述分析的非理性或能力局限的问题。[46]因此,就此而言,商业行为规则并不能从根本上解决投资者的困局。

此外,从适用范围上来说,尽管中介机构是连接投资者与资本市场的必要通道,但该通道在不同的合同语境下所发挥的作用是不一样的。实践中,在诸多情况下,证券经纪公司仅仅承担着执行投资者决策的职能,如不嵌套衍生品的股票的买卖。而无论是适当性制度还是防范利益冲突的规则,都仅仅适用于更需要中介机构发挥裁量作用的服务中。对于那些仅需证券经纪公司执行决策的、非复杂金融产品的买卖,这一机制并不能为投资者提供保护。

而从其规则适用本身来看,尽管商业行为规则已发展成为包含数百页规定的一套完整规制体系,[47]但它在实际可操作性上仍存在不少有待商榷的地方。以适当性制度为例,何为合适的产品,其实在很大程度上有赖于中介人的判断,中介机构内部的运营程序乃至文化都会对这一点造成很大的影响。而在事后归责上,法院和监管机构也往往只满足于以中介机构是否满足出示风险揭示书此类形式要件为裁量标准,致使中介机构得以轻易逃脱责任。[48] 这显然不能使投资者保护的目的得到真正实现。因此,无论是在日常监管、还是在事后惩戒上,这一规则的适用都对司法和执法机构提出了更高的裁量要求。

另外,以结果为导向,金融危机的惨痛教训也足以从一定程度上说明,商业

〔46〕 Spindler,p. 322.

〔47〕 包括IOSCO发布的一些软法规定。

〔48〕 如在最近公布的“施某诉南京银行股份有限公司玄武支行、南京银行股份有限公司案”中,法院就以施某在载明“以明显的加黑加粗字体提示基金存在风险,投资须谨慎!”,“银行对基金业绩不承担任何担保责任、基金以往经营业绩不代表未来业绩、基金管理人除尽诚信管理义务外不负责基金盈亏”等内容的交易申请表上签字为依据,判定其自行承担风险。参见裁定(2017)苏民申4332号。

行为规则似乎并不能有效阻止中介机构滥用投资者信任这类情况的发生。但即便意识到了当前商业行为规则在危机防范上的不足,《市场指令Ⅱ》却并未对其作出任何根本性的修改。这并不意味着,商业行为规则已臻完美、无再完善的必要,而是从另一个角度对以商业行为规则为代表的中介机构规制的有效性提出了质疑。

四、我国的现状及与之相适应的投资者保护路径

一套规制体系的构建,并非是孤立与静止的,而是与现状紧密联系且动态的。鉴于以上各种保护范式各自的优点和存在的风险,我们应当进一步考察我国投资者保护的现状及其存在的迫切问题,以期能在此基础上做出有的放矢的取舍。

(一)我国金融零售市场的现状

1. 我国中小投资者与一个"智"而"强"的人像相去甚远

本文第二节的《消费者金融素养调查分析报告(2017)》已经提到,我国中小投资者普遍存在金融素养不高、金融知识不足的问题。而同时一系列实证研究也表明,我国投资者与世界其他各国的投资者并无二致,其投资行为中的"羊群效应""过分自信"等非理性特征均十分突出。[49] 不过,鉴于缺乏对世界范围内投资者金融素养或投资行为的实证比较研究,我们无法断定,我国的投资者是否比其他各国的投资者更为盲目。但有一点已经不言自明,即这些投资者与传统"投资者自立"模式下所保护的"智"而"强"的投资者人像相去甚远。

2. 信赖投资者的壮大与信赖危机

但是,这并不意味着,我们就应当以"愚"而"弱"的视角来看待投资者们,"信赖投资者"人像可以作为一个替代性的参考。事实上,"信赖投资者"与"愚"而"弱"的投资者人像并不冲突,两者在很大程度上有重叠之处,只不过前者更为强调了"信赖"这一指标,其实际刻画的是投资者与中介机构之间的关

---

〔49〕 参见香港理工大学课题组:《中国投资者(个人/机构)行为分析》,载 http://biz.sse.com.cn/cs/zhs/xxfw/jysjs/sseResearch/2004-1/20041f.pdf,最后访问日期:2019 年 9 月 25 日,第 19、20 页;张磊:《中国投资基金市场投资者非理性行为实证研究》,哈尔滨商业大学 2009 年硕士学位论文。

系。相应地,“信赖投资者”这一概念能否得以普遍适用,也取决于投资者对中介机构的依赖程度。

近年来,除传统的银行间接融资和资本市场直接融资之外,以中介机构为媒介的“市场型间接金融”[50]在我国的发展势头十分迅猛。短短十几年间,我国投资者经历了从银行等信贷机构为代表的间接金融,到以股票、证券市场等为代表的市场型直接金融,再到以各类资产管理产品为代表的市场型间接金融的转变。根据上海证券交易所2017年关于全球资产管理行业最新发展趋势的研究报告,2016年我国资产管理行业资产规模的增幅达到了21%,为全球第一。同时,2016年的《中国证券投资基金业年报》也揭示了基金业爆发式增长的态势,其中尤以公募基金最甚。从家庭金融资产的构成来看,虽然目前占比最大的仍是银行存款(65.8%),但公募基金与银行理财的总和已达到了18.4%,超过了占比15.9%的股票。

市场型间接金融的迅猛发展,反映了我国信赖投资者的群体已逐渐壮大,同样,这也预示着信赖危机会不断升高,如不及时、有效规制,终将会给投资者带来巨大的损失。事实上,这些损失已经在大面积发生了。上海市高级人民法院发布的《2016年金融商事审判白皮书》于研判金融商事审判趋势一节指出,随着“普惠金融”理念的传播与推广,涉众性金融纠纷案件数量进一步上升。这些案件中,其中有两点特征十分值得注意:其一,金融机构的资产管理类业务所引发的纠纷数量有明显上升趋势;其二,越来越多的民事赔偿纠纷案件涉及金融机构违反投资者适当性义务。有鉴于此,上海法院特别向金融监管部门、金融机构等金融市场主体发送了司法建议,其中特别突出了金融机构经营行为的规范性问题,如银行违规向客户销售与其风险承受能力不匹配的金融产品等。

这一类问题当然不仅局限于银行,提供市场型间接金融的主体涵盖商业银行、证券公司、信托投资公司、基金管理公司等各类金融机构。鉴于它们所供应的相应金融产品功能上的相似性和可替代性,以及我国当前分业监管模式在防范监管套利和系统性风险上的不足,不少学者呼吁对市场型间接金融产品采取

[50] “市场型间接金融”的概念最早由日本学者提出,对其概念的具体界定,学界尚存在分歧,但无论何种观点,均未否认其中金融中介机构在配置资本上的至关重要的作用。集合投资计划是市场型间接金融的典型代表,其包括两类法律形态:资产管理型和资产流动型。参见杨东:《市场型间接金融:集合投资计划统合规制论》,载《中国法学》2013年第2期。

统合规制的模式，即对相似的金融产品，无论其由隶属于哪个行业的金融机构发布，均采取统一的监管标准。[51] 近来引发热议的“大资产管理之上位法”的讨论便是这一期待和理念的体现，[52]因非本文分析重点，笔者在此不再多着笔墨论述。

3. 金融创新使投资者变得“愚”而“弱”

以“信赖”为指标刻画投资者形象，前提是存在一定的信赖关系。在投资者保护的语境下，这里的信赖关系指的是投资者对中介机构的信赖。然而，考察我国目前金融零售业发展的态势，这一“信赖”范式又面临着诸多挑战。笔者总结，这些挑战主要来自三个方面。

其一，很多时候，信赖的缺失往往是双方的，并非仅仅中介人存在滥用信赖的问题，投资者自己其实也并不那么可信。证监会发布的一份《基于大数据分析视角的投资者行为分析》中提到一个典型示例：某证券公司在对投资者购买金融产品前的风险能力进行测评的调查问卷中，设计了两个涉及风险偏好的问题，事实上，这两个问题有较强的相互印证性，但从投资者的填写情况来看，结果却存在较大的矛盾。[53] 导致这样结果的原因多种多样，可能是投资者未能准确理解问题，也可能是他敷衍了事或有意欺瞒，无论何种，都将致使中介人就适合投资者投资的金融产品所做的推荐可能存在偏差。而这一点，和第二、第三个挑战相结合，将会导致十分不利于投资者的后果。

其二，互联网金融的高速发展，使金融产品的购买在一定程度上有了去中介化的可能。尽管当前法律要求，通过手机应用程序或互联网平台购买金融产品时，投资者需在先进行一项风险测评。但这类风险测评缺乏诸如投资者资产状况等补充材料的印证，也无中介人凭借其从业经验对投资者陈述虚实的判断，其实极易蒙混，并不能真正起到把关的效果，反而经由形式主义产生了推卸责任的作用，迫使投资者们承担其尚未意识到的风险和责任。

---

〔51〕 同上文，第66页；另参见杨志春：《集合投资计划的统合规制与分类监管》，载《上海金融》2014年第9期。

〔52〕 参见刘燕：《大资管“上位法”之究问》，载《清华金融评论》2018年第4期。

〔53〕 两个问题分别为：(1)当您进行投资时，您的首要目标是？(2)您认为自己能承受的最大投资损失是多少？选项、结果及分析。参见张涵、朴妍：《基于大数据分析视角的投资者行为分析》，载《中国证券》2016年第6期。

这一点在金融产品日益复杂化的今天将会造成更加恶劣的后果,这也是信赖模式所面临的第三个挑战。当前,互联网金融产品创新层出不穷、资产管理产品多层嵌套,金融产品的复杂化程度达到了前所未有的高度。2016年陆家嘴金融论坛上,全国人大财政经济委员会副主任委员、清华大学五道口金融学院院长吴晓灵甚至表示,"我们的金融产品非常复杂,金融专业人士都弄不明白"。这类复杂的金融产品,搭乘当前互联网和"普惠金融"的班车,可被投资者们轻而易举地获取。它们对投资者乃至整个金融体系的危害,因担保债务凭证(Collateralized Debt Obligations,CDOs)〔54〕期限错配、大面积违约所导致的次贷危机已经为我们提供了一个很好的例证。

而出乎意料的是,与金融产品复杂化相对应的是,有研究表明,在佣金水平较低时,互联网金融产品越复杂,投资者的"羊群效应"反而越严重。〔55〕因此,即便在金融机构向投资者提供了足够多的选择,或做了充分说明的情况下,投资者仍在很大程度上倾向于青睐复杂、但收益未必高的金融产品。事实上,在金融产品销售实践中,利用投资者这种对复杂金融产品盲目向往的心态,故意向投资者兜售复杂金融产品的行为,已成为一种备受推崇的营销手段。〔56〕但如此一来,投资者就将同时遭受来自其自身非理性行为、中介人非恰当营销手段以及复杂金融产品本身可能蕴含的高风险三方面的侵害,可谓是四面楚歌,真正沦为一个"愚"而"弱"的人。

(二)我国投资者保护路径之探索——以中国市场存在的问题为导向,以欧盟为借鉴

总结前文分析,基本上可以将我国的中小投资者刻画成一个越发信赖中介机构、面对复杂金融产品的"愚"而"弱"的形象。与这一形象相伴而生的投资

〔54〕 CDOs是由特定参照实体发行的由传统证券担保的基于资产池的复杂债务证券。资产池混合了按揭贷款以及其他特殊目的公司(SPV)所拥有的可以产生收入的其他资产。参见沈伟:《复杂结构金融产品的规制及其改进路径——以香港雷曼兄弟迷你债券事件为切入点》,载《中外法学》2011年第6期。

〔55〕 参见周耿、范从来:《互联网金融产品的复杂度、佣金水平与市场的羊群效应》,载《当代财经》2016年第3期。

〔56〕 参见伍志坚:《投资丛林围猎教程之:简单事情复杂化》,载http://www.sohu.com/a/159461007_480854,最后访问日期:2018年4月23日。

风险,显然已成为一个世界性的问题,我国也并不例外。要为这样一个投资者提供保护,我们需参考本文关于三种不同投资者保护范式之利弊的分析,为其构建一套与之相适应的框架。

1. 以信息披露为基础

诚然,基于前述对我国中小投资者的刻画,采用传统的"投资者自立"范式,期待投资者们在纷繁复杂的金融产品中做出符合自己偏好的选择,实在不足以达到真正保护他们的目的。但是"不足以"只表明我们需在此基础上加大保护力度,而非彻底放弃这一保护路径。

其实,除直接为投资者提供用于决策的信息以外,信息披露的价值还体现在别的方面。首先它有助于具有更强专业知识的机构投资者在认真阅读所披露信息的基础上对相应金融产品的风险收益进行分析,一方面通过市场的价格机制[57]对中小投资者的失当判断进行修正,另一方面经他们所消化的信息可以更好地为投资者所理解或直接转化成帮助其决策的投资建议。从这一点上来说,金融中介在一定程度上也起到了"信息中介"的作用,信息范式与中介规制范式呈现出交叉互补的状态。

其次,从事后责任追究及救济的角度来说,信息披露文件是投资者得以追回损失的必不可缺的证据。所谓"无救济则无权利",投资者损害赔偿制度是投资者保护的最后一道防线,其重要性显而易见,相应地,信息披露的意义也不言自明。但也正是因为这点,信息披露方为规避风险,往往在披露文件中大量堆叠复杂信息,将任何可能引发事后责任的信息不分主次地一概囊括其中,给本已一头雾水的投资者带来更重的负担

事实上,纵观我国《证券法》《证券投资基金法》和其他与金融零售市场相关的各项行政规章,如《商业银行理财产品销售管理办法》、《资产管理机构开展公募证券投资基金管理业务暂行规定》以及最近出台的《关于规范金融机构资产管理业务的指导意见》等,无一不对信息披露义务提出了要求。这些规定尽管详略有分,但皆存在一个共同的问题,即未能突出体现对中小投资者利益与特征的特殊考量。

---

〔57〕 Eugene F Fama, "The Behavior of Stock-Market Prices" (1965) 38 *The Journal of Business* 34, p. 90; Eugene F Fama, "Efficient Capital Markets: A Review of Theory and Empirical Work" (1969) 25 *The Journal of Finance* 383, pp. 383, 388.

中小投资者囿于金融知识与经验的匮乏,往往会对所披露的信息产生理解上的困难。有鉴于此,颜苏教授在探讨银行理财产品信息披露问题时曾提出,这类金融产品的信息披露应当遵循三个原则:可比性、可读性与适当性,即这些信息应当容易为投资者所理解,具备基本统一的披露规范,使投资者可以在不同产品之间进行比较,以及信息数量和范围应当适当,重点披露投资者最关心、最影响决策的信息。[58]

这三个原则充分体现了规制对"知识的诅咒"这一问题的应对,笔者深以为然。且基于银行理财产品与其他金融零售品在信息披露目的上的共通性,笔者认为,这三个原则不仅应当适用于银行理财产品,还应当推而广之,普遍适用于其他金融零售产品中。

事实上,欧美各国的立法与监管者早已将这些原则纳入了规制要求。最早认识到这类问题的是美国,以"可读性"为例,美国于20世纪末就发布了《简明英语手册》(Plain English Handbook),要求在证券信息披露中尽量少用或不用专业性术语。其后,欧盟也在其《打包基金法》[59]和《招募说明书法规》(Prospectus Regulation)[60]等法令中要求所披露的信息必须具备"可理解性"(comprehensible)。此外,欧盟《打包基金法》和《可转让证券集合投资计划指令Ⅳ》(以下简称《UCITS指令Ⅳ》)中分别引入了"投资者信息披露关键文件"(KIID)制度,对主要针对金融零售产品的信息披露格式、内容以及页数作了严格限定,以此来避免信息的洪流,增强信息披露文件的可读、可比与适当性。

横向比较各国的立法,亦可见信息披露这一路径对于投资者保护的重要性。因此,尽管"投资者自立"的理念已不足以有效保护投资者,但作为其代表性措施的信息披露路径仍然有改进的必要与空间。这种改进,从广义来说,既包括着眼于该手段本身的改进,如前述三大原则的适用,也包括为加强该手段作用在整个金融产品供应链其他环节所做的规制努力。而由于投资者自身弱点的突出性,信息披露手段在保护投资者方面存在内生性的效用局限,便使得这与其他规制手段的配合显得更有必要。

---

〔58〕 参见颜苏:《银行理财产品信息披露标准化原则的立法研究》,载《法学杂志》2015年第3期。

〔59〕 欧盟《打包基金法》第6条及第4条第(c)项。

〔60〕 欧盟《招募说明书法规》第6条第2款和第7条第3款。

2. 推陈出新的产品规制范式——产品管理规制

从金融产品的供应流程来看，产品信息由生产者提供，晚于产品开发，但先于产品进入流通过程，应当属于整个保护模式的中间环节；但从产品信息到达投资者、并对投资者决策产生影响的时间来看，其作用主要发生在买卖环节，可以说是位于整个供应链条的最下游。因此，如这一道保护机制仍不能有效保护投资者，他们便只有寄希望于事后救济制度来追回损失。然而，撇开我国当前对投资者保护的相关事后救济制度仍相对简陋的现状，就事后救济制度本身而言，因诉讼成本、时间乃至举证上的困难，也往往导致对市场和投资者已经造成的损害殊难完全复原。[61] 这就使得只有信息披露这一手段的保护机制更显得单薄，因此，规制者有必要在上游的产品开发和营销阶段再设置两道保护阀门。

诚然，无论是中介机构规制，还是产品规制，都存在它的弊端，但我们不应因噎废食，"一刀切"地摒弃这两种规制手段。基于我国目前存在的市场间接型金融快速发展的趋势和金融产品复杂化的问题，这两种规制手段恰恰针对性地为这两类问题提供了解决路径。

不过，从欧盟的经验来看，这两种规制手段的发展轨迹可以说是截然相反。两次危机之前，中介机构规制已经有了长足而充分的发展，却因其不能有效防范危机的结果受到了来自各方的质疑；相反，产品规制由于违背市场经济的干预性特征，一直为欧盟乃至世界各国规制者谨慎对待。很长一段时间，欧盟产品规制的唯一特例只有《UCITS 指令》，而该指令的适用范围非常窄，仅限于相对并不复杂的 UCITS 产品。但是危机之后，基于对金融危机的反思和对当前金融市场复杂多变形势的考虑，欧盟终于告别以往对产品规制抵触的态度，在这一点上，迈出了改革性的一步。然而值得注意的是，欧盟并非照搬传统的产品规制手段，而是在它的基础上做出了独有的创新。

一般而言，传统的产品规制主要指的是"一刀切"地对复杂的金融产品采取禁售的措施，禁止其进入零售市场。但这类武断的方式不仅会带来规制风险，不利于金融创新，同时也会导致金融资产多样化组合的可能性受限，投资者的选择减少，大大降低了他们自己或在投资顾问的帮助下通过诸如分散投资、对冲等金融手段降低投资风险的可能性。

---

〔61〕 Ana Carvajal and Jennifer Elliott, "The Challenge of Enforcement in Securities Markets: Mission Impossible?", IWF Working Paper WP/09/168, p. 5.

而欧盟最新采取的产品规制路径,是将干预进一步往金融产业的上游移,在产品设计阶段就提出了规制要求,以期为产品最终的质量提供保障,学界将之称为"产品管理规制"(product governance regulation)。

产品管理规制很大程度上体现了在金融丑闻迭出的当前背景下,法律对金融服务公司内部合规制度越来越严格的要求,同时它也是监管者在兼顾自身能力和资源的局限以及监管风险的局限下,在产品监管层面做出的适当创新。这种规制路径,在《市场指令Ⅱ》中得到了充分的体现。指令第16条及第24条规定,所有金融产品的生产者,必须为金融产品的生产制定相应的内部批准流程。在标的产品获批的过程中,该产品所针对的目标市场暨最终客户群体及其所对应的营销方式即需得到明确。同时,标的产品应当与目标市场的需求和风险承受能力相适应;为此,金融机构应对目标客户群体进行相应的风险评估。而当产品进入市场之后,金融机构还要定期对它进行复审,以确保其仍然符合前述要求。

相较之传统产品规制对特殊复杂金融产品的事后限制,产品管理规制更多体现的是在先规制的预防理念。[62] 它既充分利用规制者这只"看得见的手"对金融产品的质量和流向进行控制,又避免了对市场这只"看不见的手"的过分干预,笔者认为,在"家长式规制"与"去规制化"之间实现了恰如其分的平衡,值得借鉴。

但是,该手段并不能孤立地发挥作用,它还需要营销面的密切配合。当产品开发者明确标的产品的目标市场时,这个目标市场还是一个相对宽泛的概念,譬如过于复杂的产品不应流通到零售市场上。而下一步,则需要营销中介在这个相对宽泛的目标市场界限内,基于它分别从生产者和投资者那所获得的信息,对这个目标市场做更加具体的界定,以确保产品最终流向了恰当的客户群体。在这一点上,中介机构规制中的适当性测试(Suitability test)和相称性测试(Appropriateness test)将起到至关重要的把关和分流作用。

3. 中介机构规制与产品管理规制相结合

适当性测试和相称性测试是欧盟在营销环节为保护投资者创设的两套把

---

〔62〕 Niamh Moloney, "Conduct Rules and Investor Protection: the Evolution of the EU's Approach" in Matthias Casper and others (eds.), *Festschrift für Johannes Köndgen* (RWS Verlag 2016), p. 409.

关体系，是适当性制度的重要组成部分，分别适用于不同复杂程度的金融产品和服务。

适当性测试适用于复杂性和裁量性都较高的资产组合管理和投顾服务，对中介人所科以的义务最高，要求其在充分分析投资者金融素养、投资经验、财产状况以及投资目的的基础上为投资者提供服务。并且，在提供服务的同时，中介人还需向投资者出示一份书面声明，说明他所提供的服务如何符合投资者的偏好、投资目的以及其他特征。[63]

而相称性测试则适用于除此之外的、复杂程度相对较低的其他金融产品与服务，因此，对中介人所科以的义务程度也相对较低，仅需分析投资者的金融素养与投资经验，在其他条件上未作要求。[64] 但是值得注意的是，对于这类除资产组合管理和投顾服务之外的其他产品与服务，指令还进行了更进一步的细分，规定了一类既不需进行适当性测试，也无需相称性测试的除外情况，即由投资者主动提出的、仅需执行而无需裁量的非复杂金融产品（execution-only regime）。[65]

这也就意味着，事实上按复杂程度，我们应当将金融产品分为三类：资产组合管理与投顾服务、其他复杂金融产品以及非复杂金融产品。依照适当性测试与相称性测试适用范围上的区分，第一类产品与第二、三类产品的分野已相对清晰，不必再深入探讨。但在是否适用相称性测试，即复杂性产品与非复杂性产品区分的问题上，答案却并不那么显而易见。对此，欧盟一直以来做了诸多尝试。无论是《市场指令Ⅰ》还是不久前才生效的《市场指令Ⅱ》，都体现了这一点。

但两者都未对非复杂性产品下明确的定义，而是采取不完全列举加兜底概括的方式，来确定典型的应当归入非复杂性产品的类别。不同的是，在此基础上，《市场指令Ⅱ》的规定更加详致，如可被视为非复杂性金融产品的债券或货币市场工具，应当不包含任何会使其风险变得难以理解的结构。

这类针对不同复杂程度金融产品采取区别规制的三分模式，既避免了复杂

〔63〕 参见《市场指令》第25条第2款、第6款。

〔64〕 参见《市场指令》第25条第3款。

〔65〕 参见《市场指令》第25条第4款。但中介机构必须明确提请投资者注意未进行相称性测试这一风险。

金融产品可能对处于弱势地位的投资者带来超出预期的风险,又避免因“一刀切”地将某些复杂产品排除在零售市场之外影响金融创新和投资者的选择范围,对于规制我国当前纷繁复杂产品不加区分地涌入金融零售市场的问题,非常有借鉴意义。

但是何种结构是会使风险变得难以理解的?除指令列举的产品外,是否还有其他可被归为非复杂性产品的产品?金融市场瞬息万变、创新层出不穷,如新的产品出现,如何判定其是否属于非复杂性产品?

缺乏明确、统一的判定标准的确会给法律的实施带来一些不确定性,但这并不意味着我们一定要在立法中通过定义的方式将非复杂性产品的特征描述出来。作为产品的设计者,金融产品的生产机构应当是最了解该产品风险的人。结合前述对产品管理规制的分析,笔者因此认为,将对金融产品复杂程度的判断设定为生产者的义务,要求其在确定目标市场且该目标市场与零售市场有一定重叠时,进一步明确该产品是否属于非复杂性产品,不失为一个可取的解决途径。

这么一来,产品管理规制与中介机构规制在保护投资者方面就起到了互补的作用。分别吸收这两种规制路径的优势,并辅之以作为基础的信息披露手段,我们将得出一套覆盖金融产品的生产、营销、买卖各个环节的三重保护机制,可对我国当前金融产品日益复杂化、投资者与中介机构信赖关系逐渐普遍化中存在的风险和问题各个击破,为投资者提供更全面、更有的放矢的保护。

但需提及的是,产品管理规制与中介机构规制的协作并不仅仅局限于此,它还体现在诸如信息供应等其他方面——根据《市场指令Ⅱ》第24条第4款的规定,除其所提供服务的各项收费外,中介机构还需向投资者披露所涉金融产品的主要信息。而这类产品信息,一般由产品开发者提供,因此,在这个过程中,中介机构就扮演着传声筒的角色。但基于中介机构对投资者所承担的合同义务,如产品开发者所提供的信息有误或存在缺漏,“传声筒”是否还有义务向前者索要更为完整或准确的信息?《市场指令Ⅱ》对此给出了明确的肯定答案。然而,这就必然涉及双方责任分担的问题。如最终到达投资者的信息有缺失,究竟应由哪一方来承担责任,或者由双方共同承担连带责任?

这类情况其实并非个例。责任分配,是产品管理规制与中介机构规制协作中不可避免的问题。其实,撇开产品管理规制不说,单在投资者适当性制度的构建上,我国目前的规定就存在法律责任缺位的问题。因此,在采取这种路径的同时,我们还应当对责任相关的问题做更深入的思考。不过,鉴于此点非本文探讨的核心问题,笔者将另外撰文分析,在此不再做进一步的论述。

五、结　论

随着接二连三的金融监管规则问世,2018 年,被媒体称为“最强监管年”。根据泰勒的“双峰理论”,金融监管的目标之一,即为投资者保护。〔66〕 但纵观我国最新颁布的各项法令,其主要的监管目标仍体现在防范系统性风险和维护金融市场稳定上,对于投资者保护,尽管有所提及,却被视为实现“审慎监管”目标的途径之一,处于附属位置。

而相较我国对投资者保护缺乏重视的现状,两次危机之后,欧盟监管者深刻反思了该区域资本市场受到重创的原因,将投资者保护问题提到了重中之重的位置。

考察我国当前在投资者保护中存在的问题和面临的考验,借鉴欧洲在该领域的理论和立法上的探索,笔者认为,我们应当告别传统的以信息披露为核心的“投资者自立”保护范式,建立一套覆盖生产、营销、买卖各个阶段的三重保护模式。其中,信息披露仍是这一模式的重要组成部分,但我们应当降低对这一手段的依赖,即信息准确、完整的披露,并不意味着金融产品供应方便得以当然免责。相反,我们应当对这类资金、信息、专业知识水平与经验等各方面占绝对优势地位的金融产品供应者科以更高的义务。鉴于投资者相对较弱的决策能力和非理性行为的普遍性,将我国目前法律与实践中业已存在的,但仍相对粗糙、亟待完善的中介机构规制手段与具有创新意义的产品管理规制方式相结合,既能保护投资者免受他人侵害,又能保护投资者免受自身之害,是较为合理的路径选择。

〔66〕 参见吴云、张涛:《危机后的金融监管改革:二元结构的“双峰监管”模式》,载《华东政法大学学报》2016 年第 3 期。

图书在版编目(CIP)数据

中德法学论坛. 第16辑：上、下卷 / 方小敏主编
. -- 北京：法律出版社，2019
ISBN 978-7-5197-3969-0

Ⅰ. ①中… Ⅱ. ①方… Ⅲ. ①法律-文集 Ⅳ.
①D9-53

中国版本图书馆CIP数据核字(2019)第216593号

中德法学论坛(第16辑·上、下卷)
ZHONG-DE FAXUE LUNTAN (DI 16 JI · SHANG、XIAJUAN)

方小敏 主编

责任编辑 孙东育 王 珊
装帧设计 李 瞻

出版 法律出版社
总发行 中国法律图书有限公司
经销 新华书店
印刷 北京虎彩文化传播有限公司
责任校对 李景美
责任印制 陶 松

编辑统筹 学术·对外出版分社
开本 710毫米×1000毫米 1/16
印张 33.75
字数 552千
版本 2019年12月第1版
印次 2019年12月第1次印刷

法律出版社/北京市丰台区莲花池西里7号(100073)
网址/www.lawpress.com.cn
投稿邮箱/info@lawpress.com.cn
举报维权邮箱/jbwq@lawpress.com.cn
销售热线/400-660-8393
咨询电话/010-63939796

中国法律图书有限公司/北京市丰台区莲花池西里7号(100073)
全国各地中法图分、子公司销售电话：
统一销售客服/400-660-8393/6393
第一法律书店/010-83938432/8433 西安分公司/029-85330678 重庆分公司/023-67453036
上海分公司/021-62071639/1636 深圳分公司/0755-83072995

书号：ISBN 978-7-5197-3969-0
定价：139.00元(全二卷)